江苏地方文化史·南京卷

卢海鸣 曹劲松 主编

江苏文脉整理与研究工程

江苏文库

研究编

江苏地方文化史

江苏人民出版社

图书在版编目(CIP)数据

江苏地方文化史. 南京卷 / 卢海鸣, 曹劲松主编. -- 南京 : 江苏人民出版社, 2023.12

(江苏文库. 研究编)

ISBN 978-7-214-28193-7

Ⅰ. ①江… Ⅱ. ①卢… ②曹… Ⅲ. ①文化史-南京 Ⅳ. ①K295.3

中国国家版本馆 CIP 数据核字(2023)第 122779 号

书　　名　江苏地方文化史·南京卷
主　　编　卢海鸣　曹劲松
出版统筹　张　凉
责任编辑　张　凉
装帧设计　姜　嵩
责任监制　王　娟
出版发行　江苏人民出版社
地　　址　南京市湖南路 1 号 A 楼,邮编:210009
照　　排　江苏凤凰制版有限公司
印　　刷　苏州市越洋印刷有限公司
开　　本　718 毫米×1000 毫米　1/16
印　　张　41.25　插页 8
字　　数　594 千字
版　　次　2023 年 12 月第 1 版
印　　次　2023 年 12 月第 1 次印刷
标准书号　ISBN 978-7-214-28193-7
定　　价　135.00 元

(江苏人民出版社图书凡印装错误可向承印厂调换)

江苏文脉整理与研究工程

编纂出版委员会

主　　编 张爱军　徐　缨

副 主 编 梁　勇　赵金松　章朝阳　樊和平　莫砺锋

编　　委（按姓氏笔画排序）

马　欣　王　江　王卫星　王月清　王华宝
王建朗　王燕文　双传学　左健伟　田汉云
朱玉麒　朱庆葆　全　勤　刘　东　刘西忠
江庆柏　许佃兵　许益军　孙　逊　孙　敏
孙真福　李　扬　李贞强　李昌集　佘江涛
沈卫荣　张乃格　张伯伟　张爱军　张新科
武秀成　范金民　尚庆飞　罗时进　周　琪
周　斌　周建忠　周新国　赵生群　赵金松
胡发贵　胡阿祥　钟振振　姜　建　姜小青
贺云翱　莫砺锋　徐　俊　徐　海　徐　缨
徐之顺　徐小跃　徐兴无　陶思炎　曹玉梅
章朝阳　梁　勇　彭　林　蒋　寅　程章灿
傅康生　焦建俊　赖永海　熊月之　樊和平

分卷主编

徐小跃　姜小青（书目编）
周勋初　程章灿（文献编）
莫砺锋　徐兴无（精华编）
茅家琦　江庆柏（史料编）
左健伟　张乃格（方志编）
王月清　张新科（研究编）

出版说明

江苏文化源远流长、历久弥新，文化经典与历史文献层出不穷，典藏丰富；文化巨匠代有人出、彪炳史册，在中华民族乃至整个人类文明的发展史上有着相当重要的地位。为科学把握江苏文化的内涵与特征，在新时代彰显江苏文化对中华文化的贡献，江苏省委、省政府决定组织实施“江苏文脉整理与研究工程”，以梳理江苏文脉资源，总结江苏文化发展的历史规律，再现江苏历史上的文化高地，为当代江苏构筑新的文化高地把准脉动、探明趋势、勾画蓝图。

组织编纂大型江苏历史文献总集《江苏文库》，是“江苏文脉整理与研究工程”的重要工作。《文库》以“编纂整理古今文献，梳理再现名人名作，探究追溯文化脉络，打造江苏文化名片”为宗旨，分六编集中呈现：

（一）书目编。完整著录历史上江苏籍学人的著述及其历史记录，全面反映江苏图书馆的图书典藏情况。

（二）文献编。收录历代江苏籍学人的代表性著作，集中呈现自历史开端至一九一一年的江苏文化文本，呈现江苏文化的整体景观。

（三）精华编。选取历代江苏籍学人著述中对中外文化产生重要影响、在文化学术史上具有经典性代表性的作品进行整理，并从中选取十余种，组织海外汉学家翻译成各国文字，作为江苏对外文化交流的标志性文化成果。

（四）方志编。从江苏现存各级各类旧志中选择价值较高、保存较好的志书，以充分发挥地方志资治、存史、教化等作用，保存江苏的地方文献与历史文化记忆。

（五）史料编。收录有关江苏地方史料类文献，反映江苏各地历史地理、政治经济、文化教育、宗教艺术、社会生活、风土民情等。

（六）研究编。组织、编纂当代学者研究、撰写的江苏文化研究著作。

文献、史料、方志三编属于基础文献，以影印方式出版，旨在提供原始文献，以满足学术研究需要；书目、精华、研究三编，以排印方式出版，既能满足学术研究的基本需求，又能满足全民阅读的基本需求。

“江苏文脉整理与研究工程”工作委员会

江苏文库·研究编编纂人员

主　编

王月清　张新科

副主编

徐之顺　姜　建　王卫星　胡发贵　胡传胜　刘西忠

一脉千古成江河

——江苏文库·研究编序言

樊和平

“江苏文脉整理与研究工程”是江苏文化史上继往开来的一个浩大工程。与当下方兴未艾的全国性“文库热”相比，江苏文脉工程有三个基本特点：一是全面系统的整理；二是“整理”与“研究”同步；三是以“文脉”为主题。在“书目编—文献编—精华编—史料编—方志编—研究编”的体系结构中，“研究编”是十分独特的板块，因为它是试图超越“修典”而推进文化传承创新的一种学术努力。

“盛世修典”之说不知起源于何时，不过语词结构已经表明“盛世”与“修典”之间的某种互释甚至共谋，以及由此而衍生的复杂文化心态。历史已经表明，“修典”在建构巨大历史功勋的同时，也包含内在的巨大文化风险，最基本的是“入典”的选择风险。《四库全书》的文化贡献不言自明，但最终其收书的数量竟与禁书、毁书、改书的数量大致相当，还有高出近一倍的书目被宣判为无价值。“入典”可能将一个时代的局限甚至选择者个人的局限放大为历史的文化局限，也可能由此扼杀文化多样性而产生文化专断。另一个更为潜在和深刻的风险，是对待传统的文化态度。文献整理，尤其是地域典籍的整理，在理念和战略上面临的最大考验，是以何种心态对待文化传统。当今之世，无论对个体还是社会，传统已经不仅是文化根源，而且是文化和经济发展的资源甚至资本。然而一旦传统成为资源和资本，邂逅市场逻辑的推波助澜，就面临沦为消费和运作对象的风险，从而以一种消费主义和工具主义的文化态度对待文化传统和文献整理。当传统成为消费和运作的对象，其文化价值不仅可能被误读误用，而且也可能在对传统的消费中使文化坐吃山空，造就出文化上的纨绔子弟，更可能在市场运作中使文化不断被糟蹋。“江苏文脉整理与研究工程”的“整理工程”以全面系统的整理的战略应对可能存在的第一种风险，即入典选择的风险；以“研究工程”应对第二种可能的风险，即消费主义与工具主义的风险。我们不仅是既往传统的继承者，更应当是未来传统的创造者；现代人的使命，不仅是继承优秀传统，更应当创造新的优秀传统，这便是传统的创造性转化与创新性发展的真义。诚然，创造传统任重道远，需要经过坚忍不拔的卓越努力和大浪淘沙般的历史积淀，但对“江苏文脉整理与研究工程”而言，无论如何必须在“整理”的同时开启“研究”的千里之行，在研究中继承和发展传统。这便是“研究编”的价值和使命所在，也是“江苏文脉整理与研究工程”在“文库热”中于顶层设计层面的拔群之处。

一　倾听来自历史深处的文化脉动

20 世纪是文化大发现的世纪，20 世纪以来西方世界最重要的战略，就是文化战略。20 世纪 20 年代，德国社会学家马克斯·韦伯的《新教伦理与资本主义精神》，揭示了西方资本主义文明的文化密码，这就是“新教伦理”及其所造就的“资本主义精神”，由此建构“新教伦理＋资本主义”的所谓“理想类型”，为西方资本主义进行了文化论证尤其是伦理论证，奠定了 20 世纪以后西方中心论的文化基础。20 世纪 70 年代，哈佛大学教授丹尼尔·贝尔的《资本主义文化矛盾》，揭示了当代资本主义最深刻的矛盾不是经济矛盾，也不是政治矛盾，而是“文化矛盾”，其集中表现是宗教释放的伦理冲动与市场释放的经济冲动分离与背离，进而对现代西方文明发出文化预警。20 世纪 70 年代之后，亨廷顿的《文明的冲突与世界秩序的重建》将当今世界的一切冲突归结为文明冲突、文化冲突，将文化上升为西方世界尤其是美国国家战略的高度。以上三部曲构成西方世界尤其是美国文化帝国主义的国家文化战略，正如一些西方学者所发现的那样，时至今日，文化帝国主义被另一个概念代替——“全球化”，显而易见，全球化不仅是一种浪潮，更是一种思潮，是西方世界的国家文化战略。文化虽然受经济发展制约甚至被经济发展水平所决定，但回顾从传统到现代的中国文明史，文化问题不仅逻辑地而且历史地成为文明发展的最高最难的问题，正因为如此，文化自信才成为比理论自信、道路自信、制度自信更具基础意义的最重要的自信。

在全球化背景下，文脉整理与研究具有重大的国家文化战略意义，不仅必要，而且急迫。文化遵循与经济社会不同的规律，全球化在造就广泛的全球市场并使全球成为一个“地球村”的同时，内在的最大文明风险和文化风险便是同质性。全球化催生的是一个文化上的独生子女，其可能的镜像是：一种文化风险将是整个世界的风险，一次文化失败将是整个人类的文化失败。文化的本质是什么？梁漱溟先生说，文化就是人的生活的根本样法，文化就是“人化”。丹尼尔·贝尔指出，文化是为人的生命过程提供解释系统，以对付生存困境的一种努力。据此，文化的同质化，最终导致的将是人的同质化，将是民族文化或西方学者所说地方性知识的消解和消失；同时，由于文化是人类应对生存困境的大智慧，或治疗生活世界痼疾的抗体，它所建构的是与自然世界相对应的精神世界和意义世界，文化的同质性将导致人类在面临重大生存困境时智慧资源的贫乏和生命力的苍白，从而将整个人类文明推向空前的高风险。应对全球化的挑战和西方文化帝国主义的国家战略，“江苏文脉整理与研究工程”是整个中华民族浩大文化工程的一部分和具体落实，其战略意义决不止于保存文化记忆的自持和自赏，在这个全球化的高风险正日益逼近的时代，完整地保存地方文化物种，认同文化血脉，畅通文化命脉，不仅可以让我们在遭遇全球化的滔滔洪水之时可以于故乡文化的山脉之巅“一览众山小”地建设自己的精神家园和文化根据地，而且可以在患上全球化的文化感冒甚至某种文化瘟疫之后，不致乞求“西方药”来治“中国病”，而是根据自己的文化基因和文化命理，寻找强化自身的文化抗体和文化免疫力之道，其深远意义，犹如在今天经过独生子女时代穿越时光隧道，回首当年我们的“兄弟姐妹那么多”

和父辈们儿孙满堂的那种天伦风光，不只是因为寂寞，而且是为了中华民族大家庭的文化安全和对未来文化风险的抗击能力。

“江苏文脉整理与研究工程”是以江苏这一特殊地域文化为对象的一次集体文化自觉和文化自信，与其他同类文化工程相比，其最具标识意义的是“文脉”理念。“文脉”是什么？它与“文献”和文化传统的关系到底如何？这是“文脉工程”必须解决的基本问题。

庞朴先生曾对“文化传统”与“传统文化”两个概念进行了审慎而严格的区分，认为“传统文化”可能是历史上曾经存在过的一切文化现象，而“文化传统”则是一以贯之的文化道统。在逻辑和历史两个维度，文化成为传统都必须同时具备三个条件：历史上发生的，一以贯之的，在现实生活中依然发挥作用的。传统当然发生于历史，但历史上发生的一切，从《道德经》《论语》到女人裹小脚，并不都成为传统，即便当今被考古或历史研究所不断发现的现象，也只能说是“文化遗存”，文化成为传统必须在历史长河中一以贯之而成为道统或法统，孔子提供的儒家学说，老子提供的道家智慧，之所以成为传统，就是因为它们始终与中国人的生活世界和精神世界相伴随，并成为人的生命和生活的文化指引。然而，文化并不只存在于文献典籍之中，否则它只是精英们的特权，作为“人的生活的根本样法”和“对付生存困境”的解释系统，它必定存在于芸芸众生的生命和生活之中，由此才可能，也才真正成为传统。《论语》与《道德经》之所以成为传统，不只是因为它们作为经典至今还为人们所学习和研究，而且因为在中国人精神的深层结构中，即便在未读过它们的田夫村妇身上，也存在同样的文化基因。中国人在得意时是儒家，“明知不可为而偏为之”；在失意时是道家，“后退一步天地宽”；在绝望时是佛家，“四大皆空”，从而建立了与自给自足的自然经济结构相匹合的自给自足的文化精神结构，在任何境遇下都不会丧失安身立命的精神基地，这就是传统。文化传统必须也必定是“活”的，是在现实中依然发挥作用的，是构成现代人的文化基因的生命因子。这种与人的生活和生命同在的文化传统就是“脉”，就是“文脉”。

文脉以文献、典籍为载体，但又不止于文献和典籍，而是与负载它的生命及其现实生活息息相关。“文脉”是什么？“文脉”对历史而言是

"血脉",对未来而言是"命脉",对当下而言是"山脉"。"江苏文脉"就是江苏人的文化血脉、文化命脉、文化山脉,是历史、现在、未来江苏人特殊的文化生命、文化标识、文化家园,以及生生不息的文化记忆和文化动力。虽然它们可能以诸种文化典籍和文化传统的方式呈现和延续,但"文脉工程"致力探寻和发现的则是跃动于这些典籍和传统,也跃动于江苏人生命之中的那种文化脉动。"江苏文脉整理与研究工程"的最大特点就在于它是"文脉工程"而不是一般的"文化工程",更不是"文库工程"。"文化工程""文库工程"可能只是一般的文化挖掘与整理,而"文脉工程"则是与地域的文化生命深切相通,贯穿地域的历史、现在与未来的生命工程。

"江苏文脉整理与研究工程"是"整理"与"研究"的璧合,在"研究工程"中能否、如何倾听到来自历史深处的文化脉动,关键是处理好"文献"与"文脉"的关系。"整理工程"是对文脉的客观呈现,而"研究工程"则是对文脉的自觉揭示,若想取得成功,必须学会在"文献"中倾听和发现"文脉"。"文献"如何呈现"文脉"?文献是人类文明尤其是人类文化记忆的特殊形态,也是人类信息交换和信息传播的特殊方式。回首人类文明史,到目前为止,大致经历了三种信息方式。最基本也是最原初的是口口交流的信息方式,在这种信息方式中,信息发布者和信息传播者都同时在场,它是人的生命直接和整体在场并对话的信息传播方式,是从语言到身体、情感的全息参与,是生命与生命之间的直接沟通,但具有很大的时空局限。印刷术的产生大大扩展了人类信息交换的广度和深度,不仅可以以文字的方式与不在场的对象交换信息,而且可以以文献的方式与不同时代、不同时空的人们交换信息,这便是第二种信息方式,即以印刷为媒介的信息方式或印刷信息方式。第三种信息方式便是现代社会以电子网络技术为媒介的信息方式,即电子信息方式。文献与典籍是印刷信息方式的特殊形态,它将人类文化史和文明史上具有特殊价值的信息以印刷媒介的方式保存下来,供后人学习和研究,从而积淀为传统。文字本质上是人的生命的表达符号,所谓"诗言志"便是指向生命本身。然而由于它以文字为中介,一旦成为文献,便离开原有的时空背景,并与创作它的生命个体相分离,于是便需要解读,在解读中便可能发生误读，但无论如何，解读的对象并不只是文字本身，而是文字背后的生命现象。

文献尤其是典籍是不同时代人们对于文化精华的集体记忆，它们不仅经受过不同时代人们的共同选择，而且经受过大浪淘沙的历史洗礼，因而其中不仅有创造它的那个个体或文化英雄如老子、孔子的生命表达，而且有传播和接受它的那个民族的文化脉动，是负载它的那个民族的文化生命，这种文化生命一言以蔽之便是文化传统。正因为如此，作为集体记忆的精华，文献和典籍是个体和集体的文化脉动的客观形态，关键在于，必须学会倾听和揭示来自远方的生命旋律。由于它们巨大的时空跨度，往往不能直接把脉，而需要具有一种“悬丝诊脉”的卓越倾听能力。同时，为了把握真实的文化脉动，不仅需要对文献和典籍即“文本”进行研究，而且需要对创造它们的主体包括创作的个体和传播接受的集体的生命即“人物”进行研究。正如席勒所说，每个人都是时代的产儿，那些卓越的哲学家和有抱负的文学家却可能成为一切时代的同代人。文字一旦成为文献或典籍，便意味着创作它的个体成为一切时代的同代人，但无论如何，文献和它们的创造者首先是某个时代的产儿，因而要在浩如烟海的文献和典籍中倾听到来自传统深处的文化脉动，还需要将它们还原到民族的文化生命之中，形成文化发展的“精神的历史”。由此，文本研究、人物研究、学派流派研究、历史研究，便成为“文脉研究工程”的学术构造和逻辑结构。

二　中国文化传统中的江苏文脉

江苏文脉是中国文化传统的一部分，二者之间的关系并不只是部分与整体的关系，借助宋明理学的话语，是“理一”与“分殊”的关系。文脉与文化传统是民族生命的文化表达和自觉体现，如果只将它们理解为部分与整体的关系，那么江苏文脉只是中国文化传统或整个中华文化脉统中的一个构造，只是中华文化生命体中的一个器官。朱熹曾以佛家的“月映万川”诠释“理一分殊”。朗月高照，江河湖泊中水月熠熠，此番景象的哲学本真便是“一月普现一切水，一切水月一月摄”。天空中的“一月”与江河中的“一切水月”之间的关系是“分享”关系，不是分享了“一月”的某一部分，而是全部。江苏文脉与中国文化传统之间的关系便是“理一分殊”，中国文化传统是“理一”，江苏文脉是“分殊”，正因为如此，关于江苏文脉的研究必须在与整个中国文化传统的关系中整体性地把握和展开。其中，文化与地域的关系、江苏文化在中华文化发展中的贡献和地位，是两个基本课题。

到目前为止的一切人类文明的大格局基本上都是由以山河为标志的地理环境造就的，从轴心文明时代的四大文明古国，到“五大洲四大洋”的地理区隔，再到中国山东—山西、广东—广西、河南—河北，江苏的苏南—苏北的文化与经济差异，山河在其中具有基础性意义。在这个意义上，可以将在此以前的一切文明称为“山河文明”。如今，科技经济发展迎来一个“高”时代：高铁、高速公路、电子高速公路……正在并将继续推倒由山河造就的一切文明界碑，即将造就甚至正在造就一个“后山河时代”。“后山河时代”的最后一道屏障，“山河时代”遗赠给“后山河时代”的最宝贵的文明资源，便是地域文化。在这个意义上，江苏文脉的整理与研究，不仅可以为经过全球化席卷之后的同质化世界留下弥足珍贵的“文化大熊猫”，而且可以在未来的芸芸众生饱尝“独上高楼，望尽天涯路”的孤独之后，缔造一个“蓦然回首”的文化故乡，从中可以鸟瞰文化与世界关系的真谛。江苏独特的地域环境与江苏文化、江苏文脉之间的关系，已经不是所谓“一方水土一方人”所能表达，可以说，地脉、水脉、山脉与江苏文脉之间的关系，已经是一脉相承。

我们通过考察和反思发现，水系，地势，山势，大海，是对江苏文脉尤其是文化性格产生重大影响的地理因素。露水不显山，大江大河入大海，低平而辽阔，黄河改道，这一切的一切与其说是自然画卷和自然事件，不如说是江苏文脉的大地摇篮和文化宿命的历史必然，它们孕生和哺育了江苏文明，延绵了江苏文脉。历史学家发现，江苏是中国唯一同时拥有大海、大江、大湖、大平原的省份，有全国第一大河长江，第二大河黄河（故道），第三大河淮河，世界第一大人工河大运河，全国第三大淡水湖太湖，全国第四大淡水湖洪泽湖。江苏也是全国地势最低平的一个省区，绝大部分地区在海拔 50 米以下，少量低山丘陵大多分布于省际边缘，最高峰即连云港云台山的玉女峰也只有 625 米。丰沛而开放的水系和低平而辽阔的地势馈赠给江苏的不只是得天独厚的宜居，更沉潜、更深刻的是独特的文化性格和文脉传统，它们是对江苏地域文化产生重大影响的两个基本自然元素。

不少学者指证江苏文化具有水文化特性，而在众多水系中又具长江文化的特性。“水”的文化特性是什么？“老聃贵柔”，老子尚水，以水演绎世界真谛和人生大智慧。“天下莫柔弱于水，而攻坚强者莫之能胜。”柔弱胜刚强，是水的品质和力量。西方文明史上第一个哲学家和科学家泰勒斯向全世界宣告的第一个大智慧便是：水是万物的始基。辽阔的平原在中国也许还有很多，却没有像江苏这样“处下”。老子也曾以大海揭示“处下”的智慧：“江海所以能为百谷王者，以其善下之，故能为百谷王。”历史上江苏的文化作品、江苏人的文化性格，相当程度上演绎了这种“水性”与“处下”的气质与智慧。历史上相当时期黄河曾经从江苏入海，然而黄河改道、黄河夺淮，几番自然力量或人力所为，最终黄河在江苏留下的只是一个“故道”的背影。黄河在江苏的改道当然是一个自然事件或历史事件，但我们也可能甚至毋宁将它当作一个文化事件，数次改道，偶然之中有必然，从中可以发现和佐证江苏文脉的“长江”守望和江南气质。不仅江苏的地脉“露水不显山”，而且江苏的文化作品，江苏人的文化性格，一句话，江苏文脉，也是“露水不显山”，虽不是“壁立千仞”，却是“有容乃大”。一般说来，充沛的水系，广阔的平原，往往造就自给自足的自我封闭，然而，江苏东临大海，无论长江、淮河，还是历史上的黄河，都从这里入大海，归大海，不只昭示江苏的开放，而且演绎江苏文化、江苏文脉、江苏人海纳百川的博大和静水深流的仁厚。

黄河与长江好似中华文脉的动脉与静脉，也好似人的身体中的任督二脉，以长江文化为基色的江苏文化在中华文脉的缔造和绵延中作出了杰出贡献。有学者指出，在中国文明史上，长江文化每每在黄河文化衰弱之后承担起“救亡图存”的重任。人们常说南京古都不少为小朝廷，其实这正是“救亡图存”的反证，“天下兴亡，匹夫有责”的口号首先由江苏人顾炎武喊出，偶然之中有必然。学界关于江苏文化有三次高峰或三次大贡献，与两次大贡献之说。第一次高峰是开启于秦汉之际的汉文化，第二次高峰是六朝文化，第三次高峰是明清文化。人们已对六朝文化与明清文化两大高峰对中国文化的贡献基本达成共识，但江苏的汉文化高峰及其贡献也应当得到承认，而且三次文化高峰都发生于中国社会的大转折时期，对中国文化的承续作出了重大贡献。在秦汉之际的大变革和大一统国家的建构中，不仅在江苏大地上曾经演绎了波澜壮阔的对后来中国文明产生深远影响的历史史诗，而且演绎这些历史史诗的主角刘邦、项羽、韩信等都是江苏人，他们虽然自身不是文化人，但无疑对中国文化产生了深远影响。董仲舒提出“罢黜百家，独尊儒术”的主张，奠定了大一统的思想和文化基础，他本人虽不是江苏人，却在江苏留下印迹十多年。江苏的汉文化高峰对中国文化的最大贡献，一言概之即“大一统”，包括政治上的大一统和思想文化上的大一统。六朝被公认为中国文化发展的高峰，不少学者将它与古罗马文明相提并论，而六朝文化的中心在江苏、在南京。以南京为核心的六朝文化发生于三国之后的大动乱，它接纳大量流入南方的北方士族，使南北方文化合流，为保存和发展中国文化作出了杰出贡献。明朝是中国历史上第一次在南京，也是第一次在江苏建立统一的帝国都城，江苏的经济文化在全国处于举足轻重的地位，扬州学派、泰州学派、常州学派，形成明清时代中国文化的江苏气象，形成江苏文化对中国文化的第三次重大贡献。三大高峰是江苏的文化贡献，在重大历史转折关头或者民族国家危难之际挺身而出，海纳百川，则是江苏文化的精神和品质，这就是江苏文脉。也正因为如此，江苏文化和江苏文脉在“匹夫有责”的担当精神中总是透逸出某种深沉的忧患意识。

江苏文脉对中国文化的独特贡献及其特殊精神气质在文化经典中得到充分体现。中国四大文学名著，其中三大名著的作者都来自江苏，这就是《西游记》《红楼梦》《水浒》，其实《三国演义》也与江苏深切相关，虽然罗贯中不是江苏人，但却以江苏为重要的时空背景之一。四大名著中不仅有明显的江苏文化的元素，甚至有深刻的江苏地域文化的基因。《西游记》到底是悲剧还是喜剧？仔细反思便会发现，《西游记》就是文学版的《清明上河图》。《清明上河图》表面呈现一幅盛世生活画卷，实际却是一幅“盛世危情图”，空虚的城防，懈怠的守城士兵……被繁华遗忘的是正在悄悄到来的深刻危机。《西游记》以唐僧西天取经渲染大唐的繁盛和开放，然而在经济的极盛之巅，中国人的精神世界却空前贫乏，贫乏得需要派一个和尚不远万里，请来印度的佛教，坐上中国意识形态的宝座，入主中国人的精神世界。口袋富了，脑袋空了，这是不折不扣的悲剧。然而，《西游记》的智慧，江苏文化的智慧，是将悲剧当作喜剧写，在喜剧的形式中潜隐悲剧的主题，就像《清明上河图》将空虚的城防和懈怠的士兵淹没于繁华的海洋一样。《西游记》喜剧与悲剧的二重性，隐喻了江苏文脉的忧患意识，而在对大唐盛世，对唐僧取经的一片颂歌中，深藏悲剧的潜主题，正是江苏文脉“匹夫有责”的担当精神和文化智慧的体现。鲁迅说，悲剧将人生的有价值的东西毁灭给人看。《西游记》是在喜剧形式的背后撕碎了大唐时代人的精神世界的深刻悲剧。把悲剧当作喜剧写，喜剧当作悲剧读，正是江苏文化、江苏文脉的大智慧和特殊气质所在，也是当今江苏文脉转化发展的重要创新点所在。正因为如此，“江苏文脉研究”必须以深刻的哲学洞察力和深厚的文化功力，倾听来自历史深处的江苏文化的脉动，读懂江苏，触摸江苏文脉。

三　通血脉，知命脉，仰望山脉

江苏文化的巨大魅力和强大生命力，是在数千年发展中已经形成一种传统、一种脉动，不仅是一种客观呈现的文化，而且是一种深植个体生命和集体记忆的生生不息的文脉。这种文化和文脉不仅成为共同的价值认同，而且已经成为一种地域文化胎记。在精神领域，在文化领域，江苏不仅有灿若星河的文学家，而且有彪炳史册的思想家、学问家，更有数不尽的才子骚客。长江在这片土地上流连，黄河在这片土地上改道，淮河在这片土地上滋润，太湖在这片土地上一展胸怀。一代代中国人，一代代江苏人，在这里缔造了文化长江、文化黄河、文化淮河、文化太湖，演绎了波澜壮阔的历史诗篇，这便是江苏文脉。

为了在全球化时代完整地保存江苏文脉这一独特地域文化的集体记忆，以在“后山河时代”为人类缔造精神家园提供根源与资源，为了继承弘扬并创造性转化、创新性发展中国优秀传统文化，2016 年江苏启动了“江苏文脉整理与研究工程”。根据“文脉”的理念，我们将研究工程或“研究编”的顶层设计以一句话表达：“通血脉，知命脉，仰望山脉。”由此将整个工程分为五个结构：江苏文化通史，江苏历代文化名人传，江苏文化专门史，江苏地方文化史，江苏文化史专题。

“江苏文化通史”的要义是“通血脉”，关键词是“通”。“通”的要义，首先是江苏文化与中国文明的息息相通，与人类文明的息息相通，由此才能有民族感或“中国感”，也才有世界眼光，因而必须进行关于“中国文化传统中的江苏文脉”的整体性研究；其次是江苏文脉中诸文化结构之间的“通”，由此才是“江苏”，才有“江苏味”；再次是历史上各个重要历史时期文化发展之间的“通”，由此才能构成“史”，才有历史感；最后是与江苏人的生命与生活的“通”，由此“江苏文脉”才能真正成为江苏人的文化血脉、文化命脉和文化山脉。达到以上“四通”，“江苏文化通史”才是真正的“通”史。

“江苏文化专门史”和“江苏文化史专题”的要义是“知命脉”，关键词是“专”，即“专门”与“专题”。“江苏文化专门史”在框架上分为物质文化史、精神文化史、制度文化史、特色文化史等，深入研究各类专门史，总体思路是系统研究和特色研究相结合，系统研究整体性地呈现江苏历史上的重要文化史，如哲学史、文学史、艺术史等，为了保证基本的完整性，我们根据国务院学科分类目录进行选择；特色研究着力研究历史上具有江苏特色的历史，如民间工艺史、昆曲史等。“江苏文化史专题”着力研究江苏历史上具有全国性影响的各种学派、流派，如扬州学派、泰州学派、常州学派等。

“江苏地方文化史”的要义是“血脉延伸和勾连”，关键词是“地方”。“江苏地方文化史”以现省辖市区域划分为界，13 市各市一卷。每卷上编为地方文化通史，讲述地方整体历史脉络中的文化历史分期演化和内在结构流变，注重把握文化运动规律和发展脉络，定位于地方文化总体性研究；下编为地方文化专题史，按照科学技术、教育科举、文学语言、宗教文化等专题划分，以一定逻辑结构聚焦对地方文化板块加以具体呈现，定位于凸显文化专题特色。每卷都是对一个地方文化的总结和梳理，这是江苏文化血脉的伸展和渗入，是江苏文化多样性、丰富性的生动呈现和重要载体。

“江苏历代文化名人传”的要义是“仰望山脉”，关键词是“文化”。它不是一般性地为江苏历朝历代的“名人”作传，而只是为文化意义上的名人作传。为此，传主或者自身就是文化人并为中国文化的发展、为江苏文脉的积累积淀作出了重要贡献；或者虽然自身主要不是文化人而是政治家、社会活动家等，但对中国文化发展具有重大影响。如何对历史人物进行文化倾听、文化诠释、文化理解，是“文化名人传”的最大难点，也是其最有意义的方面。江苏历史上的文化名人汗牛充栋，“文化名人传”计划为100位江苏文化名人作传，为呈现江苏文化名人的整体画卷，同时编辑出版一部“江苏文化名人辞典”，集中介绍历史上的江苏文化名人1000位左右。

一脉千古成江河，“茫茫九派流中国”。江苏文脉研究的千里之行已经迈出第一步，历史馈赠我们一次千载难逢的宝贵机遇，让我们巡天遥看，一览江苏数千年文化银河的无限风光，对创造江苏文化、缔造江苏文脉的先行者们献上心灵的鞠躬。面对奔涌如黄河、悠远如长江的江苏文脉，我们惟有以跋涉探索之心，怵惕敬畏之情，且行且进，循着爱因斯坦的“引力波”，不断走近并播放来自江苏文脉深处的或澎湃，或激越，或温婉静穆的天籁之音。

我们一直在努力；

我们将一直努力！

江苏地域文化的特色与精彩

贺云翱

江苏因滨海拥江跨淮的优越自然条件、悠久持续的历史开发进程、多次南北移民与文化融合以及崇文重教的地域优良传统等，培育出瑰丽多样的地方文化，自古有“鱼米之乡”“锦绣江南”之美誉，为中华文明的发展作出了巨大贡献。

这套“江苏地方文化史”丛书共13部，分别以江苏省的南京、无锡、徐州、常州、苏州、南通、连云港、淮安、盐城、扬州、镇江、泰州、宿迁13个设区市行政区划为范围，系统反映了全省各市地方文化发展历程和特色文化成就，从不同侧面展现了以不同城市为中心的地域文化的丰厚内涵和各自特质。当然，仅从各个区域角度进行文化的展现，对于理解江苏文化的总体面貌似乎有管中窥豹之憾，为此，有必要从江苏历史文化整体发展的历时性、空间性和结构性层面，分析揭示江苏地方文化的运动过程、主要创造和多样共生的特色及其在中华文化体系中的地位和作用。

一　持续发展　高峰迭起

“江苏省”这一称谓的正式出现是在清康熙六年(1667)，至今不过352年，但是以今天的省域为空间基础，回溯其开发历史，则可以说，江苏省和中国所有省区一样,其地方文化有万年以上的发展过程和文化创造,取得了辉煌文化成就。

距今 10000—5500 年间,江苏淮河流域产生了顺山集文化、龙虬庄文化、青莲岗文化,宁镇区域有北阴阳营文化、薛城文化,环太湖地区有马家浜文化和崧泽文化。在太湖流域,崧泽文化时期已经开始了文明化的进程,稍后,南起太湖一带、北至淮河一线分布着良渚文化,而良渚文化恰恰是太湖流域史前文明的典型代表。淮河以北则先后有大汶口文化和山东龙山文化。从考古资料看,此时江苏地域文化北接鲁、南连浙的特征较为明显。

夏、商时(前 21 世纪—前 11 世纪),江苏境内长江以北地区分布有岳石文化,太湖平原有马桥文化,宁镇地域有点将台—湖熟文化,西周时代(前 11 世纪—前 771)的吴文化正是在点将台—湖熟文化基础上逐渐形成。这三大文化圈中,岳石文化源自今山东,属“东夷”文化,进入商代后受中原商文化强烈影响。西周有东夷中的徐夷建立的徐国崛起于淮北,为此,西周江苏黄淮地区的文化可视之为“徐—淮夷文化圈”。

春秋(前 770—前 476)时期,今苏南和苏中是吴文化中心。春秋晚期吴国强盛,把统治地域从苏中推及淮北。公元前 473 年,吴国被越国所灭,越国迁都到吴国都城,进一步推动了先秦吴、越文化的融合,故历史上有吴、越同声共气一说。公元前 334 年,越国又被楚国所灭,楚文化全面进入今江苏,使江苏成为长江流域楚文化的最后重地。

公元前 221 年,秦始皇灭六国,建立中国第一个专制集权统一王朝,推行郡县制,今江苏江北之地为泗水、东海和琅邪郡地,江南为会稽郡和鄣郡地。但只有会稽郡郡治(今苏州)设于今江苏境内,说明苏州继承了原越国都城名称和行政区遗产。秦末陈胜、吴广起义,反秦力量纷起。陈胜、吴广失败后,江苏地区起义军成为灭秦的主力,下相(今宿迁)人项羽消灭秦军主力,攻入关中,灭亡秦朝,之后大封诸侯,自立为西楚霸王,又拥立楚怀王,定都彭城(今徐州)。丰(今属徐州)人刘邦最早攻入秦都咸阳,“约法三章”,受封汉王。之后楚汉相争,刘邦打败项羽,于公元前 202 年建立汉朝,定都长安。西汉郡、国并行,江苏设有吴、楚等封国及会稽郡等。楚国都彭城,吴国都广陵(今扬州)。西汉一度封泗水国，立都于今宿迁境内。汉景帝平定七国之乱中灭吴国，在今扬州另封江都国。汉武帝时，削弱诸侯王势力，一度改江都国为广陵郡，后再改封为广陵国。秦汉时江苏地区的民族融合基本完成，江苏各地域文化已是汉民族文化的有机组成部分，以今徐州为中心的楚汉文化是江苏境内最显赫的文化。东汉末年，发生黄巾军起义，军阀混战，天下大乱，出现诸侯割据局面。今江苏境内出现秦以后第一个国家政治中心——吴国都城建业（今南京），使原本默默无闻的"秣陵"（今南京）一跃而成为江南中心城市。"金陵文化"从原生的吴文化系统中分离出来，成为独立的都城文化体系，开始拥有全国性地位。西晋末年，中原战乱，"衣冠南渡"，北方精英和大量人口大规模南迁，人口迁徙还带来北方先进技术，促进了江南地区经济文化发展。大量北方移民到达江苏沿江地带，影响了江苏境内中古时代语言板块的重构，初步形成了江淮语和吴语两大语言体系。

东吴、东晋、宋、齐、梁、陈"六朝"均以今南京作为都城，时间长达近323年。对整个中国来说，这是一个南北分裂时期，但从汉、唐之际的文化变迁而言，这又是一个具有深远影响的特殊时代。中国当代几乎所有的著名学者都承认，六朝文化成就非凡，在哲学、文学、史学、书法、绘画、建筑、技艺、雕塑、科学、宗教等各领域都取得了突出的创新成果，影响所及，遍于东亚地区。

隋代统一后推行郡县制，今苏北境内设东海郡（治朐山，今连云港）、下邳郡（治宿豫，今宿迁）、彭城郡（治彭城，今徐州）、毗陵郡（治晋陵，今常州）、吴郡（治吴县，今苏州）。此时中国整体格局的最大变化是南中国经过以南京为中心、以今苏南乃至整个长江中下游区域为基础的300多年引领和发展，经济水平已大幅提高。隋朝为加强都城（大兴城，在今西安，另有东都洛阳）与东南区域的联系，开挖了沟通海河、黄河、淮河、长江、钱塘江的大运河。大运河的部分重要河段是在公元前486年前后由吴国开挖，如邗沟、江南吴古故水道等。直到今天，中国的大运河文化遗产仍以江苏最为丰富。大运河促进了今江苏境内南北文化的沟通，形成从苏州、常州、润州（今镇江）经扬州、楚州（今淮安），再由淮河到泗州（城址位于今盱眙境内）的运河城市带，改变了过去以单个城市为核心的散点状城市文化格局，深度推动了运河沿线的经济发展和文化交流。

唐代时苏北属河南道，苏中属淮南道，苏南属江南东道。以扬州为中心的“淮扬文化”崛起是此时江苏文化发展的重要成就。隋唐时扬州不仅是东南商业重镇，也是对外开放重要口岸。扬州高僧鉴真于天宝十二年(753)成功东渡日本，被尊为“日本律宗太祖”。唐末到五代十国，先后有杨吴(都今扬州)和南唐(都今南京)立国在今江苏，无锡以南由建都杭州的吴越国占据。扬州作为杨吴国都时，是历史上扬州政治地位最高和政治统治范围最广时期，南京也因先后成为杨吴西都和南唐国都而复兴。

北宋时江苏分属两浙路、江南东路、淮南路、京东西路和京东东路。南宋时江苏中南部属两浙西路、江南东路和淮南东路，淮河以北属金朝山东西路和山东东路。北宋在今南京设江宁府，也是江南东路治所，这与当时杭州的地位一样，杭州是两浙路治所在。南宋定都临安(今杭州)，北方人口大量南下，传统吴文化重地苏州成为南方经济、文化中心之一，出现“苏湖熟，天下足”“上有天堂，下有苏杭”之说。两宋时期是江南文化在全国占据中心地位的关键时期，圩田及精细农业发达，土地开发达到新水平，各种农业器具进入不同生产环节。纺织业、陶瓷业、造船业、建筑业、漆器业、玉石业、雕版印刷业、金属工艺业、食品加工业、外贸业等也有新的发展，沿大运河城市、沿江城市、沿海城市的工商业比较发达，城市人口增多，集镇大量出现。

元朝定都北京(元大都)，为方便漕运，将徐州以北的大运河改道，形成今天“京杭大运河”格局。大运河的重修，既加强了江南在全国的经济中心地位，也奠定了江北运河沿线在全国的枢纽地位，造就了当时江苏运河城市的共同繁荣。同时，元朝施行海运，海港城市以平江府(今苏州)刘家港最为重要。至正二年(1342)在太仓设立庆元市舶分司，刘家港成为商贸云集的港口城市，号称“六国码头”。

公元1368年，朱元璋以南京为中心，建立明朝。这是江苏土地上首次出现统一国家的都城，也是以江苏为中心首次建立起覆盖全国的政治辖域的重要历史时期。明朝设立以南京为中心的中央直隶行政区，成祖迁都北京后，改称为南直隶，大约包括今江苏、上海、安徽。以南京、苏州、杭州、扬州、徽州等城市为中心，形成以教育、航海、出版、宗教、戏曲、工艺、科举、书画、园林、陶瓷、茶饮、漆木、玉石、织绣、园林等为要素的“江南文化圈”，代表中国当时文化高峰，影响到清代及当代。最高学府南京国子监规模宏大，永乐时（1403—1424）有监生近万，还招收高丽、日本等国留学生，并主持编纂中国古代最大类书《永乐大典》。乡试场所“贡院”，是中国古代最大科举考场。永乐时建成的大报恩寺，是当时南京三大佛寺之首，在此雕成佛学集成《永乐南藏》，直到清中期还承担着全国大多数佛寺印经任务。大报恩寺琉璃塔被西方人誉为“中古世界七大奇迹”。明代以南京为基地，以刘家港为起锚港，开创“郑和七下西洋”壮举，把古代“海上丝绸之路”推向巅峰。今天，南京明孝陵被列入《世界遗产名录》，明城墙以及郑和下西洋遗迹进入申报世界文化遗产的行列，都表明明代江苏的文化创造具有世界性地位。

清朝定鼎北京，认识到“南京为江南根本之地，绾毂十省，应设镇守文武大臣”，顺治二年（1645）废南直隶改设江南省，应天府改称江宁府。顺治四年（1647），设统辖江南、江西、河南三省的总督，建督署于江宁（旧址在今南京总统府内）。后划出河南省，改为统江南、江西二省的两江总督。康熙六年（1667）又分江南省为江苏和安徽两省，此为江苏独立成省之始。

明清江苏文化发达，出现文学上的吴江派、虞山诗派、云间词派、娄东派、苏州派、阳羡词派、常州词派（阳湖派）等；思想学术上的东林党人、泰州学派、扬州学派、吴学、常州学派等；艺术上的吴门画派、常州画派、虞山画派等。江宁、苏州以及常州、常熟、宜兴、无锡、吴江、松江、江阴等地，在教育、印刷、藏书、科举、文学、书画、学术、织绣、园林等方面都有突出成就和广泛影响。扬州和淮安也进入古代文化最后辉煌期。扬州是全国最重要的食盐集散地，加之突出的漕运地位，促进了商业、交通、消费服务业乃至文化兴旺。淮安因黄河、淮河和运河交汇而地位极重要，漕运总督长期驻此，清朝时南河总督也驻此地。淮安与扬州、苏州、杭州合称为运河四大都市，得“南船北马、九省通衢”之誉，产生了吴承恩与《西游记》以及河下医派等诸多文化成就，刘鹗、罗振玉等学问大家也在淮安生活过。

以1842年《中英南京条约》签订为标志，中国逐步沦为半封建、半殖民地社会。随着西方列强入侵，中国传统农业和手工业经济结构松动，新型经济结构开始形成，江苏一批城市开启从传统向现代的变革历程。如无锡本是大运河畔重要米市，晚清民国时，无锡一批人士在上海获得近代实业经验，回无锡创办民族工商企业，推动无锡在近代的崛起。南通从1896年开始，由状元张謇主导，开启产业、城市与区域社会及文化等各方面的近代化历程，使南通赢得"中国近代第一城"的美誉。曾国藩、李鸿章等洋务派在苏南建立近代军事工业，开近代工业化先河。1865年，李鸿章将苏州洋炮局迁往南京，改称金陵制造局，是南京最早的近代工业企业。江苏境内尤其是沪宁铁路修筑及其基础设施强化，形成以江南大运河及沪宁铁路沿线为主的产业集聚轴。近代工商业，尤其是纺织业逐步沿要道扩散，苏南原有经济文化优势与新型交通和产业成功结合，推动江南区域新文化的产生和发展。

民国时期，江苏作为国家中心所在，文化方面获得了相当发展。一是旧式的儒释道思想被突破，西方文化思潮兴起，但也有人坚持传统儒学，或致力于复兴佛学，呈现思想多元特征；二是现代科学获得突出成就，涌现出一批科学家名人，如地质学家丁文江、语言学家赵元任、医学家丁甘仁、史学家顾颉刚和钱穆、植物学家秦仁昌、物理学家周培源、数学家华罗庚、化学家黄鸣龙、桥梁学家茅以升、地理学家张相文等；三是教育基本完成现代转型，小学、中学、大学教育体系大体建立，尤其是大学教育名列前茅；四是美术事业在全国继续占有重要地位，书法家李瑞清1902年在两江师范学堂首开图画手工科，开始中国新艺术教育，培养了胡小石、吕凤子等大师。出版业、图书馆业、医药卫生事业、电影业、音乐事业、翻译事业、宗教事业、文物博物馆事业、园林景观业等文化领域也取得许多进展。

此时也是江苏革命文化诞生和成长的重要时期，涌现了周恩来、瞿秋白、张闻天、恽代英、张太雷、秦邦宪等一批优秀儿女，还有数以万计的革命烈士为反抗侵略、人民解放和国家新生而在江苏土地上奋斗和牺牲，以鲜血铸造伟大民族精神。"周恩来精神""铁军精神""雨花英烈精神”“淮海战役精神”等，已经成为中华文明历史进程中的宝贵文化财富，成为当代建设中国特色社会主义的伟大力量源泉。

二　鱼米之乡　锦绣江南

江苏地处东部，水网密布，湖泊众多，平原辽阔，物产丰饶。海岸线长 954 千米，长江横穿东西，大运河纵贯南北。有淮、沂、沭、泗、秦淮河等大小河流 2900 多条，有湖泊 290 多个。全国五大淡水湖，江苏得其二：太湖 2250 平方千米，居第三；洪泽湖 2069 平方千米，居第四。平原、水域面积分别占 69%和 17%，居全国首位。在中国，同时拥有大海、大江、大河、大湖、大运河、大平原的省份唯有江苏。淮河是我国南北分界线，长江犹如一道天然界线，将江苏划分为南北两大地域。长江在省内的支流多半在苏南，主要有秦淮河、黄浦江和娄江等，流经地区多为肥沃平原，加上温暖湿润气候，为鱼米之乡的出现奠定自然基础。可见，江苏地方文化有着强烈的“水文化”特质。

流经江苏的淮河和长江，把全省划分成苏北（淮北平原）、苏中（江淮平原）和苏南（宁镇丘陵和太湖平原）三大区域。苏北平原属侵蚀平原，地势舒展，盛产小麦、杂粮、棉花，北方风情浓厚；苏中平原地势低洼，呈浅碟形，多沼泽，宜稻麦；宁镇丘陵沿江分布，农业水旱作均合适；太湖平原以太湖为中心，又称江南平原，是传统的农副业丰产之地。江苏先民善于利用自然条件，以勤劳智慧创造出优越的物质文化。

江苏在新石器时代就成为重要的水稻产区。泗洪韩井遗址发现距今 8000 多年的水稻田遗迹，是已知世界最早稻作遗迹；苏州草鞋山遗址和昆山绰墩遗址也发现距今 6000 多年的水稻田遗址，证明江苏种植水稻历史久远。西晋时中原士民南下，使南方耕作技术与北方技术结合，培育出优良农作物品种，提高了土地产出效率。隋唐时大江南北耕作农具和耕作技术有显著改进和提高，唐末吴郡甫里（今苏州甪直）人陆龟蒙的《耒耜经》作了总结。宋代江南已用龙骨车引水灌溉稻田，江南江北都掌握稻、麦两熟技术。明代，江苏产生两部理论和实践价值都很高的农业专著：嘉靖时溧阳人马一龙《农说》，详尽总结水稻耕作技术；明末上海人徐光启《农政全书》，分析田制、开垦、水利、农具、树艺等问题，尤其对植棉技术作了全面介绍。康熙时，苏州织造李煦试种并推广双季稻，使土地单位面积产量成倍提高。明清时重要海外作物品种被引入江苏，如番薯、花生等，太湖地区成为中国第一产粮大区。

江苏饮食文化注重“色香味意形养”。按照烹饪技艺，江苏风味菜肴一般分为淮扬、苏锡、金陵和徐海四宗。淮扬风味主脉在扬州及镇江、淮安地区，属全国四大风味之一，炖烧炒均见功夫，咸甜适度，是江苏菜代表。从都市通衢店堂到水乡市镇摊点，各种精致小吃丰富多彩。江苏调味品以镇江香醋最负时誉，酒文化历史则可上溯到四五千年前，徐州、扬州、淮安有汉代酒器考古实物。宿迁是最重要的白酒产地之一，“三沟一河”指汤沟酒、双沟酒、高沟酒、洋河酒，产品味醇、绵甜、净爽，成为江淮浓香型白酒代表。江苏茶叶种类多、品质优，早在唐代就有阳羡（今宜兴）贡茶。明清时吴县（今苏州吴中区）洞庭碧螺春茶，汤色碧澄，芳香沁人，列为绿茶极品，南京雨花茶也是名茶中的佼佼者。

江苏纺织文化可追溯到新石器时代，苏州草鞋山遗址出土 3 块葛布残片，被认为是中国目前发现年代最久的纺织品实物之一。丝织业是江苏在秦汉时发达的手工业品种，六朝江南以出产麻葛织品著称。刘裕灭后秦，将长安“百工”迁至建康（今南京），设“锦署”，江南丝织业发展壮大。唐代江浙丝织品远销海外，深受欢迎。宋代以来，苏州苏绣和缂丝驰名天下，苏绣是四大名绣之一，缂丝是中国丝绸艺术品中的精华。明代江南成为丝织业中心，苏州宋锦、南京云锦和四川蜀锦并称三大名锦。清康熙至嘉庆时，南京织造业在全国首屈一指，被称为云锦之乡。清代在江南设立三个织造局，江宁和苏州织造在江苏。元代江苏棉纺织业发展迅速，清代常熟、嘉定与松江并称三大棉纺业中心。明清时松江、南通土布出口海外，因松江、南通明代属南京（南直隶），故其布在海外被称为“南京布”。

江苏是中国境内较早出现陶器的手工业地区之一，在溧水神仙洞曾发现万年前陶片。夏商时期苏南地区流行几何印纹陶。西周到春秋，吴国受越国影响烧造原始瓷。六朝时宜兴烧制青瓷；宋代开始专攻陶器；到明清时期，造型丰富的紫砂陶闻名于世，其上镌刻诗、文、书、画，艺术品位和文化价值攀升，赢得“名器名陶，天下无类”的美称，宜兴成为中国陶都。

江苏金属冶炼和铸造成就也很突出。青铜时代就以出产铜、锡、铅闻名，先秦时徐国和吴国拥有先进青铜铸造技术。苏南青铜器形状及纹饰有浓厚吴文化特色，被称为“吴冶”。江苏是中国冶铁技术发源地之一，六合程桥春秋晚期吴墓出土生铁。近年镇江也发现吴国冶铸遗址。南朝人谢平、黄文庆用“杂炼生鍒”法炼出铁剑，被称为“中国绝手”。唐代扬州金银器和铜器声名显著，尤其是扬州铜镜，因工艺精湛而受到青睐，赢得许多诗人的称赞。在印尼海域发现的“黑石”号唐代沉船上有扬州江心镜，表明当时扬州铜镜行销海外。明嘉靖时，江苏人发明的炼钢新技术被广泛运用，声名鹊起，被称为“苏钢”。

扬州是漆器重要产地，汉代以做工精巧、纹样优美、色彩绚丽而闻名。明清时扬州成为全国漆器制作中心，作品曾于1910年获国际博览会金奖，技艺超群，名闻海内外。

江苏建筑以砖木结构为主，南京、太湖流域、苏北等地各有特色。六朝、五代十国、明代、民国时期，因其政治和文化中心乃至经济中心地位，出现建筑创新高峰，成为不少建筑要素和样式的传播之源。江苏以古典园林建筑艺术而名传中外，苏州、无锡、扬州、南京、常州等地园林建筑类型齐全，保存完整。它们巧妙运用对比、衬托、尺度、层次、对景、借景和小中见大、以少胜多等技巧，将亭台楼阁、泉石花木组合在一起，模拟自然风光，创造了包容建筑美、自然美、人文美在内的“城市山林”“居闹市而近自然”的理想空间，反映了江南高度居住文明，系统全面地展示了中国古典园林在建筑布局、结构、造型、风格、色彩以及装修、家具、陈设等方面的特征。其中以苏州园林为代表，充分体现中国造园艺术的民族特色和水平，在世界园林艺术史上拥有不可替代的地位。苏州城内园林曾多达270余处，留存至今的有40多处，拙政园、留园、网师园、环秀山庄、艺圃、耦园、沧浪亭、狮子林和退思园等作为经典被列入联合国教科文组织《世界遗产名录》。苏州香山帮匠人技艺高超，如明代蒯祥在北京参加皇宫设计建造，官至工部侍郎。苏州能工巧匠用紫檀、酸枝、杞梓、花梨等外来木材制作明式家具，至今仍深受人们喜爱。

发达的水系推动江苏水运水利及海上航行事业，包括大运河的开凿和发达的造船业，使江苏成为我国海上丝绸之路重地。孙吴船队首航辽东、夷洲（今中国台湾）；南朝通使百济（今韩国）；唐代扬州成为首屈一指国际港城；高僧鉴真由张家港黄泗浦东渡日本；如东掘港成为日本遣唐使停驻地；宋代江阴设市舶司；元代刘家港成为重要海港；明代郑和从南京和太仓出发，七次远航西亚乃至非洲……相关文化遗存近年大多获考古发现而闻名海内外。总之，江苏作为中国的著名“水乡”，先民们以水为田、以水为道、以水为景、以水为美，许多江南城市、集镇、村舍都依河而建，形成了“江南利于舟”“人家尽枕河”的别样风貌。水是江苏人的生活和生产依托，也造就了“水乡江苏”“锦绣江南”的典型文化特征。

三　和而不同　美美与共

因大江大河阻隔，古代江苏南北属不同文化圈。《尚书·禹贡》曰：“海岱及淮惟徐州。淮沂其乂……厥田惟上中，厥赋中中……浮于淮泗，达于菏”；“淮海惟扬州……三江既入，震泽底定……厥田惟下下，厥赋下上上错……沿于江海，达于淮泗”。《吕氏春秋·有始览·有始》云：“泗上为徐州，鲁也。东南为扬州，越也。”表明江苏大江南北在先秦时具有文化二元特征，呈现南秀北雄、徐扬分明的文化品格。

在江苏地方文化的发展过程中，受荆楚文化、于越文化、齐鲁文化、中原文化以及徽文化等地域文化影响，促进了多元与融合文化特征形成。苏南在先秦时属独具特色的吴文化圈，后不断演变和丰富，形成江南文化核心之一。宁镇原属吴文化中心区域，后成为楚文化与吴文化交锋地区，故称“吴头楚尾”，六朝时在大量北方移民作用下，兼具南北优胜，加之南唐、明代、民国作为都城，养成古代都城文化风范，周边城市亦受其影响。徐海西近中原、北邻齐鲁，北方气质浓厚。江淮居中，具有文化过渡性与兼容南北特点。沿海地域则向海而生，陆海联动，有海洋文化秉性。以文化的特性并按地域划分，江苏地方文化主要由吴文化、徐汉文化、淮扬文化、金陵文化、海洋文化等几个亚文化板块组成。

1. 吴文化。吴文化源自长江下游的史前文化，夏商时代诞生于宁镇地区，又逐步向太湖流域扩展。春秋时期吴国先后定都于今无锡及常州境内的阖闾城和今苏州，汲取中原列国先进文化，北上争霸。经千年演变，形成以"吴侬软语"为主要语言特征，以环太湖流域苏州、无锡、常州为主要区域，辐射松江（今上海）、嘉兴、湖州等地的吴文化圈。吴地沿江环湖滨海，水道纵横，河港交错，食则稻鱼菱藕，居则枕河人家，行则舟桥两便，业则渔殖蚕桑，习则书画文章，宋元时成为中国农业和工商业发达地区。士农工商百业融合，市民文化和士大夫文化互相影响，带来雅俗并举的人文风貌，"生生燕语明如翦，呖呖莺歌溜的圆"的昆曲流传全国，余音绕梁的评弹长盛不衰，兼城市之便利与山林之幽趣于一身的园林艺术移步换景。苏州明代出现吴门画派，太仓清初出现娄东画派，常州清代出现常州学派、常州词派、常州画派、阳湖文派和孟河医派五大派别，文化世家大量涌现。

2. 徐汉文化。徐汉文化以徐州（古称彭城）为中心，覆盖徐、淮、盐、宿地区，既是江苏先秦以徐国为代表的地域文化中心所在，也是项羽、刘邦等开创大汉文化的一批重要人物的故乡。徐汉文化融合黄河、淮河、长江三大文化体系，源远流长，博大丰厚，奠立淮北平原早期文明基础，曾在中华文明史上拥有辉煌篇章。徐州是汉文化集萃地，在西汉时是帝乡和楚都，考古发现楚王陵、汉墓群、兵马俑、画像石等，是除都城长安（今西安）之外汉文化遗存最多、规模最大的名城。其非物质文化遗产也很丰富，淮海戏、梆子戏、柳琴戏、琴书等具有地方特色。宿迁以项羽遗迹、泗水国遗址为特色。苏北自南宋黄河"夺泗入淮"，数百年间水患不断，谱写了波澜壮阔的治水篇章，留下诸多相关历史遗产。

3. 淮扬文化。淮扬文化地处江苏中部，以江淮话为方言，涵盖淮安、扬州、泰州等地。春秋时吴国开挖邗沟，再到隋朝大运河建成，连接长江与淮河两大流域的淮扬一带地位日益重要，扬州、楚州（今淮安）等交通枢纽城市兴起，淮扬文化也逐步形成。唐代扬州是中国东南第一大都会，史称“扬一益二”。扬州的区位、气候、美食、居所、人文气息，吸引大量文人名士，淮扬文化成为当时城市文化翘楚。元朝重修大运河，奠定江淮运河沿线在全国的运输中心地位。淮扬地区小说创作、园林文化成就突出。清代扬州盐商富甲天下，推动精英文化和世俗文化同步发展，出现扬州学派王念孙、王引之、焦循、汪中、刘师培等学者，出现“扬州八怪”为代表的扬州画派，戏曲、玉雕、漆器、盆景、雕版印刷、淮扬菜系等也独具特色，影响远大。

4. 金陵文化。金陵文化位于滨江的中华文化南北、东西交汇之地，历史上扮演了数次文化大交流大融汇的主角，具有代表中华文明主流的地位及特点。特别是“六朝文化”，在中华文明史上有承前启后、开创新学的地位。北方士民包括许多政治家、艺术家、学问家、佛教高僧等渡江南下，带来中原千年积淀的文化，实现中华文化南北大融合和大提升，为隋唐文化兴起奠定坚实基础；南唐文化“灿然可观”；明初郑和“七下西洋”，南京成为中外文化交流重镇；民国时，中西文化在南京都呈强势，以教育、科学最显著。四方交汇、多元并蓄、开放包容，可谓金陵文化的一大特色。

5. 海洋文化。江苏东濒黄海，沿海地区包括连云港、盐城、南通等地。具有拥江达海自然优势的南京、扬州、镇江、泰州等地也存在丰富的涉海文化。沿海区域地势低平，湿地广布，水产丰饶。季风为航海和制盐提供条件，洋流催生丰富渔业。先秦时长江沙嘴由扬州东延，经泰州到如皋东北、海安以东。宋至清代黄河南迁，海岸线扩展上百里，又形成颇具特色和地位的新型海洋文化区。江苏海洋文化是由海洋及陆海联动生成的地缘文化，是人们在认识海洋、利用海洋的社会实践过程中创造出的精神和物质文化总和，表现为海洋渔业文化、海盐文化、港城文化、航海及海丝文化、滨海湿地文化等若干海洋文化特色。

由不同亚文化板块组成的江苏区域文化，既有丰富内涵，又有鲜明特征，使江苏文化保持着统一性和多样性的协同持续发展，创造出江苏文化的多姿多彩，和而不同，美美共生。

四　崇文重教　英才荟萃

教育是人类文化传承与创新的主要动力。江苏教育源远流长，从言偃在吴地传播孔子儒学，经历代贤达兴学，直到近现代教育发达，江苏教育以自己的坚实步伐培育出一代代文化英才。江苏教育起始之早、内容之丰、形式之多、风气之醇、成效之著，都让神州瞩目，也令江苏人自豪。

春秋时代，贵族教育有饱学之士吴国季札的出现；西汉楚、江都国皆有儒学教育。东汉建武六年(30)，丹阳太守李忠兴办官学。六朝时今南京作为都城，成为教育中心。孙权于黄龙二年(230)立都讲祭酒，景帝孙休永安二年(259)立国学，置学官，立五经博士。东晋建武元年(317)建太学。刘宋元嘉十五年(438)，设儒学馆、史学馆、文学馆和玄学馆，分科教学成为中国教育史上创举。萧梁天监四年(505)，设五经博士并广开学馆，武帝萧衍委派文学侍从周兴嗣撰《千字文》，为古代蒙学必读教材。六朝时期的私学教育也成就显著。

唐代海州、常州州学及句容、溧水县学相继兴办，扬州曹宪、苏州陆德明、润州马怀素、昆山张后胤为一代名师。南唐官学较同时各国繁盛，以国子监为全国教育管理机构，秦淮河畔逐渐成为古都金陵的文教中心和科举中心。

北宋三次官学运动，两次与今江苏有关。庆历三年(1043)，范仲淹主持“庆历新政”，首开宋代兴学之风；王安石又主持熙宁、元丰兴学，促进学校教育发展，泰州胡瑗成为教育泰斗。文献记载江南新建书院143所，重要的有江宁(今南京)南轩书院、江东书院、昭文书院，苏州鹤山书院、浦里书院、文正书院，常熟文学书院，昆山玉峰书院，江阴澄江书院等。

明洪武十五年(1382)改建南京国子学为国子监。永乐时迁都北京，保留南京国子监，称“南监”，规模超过北监。洪武二十六年(1393)，监生达8124名，永乐二十年(1422)增至9972名。明代，江苏私学亦发达，这与王守仁、湛若水等著名学者的倡导有关。王守仁提出“知行合一”的教育思想，泰州人王艮赴南昌投其门下，推崇阳明学说，注重实用之学，建复初等书院，创泰州学派，在中国思想史上有重要影响。湛若水，曾任南京吏部尚书，他是著名学者陈献章的学生，曾在南京建新泉、新江书院，在扬州建甘泉书院，从学者众，世称“甘泉先生”。无锡东林书院有顾宪成、高攀龙等长期讲学，成为左右全国政治舆论的中心。明代，江苏在科举考试上也代有才俊，明代的状元一共 89 人，江苏占 16 人。

清代江苏书院勃兴，扬州有书院 20 多所。江苏进士人数居全国之首，顺治三年(1646)至光绪三十年(1904)出状元 112 名，江苏有 49 名。苏州是中国状元最多之地。长洲(今苏州)人钱棨“连中三元”，清代仅有 2 位考生有这样的佳绩。清代 112 科中，同一家族取中一甲三名(状元、榜眼、探花)者仅 23 名，江苏有 21 名。

清末江苏新学如潮，初、中、高等学校，师范、实业、民众教育等均获发展，兴办女学，开风气之先。重视教育的传统影响到当代，据 1988 年中国教授名录统计，江苏籍教授有 2365 名，居各省第一，以占全国 1%的土地面积贡献了 14%的教授。现在江苏籍两院院士有 450 人，以全国 5%的人口贡献了 19%的院士。今天江苏高等教育综合实力仍居全国第三，发达的教育为江苏文化乃至经济社会的高质量创新发展提供了最重要的条件。

五　人文昌盛　造福中华

江苏自古为人文昌盛之地。江苏人民发扬灵性，在这方热土上创造出如史诗般的精神文化奇迹，在经学、文学、科学、书法、绘画、戏曲、音乐、园林、建筑、雕版印刷、工艺美术、宗教文化等各方面，对历史和当代均具有重要影响。

江苏文学可追溯到孔子门生——吴人言偃，而子游(言偃)在历史上“以文学见长”。西汉时，江苏文学进入新的发展时期，考古学者在连云港发现了目前所知最早的四言俗赋——西汉《神乌傅(赋)》，作品用拟人手法抨击现实，换韵自由，语言通俗，比曹植《鹞雀赋》早约200年；淮阴人枚乘的《七发》，是汉代骚客体赋向大赋发展中的杰出篇章。

六朝是中国文学发展史的高峰。陆机有文学评论作品《文赋》；郭璞为游仙诗体奠基；刘宋有"元嘉三大家"鲍照、颜延之、谢灵运，影响唐代诸多著名诗人；刘义庆《世说新语》是志人小说代表作，形成"世说体"。南齐出现中国最早文学评论著作刘勰《文心雕龙》，促成当代"龙学"；产生讲求诗歌声律和对偶的"永明体"，开律诗先河；梁武帝萧衍博通文史，"江南弄"是中国最早词牌和词作，其子萧统主编《文选》是中国现存最早诗文总集，形成后来的"文选学"；萧梁宫体诗用词华丽，描写细腻，影响深远；锺嵘《诗品》是中国首部诗论专著，对两汉至南朝五言诗做了系统总结；南朝骈文兴盛，江淹等是骈文大家，陈朝庾信、徐陵是辞赋名家，合称"徐庾体"，徐陵所编《玉台新咏》是首部女性与爱情诗文合集，《孔雀东南飞》因被其收录而传世。

唐宋以来，金陵怀古诗大量出现。文人墨客通过对前朝的遗迹观照，生发兴亡盛衰、人世变幻慨叹，以唤起历史记忆和美好情感。南唐后主李煜词艺娴熟，情境别致，被誉为"词中之帝"，有杰作《虞美人》《浪淘沙》《乌夜啼》等传世。淮安人吴承恩的《西游记》是世界文学史上的伟大作品，吴敬梓在南京写出《儒林外史》，李汝珍在海州写出《镜花缘》。晚清四大谴责小说中的《老残游记》《官场现形记》《孽海花》，作者刘鹗、李伯元、曾朴都是江苏人。苏州人冯梦龙编撰的短篇小说集《三言》亦有重要影响。近代一批著名文学家、戏剧家在江苏成长，如叶圣陶（吴县人）、朱自清（扬州人）、钱钟书（无锡人）、洪深（武进人）、丁西林（泰兴人）、吴梅（吴县人）等，他们贡献了中国近现代文化史上的重要篇章。

江苏是绘画艺术重镇。徐州等地出土的画像石是汉画杰出代表；六朝是中国画创新发展的关键期。孙吴有"佛画之祖"曹不兴；东晋有"三绝"画家顾恺之，传世《女史箴图》《洛神赋图》《列女仁智图》等虽属唐宋摹本，仍是公认瑰宝。南朝刘宋画家陆探微与晋顾恺之、梁张僧繇、唐吴道子合称画界"四祖"，他是书法入画第一人，创造"一笔画"法，世称"秀骨清像"。梁代张僧繇用天竺（现印度）画法，开创"面短而艳"

画风，是上承晋宋顾、陆，下开隋唐画风的大家。梁朝谢赫《古画品录》是中国首部系统绘画评论著作，提出绘画“六法”，奠定中国画论基础，成为后世准则。陈朝姚最《续画品录》，提出“心师造化”理论，成为重要创作原则。南朝画家王微、宗炳，开创独立的山水画科。

南唐金陵的“南唐画院”，集中一批有才华的画家进行专业创作，如曹仲玄、周文矩、顾闳中、顾德谦、王齐翰、董源、徐熙、董羽、卫贤、赵干等。常熟人黄公望、无锡人倪瓒在“元四家”之列。明代全国知名画家4000余人，江苏占1700多人。明中叶产生吴门画派，创始人沈周与文徵明、仇英、唐寅称为“吴门四家”或“明四家”，流变为晚明松江派，再变为清初以四王为代表的娄东派和虞山派。清代5800多位知名画家，江苏有2700多位。江宁有“金陵八家”，扬州有“扬州八怪”，把江苏乃至中国古代绘画推向高峰。苏州桃花坞木刻年画，与天津杨柳青年画并称“南桃北柳”，作品销往全国及海外，对日本浮世绘艺术产生很大影响。

江苏传统音乐因地缘关系而丰富多彩，体现江苏人灵动内敛、包容和顺、清雅细腻的文化品性。其古琴艺术在全国有突出地位，形成常熟虞山琴派、扬州广陵琴派、南京金陵琴派、南通梅庵琴派等重要流派。流传至今的民歌有12800余首，六合民歌《茉莉花》、二胡演奏曲《二泉映月》等，均是广为流传的佳作。江苏是戏曲重镇，昆曲即源自江苏，剧种主要有昆剧、扬剧、淮剧、苏剧、锡剧、海门山歌剧、丹剧、高淳阳腔目连戏、淮海戏、通剧、海州童子戏、丁丁腔、淮红戏等23个，诞生过梅兰芳、周信芳等戏曲大师。苏南流行苏州弹词等，唱腔柔美秀丽，风格和顺婉转；徐州琴书、苏北大鼓等则音调质朴、刚劲粗犷。江淮有扬州清曲、扬州弹词、扬州道情、南京白局等，形式多样，或说或唱，是民间口头文学活化石，有不可替代的文化和艺术价值。江苏是多个佛教及道教流派诞生地，形成各具特色的宗教音乐。道教音乐内容丰富，以苏州玄妙观斋醮音乐、金坛茅山道教音乐最具代表性。

江苏在科学方面有突出成就。东吴赵爽为《周髀算经》作注，著《勾股圆方图》。祖冲之用开密法算出的圆周率数值是当时世界最精确数值。明代西方数学著作《几何原本》《同文算指》《天学会通》，由徐光启和利玛窦合作翻译，几何、平行线、三角形等译名沿用至今。东晋句容人葛洪炼丹时发现游离分解水银法，总结化学反应可逆性。萧梁陶弘景炼丹时发现水银和其他金属组成合金可镀金镀银，发现区别硝石和芒硝的方法，为发明火药打下基础，他的《古今刀剑录》是中国最早的炼钢技术著作。无锡人徐寿是近代化学知识传入者，有“中国近代化学之父”称号。孙吴太史令陈卓画出 283 个星官 1565 颗星的星图，是中国星象观测史的里程碑。祖冲之编制“大明历”，首次运用岁差测定回归年天数，与现代科学所测只差 50 秒。宋代黄裳所绘的苏州天文图是重要古星图。清初吴江王锡阐吸收西学，著成《晓庵新法》，很多算法超过当时西方。康熙时吴江人孙云球以水晶磨制出察微镜、千里镜等 72 种光学仪器，所著《镜史》是中国首部光学著作。

中医文化方面，江苏成就众多。东晋葛洪认识了天花和结核病等多种传染病，留下中国最早天花记载，其《肘后备急方・治寒热诸疟方》中“青蒿一握，以水二升渍，绞取汁，尽服之”的记载，曾对我国当代著名科学家屠呦呦发明“青蒿素”这一诺贝尔奖获奖项目作出过重要贡献。南朝陶弘景《本草经集注》垂名后世，他的《陶氏效验方》《补阙肘后百一方》《药总诀》都是著名医典。明代陈实功成功完成断喉吻合术，总结诸多外科技术，写成《外科正宗》。明末清初吴有性写成《瘟疫论》，为温病学说形成奠定基础。清中期叶桂著成《温热论》，为温病学发展深化理论基础，吴瑭继而著成《温病条辨》。清代江苏南有常州孟河医派，北有淮安河下医派，对中国近现代中医学发展都有重大影响。

雕版印刷技术是中华民族的发明创造，也是文化传播的重要途径和推动图书收藏及阅读的重要保障。唐长庆四年（825），元稹为白居易《长庆集》作序，提及扬州有人刊刻他和白居易的诗。苏州瑞光寺发现宋初雕印《妙法莲花经》，字体端正，刻工精细，反映当时印刷业高超水平。明代南京是雕版印刷中心，三山街内桥一带书坊林立，《元史》《元秘史》《大明律》《明大诰》等官方著作及李时珍《本草纲目》、大藏经等多种书籍均在南京刻印。明中叶后，南京成为彩色套印中心，以十竹斋画谱和笺谱最为有名。明清扬州印刷业发达，康熙四十四年（1705），江宁织造曹寅奉旨在扬州刊刻《全唐诗》，一年完成四万八千多首诗的印刷，成为中国雕版史上的杰作。印刷业发达推动着图书收藏和流行，对江苏及全国教育、藏书和社会文化水平的提高都有促进作用，明代江苏藏书家 200 多人，居全国第一。迄今扬州和南京的传统雕版印刷技艺还是世界非物质文化遗产。

江苏历史悠久，人文荟萃，留下丰富多彩、独具特色的文化遗产。截至 2018 年底，江苏有世界文化遗产 3 项(大运河 1 项 28 处点、段；苏州园林 1 项 9 处；明孝陵 1 项 7 处)，有 13 个国家级历史文化名城，27 个国家级历史文化名镇。有不可移动文物 20007 处，其中全国重点文物保护单位 226 处；有可移动文物 280 余万件，它们成就了江苏现代博物馆和文化旅游事业。代表不同时代文化风貌的文物遗产，是各地的文化经典，如南京和丹阳的南朝陵墓石刻，南京明城墙、明孝陵、明代宝船厂遗址、民国建筑，苏州历史城区、古典园林、虎丘等。习近平总书记说："历史是一面镜子，从历史中我们能够更好看清世界，参透生活，认识自己；历史也是一位智者，同历史对话，我们能够更好认识过去，把握当下，面向未来。"江苏拥有雄厚优质的传统文化遗产资源，有众多领先于全国的当代文化成就，有缜密科学的提升文化核心竞争力和建设文化强省的行动纲领，江苏人民一定能够在党中央的正确领导下，在传承文脉的基础上创新发展，建成一个"强富美高"的新江苏。

目　录

下　编

浦口营盘山遗址出土的陶质人头像（新石器时代，南京市博物馆藏）

釉下彩盘口壶（三国吴，江宁长岗村 5 号墓出土，南京市博物总馆藏）

玻璃杯（东晋象山 7 号墓出土，南京市博物总馆藏）

梁昭明太子萧统安陵石麒麟（平涛摄）

梁沈约《宋书》书影

东晋顾恺之《女史箴图》（唐摹）局部（大英博物馆藏）

南唐先主李昪钦陵（平涛摄）

南唐顾闳中《韩熙载夜宴图》（局部）

七宝阿育王塔（北宋，中华门外北宋长干寺地宫出土，南京市博物总馆藏）

萧何月下追韩信梅瓶（元，江宁将军山沐英墓出土，南京市博物总馆藏）

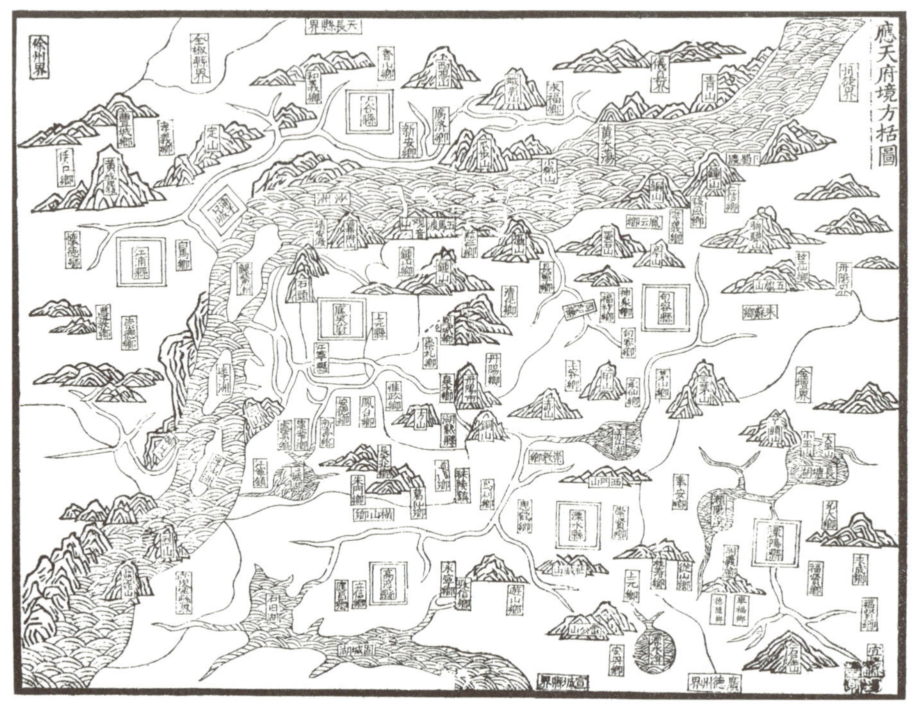

应天府境方位括图（明朝陈沂《金陵古今图考》）

明代聚宝门（今中华门瓮城）鸟瞰（D.J.Ben 摄）

明孝陵石象路（平涛摄）

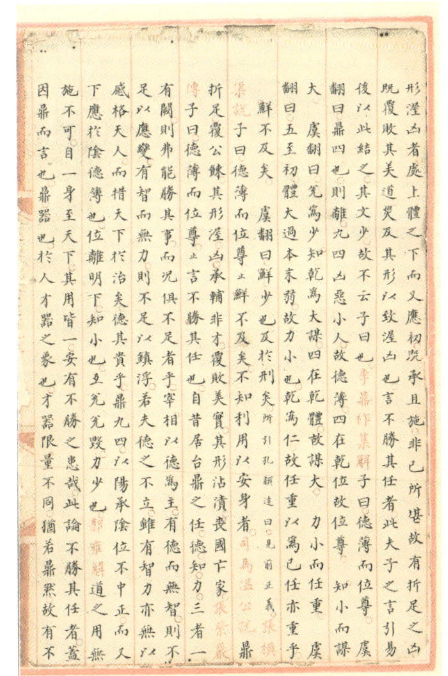

形渥凶者處上體之下而又應初既承且施非己所堪故有折足之凶
既覆敗其美道災及其形以致渥凶也言不勝其任者此夫子之言引易
後以此結之其文少故不云子曰也李鼎祚集解子曰德薄而位尊虞
翻曰鼎四也則離九四凶惡小人故德薄四在乾位故位尊知小而謀
大虞翻曰兌爲少知乾爲大謀四在乾體故謀大力小而任重虞
翻曰五至初體大過本末弱故力小也乾爲仁故任重以爲己任亦重乎
鮮不及矣虞翻曰鮮少也及於刑矣所引孔穎達曰見前正義張橫
渠說子曰德薄而位尊止鮮不及矣不知利用以安身者司馬溫公說鼎
折足覆公餗其形渥凶承輔非才覆敗美實其形沾漬喪國亡家張紫巖
傳子曰德薄而位尊止言不勝其任也自昔居台鼎之任德知力三者一
有闕則弗能勝其事而況俱不足者乎宰相以德爲主有德而無智則不
足以應變有智而無力則不足以鎮浮若夫德之不立雖有智力亦無以
感格天人而措天下於治矣德其貴乎鼎九四以陽承陰位不中正而又
下應於陰德薄也位離明下知小也互兌兌毀力少也郭雍解道之用無
施不可自一身至天下其用皆一安有不勝之患哉此論不勝其任者蓋
因鼎而言也鼎器也於人才器之象也才器限量不同猶若鼎然故有不

《永乐大典》书影（明钞本，南京图书馆藏）

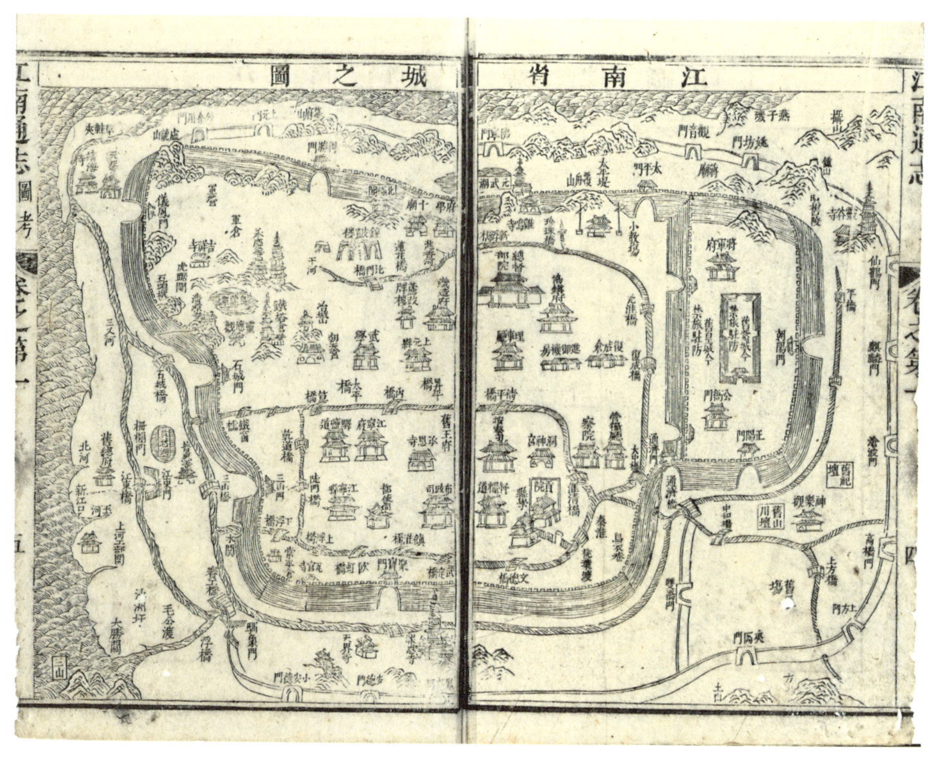

江南省城之图，又名江南省会城郭图（于成龙、王新命等修《康熙江南通志》）

江南织造生产的云锦（《中国南京云锦》）

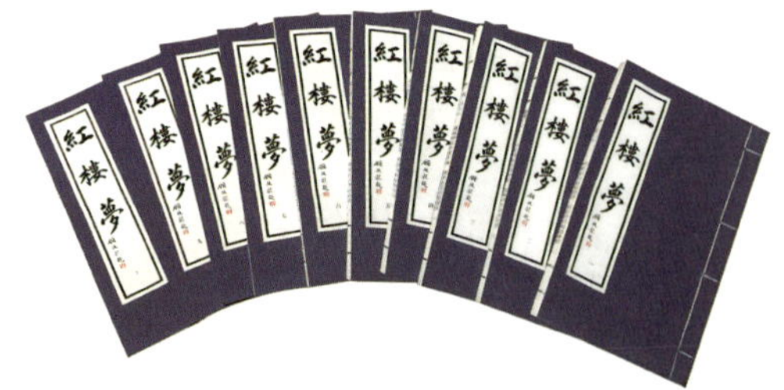

《红楼梦》书影

Examination halls at Nanking,
containing 29.500 booths.

江南贡院号舍旧影

太平天国天王玉玺（南京太平天国历史博物馆藏）

临时大总统孙中山

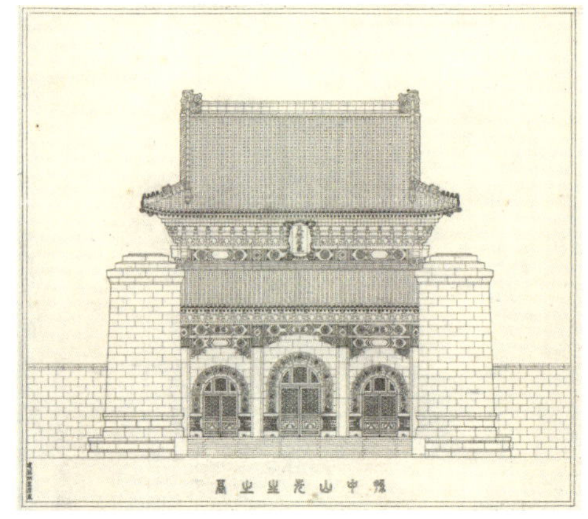

孙中山先生之墓正立面图（吕彦直设计，南京市城市建设档案馆藏）

金陵机器制造局（《骆博凯家书》）

紫金山天文台观象台（平涛摄）

绪 论

南京是我国著名“四大古都”和历史文化名城之一，有约 50 万年人类活动史、将近 2500 年建城史。历史上，孙吴、东晋和南朝的刘宋、萧齐、梁、陈，先后以南京（孙吴时称建业，东晋南朝时称建康）为都，史称“六朝古都”；此后，南唐、明、太平天国、中华民国也相继在南京定都，因而南京又有“十朝都会”的美誉。据史念海先生统计，南京作为古都，前后定都时间共计 450 年，仅次于西安（1077 年）、北京（903 年）和洛阳（885 年），名列中国古都排行榜的第四位。① 在定都南京的 10 个王朝和政权中，六朝、南唐和太平天国属于地区性的政权，明朝和民国属于全国性的政权。南京在不同的历史时期扮演过政治中枢、军事重镇、商业都会、交流中心、时尚之都、天下文枢等多重角色，其中，文化是南京这座城市的底色和灵魂。民国年间的中央大学教授、南京市通志馆馆长卢前评价道：“南京，我们与其说它是经济的名都，毋宁说是政治的都城，与其说是政治的名城，毋宁说是文化的名都。不仅是中国的文化城、东方的文化城，也是世界上少有的文化名城之一。”②

关于文化，历来有不同的定义。一般而言，文化可以分为物质文化（或称器物文化）、制度文化和精神文化（或称观念文化）。有人形象地

① 史念海：《中国古都与文化》，中华书局 1998 年版，第 136—138 页。

② ［民国］卢前：《南京对世界文化的贡献》，卢前著，卢佶选编：《旧时淮水东边月》，商务印书馆 2017 年版，第 164 页。

把它的结构比喻成一个鸡蛋,由里到外依次是蛋黄、蛋白和蛋壳三个层次。相对应的,最里层的是精神文化,中间层是制度文化,最外层是物质文化。其中精神文化是最深层、最稳定的文化传统和精神力量。精神文化的成果集中体现在思想、宗教、文学、艺术、史学、教育、科技、民俗等方面,这正是本书重点阐述的对象。

第一节　南京文化诞生的土壤

一、自然地理

南京地理坐标为北纬 31°14′—32°37′,东经 118°22′—119°14′。从全球视野来讲,它处在北纬 30°线(上下 5°之间)穿越的世界四大文明古国轴线范围内,属于亚热带季风气候,四季分明,气候温润,土壤肥沃,河湖密布,雨量丰沛,物产丰富。从全国视角来看,南京坐落在我国东南地区,位于长江下游中部,襟江带湖,东连富饶的长江三角洲,西靠皖南丘陵,南接太湖水网,北邻辽阔的江淮平原。南京的辖区跨越淮河、滁河、长江干流、秦淮河、水阳江和太湖六大水系,既有秦淮河、滁河、胥河等河流的舟楫之利,又有“黄金水道”长江沟通内外。独特的地理区位优势,使得南京在我国历史发展的长河中,脱颖而出,成为长江流域跨江城市的杰出代表,也是我国唯一跨越江南、江北的古都。[①]

历史上的南京,以 35.267 千米长的明城墙围合的范围为核心。从自然地理角度来看,南京城的中心是一片宽阔的平地,东面以钟山为代表的一系列山脉宛若巨龙蟠伏;西面以石头山(今清凉山、国防园一带)为代表的一系列山脉宛如猛虎蹲踞;北面覆舟山(今小九华山)和鸡笼山连成天然的屏障;南面有秦淮河蜿蜒流淌,隔水近处聚宝山(今雨花台)宛如几案陈列在眼前,远处牛首山宛若天阙双峰峙立。如此的山水

① 卢海鸣、邢虹:《南京:中国唯一跨越江南江北的古都》,《南京日报》2020 年 5 月 22 日“风雅秦淮”版。

形胜之地，无疑是历代帝王建都的首选之地。诚如三国蜀汉政治家诸葛亮所言“钟山龙盘，石头虎踞，此乃帝王之宅也”①。从军事角度来看，南京主城区三面环山，一面临水，地势险要，易守难攻，尤其是南京城西北奔腾而过的浩瀚长江，江面宽阔，水流湍急，在冷兵器时代形成一道难以逾越的“天堑”。孙中山先生在《建国方略》中赞美道：“南京为中国古都，在北京之前，而其位置乃在一美善之地区。其地有高山，有深水，有平原，此三种天工，钟毓一处，在世界中之大都市诚难觅如此佳境也。”②

南京独特的自然地理环境，有利于不同地域之间的交流，从而使它成为吴越文化与荆楚文化、海派文化与内陆文化、北方文化与南方文化、运河文化与长江文化的交会点，不同的文化在这里碰撞激荡，形成了富有特色的南京文化。

二、建置区划

历史上的南京，地域范围变动不居，行政建置更替频繁。

春秋时期（公元前 770—前 476），南京地处“吴头楚尾”之地，吴国在江南建濑渚邑（又名固城），楚国在江北设棠邑，标志着南京进入具有行政建置的“邑制”时代。

战国时期（前 475—前 221），南京地区先后涌现出越城和金陵邑两座城池，前者系越国修筑，后者系楚国建造。

秦代建立中国历史上第一个大一统的帝国，实行郡县制，南京正式纳入中央专制集权王朝的版图之中。秦代在南京地区设置棠邑、江乘、秣陵、丹阳、溧阳 5 县，其中棠邑隶属于九江郡，江乘、秣陵、丹阳、溧阳隶属于鄣郡。

汉代在全国设立十三州刺史。在地方上，郡县制与分封制（又叫封邑制）并行，相互之间犬牙交错，互相制约。汉代的南京地区属于《禹贡》九州中的扬州，设有棠邑（堂邑）、江乘、秣陵、丹阳、溧阳和湖熟 6

① [唐]许嵩撰，张忱石点校：《建康实录》，中华书局 1986 年版，第 38 页。

② 孙文著，刘明、沈潜评注：《建国方略》，中州古籍出版社 1998 年版，第 204 页。

县，棠邑先后隶属于临淮郡、广陵郡，其他5县隶属于丹阳郡；同时，汉代还分别在棠邑、秣陵、丹阳、溧阳和湖熟设立了5个侯国。自东汉末年起，实行州、郡、县三级制行政建置，扬州刺史治所、丹阳郡治所分别迁到南京，一直延续到唐朝初年。汉末，扬州刺史管辖的范围大致涵盖江苏南部、安徽南部、江西、浙江、上海、福建等地，丹阳郡领有江乘、秣陵、丹阳、句容、溧阳、湖熟等19县。

公元220年，曹丕在洛阳称帝，建立魏国；221年，刘备在成都称帝，建立汉国；公元229年春，孙权在武昌（今湖北鄂州）称帝，建立吴国，标志着三国鼎立局面正式形成。同年秋，吴大帝孙权迁都建业（今南京），在今天的南京主城区建城，南京从此由默默无闻的江南小邑发展成为一座举足轻重的江南都城。

西晋太康元年（280年），晋武帝司马炎灭吴，统一中国，对吴国都城建业采取了一系列抑制措施。首先是废建业之名，更名为秣陵，降格为一座县级城市。其次，采取分而治之的策略。太康元年，分秣陵县设置临江县，次年改称江宁县；太康三年，又以秦淮河为界，将秣陵县分为建邺和秣陵两个县。江宁、秣陵、建邺3县均隶属于丹阳郡。自东晋至唐，丹阳郡有分有合，皆隶属于扬州，南朝宋齐梁陈因之不改。

东晋建武元年（317年），琅邪王司马睿在王导、王敦的扶持下，在建康（今南京）建立东晋政权。此后，宋、齐、梁、陈相继以建康为都城，史称南朝。东晋南朝时期，建康与秣陵、丹阳、江宁、永世、溧阳、湖熟、句容8县同属于扬州八郡之一的丹阳郡管辖。①

隋开皇九年（589年），隋文帝杨坚灭陈，统一中国，将“建康城邑宫室，并平荡耕垦，更于石头置蒋州”②，建康城垣宫殿被夷为平地。大业三年（607年），撤蒋州置丹阳郡。蒋州和丹阳郡仅辖江宁、当涂、溧水3县。

唐朝时期，南京既做过扬州、蒋州、江宁郡、昇州的治所，又做过丹阳、归化、金陵、白下、江宁、上元县的治所。先是隶属于江南东道（道治苏州），安史之乱后，隶属于浙江西道（道治润州，今镇江）。唐肃宗乾元

---

①《南齐书》卷一四《州郡志上》，中华书局1972年版，第245页。

②《资治通鉴》卷一七七，隋文帝开皇九年，中华书局1955年版，第5516页。

元年(758 年),改江宁县置昇州,领有上元、句容、溧水、溧阳 4 县。唐昭宗大顺元年(890 年),复改上元为昇州,仍领上元、句容、溧水、溧阳 4 县。[①]

五代十国时期,唐天祐十四年(917 年,此时离唐王朝 907 年灭亡已经过去 10 年,以扬州为中心的杨吴政权仍在使用唐昭宗天祐年号),杨吴权臣、齐国公徐温坐镇昇州,将昇州升格为大都督府,遥控杨吴政权;同时,在原有上元、句容、溧水、溧阳 4 县的基础上,分上元县西南 19 乡和当涂县北 2 乡新置江宁县,并以秦淮河(今内秦淮河)为界,秦淮河北为上元,秦淮河南为江宁,从此上元与江宁同城而治近千年。[②] 吴武义二年(920),改昇州大都督府为金陵府,后来又立为西都。吴天祚三年(937 年),徐知诰(即南唐先主李昪)取代杨吴,自立为帝,以金陵府为都城,改金陵府为江宁府,下辖上元、江宁、句容、溧水、溧阳、广德、芜湖、铜陵、繁昌、青阳等县;江北的六合县一度划归江宁府,形成跨江而治的局面。[③] 然而,好景不长,南唐中主李璟时期,因战争失利,江北十四州之地被迫割让给后周,江宁府的统辖范围退缩到长江以南。

北宋开宝八年十一月(976 年元旦),宋军占领南唐都城江宁府,旋即更名为昇州,下辖上元、江宁、句容、溧水、溧阳 5 县。宋真宗天禧二年(1018 年),以昇州为江宁府,以寿春郡王赵祯(后继位为宋仁宗)为江宁府尹,进封为昇王,所以江宁府又有昇国之名。靖康二年(1127 年),北宋都城汴京(今河南开封)被金人攻陷后,宋室南渡,立都临安(今浙江杭州),仍以开封为京师,史称南宋。南宋改江宁府为建康府,以其为行都,又称留都、陪都。

元至元十三年(1276 年),元军占领建康府城。次年,设建康路总管府,统辖在城录事司(管理建康城内事务),以及上元、江宁、句容 3 县和溧水、溧阳 2 州。集庆路隶属于江浙行省。元文宗天历二年(1329 年),因建康路曾经是他做怀王时的流寓地,于是改建康路为集庆路以示纪念,辖境未变。

① 《新唐书》卷四一《地理志五・江南道・昇州》,中华书局 1975 年版,第 1057 页。

② 卢海鸣:《南京历代名号》,南京出版社 2018 年版,第 92 页。

③ 薛政超:《五代金陵史研究》,中央编译出版社 2011 年版,第 33 页。

洪武元年(1368 年),朱元璋在应天府称帝,国号大明,升应天府为南京。明朝南京(又称南直隶、南畿)统辖应天、凤阳、淮安、扬州、苏州、松江、常州、镇江、庐州、安庆、太平、宁国、池州、徽州 14 府,以及徐州、滁州、和州、广德 4 直隶州,属下有 17 州、97 县。其中应天府辖江南的上元、江宁、句容、溧水、溧阳、高淳 6 县和江北的江浦、六合 2 县。这一变化标志着南京市的辖区范围永久性地跨过长江。

清世祖顺治二年(1645 年),改南京(南直隶)为江南省,改应天府为江宁府;旋即又对江南省进行分治。康熙乾隆年间,逐渐将江南省分为江苏、安徽两省。江宁府隶属于江苏省。康熙年间管辖范围仍然为 8 个县。乾隆年间,将溧阳划归镇江府,江宁府统辖上元、江宁、句容、溧水、江浦、六合、高淳 7 县,依然跨江而治。

民国元年(1912 年)1 月 1 日,孙中山在江宁府城(今南京)建立中华民国临时政府,废除上元、江宁两县,设置南京府。同年 3 月 10 日,袁世凯在北京继任临时大总统后,宣布迁都北京。次年,撤南京府,置江宁县,为江苏省行政公署(省会)所在地。民国三年(1914 年),袁世凯在江苏省下设置金陵道、沪海道、苏常道、淮扬道、徐海道 5 道,其中金陵道下辖江宁、句容、溧水、高淳、江浦、六合、丹徒、丹阳、溧阳、金坛和扬中 11 县。[①] 民国十六年(1927 年)4 月,蒋介石国民政府定都南京后,废除金陵道,改江宁县为南京特别市,同时,析出南京市郊区设立江宁县,南京成为直辖市一级行政区。其间,1929 年 4 月至 1930 年 5 月,南京一度更名首都市。

1949 年 4 月 23 日南京解放后,仍为直辖市建制,由华东军政委员会领导。1952 年 12 月改为省辖市、江苏省省会。1983 年实行市管县体制,南京市下辖玄武、白下、秦淮、建邺、鼓楼、下关 6 城区,雨花台、栖霞、浦口、大厂 4 郊区和江宁、江浦、六合、溧水、高淳 5 县。

今天的南京,地域范围有广义和狭义之分。广义的南京,是指今天的南京行政区划范围,即玄武区、鼓楼区、秦淮区、建邺区、浦口区、六合区、栖霞区、雨花台区、江宁区、溧水区、高淳区 11 个市辖区(含江北新

① 马伯伦主编:《南京建置志》,海天出版社 1994 年版,第 220—221 页。

区），总面积6587.02平方千米；狭义的南京，指的是明城墙围合的今天南京的主城区，面积将近60平方千米。

在历史上，南京或为一国之都，或为州治、郡治、府治和县治所在，政治地位载浮载沉，地域范围也因之变化频繁。行政管辖范围最大的时期是东晋南朝，南京作为扬州刺史治所所在地，管辖范围涵盖了今天的江苏、安徽、江西、浙江、上海和福建等省；管辖范围最小的时候是“邑制”时代的楚国棠邑、金陵邑和吴国濑渚邑。在漫长的历史演变过程中，南京由军事城堡、地方小邑、王侯封国，发展到偏安江南的六朝都城，再发展成为跨江而治的大一统王朝明朝的都城，最终形成今天跨越长江南北的山水城林融为一体的现代化大都市。南京地域范围的盈缩变迁，造就了这座城市既不因循守旧而又随遇而安，既不画地为牢而又顺势而为的个性，而南京文化的多元性正是这片沃土上生长出来的绚丽之花。

本文所研究的南京文化，地理范围以今天的南京主城区为核心，以跨越江南、江北的南京市辖行政区为重点，兼顾历史时期的南京辖境。

第二节　南京文化的发展阶段

南京承东继西、南北交汇、通江达海，各种文化在这里交流、交融和交锋。不同的时代，形成了各具特色的文化。千百年来，南京文化经历了由星光闪烁的史前文明、吴韵楚风的江南地域文化向大一统王朝的多元文化的发展过程，成为中华文化的一个重要组成部分。

一、史前至战国：南京文化的发轫期

南京地区自然环境优越，适宜人类生存繁衍，至今遗留有众多的古人类、古文化遗址；同时，史料中还记载有春秋战国时期诸侯国设立的封邑和军事堡垒。

（一）星光闪烁的史前文化遗址

1993年，在南京东郊汤山镇雷公山葫芦洞出土了2件猿人头骨化石和1枚牙齿化石，同时还出土了2000余件伴生脊椎动物化石，专家们通过对头骨化石的年代测定，确定其生活时代与“北京人”相当，并将其定名为“南京人”（又名“南京直立人”）。“南京人”的发现，将南京地区有人类活动的历史推进到距今50万年前。

从距今50万年到距今1万年，我们的祖先经过漫长时间的繁衍生息，凭借着坚忍不拔的精神、不畏艰难的勇气和出色的聪明才智，由猿人进化成智人。自20世纪80年代开始至2000年前后，考古工作者通过考古调查和发掘，在浦口沿江地带、高淳水阳江一带、东部茅山—宜溧地区均发现了距今10万年前的旧石器时代早期遗存。1977年，在溧水县白马公社回峰山神仙洞发现1件人类头骨化石及19种伴生动物化石，同时出土的距今1.1万年前的陶片说明先民们已经开始制作陶器。①

自距今6000年左右开始，先民们在南京地区的大江南北建立了许多原始聚落，南京进入“聚落时代”。聚落时代的南京先民创造了具有鲜明地域特色的考古学文化，其先后发展序列为：以北阴阳营遗址第四层为代表的新石器时代文化（前4000年）——相当于中原地区夏代的点将台文化（前2000—前1600）——相当于商代的“湖熟文化”（前1700—前1000）。这一文化序列延续数千年，一脉相承，绵延不绝。在南京地区范围内，有关这一序列的古文化遗址就有200余处。

这些古文化遗址一般多位于台形高地上，濒水而立，并以长江南岸的秦淮河、金川河（包括玄武湖）、古丹阳河（胥河）和长江北岸的滁河这四大古河流水系为纲，形成各自的分布区域。

秦淮河水系的古文化遗址有江宁区老鼠墩遗址、橙子墩遗址、磨盘山遗址、神墩遗址、前岗遗址、梁台遗址、船墩遗址、昝缪遗址、太岗寺遗址，雨花台区窨子山遗址，栖霞区桦墅村（原属江宁区汤山）点将台遗

① 鞠魁祥：《江苏溧水神仙洞的发掘和研究——中华文明史应追溯到万年前》，《火山地质与矿产》2001年第22卷第3号，第4—7页。

址，以及溧水区溧水中学遗址、螺蛳滩遗址、青龙桥遗址、二塘头遗址等；金川河水系的古文化遗址有北阴阳营遗址、锁金村遗址、安怀村遗址等；古丹阳河（胥河）水系的古文化遗址有高淳区薛城遗址、朝墩头遗址、富家山遗址等；滁河水系的古文化遗址有六合区羊角山遗址、平顶山遗址，浦口区营盘山遗址、杨山遗址、大古堆遗址、曹王塍子遗址、蒋城子遗址、牛头岗遗址等。在北阴阳营文化早期和点将台文化中，出土有石器、陶器、瓷器、玉器、蚌器、骨角器等，在湖熟文化中还出土了卜骨、卜甲、青铜器和文字符号，标志着南京文化进入青铜时代。

南京地区的众多古人类和古文化遗址，宛如"满天星斗"，在大江南北相映生辉，它们与江淮文化、徐海文化、太湖文化、皖西文化相互交融，由此催生出可与中原诸国分庭抗礼的吴国及其文化，并为日后南京文化的形成和发展打下了良好的基础。

（二）春秋战国时期的聚落和城市

大约在公元前 11 世纪的商朝末期，周太王之子太伯、仲雍奔吴，江南历史进入一个新的时代。在宁镇皖南地区，沿着秦淮河、水阳江、青弋江、姑溪河、慈湖河和长江，形成了众多的西周至春秋时期的聚落。南京博物院的考古工作者曾沿着宁镇山脉和秦淮河流域做过一次考古调查，发现吴国聚落遗址 127 处，连同以往调查发掘的达到 152 处。吴国的聚落可能既是生产单位，也是军事单位。①

大约在公元前 5 世纪的人类历史"轴心时代"②，也就是我国黄河流域的百家争鸣时代，地处长江下游的南京地区脱颖而出，诞生了人类文明的象征和标志物——城市③，阔步登上中国历史的舞台，南京由无城郭的"农业聚落"时代迈入有城垣的"邑制都市"时代。

1．春秋两城

春秋时期（前 770—前 476），周王室衰微，诸侯国势力日益强大。

① 张敏：《吴越文化比较研究》，南京出版社 2018 年版，第 149—151 页。

② ［德］卡尔·雅思贝尔斯：《智慧之路》，柯锦华、范进译，中国国际广播出版社 2009 年版，第 5 页。

③ ［美］刘易斯·芒福德：《城市文化》"导言"："总括而言，城市又成为人类文明的象征和标志——人类文明正是由一座座富有个性的具体城市构成。"宋俊岭、倪文彦译，中国建筑工业出版社 2005 年版，第 5 页。

在南方地区，吴、越、楚相继崛起，称雄称霸。地处“吴头楚尾”之地的南京，因吴、越、楚三国之间彼此征伐，时而属于吴国的疆土，时而纳入越国的地盘，时而又成了楚国的领地。这一时期，在南京地区涌现出了两座城池：一座是位于长江北岸的棠邑，另一座是位于长江南岸的濑渚邑。

棠邑　楚国建立的棠邑是南京最早见于历史记载的城池，也是南京地区最早的“邑制城市”，坐落在今天的六合区境内滁河下游。棠邑兼具政治中心和军事堡垒双重性质。据《左传》记载，襄公十四年（周灵王十三年，前559年）秋天，楚军进驻棠邑，讨伐吴国，因吴国按兵不动而退兵。昭公二十年（前522年），楚平王在位时，伍子胥兄长伍尚被任命为“棠君”，成为南京历史上最早见于历史记载的地方行政长官。

濑渚邑　吴国建立的濑渚邑，坐落在今天高淳区城东面约10千米处的固城街道固城村，南临固城湖和胥河（古丹阳河）。始建于周景王四年（前541年），系吴王余眛创建，是吴国的都城，因“句吴”快读为“固”，故又名固城[①]。亦名平陵城。濑渚邑后来被楚国占领，故又名楚王城。经考古调查和勘探，固城内外两重，外城又称罗城，内城又称子城，统称子罗城。外城东西长约1450米，南北宽约800米，周长约3915米；内城东西长196米，南北宽121米。城垣四面设门，内城中央有高台，疑为宫殿遗址。固城周围有140余座土墩墓，附近有湖熟文化—吴文化遗址分布。固城是南京历史上在长江以南建立的最早的政治、军事中心，南宋周应合《景定建康志》称：“此城最古，在越城、楚邑之先。”[②]2013年，固城被公布为第七批全国重点文物保护单位。

春秋时期的南京两城，虽然所处位置不同，但可以看作是南京建城史的滥觞。

2. 战国两城

战国时期（前475—前221），在长江以南的南京地区又涌现出了两座城池：一座是位于秦淮河南岸的越城，另一座是位于秦淮河北岸石头山（今清凉山、国防园一带）上的金陵邑，两城均居于“临江控淮”的险要

① 张敏：《吴越文化比较研究》，南京出版社2018年版，第47页。

② ［宋］周应合纂：《景定建康志》卷二〇《城阙志一·古城郭》，南京出版社2009年版，第483页。

位置。

越城 东周元王三年(前473年),越王勾践灭掉吴国后,为了防范楚国,次年,派遣大夫范蠡在南京城南长干里修建了一座军事堡垒,史称越城,又名长干城、范蠡城。越城周长“二里八十步”①,约1228.8米。因其紧邻今天的南京主城区,所以自明朝陈沂《金陵古今图考》云“金陵有城邑,自此始也”之后,越城的建筑年代——公元前472年,被学者们认为是南京建城史的发端。

金陵邑 东周显王三十五年(前334年),楚威王熊商击败越国后的第二年,在南京石头山建立了一座城邑,取名金陵邑,隶属于江东郡。它与纯粹的军事城堡性质的越城不同,是一座兼具行政管理功能的城堡。金陵邑的设置,标志着南京主城区设置行政区划的开始,也是南京称作金陵的源头。

二、秦汉:南京文化的奠基期

以黄河流域咸阳为都城的秦王朝,与以西安、洛阳为都城的汉王朝,在文化上呈现出强劲的扩张态势。秦汉400年间,南京地区并未因为远在长江下游而受到冷落,反而受到越来越多的关注和影响,南京由最初的县级治所所在地发展成为县治、郡治、州治三级治所所在地。

(一)秦代五县

公元前230年,秦国发动征服六国的战争,到公元前221年,先后灭掉韩国、赵国、魏国、楚国、燕国和齐国。其中统治南京地区的楚国在公元前224年亡于秦,南京地区纳入中国历史上第一个大一统王朝秦国的版图中。据《史记》等史书记载,始皇三十七年(前210年),秦始皇东巡会稽(今浙江绍兴),曾经从南京栖霞山附近的江乘渡江,并改金陵邑为秣陵县。

秦灭六国统一中国后,废除封建制,推行中央集权的郡县制。在今

① [宋]张敦颐:《六朝事迹编类》卷三《城阙门·越城》注引北宋《图经》,南京出版社2007年版,第50页。

天的南京地区，秦国废除了金陵邑，在江北设置棠邑县，在江南设置秣陵县、江乘县、丹阳县、溧阳县，南京由“邑制都市时期”进入“县制都市时期”，①处于多中心时代。

棠邑县 始皇二十六年(前221年)，在棠邑城置棠邑县，成为六合建县之始。汉高祖六年(前201年)，封陈婴为棠邑侯，棠邑成为南京地区的第一个侯国。汉武帝元鼎元年(前116年)，撤棠邑侯国，恢复棠邑县，属临淮郡。东汉时改属广陵郡。三国时，仍属于广陵郡。东晋南朝时，棠邑县先后属于临淮郡、秦郡。

秣陵县 始皇三十七年(前210年)，秦始皇东巡会稽(今浙江绍兴)，归途中，途经南京，听信方士之言，凿断金陵长垄以泄王气，同时将金陵改名为秣陵，并将秣陵县治所设置在今天秦淮河中游的秣陵街道，隶属于鄣郡管辖。西汉时期，秣陵改属丹阳郡，汉武帝分封江都王子刘缠为秣陵侯，秣陵县成为侯国。东汉复为县。孙权自京口徙治秣陵，改名建业。此后汉朝400余年间，秣陵县治所一直未变。

江乘县 公元前210年，秦始皇东巡，由江乘渡江北返。江乘县隶属于会稽郡，治所在今栖霞区西岗街道西湖村。王莽篡汉建立新朝政权后，一度将江乘县改名为相武县。孙吴时期，撤江乘、湖熟、溧阳县，设典农都尉，进行屯田。西晋武帝灭吴后，复置江乘县，隶属丹阳郡。东晋成帝咸康元年(335年)，分江乘县西境设置临沂县，隶属琅邪郡。陈亡后，江乘县废置。

丹阳县 丹阳县(又作丹杨县)治所在小丹阳，即今天的江宁区丹阳镇。西汉时期，隶属丹阳郡，汉武帝元朔元年(前128年)，分封江都王之子刘敢为丹阳侯，丹阳县成为侯国。西晋时，封孙韶之子孙楷为丹阳侯。此后，又降为县。晋武帝太康二年(281年)，析丹阳县，置于湖县。东晋以后，侨置淮南郡和当涂县于境内。南朝时期基本沿袭未变。隋灭陈后废除，并入溧水县。

溧阳县 溧阳县设于濑渚邑，治所在今高淳区固城镇，属鄣郡。南京现存最古老的碑刻——东汉《校官碑》，系东汉灵帝光和四年(181

---

① [日]斯波义信:《中国都市史》，布和译，北京大学出版社2013年版，第2—17页。

年）溧阳县丞赵勋等人为颂扬“溧阳长”潘乾的品行和德政而立。南宋绍兴中（1131—1162），此碑出土于固城之旁，证明其为汉代县治。孙吴时期，撤销溧阳县，设典农都尉，进行屯田。

（二）汉代州郡县和军事堡垒石头城

汉高祖六年（前201年）冬十月，“令天下县邑城。张晏曰：‘皇后、公主所食日邑。令各自筑其城也。’师古曰：‘县之与邑，皆令筑城。’”①全国范围内的造城运动蔚然成风，城市文化随之逐步兴起。这一时期，南京地区“郡”“国”并存——郡县制和分封制并行。原有的棠邑县、秣陵县（孙吴改名建业县）、江乘县、丹阳县、溧阳县，在汉武帝为巩固中央集权而颁布的“推恩令”的实施下，一度成为王侯封国；同时，又涌现出湖熟县城（一度为侯国）和军事堡垒石头城。

东汉末年，中原板荡，军阀混战，群雄纷争，饿殍遍野。南京僻处江南，远离战火，加之物产丰富，先后成为扬州刺史治所和丹阳郡治所在地，政治军事地位显著上升，中心城市地位日益显现。

扬州　扬州自西汉设置以来，治无定所。东汉时期，扬州治所初在历阳（今安徽和县），后在寿春（今安徽寿县）；汉灵帝末年，扬州刺史刘繇为袁术所逼，将治所迁到曲阿（今江苏丹阳）。在三国鼎立局面形成之前，扬州之地一分为二，南部属于吴国的有十四郡，治所在建业（西晋时改名建邺，今南京）；合肥以北属于曹魏，治所在寿春（今安徽寿县）。西晋太康元年（280年），晋武帝司马炎平定江南后，将寿春的扬州刺史治所并入建邺（今南京）。永嘉年间（307—313），王敦担任扬州刺史，他在建邺创立州城，该城因建在台城之西而得名西州城。东晋孝武帝太元末年，会稽王司马道子领扬州刺史，居东府城。

丹阳郡　汉武帝元封二年（前109年）设置丹阳郡（又作丹杨郡），最初治所在宣城的宛陵县（今安徽宣城），领有江乘、秣陵、丹阳、句容、溧阳、湖熟等17个县，隶属扬州管辖。汉建安二十六年（221年），孙权将丹阳郡治所由宛陵迁到建业（今南京通济门外），以大将吕范

① [汉]班固：《汉书》卷一《高帝纪下》，中华书局1962版，第59页。

为丹阳太守，领县十九。孙吴永安(258—264)中，分出其中的一部分，置故鄣郡，领芜湖以南13县，丹阳郡领地缩小到溧阳以北6个县。西晋武帝太康二年(281年)，分丹阳郡，另置宣城郡，治宛陵。宋、齐年间，分丹阳郡，立毗陵郡，丹阳郡所领唯建康、秣陵、丹阳、江宁、永世、溧阳、湖熟、句容8县[①]。丹阳郡的长官称作丹阳尹。隋平陈后，废除丹阳郡，城池一并被毁。

湖熟县 湖熟县(又作胡熟、胡孰)是西汉时期析分江乘县地设置，位于秦淮河上游句容河畔的湖熟镇，属于丹阳郡。汉武帝元朔元年(前128年)封江都易王之子刘胥行为胡孰侯。东汉仍为侯国。孙吴时废除湖熟县，设典农都尉。晋武帝太康元年复置。陈朝时属建兴郡。湖熟盛产粮食，地位相当重要。

石头城 又称石首城、石城。建于东汉献帝建安十七年(212年)，是吴大帝孙权在石头山(今清凉山、国防园一带)楚国金陵邑故址上修筑的一座军事堡垒和屯粮之所。石头城控扼秦淮河入江口，自孙吴时期起，就是一座军事重镇。左思《吴都赋》中"戎车盈于石头"之语就是当年的真实写照。西晋大将王濬灭吴时，自长江上游顺流而下，攻陷石头城，使吴都建业无险可守，吴后主孙皓只得面缚请降。

南京地区涌现出的一座座城池，不仅是政治、军事中心，更是物质财富的集聚地和精神文化的创造地。美国著名城市理论家刘易斯·芒福德(Lewis Mumford)在《城市发展史——起源、演变和前景》"中文第二版序"中写道："贮存文化、流传文化和创造文化，这大约就是城市的三个基本使命了。"[②]南京地区一座座城邑宛若一颗颗闪烁的星辰，簇拥着以今天南京主城区为核心的一轮"明月"冉冉升起。与此同时，处于秦汉大一统文化尤其是汉文化长期笼罩下的南京，在中原儒家思想的影响下，由吴、越、楚为主流的地域文化，逐步融入中原主流文化之中，为六朝文化的兴盛奠定了基础。

---

① 《南齐书》卷一四《州郡志上》，第245页。

② [美]刘易斯·芒福德：《城市发展史——起源、演变和前景》，宋俊岭、倪文彦译，中国建筑工业出版社2005年版，第14页。

三、六朝:南京文化的第一个高峰期

公元229年,吴大帝孙权依托长江、秦淮河、石头城和越城为屏障,在今天的南京主城区建立了一座总体规划主次分明、功能分区守正创新,同时兼具南北风格的都城——建业,[①]标志着南京这轮明月冉冉升起在中华大地上。此后,东晋南朝相继定都于此。

魏晋南北朝360余年间,南北对峙,中原地区战乱频仍,江南地区相对安宁,大批北方流民南下,中华文明中心第一次南移,东晋南朝都城建康成为中华传统文化的中心,被认为是华夏正统所在。[②] 南京文化在思想、宗教、文学、艺术、史学、教育、科技等领域,超迈前人,独领风骚,堪称中国文化的"文艺复兴时期"。著名美学家宗白华《论〈世说新语〉和晋人之美》称:"汉末魏晋六朝是中国政治上最混乱、社会上最苦痛的时代,然而却是精神史上极自由、极解放,最富于智慧、最浓于热情的一个时代。因而也就是最富有艺术精神的一个时代。"[③]南北民族的大融合促使建康的语言由单纯的吴方言发展为吴方言与北方话并存的局面,此后南京逐渐发展成为北方官话区。[④]

六朝时期,两汉以来儒学独尊的垄断地位被打破,形成了儒学、经学、玄学、道教、佛教多种学术思潮并存的局面。它们既相互排斥,又相互吸收;既互相抵制,又互相渗透。这些多元化的思想,对当时的政治、经济、文化等方面产生了重大的影响。

儒学是东周时期形成、发展起来的一个重要学术流派。在我国封建社会里,儒学一直处于主流文化地位。儒学思想主张以"仁"为核心,以德治天下,提倡封建纲常礼教。在和平时期,儒学思想用来治国理政成效显著;但是,在动乱不安的年代,却收效甚微。六朝时期,儒学思想失去了独尊的地位,经学、玄学、道教、佛教思想空前活跃。六朝的帝王

① 卢海鸣:《六朝都城》,南京出版社2002年版,第34—44页。

② [宋]李焘:《六朝通鉴博议》指出:"若夫东晋、宋、齐、梁、陈之君,虽居江南,中国也;五胡、元魏,虽处神州,夷狄也,其事又与孙、曹不同。"南京出版社2007年版,第155页。

③ 宗白华:《艺境》,北京大学出版社1987年版,第126页。

④ 卢海鸣:《六朝时期建康的语言状况辨析》,《东南文化》1999年第5期,第101—102页。

和官僚贵族，大多数既信佛教和（或）道教，又尊崇儒学、经学和玄学。由于儒学思想提倡的封建纲常礼教符合统治阶级的需要，使得儒学思想在封建王朝的政治生活中，仍然起着支配作用。

经学是以儒学思想理论为核心，以学术研究为手段，不断根据现实政治的需要，为统治阶级建构一种政治体系的活动[①]。与经学的黄金时代两汉时期相比，六朝时期堪称经学的“中衰时代”。六朝经学从学术源流上来看，是东汉经学的余绪。由于六朝统治者重视儒学，使得这一时期的经学研究也比较活跃。以建康为中心，涌现出雷次宗、刘瓛、王俭、明山宾、何佟之、严植之等一批经学大师；同时，“义疏”（即一种讲义体的注解）之学颇为流行，这种研究方式对于后代的经学研究无疑具有启迪作用[②]。

玄学标榜门第，崇尚清谈，追求张扬个性，但不务实际，以吃药、喝酒、坐牛车作为风流旷达的标志。鲁迅先生在1927年所作的《魏晋风度及文章与药及酒之关系》中有精辟论述。[③] 据先后出仕南北朝的颜之推《颜氏家训·涉务篇》记载：东晋南朝士族“褒衣博带，大冠高履，出则车舆，入则扶持，郊郭之内，无乘马者”；“肤脆骨柔，不堪行步；体羸气若，不耐寒暑”。六朝时期，“褒衣博带”“秀骨清像”这种病态的美，成为士族阶层所追求和向往的目标。这种士族阶层的新型人生观，是两汉儒家齐家治国平天下理想在现实中幻灭后，人们面对乱世所表现出来的一种与世无争的理想追求。

道教是我国土生土长的宗教。它宣扬“长生不老”“羽化成仙”。在两汉时期，道教仍处在原始宗教阶段。进入六朝以后，道教以古代民间信仰为基础，以神仙学说为中心，吸收了道家、巫术、占卜、阴阳、五行、谶纬、中医、佛教等学说，呈现着一种驳杂而庞大的宗教思想体系[④]。在弥漫道教氛围的六朝时代，涌现出了以葛玄、葛洪、陆修静、陶弘景等为

① 田汉云：《六朝经学与玄学》，南京出版社2003年版，第22页。

② 许辉、李天石：《六朝文化概论》，南京出版社2003年版，第307页。

③ 鲁迅：《魏晋风度及文章与药及酒之关系》，收入《鲁迅全集》第一卷，新疆人民出版社1995年版，第783—793页。

④ 梁满仓：《论蒋神在六朝地位的巩固与提高》，载氏著《汉唐间政治与文化探索》，贵州人民出版社2000年版，第111页。

代表的道教人物。吴大帝孙权为道教开教祖师“二葛三张”中的葛玄在方山所立的洞玄观是中国道教创教圣地和发源地之一。东晋葛洪所著《抱朴子》，是集神仙道教之大成的道教理论著作。南朝陆修静编撰的《灵宝经目》和《三洞经书目录》，创立了道教经典的分类体系。南朝“山中宰相”陶弘景集六朝道教之大成，著《真诰》《登真隐诀》，创立道教上清派(因其祖庭在茅山，故后世称之为茅山宗)，使茅山成为江南道教的中心，在道教史上影响巨大。

佛教大约在西汉时期传入中国。至东汉永平年间(58—75)，汉明帝为印度僧人迦叶摩腾(即摄摩腾)和竺法兰在洛阳建造了中国第一座佛寺——白马寺，从此，佛教逐渐在中原传播开来。此后，佛教又辗转传入南方，形成洛阳和建康一北一南两大佛教中心。佛教是典型的外来宗教。它宣扬的是生死轮回、因果报应。与其他几种思潮相比，佛教思想适合动乱年代人们的心理需求，因此，在魏晋南北朝时期发展迅速，很快在意识形态领域占据重要地位。东汉末年，祖籍西域而生于中原的大月氏人支谦经武昌(今湖北鄂州)来到建业，专以译经为务。支谦译有《维摩诘经》《大般泥洹经》《法句经》《瑞应本起经》等大小经典49部[①]，标志着六朝佛教事业的发端。孙吴赤乌十年(247年)，康居国僧人康僧会自交趾(今越南)经广州北上来到建业。吴大帝孙权在建业为其建立了江南第一座佛寺——建初寺。康僧会在建初寺设坛传经，弘扬佛法，并且译出《吴品经》《六度集经》《安般守意经》《法镜经》等佛教经典。支谦和康僧会两位僧人会聚建业，对佛教在江南的传播起到了开风气之先的作用。六朝统治者崇佛佞佛，佛教的影响盛况空前。刘宋元嘉年间(424—453)，师子国(今斯里兰卡)比丘尼铁萨罗(一作铁索罗)一行由陆路抵达建康，在秦淮河南的中兴里南林寺设戒坛，邀请印度高僧僧伽跋摩为传戒师，共同为中国慧果、净音等300余尼众重授具足戒(即比丘尼戒)，开创了中国尼众如律受比丘尼戒之始。梁武帝四次舍身同泰寺，亲自撰写《断酒肉文》等，在他的倡导下，汉传佛教僧尼形成素食的传统。建康作为统治中心，城郊内外僧尼云集，梵刹林立。

① [梁]释慧皎：《高僧传》卷一《康僧会传附支谦传》，中华书局1992年版，第14—16页。

唐朝诗人杜牧《江南春》绝句"南朝四百八十寺，多少楼台烟雨中"，盖极言南朝寺庙之多。实际上，南朝建康的寺庙数量远远不止480座，据笔者考证，鼎盛时期建康的寺庙有700余所。[①] 佛教理论著作以高僧慧皎《高僧传》、僧祐《出三藏记集》《弘明集》负有盛名。六朝时期的佛教虽然具有很高的政治地位，但也不乏反对者。其中最著名的是南朝齐梁年间的无神论者范缜。他撰写的《神灭论》系统地阐述了无神论思想，提出"形存神存，形谢神灭"的无神论观点。范缜在与有神论者萧子良、萧衍等人的辩论中，以生动事例令对方无言以对。

自古以来，我国江南就流行鬼神崇拜的风尚。六朝时期，在以建康为中心的扬州地区，民间对鬼神的祭祀颇为盛行。《隋书》卷三一《地理志下》言：扬州"俗信鬼神，好淫祀"。唐朝杜佑的《通典》卷一八二《古扬州·风俗》亦言："扬州人性轻扬而尚鬼好祀。"鬼神崇拜和民间祭祀的盛行，带来了神庙兴建的兴盛。就六朝都城建康而言，史料中提到的神庙就有很多，如蒋帝庙、吴大帝庙、晋卞忠正庙、晋阴山庙、菩提王庙、祈泽夫人庙、青溪夫人庙[②]，以及九州庙[③]、慈姥庙[④]等，这些神庙各有所司，满足了人们不同层次的精神需求。六朝建康众多的神庙，是佛寺和道观的补充，成为世人精神寄托的又一重要场所。

六朝是文化自觉的时代。六朝文化在挣脱汉代"罢黜百家，独尊儒术"的文化模式后，呈现出丰富多彩的格局。唐朝杜佑《通典》卷182《古扬州·风俗》云："永嘉之后，帝室东迁，衣冠避难，多所萃止。艺文儒术，斯之为盛。"建康作为都城，官府和私家藏书丰富，南北精英荟萃，都城文化绚烂夺目。同时，都城的文化又通过人员的流动传播到各地，推动各地文化的发展。

在诗赋方面，题材大为拓宽，由汉赋一统天下发展成为乐府民歌、游仙诗（玄言诗）、田园诗、山水诗、边塞诗、杂体诗、宫体诗、骈体文、散

---

① 卢海鸣：《六朝建康的佛寺新探》，《金陵职业大学学报》2000年第4期。

②《六朝事迹编类》卷一二《庙宇门》。

③《宋书》卷一七《礼志四》。

④《南齐书》卷二五《张敬儿传》记载张敬儿曾于新林慈姥庙为妾求子。《景定建康志》卷一七《山川志一·山阜》引《舆地志》云："（慈姥山）积石临江，岸壁峻绝。山上出竹，堪为箫管。山南有慈姥庙，因名焉。"

文等多种文体并存。东晋郭璞的游仙诗，谢灵运、谢朓的山水诗，鲍照的边塞诗和杂体诗等等，无不是光芒万丈、千古传唱。建康成为游仙诗、山水诗、宫体诗、骈体文等诗赋创作的重要源头之一，对后世的诗歌创作产生了深远的影响。

在诗歌声律方面，南齐武帝永明年间，沈约、谢朓等诗人对于以"元嘉三大家"(即颜延之、谢灵运、鲍照)为代表的刘宋时期的诗歌创作技巧的得失利病进行了深入的探讨，开创了"永明体"诗风。《南齐书·陆厥传》记载："永明末盛为文章，吴兴沈约、陈郡谢朓、琅琊王融以气类相推毂，汝南周颙善识声韵，约等文章皆用宫商，以平、上、去、入为四声，以此制韵，不可增减，世呼为'永明体'。"永明体诗人以"竟陵八友"——沈约、谢朓、王融、萧琛、范云、任昉、陆倕和萧衍为代表。其中沈约的重要贡献在声律理论，创作成就最高的是谢朓。"永明体"对后世诗歌格律的形成有很大的影响。

在文学批评方面，继三国曹丕的《典论·论文》、陆机的《文赋》之后，南朝刘勰在钟山定林寺创作的《文心雕龙》，是中国文学史上第一部系统的文学评论著作；钟嵘创作的《诗品》，是中国文学史上第一部诗歌评论著作。这两部作品，在我国文学批评史上树立了新的里程碑。

在文章总集方面，梁昭明太子萧统在东宫主持编纂的《文选》是现存最早的一部古代诗文总集，它选取了上起先秦、下迄梁武帝普通七年(526年)的129位作家的作品，在我国文学史上占有重要的地位。从唐朝开始，参加科举考试的考生必须熟悉《文选》，才有考中秀才的可能，故有"《文选》烂，秀才半"之说[①]。梁朝皇太子萧纲提倡宫体诗，他命徐陵搜集汉魏以来涉及妇女的诗篇，编成我国第一部以女性为题材的诗文总集——《玉台新咏》。我国古代的许多优秀诗篇，如《孔雀东南飞》，就是通过该书而得以保存下来。

在志人小说方面，由刘宋临川王刘义庆组织编撰的《世说新语》最负盛名。该书自"德行"至"仇隙"共36目，起自东汉末年，止于东晋，记录了东汉后期至魏晋间名士的言行与轶事，刻画细腻，文笔隽永。后世

① [宋]陆游撰，杨立英校注：《老学庵笔记》卷八，三秦出版社2003年版，第270页。

多有模仿之作，但无出其右者。

著名学者胡小石先生评价道："合而观之，则南京在文学史上可谓诗国。尤以在六朝建都之数百年中，国势虽属偏安，而其人士之文学思想，多倾向自由方面，能打破传统之桎梏，而又富于创造能力，足称黄金时代，其影响后世至巨。"①

六朝是艺术自觉的时代。由于战乱和分裂，统治者无法实现全国书体的统一；又因为日常生活实用的需要，东汉时期通行的雍容典雅、仪态规矩的隶书，已不适应时代的潮流，因此，篆、隶、楷、行、草等各种书体都获得了良好的发展契机。加上六朝统治阶层崇尚清谈，以讲玄论佛、放任旷达为时尚，所以，书法又被视为抒发个人情感、表现个人精神境界的手段，由中下层典签、书佐从事的无名无位的行当一跃而成为一门高雅技艺，成为帝王将相和文人士大夫精神生活的一个组成部分，从而有力地推动了书法艺术的蓬勃发展。代表性人物有王羲之、王献之、羊欣、孔琳之、萧思话、范晔、王僧虔、萧子云、萧衍、陶弘景、贝义渊等人，产生了《兰亭序帖》《丧乱帖》《伯远帖》《快雪时晴帖》《中秋帖》等名作。特别是王羲之的书法为历代书法家所推崇，影响极大，因此有"书圣"之称。这一时期，流传下来的代表性碑刻有孙吴《天发神谶碑》和《梁始兴忠武王萧憺墓碑》，前者原碑无存，现有摹刻和摹本传世，风格雄伟奇特，对后世影响颇大；后者位于南京市栖霞区甘家巷，是铭文书体逐渐向成熟楷书发展，并与通行书体接轨的重要见证物。与此同时，地下出土的墓志书法别开生面，代表性的有《谢鲲墓志》（隶书）、《王兴之夫妇墓志》（楷隶）等。

六朝时期，玄学的兴起，佛教的传入与盛行，使这一时期的绘画题材范围扩大，山水画成为一门独立的画科，佛教绘画艺术迅速发展，花鸟画也处于萌芽状态，人物画、肖像画获得前所未有的发展，涌现出一大批杰出的画家和名作。吴国曹不兴受到建初寺佛像的影响，首画佛教画，被称为"佛画之祖"。东晋顾恺之是六朝最出色的画家，作品流传下来的后人摹本有《洛神赋图》《女史箴图》《斫琴图》和《列女仁智图》。

① 胡小石：《南京在中国文学史上的地位》，收入《胡小石文集》，上海古籍出版社1982年版，第146页。

南朝陆探微善画肖像画，所画人物造型“秀骨清像”，体现了六朝士人的风范。张僧繇是六朝时期具有总结性地位的画家，他的画改变了细密的描写，而代之以豪迈疏朗的风格。他创造的这种“疏体”画法，继承了汉代的传统，开隋唐绘画风格的先河。他在金陵安乐寺画龙点睛的故事更是成为千古美谈。东晋顾恺之与南朝的陆探微、张僧繇被誉为“六朝三杰”。唐朝张怀瓘《画断》在评价顾恺之、陆探微和张僧繇的创作时说道：“象人之美，张得其肉，陆得其骨，顾得其神。”六朝在我国绘画发展史上承前启后，继往开来，名家辈出，但现存作品多为后人摹制。1949 年中华人民共和国成立以来，地下墓葬中出土的壁画生动再现了六朝绘画艺术的成就。南京迈皋桥东晋永和四年(348 年)墓中出土的《虎啸山丘》壁画开辟了砖拼壁画的新艺术形式。南京西善桥宫山南朝大墓出土的以“竹林七贤和荣启期”为代表的大幅砖拼壁画，堪称六朝艺术的精华。南京南朝墓葬壁画《高逸图》这种题材，在唐朝被作为创作的范本。这些壁画的重见天日弥补了六朝绘画只有摹本传世的缺憾，是研究六朝绘画艺术、服饰制度、宗教信仰和丧葬礼俗的重要实物资料。

六朝的绘画理论也已经成熟。东晋顾恺之是画家论画的卓越代表。他提出的最重要绘画理论有“以形写神”“迁想妙得”“置阵布势”等，为南朝谢赫《古画品录》的“六法”论奠定了基础。谢赫提出的“六法”，是对魏晋南北朝以来画家实践经验的总结、继承与发展，对后代影响很大。继谢赫《古画品录》之后，陈朝姚最撰写的《续画品录》，首次提出“心师造化”(造化即自然界的一切客观事物)的理论，成为我国历代画家身体力行的一项极为重要的创作原则。

在雕塑方面，东晋南朝时期，佛像雕塑艺术理论、规模和技艺均超过前代。其中以东晋戴逵、戴颙和南朝僧祐最为杰出。

东晋义熙年间(405—418)，戴逵为建康瓦官寺制作的佛像五躯，与顾恺之的维摩诘画像、师子国(今斯里兰卡)贡献的玉佛像并称“三绝”[1]。其子戴颙为瓦官寺制作的丈六金像，铸像初成，面部显得很瘦，工匠们无可奈何。戴颙看后，说道：“非面瘦，乃臂胛肥耳。”[2]众人给铜

① 《梁书》卷四八《诸夷传》，中华书局 1973 年版，第 800 页。

② 《宋书》卷九三《隐逸传·戴颙》，中华书局 1974 年版，第 2277—2278 页。

像臂胛减肥后，一尊比例匀称、面相优美的铜像呈现在众人面前。戴颙的这句话，是六朝时期留下的唯一的雕塑理论，至今对于创作大型圆雕仍具有指导意义。六朝佛像雕塑实物以栖霞山千佛岩石窟中的无量寿佛最具代表性。该佛像是齐梁年间的佛教史学家、雕塑家僧祐设计。从雕刻技法上来讲，一方面继承了汉代用阴线条表现石刻细部的传统，另一方面吸收了印度犍陀罗艺术风格，采用凸起的圆线条或扁平的线条来表现作品的细部；从造型设计上来看，“长颜广颐”“褒衣博带”与当时的绘画艺术风格密切相关，体现出佛教逐步走向世俗化、民族化的进程，显示了南方佛教文化的地域特点和时代特征。5 世纪晚期，随着南北双方的文化交流，南朝造像风格也影响到北方，并成为隋唐佛教艺术的一个重要源泉。

陵墓神道石刻雕塑与佛像雕塑并列为中国雕塑艺术的两大基本组成部分，以南朝陵墓神道石刻成就最大。南朝帝王陵墓神道石刻分布在南京、句容和丹阳，共有 33 处，南京地区 21 处、句容 1 处、丹阳 11 处。由神道石兽、石柱和石碑共 3 种 6 件构成，其中石兽（麒麟或辟邪）形体硕大，气势恢宏，雕琢精致洗练，造型夸张，变形适度，富有想象力，摆脱了婉约、细腻、秀美风格的约束，以力量、运动、速度体现出一种宏伟庞大的气势之美，在造型设计、雕刻技法等方面达到了新境界，实现了继汉开唐的历史性转变，并对唐宋时代的石刻艺术产生了深远的影响。

六朝时期，不仅是我国文学艺术自觉的时代，也是史学自觉的时代。这一时期，在都城建康，汇聚了一大批来自各地的精英，他们热衷于私家修史，促使史学长足发展。宋文帝时，设立的四学馆中包含史学馆，标志着史学成为一门独立的学科。宋明帝时，设总明观（相当于国子监）。总明观分儒学、道学、史学、文学、阴阳学五部，沿袭了宋文帝时的分科教育传统。六朝时期的史学繁荣，突出表现为史家辈出、史书众多、体裁广泛、门类齐备，不仅同一史学领域的史学著作层出不穷，而且新部门、新体制的史学著作也纷纷涌现①。《隋书》卷三三《经籍志二》

① 万绳楠：《魏晋南北朝文化史》，黄山书社 1989 年版，第 246—269 页。

"史部"记载的史书门类有正史、古史、杂史、霸史、起居注、旧事篇、职官篇、仪注篇、刑法篇、杂传、地理志、谱系篇、簿录篇 13 种,"凡史之所记,八百一十七部,一万三千二百六十四卷。通计亡书,合八百七十四部,一万六千五百五十八卷"。我国二十四史中,六朝建康就贡献了三部——范晔《后汉书》、沈约《宋书》、萧子显《南齐书》。历史地理类著作中,以南朝刘宋山谦之《丹阳记》、梁朝任昉《地记》、陈朝顾野王《舆地志》比较有名。其中山谦之《丹阳记》部分保留下来,是今天能够见到的南京最早的方志。

六朝时期的目录学已经成为一门独立的学科。不仅官方组织撰写了多种目录学著作,如《晋元帝四部目录》《宋元嘉四部目录》《四部书目》和《梁天监初四部书目录》《陈秘阁图书法书目录》;而且私家著述也是成就斐然,如刘宋王俭《七志》,不仅收录的图书要比官方目录多,而且在分类和体例上,也有所改进和创新①。梁朝阮孝绪《七录》,收录的图书远远超过此前所出的所有官方书目。这一时期,除了大量综合性图书目录学著作外,文学、史学、艺术、宗教等专科目录学著作也不断涌现。诚如汪辟疆先生在《目录学研究》(商务印书馆 1934 年版)一书中所言:"窃以目录之学,创始于两汉,改进于魏晋,极盛于六朝。"汪先生所说的"六朝"虽然指的是南北朝,但并不影响其评价的客观性。六朝目录学的繁荣为隋唐目录学名著《群书四部录》和《古今书录》的产生培植了肥沃的土壤。

六朝时期,门阀士族盛极而衰,在官方教育中,居于主导地位的教育机构——太学和国学屡兴屡废,私家教育——面向社会聚徒讲学和家族中的家学传承得到了较大的发展空间,与官方教育共同担负起中华文化的传薪播火重任。从教育制度上来讲,突破了长期以来的单科教育模式,出现了分科教育的新体制。宋文帝元嘉年间,针对当时官学荒废的情形,征集各地名师到建康,设玄学、史学、文学和儒学四学馆,分别由何尚之、何承天、谢元、雷次宗领衔负责,各聚生徒,进行教学。② 其中仅雷次宗的儒学馆中就有学生数百人。四学馆的设立,改变

① 许辉、邱敏、胡阿祥:《六朝文化》,江苏古籍出版社 2001 年版,第 116、124—126 页。

② 《宋书》卷九三《隐逸传·雷次宗》,中华书局 1974 年版,第 2293—2294 页。

了我国自古以来以经学为唯一课程的学校教育制度，标志着我国分科教育制度的开始，堪称我国最早的分科大学。[①] 从教育内容上来讲，冲破了儒学教育一统天下的樊篱，将佛教、道教、玄学、文学、史学、书学、律学和科技等都吸纳进来。从教育对象上来讲，官方教育以皇家子弟和王公贵族为主要对象，私家教育则以寒门庶族为主要对象。诚如美国伊利诺伊大学教授、东亚史专家伊佩霞(Partricia Buckley Ebrey)所言："在中国，教育和学术从未被忽略。南北方的士族均博学多识。南方的精神氛围有利于文学艺术的创新，著名的文士决不逊于数世纪之前的汉朝文士。"[②]

建康的科学进步集中体现在天文、历法、数学和医药学方面，技术成就集中体现在纺织业、造船业、造纸业和炼钢业上。

中国古代天文学体系自汉代形成之后，到六朝时期继续向前发展。三国时期，吴国太史令陈卓根据战国时期天文学家甘德、石申、巫咸三家星经的记载，整理成三垣二十八宿的全天恒星星表和星图，创建了全天恒星体系[③]，不仅在我国古代天文学史上占有重要地位，而且使我国古代的天文观测水平与西方并驾齐驱。陈卓创建的星官体系沿用了一千多年，直到明末近代西方天文学的传入后才废弃不用。

历法方面，首推南朝刘宋元嘉二十年(443 年)何承天制成的《元嘉历》(又称《建元历》)，这是南朝的第一部历法，前后沿用了 65 年，甚至还流传到朝鲜半岛，被百济所采用。梁朝天监八年(509 年)，《元嘉历》被祖冲之创制的《大明历》所取代。《大明历》一直沿用到隋朝开皇九年(589 年)才被新的历法所取代。

数学方面，刘宋时期何承天计算出新的圆周率值为 3.1428，与后来祖冲之计算出的圆周率"约率"$\pi=22/7$ 颇为接近。继何承天之后，齐梁年间，祖冲之在三国时期数学家刘徽创造的利用割圆术求圆周率的基础上，运用开密法，反复推算，将圆周率精确到小数点之后的第七位有效数字，即 3.1415926—3.1415927 之间。这一精确结论，直到 1000

---

① 王焕镳编纂：《首都志》卷七《教育上》，正中书局 1935 年版，第 627 页。

② [美]伊佩霞：《剑桥插图中国史》，赵世瑜、赵世玲、张宏艳译，山东画报出版社 2005 年版，第 127 页。

③《隋书》卷一九《天文志上》，中华书局 1973 年版，第 504 页。

年后才被 15 世纪的阿拉伯数学家阿尔·卡西(Al-Kashi)和 16 世纪的法国数学家维叶特(Vieta)所超越。同时,祖冲之还求出用两个分数来表示圆周率的近似值,一个是 π=355/113,称为密率;另一个是 π=22/7,称为约率。其中密率是分子、分母都在一千之内的圆周率最佳渐近分数,是祖冲之的又一数学成就,在欧洲,直到 16 世纪,荷兰工程师安托尼兹(Adriaen Anthoniszoon)和德国数学家鄂图(Valentinus Otto)才得出相同的数值。

传统的中医教育方式是师徒传授,南朝时期,学校式的医学教育开始出现。刘宋元嘉二十年(443 年),太医令秦承祖在宋文帝设置四学馆后,上奏宋文帝,请求设置医学馆,以扩大受教育的范围,他的提议得到宋文帝的批准,这是官方创办医学教育的开始,也是医学成为一门独立学科的标志。六朝时期,以都城建康为中心,涌现出一批医术高明的医药学家和各具特色的医药学名著,如东晋葛洪《肘后备急方》堪称中国第一部临床急救手册;刘宋雷敩《雷公炮炙论》是我国第一部制药专著;南齐龚庆宣《刘涓子鬼遗方》是我国现存最早的外科专著;梁代陶弘景《本草经集注》首创按药物自然属性分类的方法,对后世影响深远。六朝医药学家创造的成就为隋唐中医学的发展奠定了坚实的基础。

我国古代纺织业的原料主要有葛、麻、蚕丝和棉。六朝时期京城建康的纺织业有葛、麻纺织业和丝织业两种。[①] 孙吴时期的葛、麻纺织业生产,在当时的三国中独步一时。曹魏文帝曹丕曾盛赞吴国出产的葛、麻布的精美。东晋南朝时期,江南地区的葛、麻纺织业更为兴盛,除了质量不断提高之外,还表现在产量和数量方面突飞猛进。东晋安帝义熙十三年(417 年),权臣刘裕北伐中原,灭掉后秦,迁关中“百工”之人于建康,并在建康城南秦淮河畔斗场里(今 1865 文化创意产业园一带)设置斗场锦署,专门管理和从事锦缎的生产,供皇室和官僚贵族服用。斗场锦署是南京历史上第一个官办织锦机构,从此南京织锦业登上了历史舞台,南京云锦的源头就始于此。

船是水上交通工具。六朝时期,随着南方政治中心的确立和经济

① 卢海鸣:《六朝纺织业发展水平评估》,《中国农史》2000 年第 3 期。

的逐步振兴，加上频繁的战争以及交通运输等方面的需要，造船业在原有基础上取得了前所未有的发展。在这一时期的造船业中，战船的制造显得格外突出。当时的战船不仅数量众多，规模庞大，而且种类齐全。在长江沿岸及东南沿海地区逐步形成了众多的造船基地，都城建康就是其中之一①。史载："（祖冲之）又造千里船，于新亭江试之，日行百余里。"②据科技史专家考证，这种"千里船"已不再是间歇划动的长片桨，而是连续运动的轮形桨了。轮桨的发明，是造船技术的又一巨大进步。③

造纸术是我国四大发明之一。纸最早产生在西汉时期的中原地区。到六朝时期，江南地区以首都建康为中心，造纸业得到较快的发展。纸张的大量生产和使用，使竹简、木牍、缣帛等书写材料逐渐丧失其原有地位。据《太平御览》卷六〇五《文部二十一·纸》引《桓玄伪事》记载，东晋末年，桓玄自立为皇帝，曾下令："古无纸，故用简，非主于敬也。今诸用简者，皆以黄纸代之。"自此以后，纸张首先在建康地区取代简牍，并逐步推广开来，成为社会上的主要书写材料，图书的形式也有简牍变为卷轴。刘宋武帝永初年间（420—422），中央政权在建康设立专门的造纸机构——纸官署，生产官府用纸，这是南方第一个专司造纸的机构。④

三国时期，孙吴立国江南，境内矿产资源丰富。以建业（建康）为中心的丹杨郡（即丹阳郡）铜矿和铁矿蕴藏丰富。自东晋时起，首都建康便设有左、右二冶和东、西二冶（宋、齐时又置南冶，废西冶）等，专门从事各类金属（主要是铜、铁和钢）的冶炼铸造。在这些官方设置的冶炼机构中，均设有冶令、冶丞、锻署丞之类的官吏进行管辖。六朝的"合炼法"（即灌钢法）炼钢技术在国内外独领风骚⑤。"合炼法"在六朝时期属于一种新型的炼钢工艺，这种生产工艺是把生铁、熟铁放在一起进行冶炼，从而获得更多的钢。"合炼法"制钢工艺是六朝冶金技术的一项辉

① 卢海鸣：《论六朝时期造船业的发展状况》，《南京社会科学》2000 年第 4 期。

②《南齐书》卷五二《祖冲之传》，中华书局 1972 年版，第 906 页。

③ 何堂坤、何绍庚：《中国魏晋南北朝科技史》，人民出版社 1994 年版，第 101 页。

④［宋］张敦颐：《六朝事迹编类》卷七《宅舍门·扶南乐署》，南京出版社 2007 年版，第 91 页。

⑤ 卢海鸣：《六朝时期的钢铁冶炼技术》，《科技与经济》2000 年第 1 期。

煌成就，也是我国古代冶金技术史上最具创造性的重要发明之一。

范文澜先生对以建康为中心的六朝文化予以高度评价："黄河流域的文化，移植到长江流域，不仅是保存旧遗产，而且有极大的发展。中国古文化极盛时期，首推汉唐两朝，南朝却是继汉开唐的转化时期。唐朝文化上的成就，大体是南朝文化的更高发展。"①他还说："军事上是北朝战胜南朝，文化上却是南朝战胜北朝。"②

四、隋唐五代宋元：南京文化的曲折发展期

从隋唐到五代宋元的近800年间，我国政治中心发生了由西向东、由北向南，再由南向北的反复摆动。除了五代十国时期各个割据政权的都城遍布全国各地外，主流朝代的都城经历了从隋唐长安（今西安）、洛阳——北宋汴京（今开封）——南宋临安（今杭州）——元朝大都（今北京）的变化过程，经济中心和文化中心也随之转移。在这样的历史大变局中，南京扮演了重要的角色。随着雕版印刷术诞生，刻书业蓬勃发展，不仅有传统的写本，而且产生了印本，图书的形式也由单一的卷轴转变为卷轴和印本并存。这一时期南京文化的成就一方面体现在吊古伤今的金陵怀古诗上，另一方面还体现在别创新格的南唐词上。

公元589年，隋文帝命令晋王杨广（后来的隋炀帝）率军灭陈，将建康城"平荡耕垦"，夷为农田，往日繁华的六朝都城变得荒芜萧条。陈朝皇室帝胄、王公贵族和文人雅士，或流离失所，或被掳掠到长安，陈后主妹妹乐昌公主与江南才子徐德言在战乱中饱经悲欢离合后破镜重圆的故事，就是真实的写照。

唐朝中央政府继承隋代贬抑南京的国策，南京的政治地位一落千丈，由昔日的江南国都降格为一座不折不扣的江南地方性城市。正如唐朝诗人王勃《江宁吴少府宅饯宴序》所言："昔日地险，尝为建业之雄都；今日太平，即是江宁之小邑。"

唐贞观十年（636年），法融禅师来到今江宁区的牛首山幽栖寺北

① 范文澜：《中国通史简编》（修订本第二编），人民出版社1964年版，第409页。

② 范文澜：《中国通史简编》（修订本第二编），人民出版社1964年版，第446页。

岩石室潜修，精研佛法，创立中国佛教禅宗的一个流派——牛头禅（又名牛头宗），对佛教中国化的进程起到了一定的推动作用。

唐代是我国诗歌的黄金时代，“废都”建康（今南京）尽管政治地位受到抑制，但是经济发展，贸易活跃，交通便利，八方辐辏。由于建康兴废的巨大落差，使其与首都长安一样受到世人的关注。南来北往的文人骚客在这里都能“找到适合自己的题材，让诗才得到充分展示、尽情挥洒，从而逐渐融汇、发展为关于南京的特色文学现象——金陵怀古诗”①。“诗仙”李白一生中曾多次来金陵游历或暂住，晚年病逝于当涂，留下了《长干行》《金陵酒肆留别》《登金陵凤凰台》等家弦户颂的佳作。据卢海鸣统计，李白描写南京的诗大约有 59 首。“诗圣”杜甫年轻时漫游金陵，遍访名胜古迹，写下了五言律诗《送许八拾遗归江宁觐省，甫昔时尝客游此县，于许生处乞瓦官寺维摩图样。志诸篇末》，今天南京凤凰台附近的瓦官寺，就是依据杜甫诗词而复建的。“七绝圣手”王昌龄两次出任江宁丞，以边塞诗闻名当世，在名家如林的盛唐赢得“诗家夫子王江宁”的称号，他的《送朱越》是送别诗中的佳作。诗人崔颢游览长干里，写下了四首脍炙人口的《长干行》。刘禹锡在转任和州（今安徽和县）刺史时创作的《西塞山怀古》和就任和州刺史期间创作的《金陵五题》篇篇都是上乘之作，在形式和内容上进一步深化了“金陵怀古”这个文学母题。晚唐诗人杜牧的《泊秦淮》《江南春》与李商隐的《咏史》《南朝》无不是名篇佳构，二人合称“小李杜”。诗人韦庄的《金陵图》（又名《台城》）是历来公认的佳作。在清朝孙洙编选的《唐诗三百首》中，收录的金陵怀古诗有 9 首，涉及李白（4 首）、崔颢（2 首）、刘禹锡、杜牧和韦庄 5 位诗人，无论作品数量还是作者数量均居全国城市之冠。在《唐诗三百首》中，还收录有江宁（今南京）籍女诗人杜秋娘的《金缕衣》。②

韩国汉文学的开山鼻祖，有“东国儒宗”“东国文学之祖”之誉的新罗人崔致远，在晚唐时期入唐求学，参加科举考试进士及第，被任命为溧水县尉。他在担任溧水县尉的 3 年时间里，创作了《中山覆篑集》5

① 颜一平：《文化遗产赋彩城市形象之演生机制探析——以六朝文物、怀古文学与古都金陵形象的关系为中心》，载曹劲松、卢海鸣主编《南京学研究（第三辑）》，南京出版社 2021 年版，第 83 页。

② 顾青编注：《唐诗三百首》，中华书局 2016 年版，第 378 页。

卷，这是溧水区最早的著作集，也是韩国文学史上第一部个人文集。其中的长篇叙事诗《双女坟》，描写梦遇仙女、人鬼相恋的故事，具有很高的艺术价值。

此外，唐朝史学家许嵩撰写的《建康实录》记载建康（今南京）在孙吴、东晋、宋、齐、梁、陈六代中的史实及轶事。该书广征博引，记述翔实，保存着正史不载的罕见资料，是研究六朝史、南京历史地理的重要典籍。

五代十国时期，中国又一次进入分裂动乱的时代。在这一时期，沉寂 300 多年的南京再次崭露头角，成为南唐的国都。南唐在政治上是一个名副其实的短命王朝和偏安王朝，它以江宁（今南京）为中心，前后统治江淮地区将近 40 年。南唐全盛时期的地域，包括江苏、安徽淮河以南、江西、湖南、湖北东部、福建等我国中南部最富庶的地区。南唐虽偏安一隅，但在文化传承上却可圈可点，国学大师钱穆称赞“南唐文物，尤为一时之冠”。[①] 南唐君主重用文臣，以文治国，开启北宋文人政治之先河。

南唐时期，先主李昪推崇道教、包容佛教，中主李璟道、佛并重，后主李煜崇佛佞佛。上行下效，南唐后期佛教盛极一时。清凉大道场（又名清凉寺，位于今清凉山公园内）是南唐最重要的宗教活动场所，文益禅师长期居住在寺内，他创建的法眼宗是中国佛教禅宗的一个分支，享誉海内外，该寺成为中国佛教法眼宗祖庭。“解铃还需系铃人”这一成语就诞生于清凉大道场。

南唐的文学成就以词最为耀眼，对后世的文学创作影响至大。词始于中唐以后，盛于两宋，五代时期是词发展的一个重要阶段，当时以前蜀、后蜀与南唐词最负盛名，史称：“词至西蜀、南唐，作者日盛，往往情至文生，缠绵流露。不独为苏、黄、秦、柳之开山，即宣和、绍兴之盛，皆兆于此矣。”[②]南唐词独步天下，开创了一代文学之风，成为宋词的一个重要源头。以中主李璟、后主李煜和宰相冯延巳造诣最深，李煜被称

① 钱穆：《国史大纲》第五编第 32 章《黑暗时代之大动摇》，商务印书馆 1996 年版，第 502 页。

② [清]沈辰垣等编：《历代诗余》卷一一四引《玉茗堂集》，《四库全书》本，上海古籍出版社 1987 年版，第 319 页。

为“一代词宗”“千古词帝”。国学大师王国维评价他们的词时写道：“词至李后主而眼界始大，感慨遂深，遂变伶工之词而为士大夫之词。”[①]“冯正中词虽不失五代风格，而堂庑特大，开北宋一代风气。与中后二主词皆在花间范围之外，宜《花间集》中不登其只字也。”[②]据有关学者统计，南唐时期的词人作品共计255首[③]，其中大部分作品都创作于国都江宁。

南唐宫廷画院内外汇聚了徐熙、董源、巨然、周文矩、顾闳中、王齐翰等一大批画家，创作了大量的传世之作，其中以徐熙《玉堂富贵图》《雪竹图》、董源《潇湘图》《夏山图》《龙宿郊民图》《溪岸图》、巨然《秋山问道图》《万壑松风图》《山居图》、顾闳中《韩熙载夜宴图》、周文矩《宫中图》《重屏会棋图》《琉璃堂人物图》、王齐翰《勘书图》等享有盛名。南唐画院制度直接影响了北宋宫廷画院。

南唐三主均重视文化建设，在文献的收藏、保存、整理和文化的发展方面做出了巨大贡献，北宋国家藏书中有三分之一来自南唐。南唐为北宋王朝输送了一大批有真才实学的学者和文人，如韩熙载、李建勋、徐锴、徐铉等。在北宋类书《册府元龟》《太平广记》《太平御览》《文苑英华》的编写人员中，有许多人都是来自南唐。南唐三主对文化尤其是文艺的推崇，带动了文房四宝的发展，其中引进蜀地造纸工匠在南京制造的“澄心堂纸”名扬天下。

南唐时期，在栖霞山隋代木质舍利塔的旧址上，重建五级八面密檐式的石质舍利塔，自下而上分为塔座、塔身和塔刹三部分，通高18米，白色石灰岩石砌造。整体结构紧凑，雕饰精美，是唐宋之际我国江南石刻艺术的代表作。

在社会风俗方面，缠足陋习始于南唐，后主李煜首倡宫女窅娘缠足，上行下效，很快传遍全国，影响中国妇女1000多年。

公元976年元旦，南唐后主李煜在北宋开国名将曹彬的重兵围城

---

① [清]王国维：《人间词话》，人民文学出版社1960年版，第197页、198页。

② [清]王国维：《人间词话》，人民文学出版社1960年版，第197页、198页。

③ 薛政超据曾昭岷等编撰的《全唐五代词》统计而成，见薛政超著《五代金陵史研究》，中央编译出版社2011年版，第123页。

之下献城投降，南唐亡国，南京城在和平交接中归于北宋。南唐的典籍、人物、制度在政权更替中流向中原，深深地影响到有宋一代的文化。宋太祖灭南唐后，将南唐都城江宁府降格为昇州。至宋真宗时，将昇州升格为江宁府，以其子寿春郡王赵祯（宋仁宗）为江宁府尹，进封为昇王，因此江宁府又称昇国，地位仅次于汴京（今河南开封）。北宋中期，建康再度繁华起来。欧阳修赞叹道："若乃四方之所聚，百货之所交，物盛人众，而又能兼有山水之美，以资富贵之娱者，惟金陵、钱塘。"[①]南宋时期，改名建康府，宋高宗赵构一度欲定都于此，后由于金兵进迫，定都临安（今浙江杭州），将建康府定为行都，又称留都、陪都。两宋时期的江宁府（建康府），"领江左八州之地，于东南为大都会"[②]，为"天下巨镇"[③]，是江南的政治、经济、军事、文化中心和对外交流重镇，有"江南第一州"[④]之美誉。

宋代，建康佛道盛行，寺院道观众多。据《景定建康志》卷四五至四六记载，建康府城内外有佛教寺院近 90 所，道教宫观近 30 座。令人瞩目的是，北宋太平兴国五年（980 年），印度高僧施护将所携带佛祖顶骨舍利奉献给长干寺；端拱元年（988 年），玄奘大师顶骨舍利被在终南山紫阁寺修行的天禧寺住持可政带回密藏。[⑤] 时隔将近一千年后的 1942 年，在天禧寺旧址出土玄奘大师顶骨舍利；2008 年，在南京明代大报恩寺遗址考古发掘中，出土了以七宝阿育王塔为代表的一大批珍贵文物，其中阿育王塔内就盛放着佛顶骨舍利和感应舍利。这些舍利如今分别保存在南京灵谷寺、小九华山三藏塔、牛首山佛顶宫，以及日本东京慈恩寺和奈良药师寺等寺庙中，成为镇寺之宝。因此，有专家认为，南京

---

① ［宋］欧阳修：《居士集》卷四〇《有美堂记》，载《欧阳修全集》，中国书店 1986 年版，第 281 页。

② ［宋］周应合纂：《景定建康志》卷二八《儒学志一・本朝兴崇府学》，南京出版社 2009 年版，第 742 页。

③ ［宋］陆游："中原未清，今天下巨镇，惟金陵与会稽耳，荆、扬、梁、益、潭、广皆莫敢望也。"载［宋］陆游著，马亚中、涂小马校注《渭南集校注》，浙江古籍出版社 2015 年版，第 133 页。

④ ［宋］张耒《怀金陵》"卧入江南第一州"、翁泳《己未秋登城北楼》"脚底江南第一州"，载陈勇编《诗国南京》，南京出版社 2020 年 5 月版，第 77 页、100 页。

⑤ 叶皓编：《佛都金陵》，南京出版社 2010 年版，第 57 页、63 页。

是一座佛教之都。[1] 南京也是伊斯兰教最早传入中国的地区之一，早在南宋时期，南京丰富路上就建有一棵松礼拜寺。[2]

"唐宋八大家"之一的北宋著名政治家王安石，青年时代随父在金陵清凉寺读书，入仕后二任宰相、三任江宁知府。他前后在金陵生活近20年，留下《泊船瓜洲》《桂枝香·金陵怀古》《游钟山》《梅花》等诗词作品多达百余篇，有《王临川文集》《临川集拾遗》等存世。同属"唐宋八大家"之一的北宋文学家、书画家苏轼，词开豪放一派，与辛弃疾并称"苏辛"。他在元丰七年（1084年）顺江而下，来到金陵，会晤了退隐在半山园家中的王安石，写下了《同王胜之游蒋山》《渔家傲》《次荆公韵四绝》等诗词。同为"苏门四学士"之一的秦观《还自汤泉十四韵》和张耒《怀金陵》《赏心亭》，以及有"词家之冠"之称的周邦彦在担任溧水令期间创作的《满庭芳·夏日溧水无想山作》，均堪称歌咏南京的佳作。入宋的南唐遗臣及后裔撰写了一批怀念故国的史学作品，如史虚白（一说其子撰写）《钓矶立谈》、徐铉等《江南录》、郑文宝《江南近事》《江表志》、陈彭年《江南别录》等，是研究南唐史的第一手资料。北宋马令撰写的《南唐书》30卷记载南唐历史颇为详备，可补正史之不足。

北宋靖康二年（1127年），金人攻陷北宋都城汴京（今河南开封），宋徽宗、宋钦宗父子被金人掳掠至北方边地，史称"靖康之难"。同年，康王赵构在南京应天府（今河南商丘）登基，重新建立宋政权，史称南宋。绍兴元年（1131年），升杭州为临安府，称行在；绍兴八年（1138年），定都于杭州。南宋偏安江南。叶梦得在担任建康知府期间，创作了不少感怀时事、抒发豪情壮志的诗歌作品，编为《建康集》。婉约派代表词人李清照在丈夫赵明诚担任建康知府病逝前后创作的《浪淘沙·帘外五更风》《临江仙·庭院深深深几许》等词作，展现出家破夫亡后凄楚悲凉的内心世界。建康留守张孝祥在任上创作的《六州歌头·长淮望断》借景抒怀，成为千古名篇。"中兴四大诗人"之一的陆游在建康不仅留下了《登赏心亭》这样的佳构，而且还撰写了《南唐书》这样的史学

---

① 叶皓编：《佛都金陵》，南京出版社2010年版，"代序"第6—7页；徐吉军：《观冯宁〈金陵图〉浅谈宋代南京城》，载德基美术馆编《石渠典藏·金陵图》，故宫出版社2021年版，第95页。

② 南京伊斯兰教协会编印：《南京清真寺志》，2020年内部版，第9页。

名著。宋词“豪放派”代表、有“词中之龙”美誉的辛弃疾游历建康时，目睹山河破碎，触景生情，写下了《念奴娇·我来吊古》《水龙吟·登建康赏心亭》《菩萨蛮·金陵赏心亭为叶丞相赋》等多篇佳作。南宋诗人文天祥兵败被俘，羁留金陵驿期间，满怀悲愤的心情写就《金陵驿》《酹江月·驿中言别友人》等催人奋进的诗篇。范成大《望金陵行阙》、杨万里《寒食前一日行部过牛首山》《登凤凰台》堪称掷地有声之作。曾极《金陵百咏》、苏泂《金陵杂兴》则是以诗歌写就的南京山川历史画卷。南宋地方文献留存下来的有张敦颐《六朝事迹编类》、李焘《六朝通鉴博议》和马光祖修、周应合纂《景定建康志》。其中由南宋规制最完备，集讲学、藏书、刻书和祭祀于一体的书院——建康府明道书院山长周应合主持编纂的《景定建康志》，是我国历史上的一部名志，也是南京现存最早、最完整的一部地方志。该书体例完备，内容广博，包括建置、疆域、山川、城阙、职官、科举、财赋、名人、儒学、文籍、武卫、河渠、关隘、金石、名迹、风土等方面。书中对扬州、丹阳、金陵、建邺、越台等地名做了精详考辨，还附有20幅精美的地理图，为以前方志所未见。宋院本《金陵图》(清宫廷画家冯宁仿杨大章版)是描绘宋代南京城乡风貌和社会生活的写实风俗画长卷。画卷共绘有533个人物、90个动物、24个车马轿舆、40多个店铺摊贩，堪与明代《南都繁会景物图卷》相媲美。

元朝在进攻南宋的过程中，元世祖忽必烈采取了一系列怀柔政策，如下令戒滥杀，归降者可保留财产、官职，保护先贤遗迹和招聘人才等。1274年，元军统帅伯颜率军进入建康(今南京)城后，采取了一系列稳定社会秩序和经济、文化发展的措施，南京的经济、文化较快地得到恢复，并延续了南宋时期的发展趋势。① 元朝政府将建康府改为建康路(后改名集庆路)，建康成为路治和江南诸道行御史台的治所所在地，具有独特的政治、经济和军事地位。元朝南京不仅是民族融合的大舞台，更是文人官僚和商贾流连忘返之地。元代统治者对云锦的喜爱促进了南京云锦织造业的长足发展。

元曲四大家之一白朴在南京留下了《沁园春·我望山形》《水调歌

① 陈德芝:《从元朝江南文化看民族融合与中华文明的多样性》,《江苏文史研究》2010年第1期。

头·南郊旧坛在》《夺锦标·霜水明秋》等词作，抒发对江山兴废的感慨和物是人非的怅惘。杰出的少数民族诗人萨都剌被誉为“有元一代词人之冠”，他曾任江南诸道行御史台掾史、侍御史，在南京期间，写下了《念奴娇·登石头城次东坡韵》《满江红·金陵怀古》等传诵千古的金陵怀古词。此外，由曾任奉元路学古书院山长张铉编纂的《至正金陵新志》，是现存的元代唯一一部关于南京的方志，其体例和篇目基本沿袭《景定建康志》，书中广为辑录各种历史文献，尤以丰富的元代南京地方史料最为珍贵，是研究元代南京地区历史地理的重要文献。中国国家图书馆收藏有该书元至正四年（1344 年）集庆路学、溧阳州学、溧水州学和明道书院的合刊本，共 15 卷，体现了宋元时期印刷术的质量和发展水平。

五、明初至清中期：南京文化的第二个高峰期

1356 年，朱元璋领导的农民起义军占领集庆路，改名应天府。朱元璋采纳儒士朱升“高筑墙、广积粮、缓称王”的建议，经过十多年的韬光养晦，逐步翦灭群雄。他以“驱除胡虏，恢复中华，立纲陈纪，救济斯民”为口号，最终推翻元朝的统治。1368 年，朱元璋在应天府称帝，以应天府为南京，建立明朝政权，这是南京第一次成为大一统王朝的政治、军事、经济、文化和对外交流中心，从此全国性的政治中心与经济中心统一起来。1420 年 12 月，明成祖朱棣宣布迁都北京，此后 200 余年间，南京成为留都，又称南都、陪都，中央官僚机构依然保存下来，仍然是南方地区的政治、军事、经济和文化中心。明朝 276 年间，南京话作为官话在全国推广开来，这是南京历史上的第一次，也是唯一的一次。

明朝定都南京后，朱元璋着手恢复以汉族文化为主体的中华文化体系，他将程朱理学作为统治人民的基本思想。朱棣继位后，将程朱学派的主要著作汇编成《五经大全》《四书大全》《性理大全》，颁行全国。著名思想家湛若水长期在南京为官，提出“随处体认天理”这一心学理论。著名思想家王阳明在南京任职期间，提出了“致良知”学说，从此心学开始有了清晰而独立的学术脉络。

明太祖朱元璋和明成祖朱棣皆崇信佛教，在南京兴建或重建佛寺，如灵谷寺、天界寺、能仁寺、鸡鸣寺、天禧寺（永乐年间，改建为大报恩寺）、静海寺等寺院（其中灵谷寺、天界寺、天禧寺、能仁寺和鸡鸣寺为明代南京国家五大佛寺）。据明代葛寅亮《金陵梵刹志》记载，有明一代，佛教寺庙多达 180 余座。朱元璋称帝后不久，延请高僧宗泐至南京，并派其西行取经；在天界寺（后迁至天禧寺）设立全国佛教最高管理机构——善世院（后改名为僧录司）；在大报恩寺组织编纂佛教集大成之作《大藏经》等。明朝时就有学者认为南京是中国的“王舍城”——即佛教圣地①。对于道教，明朝帝王宠眷有加，鼓励兴建道观。据葛寅亮《金陵玄观志》记载，有明一代，宫观祠庙有 66 所（其中朝天宫、神乐观为大观）。明太祖朱元璋召著名道士刘渊然到南京，赐号“高道”，居朝天宫西山道院。在朝天宫，朱元璋设立管理全国道教的最高管理机构——元教院（后改名为道录司）。朝天宫不仅是皇室贵族焚香祈福、礼拜道教诸神的道场，同时还是文武百官和官僚子弟演习朝拜天子礼仪的场所。对于伊斯兰教（当时称为“回回教”），明朝统治者实行宽柔相济政策，在聚宝门外修建回回礼拜寺、在三山街修建净觉寺。明代南京共有清真寺 8 座，其中净觉寺是中国伊斯兰教的中心和推动伊斯兰教本土化的“金陵学派”诞生地。出生于南京的伊斯兰教著名学者王岱舆曾在南京进行宗教活动，他的主要著作有《正教真诠》《清真大学》《希真正答》等，他是伊斯兰教汉文译著的开拓者，与马注、刘智、马复初一起被称为回族四大著作家。明朝初年，在聚宝门（今中华门）外设立钦天回回监，在聚宝山（雨花台）设立测候台（钦天回回台），②聘请回回天文历法学家黑的儿、郑阿里、马德鲁丁、伍儒、温尔里、珀珀、迭里月实、贝琳等人进行天文、历法观测和研究。③ 明朝后期，南京以其包容开放、海纳百川的特质，成为西学东渐的重要场所。意大利籍天主教传教士利玛

① ［明］黄汝亨《寓林集》卷一三《敕建华山护国圣化隆昌寺碑》：“金陵，即脂那之王舍城。南朝受历之主，莫不崇宣梵教，式建伽蓝，以镇皇服，寺宇綦盛。高皇帝开辟大业，君临万寓，一洗南朝之陋。金陵其丰镐之地，所在建刹，助流教化，壮巨丽之观，最著者如灵谷之松麓、弘济之江峰、栖霞之岩壁、天界之林皋。”载《四库禁毁书丛刊》集部第 42 册，北京出版社 1997 年版，第 307 页。

② ［明］礼部纂修：《洪武京城图志》，南京出版社 2006 年版，第 32 页。

③ 南京伊斯兰教协会编印：《南京清真寺志》，2020 年内部版，第 39—41 页。

窦(Mathew Ricci)万历年间三度来到南京，在南京承恩寺(今中华路水游城)、正阳门西营崇礼街(今大光路大阳沟)、中山门外居住期间，广交各界名流，如叶向高、瞿太素、李贽、徐光启等人，在传播西方天文、数学、地理等科学技术知识和促进中西交流方面做出了重要贡献。他在南京崇礼街神父住所设置的小圣堂是南京历史上第一座天主教教堂。他在南京将大学士、科学家徐光启发展为天主教徒，并与徐光启合作翻译了世界数学名著《几何原理》。[①] 利玛窦的宗教活动，奠定了晚清时期南京成为中国天主教两大牧区中心之一的基础。

明代南京文学成就斐然。“明初诗文三大家”宋濂、刘基和高启，在南京生活多年，对明初南京文学的繁荣和发展起到了重要的作用。宋濂《阅江楼记》《游钟山记》、刘基《郁离子》、高启《登金陵雨花台望大江》均为诗文佳制。明代中期，陈沂与顾璘、王韦齐名，有“金陵三俊”之称。“三俊”与朱应登并称“金陵四家”，又与顾璘之弟顾瑮，并称“金陵四杰”。他们与许穀、金銮、盛世泰、陈芹等人诗词唱和，频繁雅集，形成一个巨大的文化群体，推动了南京文坛的繁荣。《明史》评价道:“南都自洪、永初，风雅未畅。徐霖、陈铎、金琮、谢璿辈谈艺正德时，稍稍振起。自璘主词坛，士大夫希风附尘，厥道大彰。许穀、陈凤、璿子少南、金大车、大舆、金銮、盛时泰、陈芹之属，并从之游。穀等皆里人，銮侨居客也。仪真蒋山卿、江都赵鹤亦与璘遥相应和。沿及末造，风流未歇云。”[②]明代中晚期南京的戏曲和小说成就影响深远。徐霖长期生活在南京快园，擅长辞赋，精通音律，正德间与陈铎并称为南京的“曲坛祭酒”。他创作的《绣襦记》是中国戏曲史上南戏向传奇过渡期间的一部重要作品。有“东方的莎士比亚”之称的剧作家汤显祖，先后在南京游学、为官长达十年，他潜心于戏剧创作，所作传奇《紫钗记》《还魂记》(又名《牡丹亭》)《南柯记》《邯郸记》合称为“临川四梦”，其中《紫钗记》即创作于南京。阮大铖是晚明成就最高的戏曲名家，他在南京期间，先后居住在中华门西库司坊、牛首山献花岩等地，创作出《石巢传奇四种》，尤以《燕子笺》具有很强的艺术感染力。史称，阮大铖每一部传奇作品问

① 范金民、杨国庆、万朝林、孔潮丽编著:《南京通史·明代卷》，南京出版社 2012 年版，第 14—15 页。
②《明史》卷二八六《文苑传二》，中华书局 1974 年版，第 7356 页。

世几乎都会在当时产生轰动效应。散曲家陈铎世居南京，工诗善画，有“南词宗匠”之称，尤其精于声律，被称作“乐王”。著有《秋碧轩集》《香月亭集》《秋碧乐府》《可雪斋稿》《词林要韵》等，另有杂剧及传奇。他的《滑稽余韵》收小令（散曲的一种）141 首，惟妙惟肖地刻画了南京城内儒士、医人、道士、和尚、厨子、媒人、刷印匠、瓦匠、银匠、篾匠、木匠、漆匠、机匠、铁匠、皮匠、烧窑、磨镜、箍桶、染网巾等 100 多种从业人员的众生相，以及冠帽铺、生药铺、颜料铺、茶铺、糕铺、书铺、笔铺、墨铺、纸铺、扇铺、米铺、磨坊、油坊、酒坊等将近 40 个店铺手工业者的生存状态，充满了浓郁的市井文化色彩。明末清初，卓越的说书艺人柳敬亭来到南京，讲述《隋唐》《水浒》《三国》等书。因长年在南京说书，被称为“南京柳麻子”，他“一日说一回，定价一两。十日前先送书帕下定，常不得空”①。时人奉之为曲艺界的“祖师”，有“书绝”和“南都第一”之称，以至于著名文学家孔尚任将他直接写入《桃花扇》中。

明代南京在书画方面的成就，以《南都繁会景物图卷》为代表。该图署名仇英所绘，画面从右至左分为三段，依次是郊野农村、繁华都市和皇宫，描绘了 1000 多个不同职业身份的人物和 109 个店幌、匾额，真实地再现了明代南京的社会经济发展状况。该图现藏中国国家博物馆。

在史学和文献整理方面，官修史志与私人著述交相辉映。官修的著名史书有宋濂等人编纂的《元史》，名列“二十四史”之中。官修方志有通志、府志、京城志、县志和专志，以专志最具特色。通志有闻人诠《南畿志》。府志有程嗣功、王一化《万历应天府志》。京城志有礼部编纂的《洪武京城图志》。县志有：董邦政修、黄绍文纂《嘉靖六合县志》；刘启东修、贾宗鲁纂《嘉靖高淳县志》；王诰修、刘雨纂、管景等增修《正德江宁县志》；李登纂修，盛敏耕、顾起元同纂《万历江宁县志》；吴仕诠修、黄汝金纂《万历溧水县志》；李箴等修《万历六合县志》；沈孟化修、张梦柏等纂《万历江浦县志》；李维樾修、沈孚中纂《崇祯江浦县志》。专志有：王逢年《南京吏部志》，陶尚德、庞嵩等《南京刑部志》，范景文、

① [明]张岱：《柳敬亭说书》，载《陶庵梦忆》，作家出版社 1995 年版，第 102 页。

张可仕《南枢志》，徐必达、施沛等《南京都察院志》，赵官《后湖志》，黄佐《南雍志》等。私家撰述有陈沂《金陵古今图考》《金陵世纪》《献花岩志》、盛世泰《牛首山志》《栖霞小志》、焦竑《焦氏笔乘》、朱之蕃《金陵图咏》、顾起元《客座赘语》、周晖《金陵琐事·续金陵琐事·二续金陵琐事》、葛寅亮《金陵梵刹志》《金陵玄观志》等。

明朝文化的集大成之作《永乐大典》，初名《文献集成》。由解缙、姚广孝等人奉明成祖朱棣之命编纂，从 1403—1408 年前后用了 6 年时间，参与者达到 3000 多人。全书正文 22877 卷，凡例和目录 60 卷，装成 11095 册，总字数约 3.7 亿字。书中保存了我国上自先秦、下迄明初的各种典籍资料达 8000 余种，是我国古代辑录最为广博、内容最为丰富的大型类书。《大英百科全书》称之为“世界有史以来最大的百科全书”。该书编成后，先是收藏在南京的文渊阁，永乐迁都后，运到北京的文楼保存。明代中叶，宫中大火，曾危及《永乐大典》，嘉靖帝为防止孤本遭遇不测，下令重抄一份，至隆庆元年（1567 年）完成。《永乐大典》遂分为正副。原本为正本，此后下落不明；重抄本为副本，雍正年间移至翰林苑，此后屡遭厄运。流传下来的嘉靖副本，目前已知存世 400 余册，800 余卷及部分零叶，分散于 8 个国家和地区的 30 余个公私收藏机构。[①] 300 年后清代乾隆年间编纂的《四库全书》就是直接受到《永乐大典》的影响。[②]

明代的南京是全国最重要的出版中心。当时的国子监集中了宋元以来江南地区的木刻书版，曾多次印刷出版。而天禧寺（大报恩寺）在佛教典籍的收藏、刊刻方面占有独特的地位。洪武年间，在天禧寺刊刻并收藏经版的佛教大丛书称为《洪武南藏》，现存 6065 卷，2007 年入选国家图书馆珍贵古籍名录。[③] 永乐年间在大报恩寺刊刻并收藏经版的佛教大丛书称作《永乐南藏》（简称《南藏》），前后三次续刻，总函数达到

① ［明］解缙等纂修：《永乐大典·卷 2268—2269、7391—7392（全二册）》，国家图书馆出版社 2022 年 10 月版。

② 周晓聪：《〈永乐大典〉与〈四库全书〉编纂的比较》，《天水师范学院学报》2006 年第 1 期。

③ 李际宁：《〈洪武南藏〉历史源流》，《洪武南藏》编辑出版委员会编：《洪武南藏研究》，北京华严古籍文化研究院编制，2010 年后。

678 函，共收典籍 1618 部 6325 卷，刻成不久即开放供自由请印。① 《永乐南藏》对于佛教文化的传承、弘扬起到了重要作用。我国四大文学名著之一的吴承恩《西游记》，现存最早刊本是明万历二十年（1592 年）金陵唐氏世德堂《新刻出像官板大字西游记》（20 卷 100 回）。该刻本有线描插图 197 幅，首次将唐僧师徒形象以插图形式予以定型。《本草纲目》是明代医药学家李时珍于嘉靖三十一年（1552 年）至万历六年（1578 年）撰成，全书约 190 万字，收录 1892 味药、11096 个药方，凡 16 部 52 卷。其最早刻本是明万历十八年（1590 年）"金陵后学胡承龙梓行本"，世称"金陵本"，2011 年"金陵本"入选"世界记忆名录"。明代思想家、文学家李贽的哲学名著《藏书》也是在南京刊刻，并由南京状元焦竑为之作序。在南京初刻的传世名著还有冯梦龙《警世通言》等。天启年间至崇祯年间，在南京活跃着两位一流的刻书家，一位是吴发祥，由他刻印的《萝轩变古笺谱》（颜继祖辑录），在天启六年（1626 年）出版，书中收录 170 余幅图，是目前所见最早采用饾版与拱花多色套印技艺的图书。另一位是胡正言，他在鸡笼山下筑十竹斋，既是私人住宅，同时又是木刻水印作坊，集编绘、刻印和流通于一体，在明清交替之际，刻印了他本人编选的《十竹斋书画谱》（约 1627 年出版）和王概等人编选的《十竹斋笺谱》（1645 年出版）等作品，其中《十竹斋书画谱》分为《书画谱》《墨华谱》《果谱》《翎毛谱》《兰谱》《竹谱》《梅谱》《石谱》八大类，共有 180 幅画和 140 件书法作品；《十竹斋笺谱》收录将近 300 幅图。这两部作品是中国水印木刻版画的巅峰之作，代表了明代印刷业的最高成就，对日本浮世绘乃至近代西方艺术都产生了较大影响。南京十竹斋也因此成为向世界传播中华优秀传统文化的杰出代表。

为了确保大明王朝的长治久安，朱元璋十分重视教育。针对元末明初"人习战争，惟知干戈"的现状，认为"治国以教化为先，教化以学校

① [明]葛寅亮：《报恩寺九号藏经并藏殿碑记》，载葛寅亮《金陵梵刹志》，南京出版社 2011 年版，第 497—498 页；夏维中、祁海宁编著：《南京大报恩寺的前世今生》，南京出版社 2015 年版，第 96—100 页。

为本”，他下令从京城南京到府、州、县，大建学校。[①] 他在南京建立的国子监又称国子学、国学、太学，是明初国家的最高学府，也是当时在亚洲具有广泛影响力的国际大学。始建于洪武十四年（1381 年），洪武十五年（1382 年）三月，国子监及其东侧的孔庙同时落成。国子监规模宏大，据明代黄佐《南雍志》卷七《规制考上·上篇·建置本末》记载："东至小校场，西至英灵坊，北至城坡土山，南至珍珠桥。"左庙右学，学舍极多，又有广业堂、敬一亭、光哲堂、讲院、射圃、仓库、园池、祭酒司业宅等。洪武十五年国子监刚刚建成时，学生人数最少，有 577 人；永乐二十年（1422 年），学生人数最多，达 9972 人。留学生来自日本、琉球（今日本冲绳）、暹罗（今泰国）等地，[②]通常有 20 人左右。宿舍有 1000 间。国子监以四书五经为主要课程。《永乐大典》就是由国子监生编抄完成的。

明朝南京的科技成就集中体现在天文观测、城墙建设、陵墓营造、寺庙建设和造船业上。

明朝在鸡笼山北极阁元代观象台旧址上，设置钦天台（北极阁因此又名钦天山），由钦天监管理。钦天台使用球仪、浑天仪、日晷、简仪等天文仪器，观察天文气象。明代南京钦天台优良精巧的设备，令 16 世纪末前来参观的意大利传教士利玛窦叹为观止。[③] 清朝初年，将这些仪器设备全部运到北京。明末吴梅村《观象台》诗中"候日观云倚碧空，一朝零落黍离同"，哀叹的就是明清易代、天文仪器北迁之事。这批珍贵的古天文仪器在 1900 年八国联军侵入北京城后，曾遭劫掠，直到第一次世界大战结束后，才归还我国。1933 年 6 月从津浦铁路运回南京，先是放在浦口火车站。1934 年 2 月运至紫金山天文台内。

明代南京城由宫城、皇城、京城和外郭四重城垣构成，前后历时 28 年建成。其中京城和外郭城墙依山傍水、因形随势而建，蜿蜒起伏于自然山水之间。南京明城墙无论是在墙体结构、城砖制作、黏合剂应用、

---

① 《明史》卷六九《选举志一》，"二十四史"简体字本，中华书局 2000 年版，第 1126 页。

② 《明史》卷六九《选举志一》，"二十四史"简体字本，中华书局 2000 年版，第 1121 页。

③ [意]利玛窦、[比]金尼阁著，何高济、王遵仲、李申译，何兆武校：《利玛窦中国札记》，中华书局 1983 年版，第 352—354 页。

瓮城构建、防水排水系统的设计、护城河水源利用，还是在平面布局、皇宫选址、外郭建造等方面，都充分展示了我国古代劳动人民的聪明才智，体现了我国古代的“天人合一”思想。南京明城墙是我国目前保存最完整的古城墙之一，也是世界上现存规模最大的古代都城城墙。明朝南京城由内到外的四重城墙构造，不仅体现了南京至高无上的国都地位，而且在中外都城建设史上也是一个创举。南京明故宫也成为北京紫禁城的蓝本。① 明代南京被认为是中国最美丽、最雄伟的城市。意大利天主教传教士利玛窦于万历二十三年（1595 年）、二十六年（1598 年）、二十七年（1599 年）三度到南京，他在《利玛窦中国札记》②中写道：“在中国人看来，论秀丽和雄伟，这座城市超过世上所有其他的城市……它真正到处都是殿、庙、塔、桥，欧洲简直没有能超过它们的类似建筑。……在整个中国及邻近各邦，南京被算作第一座城市。”

明孝陵是南京地区规模最大的帝王陵寝，也是迄今为止我国保存最为完整的古代帝王陵墓之一。1961 年，国务院将它列为第一批全国重点文物保护单位。明孝陵前后历时 32 年建成。自下马坊至宝顶，总长达 2.62 千米。地势高低起伏，神道逶迤曲折，达到了人工与自然的和谐统一，在中国历代帝王陵墓中，占有极其重要的地位。明孝陵神道两侧石刻依次为狮子、獬豸、骆驼、大象、麒麟、马，各两对，一立一卧，共 12 对。石兽之北是一对浮雕有盘龙纹和云气纹的白玉石望柱，再过去就是文臣、武将各两对，均为整块石料雕凿而成，体量高大，线条简洁，纹饰精美，形象生动，充满了现实主义的色彩，再现了明太祖朱元璋生前君临天下的豪迈气概。这些神道石刻保存完好，是明朝石刻艺术的代表作，具有重要的历史、科技和文化艺术价值。明孝陵陵寝制度承上启下，别创新格，为以后 500 多年的明清两代帝陵所沿用，在中国古代帝陵制度史上具有里程碑的地位。2003 年 7 月 3 日，明孝陵被联合国教科文组织列为“世界文化遗产”。

大报恩寺琉璃塔是明成祖朱棣为其生母碽妃祈福而建，八角九层，

① 朱明娥：《旷世城垣——南京明城墙》，南京出版社 2018 年版，第 6 页。

② [意]利玛窦、[比]金尼阁著，何高济、王遵仲、李申译，何兆武校：《利玛窦中国札记》，中华书局 1983 年版，第 286、287 页。

高约 78 米(一说高 105 米),塔身以绘有佛教题材图案的白色琉璃砖砌筑,拱门、塔檐、斗拱、栏杆用饰有飞天、飞羊、狮子、白象、人面蛇身神像的五色琉璃砖瓦砌筑。大报恩寺琉璃塔(俗称"瓷塔")开创了我国琉璃塔的先河,与长城并列为中国最具特色的标志性建筑物,被誉为"世界第八大奇观"。[①] 连从未到过中国的丹麦童话小说家安徒生在其作品《天国花园》中都有专门的描述。大报恩寺塔经过清朝顺治年间随荷兰使团到达南京的荷兰画家、探险家约翰·尼霍夫《中国出使记》的描绘(他误将 9 层画成了 10 层),深深地影响到西方世界,被认为是吉祥和繁荣的象征。18 世纪的欧美国家纷纷在花园中进行仿造,最成功的案例是苏格兰建筑师威廉·钱伯斯为威尔士公主道维格尔设计的邱园(今伦敦皇家植物园)八角形十层宝塔,建于 1761—1762 年。邱园宝塔后来成为欧洲所有宝塔效仿的典范,如雅斯科基赛罗的宝塔、蒙伯利亚的宝塔、卡塞尔的卡尔索宝塔以及奥伦尼伯姆的宝塔。[②]

龙江船厂和宝船厂是明代南京的两个官办造船机构。[③] 龙江船厂是建立最早、规模最大的造船厂,所造船只种类有预备大黄船、大黄船、小黄船、战船、三板船、浮桥船、巡座船、印巡船、巡沙船、哨船等。[④] 宝船厂专门制造郑和船队下西洋的船只。沈啓《南船纪》、李昭祥《龙江船厂志》全面地展现了南京乃至我国明代造船业管理水平、生产能力、工艺和技术盛况。

清顺治二年(1645 年),豫亲王多铎率军由通济门进入南京城,南明福王小朝廷覆亡。南京在朝代更迭中,被降格为江宁府,政治地位急剧下降,但南京城并未遭受到战火破坏,社会秩序很快恢复正常。清代早中期 200 余年间的南京,尽管遭到清廷的刻意抑制,但仍然是江南的

---

① [荷]约翰·尼霍夫《中国出使记》:"将宝塔与世界七大奇迹并置,虽然这骄傲的建筑堪比七大奇迹。"[清]金陵关税务司编《金陵关十年报告》之 1892—1901 报告(海关税务司英国人安格联 1901 年撰写):"对于西方世界来说,远东是一本未打开的书,瓷塔和长城并称为世界奇迹,瓷塔在他们心目中的中国——这个知之甚少的国度,占有一席之地。"[清]张喜《抚夷日记》记载:"报恩寺在江宁聚宝门外,寺内有千佛绿琉璃塔一座。该夷(指马儒翰)言,天下中外共有八大景,此塔为八大景之一。"

② [德]基德-海尔格·弗格尔:《中国宝塔在近代欧洲花园设计中的应用》,《新华文摘》2004 年第 16 期。

③ 范金民:《明代南京宝船厂遗址考》,《江苏社会科学》2018 年第 1 期。

④ [明]李昭祥撰,王亮功点校:《龙江船厂志》,南京出版社 2019 年版,第 25—69 页。

政治、经济、军事和文化中心，地位仅次于北京[1]；同时，南京更是一个文化的城市和娱乐的城市。据西方人记载："南京居住着文人、学士、舞蹈家、画家、考古家、魔术家、医生、诗人和名妓。这个美妙的城市中有各流派的学术、艺术和娱乐……在这里，人生的大事就是作诗和恋爱。"[2]南京文化在清廷的打压下，不屈不挠，于守正中再创辉煌。这里不仅有全国规模最大的科举考场，而且还孕育和诞生了一批传世名作，形成了中国文化史上的又一个高峰。

秦淮河畔的江南贡院（现南京中国科举博物馆）是中国古代规模最大的科举考场，鼎盛时期，来自江南省（今江苏、安徽和上海）的考生人数多达 2 万人以上。从清顺治二年（1645 年）到光绪三十年（1904 年），江南贡院共举行了 108 次乡试，产生解元 108 名，其中江苏 75 人（含南京 8 人），安徽 33 名。在清朝 267 年中，全国科举考试共 112 次，产生 114 名状元，江南贡院考区独占鳌头，其考生考中状元者就达 58 名，其中江苏 49 名（含南京 4 人），安徽 9 人，占整个清代状元总数的一半以上。[3] 从江南贡院走出的名人有吴敬梓、郑板桥、袁枚、方苞、邓廷桢、翁同龢、王韬、张謇、陈独秀等。

清初戏曲家、小说家和出版家李渔寓居南京，在中华门东构筑芥子园，经营书铺，他一生著作极为丰富，有《闲情偶寄》《笠翁对韵》《笠翁一家言文集》《十二楼》《古今史略》《笠翁传奇十种》等，今人编有《李渔全集》。其中《闲情偶寄》是李渔的代表作，位列"中国名士八大奇著"之首。他还自建家班，巡回演出，成为当时颇具影响的文化活动。

清代诗人、戏曲家孔尚任多次到南京寻访南明遗迹，历时十年，三易其稿，终于写成以明末南京为背景的《桃花扇》传奇。作者以复社文人侯方域和秦淮名伎李香君悲欢离合的爱情故事为线索，结合南明王朝的兴衰，"借离合之情，写兴亡之感"。故事凄婉伤感，情节缠绵动人，

---

① [清末民国]徐寿卿：《金陵杂志续集》序言："中国二十一行省，首推南、北二京，为兵家必争之地，又为官商会萃之区。"载《金陵杂志・金陵杂志续集》，南京出版社 2013 年版，第 165 页。

② [法]加勒利、伊凡原著，[英]约・鄂克森佛译补：《太平天国初期纪事》，徐健竹译，上海古籍出版社 1982 年版，第 134 页。

③ 徐传德主编：《南京教育史》（第 2 版），商务出版社 2012 年版，第 153 页。

人物栩栩如生。作品一问世便好评如潮，与洪昇的《长生殿》并称为清代戏曲“双璧”。世人将他与《长生殿》作者洪昇并称“南洪北孔”。

清代文学家吴敬梓，安徽全椒人。雍正十一年（1733 年），33 岁的吴敬梓移居金陵，自称“秦淮寓客”，靠卖文度日。著有《文木山房诗文集》《儒林外史》等。他在南京创作的《儒林外史》，通过对生活在封建末世和科举制度下的知识分子群体生动形象的塑造，使该书成为中国古代讽刺文学的典范和中国文学史上批判现实主义的代表作。

清代小说家曹雪芹曾祖父曹玺、祖父曹寅和父亲曹颙、叔叔曹頫三世四人担任江宁织造，声威显赫，后来被雍正皇帝抄家，遭受灭顶之灾。曹雪芹少年时生活在南京，正是南京经济文化繁盛时期，也是曹家由鼎盛走向衰落的时期，家庭的过山车式变化对其影响巨大。他后来移居北京，创作出不朽的鸿篇巨制《红楼梦》，被公认为是中国古典小说的巅峰之作，与《三国演义》《水浒传》《西游记》并称为中国古代“四大名著”。因当时社会环境和手抄流传的限制，仅保存 80 回。作者通过对家族兴衰的艺术升华，对封建腐朽的科举制度、等级制度等进行了深入的思考。书中的人物、景点、语言等，在南京均有其原型可寻。

清朝诗坛“性灵派”领袖袁枚与赵翼、蒋士铨并称“乾隆三大家”。他历任溧水、江宁、江浦、沭阳县令，后购筑随园于南京小仓山，以著述终老，世称“随园先生”。他在随园诗酒自娱，广交朋友，创作了《小仓山房诗文集》《随园诗话》《随园食单》《子不语》等作品。

清代文坛上最著名的散文流派——桐城派，与南京渊源深厚。桐城派创始人方苞生于江宁府六合县，32 岁参加江南乡试中举。桐城派的集大成者姚鼐中年弃官，致力于教书授徒和精研学问，两度担任钟山书院山长，时间长达 22 年之久。他始终恪守以古文义法传授生徒，提倡为文要“考据、义理、辞章”相济，培养了一批桐城派中坚力量。他在南京还编纂《嘉庆江宁府志》、定稿《古文辞类纂》。其后继者“姚门四杰”中，管同、梅曾亮均为上元（今南京）人，他们共同推动了桐城派的发展和传播。

明清鼎革之际，南京画坛涌现了金陵画派中最具影响力的画家群体——以龚贤为首的“金陵八家”。他们虽然在题材、风格或师承方面不属于同一个绘画流派，但因生活于金陵，相互过从甚密，并著称于画坛，故称“金陵八家”。其中樊圻、胡慥、谢荪为南京人，龚贤、高岑、邹喆、吴宏、叶欣为流寓南京的移民。这些画家隐居不出，潜心作画，风格各异，对后世创作影响深远。同一时期杰出的画家还有髡残（号石谿）、石涛、程正揆（号青谿）、周亮工等，其中髡残、石涛两位僧人画家合称“二石”，髡残与程正揆合称“二谿”。出生于南京状元境的周亮工还撰有《印人传》，记录明清两代印人事迹，是中国历史上第一部为刻印人立传的专著。

清初康熙十八年（1679 年），在南京诞生了我国流传时间最久、影响范围最广的古代中国画启蒙教材《芥子园画传》（又名《芥子园画谱》《笠翁画谱》《笠翁画传》）。该书不仅是中国美术史上的一部奇书，也是中国出版史上第一部用图解方式解析绘画技法的彩色套版图书。[①] 它是芥子园主人李渔授意王概等人在南京编辑刻印，内容涵盖山水、人物、花草、虫禽等内容，从用笔技巧到构图造型的笔墨技法，从创作示范到章法布局，为初学者提供了一套完整的学习方法。它以图谱为主，文字为辅，顺应中国画的基本规律，更符合文人画的程式要素，因此经久不衰，近现代画坛名家如齐白石、黄宾虹、潘天寿、傅抱石、李可染、陆俨少等，都曾把《芥子园画传》作为学习中国画的范本。

清咸丰三年（1853 年）太平天国占领南京之前，南京有清真寺 36 座，回族伊斯兰教学者、南京人刘智所著《天方至圣实录》《天方典礼》《天方性理》等作品，“以儒诠经”，他与王岱舆、伍遵契共同构成“金陵学派”，推动了具有中国特色的伊斯兰教哲学体系的建立和发展。其中《天方至圣实录》被乾隆皇帝御览，成为名著；《天方典礼》被收入《四库全书》中。净觉寺和清凉山扫叶楼成为清代伊斯兰教的学术研究中心。[②]

地方文献的编纂和研究也颇具亮色。官修志书大量涌现，分为通志、府志、县志和专志四类。通志有：于成龙、王新命等修，张九徵、陈焯编纂的《康熙江南通志》；府志有：陈开虞和于成龙分别纂修的《康熙江

① ［清］李渔主编：《芥子园画传》（全 3 册）“出版说明”，江西美术出版社 2011 年版。

② 南京市地方志编纂委员会主编：《南京民族宗教志》，南京出版社 2009 年版，第 313 页。

宁府志》，尹继善等修、黄之隽编纂的《乾隆江宁府志》，吕燕昭修、姚鼐纂《嘉庆江宁府志》；县志有：刘庆远修、孙宗岱纂《顺治六合县志》，闵派鲁修、林古度纂《顺治溧水县志》，纪圣训修、林古度纂《顺治高淳县志》，刘登科修、谢文运等纂《康熙溧水县志》，李斯佺、叶楠等纂修《康熙高淳县志》，洪炜修、汪铉纂《康熙六合县志》，唐开陶《康熙上元县志》，佟世燕修、戴本孝纂《康熙江宁县志》，郎廷泰纂修《康熙重修江浦县新志》，项维正纂修《雍正江浦县志》，苏作睿主修、张简等纂《雍正六合县志》，廖抡升修、戴祖启纂《乾隆六合县志》，蓝应袭修、何梦篆等纂《乾隆上元县志》，袁枚修纂《乾隆江宁县新志》，章攀桂修、凌世御等纂《乾隆溧水县志》，朱绍文修、盛业纂《乾隆高淳县志》，武念祖、陈道垣修和陈栻、伍光瑜等纂《道光上元县志》；专志有汤椿年《钟山书院志》、马士图《莫愁湖志》、陈毅《摄山志》、释悟明《折疑梵刹志》、甘熙《灵谷禅林志》。私人撰述有余怀《板桥杂记》、顾炎武《建康古今记》《历代宅京记》、余宾硕《金陵览古》、王友亮《金陵杂咏》、汤濂《金陵百咏》、严观《江宁金石记》、陈文述《秣陵集》、史学海《六朝故城图考》、刘世珩《南朝寺考》等。

六、晚清民国：南京文化的转型期

清朝道光二十年（1840 年），随着中英鸦片战争的爆发，中国近代史拉开序幕。截至 1949 年 4 月 23 日中国人民解放军占领南京，在前后 100 余年的时间里，南京文化经历了数千年来由传统文化占主导地位到“西学东渐”的历史性转变。

1840 年鸦片战争爆发后，英国侵略者为了达到迫使清政府快速屈服的目的，发动了扬子江战役。1842 年 6 月，英国侵略者以舰船 70 余艘、陆军 1.2 万人，溯长江上犯，准备切断中国内陆交通大动脉——京杭大运河。8 月 4 日，英舰进入南京下关江面。在英国侵略者坚船利炮的威慑之下，为避免英军攻占南京城，控扼中国“漕运咽喉”，清朝钦差大臣耆英、伊里布和两江总督牛鉴妥协退让，委曲求全，于 1842 年 8 月 29 日在南京下关江面英国“康华丽”号战舰上被迫与英方代表璞鼎查签订了中国近代史上第一个不平等条约——《江宁条约》(《南京条约》),内容包括割让香港岛,向英国赔偿鸦片烟价、商欠、军费 2100 万银元,开放广州、福州、厦门、宁波、上海五处为通商口岸,允许英人居住并设派领事等,中国开始沦为半殖民地半封建社会。

咸丰元年(1851 年),洪秀全领导的太平军在广西桂平金田村起义,一路势如破竹。1853 年,太平军占领江宁(今南京),改名天京,并定都于此,至同治三年(1864 年)天京沦陷,太平天国农民政权与清政府分庭抗礼达 11 年之久。太平天国信奉拜上帝教,实行神权统治,认为除了上帝之外,一切偶像皆为妖魔。太平天国运动初期,太平军所到之处毁学宫,拆孔庙,捣佛像,查禁焚毁孔孟"妖书"。在后期,洪秀全为了巩固其统治,要求"学尧舜之孝弟忠信,遵孔孟之仁义道德",但为时已晚。太平天国农民政权在定都天京的十余年间,一方面设立删书衙,专事删削"四书五经";另一方面,设立刷书衙,负责印刷书籍、文告等。《天朝田亩制度》《太平礼制》《建天京于金陵论》《资政新篇》等现在所知的 51 种官书及公文、告示、田凭等,都是在天京印刷出版的。[①] 从 1853 年至 1862 年,太平天国共举行 10 次京考。特别是 1853 年还开设女科,专门选拔女性人才,突破了中国古代传统科举制度对女性的限制。太平天国癸好三年(1853 年),南京籍女子傅善祥中式状元,成为中国 1000 多年科举史上首位,也是唯一的女状元。

太平天国鼎盛时期,军力曾经发展到数百万之众,势力遍及 18 省,攻克了 600 多座城镇。到了后期,在清军的围追堵截面前,太平军被迫退缩到天京城内外地区,在与清军多次交战中,南京及周边地区饱受战火兵燹,到处是残垣断壁,满眼是凄凉疮痍。明故宫、明孝陵、大报恩寺琉璃塔均在劫难逃。毋庸置疑,太平天国农民政权极大地动摇了清王朝的统治基础,加速了清王朝的灭亡,但同时也改变了南京历史的发展进程。

19 世纪 60—90 年代,针对中国面临的"数千年来未有之变局"和

① 马伯伦主编:《南京建置志》,海天出版社 1994 年版,第 201 页、204 页。

"数千年来未有之强敌"①，清朝洋务派进行了一场以引进西方军事装备、机器生产和科学技术来挽救清朝统治的自救运动，史称"洋务运动"。咸丰十一年(1861 年)，两江总督曾国藩创办安庆内军械所，同治三年(1864 年)迁到南京，称金陵内军械所，由徐寿、华蘅芳和徐建寅在南京长江边成功研制出我国第一艘蒸汽机轮船"黄鹄"号并试航成功。同治四年(1865 年)，署理两江总督李鸿章将苏州洋炮局迁到南京，创办金陵机器制造局，专门制造枪炮，揭开南京近代工业的序幕。同治九年(1870 年)，两江总督曾国藩、江苏巡抚丁日昌等人根据容闳的倡议，联名上书清廷，请求派遣留学生出国；1871 年 8 月清廷批准并拨付 150 万美元专款后，曾国藩在两江总督署与容闳商定派送留洋学生的数额、设立预备学校、筹定留学经费、酌定出洋留学年限，以及设置留学事务所等事宜，由此促成了 1872—1875 年间 120 名中国留学生分 4 批赴美的历程，开启了中国留学生公费出国学习先进科学技术和文化的先河。② 光绪十六年(1890 年)，两江总督兼南洋大臣曾国荃经海军衙门批准，在南京创立江南水师学堂，专门培养海军人才。1896 年，署理两江总督兼南洋大臣张之洞创办了江南陆师学堂及附设矿路学堂，培养陆军人才。1897 年，为了遏制大量外国银元的涌入，维护清政府金融秩序，两江总督刘坤一创办江南铸造银元制钱总局等。这一时期的"西学东渐"以模仿西方兵工、培养军事人才及学习西方科技为特征，促进了我国军事科技的近代化进程。

同治五年(1866 年)，著名学者杨仁山居士(1837—1911)在南京创立金陵刻经处(今淮海路 35 号)，首刻《净土四经》，"为近世佛教重光之始"③。此后共刻印流通经典百万余卷，藏版 3 万至 4 万块，印刷佛像 10 余万张。他还通过日本著名佛学研究学者南条文雄博士，从日本搜得中国失传的佛典经疏 300 余种，择要刻印了 3000 多卷，使三论宗、唯识宗、华严宗等重要佛教宗派的教义重新昌明。他以刻印、流通经典为

① [清]李鸿章：《筹议海防折》(同治十三年十一月初二日)，收入雷颐著《李鸿章与晚清四十年》，山西人民出版社 2008 年版，第 284—285 页。

② [清]容闳：《西学东渐记》，岳麓书社 2015 年版，第 93—97 页。

③ 赵朴初：《金陵刻经处重印经书因缘略论》，载《百喻经》，金陵刻经处 2004 年重印。

基础，于光绪三十四年（1908年）创办佛教学堂——祇洹精舍，自编《初学佛教课本》，培养佛教人才，开近代佛教教育之先河。宣统二年（1910年）又成立了佛学研究会，进行佛教义理研究，以实现弘法利生的理想，为中国近代佛教的复兴做出了杰出贡献。晚清著名学者陈三立、梁启超、谭嗣同、章太炎等都同他有密切的交往。1914年，鲁迅先生曾出资委托金陵刻经处刻印《百喻经》，亲自断句，赠送亲友。1918年，欧阳渐在金陵刻经处研究部设支那内学院筹备处，以育通才、宏至教为主旨，刊布缘起章程。金陵刻经处是近代中国第一家由私人创办的集雕版、印刷、流通及佛学研究于一体的佛学机构，经欧阳渐、太虚、吕澂、赵朴初几代信士传承，这一近现代佛教振兴的策源地，至今仍是传统雕版印刷技艺的继承者与守护者。有专家认为："它与敦煌石窟、龙门石窟、云冈石窟共同成为保存中国佛教文化的'四壁'。"①

戊戌变法前，"六君子"之一的谭嗣同以候补江宁知府身份来到南京，在寓居金陵刻经处期间，写就哲学著作《仁学》一书，该书融汇了经史子集之学、儒墨道佛耶之学等，反对清朝专制统治，抗议民族压迫，希望建立平等世界。在当时的著述中，《仁学》最称激进，被邹容称为"维新运动的《圣经》"。

这一时期，官修志书延续传统，如莫祥芝、甘绍盘合纂《同治上江两县志》；蒋启勋、赵佑宸修，王士铎等纂《光绪续纂江宁府志》；以及《光绪六合县志》《光绪江浦埤乘》《光绪溧水县志》《光绪高淳县志》《宣统高淳县乡土志》等。私修史志也不乏佳作，如甘熙《白下琐言》《灵谷禅林志》、陈作霖《金陵通纪》《金陵通传》《金陵琐志五种》、胡恩燮《白下愚园集》、顾云《盋山志》，以及徐鼒、徐承礼父子所撰《小腆纪年》等，代表了清代晚期地方历史文化编纂和研究的学术成就。而江南图书馆馆长缪荃孙主持编纂的《江南图书馆善本书目》，开创了我国近代图书馆编制善本书目之先河。晚清时期，耶稣会传教士、法国人方殿华（原名路易斯·盖拉蒂，Louis Gallard）曾经在石鼓路天主教堂布道，1898年他绘制出版南京历史上第一张坐标地图《江宁府城图》，他撰写的《南京古

① 伍贻业：《近代南京宗教》，载沈嘉荣主编《南京史话（下）》，南京出版社1995年版，第91—93页。

今》《史地概述》是目前所见近代西方人对南京最富有成就的研究专著。①

光绪二十五年(1899 年)春,南京作为通商口岸正式实现对外贸易开放②,外国商人、传教士和游客等各类人士随之蜂拥而来,南京段长江两岸尤其是下关一带,海关、商铺街、大马路、二马路、邮局、饭店、车站、码头、工厂等陆续修建起来。1900 年义和团运动爆发后,八国联军乘机发动侵华战争,攻入北京城。次年,清政府被迫签订丧权辱国的《辛丑条约》。同年,清政府宣布实行新政,学习西方成为一股潮流,南京也汇入这一洪流之中。

光绪二十八年(1902 年),署理两江总督张之洞于北极阁之南筹办三江师范学堂,1904 年正式招生入学,首任总办(校长)杨觐圭。它是清末实施教育新政后规模最大、设计最新的一所师范学堂,也是中国近代师范学堂之嚆矢。学堂模仿当时的日本教育体制,以"中学为体、西学为用"为办学方针。1906 年,三江师范学堂改名为两江优级师范学堂,李瑞清担任监督(校长)。③ 宣统三年(1911 年)武昌起义后因战事停办。在李瑞清的主持下,该校发展为东南第一学府,培养出一批优秀人才。今天的南京大学和东南大学即源于此。1907 年,两江总督端方奏请清廷许可,在龙蟠里惜阴书院旧址建藏书楼,并委派四品卿衔翰林院编修缪荃孙为图书馆总办(相当于馆长)、江浦县学谕陈庆年为坐办(相当于副馆长)。该馆搜集、珍藏宋、元、明、清秘籍珍本、名家批校本、精抄本共达 5 万余册。1910 年 9 月 21 日正式开馆,定名为江南图书馆,它是中国第一座公共图书馆。今天的南京图书馆即源于此。

光绪三十年正月初一(1904 年 2 月 16 日)出版的《南洋官报》是南京最早发行的报刊,由两江总督兼南洋通商大臣衙门创办,南洋官报局出版,开始时每十天发行一期,后来改为旬刊和 5 日刊。1904 年 8 月 1 日,南京开始出现日报,但持续了很短一段时间后就中断了。南洋劝业

---

① 邓攀:《近代西方南京研究的拓荒者——记清末法国传教士方殿华》,载曹劲松、卢海鸣主编《南京学研究(第三辑)》,南京出版社 2021 年版,第 213—223 页。

② [清末民初]金陵关税务司编:《金陵关十年报告》,南京出版社 2014 年版,第 1 页。

③ 王德滋主编:《南京大学百年史》,南京大学出版社 2002 年版,第 7—24 页。

会期间出版的《劝业日报》，自1910年4月29日开始发行，至12月16日停刊，该报集中报道展会和当地新闻。此外，在1912年元旦民国成立前，南京还出现了《咨议局会期日刊》《金陵杂志》《兵事杂志》《艺林月报》等报刊。[①]

鸦片战争后，随着各地通商口岸的对外开放，大量外国商品涌入，造型新奇、功能优越、使用便利的"洋货"受到广大民众的普遍青睐和欢迎，很快占领中国的广大市场，由城市扩张到城镇和乡村。据清朝光绪末年成书、宣统辛亥(1911年)六月刊行的《炳烛里谈》记载："道光年间，凡物之极贵重者，皆谓之洋。重楼曰洋楼，彩轿曰洋轿，衣有洋绉，帽曰洋筒。挂灯名为洋灯，火锅名为洋锅。细而至于酱油之佳者，名呼洋秋油；颜料之鲜明者，亦呼洋红、洋绿。大江南北，莫不以洋为尚。洋乎、洋乎，岂非今日之先兆乎？"[②]我国传统的生活方式随之改变，进而加速我国传统社会节日、礼仪、服饰、习俗等方面的变革。

1911年辛亥革命爆发，敲响了清王朝的丧钟。1912年元旦，孙中山在南京宣誓就任中华民国临时大总统，结束了延续两千多年的封建帝制，创建了我国历史上第一个资产阶级共和国——中华民国，颁布了中国第一部资产阶级宪法——《中华民国临时约法》。南京临时政府构建了中国现代国家的雏形，确立了建立现代中国的基本原则，开启了我国从封建社会走向现代国家的征程，从此，"皇帝"一词成为历史的陈迹。孙中山就职临时大总统的同时，宣布采用世界上通行的阳历纪年，并将当年的阳历1月1日(农历十一月十三日)定为元旦(新年)。在短短三个月的任职期间，孙中山发布了大量的通告，下令废除许多封建陋习，如禁烟、禁止赌博、禁止鸦片、禁止缠足、剪辫子、自由婚姻等，从此，中国男子留辫子、女子裹小脚的恶习得到根本改观；老爷、大人、奴才、小人等反映人身依附关系和社会等级秩序的词语被扔进了历史的垃圾堆；流行数千年的跪拜礼也被鞠躬礼所取代；含有等级、地位区分功能的服饰向无等级秩序的中山装、西装等多元化服装演变。但这一切并

① [清末民国]金陵关税务司编：《金陵关十年报告》，南京出版社2014年版，第80—81页。。
② [清末民国]陈作霖：《炳烛里谈》，见陈作霖、陈诒绂《金陵琐志九种》，南京出版社2008年版，第307页。

未能改变中国半殖民地半封建社会的性质。

从1912年3月10日袁世凯在北京就任临时大总统起，到1928年奉系军阀退出北京城止，这一段时期为北洋政府时期，南京先后扮演了留守府、都督府、督军署、副总统府、宣抚使署、五省联军总司令部等所在地的角色。由于连年的军阀混战，南京这座古老的城市，不时地被卷入到战争旋涡之中，城市发展步履维艰。

1927年4月18日，蒋介石在南京建立国民政府，一方面继续派兵北伐，以期实现全国的统一；另一方面，着手进行首都建设，南京出现了继六朝、南唐、明初以来的第四次建设高潮。1931年日本发动侵华战争，改变了中国历史的发展方向，也改变了南京的发展进程。1937年12月13日南京沦陷，日军进行了长达六个星期的血腥大屠杀，民国首都南京成为中国人的伤感之地。经过中国人民艰苦卓绝的14年抗战，至1945年8月15日，日本宣布无条件投降。1945年9月9日上午9时，中国战区日本投降签字典礼在南京中国陆军总司令部大礼堂举行，日军在南京签订投降书，南京成为胜利之都。民国南京载浮载沉，既饱受战火的侵扰和蹂躏，更创造了一个又一个辉煌和奇迹，可谓集辉煌荣耀与酸楚泪水于一身，融动乱纷扰与和平安宁于一体。

民国38年中，1927—1937是其黄金时代，俗称“黄金十年”。民国年间的南京文化，主要亮点体现在马克思主义传播、宗教、新闻出版、文学、传统文化研究、教育、科学研究、城市规划和社会风俗等方面。

马克思主义传播引领时代潮流。1918年第一次世界大战结束后，次年在我国爆发了轰轰烈烈的五四运动，科学与民主的思想深入人心。时在河海专门工程学校读书的张闻天，于1919年8月19日至21日，在《南京学生联合会日刊》第50期、51期、52期上连续发表了《社会问题》一文，马克思主义从此在南京传播开来。这与中国最早传播马克思主义的李大钊于1919年5月、11月在《新青年》上分两次发表《我的马克思主义观》一文几乎同时面世。①

中外宗教在相互包容中共同发展，除了道教受到抑制外，南京成为

① 崔巍：《张闻天1919年在中国传播马克思主义》，《档案与建设》2021年第6期，第73页。

佛教、基督教（包括天主教、新教）和伊斯兰教的中心。1912 年，太虚法师在南京毗卢寺（今汉府街 4 号）筹建中国佛教协进会，次年并入中华佛教总会。1927 年南京国民政府成立后，太虚在毗卢寺发起成立中国佛教会，最后改名中国佛学会，这是一个指导和影响全国佛教革新运动的最高组织。1922 年 7 月 17 日，佛学家欧阳渐在南京公园路（今南京市体育运动学校与龙蟠中路交界处一带）创立集讲学、研究、刻经和藏书于一体的近代佛教文化机构——支那内学院。初设学科、事科两科，学科包括教学、研究、述译、考订等，事科包括藏书、刻经、宣传、视察等。学制两年。欧阳渐任院长，吕澂任教务长。后又改设问学、研究两部和学务、事务、编校流通三处。1924 年秋，改组为问学、研究及法相大学三部，辟第二院，招大学特科生一班。1927 年夏，因国民政府定都南京，二院成为驻兵之地，遂停办特科，并缩小一院规模。1937 年冬，欧阳渐率领众人西迁四川江津。日军占领南京后，公园路院舍及图书 30 万卷毁于兵燹。1943 年 2 月欧阳渐病故，吕澂继任院长。支那内学院在国内外学术界和宗教界都产生了较大影响。从 1922 年成立至 1943 年 4 月，在院研学者前后凡 200 余人，梁启超、张君劢、汤用彤、熊十力、梁漱溟都曾在这里学习。支那内学院在南京刻经 110 部，1055 卷；入蜀后又刻经 30 部，50 余卷。[①] 1953 年支那内学院并入金陵刻经处。

从咸丰三年（1853 年）美国传教士罗孝全拜访太平天国首都天京（今南京）到 1949 年中华人民共和国成立的约 100 年时间里，南京是基督教在中国传教的中心。南京的基督教会隶属于大约 18 个外国差会、21 个教会组织，拥有教堂和聚会点（包括郊县）60 余所，外国传教士 150 多名。[②] 设于南京大锏银巷 17 号（原大锏银巷 13 号）的金陵神学院是外国基督教会为了培养宗教人才，兴办教会，在中国创办的历史最长、投资最多、规模最大的教会学校。[③] 民国时期的南京基督教较之清末，宗派林立、教堂众多、信徒日众，各个教派在南京竞相购地置屋，建立教

① 《内院简史》，1943 年 4 月，南京市档案馆：1003－17－10，转引自孟国祥著《南京文化的劫难（1937—1945）》，南京出版社 2017 年版，第 262—263 页。

② 伍贻业：《近代南京宗教》，载沈嘉荣主编《南京史话（下）》，南京出版社 1995 年版，第 97—98 页。

③ 诚质怡：《我所知道的金陵神学院》，见江苏省政协文史资料委员会编《江苏文史资料集萃·社会卷》，1995 年内部印刷本，第 365 页。

堂、兴办学校、开办医院，在扩大基督教在南京传播的同时，也推动了南京城市教育、医疗卫生事业的发展，扩大了男女平等观念的影响。

伊斯兰教在民国时期的南京发展迅速。据统计，南京有清真寺30余座，无论是在数量上，还是在规模上，在全国均居于领先地位，其中净觉寺是中国伊斯兰教的中心。①

新闻出版方面发展速度惊人。1913—1922年间，南京创办的报刊只有《新中华报》日刊、《大江南》报日刊、《南方日报》《大中华报》日刊、《宁报》日刊、《建设日报》日刊等10种，发行量只有150—1600份，主要集中报道当地新闻。② 1927年，南京国民政府成立后，南京的新闻出版业迅速发展，门类齐全，种类繁多，涵盖了报纸、杂志、通讯社、图书、书店和印刷厂各个领域。既有官营的，也有民营的；既有本地的，也有外地设立的分支机构。据南京市市政府编写、南京共和书局1933年10月1日出版的《新南京》一书记载：到1933年时，南京的报社有中央日报社、新京日报社、中国日报社、新民报社、南京晚报社、人民晚报社、救国日报社、南京人报社、南京日报社、南京早报社等29家；杂志社有社会杂志社、妇女共鸣社、时事月报社、政治评论社、国民外交杂志社、现代生活社、交通杂志社、金陵神学志社、儿童生活周刊社、新青海社、法学丛刊社等39家；新闻通讯社有中央通讯社、日日新闻社、正气新闻社、民族通讯社、南京通讯社、远东新闻社、时事电讯社、长江通讯社、东亚新闻社、中国电讯社等48家。③ 南京的印刷企业有中央党部印刷所、华丰印铸字所、南京印刷公司、大陆印书馆、京华印书馆、金陵印刷公司、中国印刷厂、新华印书馆、南京印书馆等31家，其中1927年之前开设的只有4家，其余27家均为1927年后开设。④ 1933年前，南京的出版社有官方创办的正中书局、拔提书局、军用图书社等多家，民营的有天一书局、京华书局、钟山书局、青白书店、华牌楼书店、新亚洲书局、新京书局、群众图书公司等10余家；到1937年前，在南京开设分店的上

---

① 南京伊斯兰教协会编印：《南京清真寺志》，2020年内部版，第1、4、13页。

② [清末民国]金陵关税务司编：《金陵关十年报告》，南京出版社2014年版，第111—112页。

③ [民国]南京市市政府秘书处编：《新南京》，南京出版社2013年版，第132—133页、155—159页。

④ [民国]南京市市政府秘书处编：《新南京》，南京出版社2013年版，第132—133页、132—133页。

海出版机构有商务印书馆、中华书局、世界书局、中央书店、开明书店、北新书局、南京书店、神州国光社、共和书局、光天书局、公益书局、新时代书局、南洋书局13家。1927—1937年，在南京经营书报刊业务的书店有64家，既有本地的书店，也有上海各大书局在南京开设的分店。①

民国南京，在中国文坛一枝独秀。朱绪曾《金陵诗征》、陈作霖《国朝金陵诗征》《续金陵诗征》全面展现“诗国”南京成果自不必说。随着南京开埠，鲁迅、周作人、巴金、胡风、曹禺、朱自清、俞平伯、张恨水、张爱玲、阿垅、郭沫若、余光中、周而复、赛珍珠等文学家，以及陈三立、王伯沆、仇埰、王孝煃、柳诒徵、吴梅、黄侃、汪辟疆、胡小石、陈中凡、汪东、唐圭璋、卢前、叶灵凤、吴白匋、陈白尘、陈瘦竹、沈祖棻、孙望、程千帆等文学史家先后在南京求学、教学、游历或生活。朱自清《背影》《桨声灯影里的秦淮河》、巴金《死去的太阳》、倪贻德《玄武湖之秋》、赛珍珠《大地》、曹禺《原野》、张恨水《秦淮世家》《丹凤街》、张友鸾《魂断文德桥》、程先甲《金陵赋》、路翎《云雀》、郭沫若《南京印象》，以及唐圭璋《全宋词》，或是在南京创作，或是以南京为背景创作。以南京大屠杀为主题和题材的报告文学、日记、回忆录、小说等，从不同视角记录了侵华日军在南京犯下的滔天罪行和南京人民经历的黑暗和苦难，形成了现代中国特有的“战争文学”。其中代表作有英国《曼彻斯特卫报》驻北京记者田伯烈(H. J. Timperly)的《外国人目睹中之日军暴行》，南京安全区国际委员会主席、德国西门子公司驻南京办事处经理拉贝(John H. D. Rabe)的《拉贝日记》(又名《敌机飞临南京》)，金陵女子文理学院教务主任、美国传教士魏特琳(Minnie Vautrin)的《魏特琳日记》，美国作家赛珍珠(Pearl Sydenstricker Buck)的《龙子》，参与南京大屠杀的日本士兵东史郎的《东史郎日记》，金陵女子文理学院舍监、时任南京安全区第四区(金陵女子文理学院难民所)卫生组组长程瑞芳的《程瑞芳日记》，南京大屠杀幸存者蒋公穀《陷京三月记》、郭岐《陷都血旧录》、李志痕《沦京五月记》、陶秀夫《倭寇祸京始末记》、陆泳费《丁丑劫后里门见闻录》、钮先铭《佛门避难记》，以及作家范式之《敌蹂躏下的南京》、林娜《血泪

① 吴永贵:《民国出版史》，福建人民出版社2011年版，第94—95页。

话金陵》、白芜《今日之南京》、阿垅《南京》(出版时改名《南京血祭》)等。

地方文献的研究和整理在继承中有所创新。采用传统方法编纂出版的成果有王焕镳《首都志》《明孝陵志》,胡祥翰《瞻园志》《金陵胜迹志》,傅焕光《总理陵园小志》,张惠衣《金陵大报恩寺塔志》,刘春堂修、吴寿宽纂《民国高淳县志》,陈诒绂《石城山志》,严伟《南汤山志》,汪闾《覆舟山志》,夏仁虎《秦淮志》《玄武湖志》,龚心铭《浦口汤泉小志》,以及徐寿卿《金陵杂志》《续金陵杂志》、潘宗鼎《金陵岁时记》《扫叶楼集》、张通之《白门食谱》、缪荃孙《秦淮广记》、王猩酋《雨花石子记》、卢前《冶城话旧》《东山琐缀》《南京文献》、南京市政府秘书处《新南京》等。采用现代实地调查和文献相结合方法的研究成果有张璜《梁代陵墓考》、中央古物保管委员会《六朝陵墓调查报告》、朱偰《金陵古迹图考》《金陵名胜古迹影集》等。此外,20世纪20年代,曾任江南图书馆(又名国学图书馆)馆长、中央大学教授柳诒徵在南京开始《中国文化史》的写作,1947年公开出版。此书确立了中国文化史的历史地位,同时确立了文化史写作的基本框架。20世纪30年代,词学家、中国古典文学研究家唐圭璋在南京编写《全宋词》,1940年公开出版。全书共收录宋代词人1330家,词作21116首,与清代的《全唐诗》一起,并称中国文学的"双璧"。历史学家罗尔纲撰写的《太平天国史纲》,1937年由商务印书馆出版,该书是系统研究太平天国运动的第一本专著。

传统文化研究独树一帜。1922年1月,梅光迪、吴宓、胡先骕、柳诒徵等人,在当时的国立东南大学发起创办《学衡》杂志,其宗旨是"论究学术,阐求真理,昌明国粹,融化新知,以中正之眼光,行批评之职事,无偏无党,不激不随"。对于国学,主张"以切实之功夫,为精确之研究。然后整理而条析之,明其源流,著其旨要,以见吾国文化";对于西学,则主张"博极群书,深窥底奥。然后明白辨析,审慎取择"。《学衡》杂志从1922年创刊到1933年停刊,共出版79期。因《学衡》杂志而得名的"学衡派"名著一时。学衡派代表人物大多留学过欧美,他们以中华传统文化守望者自居,在新文化运动中持保守主义立场,以《学衡》为阵地,反对全盘否定传统文化,主张维护儒家文化;攻击新文化运动,反对全盘西化;反对废除文言文,但并不排斥白话文;反对文学革命,但并不反对改良文学。学衡派坚持整理、继承中国传统文化，对传统文化进行创造性研究，至今仍具有积极意义。

在文化教育方面，民国南京涌现出了一批现代化的文博场馆、图书馆、学校和幼儿园，如中央地质调查所地质矿产陈列馆、国立中央博物院筹备处、国立编译馆、国史馆、国立美术陈列馆、国立中央图书馆、国学图书馆、江苏省民众教育馆、南京高等师范学校（先后更名国立东南大学、国立第四中山大学、国立中央大学）、金陵大学、金陵女子大学、河海工程专门学校、晓庄师范学校、国立戏剧专科学校、国立音乐院、南京高等师范附属中学、南京第一中学、金陵大学附属中学、钟英中学、汇文女子中学、明德女子中学、南京市第一模范小学、晓庄师范附属小学、力学小学、鼓楼幼稚园、燕子矶幼稚园等。它们在传播科学文化知识、推进学术研究、促进社会进步、培养各类人才等方面发挥了积极作用。由南京国立音乐院师生吴文季等人采集、整理和改编的西康民歌《康定情歌》（原名《跑马溜溜的山上》，又名《溜溜调》）和新四军战士何仿在六合金牛湖畔采集整理改编的民歌《好一朵茉莉花》（原名《鲜花调》）从南京飞向全国，传遍世界。

在科学研究方面，1914—1915 年间，胡明复、赵元任、周仁、秉志、任鸿隽、杨杏佛、过探先、章元善、金邦正 9 人在美国发起成立中国科学社，以任鸿隽为首任社长，宗旨是“提倡科学，鼓吹实业，审定名词，传播知识”，同时创办《科学》杂志。1916 年在南京建立支社。1918 年 10 月，总部迁到南京，直到 1931 年总部迁到上海新址为止。中国科学社在南京的 12 年，为中国近代科学事业的发展做出了巨大贡献。它在普及科学知识、创立科研机构、集成科研群体，以及推动近现代高等教育发展等方面起到了积极作用。①

1928 年 6 月 9 日，民国学术研究最高机关——国立中央研究院的成立更是意义重大。该院任务主要有两方面：一是从事科学研究；二是指导、联络、奖励学术研究。设有特任级院长 1 人，综理全院行政事宜。其下设行政、研究、评议三机构。1928 年中央研究院（由大学院

① 顾金亮：《中国科学社与南京——代校注者前言》，载中国科学社编，顾金亮、吴德广校注：《科学的南京》，东南大学出版社 2014 年版，第 1—26 页。

分化而成)成立后,陆续按学科分科设置各研究所,到1937年全面抗战爆发时为止,已设立物理、化学、工程、地质、天文、气象、历史语言、心理、社会科学及动植物十个研究所。理、化、工三研究所设在上海,其余各所均设于南京,并在南京成贤街旧法制局内设立总办事处(北极阁新址落成后,迁往新址办公),以办理全院一般行政事宜。抗战期间,中央研究院各研究所分设于重庆、北碚、李庄、昆明四区。抗战胜利后,数学研究所、物理研究所、化学研究所、动物研究所、植物研究所、医学研究所筹备处、工学研究所、心理学研究所八单位,暂设于上海,总办事处及天文、地质、气象、历史语言、社会五个研究所,共六单位,设于南京。中央研究院的首任院长是蔡元培,继任院长为朱家骅。总干事先后为杨铨、丁燮林(代理)、丁文江、朱家骅、任鸿隽、傅斯年、叶企孙、李书华、萨本栋、钱临照和周鸿经。中央研究院设有全国最高学术评议机关——学术评议会,对内促进学术进步,对外谋求国际合作。1935年9月7日,举行首届评议会成立大会。1948年3月27日,中央研究院第二届评议会第五次年会选举姜立夫等81人为中央研究院院士。1949年10月,中央研究院留在大陆的各机构都被中华人民共和国中国科学院接收。

南京的城市规划建设独领风骚。1928年1月,鉴于首都南京是中外观瞻之所系,为提升南京的城市形象,将南京建成世界上一流大都市,国民政府专门成立了首都建设委员会,由蒋介石担任委员会主席,孙科和孔祥熙分别担任工程建设组主任和经济建设组主任。在首都建设委员会下面设立了国都设计技术专员办事处,负责制定《首都计划》,并聘请美国建筑师墨菲、古力治为顾问,以期借鉴国外城市建设成功的经验和失败的教训。1929年12月31日,《首都计划》正式公布,其内容包括史地概略、百年后的人口预测、首都界限、中央政治区地点、市行政区地点、建筑形式、道路系统、水道改良、路面、市郊公路、公园和林荫大道、交通管理、铁路与车站、港口与飞机场、自来水与电厂、排水系统、市内交通设备、电线与路灯、公营住宅、学校、工业、浦口开发计划,以及实施程序、款项筹集等方面,并附有各类地图、模型图、设计图、效果图、照片等将近70幅。

社会风俗在继承中也有所创新。1934年，国民党在全国开展新生活运动，提倡纪律、品德、秩序、整洁等，“礼义廉耻”（四维）是其中心思想，“生活艺术化、生活生产化、生活军事化”（三化）是其行动指引。蒋介石希望从人民的基本生活开始，革除陈规陋习，提升公民素质，以达到所谓“救国”和“复兴民族”的目标。1935年10月10日，在励志社举行了南京历史上第一次集团结婚（即集体婚礼），这是继4月3日上海举行中国首次集团结婚之后的又一次重大集体婚礼活动。参加这次集体婚礼的每对新人平均花费不超过60元，官方花费约为1000元。此后，集体婚礼在全国进一步推广开来。

清末民国的南京文化还有一大特色，这就是由地理上的拥江城市演变为科技上的拥江发展城市。工业是一个高度依赖科技发展的行业，随着19世纪30—40年代英国工业革命的基本完成，西方科技源源不断地输入我国，南京境内长江南北两岸，先后涌现出浦镇机厂、和记洋行、中国水泥厂、胜昌机器厂、大同面粉厂、首都电厂、首都水厂、永利铔厂、江南水泥厂、中央无线电厂、中央化工厂、中央电瓷制造厂等一批工业企业，标志着南京由农耕文明向工业文明的迈进。

第三节　南京文化的特质

南京文化源远流长，内涵丰富，汇古今中外于一体，熔东西南北于一炉，具有多元一体的属性。从内容上看，包含思想、宗教、文学、艺术、史学、科技、教育、民俗等；从时段上看，囊括了北阴阳营文化、湖熟文化、六朝文化、南唐文化、明文化、清文化、民国文化等；从种类上来看，涉及金陵文化、古都文化、钟山文化、秦淮文化、石城文化、绿色文化、和平文化、长江文化、廉政文化、红色文化等，同时吸收融合了吴越文化、荆楚文化、运河文化、江南文化、北方文化和海外文化等，可谓包罗万象，气象万千，具有博大精深的内涵和宏大磅礴的力量。南京文化堪称不同领域、不同时代、不同种类文化的综合体，它的发展变化在某种程度上折射了中华文明的变迁。[1] 南京文化在漫长的历史演进中，形成了兼容并包、坚韧不拔、文脉悠长、勇于创新、崇文尚读、开放进取等多元特质。

一、兼容并包

南京不仅是中国长江流域唯一的大一统王朝的都城，也是名副其实的五方杂处的“移民城市”。南京在历史上经历过多次人口迁徙。第一次是西晋末年，八王之乱、五胡乱华、十六国纷争，迫使中州士女衣冠南渡；第二次是唐朝安史之乱和黄巢起义，造成中原和江淮之间的居民大规模南迁。第三次是靖康之难，金兵南下，北宋覆亡，北方民众纷纷向南逃难。第四次是明朝初年，朱元璋将南京人口外迁边陲，同时迁江浙人口充实南京。第五次是太平天国占领南京前后，南京人口迁徙频繁。第六次是民国年间，辛亥江宁光复、二次革命、国民政府定都南京、日军攻占南京和国民政府还都前后，大量人口定居、迁徙、流亡……千百年来，在一次又一次移民浪潮的涤荡下，不同文化在南京交融、碰撞、激荡，形成了兼容并包、充满博爱精神的南京文化。

南京是多元思想、宗教的交汇中心。六朝时期，都城建康人文荟萃，统治者对各种思想宗教比较包容，形成了儒学、经学、玄学、道教、佛教多种学术思潮并存的局面，堪称中国历史上第二个“百家争鸣”的时代。

南唐时期，南京继六朝之后再次成为都城。先主李昪推崇道教、包容佛教，中主李璟道、佛并重，后主李煜崇佛佞佛。南唐经历了由道转佛的变化。

宋代是儒家思想的转型重构期，理学诞生。同时，建康佛道盛行，寺院道观众多。南京也是伊斯兰教最早传入中国的地区之一。

明朝定都南京后，南京首次成为大一统王朝的都城。朱元璋着手恢复以汉族文化为主体的中华文化体系，他将程朱理学作为统治人民

---

[1] 卢海鸣：《长江与南京文化的关系》，载曹劲松、卢海鸣主编《南京学研究》（第三辑），南京出版社 2021 年版，第 26—27 页。

的基本思想。明太祖朱元璋崇信佛教，在南京兴建或重建佛寺，建立最高佛教管理机构善世院。对于道教，宠眷有加，设立道教最高管理机构元教院。对于伊斯兰教（当时称为“回回教”），实行宽柔相济政策，在聚宝门外修建回回礼拜寺、在三山街修建净觉寺，推动了伊斯兰教在南京的传播。明朝后期，意大利籍天主教传教士利玛窦（Mathew Ricci）三度来到南京，传播天主教。

晚清时期，杨仁山在南京创立金陵刻经处，创办佛教学堂，搜集中国失传的佛典经疏进行刊印，同时培养佛教人才，使得中国近代佛教得到复兴。随着1842年中英《南京条约》签订和1899年南京开埠，西方传教士纷纷来到南京，建立教堂、学校和医院，传播基督教，培养传教人才和信众。

民国年间，南京作为首都，是全国佛教、基督教（包括天主教、新教）和伊斯兰教的最高管理机构所在地。令人瞩目的是，1918年第一次世界大战结束后，次年在我国爆发了轰轰烈烈的五四运动，儒家思想受到前所未有的冲击，科学与民主的思想深入人心。时在南京河海专门工程学校读书的张闻天，于1919年8月19日至21日，在《南京学生联合会日刊》上连续发表《社会问题》一文，标志着马克思主义在南京的传播。

二、坚韧不拔

自古至今，南京与中国的命运紧密相连。纵观中国历史，南京无论是在定都的450年，还是在“非都”的2000余年期间，在中华民族生死存亡的危急关头，每每首当其冲，忍辱负重，挺身而出，成为中华文明的避难所和受难地，荷载起救亡图存、浴火重生的重任，从而使中华文明绵延不绝。[1] 南京以其自身扮演的独特角色，为中华民族谱写了辉煌壮丽的篇章。德国哲学家黑格尔称：“只有黄河、长江流过的那个中华帝国是世界上唯一持久的国家，征服无从影响这样一个帝国。”[2]在四大文

① 叶皓：《重读南京》，南京出版社2011年版，第73页。

② [德]黑格尔：《历史哲学》，王造时译，上海书店出版社1999年版，第122页。

明古国中,中华文明能够成为唯一没有间断的文明,南京功不可没。

南京具有超乎寻常的坚韧品格,可谓屡挫屡兴。据学者统计,历史上(截至1600年),发生过30次及以上战斗的地方都是国都与战略性城市:南京发生的战事有106次,居全国所有城市第一位,遥遥领先于第二位洛阳(70次)、第三位长安(52次)和第四位寿州(42次)。[①] 清朝至民国,南京至少又经历过12次攻防战,包括郑成功兵败江宁、英军攻打南京、太平军攻占江宁城、太平军保卫天京、天京陷落、同盟会江浙联军攻克南京、江苏讨袁军南京保卫战、北伐军光复南京、龙潭战役、国民政府南京保卫战、新四军南京周边的抗日活动、人民解放军解放南京。[②]

公元280年,吴后主孙皓“一片降幡出石头”,孙吴政权亡于西晋之手。此后,在不到40年的时间里,公元317年东晋王朝在此崛起,开启了辉煌灿烂的东晋南朝文化序幕。公元589年隋朝灭陈,将建康城夷为平地,陈后主陈叔宝被俘往长安。经过约350年的韬光养晦,公元937年,在六朝古都旧址上崛起了南唐政权,创造了令人瞩目的南唐文化。公元976年,在宋太祖“卧榻之侧,岂容他人鼾睡”的警告声中,苟延残喘的南唐政权亡于北宋,李后主李煜亡国受辱。经过近400年的积累,1368年,明王朝在这里以大一统王朝的面貌傲然兴起,屹立于世界的东方,创造了中外闻名的大明文化。

南京的坚韧品格在我国近代史中更是得到了淋漓尽致的展示。1840年鸦片战争爆发以来,南京作为东南地区乃至全国政治、经济、军事、文化中心,多次处在历史的风口浪尖,经历了外敌的入侵和内战的困扰,饱受战火的蹂躏,抢劫、强奸、屠城、废墟乃至城下之盟在这座城市频繁上演。第一次是1842年。英国舰队抵达南京下关江面,兵临南京城下,清政府在英军坚船利炮的威胁下,被迫与英方签订了丧权辱国的中英《南京条约》,中国开始沦为半殖民地半封建社会。第二次是1853—1864年太平天国政权定都天京(今南京)期间。1853年,太平军攻入江宁(今南京),大肆屠杀清军和满人;1856年,天京事变爆发,太平军近10万人死于内讧;1864年,曾国

---

① [英]魏根深:《中国历史研究手册》,侯旭东主持翻译,北京大学出版社2016年版,第483页。

② 王洪光:《南京之战》,江苏人民出版社2014年版,第514—895页。

藩之弟曾国荃率领湘军攻入天京后，杀害太平军将士及平民达数10万人。清军和太平军持续10余年的拉锯战，将昔日繁华的南京城变为"废都"，明故宫、明孝陵、天王府、大报恩寺琉璃塔等遭到严重毁坏。第三次是1913年7月"二次革命"爆发后，黄兴被推为江苏讨袁军总司令，在南京宣布讨伐袁世凯。冯国璋与张勋率领北洋军队于9月攻入南京城，烧杀淫掠，无恶不作，南京商民家破人亡者不计其数，许多妇女被奸淫后投秦淮河自杀。第四次是1937年12月13日，侵华日军占领南京后，进行了长达6周的大屠杀，制造了惨绝人寰的南京大屠杀事件，30万无辜同胞被日军杀害。当代作家余秋雨《五城记》写道："历代古都多得很，哪像南京，直到现代还一会儿被外寇血洗全城，一会儿在炮火中作历史性永诀，一次次搞得地覆天翻？"①

南京在中国历史上多次遭战火的蹂躏，但在经历过战火洗礼后，创造了一个又一个辉煌和荣光，变得更加强大。1912年1月1日，孙中山先生在南京就任临时大总统，建立中华民国，推翻了2000多年的封建帝制。1945年9月9日上午9时，中国战区日本投降签字典礼在南京黄埔路中国陆军总司令部大礼堂举行，这是历史上外来侵略者在中国大地上与中国政府签订的第一个，也是唯一一个国家层面的无条件投降书。1949年4月23日，中国人民解放军占领南京，红旗插上总统府门楼，标志着蒋家王朝在大陆统治的终结以及新中国即将诞生，中国的历史从此翻开了新的篇章。

著名文史学家朱偰《金陵古迹图考》写道："长安、洛阳、金陵、北京，此四都之中，文学之昌盛，人物之俊彦，山川之灵秀，气象之宏伟，以及与民族患难相共、休戚相关之密切，尤以金陵为最。"

三、文脉悠长

南京文化文脉悠长，绵延不绝，屡次成为中国文化的高原，涌现出

① 余秋雨：《五城记》，载余秋雨《文化苦旅》，知识出版社1992年版，第163—164页。

一座又一座文化高峰，留下了一大批脍炙人口的传世名作，开创了文学、艺术等多方面的先河。

六朝政权定都南京300余年间，处在南北对峙的历史大动荡时期，义无反顾地承载起传薪播火、救亡图存的重任，都城建康成为中华传统文化的中心。六朝的文学、艺术、史学、思想、宗教等超迈前人，独领风骚，堪称中国文化的“文艺复兴时期”。在南京不仅诞生了我国第一所分科大学——南朝四学馆，而且涌现了《文选》《文心雕龙》《玉台新咏》《诗品》《画品》《后汉书》《宋书》《抱朴子》《弘明集》，以及《兰亭序》《女史箴图》《洛神赋图》等一座又一座文化高峰。

南唐立都江宁（今南京）40年，是五代十国时期南方地区的一个重要国家，其诗词书画独步天下，开创一代文学之风。诗词以中主李璟、后主李煜造诣最深；书画则以宫廷画家顾闳中《韩熙载夜宴图》等享有盛名。在五代十国纷争中，南唐成为传承中国传统文化的中心。

明朝初期，南京作为大一统王朝的都城，文化成就达到了封建社会的顶峰。明朝文化的集大成之作《永乐大典》，由解缙、姚广孝等人奉明成祖朱棣之命在南京编纂，《大英百科全书》称之为“世界有史以来最大的百科全书”，300年后清代乾隆年间编纂的《四库全书》就是直接受到《永乐大典》的影响。明代的南京是全国最重要的出版中心，刊刻《永乐南藏》《西游记》《本草纲目》《十竹斋书画谱》《十竹斋笺谱》等众多传世名著。

民国南京在中国文坛一枝独秀。朱自清《背影》《桨声灯影里的秦淮河》、巴金《死去的太阳》、倪贻德《玄武湖之秋》、赛珍珠《大地》《龙子》、曹禺《原野》、张恨水《秦淮世家》《丹凤街》、程先甲《金陵赋》、路翎《云雀》、阿垅《南京血祭》、郭沫若《南京印象》，以及唐圭璋《全宋词》，或是在南京创作，或是以南京为背景创作。

在六朝、南唐、明初和民国定都南京的450年里，南京文化高峰迭起；但在“非都”的2000余年里，南京文化也是高潮不断。隋唐时期李白、刘禹锡、李商隐、韦庄、杜牧等人的金陵怀古诗，宋元时期王安石、姜夔、辛弃疾、萨都剌等人的金陵怀古词，清代孔尚任《桃花扇》、袁枚《随园诗话》、吴敬梓《儒林外史》、曹雪芹《红楼梦》等文学作品，不仅延续了南京文脉，而且是中华文化宝库中的杰作。

此外，由《世说新语》《文选》《文心雕龙》《红楼梦》四部作品形成的“世说学”“选学”“龙学”“红学”，彰显了南京独特的文化底蕴。2019年10月31日，南京被评为世界“文学之都”，堪称对这座城市文学成就和贡献的最好注脚。诚如清代旅居南京的文人余怀《板桥杂记》所言：“金陵古称佳丽地，衣冠文物胜于江南，文采风流甲于海内。”

四、勇于创新

创新是一个民族的灵魂，是一个国家兴旺发达的不竭动力。千百年来，南京创造了一个又一个科技奇迹。

六朝是南京科技创新的第一个高峰期。数学方面，南朝宋、齐年间，科学家祖冲之将圆周率精确到小数点之后的第七位有效数字，直到1000年后才被15世纪的阿拉伯数学家阿尔·卡西和16世纪的法国数学家维叶特所超越；同时，祖冲之求出的用两个分数来表示圆周率近似值的密率——$\pi=355/113$，是分子、分母都在一千之内的圆周率最佳渐近分数，直到16世纪，荷兰工程师安托尼兹和德国数学家鄂图才得出相同的数值。城市规划建设方面，六朝建康城的规划建设是当时我国城市建设的典范。南齐时期，北魏孝文帝派遣将作大匠蒋少游作为副使来到建康，实地考察建康城，最终“图画而归”，[①]北魏代京（平城，今大同）太极殿和洛阳的宫殿就是模仿建康宫殿而建。水利工程方面，吴大帝孙权在位期间开凿的破岗渎，是南京历史上最早的越岭运河。它位于江宁区和句容市境内，沟通秦淮河与太湖水系，是六朝建康城水上交通的生命线。破岗渎穿越茅山丘陵，中间为高岗地带，东西两头地势低下，因此，在运河上下修建了14个拦河水坝，储存足够的水量，形成梯级航道，确保船只得以顺利航行。[②]破岗渎工程之浩大，水利设施之先进，堪称南京古代运河工程之最，也为隋唐大运河类似工程的修建提供了样板。非遗方面，东晋末年，权臣刘裕灭掉后秦，迁关中“百工”之人

① 《南史》卷四七《崔祖思传附子崔元祖传》，中华书局1975年版，第1173页。

② 卢海鸣编著：《南京历代运河》，南京出版社2019年版，第88页。

于建康，并在秦淮河畔设置斗场锦署，专门管理和从事锦缎的生产。斗场锦署是南京历史上的第一个官办织锦机构，标志着南京云锦织造业的发端。

明朝是南京科技创新的第二个高峰期。南京城由内到外的四重城墙构造，不仅体现了南京至高无上的国都地位，而且在中外都城建设史上也是一个创举，其中南京城墙砖文揭示的层层包干的生产责任制，对于今天的廉政制度建设仍有借鉴意义。明代南京皇宫规制直接影响到明代北京紫禁城的规划和建设。明孝陵陵寝制度为明清两代帝陵所沿用，在中国古代帝陵制度史上具有里程碑的地位。明代大报恩寺琉璃塔(俗称"瓷塔")开创了我国琉璃塔的先河，与长城并列为中国最具特色的标志性建筑物，被誉为"世界第八大奇观"，同时，被西方人认为是吉祥和繁荣的象征，18世纪的欧美国家纷纷在花园中进行仿造。

晚清民国是南京科技创新的转型发展期。1864年，由徐寿、华蘅芳和徐建寅在南京长江边成功研制出我国第一艘蒸汽机轮船"黄鹄"号并试航成功。次年，署理两江总督李鸿章将苏州洋炮局迁到南京，创办金陵机器制造局，专门制造枪炮，揭开南京近代工业的序幕，南京成为中国近代工业的起航地之一。1928年，民国学术研究最高机关——国立中央研究院成立，到1937年全面抗战爆发时为止，共设立物理、化学、工程、地质、天文、气象、历史语言、心理、社会科学及动植物10个研究所。除了理、化、工三研究所设在上海外，其余各所均设于南京，并在南京设立总办事处。该院对于推动科学研究、促进国际合作发挥了重要作用，也为1949年中华人民共和国成立后的科学研究奠定了基础。此外，在南京建立的紫金山天文台和地磁台、北极阁气象台和地震台、中央地质调查所、中央医院，以及中国水泥厂、江南水泥厂、永利铔厂、首都水厂、首都电厂等科研机构和工厂，都为南京或中国创造了一个又一个科技奇迹。

五、崇文尚读

文运与国运相牵，文脉同国脉相连。数千年来，一代又一代南京儿女，崇尚传统文化，注重阅读经典，在成就自身人生和事业辉煌的同时，为延续中华文脉、传承文化基因做出了不可磨灭的贡献。

南京素有“天下文枢”之美誉，拥有厚重的文化底蕴和书香文脉。南京人历来崇文尚读，在历史上，涌现了许许多多著名的读书人、写书人、藏书人、出版人，留下了众多与崇文尚读有关的名胜古迹和文化典籍。

读书方面，南京曾经有众多名人读书遗址和遗迹，如溧水境内纪念东汉文学家蔡邕的“伯喈读书台”；中华门外越城之西纪念西晋文学家陆机、陆云的“二陆读书台”；老城南赤石矶侧老虎头纪念晋朝大将周处的“子隐堂”（又称“周孝侯读书台”）；朝天宫纪念晋朝隐士郭文举的“郭文举读书台”；紫金山北高峰纪念昭明太子的太子岩（又名“昭明太子读书台”）；江宁湖熟纪念梁代昭明太子的“东湖读书台”；溧水无想山纪念南唐名臣韩熙载的“韩熙载读书台”；钟山定林寺纪念北宋改革家王安石的“王荆公书堂”（又名“昭文斋”）等。

著书方面，历代文人在南京留下的作品种类繁多。如六朝葛洪《抱朴子》、僧祐《弘明集》、法显《佛国记》、刘义庆《世说新语》、萧统《文选》、刘勰《文心雕龙》、沈约《宋书》、萧子显《南齐书》、钟嵘《诗品》、谢赫《画品》，唐代许嵩《建康实录》，宋代周应合《景定建康志》、张敦颐《六朝事迹编类》，元代张铉《至正金陵新志》，明代礼部《洪武京城图志》、解缙等《永乐大典》、茅元仪《武备志》、顾起元《客座赘语》、胡正言《十竹斋书画谱》，清代吴敬梓《儒林外史》、曹雪芹《红楼梦》、袁枚《随园诗话》、陈作霖《金陵琐志五种》，民国王焕镳《首都志》、谭嗣同《仁学》、唐圭璋《全宋词》等等。

藏书方面，自六朝以来绵延不绝。东晋时期，著作郎李充根据西晋荀勖《中经新簿》编写图书目录的时候，在建康见到的官方图书只有3014卷。到刘宋元嘉八年（431年），秘书监谢灵运编著《宋元嘉四部目录》时，收集的官府图书共有64582卷。齐朝永明年间，秘书丞王亮、秘书监谢朏重编《四部书目》，官方收集的图书有18010卷。梁朝初年，秘书监任昉共搜集官府藏书达到230106卷。[①] 在私人藏书方面，沈约"好坟籍，聚书至两万卷，京师莫比"[②]；任昉"家虽贫，聚书至万余卷，率多异本"[③]。南唐时期，自先主李昪担任昇州刺史时开始，就注重图书典籍的收藏，当时他创建的建业书房藏书达3000多卷。南唐中主、后主"皆妙于笔札，博收古书，有献者厚赏之。宫中图籍万卷，尤多钟、王墨迹"[④]。南唐文臣徐锴在藏书方面贡献尤著，史称"江南藏书之盛，为天下冠，锴力居多"[⑤]。有明一代，南京的焦竑澹园、顾璘息园、盛时泰苍润轩、姚汝循锦石山斋、茅元仪寤园、顾起元遯园、丁雄飞心太平庵均收藏有大量的典籍。清代南京的藏书家和藏书楼更是争芳斗艳，如黄虞稷的千顷堂（又称"千顷斋"）藏书达8万多卷；袁枚的随园"所好轩"和"书仓"中，藏书有30万卷；熊赐履"下学堂"、朱绪曾"开有益斋"、甘熙家族"津逮楼"，藏书均超过10万卷；严长明的"归求草堂"、周亮工的"赖古堂"、曹雪芹祖父曹寅的"楝亭"、孙星衍自筑的祠堂（又名"孙祠书目"）、汪士铎的"砖丘室"等，藏书也颇为丰富。[⑥] 此外，民国陈群泽存书库，不仅藏书丰富，而且收藏有大量的珍贵文献典籍。

刻书方面，自明代开始，南京成为我国出版业的中心之一。史称："吴会、金陵，擅名文献，刻本至多，巨帙类书，咸荟萃焉。……今海内书，凡聚之地有四：燕市也，金陵也，阊阖也，临安也。"[⑦]明朝胡正言的十竹斋，采用饾版、拱花等多种印刷技术，使中国古代的版画艺术和印刷技巧达到前所未有的高度，现存的《十竹斋书画谱》《十竹斋笺谱》是我国历史上彩色印刷及版画艺术的经典作品。明代李时珍《本草纲目》，吴承恩《西游记》，冯梦龙《警世通言》，王圻、王思义父子编撰的《三才图会》等均初刻于南京。清代早中期，南京"百货悉有，书坊可百余家"[⑧]，

---

① 《隋书》卷三二《经籍志一》，中华书局1973年版，第906—907页。

② 《梁书》卷一三《沈约传》，中华书局1973年版，第242页。

③ 《梁书》卷一四《任昉传》，中华书局1973年版，第254页。

④ [宋]马令：《南唐书》卷六，南京出版社2010年版，第58页.

⑤ [宋]陆游：《南唐书》卷二《徐锴传》，南京出版社2010年版，第249页。

⑥ 徐雁、谭华军：《南京的书香》，南京出版社1996年版，第26—106页。

⑦ [明]胡应麟：《少室山房笔丛》甲部《经籍会通四》，上海书店出版社2001年版，第42页。

⑧ [越南]阮辉莹：《奉使燕京总歌并日记》，载复旦大学文史研究院、越南汉喃研究院编《越南汉文燕行文献集成（越南所藏编）》（第5册），复旦大学出版社2010年版，第105页。

以李渔芥子园最负盛名。芥子园刊刻了许多文献典籍，其中《芥子园画谱》堪称初学绘画者的宝典。以李渔芥子园最负盛名。芥子园刊刻了许多文献典籍，其中《芥子园画谱》堪称初学绘画者的宝典。清代同治三年(1864年)，曾国藩在江宁(今南京)设立金陵书局，光绪年间改名江南官书局，专门刊刻经史子集，如《船山遗书》《读书杂志》等。刊本中的诸经、《穀梁传》《毛诗》《四书》《史记》《前汉书》《后汉书》《三国志》《文选》《渔洋山人古诗选》《太平寰宇记》等以版本可靠、校勘精审著称，至今仍称为善本。近代学者叶德辉评价道："咸丰赭寇之乱，市肆荡然无存。迨乎中兴，曾文正首先于江宁设金陵书局，于扬州设淮南书局，同时杭州、江苏、武昌继之。既刊读本《十三经》，四省又合刊《廿四史》。天下书板之善，仍推金陵、苏、杭。"[①]辛丑元年(1901年)秋九月，两江总督刘坤一、湖广总督张之洞联合奏设官书局于江宁(今南京)，初名江鄂书局，后改名江楚编译书局，由刘世珩为总办，缪荃孙为总纂，编译教科书，翻译日本和西方书籍，陈作霖、柳诒徵、罗振玉、王国维等都是其作者，翻译出版的作品有《元宁乡土教科书》《字课图说》《历代史略》等。1928年改名为中央大学区国学书局。该书局对于普及传统文化、传播西方文化起到了一定的作用。[②]

六、开放进取

"文明因交流而多彩，文明因互鉴而丰富。"南京在历史上对外交流互鉴频繁，其鼎盛期当属于六朝、明代和晚清民国时期。

魏晋南北朝时期，南北对峙，以建康为中心的六朝政权陆上对外交往路线受到限制，只有向海上拓展。六朝都城建康与国外的交流比秦朝咸阳、汉朝长安均有很大的发展。东亚的高句丽、百济和新罗(今朝鲜半岛)以及倭国(今日本)，东南亚的林邑(今越南中部)、扶南(今柬埔寨)，南亚的五天竺(包括笈多王朝，今印度)、师子国(今斯里兰卡)，西

① 叶德辉:《书林清话》卷九《古今刻书人地之变迁》，上海古籍出版社2008年版，第191页。
② 陈乃勋、杜福堃编:《新京备乘》，北平清秘阁南京分店1932年初版，南京出版社2014年版，第131—134。

亚的波斯(萨珊王朝,今伊朗),中亚的大月氏(贵霜王朝)和昭武九姓诸国,以及西方的大秦(罗马帝国和拜占庭帝国)等等,都通过海路或陆路与当时的六朝都城建康进行交流。建康成为当时我国对外交流的中心之一。交流的内容涉及政治、经济、文化等各个方面。就国外到访的人员来看,有王侯、官员、商贾、僧侣、留学生等;就出去的人员来看,有官员、学者、商贾、僧侣、工匠、画师等。

六朝的第一个政权孙吴充分利用临江傍海的地理优势,加强同海外交流。当时北起朝鲜半岛,南到南洋诸国,都有孙吴使臣和商人活动的身影。孙权派遣宣化从事朱应、中郎康泰等人出使南海诸国,到达林邑(今越南中部)、扶南(今柬埔寨)、南洋群岛等地。回国后,朱应著《扶南异物志》,康泰著《吴时外国传》,详细记载了这些国家和地区的历史地理和风土物产。这一时期,海外的使节、商贾、僧侣等也往来不断。赤乌六年(243 年),扶南王遣使至建业(今南京),“献乐人及方物”,孙权专门在皇宫附近建造了一座“扶南乐署”,供“乐人”居住以教“宫人”①。中亚、印度、大秦等地的僧人、商人,也从海道来到中国,转道至建业。大月氏人支谦从陆路经由武昌到达吴都建业,翻译了大量佛教典籍;康居国僧人康僧会从交趾(今越南)经过广州到达吴都建业,孙权为其建造的建初寺,成为江南第一寺。黄武五年(226 年),大秦商人秦论远涉重洋,到达交趾,经武昌到建业。南京赵土岗出土的孙吴凤凰二年(273 年)红陶佛像等,证实了孙吴时期中外佛教文化的交流和影响。

东晋南朝时期,对外交往进一步扩大。一方面,高僧法显西行求法。他于 399 年从长安出发,到印度巡礼佛教胜迹,广罗佛典,经过 30 多个国家,后来泛海至狮子国(今斯里兰卡),停留两年后,随商船回国,在东晋义熙九年(413 年)到达都城建康,住进秦淮河畔的道场寺(今 1865 文化创意产业园),与出生于北印度迦毗罗卫国(今尼泊尔)高僧佛驮跋陀罗在道场寺共同译出《摩诃僧祇律》《方等泥洹经》《杂阿毗昙心》等。法显还在道场寺撰写了《佛国记》,这部书不仅是了解当时沿途

① [宋]张敦颐:《六朝事迹编类》卷七《宅舍门·扶南乐署》,南京出版社 2007 年版,第 90 页。

佛教的珍贵文献，也是研究当时历史地理和文化状况的珍贵文献。佛驮跋陀罗从海路到达后秦长安，然后南下庐山，经江陵到达建康，在道场寺翻译的60卷《华严经》，是华严宗据以立宗的重要经典。另一方面，外国使节不绝于途。当时，秦淮河中"贡使商旅，方舟万计"①。刘宋时期，倭国国王讃遣使来建康，请回具有熟练技术的纺织、缝纫等技工。南齐时期，张景真在太子（即齐武帝萧赜）的授意下，"又度丝锦与昆仑舶营货，辄使传令防送过南州津"②，昆仑舶属于来自东南亚的海船。梁朝时期，朝鲜半岛的高句丽、百济等国频繁遣使来到建康，贡献方物，并请求赐给《涅槃》等经义，以及派遣毛诗博士、工匠、画师等前往百济，梁武帝答应了百济国的请求。吴郡人陆诩曾被派往百济讲学。③ 遥远的拜占庭帝国于东晋穆帝至哀帝兴宁元年（345—363）遣使到建康。波斯帝国于梁中大通二年（530年）"始通江左，遣使献佛牙"④，此后又多次遣使来献方物。梁朝萧绎的《职贡图》真实地再现了当年波斯、倭国、百济等国使臣云集建康的盛况。

明代的南京是一个国际化的大城市，对外交流达到新的高峰。朱元璋一反元朝的四出用兵政策，采取对外睦邻友好政策。洪武元年（1368年）十二月，首先派使臣出使高丽和安南，由此拉开了明朝对外交往的序幕。据统计，在洪武朝的31年间，明朝政府先后30次派使节对周边12个国家进行访问，有17个国家的使节先后135次访问中国；永乐年间，有60个国家的使节先后245次访问中国。⑤ 朱元璋还将对外睦邻政策写入他主持编写的《皇明祖训》中。在对外交往过程中，朱元璋几乎无一例外地都要将明朝新制定的历法——《大统历》赐给对方，以此传播中华文化，展示明王朝的大国形象。明朝的对外睦邻友好政策取得了积极的反响，周边诸国不断遣使朝贡。据《明太祖实录》卷47记载："洪武初，海外诸番与中国往来，使臣不断。"在洪武、永乐和宣德朝，一些国家的国王也纷纷前来南京访问，如浡泥（今文莱）、满剌加

① 《宋书》卷三三《五行志四》，中华书局1974年版，第956页。
② 《南齐书》卷三一《荀伯玉传》，中华书局1972年版，第573页。
③ 《梁书》卷五四《诸夷传》，中华书局1973年版，第805页。
④ 《南史》卷七九《夷貊传下》，中华书局1975年版，第1986页。
⑤ 王天有、高寿仙：《明史：多重性格的时代》，中信出版社2017年版，第81—92页。

(今马来西亚马六甲)国王等。明永乐六年(1408 年)秋八月,浡泥国王麻那惹加纳乃偕其妻、子、弟、妹、亲戚和陪臣共 150 余人远涉重洋,前来中国进行友好访问,在南京受到明永乐皇帝朱棣隆重接待。同年十月,国王忽染急病,经太医会诊抢救无效,病故于会同馆,年仅 28 岁。去世前留下遗言,希望"体魄托葬中华"。明成祖朱棣满足其遗愿,以王侯之礼将他厚葬于南京城南的石子岗,谥恭顺王,并派人世代守墓,由此留下一段中文两国人民友好交往的动人故事。明永乐九年(1408 年),满剌加国王拜里迷苏剌率妻子及陪臣 540 余人来访,来京朝见的当天永乐帝亲自设宴款待,而且赏赐极丰。此后,满剌加国王多次来南京访问,成为中外关系史上的一件盛事。与此同时,日本、高丽(今朝鲜半岛)、琉球(今日本冲绳)、暹罗(今泰国)等国,纷纷派遣留学生到南京国子监学习。南京的回回钦天监,聚集了伍儒等一批来自撒马尔罕(今乌兹别克斯坦境内)等中亚地区的天文历法学家。明代南京对周边国家和地区的影响既深且远。万历三十三年(1605 年),南京籍状元、礼部右侍郎朱之蕃出使朝鲜半岛,与朝鲜人交流学问,并赋诗赠答、写字作画。他还应邀为朝鲜首都汉城(今首尔)题写"迎恩门"匾额,落款"钦差正使金陵朱之蕃书",该匾额沿用了近 300 年,现藏韩国国立中央博物院。在相当长一段时间内,"南京"在日本成了"中国"的代名词,"南京町"也成为"中华街"的代名词。①

明朝对外交流的巅峰当属郑和下西洋。明朝初年,为发展海上经济贸易,增进国与国之间的友好交往,展示大明国际形象(一说是为了寻找失踪的建文帝),在 1405—1433 年的 28 年间,著名航海家、外交家郑和奉明成祖朱棣之命,七下西洋。他率领大明皇朝的 200 多艘帆船航行在西太平洋和印度洋海域上,最远到达西亚和非洲东海岸,前后途经 30 多个国家和地区。他的航行比哥伦布发现美洲大陆早 87 年。他开辟了贯通太平洋西部与印度洋等大洋的直达航线,是人类航海史上的最伟大壮举之一。跟随郑和船队下西洋的随行人员马欢著有《瀛涯胜览》、费信著有《星槎胜览》、巩珍著有《西洋番国志》,分别记载了航海

① 秦岚:《一座城市的影子——前近代日本有关南京的记忆与想象》,《文史知识》2014 年第 5 期、第 6 期。

途经国家和地区的历史、地理、人物、宗教、风俗、物产状况，扩大了人们的视野。郑和下西洋，还留下了《自宝船厂开船从龙江关出水直抵外国诸番图》(简称《郑和航海图》)，是世界上现存最早的航海图集。

晚清时期，随着1842年中英《南京条约》的签订，中国被迫对外开放。目睹清廷的腐败落后和西方先进的科技文化，近代启蒙思想家魏源在其所著《海国图志》中首次提出“师夷长技以制夷”的思想。洋务派代表人物李鸿章、曾国荃、张之洞等人在南京先后创办金陵机器制造局、江南水师学堂、江南陆师学堂及附设矿路学堂等。这一时期的“西学东渐”以模仿西方兵工、培养军事人才及学习西方科技为特征，促进了我国军事科技的近代化进程，推动了我国民族工业的发展。与此同时，西学东渐还体现在西方国家输入宗教、医学、教育和科技文化等方面，由西方人创办的教堂、医院和培养新式人才的教会学校陆续在南京建立，如石鼓路天主堂、四根杆子基督教汉中堂、太平南路基督教圣保罗堂、基督医院、明德书院、汇文书院、基督女书院、基督书院、益智书院、畲清女校等。

宣统二年四月二十八日至十月二十八日(1910年6月5日至11月29日)，清政府在南京举办的南洋劝业会，是我国首次举办的大型国际博览会。该会有全国22个省和国外14个国家参加展览，参展展品共分24部、440类，总计约100万件。异彩纷呈的展馆造型、琳琅满目的参展展品、丰富多彩的论坛，以及剧院、游艺场、马戏团和专供参观用的小铁路等娱乐设施，对于开拓国人视野、推动工商业和技术进步，促进南京城市现代化进程，加强中外科技和文化交流，都具有开风气之先的作用。①

民国年间南京的中外文化交流，更多地体现在对外来科技文化的吸收。1928年1月，国民政府成立首都建设委员会，下设国都设计技术专员办事处，负责制定首都南京的城市规划。美国建筑师墨菲、古力治等人被聘请为顾问。经过一年多的努力，于1929年12月正式公布《首都计划》。该规划的制订，使南京成为我国历史上第一座按照国际标

① 鲍永安主编，苏克勤校注：《南洋劝业会文汇》序一、序二，上海交通大学出版社2010年版，第1—5页。

准，运用西方都市的现代功能、技术，采用棋盘街和放射状规划模式，进行综合分区规划的城市，奠定了现代南京城市布局的基本框架。以海外归来的建筑大师吕彦直设计的中山陵为代表的南京近代建筑，融会南北，参合中外，在中国建筑史上占有承上启下的重要地位。

综而观之，文化是南京这座城市的底色和灵魂。"南京文化"作为中华文化的一个重要组成部分，它不仅有别于"京派"文化的古典和"海派"文化的浪漫，[①]也有别于长安文化的雄浑、广府文化的务实和天府文化的乐观。它在中国历史螺旋式上升、波浪式前进的过程中，逐步形成了上述既具有地域特色又富有时代特点的特质，这正是"南京文化"的精髓之所在，也是"南京文化"在多元一体的中华文化之林中独具魅力之源泉。

---

① [民国]曹聚仁:《京派与海派》，载曹聚仁著《笔端》，天马书店1935年版，第185页。

上　编

第一章　远古至两汉时期的南京文化

第一节　旧石器时代的远古先民及其物质文化

距今300万至1万年左右，人类从古猿向现代人缓慢进化，艰难跋涉。这一过程，按照人类学的研究，经历了“能人”“直立人”和“智人”三个阶段。从猿到人的过程，是人类文化发展历程的初始期，因使用打制石器作为最主要的物质文化标志而被称为“旧石器时代”。从20世纪50年代开始，经考古学家调查，在南京境内先后发现古人类和旧石器地点10余处，分布于长江以北的浦口、六合和长江以南的江宁、高淳、溧水等多个辖区，从而揭示出南京最早先民活动的重要线索。[1] 南京是全省目前唯一发现直立人和智人两个阶段古人类化石的地区。其中，江宁汤山葫芦洞出土的直立人头骨化石不仅是江苏人类历史的源头，对于整个人类起源和演化研究都具有十分重大的意义；溧水神仙洞发现的古人颞骨化石是江苏晚期智人的重要代表，该洞出土的陶片是江苏迄今为止发现的年代最早的陶片，把江苏制陶的历史提前至距今1.1万年。

---

① 房迎三、沈冠军：《江苏旧石器时代考古20年回顾》，《东南文化》2010年第6期，第48—55页。

一、江苏人类的始祖：南京直立人

汤山位于南京主城以东约 28 千米处，共发现了 2 枚古人类头骨化石、1 枚古人类臼齿化石和 2000 余件脊椎动物化石。①

南京人 1 号头骨化石可能属于一个 30 岁左右的女性，形态具原始性，骨壁厚，整个头骨尺寸较小，颅容量小，眶上圆枕、枕骨圆枕等特征与北京直立人相同②，被称为“南京直立人”（图 1-1）。其生活年代经不同科学方法测定有所差异③，目前，学术界倾向于南京直立人生活的绝对年代约距今 50 万年。④

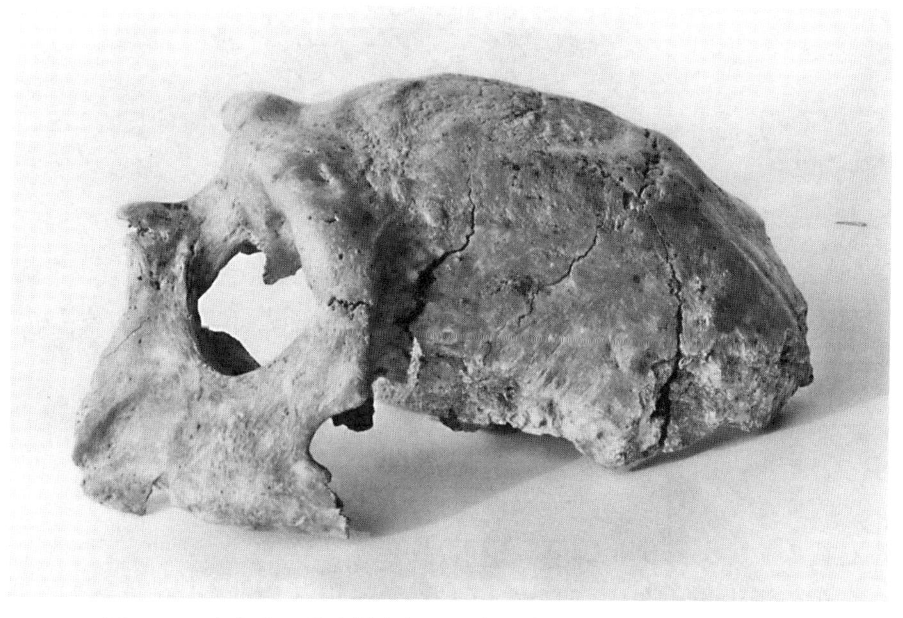

图 1-1　南京人 1 号头骨左视图（《南京人化石地点 1993—1994》）

① 穆西南、许汉奎等：《南京汤山古人类化石的发现及其意义》，《古生物学报》1993 年第 8 期，第 393—399 页；南京市博物馆、北京大学考古学系汤山考古发掘队：《南京人化石地点 1993—1994》，文物出版社 1996 年版，第 1—3 页。

② 吴汝康、李新学等：《南京直立人》，江苏科学技术出版社 2002 年版，第 35 页。

③《南京人的年代分析》，见南京市博物馆、北京大学考古学系汤山考古发掘队《南京人化石地点 1993—1994》，文物出版社 1996 年版，第 250 页。

④ 周春林、汪永进、程海、刘泽纯：《论南京直立人化石的年代》，《人类学学报》1999 年第 4 期，第 255—261 页；许汉奎：《南京直立人研究的新进展》，《江苏地质》2001 年第 2 期，第 82—86 页。

南京人2号头骨化石可能属于一个30—40岁的壮年男性，形态上具有直立人和早期智人的双重特征，可能处于直立人向智人的过渡阶段①，也可能是早期智人的代表(图1-2)。② 关于2号头骨化石的年代，徐钦琦、穆西南等在分析动物群的基础上，估计为距今33万—18.3万年，比较接近18.3万年③，汪永年等经过测定认为距今50万—24万年。④

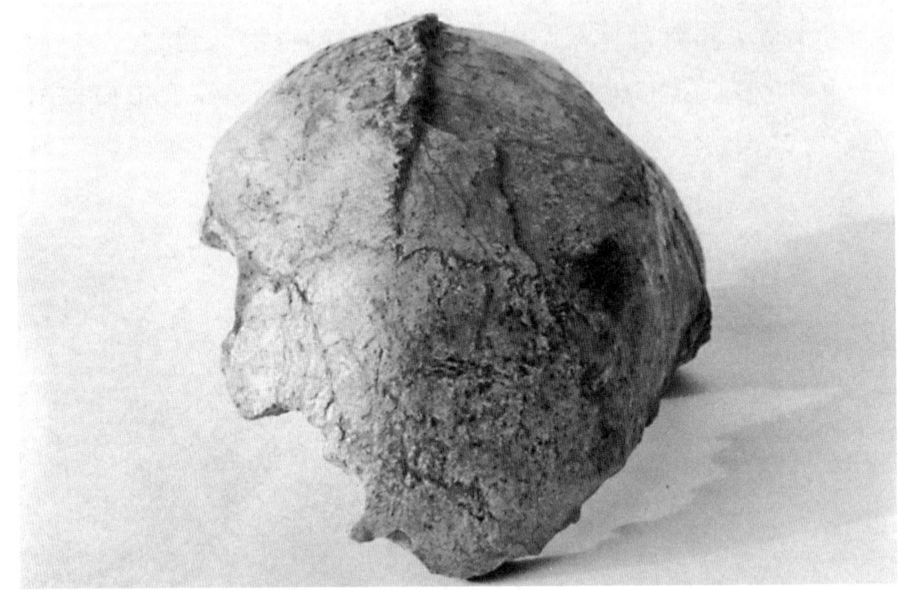

图1-2　南京人2号头骨顶视图(《南京人化石地点1993—1994》)

葫芦洞小洞中还发现1枚古人类牙齿化石，经研究属于一个20岁左右智人个体的右侧上颌第2臼齿。⑤

葫芦洞内出土与南京直立人同生的"汤山动物群"化石数量十分丰富，包含棕熊、黑熊、中国鬣狗、中华貉、狐、南方猪獾、李氏野猪、肿骨

① 吴汝康、李新学等:《南京直立人》,第70页。

② 刘武、邢松、张银运:《南京人头骨化石研究新进展》,《古生物学报》2009年第3期,第357—361页。

③ 徐钦琦等:《南京汤山溶洞中更新世哺乳动物群的发现及其意义》,《科学通报》1993年第15期,第1403—1405页。

④ 汪永进等:《南京汤山洞穴碳酸盐沉积物的电离质谱铀系年代》,《科学通报》1999年第14期,第1548—1551页。

⑤ 吴汝康、李新学等:《南京直立人》,第83页。

鹿、葛氏斑鹿、剑齿象、马铁菊头蝠、变异仓鼠、似小林姬鼠等哺乳动物6目15科22属24种，总体上与周口店北京直立人第1地点动物群相当，主要为耐冷型的北方动物，而缺少喜湿热的南方动物种类，这表明南京直立人生存的环境较为寒冷，处在一个影响很大的寒冷期或冰期之中。①

汤山葫芦洞因同时发现多枚古人类化石和大量动物化石，成为与北京周口店齐名的我国古人类与古生物学研究的关键地点。南京人1号头骨化石的发现，把江苏有人类活动的历史提前到至迟距今35万年，对于我国人类起源与演化研究具有极为重要的价值。

二、最早使用陶器的江苏先民：溧水神仙洞晚期智人

神仙洞位于溧水区回峰山，1977年经考古发掘发现1块人类颞骨化石和最后鬣狗、棕熊、麝鼹、仓鼠、豪猪、貉、狗獾等19个种类的动物化石②，更为幸运的是，在清理的最后阶段，出土1块距今一万多年的小陶片。③

神仙洞发现的古人类化石大部分特征与我国晚期智人的材料及现代人近似，而与直立人有明显的差别，属于晚期智人④。神仙洞人生存的年代，由中国社科院考古所利用碳十四方法对洞内上部堆积中发现的炭屑进行检测，得出的数据为距今11200±1000年。⑤

神仙洞出土的陶片质地为泥质红陶，质松多孔，硬度不高，陶片表面为黑褐色，平整，内面为橘红色，粗糙不平，从其断面观察，可见由表面的黑褐色逐渐变为内面的橘红色，烧成温度低，不到900℃。神仙洞陶片发现之初，由于制作年代超过1万年，曾经引起过怀疑。但是随着

---

① 徐钦琦：《南京汤山早期人类及南方几个猿人遗址的生活环境》，《人类学学报》1999年第4期，第263—269页。

② 李炎贤、雷次玉：《江苏溧水神仙洞发现的动物化石》，《古脊椎动物与古人类》1980年第1期，第59—64页。

③ 葛治功：《溧水神仙洞一万年前陶片的发现及其意义》，《东南文化》1990年第5期，第302—303页。

④ 房迎三等：《溧水神仙洞人类化石和时代再研究》，见宁夏文物考古研究所编《旧石器时代论集——纪年水洞沟遗址发现八十周年》，文物出版社2006年版，第233—240页。

⑤ 鞠魁祥：《江苏溧水神仙洞的发掘和研究》，《火山地质与矿产》2001年第3期，第219—227页。

距今 9000 年以上的早期陶器在全国多个遗址，如江西万年仙人洞、湖南道县玉蟾岩、广东英德牛栏洞、广西桂林甑皮岩、浙江嵊州小黄山、北京怀柔转年、河北徐水南庄头等陆续被发现，神仙洞陶片对于江苏文化史的意义越来越凸显。

陶器是史前时代人类最伟大的发明之一，制作和使用陶器意味着人类懂得了将水、火、黏土等不同物质有机地结合起来，创造出改变原料性质的新物品。学会烧制陶器或许是人类对化学变化最早的有意识的应用，是具有划时代意义的大事。距今 1.8 万—1 万年，在全世界范围内，陶器制作、原始农业、定居生活、磨制石器纷纷开始出现，人类从旧石器时代向新石器时代伟大地迈进。在此过渡阶段，陶器的发明是人类物质文明发生质变的一项重要指标，具有里程碑的意义。神仙洞陶片的年代正处于这一关键时期，虽然神仙洞遗址大部分遭到破坏，仅发现 1 枚陶片，未发现古人生产、生活的更多证据，但是该陶片的出土将江苏陶器出现的历史提早至距今 1.1 万年左右，在全国星星点点出现的早期陶器群中，代表江苏发出了宝贵的光芒。根据这 1 枚陶片，尚无法判断神仙洞人是否已经进入新石器时代，但是有理由相信，他们已经临近这道门槛，很可能是最早看到新石器时代曙光的江苏先民。

三、南京及周边地区发现的其他旧石器时代遗存

除了汤山葫芦洞和溧水神仙洞两处发现古人类化石的地点之外，通过考古调查和发掘，考古学家在南京及周边地区也发现了多处旧石器时代早期遗存，可分为三个地点群(图 1－3)。

第一，江北浦口沿江旧石器地点群。浦口境内老山自东北向西南横卧，山地两侧分别是长江和滁河。2000 年 3 月，南京博物院考古研究所对江浦进行专题调查，在老山南侧黄土岗地的浦口林山乡、陡岗乡和桥林镇发现胜利、地庵、五七、高楼、勒马 5 处旧石器地点，采集到砍砸

器、刮削器、石球、石核、石片、断块等石制品共37件[①]，距今约35万—16万年。

另外，在六合区新集镇也曾采集到属于旧石器时代早期的石制品。

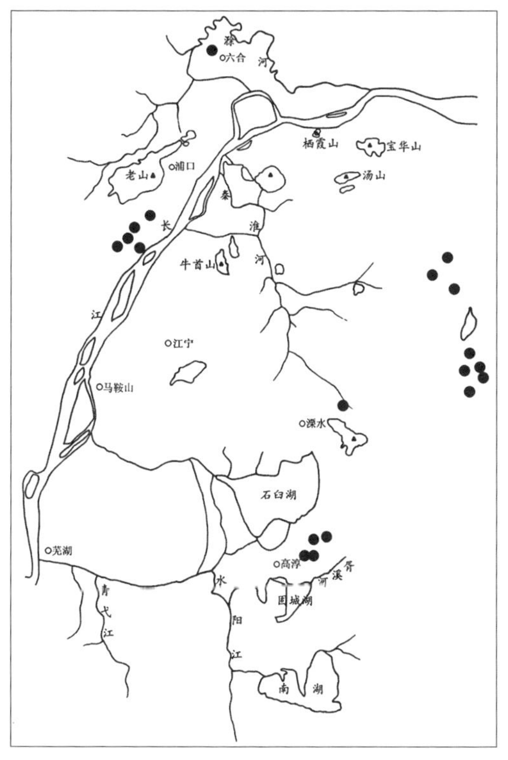

图1-3　南京及附近地区旧石器地点分布图

第二，南部水阳江旧石器地点群。水阳江是长江下游支流水系，发源于天目山脉，沿东南—西北方向穿越皖、苏两省的绩溪、宁国、宣州、高淳、当涂、芜湖等市县，向北注入长江，两岸旧石器时代遗存丰富。20世纪80年代末，在中上游安徽境内先后发现了16处旧石器地点[②]；21世纪初，在下游南京高淳境内发现4处旧石器地点，采集到石核、尖刃器、石球等多件石制品[③]；在安徽宣州向阳发掘地点获得的70余件石

① 房迎三：《江苏江浦旧石器地点调查》，《东南文化》2003年第5期，第6—10页。

② 房迎三等：《水阳江旧石器地点群埋藏学的初步研究》，《人类学学报》1992年第2期，第134—142页。

③ 房迎三：《江苏南部旧石器调查报告》，《东南文化》2002年第1期，第17—25页。

制品中，以较大型的砍砸器为主，绝对年代测定为距今 90 万—15 万年。[①]

第三，东部茅山—宜溧山地旧石器地点群。茅山、宜溧山地虽不在南京境内，但宁镇一带山水相连，空间抵近，内在文化联系无法割裂。2000 年前后，南京博物院通过调查，在这一区域发现 12 处旧石器地点，其中经发掘的放牛山地点位于茅山北麓、句容市东南部，出土石核、石片、砍砸器、刮削器、石球、镐、薄刃斧、雕刻器等石制品 54 件，距今 45 万—21 万年[②]，和尚墩地点位于茅山东南麓、金坛市西部，发现了最大厚度达 6.2 米的旧石器时代文化层、150 平方米大小的石器制造场和 6 个砾石原料堆，出土 390 余件石制品，距今 60 万—13 万年。[③]

南京及周边地区发现的这三个旧石器地点群，它们时代相近，都属于旧石器时代早期遗存。制作石器的原料、方式、器型特点等方面基本相同，均属于中国南方的砾石文化传统——原料多为砾石，岩性主要为石英砂岩和石英岩，硅质岩、灰岩、砾岩、燧石等占比较小；制作方法简单，主要使用锤击法，制作石球等工具时可能用到碰击法；砍砸器在工具中占比最高；器型比较粗大厚重，未经加工即使用的石片占一定比例；等等。因此，这三个旧石器地点群虽然位于南京的不同方向，但代表的是同一个大时代下、创造相同面貌文化的原始先民。

从年代和距离来看，茅山—宜溧山地旧石器地点群与汤山葫芦洞的直线距离约 30 千米，年代也较契合；同样，江北浦口旧石器地点群与安徽和县直立人化石的发现地相距也仅有 25 千米左右，时代同样契合，此两者之间的联系也早为学界关注。

总体而言，以汤山葫芦洞为代表的南京旧石器时代文化遗存在全国占有重要地位，将本地区有人类活动的历史提前至距今 50 万年以上，使南京成为当之无愧的长江下游人类的发祥地。人类作为万物之

---

① 房迎三：《皖南水阳江旧石器地点群的发现和意义》，《安徽史学》1990 年第 5 期，第 4—6 页。

② 房迎三、王结华、梁任又等：《江苏句容放牛山发现的旧石器》，《人类学学报》2002 年第 1 期，第 41—49 页；房迎三、梁任又：《江苏句容放牛山旧石器遗址电子自旋共振法测年研究》，《南京博物院集刊》第 10 辑，文物出版社 2008 年 12 月版，第 3—6 页。

③ 房迎三、何未艾、惠强等：《江苏金坛和尚墩旧石器遗址研究：地层、遗迹与时代》，见北京大学考古文博学院编《考古学研究（七）》，科学出版社 2008 年版，第 116—135 页。

灵，不仅能够在自然界中获得最大的生存空间，更重要的是能够投射情感与意志，塑造环境、创造文化。目前，南京地区发现的旧石器时代遗迹、遗物数量偏少，吉光片羽，还不足以揭示这一时期人类物质文化与精神文化的基本面貌，这是南京文化史的空白，也是考古工作者今后努力的重点。

第二节　新石器时代的聚落分布与文化面貌

新石器时代大约从距今 1 万年前开始，最迟延续至距今 2000 年左右。人们开始定居生活，磨制石器成为最主要的生产工具，陶器是最主要的生活用具，农作物栽培、禽畜驯养较为普遍，狩猎、采集、捕捞活动慢慢退居次要地位，同时伴随着纺织、制陶、制玉等活动，文化面貌有很大改变。

新石器时代的南京，在秦淮河、金川河、胥河、长江、滁河等主要流域生活着不少人群，他们分布范围广，相互之间交流频繁，共同创造了丰富多彩的南京史前文化。通过鼓楼北阴阳营、高淳薛城和朝墩头、江宁太岗寺、江浦牛头岗和营盘山、六合羊角山等重点遗址的发掘，南京地区新石器时代的时空框架得以初步建立，新石器时代文化面貌逐渐清晰。

一、逐水而居的聚落分布格局

南京地区新石器时代聚落大都为高出地面的台形遗址，往往分布于河湖水系周围。20 世纪 50 年代以来，在秦淮河、金川河、胥河、滁河，以及长江两岸等南京主要水系流域，通过考古调查，发现了众多重要的新石器时代文化遗址，逐水而居的聚落分布格局得到清晰呈现（图 1 - 4）。

秦淮河又名淮水、龙藏浦、小江，是南京地区除长江之外的第一大河，流经区域北至宁镇山脉西段的紫金山，东至茅山山脉。在秦淮河流域岗峦之间，分布着众多史前至先秦遗址。[①] 1979 年发掘的昝缪（昝庙）遗址，是秦淮河流域新石器时代文化的重要代表。[②]

金川河为南京城北的重要水系之一，发源于鼓楼岗和清凉山北麓，东与玄武湖相通，下游流经宝塔桥入长江，纵贯南京城区北部。该河今名虽来源于明代金川门，但自史前开始，就有先民在此流域活动和居住，著名的北阴阳营遗址就分布于该河东岸。

胥河位于南京最南部的高淳区境内，古称“中江”“胥溪”。它西经固城湖、石臼湖通长江，东接荆溪入太湖，是沟通长江与太湖流域的重

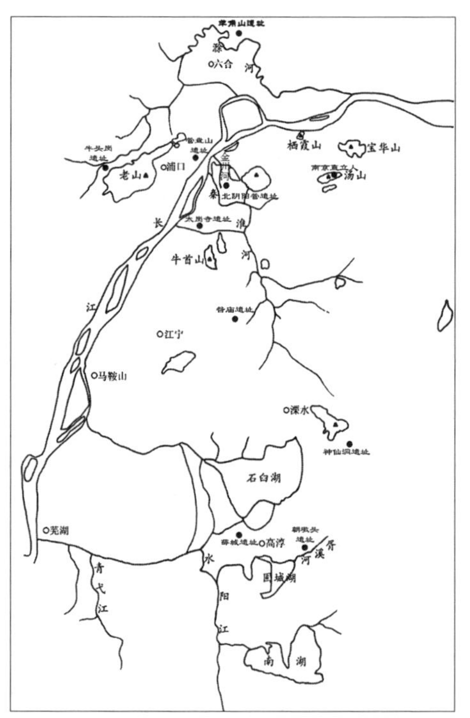

图 1-4　南京及附近地区新石器地点分布图

---

① 南京博物院：《记湖熟镇发现史前遗址》，《文物参考资料》1951 年第 7 期，第 164—166 页；南京博物院编：《南京附近考古报告 I—江宁湖熟史前遗址调查记》，上海出版公司 1952 年版；尹焕章、张正祥：《宁镇山脉及秦淮地区新石器时代遗址普查报告》，《考古学报》1959 年第 1 期，第 13—40 页。

② 魏正瑾：《昝庙遗址》，《1981 年江苏省考古学会第二次年会暨吴文化学术讨论会论文集（第一册）》，1981 年，第 20—25 页；魏正瑾：《昝庙遗址内涵的初步分析》，南京市博物馆：《南京考古资料汇编（壹）》，凤凰出版社 2013 年版，第 112—115 页。旧时有关文章多称昝庙遗址，以遗址行政地名命名，但其实当地只有昝缪大队，并无昝庙大队，应为昝缪遗址。

要交通线，为史前先民在此居住通行提供了良好条件。考古人员在胥河一线发现了该区最早的新石器时代遗址——薛城遗址，在胥河与固城湖交汇处发现的朝墩头则是新石器至东周时期的遗址。

滁河古称涂水，唐代改名滁河，沿用至今。滁河西源出肥东县梁园镇，流经安徽北部和南京浦口区、六合区，于六合区瓜埠镇以东的大河口注入长江。因其处于长江和淮河流域的过渡地带，古文化面貌兼有江北和江南的双重特征，经过考古发掘的江浦牛头岗和六合羊角山遗址为其代表。

长江沿西南—东北走向横穿南京而过，两侧分布着流域滨水平原，孕育了众多史前文化遗存[①]，从旧石器时代开始就有先民在这一区域活动，到新石器时代，依然如此[②]，代表性的有南岸西善桥太岗寺遗址、北岸浦口营盘山遗址。另外，在安徽长江流域的芜湖、当涂、绩溪等地区分布的新石器时代文化遗存，特别是经发掘的薛家岗遗址，其文化面貌与南京地区极其相似。[③]

二、不同分区的新石器中晚期文化

在南京地区，距今1万至7000年左右的新石器时代早期文化遗存尚属空白。目前，最早的新石器时代文化遗存分别为位于主城区内的北阴阳营遗址和位于高淳区的薛城遗址，最早距今约6000年左右，属新石器时代中期，其他遗址均为新石器时代晚期遗存。

不同地理位置格局形成不同文化面貌，南京新石器时代文化遗存按地理位置与文化面貌可分为中部主城区、高淳胥河流域区和长江以北区。中部主城区包括北阴阳营文化、太岗寺和昝缪遗址，高淳胥河流域区包括薛城文化类型和朝墩头遗址，长江以北区包括浦口老山附近的营盘山、牛头岗遗址和六合羊角山遗址。

① 尹焕章、张正祥：《宁镇山脉及秦淮河地区新石器时代遗址普查报告》。
② 蒋赞初：《关于江苏的原始文化遗址》，《考古学报》1959年第4期，第35—45页。
③ 胡悦谦：《安徽新石器时代遗址的调查》，《考古学报》1957年第1期，第21—30页、198—201页。

(一) 主城区的北阴阳营文化、昝缪和太岗寺遗址

1. 北阴阳营文化

北阴阳营遗址位于今鼓楼岗以西的南京大学西北部岗地上,是一个圆阜形土墩,面积约 7100 平方米,金川河自南向北流经其西侧。1955—1958 年,考古人员共进行了 4 次发掘。北阴阳营遗址从新石器时代中期,一直延续至商周时期。新石器时代的聚落延续了近 500 年,文化面貌在宁镇地区具有典型性,故被称为"北阴阳营文化",可分为四期,第一、二期属于新石器时代中期文化,第三、四期属于新石器时代晚期文化。①

第一期文化遗存仅有少量陶器、陶片和石器,第二期墓葬遗存为北阴阳营文化的主体遗存,墓葬随葬品按物品的功用可以分为生活用具、生产工具、装饰品、自然遗物等几类,有陶器、石器、骨器、玉器、动物骨骼等。从大量遗物分析可知,农业经济占有重要地位,作为最主要的生产工具,石器文化大放异彩。第一期文化的石器较少,第二期文化石器制作兴盛起来,类别众多,有斧、锛、刀、凿、磨盘、镞、球、杵、砺石、弹丸、磨石、纺轮等,数量较多,样式多样,制作精细,大多为磨制,制作需经选材、打割、修琢、磨光、穿孔等多个步骤,"管钻法"制作的穿孔石斧、穿孔石刀(图 1-5)与铲形、条形、有脊石锛等最具特色。

图 1-5　北阴阳营遗址出土七孔石刀
(《北阴阳营——新石器时代及商周时期遗址发掘报告》,南京博物院藏)

---

① 南京博物院:《北阴阳营——新石器时代及商周时期遗址发掘报告》,文物出版社 1993 年版,第 8—100 页。

作为最主要的生活用具，北阴阳营这一阶段的陶器文化较为繁盛。第一期文化陶器多为夹砂红陶，典型代表是腰檐釜和鸡冠耳罐。第二期文化是该聚落发展最为鼎盛时期，陶器文化内涵最为丰富，以夹砂红陶和泥质红陶为主，有少量的彩陶和红衣陶等，一般手制后经慢轮修整，器表以素面为主，也用弦纹、附加点纹、竖条形或花瓣形压印纹、乳丁纹、附加堆纹、捺窝、乳突、划纹、镂空、锥刺纹等多种纹饰装饰，鼎、盉等器用于炊煮，豆（图1-6）、碗、盆、钵、罐、壶、杯等用来盛食或盛水，纺轮用于纺织，此外还会专门制作一些形制很小且很粗率的泥质鼎、罐、尊、豆等器作为专门用于死者随葬的“明器”。

图1-6　北阴阳营遗址出土陶豆

（《北阴阳营——新石器时代及商周时期遗址发掘报告》，南京博物院藏）

北阴阳营文化玉器种类众多，流行璜、玦、管、坠、镯、泡、珠等器类，以璜和玦数量最多。还有与玉器媲美的石质装饰品，如绿松石、花石子。北阴阳营墓葬随葬用花石子，即今天所称的“雨花石”，应该是人们有意识地采集而来。骨角牙器一般作为饰品、工具或其他特殊用具等，如簪、玦、镞等。另外，北阴阳营墓葬中有刻纹猪獠牙4件，弯曲如新月，系截取猪獠牙的牙冠部分制成，其中一件长达11厘米以上，中部刻有三周凹槽，这种精致加工的猪獠牙器可能有某种特殊意义。

北阴阳营先民居住的是简陋的地面建筑，平面呈长方形，屋内地面加以焙烤，墙壁和屋顶则用竹木等植物杆茎构成框架，然后再涂抹草拌泥建成。

北阴阳营文化墓葬成群分布，有基本相同的葬式和朝向，是氏族社会血缘纽带的表征。整个社会为财富分配相对公平和生产资料公有制的母系氏族社会，随葬品数量大致相当，没有出现男女合葬。

在新石器时代晚期，有与前期不同的人群生活于此，所用陶器已大不相同，以灰陶为主，红陶较少，以鼎、豆、罐、盆、壶和鬶等为主，第二期文化居民常用的碗、钵、平底盉、平底罐和各种彩陶器等，此期已基本绝迹。石器工具已缺少多样性，穿孔石斧已演变为扁平长方形，石锛也只有长方形无脊普通石锛一种；墓葬随葬品中玉石饰品已属罕见之物。一方面，此阶段物质文化已不见前期的繁荣面貌，有渐趋衰落的迹象；但另一方面，又出现了新的文化因素。

2. 昝缪与太岗寺遗址

新石器时代晚期，在南京主城区与北阴阳营文化同时的还有江宁昝缪和西善桥太岗寺遗址。

昝缪遗址南距南京主城约50千米，这里有一群起伏的小丘，名为狮子山，在狮子山北面，远古时代就有一条小河，养育了生活在其北岸的史前人群，其遗存即昝缪遗址。该遗址为一典型的台形遗址，周围是水网平原地貌，呈东西不规则长条形，南京市文管会、南京市博物馆于1975、1979年两次对该遗址进行了小规模试掘①。昝缪遗址延续时间较长，只有早期文化层年代属于新石器时代晚期。

石质工具仍以传统的斧、锛、凿、刀、镞等为主，但石锛均为长方形无脊普通石锛，体多较厚，磨制不甚精致，与北阴阳营第三期文化石锛相似。陶器有夹砂红陶、泥质灰陶和泥质黑皮陶等，以平底、圈足、三足

① 魏正瑾：《昝庙遗址》，《1981年江苏省考古学会第二次年会暨吴文化学术讨论会论文集（第一册）》，1981年。

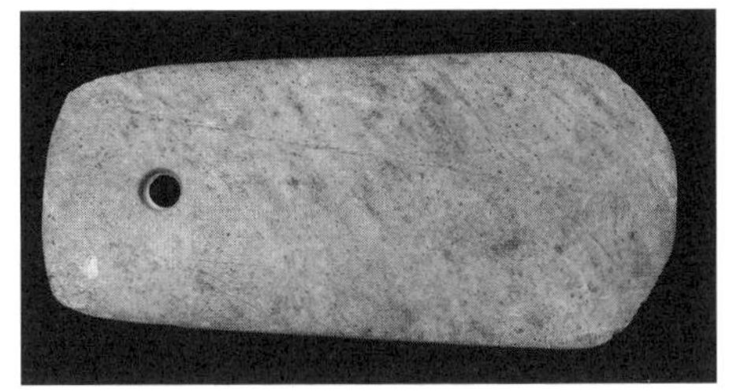

图 1-7　有孔石斧(新石器时代晚期,陶吴昝庙遗址出土,高淳博物馆藏)

器为多,装饰以素面为主,或饰有附加堆纹、弦纹、绳纹、压印纹、刻划纹等。

太岗寺遗址位于今中华门外西 12 千米的西善桥街道,外观作椭圆形土墩,东西长 205 米,南北宽 102 米,旁有一小河自东南流向西北。遗址发现于 1957 年,1960 年江苏省文物工作队在此进行发掘。[①] 太岗寺遗址经历过早晚两个时期,主要的遗物并无显著差别,表明应为同一考古学文化不同时期的堆积。

石器主要有锛、斧、刀、凿、砺石、杵、纺轮、球等,石料就地取材,打制后再磨光刃部或部分磨光,小件石器全身打磨,不少石刀与石斧有钻孔,打孔方式依然有北阴阳营文化的传统。陶器以夹砂红陶与灰陶为主,其次是泥质红陶和灰陶,还出现了磨光黑陶,泥质黑胎,外表磨光,有平底器和圈足器等,陶器器型仍以鼎为主,另外就是盛器罐、钵、杯等。房屋建筑延续了北阴阳营文化风格,储物坑、垃圾坑在居住区是常见的配套设施。墓葬多数无随葬品,葬式和随葬品也与北阴阳营新石器时代聚落的墓葬非常相似。

(二) 高淳胥河流域的薛城文化类型和朝墩头遗址

1. 薛城文化类型

薛城遗址位于高淳区淳溪街道薛城村,地处石臼湖南岸,本为一岛形台地。从 1997—2021 年,该遗址先后开展了 3 次考古发掘,发掘面

① 江苏省文物工作队太岗寺工作组:《南京西善桥太岗寺遗址的发掘》,《考古》1962 年第 3 期,第 117—124、5—6 页。

积约500平方米，发现墓葬、灰坑、房址、灶穴等多种遗迹，出土石、陶、玉、骨等质地遗物700余件。[①] 根据地层关系和器物类型，薛城遗址包含早、晚两期遗存。早期相当于崧泽文化早期，距今5900—5600年。晚期相当于崧泽文化晚期，距今5600—5300年。

早期先民以渔猎经济为主，极少见石器、骨器等生产工具；晚期先民开始以农业经济为主，渔猎经济退居辅助地位，以石器为主要生产工具。早期石器中，中小刮削器均未经磨制；而晚期石器通体精磨。另外，北阴阳营文化中"管钻法"在薛城遗址发现的穿孔石斧上也得到运用。

早期先民制作的陶器有夹砂陶、泥质陶、夹蚌陶，以红陶居多，均手制，一些器物内壁可见泥条盘筑痕迹；器表以素面为主，少量饰有红衣、黑衣，只见极少量弦纹、锯齿状附加堆纹、刻划纹、圆形镂孔和彩绘；流行平底器、三足器、圈足器，极少见圜底器，主要器类有鼎、釜、罐、杯、豆、纺轮、网坠等，陶鼎分罐形和盘形，鼎足以外侧带凸脊的扁铲形最具特色。晚期陶器还是以夹砂红陶和泥质红陶居多，有少量灰陶、磨光黑陶，磨光黑陶是较进步的因素；陶器虽以手制为主，但部分已慢轮修整，器表多素面，少量纹饰包括弦纹、戳印窝纹、锯齿状附加堆纹、锥刺纹、圆形镂孔和彩绘等；常见器类有釜、鼎、豆、钵、罐等，以类型多样的平底釜、釜形鼎、筒形罐、三系钵、碗形豆、罐形豆等最为典型，三系、三錾或三组镂孔等装饰风格具有十分鲜明的地域特色。

薛城先民豢养的家畜有猪、狗等，猪下颌骨、猪牙等还用于随葬。根据纺轮和网坠的发现，推测纺织活动也已成为人们日常生活，并在捕鱼活动中已掌握了编织渔网技术。

薛城早期先民建造半地穴式房屋，有台阶进出于房屋，分为人居和储物两种，周围还分布着灶坑、垃圾坑、储物坑等生活设施，有的制作较规整，且排列有序，说明在建造时是有规划的。

墓葬绝大多数为单人葬，男女两性皆有，葬式中仰身直肢占多数，

---

① 南京市文物局等：《江苏高淳县薛城新石器时代遗址发掘简报》，《考古》2000年第5期，第1—20页、97—101页；张文颖、胡玉梅、丁梦莎：《南京薛城遗址发掘24年后，"江南第一龙"出现》，《现代快报》2021年12月16日第4版。

少量为二次葬，体现了母系氏族社会的基本形态。墓葬中人骨保存较好，为体质人类学研究提供了丰富的资料。薛城遗址晚期出现了较为明显的贫富分化现象，比如墓葬中的随葬品一般为5—6件，但个别墓葬出土随葬品近20件，反映了墓主不一般的社会地位。

2021年，薛城遗址出土了一处堆塑遗迹，长3.34米，宽达0.5米。遗迹以蚬壳、螺壳以及零星鱼骨为材料，堆塑成一条"龙"形、也有学者称为鳄鱼形的图案，表现出原始的动物崇拜理念和较高的艺术水准。

2. 朝墩头遗址

朝墩头遗址在固城湖东约3千米，南距胥河约2千米，遗址呈台形，面积约1万平方米，1989年1—4月，南京博物院和高淳县文物保护所对其进行了发掘，发掘面积500平方米，属于新石器时代晚期。[①]

朝墩头先民制作石器主要是石锛、石铲、石斧等农业生产工具，另外还喜欢用环、珠、动物及人形雕刻等小玉器饰品随葬。早期陶器以红陶为主，器形有鸭嘴形足鼎、长颈壶、圈足豆、罐、杯等，发展到较晚阶段，陶器以灰陶为主，器形有绳纹鼎、筒状足甗、高柄浅盘豆等，甗是当时一种先进的炊器，是中原龙山文化的器物，在这里出现表明朝墩头聚落文化已经受到了龙山文化的影响。

朝墩头遗址是南京高淳地区除薛城遗址之外的另一处典型的史前聚落遗存，这里的先民和薛城先民共同谱写了古中江流域新石器时代的人类文化。

(三) 长江以北的营盘山、牛头岗和羊角山遗址

长江以北经发掘的三处遗址皆晚至新石器时代晚期，地处长江和淮河流域的过渡地带，表现的是南北文化交流地带的文化特征。

营盘山遗址位于浦口区，南距长江约5千米，是长江北岸沿江丘陵地带的一部分，总面积10余万平方米。1982年，南京市博物馆在营盘山北坡调查发现了一处墓葬遗址，并于1982年11月至1983年1月对

① 谷建祥：《高淳县朝墩头新石器时代至周代遗址》，《中国考古学年鉴1990》，文物出版社1991年版，第202—203页。

该遗址进行了考古发掘，发掘面积 265 平方米。[①] 这片葬地东西横列于山之北坡，在东西长约 20 米的范围内共发现墓葬 31 座。

营盘山墓地墓葬排列整齐，均为南北向，头朝山顶、足对山脚，即头向朝南，多数为单人仰身直肢葬。墓葬群共出土随葬品 600 余件，类型与北阴阳营、薛城墓地相似，分为陶器、石器、玉器三类，按照器物功能可分为生产工具、生活用具和装饰品三大类别。

营盘山先民以磨制石器作为农业生产工具，石器形制工整规范，表面处理细致，器型有穿孔石斧、条形石锛和石凿等，其中穿孔石斧是宁镇地区新石器时代文化的代表性器形，呈舌形、长方形、“风”字形等各种形式。陶器有泥质灰陶和夹砂红陶等，以泥质陶占多数，主要有鼎、罐、盆、壶、豆、钵、杯等多器形，其中，盉形鼎、高颈折腹壶、高圈足的球腹壶、敛口浅盘凸节把豆、觚形杯、敞口球腹的小罐等，都是该聚落居民所使用的富有文化特色的器物。陶器表面以刻划、镂孔、雕塑等手法组成各种花纹图案，说明当时人们对景物观察的细致和表现技巧的娴熟。营盘山玉器精美，以玉璜、玉镯、玉环以及各种模型动物、几何形和其他各种形状的佩饰为特色，造型美观精巧。其中玉璜是营盘山玉器中制作最为精巧细致的器型，玉环则是数量最多、形式最复杂的主要器型种类。营盘山玉器中还有一些动物形饰件，如龙形、兔形、鱼形等，大多是以很薄的玉片在其整体或局部加工成动物的形状，是同时期其他文化中所少见的玉饰品。

营盘山墓地充分表现出血缘关系牢固的氏族社会特征，墓葬排列整齐，方向一致，多数为单人葬。在编号 M32 的墓葬中，出土了一尊人面陶塑像，制作精致，形象逼真，从外表形态来看，应该是一位男性[②]。这件极其珍贵的陶人面像被今人誉为“金陵始祖”，推测可能是先民运用雕塑技艺，表达对祖先的崇拜或对神灵的崇拜。

牛头岗遗址是滁河南岸一处新石器时代晚期遗址，地处今浦口区

---

① 魏正瑾：《长江下游考古工作又一重要发现——南京营盘山氏族葬地遗址的发掘》，见南京市博物馆《南京考古资料汇编（壹）》，凤凰出版社 2013 年版，第 289—291 页；《南京市营盘山新石器时代遗址》，《中国考古学年鉴 1984》，文物出版社 1984 年版，第 103—104 页。

②《原始社会的神像雕塑——营盘山陶塑人面像》，《中外文化交流》1996 年第 1 期。

汤泉街道北汤泉农场。1991 年 3 月，南京市博物馆对遗址进行试掘，发掘面积 200 平方米。[①] 牛头岗史前居民创造的物质文化中以陶器最具特色，以黑衣褐胎夹砂陶和细泥黑陶为主，器形主要有鼎、器盖、鬶、盆、罐、钵、豆、盘等。鬶是距今 5000 年至 2000 多年前大汶口文化和龙山文化时期陶器中最具特色的典型器物，广泛分布于今山东和苏北一带，鬶出现于牛头岗，说明滁河流域文化与山东苏北文化之间存在着文化交流。牛头岗是滁河流域代表性史前聚落，不仅在新石器时代晚期，而且一直到后来的夏商和西周时期，这里还是人们的居所之一。

六合羊角山遗址位于程桥街道，为一台形高地，原有面积近 1 万平方米。1988 年，文物部门对遗址进行了抢救性考古发掘，发掘面积 220 平方米，属于新石器时代晚期。羊角山遗址陶器数量最多，多为泥质灰陶和夹砂红陶，主要有鼎、罐、缸、钵、豆、杯等器形，以形制多样的鼎足、觚形杯为特色。另遗址有房屋倒塌的痕迹，火塘大多为圆形或椭圆形，建造较为规整，塘内壁经过火烤，平整而坚硬。羊角山的陶纺轮具有明显的地方特色，陶纺轮刻划有精美神秘的兽面人身图案，是原始宗教崇拜和原始审美艺术的表现，具有很高的历史和文化艺术价值（图 1－8）。

图 1－8　羊角山遗址刻兽面人身图案陶纺轮（南京市博物馆藏）

① 《江浦县牛头岗新石器时代至西周时期遗址》，《中国考古学年鉴 1992》，文物出版社 1994 年版，第 195—196 页；《牛头岗古文化遗址》，见南京市地方志编纂委员会《南京文物志》，方志出版社 1997 年版，第 24 页；《江浦牛头岗新石器时代至周代遗址》，《中国考古学年鉴 1993》，文物出版社 1995 年版，第 134 页。

三、新石器时代南京文化的基本面貌

新石器时代,南京先民依水而居,依靠良好的自然条件,首先创造出丰富的物质文化。发掘出土的种类多样的石器、陶器、骨角牙器说明,这一时期,南京先民的种植业已经发展稳定,家畜养殖业,陶器制作、玉器加工等手工业,同时渔猎与采集活动也兴盛起来。多业并举保证了这一时期先民获得较为充足的物质生活资料,在此基础上,艺术审美、原始宗教崇拜等精神文化追求得以滋生与发展。南京地处长江下游东西南北交通的中心,具有文化走廊地带的优势,因此自新石器时代中期开始,南京的文化面貌就呈现出兼容并蓄的特征,与周边江淮、徐海、太湖、皖西的地方文化形成了密切的交流关系。

新石器时代中期,北阴阳营文化发展到最盛。北阴阳营文化中的圜底红陶钵、平底盉等与今苏北淮安青莲岗遗址和邳县刘林遗址遗存中同类器相似,罐形鼎、盆形鼎、折腹豆等也与太湖东部崧泽文化中层同类器相似,特别是皖西南的薛家岗文化面貌与北阴阳营文化极其相似,其中联系不言而喻。而北阴阳营中器型复杂多变的石斧、石刀,以及独具风格的彩陶器,也影响了周边地区文化,如江阴祁头山遗址的彩陶豆,太湖西部神墩遗址腰檐鼎、敛口钵形鼎、侈口罐形鼎等皆与北阴阳营文化关系密切①;龙虬庄文化中穿孔石斧、长条形石锛、多孔石刀等②都是来源于宁镇地区的文化因素。而高淳"薛城文化类型"中大量平底器的发现,可能是在以平底釜为主要特征的溧阳骆驼墩文化向西推进的影响下形成的③。另外,薛城文化中带箅陶器、鸡冠形鋬、牛鼻状耳、宽带式耳等特征,也与太湖东部崧泽文化有所联系。

到新石器时代晚期,山东大汶口文化和龙山文化发展迅猛,太湖流域良渚文化发展到顶峰,宁镇地区受到周边文化的影响更趋强烈。如

---

① 林留根:《骆驼墩文化初论》,《东南文化》2009 年第 5 期,第 63—71 页。

② 龙虬庄遗址考古队:《龙虬庄——江淮东部新石器时代遗址发掘报告》,科学出版社 1999 年版,第 204 页。

③ 赵宾福、郭梦雨:《骆驼墩文化简析》,《东南文化》2017 年第 3 期,第 52—63 页。

北阴阳营遗址晚期出现了与大汶口文化前置细颈、弧裆肥袋足鬶[①]同类器形、与良渚文化细长颈、高裆细长袋足鬶[②]同类器形；昝缪遗址发现了良渚文化中常见的贯耳壶、有段石锛、有肩穿孔石斧、有柄石刀和玉瑗等；太岗寺遗址出土了良渚文化的典型器物之一——黑皮磨光陶。而江北的牛头岗、营盘山等遗址处于南北文化交流地带，受到北方大汶口文化、龙山文化影响更深，又与江南的文化关系密切，呈现出更为复杂多元的文化面貌。

在南京新石器时代文化中，以玉为尊、用玉葬玉的情况相当突出。迄今为止，在南京北阴阳营、太岗寺、昝缪、薛城、朝墩头，及附近的丹徒磨盘墩、丹阳三城巷、句容城头山等遗址都发现了距今五六千年的玉器，与隔江相望的浦口营盘山、安徽含山凌家滩等遗址出土的玉器，共同构成了长江下游沿江地区玉器带和制玉用玉传统。[③] 北阴阳营文化玉器器类丰富，用玉数量较大，龙潭街道附近更早的丁沙地遗址出土了绿松石制成的圆环和长条形的石坠，环、坠上有钻孔，可能是其源头[④]，而附近皖西南和巢湖地区的玉器文化和宁镇地区的北阴阳营文化关系最为密切[⑤]，环太湖地区崧泽文化各遗址的玉器来源也不能完全排除是从宁镇地区玉器产地输入的[⑥]。昝缪、营盘山、丁沙地(晚期)，以及附近的丹徒磨盘墩和句容城头山等遗址一系列玉器的发现，证明在新石器时代晚期，宁镇地区的玉器文化依然在向前发展。

新石器时代，南京先民普遍具有原始宗教信仰。宗教是人类精神生活的一部分，是人类智力、思维水平发展到一定阶段的产物。但由于生产能力和思维能力水平的限制，人们产生了“万物有灵论”的信仰，即

① 山东省文物管理处等：《大汶口——新石器时代墓葬发掘报告》，文物出版社 1974 年版，第 83—84 页；山东省博物馆：《谈谈大汶口文化》，《文物》1978 年第 4 期，第 58—66 页。

② 浙江省文物管理委员会：《吴兴钱山漾遗址第一、二次发掘报告》，《考古学报》1960 年第 2 期，第 73—91、149—158 页。

③ 参见贺云翱《江苏句容丁沙地遗址出土玉件及相关资料的初步研究》，载《海峡两岸古玉学会议论文集》，台北，2001 年。

④ 参见贺云翱《江苏句容丁沙地遗址出土玉件及相关资料的初步研究》，载《海峡两岸古玉学会议论文集》，台北，2001 年。

⑤ 田名利：《凌家滩墓地玉器渊源探寻》，《东南文化》1999 年第 5 期，第 3—5 页。

⑥ 刘恒武：《论良渚文化玉器系统的萌芽》，《考古与文物》2008 年第 1 期，第 29—34 页。

"自然崇拜"。薛城遗址出土的"龙"形或鳄鱼形蚬壳堆塑,就是万物有灵、自然崇拜的明显表现。而后,人们开始对自己的生理结构和某些精神活动现象感到困惑,产生灵魂观念、鬼魂观念,并且相信人的灵魂成为鬼魂之后有着强大的力量,于是便产生"祖先崇拜"。"自然崇拜"和"祖先崇拜"是原始宗教崇拜的基本内容和基本对象。祖先崇拜最明显的表现便是墓葬的产生。墓葬一方面寄托着人们对死者的哀思,另一方面表达了人们对祖先鬼魂的敬畏。就南京地区而言,在北阴阳营、薛城早期聚落的氏族公共墓地及随葬品的存在,已经反映出先民们所普遍存在的灵魂不死观念,其中祖先崇拜的意味十分浓厚。墓地中葬式和头向基本一致,更表明原始氏族的宗教活动具有集体性和制度化①。营盘山出土的人面陶塑像与羊角山出土的刻有兽面人身图案的陶纺轮,都有表示原始宗教存在和宗教情感的意义。人面陶塑像可能是人们对意识中的祖先或神的形象进行的可视化创造,融进了人们对祖先或神形象的想象。兽面人身图案表现的可能是带着兽形面具舞蹈的古代巫师形象,他们在古代社会中起到沟通天地、神灵的作用。

薛城龙形蚬壳堆塑、营盘山人面陶塑像以及羊角山陶纺轮上兽面人身图案等,它们不仅是原始宗教的表达形式,而且充分体现了新石器时代南京先民的艺术创造力和审美观念。新石器时代的艺术除了上述代表外,更多地体现在日常陶器的制作上。比如,北阴阳营文化中鼎、豆、罐的形制极其多样,鼎有罐形、盆形、折腹,上下部呈反、正弧线,豆有各种异型,折缘、勾缘,豆盘呈钵形、罐形等,高柄束腰形等。器形的多样设计是人们将实用与审美相统一的最好例证,反映了人们在造物时已不再满足于简单与单调,而是追求变化、灵动,表达了人类追求审美多样性与文化多样性的心态。南京新石器时代遗址中彩陶一直占据较高的比重,在北阴阳营、薛城遗址中尤其突出。彩陶使用红、黑等浓烈的颜色线条、图案与器胎底色对比,形成了绚丽夺目的效果,至今仍然具有强烈的视觉冲击力与艺术表现力。

---

① 杨淑蓉:《中国考古发现在原始宗教研究中的价值和意义》,《世界宗教研究》1994 年第 3 期,第 13 页。

第三节 激荡融合的夏商周时期文化进程

公元前2070年左右至公元前256年[①]，夏、商、周三代王朝在黄河流域强势崛起，逐渐成为华夏文明的主源。这一阶段，青铜器成为人们生产、生活的主要工具，中国进入青铜时代。在宁镇地区，在原有新石器时代北阴阳营文化的基础上，先后产生了点将台文化和湖熟文化，它们在承继原有地方文化的同时，又受到北方文化的强烈冲击，不断向国家形态的文明社会迈进，终于催生出可与中原诸国分庭抗礼的吴国及其文化。经过春秋战国时代吴、越、楚、秦等诸国激烈的争霸与碰撞，最终将南京地区带入统一的秦汉文明。

一、夏时期的点将台文化

点将台文化是以点将台遗址命名的考古学文化。遗址位于南京市栖霞区西岗街道桦墅村（原属江宁区汤山街道），1972年秋发现，1973年南京博物院发掘。[②] 遗址外观呈台形，高出周围地面约4米，所存面积约3000平方米。点将台遗址文化层堆积厚达2.5米，分为上、中、下三个文化层。其下层遗存的文化面貌呈现出前所未有的新特点，年代在公元前2000年至公元前1600年之间，大体相当于中原地区的夏代，后被确定为"点将台文化"。[③] 其中层和上层的遗存则分别代表商代的湖熟文化和西周早期的吴文化。该遗址的地层堆积情况反映出南京地区夏、商、周时期文化发展的清晰脉络。

点将台文化不仅发现于点将台遗址，通过多年的考古调查与发掘，在南京的北阴阳营、安怀村、太岗寺、昝缪、朝墩头，镇江的马迹山、城头山、三台阁，丹徒县的团山，以及马鞍山的邓家山，当涂县的釜山等遗址

---

① 夏代的始年为公元前2070年，商代的始年为公元前1600年，周代的始年为公元前1046年，依据的是夏商周断代工程成果《夏商周年表》。上述年代推断虽存争议，但仍是目前学术界较为接受的夏商周时期大致的年代框架。公元前256年，秦国攻入洛邑，周赧王病逝，周朝灭亡。

② 南京博物院：《江宁汤山点将台遗址》，《东南文化》1987年第3期，第38—50页。

③ 张敏：《试论点将台文化》，《东南文化》1989年第3期，第125—140页。

中均发现有点将台文化的地层和遗存，说明它是夏代较广泛分布于宁镇和皖南地区的一种重要的地方文化类型。

在点将台文化中，生产工具仍以磨光石器为主，主要器形有斧、锛、刀、凿、戈、镞等。青铜器目前虽未发现，但在高淳朝墩头和镇江城头山遗址中都出土过点将台时期的青铜炼渣，证明它已迈入青铜时代的门槛，成为宁镇、皖南一带最早的青铜文化。

生活用器以陶器为主，另有少量玉器、骨角器和蚌器。陶器在遗物中数量最多，最能反映该文化的基本面貌。点将台文化陶器以夹砂红褐陶为主，泥质红陶、黑陶、灰陶也占一定比例。主要器形有鼎、甗、罐、豆、瓮、盆、盘、世，匜、尊、簋等，从陶器的形态特征、装饰上看，分为明显不同的三组：甲组陶器的主要器型有三角形侧扁足盆形鼎、侈口罐、敛口罐、深腹盆、浅盘细柄豆、深盘高柄豆、侈口大圈足簋、罐形圈足匜、浅盘高足匜等，纹饰主要有弦纹、刻划纹、捺窝纹、戳点纹等。这组器物的源头是宁镇地区既有的北阴阳营文化。乙组陶器主要器形有足跟带有捺窝的三角形侧扁足绳纹罐形鼎、筒状大袋足甗、横篮纹高领罐、广口罐、绳纹小口瓮、宽把觚形杯等，纹饰主要有弦纹、拍印的篮纹、绳纹、细弦纹和少量的方格纹。这组器物的源头为分布于豫东、皖西北、鲁西南等淮河上游地区的王油坊类型龙山文化①，然后经苏北地区的南荡、周邶墩、龙虬庄等遗址②，传播至宁镇地区。丙组陶器的主要器型有三角形侧扁足甗、直壁附耳缸形器、深弧腹平底盆、三足盘、凸棱纹尊、凸棱纹折腹杯、蘑菇纽器盖等，纹饰以凸棱为主，有少量弦纹。这组器物的来源是分布于山东中南部的尹家城类型岳石文化③，同样经苏北周邶墩等遗址，影响至点将台。在三组陶器中，甲组器物占50%以上，乙组器物约占40%，丙组器物约占5%左

① 中国社会科学院考古研究所河南二队等：《河南永城王油坊遗址发掘报告》，《考古学集刊》第5辑，中国社会科学出版社1987年版，第79—119页。

② 南京博物院考古研究所等：《江苏兴化戴家舍南荡遗址》，《文物》1995年第4期，第16—31页；南京博物院考古研究所、扬州博物馆等：《江苏高邮周邶墩遗址发掘报告》，《考古学报》1997年第4期，第481—514页；龙虬庄遗址考古队：《龙虬庄——江淮东部新石器时代遗址发掘报告》，科学出版社1999年。

③ 山东大学历史系考古专业教研室：《泗水尹家城》，文物出版社1990年版，第204—236页。

右。[①] 通过对陶器的分析可以看出，点将台文化是一种混合型文化，本土与外来文化因素几乎各占一半，本土文化受到了北方外来文化的深刻影响。

在点将台文化的构成要素中，王油坊类型龙山文化占有很大比重。经多位学者研究，公元前2400年至公元前2100年前后的豫东、皖西北和鲁西南一带，为东夷集团中有虞氏部族活动的中心区域，诞生于此的王油坊类型龙山文化就是有虞氏的文化[②]。有虞氏是舜帝所在的部族，新石器时代晚期，有虞氏在舜的带领下，与鲧、禹为首领的夏后氏部族发生过激烈争夺。失败后，舜"禅让"禹，有虞氏被迫举族迁徙。公元前2100年以后，王油坊类型龙山文化在当地突然消失，却在江淮东部的兴化南荡、高邮周邶墩、龙虬庄等遗址留下大量遗存，最终于公元前2000年左右到达宁镇地区，与当地原有文化相结合，创造出点将台文化。[③] 近年来，在上海广富林遗址也发现了王油坊类型龙山文化遗存，进一步证明有虞氏部族一路向东、向南，渡过长江求取发展确为历史的真实。[④]

---

① 张敏：《宁镇地区青铜文化谱系与族属研究》，《南京博物院建院60周年纪念文集》，1993年，第119—177页。

② 郭沫若主编的《中国史稿》认为，有虞氏的活动中心在豫东的夏邑（参见郭沫若主编《中国史稿》第一册，人民出版社1976年版）。徐旭生研究认为，有虞氏的活动范围在豫东，"今河南极东与山东交界处有虞城县，秦与两汉时全叫作虞县，这与《孟子》所说相合"，"虞城为有虞氏的旧地"（参见徐旭生《中国古史的传说时代》，文物出版社1985年版）。李伯谦依《左传》哀公元年少康"逃奔有虞"，杜注"有虞，梁国虞县"，指出"有虞即秦汉时的虞县"。他还指出"史载有虞氏部落由盛而衰的历史与碳十四测定的造律台类型存在的时间基本一致"，"其与造律台类型的分布范围大体相同"，"造律台类型确有不少因素是来自原居地东夷族创造的大汶口文化"，"因此，从年代、分布地域和文化特征分析，造律台类型可能就是传说中的有虞氏文化"（李伯谦：《论造律台类型》，《文物》1983年4期，第50—59页）。田昌五认为："帝舜有虞氏姚姓，在今天豫东地区"，"帝舜部的文化即王油坊类型的中原龙山文化"，"舜在夏代之前，这和王油坊类型的年代是相当的"（参见田昌五《中国古代社会发展史论》，齐鲁书社1992年版）。

③ 南京博物院张敏先生对此问题有系列论述，参见张敏《华夏文明起源的假说》，《东南文化》1990年第4期，第26—32页；张敏：《宁镇地区青铜文化谱系与族属研究》，《南京博物院建院60周年纪念文集》，1993年；张敏、韩明芳：《江淮东部地区古文化的初步认识》，《中国考古学会第九次年会论文集》，文物出版社1997年版，第108—124页；张敏、韩明芳：《虞舜南巡狩与勾吴的发端》，《南京大学学报（哲学、社会科学版）》1999年第3期，第3—5页；张敏：《南荡遗存的发现及其意义》，河南省文物考古研究所：《华夏文明的形成与发展——河南省文物考古研究所建所五十周年庆祝会暨华夏文明的形成与发展学术讨论会论文集》，大象出版社2003年版，第172—182页。

④ 上海博物馆考古研究部：《上海松江区广富林遗址1999—2000年发掘简报》，《考古》2002年第10期，第31—48页；上海博物馆考古研究部：《上海松江区广富林遗址2001—2005年发掘简报》，《考古》2008年第8期，第3—21页；姚庆、张童心：《论广富林文化的起源》，《史志学刊》2015年第6期，第30—35页。

尹家城类型岳石文化的前身是山东龙山文化，是海岱地区东夷部族创造的文化。[①] 尹家城类型岳石文化的年代为公元前 1900 年至公元前 1600 年，传至苏北周邶墩遗址的年代约为公元前 1600 年，传至宁镇地区还要略晚。在点将台文化中，两种北方文化因素应该不是同时传入的，王油坊类型龙山文化传入时间早，影响深入；岳石文化传入时间晚，影响较浅。不过岳石文化对其后的湖熟文化仍有重要影响。[②]

从点将台文化出土较多的斧、锛、刀、镞等石质生产工具以及大量的造型、纹饰复杂的陶器来分析，点将台时期狩猎经济占有相当大的比例，而且制陶等手工业较发达。从它受到多支东夷部族的影响，且东夷文化因素占比很高来看，点将台文化时期的宁镇地区应该被纳入东夷文化圈之中。

夏代是我国青铜时代、国家形态的最初期。在全国范围内，夏代的历史文化面貌都处于相对模糊的状态。点将台文化的发现，使得宁镇、皖南地区夏文化的探索有了主体，其基本面貌和文化来源已经得到了初步的揭示。但是，目前已发掘的遗址点将台文化层皆相对较薄，尚未发现延续时间长的大型聚落，也未找到房址、墓葬、祭坛等重要遗迹，对于其社会性质、生业模式、生活习俗等方面的探索还有很大的空间。

二、商时期的湖熟文化

湖熟文化是宁镇地区商代的主体文化，它由点将台文化发展而来，又为其后吴文化的滥觞。湖熟文化 1951 年发现于南京江宁区湖熟镇，南京博物院在当地发现 10 多处同类性质的遗址，并试掘了其中的前岗、老鼠墩两处。其后在宁镇山脉和秦淮河流域，通过调查又发现 150 余处同类遗址，证明它是本地区广泛存在的一种重要的古代文化，1959

---

① 严文明：《东夷文化的探索》，《文物》1989 年第 9 期，第 1—12 页。

② 田名利：《试论宁镇地区的岳石文化因素》，《东南文化》1996 年第 1 期，第 33—40 页。

年正式命名。[①] 湖熟文化是新中国第一批，也是江苏首个正式命名并得到学术界公认的考古学文化。

湖熟文化的时代最初被发掘者推定为“殷商末期甚至更早……下限则可至战国时期”，即横跨商、周两个阶段。经过数10年的研究，尤其是运用碳14测年技术，学术界已经明确湖熟文化的上限应为商代初期（公元前1540±90年），下限为西周初期（公元前1195±105年），与中原商代大体相当。[②] 更为重要的是，在承认湖熟文化与吴文化存在文化共性和发展连续性的同时，认识到西周以后吴国已经有明确的史料记载，再用史前考古学文化来命名并不合适；而且西周以后土墩墓的出现，标志着原有的文化面貌发生了重要突变，因此有必要以西周为界，将湖熟文化与吴文化明确区分开来。[③] 也有学者提出，可将湖熟文化命名为“先吴文化”。[④]

湖熟文化遗址迄今已发现300余处，分布在东至茅山、西至九华山、南至黄山、北至长江的宁镇和皖南东部区域内，其中秦淮河流域、高资至大港长江沿岸和茅山以东河网地带是3个最主要的分布区。南京江宁、溧水、高淳诸区，以及主城范围内皆有湖熟文化台形遗址分布，调查发现的总数约有100余座。遗址大都为高出地面5—10米的圆形或椭圆形台地，面积7000—20000平方米以上，遗址周边一般有河流经过，甚至为两条河流所环绕。遗址文化层往往厚达3—5米，说明人类活动延续的时间很长。目前经过发掘的湖熟文化重要遗址已达20余处，包括南京北阴阳营、老鼠墩、前岗、太岗寺、昝缪、点将台、二塘头、船墩，以及镇江的马迹山、城头山和白蟒台、丹徒团山、金坛上水和新浮、马鞍山五担岗、仪征甘草山等。出土的文化遗物主要包括石器、陶器、原始青瓷器、青铜器、骨器等。

石器仍是湖熟文化时期最主要的生产工具，多为磨制。器形有犁、

① 尹焕章、张正祥：《宁镇山脉及秦淮河地区新石器时代遗址普查报告》，《考古学报》1959年第1期，第13—40页；曾昭燏、尹焕章：《试论湖熟文化》，《考古学报》1959年第4期，第47—58页。

② 南京博物院：《江苏文物考古工作三十年》，载文物编辑委员会《文物考古工作三十年（1949—1979）》，文物出版社1979年版，第198—216页。

③ 林华东：《对湖熟文化正名、分期及其他》，《东南文化》1990年第5期，第340—346页。

④ 肖梦龙：《初论吴文化》，《江苏社联通讯》1980年第1期，第16—19页。

斧、锛、刀、镰、凿、矛、镞等，其中三角形大石犁、有肩穿孔石斧、半月形穿孔石刀和横三角形石镰的出现，说明当时的农耕经济已经相当发达，而狩猎经济应已退居次要地位。

湖熟文化时期发现了宁镇地区目前最早的青铜器，主要包括生产工具类的削刀、鱼钩、镞、钻，兵器类的戈、钺，以及酒器类的罍、爵、斝，乐器类的铙等。在南京锁金村、北阴阳营遗址湖熟文化地层中都发现有陶坩埚、陶勺、青铜炼渣等遗物，说明当时南京本地已经出现了较为成熟的青铜铸造业。而且在上述遗址中，早期阶段仅发现一些小件器物，较大型的青铜器主要发现在中晚期，说明本地青铜铸造技术从早期到晚期在不断提高。

陶瓷制造在湖熟文化时期有重大突破，硬陶和原始青瓷器的出现成为湖熟文化区别于点将台文化的重要标志。湖熟文化的陶器主要包括夹砂陶、泥质陶和硬陶三种，以夹砂红陶为大宗，占 50%以上。陶器以素面为主，约占 70%以上，常见纹饰主要有弦纹、梯格纹、捺窝纹、戳点纹、绳纹等。常见的器形为鬲、甗、罐、鼎、瓮、簋、盆、豆、钵等。硬陶所用泥料含铁量高，烧成温度也高于普通陶器，其器表多拍印云雷纹、羽状纹、回纹、方格纹、饕餮纹等各种纹饰，又被称为“印纹硬陶”，它是长江中下流地区商代新出现的陶器种类。在北阴阳营遗址中发现过 5 座湖熟文化时期的小型陶窑，窑室呈长方形，火膛在窑室底部，外通火道，从结构上看为直焰窑，可以烧造温度很高的硬陶，标志着南京当时的制陶技术提升到一个新阶段。近年来，浙江东苕溪原始青瓷窑址的发现，将我国瓷器的烧造年代提前至夏代晚期①，但宁镇地区最早在湖熟文化中出现原始青瓷，主要器型有豆、瓮、罐等。② 2008 年，溧阳市天目湖镇发现了烧造硬陶和原始瓷的下马滩、前家岗窑址，为宁镇地区寻找原始瓷窑址提供了重要线索。③

在北阴阳营和太岗寺遗址湖熟文化地层中均出土有卜甲和卜骨，

---

① 参见浙江省文物考古研究所等《东苕溪流域夏商时期原始瓷窑址》，文物出版社 2015 年版。

② 南京博物院：《江苏金坛市新浮遗址的试掘》，《考古》2008 年第 10 期，第 3—16 页；徐州博物馆：《江苏溧水二塘头遗址发掘简报》，《东南文化》2012 年第 6 期，第 49—65 页。

③ 史骏：《溧阳地区印纹硬陶与原始青瓷窑址的初步调查与分析》，《苏州文博论丛》2007 年第八辑，第 30—38 页。

它是占卜术兴起的直接证据。目前所见，卜甲用的全是龟腹甲，卜骨用的是牛肩胛骨和肢骨，其上有钻孔和烧灼的痕迹，但未发现卜辞。[①]

在溧水白马镇二塘头遗址中，发现了3座保存较好的湖熟文化时期房址。它们结构一致，平面形状为圆形，均朝西南方开设门道。房屋的建筑方法是先整体下挖深0.35—0.55米的近圆形基坑，在坑底填一层黄褐色垫土，然后在中心设中心柱，基坑周围设墙柱，门道两侧各立一柱，最后在房内再填土、砸实，与地表平齐，形成居住面。单个建筑的室内面积约6.15平方米。这组建筑规划整齐、结构合理，表明当时人们已有了成熟的建筑技术和较好的居住条件。[②]

湖熟文化是多种文化融合的产物，主要来源有点将台文化、岳石文化、马桥文化和殷商文化。在早期湖熟文化遗物中，除陶鬲外，大多数陶器、石器都可以在点将台文化中找到其渊源，说明点将台文化是湖熟文化的主要源头。岳石文化自点将台文化开始，即对南京本土文化产生影响，对湖熟文化的影响更为强烈。最明显的表现是素面鬲的流行。在点将台文化中，最重要的炊器是陶鼎和陶甗，但在湖熟文化中鼎被鬲迅速取代，素面鬲从湖熟文化开始一直被沿用至吴文化时期，而素面鬲的来源即为岳石文化。另外，半月形石刀的源头也是岳石文化。马桥文化是分布于太湖东部和杭州湾地区的夏商时期青铜文化，它在夏代即出现印纹硬陶器，湖熟文化中的印纹硬陶一般认为来源于该文化。

对湖熟文化影响最为深刻的还是来自中原地区的殷商文化。湖熟文化青铜器的造型并未形成自己的特色，罍、爵、斝、戈等大都模仿中原器物，两者之间几无差别；陶器当中的绳纹鬲、甗、罐、盆、簋、缸等器类也与河南郑州二里岗的商代同类器物相同或相近，卜甲、卜骨的风俗亦与商文化有着密切的联系。透过这些实物证据，当时中原商王朝流行的占卜文化、礼乐文化，甚至酒文化，应该都对湖熟文化产生过重要影响。

① 南京博物院：《南京市北阴阳营第一、二次的发掘》，《考古学报》1958年第1期，第7—23页；江苏省文物工作队太岗寺工作组：《南京西善桥太岗寺遗址的发掘》，《考古》1962年第3期，第117—124页。

② 徐州博物馆：《江苏溧水二塘头遗址发掘简报》，《东南文化》2012年第6期，第49—65页。

三、春秋时期的吴文化

吴国创始于商代晚期，横跨西周，延续至东周春秋末年，公元前473年为越国所灭，前后长约700余年。吴国的历史虽然存在一些空白和疑点，但是这一时期却是南京乃至江苏历史上第一个有明确史料记载并以国号命名的重要发展阶段。

吴国及其文化在中国历史上留有浓墨重彩的影响，太伯奔吴、吴越争雄等故事世代流传。《史记》将吴太伯世家系列为《世家》第一，《荀子·王霸》篇将吴王阖闾与齐桓公、晋文公、楚庄王、越王勾践并列为春秋五霸。江苏自古被称为吴地，后世的孙权、杨行密、朱元璋、张士诚等在江苏范围内建立政权皆以吴为号，都渊源于此。

（一）文献记载的吴国历史和文化特征

吴国的史料散见于《世本》《春秋》《左传》《论语》《荀子》《管子》《穆天子传》《国语》《史记》《吴越春秋》《越绝书》等众多先秦至汉代的文献中。通过文献可以了解吴国历史发展的基本脉络。据《史记·吴太伯世家》的记载，吴国是以太伯、仲雍为首的周人集团于商朝末年南迁，与号称荆蛮的土著集团结合而创立的，国号为“句吴”，周武王时期正式受封为诸侯国。① 自太伯、仲雍始，历季简、叔达、周章、熊遂、柯相、强鸠夷、余桥疑吾、柯卢、周繇、屈羽、夷吾、禽处、转、颇高、句卑、去齐、寿梦、诸樊、余祭、余昧、僚、阖闾，至夫差，前后凡二十五世。② 西周时期的吴国文献记载极少，真实情况长期不为人知；进入东周之后，有关吴国的记载日益丰富——春秋早期，吴国与地处江淮之间的干国发生冲突。③ 春秋中期寿梦为王后，吴与晋国结盟，实力大增，“伐楚、伐巢、伐

① [汉]司马迁：《史记》卷三一《吴太伯世家》，中华书局1959年版，第1445页。

② 此为《史记·吴太伯世家》中的记载，而《吴越春秋·吴太伯传》将周章之后的熊遂，分记为熊与遂两代，故前后为二十六世，与《史记》略有差异。

③《管子·小问》篇记载：“昔者吴干战，未龀不得入军门。”（黎翔凤：《管子校注》，中华书局2004年版，第974—975页）并可参阅宋镇豪《商周干国考》，《东南文化》1993年第5期，第53—66页。

徐……蛮夷属于楚者，吴尽取之，是以始大”①。至阖闾时，吴国“大霸，筑吴越城……徙治胥山”，将都城迁至太湖地区。② 至夫差时，一度打败越国，北上争霸，会盟诸侯，但最终盛极而亡。

文献材料还揭示了吴国社会习俗、礼仪制度、生产力水平等方面的重要情况。据《史记》和《吴越春秋》记载，吴人在服饰上最明显的特征是“文身断发”“以椎髻为俗”；礼制上历代吴王皆直呼其名，无谥有号，表明吴国文化有很强的地方特色，不同于周制；但是吴公子季札观乐的故事表明吴国上层贵族积极学习周礼，有很高的文化修养。又如《越绝书》记载，吴国有“大翼、小翼、突冒、楼船、桥船”等多型战舰，与周边国家发生冲突时，吴国经常动用水军。③《左传》记载，吴王夫差为进军中原，在扬州附近开凿了运河“邗沟”，打通了江淮两大流域。④ 流经南京高淳区固城湖、沟通水阳江和太湖流域的重要水道——胥河，亦有文献记载是吴王阖闾时期为伐楚而命伍子胥所开通的运河。⑤ 这些材料都反映吴人善用舟楫、重视水利的特点。再者吴国拥有优越的铜锡资源，《考工记》称“吴粤（越）之金锡，此材之美者也”，⑥在此基础上吴国发展出发达的冶铸业，尤其擅长制造兵器。《战国策·赵策》为此大赞：“夫吴干之剑，肉试则断牛马，金试则截盘匜。”⑦

---

① 杨伯峻：《春秋左传注》，中华书局1990年版，第835页。

② ［汉］袁康、吴平辑录，乐祖谋点校：《越绝书》卷二《越绝外传记吴地传第三》，上海古籍出版社1985年版，第9页。

③ ［东汉］袁康撰，李步嘉校释：《越绝书校释》附录一《越绝书佚文校笺》，中华书局2013年版，第401页。

④《左传》哀公九年：“吴城邗，沟通江淮。”杜预注：“于邗江筑城穿沟，东北通射阳湖，西北至末口入淮。”（杨伯峻：《春秋左传注》，第1648—1649页）

⑤ 胥河为伍子胥所开的记载，目前可知最早出自宋代文献。北宋单锷《吴中水利书》云：“自春秋时吴王阖闾用伍子胥之谋伐楚，始创此河以为漕运，春冬载二百石舟，而东则通太湖，西则入长江，自后相传未始有废。”南宋《景定建康志》卷一六《疆域志二·堰埭》亦云：“余家堰在溧水县东南一百一十五里，长一十里，春冬载二百石舟。昔吴王阖闾伐楚，因开此渎运粮，东通太湖，西入长江。”其后明韩邦宪《广通镇坝考》、清胡谓《禹贡锥指》、清光绪《高淳县志》等皆沿用此说。20世纪以来，我国地质、地理学家丁文江、胡焕庸、任美锷、李旭旦、费师孟等人还先后前往胥河实地勘查，均基本认可胥河为伍子胥所开的观点。如此，胥河应是我国最早的人工运河，比邗沟的开凿还早了20余年。不过胥河开凿于阖闾时期的记载，未见于秦汉时期的早期文献，考古工作者也尚未发现该河开凿于春秋时期的可靠证据，因此，此论还应存疑待考。

⑥ 闻人军译注：《考工记译注》，上海古籍出版社2008年版，第4页。

⑦ 王延栋译注：《战国策译注》之《赵策三》，中华书局2019年版，第594页。

虽然有关吴国的文献材料在先秦诸国中相对丰富，但也存在较为严重的缺载，尤其是寿梦之前、西周至春秋早期的吴国史料几乎为空白。另外，历来被奉为信史的“太伯奔吴”在现代史学兴起后受到多方质疑，一些学者主张吴人非周人后裔；部分学者认为，在当时的条件下，周人集团不可能迁徙至遥远的江南发展，于是提出了太伯所奔之地为陕西陇县、宝鸡的“西吴说”，或山西大阳、平陆的“北吴说”，以及湖南衡山、江西樟树等多种观点。[①] 不过随着现代考古学的发展，考古发现的实物材料有效弥补了吴国古史的空白，对于传统史料的记载也给予有力的支持，从而使以“太伯奔吴”为起点的吴国古史能够经受住质疑，依然被学术界普遍认可和接受。

（二）考古揭示的吴文化遗存和物质文化特征

从20世纪50年代至今，考古工作者对宁镇和皖南东部地区广泛分布的土墩墓遗存进行了深入研究，调查确认的数量近万座，发掘数百座，最终揭示出它们与吴文化之间的密切联系。发掘证明，土墩墓是一种独特的墓葬形式，时代上自西周初期，下至战国初期，主要特征有三：一是平地埋葬，不挖墓穴或者略挖浅穴；二是堆土成墩，在地表形成馒头状的封土；三是聚族而葬，一墩内往往埋葬同一个家族的多座墓葬，仅少数为一墩一墓。这与当时宗周、中原流行的竖穴深坑、地表无封土的墓葬形式截然不同。土墩墓大小差别明显，小型墓直径10米左右，固守“平地起封”的传统，内部结构始终变化不大，陪葬品多为带有明显湖熟文化印记的夹砂红陶、印纹硬陶和原始瓷器。而大型墓直径20—30米，有的达到60米以上。它们外部保持土著特色的馒头状封土，但内部结构受宗周和中原文化的影响逐步变化：西周早中期，它们与小型墓一致，不挖深穴，仅用石块铺设“石床”以显示等级，典型代表有镇江大港烟墩山一、二号墓，南京溧水乌山岗沿

① 关于“太伯奔吴”的学术讨论，参见任伟所著《西周封国考疑》（社会科学文献出版社2004年版）第十章有关整理与研究。

山二号墓等；[①]西周晚期，墩内开始出现竖穴深坑，比如丹徒大笆斗墩内墓坑深约1.5米，丹阳大夫墩的墓坑深达4.6米；[②]到了春秋中晚期，除竖穴深坑外，又出现了墓道和殉人现象，与中原大墓的形制更加接近，典型代表有镇江大港北山顶墓、谏壁王家山墓等。[③] 大型墓除了陪葬陶器和原始瓷器外，往往有丰富的青铜器。青铜器的来源与特征前后也有明显变化：西周早中期，既有直接来自宗周的器物，也有本地仿制宗周的器物，还有地方特色的器物，比如大港烟墩山一号墓不仅出土了角状器、鸠杖等本地特色青铜器，还出土了著名的宗周器"宜侯夨簋"。该器铭文长达120余字，记录了周王将虞侯夨改封为宜侯，赐以山川、土地、人民之事。郭沫若、唐兰先生考证后认为，虞侯夨就是太伯四世孙周章，这件重器是吴国受封为诸侯的实证。[④] 溧水乌山岗沿山二号墓出土一件西周中期青铜方鼎，器形厚重，四角有弧形扉棱，宗周风格明显，但其合金成分含铅量高达34.27%，含锡量为0，与中原、宗周器完全不同，证明是本地仿制的器物。[⑤] 西周后期至春秋时代，大型墓中来自宗周的青铜器已不见，全部代之以本地仿制中原器、本地特色器，以及兵器和工具等，而且本地仿造的器物也开始呈现自己的风格。比如溧水宽广墩出土的多件西周晚期至春秋早期青铜簋、卣、匜等器物，器型虽然来自中原，但装饰的却是本地流行的垂鳞纹、变体夔纹。[⑥] 镇江北山顶墓中出土一件春秋晚期铸造精细的青铜鸠杖，杖墩为一个跪坐的人像，脑后梳双髻，全身胸、背、股、臀等处皆

① 江苏省文物管理委员会：《江苏丹徒县烟墩山出土的古代青铜器》，《文物参考资料》1955年第5期，第58—62页；江苏省文物管理委员会：《江苏丹徒烟墩山西周墓及附葬坑出土的小器物补充材料》，《文物参考资料》1956年第1期，第45—46页；刘兴、吴大林：《江苏溧水发现西周墓》，《考古》1976年第4期，第274页；镇江市博物馆、溧水县文化馆：《江苏溧水乌山西周二号墓清理简报》，《文物资料丛刊(2)》，文物出版社1978年版，第66—69页。

② 南京博物院、镇江博物馆、丹徒县文教局：《江苏丹徒横山、华山土墩墓发掘报告》，《文物》2000年第9期，第42—54页；南京博物院：《丹阳市河阳大夫墩发掘报告》，《通古达今之路——宁沪高速公路(江苏段)考古发掘报告文集》(《东南文化》1994年增刊)，第110—126页。

③ 镇江博物馆：《江苏镇江谏壁王家山东周墓》，《文物》1987年第12期，第24—37页；江苏省丹徒考古队：《江苏丹徒北山顶春秋墓发掘报告》，《东南文化》1988年第Z1期，第13—50页。

④ 郭沫若：《夨簋铭考释》，《考古学报》1956年第1期，第7—9页；唐兰：《宜侯夨簋考释》，《考古学报》1956年第2期，第79—83页。

⑤ 商志(香覃)：《苏南地区青铜器合金成分的特色及相关问题》，《文物》1990年第9期，第48—55页。

⑥ 刘建国、吴大林：《江苏溧水宽广墩墓出土器物》，《文物》1985年第I2期，第23—25页。

装饰云纹，与文献记载的吴人"文身""椎髻"的形象高度相符。该墓中还出土带有"余昧"铭文的青铜矛，发掘者由此推测墓主为吴王余昧。①

土墩墓出现的时期与吴国兴亡的时段基本一致；土墩墓中的大型土墩墓，无论是墓葬形制还是陪葬的青铜器，明显存在土著文化与周文化并存并逐渐融合的现象，与周人与荆蛮结合而生吴的历史记载相契合；烟墩山墓、北山顶墓出土的宜侯夨簋、余昧矛等青铜器，墓主线索皆指向吴王。因此，通过对土墩墓的深入研究，考古界一致认为土墩墓就是吴人的墓葬，其中小型墓为平民墓，大型墓属于高级贵族阶层。镇江丹徒沿江的大港至谏壁一带，由于先后发现烟墩山、母子墩、磨盘墩、青龙山、北山顶、王家山等多座大型土墩墓，其中多位墓主被推测为吴王，因而被认为是吴国的王陵区。②

土墩墓性质的确定为吴文化研究找到了关键的突破口。土墩墓主要分布于东至茅山、天目山，西至九华山，北临长江，南抵黄山的区域内，与湖熟文化的分布区高度一致，表明太伯、仲雍所奔的"荆蛮"就是商代以来在宁镇和皖南东部创造出湖熟文化的人群。吴文化是以湖熟文化为基础，结合周文化和周边方国文化共同形成的。更为重要的是，宁镇和皖南东部的土墩墓自西周早期一直持续至春秋晚期，而以苏州为中心的太湖以东地区也分布有土墩墓，但是不仅数量少，而且时代全部为春秋中期以后，证明吴国及其文化是自西向东发展的，宁镇和皖南东部是吴文化的发祥地，也是春秋中期之前吴国的核心疆域，春秋中期之后吴国的统治中心才东移至太湖地区。宁镇地区在吴文化研究中的重要地位由此得到突显。

在现今南京的行政范围内，土墩墓分布最为密集的区域是地处江南的江宁、溧水、高淳三区，调查发现的土墩墓已达1000余座。③ 其中江宁区境的土墩墓主要分布在汤山、湖熟、禄口、横溪等街道；溧水区境的土墩墓主要分布在白马、晶桥、永阳、东屏、柘塘、洪蓝、石湫、和凤诸

---

① 张敏：《吴王余昧墓的发现及其意义》，《东南文化》1988年第Z1期，第52—58页。

② 邹厚本等主编：《江苏考古五十年》第三章《江南土墩墓》，南京出版社2000年版，第167页。

③ 国家文物局主编：《中国文物地图集江苏分册》上，中国地图出版社2008年版，第156—160页。

镇，以白马、东屏两镇最多；高淳区境的土墩墓主要分布在其东部丘陵山区，遍及桠溪、东坝、下坝、固城、漆桥、古柏等乡镇。自 20 世纪 50 年代以来，南京范围内发掘清理的土墩墓已有 10 多个地点、40 余座，贯穿吴文化前后各个时期。其中属于西周早中期的有溧水乌山岗沿山一至四号墓，乌山秧田西山墓、柘塘蔡家山一号墓，高淳顾陇、永宁Ⅰ期墓等；①属于西周晚期至春秋早期的有溧水和风宽广墩、乌山徐母塘山个头墩、高淳漆桥夏家塘土墩墓等（图 1－9）；②春秋中晚期的有溧水洪蓝凤凰井、石湫大圩东村、白马秀才墩，柘塘蔡家山二至四号墓，江宁陶吴竹联山，高淳顾陇、永宁Ⅱ、Ⅲ期等。③

继土墩墓之后，考古工作者还确认了吴文化时期另一种重要遗存——台形遗址。吴文化台形遗址与湖熟文化台形遗址一脉相承，很多直接由湖熟文化时期的遗址发展而来，它们是吴人居住和从事生产活动的场所，常常与土墩墓交错分布。南京范围内调查发现的台形遗址已有 100 余座，主要分布于江宁、溧水、高淳三区，另外主城所属玄武区、雨花台区也有发现。南京江北的滁河流域本不属于湖熟文化分布区，但西周以后也开始出现台形遗址，应与吴文化的影响有关。目前南京经发掘确认的吴文化时期的台形遗址有：溧水区二塘头，玄武区锁金村，浦口区曹王塍子、蒋城子，江宁区上坊艾塘、秣陵中庄，以及雨花台

① 刘兴、吴大林：《江苏溧水发现西周墓》，《考古》1976 年第 4 期，第 274 页；镇江市博物馆、溧水县文化馆：《江苏溧水乌山西周二号墓清理简报》，《文物资料丛刊（2）》，文物出版社 1978 年版，第 66—69 页；刘兴、吴大林：《江苏溧水县柘塘、乌山土墩墓清理简报》，《文物资料丛刊（6）》，文物出版社 1982 年版，第 73—78 页；镇江市博物馆：《江苏溧水、丹阳西周墓发掘简报》，《考古》1985 年第 8 期，第 690—693 页；南京博物院：《江苏高淳县顾陇、永宁土墩墓发掘简报》，《文物资料丛刊（6）》，文物出版社 1982 年版，第 58—65 页。

② 刘建国、吴大林：《江苏溧水宽广墩墓出土器物》，《文物》1985 年第 12 期，第 23—25 页；刘兴、吴大林：《江苏溧水县柘塘、乌山土墩墓清理简报》；高淳漆桥夏家塘土墩墓 2015 年由南京市考古研究院发掘，目前资料尚未发表。

③ 刘兴、刘建国：《溧水凤凰井春秋土墩墓》，《东南文化》1989 年第 Z1 期，第 70—77 页；南京市博物馆、溧水县博物馆：《南京溧水大圩东村土墩墓发掘简报》，《东南文化》2013 年第 5 期，第 52—60 页；南京博物院、镇江博物馆等：《溧水县秀才墩发掘报告》，《南京考古资料汇编》，凤凰出版社 2013 年版，第 448—456 页；刘兴、吴大林：《江苏溧水县柘塘、乌山土墩墓清理简报》；南京市博物馆、江宁区博物馆：《南京江宁陶吴春秋时期大型土墩墓发掘简报》，《东南文化》2011 年第 3 期，第 33—47 页；南京博物院：《江苏高淳县顾陇、永宁土墩墓发掘简报》。

图 1-9　南京高淳漆桥夏家塘土墩墓出土铜鼎(南京市考古研究院发掘资料)

区西街越城遗址等。[①]

通过对南京及周边地区土墩墓和台形遗址的发掘和研究,西周至春秋时期吴国的物质文化面貌有了较为明晰的呈现:

吴文化时期仍处于铜石并用阶段。在江宁区艾塘,浦口区蒋城子,镇江龙脉团山、马迹山、孙家村等西周至春秋时期吴文化遗址中普遍发现石质工具,主要有斧、锛、刀、铲、凿、犁、镞等,器形与湖熟文化时期变化不大;[②]进入春秋以后,铜质工具数量明显增多,南京高淳、溧水曾出土多件春秋时期的锛、铲、锸、镬、犁等青铜农具(图 1-10),但石质工具

① 徐州博物馆:《江苏溧水二塘头遗址发掘简报》,《东南文化》2012 年第 6 期,第 49—65 页;南京博物院:《南京锁金村遗址第一、二次发掘报告》,《考古学报》1957 年第 3 期,第 13—30 页;南京博物院:《江浦县曹王塍子遗址试掘简报》,《东南文化》1986 年第 1 期,第 15—20 页;南京市博物馆、南京大学历史系:《江苏江浦蒋城子遗址》,《东南文化》1990 年第 Z1 期,第 214—240 页;江宁上坊艾塘遗址、秣陵中庄遗址和雨花台西街越城遗址为南京市考古研究院 2013 年以来新发掘的项目,考古资料正在整理之中。

② 镇江博物馆编著:《镇江台形遗址》,江苏大学出版社 2015 年版;南京博物院、镇江博物馆:《江苏镇江市孙家村遗址 2015—2016 年发掘简报》,《考古》2018 年第 6 期,第 14—37 页。

仍在生产、生活中承担着重要作用。[①]

图 1 - 10 高淳境内出土的春秋战国时期青铜农具(南京市高淳区文管所藏)

吴文化时期青铜器制造水平比湖熟文化时期大幅跃升,在宗周、中原文化的影响下,吴国能够制造品类丰富的青铜礼器、兵器、乐器、车马器和工具等。从遗址中出土的青铜器多为小型工具和兵器,如刀、削、鱼钩、斧、戈、镞等;大部分吴国青铜器出土于墓葬中。西周至春秋早期常见的器形有鼎、鬲、甗、簋、尊、盉、匜、盘、卣、盘、杖首等礼器,戈、矛、剑、镞等兵器,軎、镳、衔、节约、当卢等车马器;较流行夔纹、变体夔纹、几何纹、勾连纹、垂鳞纹等,纹饰一般较粗率,地纹不清晰或者无地纹,主纹对称性也不严格。春秋中期以后,吴国青铜器受周边楚、越等国的影响明显,较流行蟠螭纹、图案化的雷纹,常见鼎、甗、尊、罍、鉴、缶、簠等礼器,以及钲、编钟、甬钟、勾鑃、錞于、丁宁等军乐器,刀、削、斧、凿、锄、镰、锯、铲等工具也常出现在土墩墓中。春秋中期以后,吴国制造的剑、矛、戈、戟等兵器越发精良,重要兵器上出现铭文。1970 年,江宁陶

① 濮阳康京:《高淳出土和收集的古代石、铜农器具》,《长江文化论丛》第 4 辑,中国文史出版社 2006 年版,第 273—276 页;溧水县文化局编:《溧水文物集粹》,东南大学出版社 2009 年版,第 139—141 页。

吴中学出土1件铜戈,上有铭文19字。多位学者考证后将其命名为伯剌戈,“伯剌”为寿梦之孙,此戈乃寿梦为吴王时所铸,是吴国步入强盛时代的重要物证。[①] 春秋晚期,吴国部分高等级青铜兵器的表面有菱形、曲折形的暗纹,与兵器本体明暗相间,不仅装饰效果冠绝一时,而且具有很好的防腐蚀作用。科技考古工作者通过实验证明,当时的工匠已经掌握了金属膏剂涂层工艺这种特殊而精湛的表面合金化技术,才能达此效果,这是我国科技史上的重要成就。[②] 南京六合程桥一号和三号春秋晚期贵族墓中分别出土的两件青铜剑,皆有暗格花纹,都是运用这种工艺制造的吴剑精品。[③] 另外,在程桥一号墓中还出土1件铁丸,经金相鉴定是我国目前所知最早的生铁之一,证实春秋晚期我国已经掌握了生铁冶炼技术,迈进了铁器时代,比欧洲早了1900多年。[④]

夹砂红陶、印纹硬陶器和原始瓷器是吴文化最主要的生活器具,也是最为常见的吴文化遗物(图1-11)。夹砂红陶多用作炊器,常为素面,印纹硬陶和原始瓷器多用作容器和盛器。印纹硬陶和原始瓷器的主产地为太湖流域和钱塘江流域,即传统上的越地,吴文化中大量使用越地产品,说明吴越之间的文化联系与交流原本非常密切。印纹硬陶的纹饰,西周早中期较流行云雷纹、绳纹、羽状纹、复线菱形纹、折线纹等,常与回纹组合;西周晚期至春秋早期较流行席纹、菱形纹与方格纹、回纹的组合;春秋中晚期流行筛格纹、方格纹、麻布纹等,常与菱形纹组合。西周早中期陶器种类主要有鬲、甗、鼎、豆、盘、罐、坛、盆、钵、尊、纺轮等,其中多种器形由湖熟文化沿袭而来;原始青瓷器主要为罐和豆等;西周晚期至春秋早期,新出现釜、盆式鼎等越式陶器,说明吴越之间的联系更加密切;春秋中晚期,豆、盘等陶器基本消失,原始瓷豆被渐被钵所取代。

吴文化时期的建筑技术比湖熟文化时期也有很大提高。在浦口区

---

① 周晓陆:《吴〈伯剌戈〉读考》,载南京博物院《南京博物院集刊》第8辑,1985年版,第48—52页;吴聿明:《伯剌戈考》,载江苏省吴文化研究会《吴文化研究论文集》,中山大学出版社1988年版,第144—146页。

② 谭德睿、廉海萍等:《东周铜兵器菱形纹饰技术研究》,《考古学报》2000年第1期,第111—146页。

③ 江苏省文物管理委员会、南京博物院:《江苏六合程桥东周墓》,《考古》1965年第3期,第105—115页;南京市博物馆:《江苏六合程桥东周三号墓》,《东南文化》1991年第1期,第204—211页。

④ 李众:《中国封建社会前期钢铁冶炼技术发展的探讨》,《考古学报》1975年第2期,第1—22页;韩汝玢:《中国早期铁器(公元前5世纪以前)的金相学研究》,《文物》1998年第2期,第3—5页。

图 1－11　江宁陶吴竹连山土墩墓出土春秋时期的印纹硬陶罐（南京市考古研究院发掘资料）

蒋城子、江宁区上坊艾塘等西周时期遗址中都发现了联排式房屋，还有用火烘烤地面的现象。艾塘发现的房屋五间联排，总长达 17.04 米，宽 5.8 米，不仅屋内地面和墙体皆经过烘烧，屋外还有散水设施，可较好地排走雨水，保护房基。另外，南京秣陵中庄，以及镇江丹阳凤凰山、马迹山等多处西周至春秋时期台形遗址中，多次发现由 4 个柱础组成的建筑单元。专家推测，这些粗壮的柱础可以起主支撑作用，然后其上构建干栏式房屋。[①] 无论是连排建筑还是干栏式建筑，都反映出吴人能够根据江南多雨潮湿的特点，在设计和建筑时采取有效的应对措施，提高房屋的耐久性和居住的舒适度。

（三）吴文化时期南京的作用与城市的萌芽

在吴国的历史进程中，南京地区发挥过举足轻重的作用，同时也获得了巨大的发展机遇，南京城市的雏形诞生于这一时期。

在吴国早期阶段，南京不仅属于吴文化的核心区，而且太伯集团最初立国之地也可能位于南京。关于太伯奔吴的终点，目前省内诸说并

① 李永军、刘敏、居法荣：《丹阳凤凰山遗址第三次考古发掘报告》，载镇江博物馆编著《镇江台形遗址》，江苏大学出版社 2015 年版，第 142 页。

存:汉唐以来的传统观点认为在太湖流域,《汉书·地理志》吴县下注云:"故国、周太伯所邑。"[①]唐张守节所著《史记正义》则进一步明确为:"太伯奔吴,所居城在苏州北五十里,常州无锡县界梅里村,其城及冢见存。"无锡梅里由此长期被尊为太伯奔吴立国的地点。[②] 然而早在考古证据出现之前,宁镇地区的重要性就被史家所关注,南宋《景定建康志》记载:"至德逊王吴太伯,初逃句曲山中。"[③]元《至正金陵新志》称:"周初,太伯之国勾吴。茅山古名勾曲,形如勾已,勾转为句,句容以是得名。"[④]可见自宋代以来,句容茅山也被视作太伯所奔立国之地。现代考古调查证明,茅山周边确为土墩墓分布最为密集的地区之一,上述记载并非空穴来风。而南京跻身此列所依据的文献堪称最早:《吴越春秋·吴太伯传》载:"(太伯、仲雍)二人托名采药于衡山。"[⑤]此"衡山"即太伯奔吴后所居之地。《左传》襄公三年(前570年)又载:"三年春,楚子重伐吴,为简之师,克鸠兹,至于衡山。"[⑥]鸠兹在今安徽芜湖东南,则衡山在其东不远。梁代刘昭注《后汉书·郡国志》时已经指出:"丹阳县之横山,去鸠兹不远,子重所至也。"[⑦]丹阳县系秦汉所置古县,治所在今南京江宁区与安徽当涂交界处的小丹阳镇,横山在其左近。清代学者高士奇、钱大昕等普遍认为,"横"通"衡",丹阳之横山即太伯奔吴后所居之"衡山"。[⑧] 除文献依据外,小丹阳及其周边的陶吴、横溪一带多次发现商周时期重要遗物,同时也是土墩墓密集分布区之一。1973年,江宁陶吴、横溪一带征集到1件商代青铜三羊罍;[⑨]1974年,江宁横溪许村大队塘东村出土1件商代大铜铙(图1-12);[⑩]1957年,陶吴西阳街胭

---

① [汉]班固:《汉书》卷二八上《地理志第八上》,中华书局1982年版,第1590页。

②《史记》卷三一《吴太伯世家》引《正义》,中华书局1982年版,第1445页。

③ [宋]周应合:《景定建康志》卷三一《儒学志四·祀先贤》,南京出版社2009年版,第808页。

④ [元]张铉:《至正金陵新志》卷首《修志本末》,南京出版社2010年版,第29页。

⑤ [汉]赵晔撰,徐天祜音注:《吴越春秋》,江苏古籍出版社1999年版,第4页。

⑥ [春秋]左丘明撰,杨伯峻注:《春秋左传注》,中华书局1995年版,第925页。

⑦ [晋]司马彪撰,[梁]刘昭注补:《后汉书志》卷二二《郡国志四》,中华书局1965年版,第3490页。

⑧ [清]高士奇:《春秋地名考略》卷一一"吴"国"衡山'条,文渊阁四库全书本;[清]钱大昕:《廿二史考异》,上海古籍出版社2004年版,第51页。

⑨《南京博物院藏宝录》编辑委员会:《南京博物院藏宝录》,上海文艺出版社1992年版,第148—149页。

⑩ 南波:《介绍一件青铜铙》,《文物》1975年第8期,第87—88页。

脂村出土1件西周青铜鼎；[①] 1958年，陶吴红旗水库出土多件西周青铜鼎、鬲，其中1件弦纹鼎的时代为西周早期；1960年，陶吴又一次出土鼎、鬲、卣、匜等西周时期青铜器13件。[②] 小丹阳周边出土的青铜重器，时代自商代晚期至西周早期，与太伯奔吴立国的时间正好一致，而无锡梅里、句容茅山等地迄今未发现类似时段的遗物。因此，太伯立国于南京小丹阳之说，在文献和考古两个方面都拥有一定证据的支持，不应忽视。

图1-12　江宁横溪出土商代大铜铙（中国青铜器编辑委员会《中国青铜器全集11》图版一四九，文物出版社1996年版）

春秋中期以后，吴国政治中心东移，南京地区成为"吴头楚尾"、各国反复争夺的拉锯地带。在此过程中，南京地理位置的重要性日益凸显，境内三大流域——北部滁河、南部胥河和中部秦淮河先后出现行政建置和城。南京江北六合区位于滁河下游，古称"棠邑"。《左传》记载，襄公十四年（前559年），楚令尹子囊率军伐吴，驻"师于棠"；其时棠邑可能已经设立。昭公二十年（前522年），伍子胥之兄伍尚还为楚国担任"棠君"。[③] 楚所设之"棠邑"是南京地区目前所知最早的行政建置之一。棠邑可能有城，但位置尚未明确。公元前518年，吴楚爆发"卑梁之战"，吴国夺取楚国边邑卑梁、钟离。卑梁治所在今安徽天长石梁镇，与六合北境相距甚近，推测

① 南京博物院等：《江苏省出土文物选集》图87，文物出版社1963年版。

② 李蔚然：《南京发现周代铜器》，《考古》1960年第6期，第41页。有关学者在相关文章中认为这批青铜器应出自一座墓葬。

③ ［春秋］左丘明撰，杨伯峻注：《春秋左传注》，中华书局1995年版，第1018、1408页。

棠邑应于此役归属吴国。[①] 1964—1988 年，考古工作者在六合区程桥中学附近先后发现 3 座春秋晚期贵族大墓，出土编钟、编镈、暗纹青铜剑、玉剑具、铁器等各类重要文物数百件。这些随葬品文化内涵复杂，仅青铜器铭文就涉及吴、曾、罗等多个国号，目前学界倾向于认为墓主是从属于吴国并与吴王联姻的罗国贵族臧公家族。罗国原为汉淮之间的小国，春秋后期被楚吞并，其贵族臧公投奔吴国，吴王妻之以女，将其安置于吴楚边境的棠邑地区。[②] 程桥贵族墓的发现，直观地反映出春秋晚期南京江北地区诸国势力和文化碰撞与融合的状况。

南京高淳区的胥河北岸，春秋时期曾建有固城。《左传》明确提及固城——昭公十三年(前 529 年，即楚灵王末年)，楚国内乱，“启越大夫常寿过作乱，围固城”[③]。对固城来历介绍最为清晰的是《太平寰宇记》所引《滕公庙记》的记载：“其城(固城)是吴濑渚县地。楚灵王与吴战，遂陷此城。……自平王听费无极佞言，伍员奔吴，阖庐用为将军，举兵破楚，楚奔南海。固城宫殿逾月烟焰不息，其城从兹废矣。”[④]据此可知，濑渚县原为吴地，吴楚间多次易手。据《左传》记载，楚灵王率诸侯攻吴是在公元前 538 年，因而吴濑渚和固城之设应早与此年。[⑤] 濑渚与棠邑一样，是南京地区最早出现的行政建置之一；而濑渚的治所固城则是南京目前可知年代最早的城。今高淳区固城镇东北尚存一处固城遗址，已被列为全国重点文物保护单位。该城平面呈长方形，有内外两重，内城东西长 200 米，南北宽 120 米；外城东西长约 1000 米，南北宽约 800 米。2014—2015 年，南京市考古工作者对该城进行了细致的考古勘探，证实该城主体为汉代所筑，未见早期遗迹，应为汉代溧阳县治旧址。[⑥] 春秋时期的固城还需另行探索。

在南京主城南部、中华门外长干里西侧现存一处高地，古称越王

---

① [汉]司马迁：《史记》卷四〇《楚世家》、卷一四《诸侯年表》、卷六十六《伍子胥传》，中华书局 1982 年版，第 658、1714、2174 页。

② 曹锦炎：《程桥新出铜器考释及相关问题》，《东南文化》1991 年第 1 期，第 147—152 页。

③ [春秋]左丘明撰，杨伯峻注：《春秋左传注》，中华书局 1995 年版，第 1344 页。

④ [宋]乐史：《太平寰宇记》卷九〇《江南东道二·昇州》，中华书局 2007 年版，第 1793 页，。

⑤ [春秋]左丘明撰，杨伯峻注：《春秋左传注》，中华书局 1995 年版，第 1245、1253—1256 页。

⑥ 岳涌等：《南京高淳区固城遗址考古调查与勘探报告》，南京市考古研究院内部资料，待刊稿。

台、越台，现为越城遗址。此地扼守古秦淮河与长江的交汇口，地理位置同样十分关键。据《太平寰宇记》引《越绝书》的记载："故越城……'东瓯越王所立也。'即周元王四年，越相范蠡所筑。"又引《曹氏记》云："昔句践平吴后，遣兵戍之，仍筑此城。"①该城规模不大，"周回二里八十步"。② 周元王四年即公元前 472 年，在此前一年，越王勾践率军攻入姑苏（今苏州）、灭吴。越城则为越国占领南京后所筑，它为吴楚、吴越相争画上了句号，又为越楚相争拉开了序幕。距今约 2500 年的越城，是历史记载南京主城区最早出现的城址，南京建城史由此算起是以往学术界的共识。③ 2017—2019 年，南京市考古工作者对越城遗址进行了全面的考古发掘。虽然中心台地由于历代开发，早期遗迹破坏殆尽，未

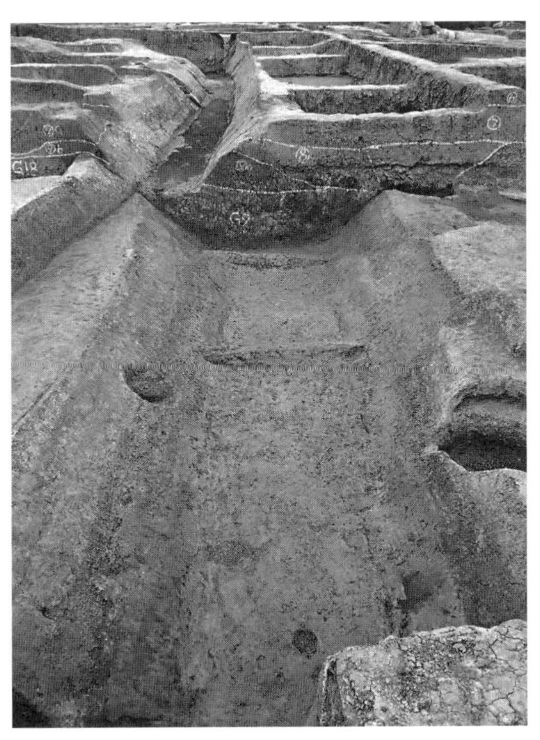

图 1－13　西周环壕(G9)近景(南京市考古研究院发掘资料)

① [宋]乐史：《太平寰宇记》卷九〇《江南东道二 · 昇州》，中华书局 2007 年版，第 1790 页。按：《太平寰宇记》所引《越绝书》的记载今已佚，今本《越绝书》无此记载。

② [宋]周应合：《景定建康志》卷二〇《城阙志一》引《图经》记载，南京出版社 2009 年版，第 483 页。

③ 南京市地方志编纂委员会：《南京建置志》第一章《吴越楚城邑》，海天出版社 1994 年版，第 23 页。

发现城墙遗迹。但是台地周围先后发现三道布局规整的环壕,严密地包围台地(图 1-13)。环壕的存在间接证实了越城台原为城址的记载是可信的。更重要的是,环壕内出土遗物经碳十四法测年,距今为 3000 年左右。这一最新证据说明,范蠡所筑越城很可能是在吴国旧城基础上改筑的,该城真正的始筑者是西周时期的吴国,南京建城史有望提前 500 年。①

四、后吴时代越楚对南京地区的影响

公元前 473 年越灭吴之时,中国已经进入战国时代(前 475—前 221)。公元前 333 年,楚国击败越国,尽取吴地。② 公元前 222 年,秦国平定江南,在吴越故地置会稽郡。③ 在吴国灭亡至秦国统一的 250 年间,越与楚国分别经营南京地区百余年。

后吴时期越、楚对南京地区的经营,最大贡献在于对秦淮河下游南京主城区的重视与开发,范蠡筑越城,而楚国设立了金陵邑。据《建康实录》记载:"建康者,本楚金陵邑。……越王无疆即位……为楚威王所灭,其地又属楚。乃因山立号,置金陵邑也。楚之金陵,今石头城是也。"④金陵邑是南京主城区首个行政建置,金陵从此成为南京的别称。金陵邑以石头城为治所,也奠定了石头城金陵重镇的地位,影响深远。

而"金陵"名称本身来源有两种说法:一种是《建康实录》的观点,"或云地接华阳金坛之陵,故号金陵"。⑤ 金指铜,陵为山,华阳金坛即今常州金坛和镇江句容之地,境内茅山(句曲)与南京相距很近,确实自古产铜。梁陶弘景《真诰》载:"汉灵帝时,诏敕郡县采句曲之金,以充武库,逮孙权时,又遣宿卫人采金,常输官。"⑥另一种是《太平寰宇记》

---

① 参见陈大海《越城与长干里》,《南京史志》2019 年第 1 期。

②《史记》卷四一《越王勾践世家第十一》:"楚威王兴兵而伐之,大败越,杀王无强,尽取故吴地至浙江。"中华书局 1959 年版,第 1751 页。

③《史记》卷六《秦始皇本纪第六》:"二十五年……王翦遂定江南地;降越君,置会稽郡。"中华书局 1959 年版,第 234 页。

④ [唐]许嵩:《建康实录》卷一,中华书局 1986 年版,第 2 页。

⑤ [唐]许嵩:《建康实录》卷一,中华书局 1986 年版,第 2 页。

⑥ [梁]陶弘景:《真诰》卷一一《稽神枢第一》,中华书局 1985 年版,第 139—140 页。

引《金陵图经》的看法:“昔楚威王见此有王气,因埋金以镇之,故曰金陵。”该观点虽然流传很广,但显然是以后代之事附会,因此第一种观点更值得采信。

20 世纪 50 年代以来,南京地区多次发现楚国兵器、金币,还出土过战国时期楚式的铜砝码,这些都是楚国文化留在南京的实证。[①]

五、商周时期南京文化的突出成就

湖熟文化是商代南京地区的主流文化,以铜石并用,大量使用印纹硬陶、原始青瓷为主要特征。湖熟文化是中华人民共和国首批发现的考古学文化之一,也是迄今唯一以南京地名命名并得到全国公认的考古学文化。湖熟文化为南京地区的文明起源发挥了关键作用。

商周之际,吴国及其文化在湖熟文化的基础上崛起于宁镇地区。国家的建立是进入文明社会的标志,吴国作为南京,乃至江苏历史上首个诞生的国家,为本地区文化发展打下了不可磨灭的印记。南京号称“吴头楚尾”,江苏世称吴地皆由此而来。

吴国时期,南京地区出现了棠邑、固城、越城等最早的一批城邑与行政建置,开启了南京城市化的先河。吴国高度重视水运,大力建造船只,在南京及周边地区先后开凿了胥河、邗沟等中国最早的一批人工运河,初步建立了四通八达的水运网络,奠定了南京,乃至江苏依水而兴的发展基础。南京六合程桥贵族墓中出土的使用金属膏剂涂层工艺制作青铜剑,以及迄今我国最早出现的生铁弹丸,说明吴国掌握了当时中国最先进的青铜器、铁器加工技术。

更为重要的是,吴国及其文化是以太伯、仲雍为首的周人集团通过主动“断发文身”,尊重、融入当地文化,以和平方式创建、逐步发展而成的,充分体现了习近平总书记所指出的“中华文明讲仁爱、重民本、守诚信、崇正义、尚和合、求大同的精神特质和发展形态”。[②] 这种中国式发

① 张浦生:《江苏“郢爰”》,《文物》1959 年第 4 期,第 11—12 页;2009 年南京新街口苏宁广场工地又发现郢爰;国家计量总局等主编:《中国古代度量衡图集》,文物出版社 1984 年版,第 109 页。

② 习近平:《把中国文明历史研究引向深入 增强历史自觉坚定文化自信》,《求是》2022 年第 14 期。

展道路，对于推动当今世界文明的进步仍然有着极为重要的积极意义。

第四节　大一统下的秦汉时期文化

一、南京秦汉行政区划与城市文化

公元前221年，秦王政兼并六国，建立统一国家，在行政上废分封，置郡县。秦在今南京地区置棠邑、秣陵、溧阳、丹阳、江乘5县，棠邑属九江郡，其他4县属鄣郡，今南京地区从此由中原王朝直接统辖。可能是秦历时太短或被破坏，至今尚未发现秦代有关遗存。秦汉之交，今南京地区尽属项羽西楚。整个汉代，今南京地区先后隶属韩信楚国（前202年）、刘贾之荆国鄣郡（前201年）、吴王刘濞之吴国（前195年）、刘非之江都国鄣郡（江南各县）和东阳郡（江北棠邑）（前153年）。江都国废除后（前121年），江北棠邑先属临淮郡，后属广陵郡；江南各县先属鄣郡，后隶属丹阳郡（前109年）、宣亭郡（14年）、丹阳郡（23年），直至汉献帝建安十三年（208年），孙权领丹阳郡，建安十七年（212年）孙权改秣陵为建业，建安二十六年（221年）称帝于建业，南京第一次成为都城。

汉代县及侯国并立，今南京地区除江乘置县始终未变外，棠邑、秣陵、丹阳、胡孰、溧阳皆置侯国。侯国的设立，是今南京地区在秦汉时期经济文化获得进一步发展的标志，亦是契机。棠邑县于汉高祖六年（前201年）置为棠邑侯国（今南京除浦口区西境之外的江北部分），封陈婴为棠邑侯，后国除（前116年）。汉武帝元朔元年（前128年），推恩江都王刘非之子刘胥行、刘敢、刘缠分别为胡孰顷侯、丹阳侯、秣陵侯，领胡孰侯国（推测今湖熟街道及附近）、丹阳侯国（今南京南部的丹阳镇、横溪、陶吴及安徽当涂县大部分[①]）、秣陵侯国（大致包括今南京主城区、雨

---

① 贺云翱：《小丹阳考》，载氏著《历史与文化》，中国人事出版社1996年版，第415—419页。

花台区及江宁区大部），由于后继乏人，丹阳侯国（前122年）与秣陵侯国（前113年）不久即除，唯胡孰顷侯刘胥行子刘圣于元鼎五年（前112年）袭爵，后获罪免爵，国亦除，复为县。溧阳县于汉元帝建昭元年（前38年）亦立为侯国（大致包括今溧阳、溧水、高淳三地，治在今高淳固城附近），梁敬王刘定国之子刘钦被封为溧阳侯，后其子刘毕嗣爵后因事免爵，国除，复为溧阳县。

汉高帝六年（前201年）冬十月，"令天下县邑城。……师古曰：'县之与邑，皆令筑城。'"[①]南京下辖的秣陵、丹阳、江乘、胡孰、溧阳及棠邑诸县或侯国，应亦筑城，汉代城市文化兴起。由于经济社会的稳定，从主要功能来看，汉代城市由"筑城以卫君，造郭以守民"的军事堡垒型朝经济社会型城市转变，墓葬区已由城内转移到了城外。南京地区各城垣今虽皆已无存，但在汉代县治或侯国治所附近，大多发现过大批文化遗存，见证了南京汉代城市文化的兴盛。最典型的高淳固城遗址是南京地区保存最好的汉代城址[②]，为汉溧阳县治或侯国国都所在，城址平面呈不规则的多边形，分外城和内城两重，城址内外发现多处汉代建筑遗迹，外城内发现多处水井和陶器残片、纺轮等遗物，城外分布着大批汉代墓葬；另在六合雄州附近发现的西汉建筑遗存[③]和大型官署建筑遗址[④]，分别被认为与西汉吴王刘濞的铸钱遗址和棠邑城址有关；丹阳发现过大量汉代筒瓦、板瓦、瓦当[⑤]，以及汉代墓葬等，推测与丹阳县城有密切联系；今栖霞区栖霞山南部西湖村，20世纪80年代尚存"废郭残垣"[⑥]，推测与江乘县有关。今天的这些考古材料，成为反映南京地区秦汉城市文化面貌的重要物质载体。

秦汉时期，今南京地区在大一统背景下，行政区划的设置、城市的建立，都在中央的统一政策下进行。西汉时期，南京地区的文化在与中

① ［汉］班固：《汉书》卷一《高帝纪第一下》，中华书局1962年版，第59页。
② 濮阳康京：《江苏高淳固城遗址的现状与时代初探》，《东南文化》2001年第7期，第22—25页。
③ 吴学文：《江苏六合李岗楠木塘西汉建筑遗迹》，《考古》1978年第3期，第213—214页。
④ 陈大海：《六合走马岭考古调查》，《南京文物考古新发现》，江苏人民出版社2009年版，第112—115页。
⑤ 贺云翱：《小丹阳考》，载氏著《历史与文化》，中国人事出版社1996年版，第415—419页。
⑥ 参见周子舆《江乘县考略》，《南京史志》1987年第6期。

原文化趋于一致的南北交融大背景下，还保留了一些本地楚、越文化传统。至东汉时期，是南京地区文化大变革时期，文化面貌已与中原十分接近，特别是儒学和道家为主流的文化已渗透到人们日常生活和思想观念中，无论是教育、建筑方式、丧葬文化，还是器物风格，都表现出与中原文化相同的面貌。

二、两汉儒学的兴起和发展

汉初，由于受秦"焚书坑儒"的影响，儒家文化尚未受到重视，统治者提倡道家的黄老无为之学。至西汉武帝时，"罢黜百家，独尊儒术"，儒学不仅影响统治阶层的政策方向，而且经过统治者的倡导、上层阶层的推崇，儒学自上而下，在普通民众中的影响越来越大，成为中国此后两千多年间的正统思想。儒学在南京地区的传播，在大变革的东汉时期才得以体现。

儒学的兴盛促进了教育的推广，汉武帝采用董仲舒"立大学以教于国，设庠序以教于邑"的建议，在长安设立太学；后来，除了中央设立太学，各地方郡县皆立学校。东汉建武六年（30 年），五官中郎将李忠任丹阳郡太守，"以丹阳越俗不好学，嫁娶礼仪，衰于中国，乃为起学校，习礼容，春秋乡饮，选用明经，郡中向慕之。垦田增多，三岁间流民占著者五万余口……三公奏课为天下第一……"[①]李忠采取从教育入手，在江南地区推行中原儒家文化，而南京地区距郡治宛陵（今安徽宣城）不远，自然深受影响。南宋时期在固城湖滨出土的《汉溧阳长潘乾校官碑》，也印证了东汉时期南京地区官办教育活动的情况。《校官碑》为溧阳属官于汉灵帝光和四年（181 年）十月为纪念溧阳县长潘乾的德政而立，为江苏省境内现存唯一的汉代碑石。"校官"为官办县级学校，据《校官碑》碑文介绍，东汉光和年间（178—184），潘乾以察廉而任溧阳县长，他在任期间"构修学宫，宗懿招德"，建立了南京地区有明确记载的距今最早的学校，以开展儒学教育活动，碑文颂扬了潘乾兴建学校、任贤施教、

---

①《后汉书》卷二一《李忠传》，中华书局 1965 年版，第 756 页。

倡导教化和礼乐的事迹。由此可见，以儒学为主流的中原文化在南京地区的推广离不开李忠和潘乾等人身体力行的贡献。

儒学在全国大力推广，在其影响之下，从东汉时期开始，南京地区的礼制文化和丧葬文化在许多方面与中原地区渐趋一致。

首先，重视孝道与丧礼。儒家提倡孝道，两汉以“孝”治天下，“孝”是国家察举的重要标准之一。“事死者如事生，思死者如不欲生……”（《礼记·祭义第二四》），由孝道观念与“事死如事生”的丧葬观念相结合而生的厚葬思想在汉朝得到特别的尊崇。西汉始于中原河南、陕西地区的砖室墓大多宏大壮观，为仿照生宅置“前堂后室”的多室墓，前室象征地上居室的堂，用于在其中进行祭奠等活动，后室置棺，象征地上居室的寝，丰富的随葬品多放在前室。南京地区虽本土传统的土坑木棺墓大致从战国晚期一直到东汉都有分布，但砖室墓至迟于东汉早期在南京地区也得到推广，由过渡的木顶石椁墓、石顶石椁墓、木顶砖室墓发展成为最终的券顶砖室墓，并流行于整个六朝及以后时期。如溧水蔡家山东汉墓①、高淳漆桥乡曹村东汉墓②、固城遗址汉墓③、江宁陶吴砖瓦厂汉墓④、栖霞龙潭附近的东阳罗山咀汉墓⑤等都为多室砖墓，以江宁陶吴砖瓦厂汉墓为例，墓的平面呈前后双“凸”字形，设有两耳室，在墓的前室砌有长方形祭台摆放随葬品，与洛阳地区汉墓形制一致。另外，有的砖室墓以模制的画像砖砌成，从高淳发现的东汉画像砖⑥看，画像题材包括历史故事（如“孔子见老子”）、神话故事（如“四灵”题材）、升仙（如“羽人”题材）、墓主人生活场景（如“车马出行”）等，与河南南阳、江苏徐州等画像砖、画像石墓盛行的地方大体一致。画像砖墓是厚葬之风的产物，鉴于生者要进入死者的墓室内瞻仰，故为表现墓主

① 吴大林：《溧水县发现东汉画像砖墓》，载南京市博物馆编《南京考古资料汇编》，凤凰出版社 2013 年版，第 547—548 页。

② 贺云翱：《从文物考古看先秦两汉时期的南京》，《六朝瓦当与六朝都城》，文物出版社 2005 年版，第 233 页。

③ 陈兆善：《江苏高淳东汉画像砖浅析》，《考古》1989 年第 5 期，第 472—475 页。

④ 李蔚然：《南京地区汉墓概说》，《江苏省考古学会论文集》，1986 年。

⑤ 江苏省文物管理委员会龙栖工作组：《龙栖铁路改线工程中发现汉石椁墓》，《考古通讯》1958 年第 1 期，第 63—64 页。

⑥ 陈兆善：《江苏高淳东汉画像砖浅析》，《考古》1989 年第 5 期。

生前的社会地位和生活场景，或用虚构和想象的手法为死者描绘一种死后享乐的生活场景，或用寓意丰富的画面表现子孙们送葬和吊唁的孝顺壁画，南京高淳、溧水等地盛极一时的画像砖、画像石墓应也有此意。在儒家“事死如事生”的丧葬观念下，不仅仅依生宅造阴宅，且随葬丰富的物品，既包括生前实用之器，也包括仿生模型之器，把活人的生活全面构筑于土冢之下，表达了人们为死者模仿现实世界的思想。随葬品有铜器、陶器、铁器、玉器、漆器等几大类，铜器中最常见的铜镜，从西汉早期只见楚地风格的连弧纹镜、蟠虺纹镜，到西汉中晚期始见中原流行的草叶纹镜、星云纹镜、“日光”“清白”“昭明”等铭文带镜，至西汉末东汉初与中原地区同时存在的规矩禽兽镜、规矩四神镜等，也见证了南京地区物质文化在“吴头楚尾”地理位置下的楚文化风格向大一统背景下的汉文化占主导风格转变的过程。陶器多为低温釉陶，最突出的是专为丧葬而特制的明器，是对实用生活器具的仿制。一为仿生活用器，包括鼎、瓿、钫等，这类生活用器在汉之前一般是用于高等级墓葬的铜礼器，仿铜陶礼器的流行，表现了汉代礼制文化的普及；二为包括房屋建筑、仓囷灶井、院落猪圈、动物世界等在内的模型明器，这是汉代庄园经济的发展和“事死如事生”观念同时作用的产物。随葬玉器最常见的是璧、环、璜、佩等礼器和“九窍玉”、琀、握等葬玉，南京地区汉墓出土的玉器不多，但在湖熟窑上村西汉墓①和高淳固城双岗东汉墓②也有集中发现，特别是栖霞区高家山汉墓七窍塞的发现③、浦口步月路西汉墓中集中出现玉璧④等，证明中原传统文化在西汉时已在南京地区有所普及。综上所述，两汉特别是东汉时期，北方主流文化已深入长江下游的今南京地区，人们在思想观念、丧葬礼俗等方面高度模仿中原文化，也带来了物质文化面貌在中原文化影响下的动态变化。

然后，重视家族观念。儒家“孝”观念的提倡是重视家族观念的重

---

① 南京市博物馆等:《南京市湖熟镇窑上村汉代墓葬发掘简报》,《东南文化》2009 年第 4 期,第 30—36 页。

② 南京市博物馆等:《江苏高淳固城汉墓发掘简报》,《东南文化》1992 年第 5 期,第 94—102 页。

③ 江苏省文物管理委员会龙栖工作组:《龙栖铁路改线工程中发现汉石椁墓》,《考古通讯》1958 年第 1 期。

④ 浦口步月路西汉墓为南京市考古研究院 2017 年新发掘项目,考古资料正在整理之中。

要精神因素，在丧葬方面就是对家族葬的重视。家族葬在先秦即出现，但在西汉中期以前，仅流行于高等级墓葬中，尚未普遍。在汉代主流儒家思想的影响下，家族葬发展起来。在今南京地区，普遍分布着家族墓地，如湖熟砖瓦厂朱氏家族墓[①]中，2 号墓（M2）出土了墓主朱建的告地策，5 号墓（M5）出土耳杯内亦见墨书“朱”字；溧水木头山汉墓群墓葬排列方式有迹可循，都是以一座墓居中，其他墓葬左右排开，推测为家族墓地[②]；浦口星甸汉代家族墓地分为南北两组，北边一组呈西南—东北走向，南边一组呈西北—东南走向[③]，有序排列。

① 南京市博物馆、江宁县文化局：《南京湖熟汉代朱氏家族墓地》，载南京市博物馆《南京文物考古新发现（贰）》，江苏人民出版社 2006 年版，第 3—15 页。

② 南京市考古研究院新发掘项目，考古资料正在整理之中。

③ 南京市考古研究院新发掘项目，考古资料正在整理之中。。

第二章　六朝时期的南京文化

公元3世纪初至6世纪末，南中国先后有孙吴、东晋、宋、齐、梁、陈6个王朝在南京建立都城，与北方的曹魏、十六国、北朝长期对峙达320余年之久，史称“六朝”①。

六朝上承两汉，下开隋唐，以南京为中心，奠定了中国经济、文化重心南移的基础。这一时期，南京经济发展，社会繁荣，思想开放，学术自由，文艺昌盛，科学技术成就斐然，中外文化交流广泛，形成了影响深远的六朝文化。南京因此被誉为“六朝古都”。

六朝时期的南京文化，即六朝文化，是以六朝都城建康为中心的具有时代特色的地域文化，是南京历史发展过程中最具代表性的文化之一。为中华文化的发展、壮大，注入了新的活力，为保存、创新和复兴华夏文明立下了不世之功，在世界文明史上也占有重要地位。

---

① 国内外学者特别是日本学者也有混用“六朝”与魏晋南北朝这两个概念的，即“六朝”兼指南北。此说主要是对3世纪初至6世纪末前后300余年的历史时期的泛称；还有将曹魏、西晋、北魏、北齐、北周、隋称为“六朝”，即“北方六朝”说。唐代中期以后，“六朝”一词大量出现在文献中，大多专指魏晋南北朝时期定都于建业或建康的南方6个王朝。

第一节　六朝文化兴盛的原因

公元 229 年夏，孙权在武昌（今湖北鄂州）正式称皇帝，国号为吴，同年秋迁都城于建业（今江苏南京市），开启了六朝南京的建都史，而孙吴确立的“限江自保”政策，则成为南方政权大多数历史时期的立国方针。

西晋统一以后，司马邺政权在汉赵刘曜的进攻下灭亡。而琅琊王司马睿则在南北士族的支持下，于公元 317 年在江东重建晋政权，定都建康，人称东晋。此后至公元 420 年，历经百余年，作为都城的南京迅速发展，获得了南方其他地区不可取代的独特地位。随后的近 170 年，宋、齐、梁、陈诸朝，皆以南京作为自己的政治、经济、文化中心，继续定都建康（图 2－1）。

图 2－1　孙吴都建业图（明朝陈沂《金陵古今图考》）

自公元 229 年孙吴在建业称帝，至 589 年隋朝灭陈统一，除去西晋灭孙吴至东晋建立之间的 37 年外，江南六朝先后存在 323 年。这是中国历史上一个动荡、分裂的乱世，但也是中国一个独具特色的重要的发展时期，是两千多年南京城市发展史上的辉煌时期。这一时期形成的六朝文化，有着深刻的时代背景，其中既有基于时代的特殊因素、物质基础，又具有地域的、人文的因素。

综观六朝300多年的历史，其文化兴盛的基本原因，一方面是由于北方人口大量南迁，带来了大批劳动力与先进生产技术，使江南得到进一步开发；二是继秦汉以后，江南经济得到快速发展；三是门阀政治兴盛，南迁士族带来了中原的汉晋文化并与吴越文化结合，在文化建设方面发挥了重要作用；四是六朝政权虽屡经更迭，但这一时期学术自由，思想开放，是一个文化多元的时代；五是六朝与北方政权既对峙，又在经济文化上相互交流、互相影响。这些时代的因素与特点，对六朝文化的产生、发展，对此后中国文明的发展，都有着巨大的影响。

一、社会经济的发展

从地域文化产生的一般规律来看，经济发展是文化繁盛的基础。建康（今南京）作为六朝时期的政治中心和江南经济中心的核心地区，经济的快速发展，为形成富于地方特色的“六朝文化”奠定了坚实的基础。

1. 北人的南迁与江南劳动人口的大量增加

人口的增长关系到一个国家或地区经济社会的可持续发展。在古代社会，人口的多寡往往是衡量经济发展水平的一个重要标志。永嘉之乱后，晋宗室南迁，司马睿定都建康。此时期，北方汉人包括士族，大量南渡。其规模之大、范围之广、历时之久、影响之深，远超过此前任何一个历史时期。史载“洛京倾覆，中州士女避乱江左者十六七”①。

北方人口的南迁，有三次高潮。第一次是西晋永嘉之乱后，至东晋元、明、成帝时期。《宋书·志序》载：“自夷狄乱华，司、冀、雍、凉、青、并、兖、豫、幽、平诸州一时沦没，遗民南渡，并侨置牧司，非旧土也。”第

① [唐]房玄龄等：《晋书》卷六五《王导传》，中华书局1974年版，第1746页。

二次高潮是在东晋康帝、穆帝以后至东晋末年，特别是苻坚败亡后，中原人民大量南迁。第三次高潮是在刘宋少帝至明帝时期。这一时期，南北交相侵略，北人大量南迁。如元嘉末年，拓跋魏大举南侵，进至瓜步，流民竞相南渡江淮。[①]

三次人口南迁，主要是来自黄河流域及今山东、河北及河南东部的移民，向以长江下游及淮河流域包括京师建康地区为中心地区的流移。谭其骧曾经推断："截至宋世止，南渡人口约共有九十万，占当时全国境人口约共五百四十万之六分之一。……换言之，即晋永嘉之丧乱，致北方平均凡八人之中，有一人迁徙南土；……有史以来移民之盛，殆无有过于斯者矣。"[②]

南迁来的人口，往往密集分布在政治中心、交通要冲等地，如建康、广陵一带。史载："晋乱，琅琊国人随元帝过江千余户，太兴三年，立怀德县(县治在建康)。"[③]刘宋元嘉年间，沈庆之进行北伐，前后俘获达20余万人，这些人口大多被迁至建康落户，以至于最终迁居到建康的人数超过了原来居民的人数。

大量人口的南迁，产生了多方面影响。首先，为江南开发提供了大量劳动人手，促进了江东农业、手工业等经济的发展。其次，东晋南朝时期，来自北方的充足劳动力，带来先进的生产技术，为建康地区社会经济的发展注入新的活力。再次，六朝政权的建立，特别是孙吴、东晋，与南来士族密切相关。最后，大规模、长时间的民族迁徙，促进了南北方的文化交流，大大丰富了南方文化的内涵，提升了南方文化的层次，促成了六朝文化的繁荣。[④] 总之，人口的大量南迁，有力地推动了南京地区经济、文化与社会的发展。

2. 屯田与水利事业的发展

孙吴立足于江南，长江中下游地区是其政治经济中心，京城建康更是其核心地带。为北与曹魏、西与蜀汉争衡，孙吴在其统治区域内包括

---

① 许辉、李天石编著：《六朝文化概论》，南京出版社2003年版，第79页。

② 谭其骧：《晋永嘉丧乱后之民族迁徙》，载氏著《长水集》(上)，人民出版社1987年版，第36页。

③ [梁]沈约：《宋书》卷三五《州郡志一》，中华书局1974年版，第1039页。

④ 许辉、李天石编著：《六朝文化概论》，南京出版社2003年版，第88页。

在京师建业附近，大兴屯田，开发水利，发展农业生产。

孙吴立国之初，孙权即认识到屯田的重要性。黄武五年(226年)，孙权下令："军兴日久，民离农畔，父子夫妇不能相恤，孤甚愍之，今北虏缩窜，方外无事，其下州郡，有以宽息。""是时陆逊以所在少谷，表令诸将增广农田。权报曰：甚善！今孤父子亲自受田，车中八牛以为四耦，虽未及古人，亦欲与众均等其劳也。"[①]史载，孙吴实施的屯田制分为军屯与民屯两种类型。《三国志》卷六一《吴书·陆凯传》载，孙吴实行全军皆农制度。凡在吴军驻屯之地，即是军屯所在地区。建业为首都所在，驻有重兵，军屯较为集中。见于史载有大桑浦屯、牛渚屯、烈州屯、牛屯、华里屯等。[②] 另据史载："湖熟(治今南京市江宁区湖熟镇)令，汉旧县，吴省为典农都尉"，"溧阳(治今南京市高淳县东固城镇)令，汉旧县，吴省为屯田"[③]，也反映了孙吴屯田的情况。屯田制使大量荒地得到了开垦，促进了以京师为中心的经济开发和发展。

由于京畿人口的持续增多，东晋南朝不断开发新的耕田。建康四郊的土地被迅速开垦出来。史载东晋王导在钟山有赐田八十顷，梁初已成良田；[④]谢安在今江宁东山建筑山墅；东晋刁氏"有田万顷，奴婢数千人"。[⑤] 刘宋的谢混"田业十余处，僮仆千人……田畴垦辟，有加于旧"。[⑥] 刘宋沈庆之在娄湖"广开田园之业"，以致出现"京师无田"的说法。[⑦]

自东晋始，建康地区的农田开发由原河谷地向山区发展。《南齐书·竟陵王子良传》载，齐建元三年，竟陵王萧子良遣官到京畿诸县查访，得丹阳、溧阳、永世等四县堪垦之田，合计荒、熟八千五百五十四顷。

大量土地的开发，使建康成为富庶的农业经济区，粮储大为充实。史载在建康，即设有龙首仓、台城内仓、南塘仓、常平仓、东西太仓、东宫

---

① [晋]陈寿著，裴松之注：《三国志》卷四七《吴书吴主传》，中华书局1959年版，第1132页。

② 童超：《东吴屯田制述论》，载《古代长江下游的经济开发》，三秦出版社1989年版。

③ [梁]沈约：《宋书》卷三五《州郡志》，中华书局1974年版，第1030页。

④ [唐]李延寿：《南史》卷二二《王骞传》，中华书局1975年版，第596页。

⑤ [唐]房玄龄等：《晋书》卷六九《刁协传附彝子逵传》，第1845页。

⑥ [梁]沈约：《宋书》卷五八《谢弘微传》，中华书局1974年版，第1519页。

⑦ [梁]沈约：《宋书》卷五四《孔季恭传》，中华书局1974年版，第1533页。

仓等。

六朝时期水利设施的兴修也为农业的发展创造了条件。建康周围的农田水利基本上以开发陂塘、灌溉田地为主,其中著名者为赤山塘。赤山塘又名赤山湖,位于建康城郊今句容城区西南约30千米处,是六朝时期建康地区最重要的陂塘。赤山塘主要为蓄水灌溉而开,筑于孙吴赤乌二年(239年),上承茅山北麓诸溪水,下通秦淮河。这项工程宋、齐、梁三代都曾加以修缮。其中萧齐明帝时由官府出资,沈瑀主持的修治最为著名。

古丹阳地区,位于今江苏溧水、高淳及安徽当涂、芜湖一带,也是六朝建康地区经营水利屯田的重点区域。此地围湖垦田的历史悠久。孙吴建都于建业后,在此设督农校尉,大规模经营屯田,辟土造田,围湖耕垦,发展农业生产。

在宁镇山区地带,以堰塘为主的水利灌溉业也有很大发展。其中著名的工程达八九项之多、主要分布于镇江、丹阳、溧阳、金坛等地。[①]

六朝时期曾开凿和连通浙东运河与江南运河,使建康成为三吴(吴郡、吴兴、会稽)地区聚散物资的经济中心。

总之,六朝时期,江南经济快速发展,史载"江南为国盛矣……一岁或稔,则数郡忘饥……丝绵布帛之饶,覆衣天下"。

3. 水陆交通的发达

城市存在和经济发展的重要条件是交通事业。六朝重视交通,不断修路凿渠、置驿架桥,使建康的交通事业建设远胜于两汉,并成为南方的交通中心。以陆路交通为例,建康东有京口路、[②]黄城大路、江乘路、钟山路、竹里路、小辛道;南方及东南方则有方山大道、上容路、湖头路、湖熟路、龙山路等;[③]西及西南方则有西州路、石头城路、[④]新亭路、

① 胡阿祥、李天石、卢海鸣编著:《南京通史·六朝卷》,南京出版社2009年版,第221页。

② 京口路是东晋时开通的一条军用道路,是拱卫建康的大门。下述各大街小巷、河道桥梁,可参见胡阿祥、李天石、卢海鸣编著《南京通史·六朝卷》,南京出版社2009年版,第185页。

③ 湖熟一带是建康的粮仓所在,湖熟路的开通,有利于建康腹地经济的发展。

④ 左思《吴都赋》描述此路:"军容蓄用,器械兼储。吴钩越棘,纯钧湛卢。戎车盈于石城,戈船掩乎江湖。"见[清]严可均编《全上古三代秦汉三国六朝文》卷七四《全晋文》,中华书局1958年版,第3770页。

小丹阳路、白杨路等；北方有金城路、幕府山路等。除了主街，在建康城内外，也分布着诸多的小巷，著名的如乌衣巷、孔子巷、长干里等。

就水路的交通而言，运渎、[①]潮沟、[②]青溪[③]和淮水在建康城内组成的水道网发挥了重要的运输作用。另外破冈渎和上容渎，也关乎建康之经济命脉，担负着三吴转输粮米以供京师的重要任务。概言之，从春秋战国降及六朝，经过历代的道路、水路建设，以建康为中心的水陆交通网络逐渐形成。左思《吴都赋》云："水浮陆行，方舟结驷。"[④]日益完备的水陆交通网，有利于六朝社会的稳定和经济发展，也有利于加强建康城与外地的联系与沟通。

4. 商业经济的活跃

在农业经济的推动下，六朝时期，建康地区的手工业与商业发展很快，六朝建康成为南方最繁华的商业中心。六朝的手工业部门种类主要有纺织、冶铸、造纸、造船、制砖、建筑、金银细工、制陶等行业。从建康东郊高崧墓葬中出土的精美玉器还可以看出，建康的玉器加工也达到了相当高的水平。[⑤]

六朝士人重视商业，不以行商为贱业，许多王公贵族参与商业活动。"商子事逸，末业流而浸广。泉货所通，非复始造之意。于是竞收罕至之珍，远蓄未名之货，明珠翠羽，无足而弛，丝罽文犀，飞不待翼。"[⑥]

农业与手工业的发展促进了市场的活跃。建康市场基本沿袭前代，市场体制呈现出突破旧制束缚的发展态势，如已打破"面朝后市"格局，大市、小市、草市分布于宫城南北，尤其集中在秦淮河两岸。史载"涛水入石头，商旅方舟万计"[⑦]，可见当时长江岸边四方商贾舟船云集的盛况。随着商业发展和市场繁荣，居民结构也日益发生变化，《隋

---

① 据《建康实录》卷二记载，运渎南接淮水、北达宫城，是六朝时建康城内重要的运漕，承担着繁重的漕粮转输任务。《建康实录》卷二，中华书局 1986 年版。

② 据[唐]许嵩《建康实录》卷二记载，潮沟为孙权所开，引江潮，其旧迹在天宝寺后、长寿寺前。

③ 据[唐]许嵩《建康实录》卷二记载，青溪是六朝建康城东的河流，两岸多是贵族的园林别墅。

④ [晋]左思：《吴都赋》，见[清]严可均编《全上古三代秦汉三国六朝文》卷七十四《全晋文》，中华书局 1958 年版，第 3770 页。

⑤ 周裕兴、王志高、华国荣：《南京仙鹤观东晋墓出土文物的初步认识》，《文物》2001 年第 3 期。

⑥ [梁]沈约：《宋书》卷五六《孔琳之传》。中华书局 1994 年版，第 1565 页。

⑦ [唐]房玄龄等：《晋书》卷二七《五行上》，中华书局 1974 年版，第 817 页。

书·地理志》曰："丹阳旧京所在，人物本盛。小人率多商贩，君子资于官禄。市廛列肆，埒于二京，人杂五方，故俗颇相类。"①建康城之商业性质，已不亚于北方久已发达的商业都市。

建康地区经过六朝时期的不断开发，呈现出"良畴美柘，畦畎相望，连宇高甍，阡陌如绣"②的繁华景象，萧梁时期，建康"城中二十八万户，东西南北各四十里"，人文荟萃，四方辐辏，成为东南地区首屈一指的大都会。

江南经济的快速发展、新经济中心的形成，极大地促进了文化的繁荣。地处长江下游的建康，在这一时期不仅仅是江南的政治中心，而且也是六朝江南经济中心之核心地带，为当时国家财政仰赖之地及人口集聚之所，这就为以京城为中心的六朝文化的迅速形成与发展奠定了基础。在此基础上，形成富于时代与地方特色的"六朝文化"便是十分自然的了。

二、百家争鸣与思想解放

以儒学独尊为特征的两汉统治思想，历经 300 多年，至六朝时期已走向式微。六朝时期，思想文化领域出现了自秦汉以来最强的一股个性自觉、思想解放的潮流。思想多元、百家争鸣成为这一时期文化最显著的特点。

魏晋南北朝时期虽是一个分裂、动荡的乱世，但是，政权更替的频繁，也意味着中央的控制力减弱及汉代以来"独尊儒术"模式的瓦解，加之玄学与佛教的兴盛，各种思想文化得以自由地发展，使六朝成为中国历史上自春秋战国以后的又一个"百家争鸣"时代。

宗白华在《论〈世说新语〉和晋人的美》一文中曾指出："汉末魏晋六朝是中国政治上最混乱、社会上最苦痛的时代，然而却是精神史上极自由、极解放，最富于智慧、最浓于感情的一个时代。"③冯友兰在《中国哲

① [唐]魏徵：《隋书》卷三〇《地理志》，中华书局 1974 年版，第 887 页。
② [唐]姚思廉：《陈书》卷五《宣帝纪》，中华书局 1972 年版，第 82 页。
③ 宗白华：《艺境》，北京大学出版社 1999 版，第 133 页。

学史新编》第四册中指出："在中国哲学史中，魏晋玄学是中华民族抽象思维的空前发展。"[①]汤一介在《论魏晋玄学中的内在性与超越性问题》一文中认为，玄学是以"内在超越"为特征的哲学，所谓内在超越，是指超越的精神境界，儒家追求的是道德上的理想人格，道家追求的是精神上的自由，玄学则是对两者之间的调和。[②] 李泽厚在《中国古代思想史论》中说："人(我)的自觉成为魏晋思想的独特精神，而对人格作本体建构，正是魏晋玄学的主要成就。"[③]张岱年在《中国文代概论》中特别指出：六朝时期，"中国文化得到多向度的发展和深化，强健而清新的文化的精神大放异彩"[④]。

传统桎梏的打破，使得无限的创造力被激发出来，南京的思想文化进入了一个空前的繁荣期，这一时期文学、史学、音乐、绘画、建筑、舞蹈、书法及其他艺术得到空前发展，产生了《文心雕龙》《文选》《三国志注》《后汉书》《兰亭序帖》《洛神赋图》《女史箴图》等一大批哲学、史学、文学、艺术方面的巨作，形成了儒学、玄学、道教、佛教各种思潮自由争鸣、相互渗透、共同发展的新局面。范文澜指出："军事上北朝战胜南朝，文化上却是南朝战胜北朝。"[⑤]

三、门阀士族对文化的传承与弘扬

永嘉之乱后，晋宗室司马睿定都建康，"中原冠带随晋渡江者百家"[⑥]，建康成为世家大族聚集之地，其中最著者，如南下的王、谢、桓、卞、祖、颜、庾、郗等，都是北方名族。司马睿建国的历程，几乎全凭琅琊王氏等北方大族的筹划与支持。"晋主虽有南面之尊，无总御之实，宰辅执政，政出多门，权去公家，遂成习俗。"[⑦]由此可见，这一时期是世家大族起决

① 冯友兰：《中国哲学史新编》，人民出版社 2001 年版，第 8 页。
② 汤用彤：《魏晋玄学论稿》，上海古籍出版社 2001 年版，第 38 页。
③ 李泽厚：《中国古代思想史论》，安徽文艺出版社 1994 年版，第 192 页。
④ 张岱年：《中国文化概论》第三节《乱世中的文化走向》，北京师范大学出版社 2004 年版，第 96 页。
⑤ 范文澜：《中国通史简编》第 2 册第 5 章第 3 节，人民出版社 1978 年版。
⑥ [唐]李百药：《北齐书》卷四五《文苑·颜之推传》，中华书局 1972 年版，第 621 页。
⑦ [唐]房玄龄等：《晋书》卷一一七《姚兴载记》，中华书局 1974 年版，第 2980 页。

定性作用的时代,他们把持朝政,撑起了这个时代的文化大厦,[①]正所谓"魏晋南北朝社会中的许多贡献是由门阀贵族中人作出的"。[②]

"世世不绝"[③]的世家大族,相对来说拥有较高的文化水平,占有更为丰富的文化资源,特别是南渡而来的北方士族,对迁入地建康的文化成长注入了新的活力,并发生了持久性的作用。"永嘉之后,帝室东迁,衣冠避难,多所萃止,艺文儒术,斯之为盛"[④],就是一个形象的说明。北方士族将中原汉晋文化与长江下游固有的吴越文化相结合,发扬光大,创造出特色鲜明的地域文化,在分裂割据中传承着先进的华夏文明。

在门阀政治之下,东晋南朝的世家大族,往往不以忠君为念,而是视维系家门不堕为重。为维持家族政治社会地位,名门望族对子孙后人的文化教育及陶冶高度重视,这对以建康为中心的六朝文化的繁盛起到了重要作用。

四、统治者对文化事业的推动

六朝政权,皆设置了比较健全的政府文化机构,在政策上大力弘扬文化,因而推动了六朝文化的传播和繁荣。

孙吴中央九卿之一的太常,为最高文化管理机构,其下设太史令,掌管图籍和国史著述。设博士祭酒主管教育。东晋的文化机构沿袭西晋,"太常,有博士、协律校尉员,又统太学诸博士、祭酒及太史、太庙、太乐、鼓吹、陵等令,太史又别置灵台丞"[⑤],此外中央设有主管文化的机构秘书监,主管文化典籍。南朝宋、齐、梁、陈制度大体沿袭东晋,中央均设太常卿主管文化教育事业,还设有负责管理典籍图书的秘书省。

南朝重视修史,设置著作郎,主要职责是撰写国史或起居注。南朝统治者任用的著作郎,多为皇亲贵胄和著名的才学之士,如驸马褚湛

---

① 胡阿祥:《六朝文化研究刍议》,《东南文化》2009 年第 1 期。

② 周勋初:《六朝江东士族的家学门风·序》,南京大学出版社 2003 年版。

③ [宋]欧阳修、宋祁撰:《新唐书》卷一一七《吉项传》,第 4258 页。

④ [唐]杜佑撰:《通典》卷一八二《州郡十二》,《古扬州·风俗》,第 4848 页。

⑤ [唐]房玄龄等:《晋书》卷二四《职官志》,中华书局 1974 年版,第 735—736 页。

之、徐孝嗣,“儒史百家,莫不该览”[①]的何承天,“少礼学博闻”[②]的王逡之,“博通群籍,能属文”[③]的沈约,“少好学,善属文”[④]的裴子野,“遍观经史”[⑤]的顾野王等,出现了官私修史书的热潮。

在文化政策上,六朝统治者注重巩固儒学的正统地位,一些儒者被征聘为博士或太傅等教育官员和礼仪官员。同时,六朝统治者也重视儒学教育,如宋文帝时恢复了国子学,齐高帝时“修建教学,精选儒官,广延国胄”[⑥],梁武帝则“置《五经》博士各一人,广开馆宇,招内后进”,[⑦]儒学教育对培养选拔人才以及文化教育的发展起到了重要作用。六朝统治者对待宗教,也十分宽容。统治者极为礼遇名僧高道,宋文帝时期名僧慧琳被称为“黑衣宰相”,梁武帝时期道士陶弘景被称为“山中宰相”;不少皇帝也笃信佛教,例如梁武帝礼佛诵经、受戒持律,并四次舍身同泰寺;陈后主在太极殿设无碍大会,“舍身及乘舆御服,大赦天下”[⑧]。六朝的皇帝,还在南京广建佛寺道观,如宋明帝为诏引陆修静在京城北郊修筑了规模较大的崇虚道馆[⑨],吴帝孙权为天竺僧人康僧会在建业建立江南第一座佛寺——建初寺[⑩]。其后东晋南朝皇帝纷纷在建康掀起兴建佛寺的狂潮,史载:“然以金陵都会,朝宗所依,刹寺如林,义筵如市,五部六群,果含苗杂。”[⑪]

第二节　六朝文化的繁荣

六朝在中国历史上不仅扮演了承前启后、存亡续绝的角色,而且还

---

① [梁]沈约:《宋书》卷六四《何承天传》,中华书局 1974 年版,第 1701 页。
② [梁]萧子显:《南齐书》卷五二《文学·王逡之传》,中华书局 1972 年版,第 902 页。
③ [唐]姚思廉:《梁书》卷一三《沈约传》,中华书局 1973 年版,第 233 页。
④ [唐]姚思廉:《梁书》卷三〇《裴子野传》,中华书局 1973 年版,第 441 页。
⑤ [唐]姚思廉:《陈书》卷三〇《顾野王传》,中华书局 1972 年版,第 399 页。
⑥ [梁]萧子显:《南齐书》卷二《高帝纪下》,中华书局 1972 年版,第 38 页。
⑦ [唐]姚思廉:《梁书》卷四八《儒林传·序》,中华书局 1973 年版,第 662 页。
⑧ [唐]姚思廉:《陈书》卷六《后主纪》,中华书局 1973 年版,第 108 页。
⑨ 陈国符:《道藏源流考》,中华书局 2012 年版,第 482 页。
⑩ [梁]释慧皎:《高僧传》卷一《康僧会传附支谦传》,中华书局 1992 年版,第 16 页。
⑪ [唐]道宣:《续高僧传》卷七《陈扬都大彭城寺释宝琼传四》,中华书局 2014 年版,第 231 页。

创造了辉煌灿烂的文化教育科技事业，其成就独领风骚，在中国历史上写下了不朽的篇章。

一、学术思想的自由争鸣

东汉末年，儒学自两汉以来的一枝独秀地位被打破，六朝时期，形成了儒学、经学、玄学、道教、佛教等多种思潮，既相互排斥又相互渗透，既相互抵制又相互吸收，多种学术思想并存、盛行，众多学派自由争鸣的局面。而代表印度文明成就的佛教的传入，更为中华文化注入了新元素。

1. 儒学

虽然六朝时期儒学已退出独尊地位："自黄初至于晋末百余年中，儒教尽矣"[①]，但儒学所提倡的纲常礼教符合统治者的需要，因此，依然是国家的政治意识形态。如王导提出："夫风化之本在于正人伦，人伦之正存在乎设庠序。庠序设，五教明，德礼洽通，彝伦攸叙，而有耻且格，父子、兄弟、夫妇、长幼之序顺，而君臣之义固矣。"[②]但是此时期玄学势力隆盛，又经过东晋前中期王导、桓温的倡导，儒学逐渐受到重视，不过，此时的儒学已经明显烙上了玄学、道学痕迹。

南朝时期，儒学继续振兴，宋武帝建国之初，即诏命"选备儒官，弘振国学"[③]，南齐竟陵王萧子良"集学士抄《五经》、百家"[④]，梁武帝在建康为孔子立庙，并"开五馆，建国学，总以《五经》教授，经各置助教"[⑤]。

身处建康的统治者，不仅弘扬儒学，而且取士命官皆以儒家的思想为考核标准，如"三子：(范)奭、咸、泉，并以儒学至大官"[⑥]。"迪字长猷，亦儒学，官至五兵尚书"[⑦]等，故"十数年间，怀经负籍者云会京师"，[⑧]

① [梁]沈约：《宋书》卷五五《傅隆传论》，中华书局1974年版，第1553页。
② [唐]房玄龄等：《晋书》卷六五《王导传》，中华书局1974年版，第1747页。
③ [梁]沈约：《宋书》卷三《武帝纪下》，中华书局1974年版，第58页。
④ [梁]萧子显撰：《南齐书》卷四〇《武十七王传》，中华书局1972年版，第698页。
⑤ [唐]姚思廉：《陈书》卷三三《儒林传序》，第433页。
⑥ [唐]房玄龄等：《晋书》卷九一《儒林・范平传》，中华书局1974年版，第2347页。
⑦ [梁]沈约：《宋书》卷四三《傅亮传》，中华书局1974年版，第1336页。
⑧ [唐]姚思廉：《梁书》卷四八《儒林传》，第662页。

“济济焉斯盖一代之盛”[①]。“梁世百济国表求讲礼博士,诏令诩行,声教东渐”[②]。可见,儒学中兴的局面在梁代已出现并已远播海外。另外,从正史“儒林传”中所列六朝人物,也可以看出当时儒学的中兴。从正史类传中所列“忠义传”“孝友传”“孝义传”“孝行传”中人物的事迹,反映出当时人们重视儒学、推崇儒家的忠孝节义观的景象。儒学是历代治国安邦的共同的指导思想,南北方皆倡导儒学,即便政治分裂,但在思想文化上则未曾断裂,这应有儒学之功效。

2. 经学

在南朝,经学虽然没有北朝发达,却对后世有很大影响,有评论曰:“天下统一,南并于北,而经学统一,北学反并于南,此不随世运为转移者也。”[③]经学是以原始儒家思想理论为核心,以学术研究为方式,不断地根据现实政治需要,为统治者建构政治理论体系的活动。[④] 东汉末年,“经学中衰”,[⑤]经学由极盛时期转向衰微,经永嘉之乱、衣冠南下,北方经学随之传入江南。在六朝儒学思想为主流文化的局面下,经学研究缓慢复苏至初步兴盛,产生了一批经学名著,涌现出一批经学大师。

孙吴的经学,大体承袭东汉,官方特别重视古文经的代表——《左传》,士燮、张昭、诸葛瑾等人都是研究《左传》的名人。东晋经学,深受玄学的影响,在曹魏、西晋经学的低水平上发展,杰出的经学家有范宁,所作《春秋谷梁传》乃当时的传世名著。南朝齐梁时期,经学渐呈复兴态势,这与统治者的倡导关系密切,如梁武帝曾撰群经讲疏,多达200卷,并允许通经入仕。南朝出现了雷次宗、王俭、刘瓛、严植之、何佟之、张讥等经学名家;南朝“义疏”之学亦高度发展,对隋唐“义疏”之学和宋代义理之学的勃兴起到筚路蓝缕的作用;南朝经学重《礼》学,《南史·儒林传》载有何佟之、司马筠、崔灵恩、孔佥、沈峻、皇侃、沈洙、戚衮、郑灼等礼学家,他们或“少好《三礼》”,或“尤明《三礼》”,或“尤长《三礼》”。

---

① [唐]姚思廉:《陈书》卷三三《儒林传》,第434页。
② [唐]姚思廉:《陈书》卷三三《儒林·陆诩传》,第442页。
③ [清]皮锡瑞:《经学历史》,中华书局1959年版,第193页。
④ 田汉云:《六朝经学与玄学》,南京出版社2003年版,第22页。
⑤ [清]皮锡瑞:《经学历史》,中华书局1959年版,第47页。

作为六朝政治、文化中心的建康，在经学发展的过程中，必然成为南方的经学中心，有学者统计，南朝时期在建康出生或活动的经学家约有160人，在其他地区所有经学家中占据绝对优势。[①]

3. 玄学

玄学主要是在门阀士族中兴起的一种哲学思潮。在门阀专政的东晋社会，可以说是一枝独秀。[②] 魏晋时期，围绕无与有、本与末、自然与名教等关系，士人们以"三玄"为基础，探究自然和社会的奥秘，形成强大的新思潮，在中国文化的土壤中生出了奇丽的枝木。

孙吴时期，不少士人以玄释经，例如陆绩，"幼敦《诗》《书》，长玩《礼》《易》"[③]，虞翻著《易注》，受到孔融的赞赏等。永嘉之乱以后，京洛爱好玄学、崇尚清谈的士族不断南渡，京师建康自然成为新的玄学活动中心。从学术上看，东晋南朝士族关注个人的生死解脱、丰姿仪态和个人才情，玄学发展有限，但是，玄学影响在这个时期不断扩大，真正成为士族的信仰。儒家追求道德上的完美，道家追求精神上的自由，玄学则是对两者的调和。玄学名士崇尚清谈，追求个性解放，又各以出身标榜门第。其实则不务实务，空谈超脱，以吃药、饮酒、挥麈言虚为事。谈玄士人还喜食一种矿物质丹药——五石散，此药服食散发后，会产生神明开朗、浑身灼热的感觉，故南朝士族"褒衣博带，大冠高履，出则车舆，入则扶持，郊郭之内，无乘马者"，结果是"肤脆骨柔，不堪行步，体羸气弱，不耐寒暑"。这种病态的美，却成为士族时尚与追求的目标。

东晋中期开始，在正式的官学中，玄学取得一定的地位。首先，王弼的《周易注》进入东晋国学的科目，至宋文帝立儒、玄、文、史四学，玄学成为一门独立的学科并一直存在于南朝官学。东晋南朝皇帝、公卿带头崇尚玄学，如东晋的简文帝"清虚寡欲，尤善玄言"[④]；宋武帝刘裕乃一介武夫，却也"好清谈于暮年"；[⑤]宋明帝"好《周易》，尝集朝臣于清暑

---

① 夏增民：《南朝经学家分布与文化变迁》，《中国历史地理论丛》2006年第4辑。

② 田余庆：《东晋门阀政治》，北京大学出版社1989年版。

③ [晋]陈寿：《三国志》卷五七《吴书·陆绩传》，中华书局1959年版，第1329页。

④ [唐]房玄龄等：《晋书》卷九《简文帝纪》，中华书局1974年版，第219页。

⑤ [清]严可均：《全上古三代秦汉三国六朝文》卷三〇《全梁文》，沈约：《梁武帝集序》，中华书局1958年版，第6246页。

殿讲”[1];梁武帝“少而笃学,洞达儒玄”[2],并亲自以玄谈的形式,组织经学讲论。东晋执政的门阀士族如王、庾、桓、谢等,大多具有深厚的玄学修养。《世说新语·文学》记载丞相王导与名士殷浩剖析玄理直到三更时分。又如庾亮“善谈论,性好《庄》《老》”,[3]等等。

清谈为玄学的治学方式,这成为当时名士之间交往的一个重要方式,甚至王导以兴复“正始之音”自期,通过玄谈以凝聚侨人、增强政治力量,虽然玄学造就的魏晋风流、任诞之风引来了许多后人的争议,但其对于国人抽象思维的发展、对中国哲学的贡献,却是毋容置疑的。

二、文学艺术的全面繁盛

建康作为“天子之居”,人文荟萃,资源丰富,呈现出文史繁荣昌盛、艺术绚烂夺目的辉煌景象。同时,都城的文史艺术又通过人员的来往传播到各地,推动各地文化的迅速发展。

1. 文学的兴盛

六朝时期,建康人高度重视文学。六朝的诗词歌赋,题材扩大,由汉赋一统天下之势变为多种文体并存,田园诗、游仙诗、边塞诗、山水诗、杂体诗、宫体诗、骈体诗、散文、民歌等各种文学体裁争奇斗妍。孙吴之民歌、东晋郭璞之游仙诗、谢灵运和谢朓之山水诗、鲍照之边塞诗与杂体诗等,无不在中国文学发展史上熠熠生辉,光照千古。南京可谓文学史上的“诗国”,对后世的文学创作产生了重大而深远的影响。

以建康为中心的文人墨客,取得了巨大的文学成就,产生了刘宋“元嘉体”诗歌,齐、梁“永明体”诗歌和梁、陈“宫体诗”。南朝时期的山水诗,是对诗歌发展的一个重要开创。以“徐、庾”体为代表的骈文则是南朝文坛的主流。梁萧统所编《昭明文选》成为我国现存最早的古代诗文选集。齐、梁时期的《文心雕龙》《诗品》,更开创了中国文学批评的新纪元。《世说新语》是魏晋六朝时期最为著名的志人小说,《神仙传》《搜

---

① [唐]李延寿:《南史》卷七一《儒林·伏曼谷传》,第1731页。

② [唐]姚思廉:《梁书》卷三《武帝纪下》,第96页。

③ [唐]房玄龄等:《晋书》卷七三《庾亮传》,中华书局1974年版,第1915页。

神记》《异苑》《续齐谐记》等神话志怪小说均完成于建康，在中国小说发展史上占有重要地位(图 2－2)。

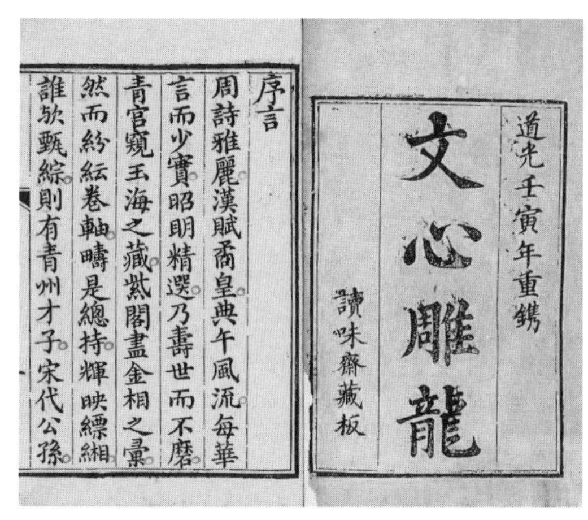
道光壬寅年重鐫
文心雕龍
讀味齋藏板
序言
周詩雅麗漢賦裔皇典午風流每華
言而少實昭明精選乃壽世而不磨
青宮窺玉海之藏紫閣盡金相之彙
然而紛紜卷軸疇是總持輝映縹緗
誰欤甄綜則有青州才子宋代公孫

图 2－2 《文心雕龙》书影

建康形成了家族文学集团、皇室文人集团和官僚文人集团。士族的重要标志是文化素养，而文化素养的重要方面是文学。“近世取人，多由文史”[①]，这决定了高门大族基本垄断文学创作并具有家族传承的特质。孙吴的陆氏、东晋南朝的谢氏及王氏的家庭成员，是文坛上的重要力量。东晋南朝的皇室，莫不爱好文学，尤其梁代萧氏，堪称中国古代文学素养极高的皇室代表。刘宋时期，官府将文学特别设立一科，立文学馆。范晔《后汉书》首立《文苑传》，《南史》各传则常以“文史”“文义”并称。齐王俭《七志》开始出现“文翰”之名。

2. 修史的热潮

由于时代的因素，六朝统治者需要从历史发展过程中寻求治乱的经验，因此六朝史学空前繁荣。京都建康的官府和私家藏书丰富，各地人才在此集聚，成为史学发展的中心，东晋南朝时期的多数史学名著都是在建康完成的。

南朝皇帝重视史学，宋文帝专门设立史学馆，史学成为一门独立的学科，梁武帝更是“造《通史》，恭制赞序，凡六百卷”[②]，在统治者的倡导

① [唐]姚思廉：《梁书》卷一四《任昉传》，中华书局 1973 年版，第 258 页。
② [唐]姚思廉：《梁书》卷三《武帝本纪》，中华书局 1973 年版，第 96 页。

下，南朝史家辈出，史学范围扩展，史书体例丰富，史著层出不穷。时人修宋史、齐史、梁史，纪传体和编年体并行于世。梁阮孝绪《正史削繁》中最先出现"正史"之名，唐代将纪传体史书正式确立为"正史"。南朝刘宋范晔的《后汉书》，后人以之与《史记》《汉书》《三国志》合称为"前四史"。南齐武帝命沈约编撰的《宋书》，梁武帝命萧子显撰写的《南齐书》（图2－3），皆是南朝"正史"著作中的佼佼者；另刘宋何承天的《春秋前传》《春秋前杂传》，萧梁张缅的《晋书钞》、谢绰的《宋拾遗》等，列入《隋书·经籍志》中的"杂史"类；史注亦获得较大发展，如刘宋裴松之《三国志注》、裴骃《史记集解》以及萧梁刘昭《后汉书注》等。这一时期还有地理书大量出现，据《隋书·经籍志》所载地理文献，南朝学者著述者占了近四分之一，其中尤以梁朝任昉《地记》、陈朝顾野王《舆地志》有名。

图2－3 《南齐书》书影

3. 精湛的艺术

作为京都，建康的书法、绘画等艺术创作，成就辉煌。其水平之高、名家之多、影响力之大，远超前代和同时期的北方地区，成为书画文化新的中心。

取汉末之遗势，六朝书体之隶、篆书继续流行，楷、行、草书形成并俱臻完善，这在南京六朝墓葬出土的墓志中得到清晰体现。绘画创作活跃，花鸟画和山水画开始萌芽，古圣先贤、忠臣烈女、佛教道仙题材类画流行。长期活动在建康的书画家很多，如被时人称为"书圣"的孙吴皇象，东晋王、谢、郗等南迁世族，无不长于书法。其中在我国书法史上尤为人景仰的高峰，是王羲之的书法艺术，其《兰亭集序》被誉为"天下第一行书"。其子王献之以行草擅名。羊欣、孔琳之、萧思话、范晔四人，被世人誉为南朝四大书家。又如孙吴曹不兴将墨点绘成苍蝇，竟使孙权举手弹拍，其画作被誉“曹衣出水”；有“三绝”之称的顾恺之，在建康瓦官寺绘《维摩诘像》轰动一时，创造了春蚕吐丝的线型；刘宋宫廷画家陆探微善画肖像画，所绘人物造型，“秀骨清像，似觉生动，令人凛凛然若对神明”①；传为千古美谈的还有梁朝张僧繇在建康乌衣巷附近安乐寺墙壁上画龙点睛。此外，墓葬壁画、雕塑兴盛，南京迈皋桥墓中出土一幅东晋永和四年（348 年）的《虎啸山丘》图，开辟了砖拼壁画的新艺术形式；南京南朝墓葬壁画中的《高逸图》题材，在唐朝被作为创作的范本；南朝建康地区陵墓神道石刻，实现了继汉开唐的历史性转变（图 2－4）；建康的栖霞山石窟，则代表了南朝佛教雕塑艺术的最高成就。

图 2－4　梁朝萧秀墓石刻群

① ［唐］张怀瓘：《画断》，收入何志明、潘运吉编著《唐五代画论》，湖南美术出版社 1997 年版，第 43 页。

三、科学技术成就斐然

六朝时期的京城建康，在科学研究方面占有了得天独厚的条件，在天文历法、数学、地理学和医药学等方面，都取得了令人瞩目的成就和进步。

1. 天文历法之精密

三国时期吴国太史令陈卓，根据战国时期天文学家甘德、石申、巫咸三家星经的记载，创建了全天恒星体系，使我国古代的天文观测水平得以与西方天文学并驾齐驱，在古代天文学史上占有重要地位；刘宋太史令钱乐之仿照孙吴葛衡所制的仪器，曾铸造了一座浑天铜仪，它以白、朱、黑三色来表示甘氏、石氏、巫咸氏三家的星官，其最大特点是不像传统的浑像仪那样，将圆形天球安装在方形的柜内，用以象征天圆地方。据《隋书》卷十九《天文志上》记载："地在天内，不动。……以为浑象，而地不在外。"陈卓、钱乐之等人的天文学成就是今天南京天文学发展的重要源头。

历法方面，元嘉二十年（443 年），刘宋时期官至太子率更令的何承天研制出南朝第一部历法《元嘉历》（又称《建元历》），经太史令校验后，确定较旧历精密，遂于元嘉二十二年在全国颁行，前后使用 65 年，甚至流行到朝鲜半岛，被百济使用。

宋齐时期出生于建康的祖冲之是中国历史上著名的科学家，他曾在皇家学术机构"华林学省"学习，宋齐时先后任过南徐州从事史、公府参军、县令、谒者仆射、长水校尉等官职。在科学技术的研究上，他投入了主要精力，在数学、天文学、机械制造等方面有多项重要发明。他吸收东晋虞喜"岁差"的理论与十六国时期北凉《元始历》中的新闰法，在刘宋大明年间制定出了《大明历》，提出每 391 年设置 144 个闰月，大大提高了历法的准确度。天监九年，梁武帝将《大明历》颁行于全国，成为南宋庆元五年（1199 年）杨宗辅编制《统天历》以前最精确的历法①。

---

① 罗宏曾：《魏晋南北朝文化史》，四川人民出版社 1989 年版，第 695 页。

2. 世界领先的数学

古典数学研究中最基本的图形之一是圆形，对圆周率的计算成就，往往被科技史家看成是反映古代数学发展水平的重要标志。六朝时期，何承天和祖冲之将数学发展到一个新高度。

由周长、直径之比计算出新的圆周率值，是何承天的重要数学成就；祖冲之对圆周率研究的贡献，在于推算出 π 值在 3.1415926 与 3.1415927 之间。这一精确结论一直到 1000 年后，才被阿拉伯和法国的数学家所超越。祖冲之还求出圆周率的最佳渐近分数，其中密率是分子分母在 1000 以内的最佳值，欧洲德国人鄂图和荷兰人安托尼兹直到 16 世纪才得出同样的结果。祖冲之撰写的数学专著《缀术》，被唐代官方列为“十部算经”之一。他和儿子推导出的“祖暅”原理，直到 17 世纪才由意大利数学家卡瓦利里提出，成为微积分得以创立的关键的一步。

3. 技术的长足进步

在造船、冶金、纺织、造纸等方面，六朝建康的制作技术都有了长足进步。

六朝地区河流湖泊星罗棋布，为了适应交通和军事上的需求，造船事业发展很快。特别是战舰的建造，关系军事上的胜负、国家的兴衰，因而受到特别重视。六朝的战舰，数量众多，规模巨大，种类齐全，技术先进。大型的战舰有平虏大舰、三王舰、金翅大舰，中型的有舳舻、野猪、冒突、翔凤、青龙、白虎等舰，小型的船有直舸、舴艋、艨艟等。

史载孙吴的造船数量惊人，吨位相当大，三国赤壁之战，既是吴、蜀与魏军的军事大战，亦是造船能力的比拼，最终以吴蜀大胜而结束，奠定了三国鼎立的基础。西晋灭吴时，吴国尚有舰船五千艘。[①] 宋齐时“又造千里船，于新亭江试之，日行百余里”[②]，据专家考证，此种船已使用连续运动的轮形浆作动力，这是造船技术的重大进步。[③] 六朝时期，

① [晋]陈寿：《三国志》卷四八《吴书·三嗣主传》，中华书局 1959 年版，第 1182 页。

② [梁]萧子显撰：《南齐书》卷五二《祖冲之传》，第 906 页。

③ 何堂坤、何绍庚：《中国魏晋南北朝科技史》，人民出版社 1994 年版。

都城建康经常是“贡使商旅，方舟万计”[①]，可见其时贸易的繁荣，也反映出建康造船业的发达。

以建业（建康）为中心的丹杨郡，铜矿和铁矿蕴藏十分丰富，从东晋起，建康便设有左、右二冶和东、西二冶，宋、齐时又置南冶、省西冶等，专门从事各类金属的冶炼铸造。在冶金机构中，官府专门设有冶令、冶丞、锻署丞等职官进行管理。

冶金铸造业方面，六朝主要以铜铁为主，产品有兵器、钱币、农具等。兵器一般由东冶负责制作。官府还设有钱署，负责钱币铸造。

集中体现六朝冶金业发展水平的是炼钢工艺的发展。百炼法在六朝时期属于传统的炼钢工艺，虽然东汉时已有百炼法，但在南朝有进一步发展。六朝在炼钢技术方面的新发明，是我国古代冶金技术史上最具创造性的发明之一——合炼法，在国内外独领风骚。直到 16 世纪欧洲人才采用了这一方法。[②]

今日南京的云锦制作艺术，源自六朝，史载关中“百工”被东晋权臣刘裕迁于建康，并在城南秦淮河畔设置了斗场锦署[③]，专门管理和从事锦缎生产，南京织锦业由此而生。

六朝造纸业也发展较快，东晋建康和附近的六合是造纸基地[④]，刘宋武帝在建康设立了南方第一个专司造纸的机构——纸官署，至梁朝，造纸业达于巅峰，种类多样，[⑤]尤以彩色纸最负盛名。

4. 其他方面的科技成就

六朝士人盛行吃丹药，1965 年，在南京象山东晋王氏家族墓中曾出土了 200 多粒丹丸。炼丹术是近代化学的先驱，而六朝的炼丹术在中国乃至世界炼丹史和化学史上都占有十分重要的地位。六朝时期，中医学基础理论和治疗经验有明显进步，元嘉二十年（443 年），宋文帝批准太医令秦承祖上奏而设置医学，开创了官方医学教育先例，也是中

---

① [梁]沈约：《宋书》卷三三《五行志》，中华书局 1974 年版，第 956 页。

② 卢海鸣：《六朝时期的钢铁冶炼技术》，《科技与经济》2000 年第 1 期。

③《太平御览》卷八一五《布帛部二·锦》引山谦之《丹阳记》：“斗场锦署，平关右迁其百工也。”

④ 北宋米芾《十纸说》云：“六合纸，自晋已用，乃蔡侯渔网遗制也。网，麻也。”

⑤《太平御览》卷六〇五《文部二一·纸》引《东宫旧事》：“皇太子初拜，给赤纸、缥红麻纸、敕纸各一百。”中华书局 1960 年版，第 2724 页。

医学成为一门独立学科的标志；至六朝时期，以京都建康为中心，涌现出了一批医药学家和名著，如葛洪的《肘后方》、雷敩的《雷公炮炙论》、陶弘景的《神农本草经集注》、龚庆宣的《刘涓子鬼遗方》等，后三位都与建康有着密切的关系。

著名高僧法显历时 14 年、途经 30 余国后来到建康，将旅行见闻写成了《佛国记》一书，对六朝地理学的发展、中外文化交流的促进，发挥了积极作用(图 2-5)。

图 2-5 《佛国记》书影

第三节 社会生活与风俗的变迁

社会生活与风俗是社会文化的重要表现，受到自然条件、社会经济、政治及移民流动等多方面因素的重要影响。南京地处南北交界之处，且在永嘉之乱后北方人口大量南移，因此，六朝时期，南京的社会风俗有了较大的变化。

一、语言的变迁

从语言来看，六朝前期，建业的语言属于吴方言系统。南朝乐府民歌中有一类题名为“吴声歌曲”的民歌，是用吴方言传唱的歌曲，流行于长江中下游地区，史称“吴歌杂曲，并出江东，晋宋以来，稍有增广”。① 显然，吴声音乐在东晋前诞生于建业及其周围地带。② 之所以吴歌能够在建业一带产生并流行，是因为建业是都城所在地，更重要的

① [唐]杜佑撰：《通典》卷一四五《乐五・杂歌曲》，中华书局 1988 年版，第 3701 页。
② 胡阿祥、李天石、卢海鸣主编：《南京通史・六朝卷》，南京出版社 2009 年版，第 296 页。

原因则是在建业一带分布着众多操吴语的土著居民。从当时的政治军事形势来看，孙吴之前，建业的外来居民相对较少，较分散，人口变化不明显，人口仍以土著民为主，建业的官民仍操吴语。然而自永嘉之乱后，大批北人越过长江南迁，进入建康地区，从而结束了有史以来吴方言垄断江南的局面，形成了北方官话与吴语相互抗衡、相互消长的情形。

自东晋起，南方的土著居民中的士族阶层颇为时兴学北方话。据东晋葛洪的《抱朴子外篇》三《讥惑篇》记载，建康士族在书法、语言乃至哭上，都学“中国”，以致后来南方士族都操北方官话，耻于说吴方言。

鉴于南方庶人皆操吴方言，侨居建康的少数北方士族出于政治需要，也学说吴语。东晋丞相王导首开先河。

总之，六朝时期，建康语言由单纯的吴方言发展为吴方言与北方话并存，在某种程度上体现了南北方民族的大融和，折射了建康作为大都市的博大吸引力和包容性。吴方言在一代一代的移民浪潮溃击下，逐渐退出南京的历史舞台，而北方官话成为今天南京人的共同语言。[①]

二、服饰与饮食

人们的服饰，发明之初是为了御寒遮体，后来随着社会的发展，则不再是单纯为了生活的需要，而成为一种礼仪装饰，形成了服饰文化。服饰文化的变化趋向，深受生产力发展的水平及时代变化、民族习俗等影响。一方面，六朝时期，中国战乱频仍，分裂割据，整个社会处于动荡之中。少数民族的大批迁徙与北方士族的不断南下，使胡汉杂居、南北交流，来自西域国家和北方游牧民族的异质文化与汉族文化，相互碰撞，相互影响。另一方面，思想的解放，儒学的式微，意识形态领域各类思想异常活跃，经历着继先秦以来的重大转变。正如东晋葛洪在《抱朴子外篇·讥惑篇中》所说：“丧乱以来，事物屡变：冠履衣服，袖袂财（裁）制，日月改易，无复一定。乍长乍短，一广一狭，忽高忽卑，或粗或细。

① 卢海鸣：《六朝时期建康的语言状况辨析》，《东南文化》1999 年第 5 期。

所饰无常，以同为快。其好事者，朝夕放效，所谓'京辇贵大眉，远方皆半额也'。"[①]

建康地处江南，气候温和，环境优美，为建康服饰特色的形成奠定了基调。士族的玄谈之风与奢靡生活，也深深影响到服饰的变化，使建康服饰的风格既有传承，也有创新，既有繁华的都市风，亦有秀美的江南风情。

帽和巾，皆为头部用物。古人以顶圆者为帽，称"头衣"或"首服"。一般贵族戴冠，平民戴巾。皇帝戴通天冠，皇子戴远游冠，文官戴进贤冠，法官戴法冠，谒者、使者戴高山冠，殿门武士戴樊哙冠，等等。而戴巾者多为平民或在野者的身份象征。戴巾多以缣帛裁成，呈方形，有多种颜色，亦称"缣巾"。六朝时期，男子包髻多以白色为主，取其高雅洁净。妇女也喜欢用纶巾包髻，但不限于白色。

南朝还流行一种白纱高顶帽。南朝为帝者即戴白纱帽。萧道成夺取帝位时，王敬则"手取白纱帽加道成首"[②]。

南朝帽式大多有帽裙，《隋书·礼仪志》载："宋、齐之间，天子宴饮，着高白帽，士庶着乌，其制不定，或有卷荷，或有下裙，或有纱高屋，或有乌纱长耳。"妇女尚高髻，常用假发做成各种头式，如灵蛇髻、飞天髻、盘桓髻、十字髻等。首饰形式也较为丰富，如珰、钿、钗、簪钗、步摇、梳篦、指环、耳坠、鸡心佩、金花饰片等。

六朝人的服装，原料仍以麻和丝为主。棉织品不普遍。袍，是长衣的统称。没有里子的长衣称禅衣。南朝朝会时服绛纱袍。最华贵者为绣有文饰的锦袍。作为一种特殊礼遇，皇帝常以之赐予臣下。衫，有裲裆衫、半袖衫。裲裆衫由北方少数民族传来，不用衣袖，只有两片衣襟，后来称为背心，或坎肩。袄，则是一种短袄，内加棉絮御寒。裤，本是北方游牧民族的传统服饰，因穿着方便，孙吴至南朝，广为流行。裙，一般人们着衫、袄，下着裤，外着裙。

社会风俗的变化使南方妇女的服饰由质朴趋向奢华。南朝后期，由于北方少数民族的影响，建康妇女的服饰有不同程度的变化，最明显

① [晋]葛洪：《抱朴子外篇校笺》之《讥惑篇中》，中华书局1991年版，第7页。

② [宋]司马光编著：《资治通鉴》卷一三四，宋顺帝昇明元年，中华书局1956年版，第4198页。

的变化是由上长下短变为“上俭下丰”，由宽衣褒带变为窄袖身，从而达到俊俏潇洒的美学效果。

建康男子的配饰主要有绶带、船囊、紫荷、佩剑等。六朝时南方名士们最重要的装饰是麈尾。麈，是一种较大的鹿，与群鹿同行，靠摇动尾巴引导群鹿的方向。这是六朝清谈家的心爱之物，是体现士族风貌的重要道具，是士族服饰不可缺少的用品。

足饰主要有屐、履、靴等。屐为木鞋，下有两齿，流行于东晋南朝时。履，用草、麻或皮、丝等制成。以草制的为屩、屣，常为出行者使用。靴，早为北方人穿用。但由于南北交流，南方人也有人穿服。

饮食在这一时期也有变化。北方人的饮食习惯开始影响到南方人，并与当地原有的习俗相融合，形成了新的饮食风习，丰富了南人的饮食文化内容。

江淮以种植水稻为主，故米饭是建康人的主食。另外麦饭也是常吃的食品。麦饭是用麦子蒸制而成的，价格低廉，为一般百姓常服之食品。故有人专以大米易麦面，以解粮食之缺。

饼，是当时各种面制饼及部分面粉制品的总称。当时的上层人物多喜食胡饼。胡饼即为撒上芝麻的麦面饼。另外，馒头、牢丸等亦属饼类。节日饮食则有粽子等。

六朝人以粮食为主食，菜肴相辅。常用的蔬果有茄子、葵菜、韭菜、芹菜、芋头、萝卜、菜瓜、胡瓜、冬瓜、蘑菇、芥菜、藕等。肉食类主要有猪、牛、羊及鸡、鸭、鹅等。由于南方河道纵横，水产丰富，建康人食鱼与鸭、鹅的比重较家畜为多。总体看，六朝人饮食还是以粮食与蔬菜为主，肉食的比重不大。

酒是六朝人的主要饮料。其消费数量大于秦汉时期。建康城遍布酒楼、酒市。最著名的是位于城西南的孙楚酒楼，以文学家孙楚常来此饮酒而得名。六朝酒类品种繁多，如黍米酒、糯米酒、粱米酒、粟米酒。有时在酒中加入五加皮、干美女妇、安石榴、胡椒、鸡舌香等药物，制成功能各异的酒。

茶是六朝人喜欢的饮料，《洛阳伽蓝记》载，六朝人“茗饮作浆”。茗即茶，古无茶字，以荼称之。荼又是一种带苦味的蔬菜，所以人们称它为“樌”。茶在汉以前虽已开始饮用，但魏晋之际始作为饮料，广泛流行。茶叶种植与茶馆业，因此快速发展起来。

三、婚姻、丧葬与鬼神崇拜

六朝时期，由于社会动荡，像汉代那样婚姻讲究六礼的繁缛礼节无法坚持下去了。南朝流行共牢合卺之礼。共牢，即新婚夫妇共用一个牢盘进食，合丞即将瓠一分为二，夫妻各用一边酌酒。这种礼仪，尤以南朝齐时为繁。

六朝时期，还出现了一些不依古制的特殊婚俗。如却扇之俗，出嫁女出嫁时，双手张扇自遮其面，与丈夫单独见面时才移开扇子，谓之却扇。此为古礼所无，却在南方婚礼中流行。对于此俗，六朝文学作品中多有反映。再如催妆，是北方少数民族的婚姻习俗，却为汉民族所吸收。六朝时期，江南建康士庶社会，重视财币婚聘。刘敬宣嫁女，宋高祖“赐钱三百万，杂采千匹”①。

六朝时期，婚娉讲究门第，士庶相互不通婚。这种现象导致的后果，便是“门阀士族内部婚姻圈范围的日益缩小与狭窄”，②以致出现近亲结婚的现象。异辈婚亦时有发生。这些都使伦理称谓出现困难。另外，早婚也是一种带普遍性的现象。特别是在皇室中，早婚现象尤为突出。东晋安禧王皇后 14 岁出嫁。武定王皇后 16 岁出嫁。南朝梁时，梁太宗简皇后王氏 8 岁出嫁。齐高帝刘皇后、陈世祖沈皇后、陈后主贵妃张丽华均 10 余岁出嫁。与此同时，指腹为婚的婚俗也在建康流行。

建康的丧葬习俗，从去世到入殓，都遵守礼制规定。但由于社会动荡，也形成了自己的特点。如重视葬地的选择，以及通过信仰的归属感形成新的习俗，以求心理的平衡及求得死者的安宁和来世的发达。

葬礼中，一般要举行招魂仪式。治丧礼过程中，对吊丧极为重视。“江南凡遭重丧，若相知者，同在城邑，三日不吊则绝之。”③在建康，人们

---

① [梁]沈约：《宋书》卷四八《毛修之传》，中华书局 1974 年版，第 1429 页。
② 张承宗：《六朝时期的婚姻与家庭》，《苏州大学学报》1988 年第 3 期。
③ [北齐]颜之推撰：《颜氏家训》风操篇，中华书局 1993 年版，第 95 页。

还有二次葬或归乡葬的习俗，即埋葬或暂厝后，起柩再葬。此做法大多数情况是因为费用拮据，或人亡不在家乡，先一次暂葬，尔后待经济好转或有条件返乡时，再次据礼安葬。

汉末的战乱，使人们看到厚葬的弊端，社会上出现了主张薄葬的观念。但东晋以后，厚葬之风又重新兴起。此外，六朝时期，夫妻合葬的风俗流行。

另外，六朝人讲究葬地风水之学，郭璞曾撰有《葬书》，[1]说明丧葬风水学的主要特征。

自古以来，江南就流行鬼神崇拜，史称“扬州人性轻扬而尚鬼好祀”[2]。建康民间，神、鬼、精灵遍及生活的方方面面，可以说，无事不神，无物不灵，万物皆拜。而其中主拜的玉皇大帝、王母娘娘、龙王及福、禄、寿、喜、财等，至今仍在中国有很大的知名度与影响力。对于山水等自然神灵、对先人及英雄人物的崇拜也很流行。如建康掌送子的慈老山神，如蒋子文、孙权、周瑜、刘备、关关羽等六朝人物，皆为崇拜对象。

此外，六朝还兴盛天意崇拜。此类崇拜发端于儒家之天道观应观。在六朝人看来，雷雨、冰雹、河水、树木皆有征应。天意可以体察，方法是星占、望气、风角、谶纬、占卜、相术、解梦等。

四、岁时节庆与娱乐

六朝时期的节庆风俗，具有时代的个性。通过民众的岁时风俗，可以看到建康人的思想文化与生活方式、社会时尚等。

建康人主要的岁时节庆活动有：元日，即夏历正月初一。又称元日、正旦。因处一年之首，四时之端，所以称“三元”“三正”。这是六朝人重视的一个节日。朝廷一般在此日举行朝会。民间也举行各种庆祝活动。正月十五，为元宵节。六朝人过此节日主要是以祭祀占卜为重点。正月十五煮豆粥，加油脂在上面，以祭门户和蚕神。三月三为上祀节，临水祓禊，曲水流觞。四月八日为浴佛节，即佛诞日，南北朝皆盛

---

① 余嘉锡：《四库提要辨证》卷一三《子部四·葬书》，第728页。

② [唐]杜佑撰：《通典》卷一八二《古扬州·风俗》，第4849页。

行。佛教以四月八日为佛诞日，有佛生时龙以香雨浴佛的传说，故称浴佛节。寒食节在汉代尚无固定日期，六朝时已固定为清明节前一日，节俗为禁火禁食。端午节为夏历五月五日，建康的端午节，主要活动有赛龙舟、吃粽子等。七夕节也叫七巧节、女儿节。六朝时已相传此日为牛郎织女相会之日，人们在此日守夜乞巧。同时，六朝继承汉代，此日还有晒衣服的习俗。中秋节在六朝时尚未成固定节日，但人们已有此日送"明目囊"的习惯。八月十四日这天，要以朱砂水点小孩额，称为天灸，以制服疾疫。九月九为重阳节，此节日虽然汉时已有，但六朝尤兴。此日，人们登高插茱萸饮菊花酒，以避邪消灾。士族官贵则会聚赏景，宴饮抒情。岁暮为除夕之日，此日为人们最重视并隆重庆祝的节日。吃年夜饭与守岁在此后成为整个汉民族的习俗。南方还有吃别岁饭、留宿饭的风俗。

六朝时期建康人的主要娱乐活动有龙舟竞渡、施钩、蹴鞠、樗蒲、投壶、弹棋、斗鸡、斗鸭、围棋、猜谜、秋千、斗草等。

第四节　六朝文化的价值

六朝文化是公元3—6世纪以六朝京都建康为中心而形成的地域文化，是中国传统文化的一部分，是具有时代特色的文化。六朝上承两汉，下启隋唐，在中国历史上，在汉唐两大盛世之间，呈现出一个特殊的、风采独具的时代。一方面必须看到，魏晋南北朝是中国历史上政权更替频繁、南北分裂、战乱不断的时期；另一方面，六朝又是一个"独特"的时代，其灿烂、精深的思想文化曾深深地吸引着后人。有学者概括六朝文化的特征，具有多元性、开放性、兼容性、个性率直化及富于江南水乡特色，认为包括六朝在内的汉晋文化，与罗马文化共同成为世界古代文明的两大中心。[①] 六朝文化的价值，集中体现在以下五个方面：

第一，在中国思想文化发展史上，六朝文化占有重要地位。

① 许辉、李天石编著：《六朝文化概论》，南京出版社2003年版，第400—410页。

六朝文化中既有精华又有糟粕，从长的历史发展过程来看，应当说，六朝文化的正面价值或者说在历史上所起的积极作用要大于她的消极作用或负面价值。六朝文化中较多地保留了中国传统文化中的精华，对中华文明作出了极为重要的贡献。

以六朝时期的主要哲学思潮——玄学而言，历来人们认为其来源既有道家，亦有儒家。儒家和道家两种学说在中国历史上各具其正面和负面价值，在不同的历史背景和时代需求下，处于此起彼伏、变幻交错的状态中，形成了多种不同的组合模式，"而玄学的一个重要使命便是力图从更高更抽象的本体论层面上，将儒道双方的正面价值整合为一，实现对儒道学说的超越"[①]。大体来看，六朝时期儒、道、佛之间，有过论争与冲突。但自南朝齐梁以后，要求融合与主张三教一致的舆论，渐占上风。南朝皇帝大多对三教兼容并蓄，主张三教同源，出现了文化多元、共同发展的局面。

在魏晋六朝时期，中国社会出现了自秦汉以来，也是在清末之前，中国两千年封建社会中最强的一股个性自觉、思想解放的潮流，在中国思想发展史上占有极重要位置。

第二，在传承汉魏以前中国传统文化方面，六朝文化发挥了重要作用。

魏晋南北朝时期，西晋短暂的统一瓦解以后，以中原为核心的北部中国，经历了五胡十六国、北魏等一系列分裂割据王朝。这些王朝均为经济、文化发展远较汉族落后的少数民族所建立。这些少数民族入主中原时，均对中原地区的比较先进的经济、文化进行了不同程度的破坏，阶级矛盾和民族矛盾都比较尖锐。而相较于北方中原地区而言，江淮以南的六朝都是汉民族建立的政权；王朝虽屡变更，但社会远比北方安定。晋永嘉之乱后，从洛阳逃往南方的汉晋大族，在南方六朝政权中始终居于主导地位。他们同时把掌握和领有的汉晋学术文化，也带到了南方。在人们眼中，南方六朝不仅是汉魏正朔所在，而且也是汉晋文化得以保存和发展的地方。北方少数民族政权的封建化，除依靠永嘉

① 徐斌：《魏晋玄学新论》，上海古籍出版社2002年版，第3页。

之乱后留存于北方的一些汉人大族保留的汉晋文化外,更为重要的一方面是吸收和利用了南方所保存的汉晋文化。例如,北魏孝文帝太和改制之前,北魏政权已开始逐步封建化,但其制度终显粗疏。直至北魏太和十七年王肃自建康北奔,才把孝文帝的太和改制向前大大推进了一步。故此陈寅恪认为,王肃输入北朝的正是汉晋及南朝前期制度的总和,终于"蔚成太和文治之盛"。①

从当时书籍的保存情况,亦可看出六朝在保存和传承中国传统文化方面所发挥的作用。据《隋书·经籍志》记载,南北朝时期,北朝魏、齐、周三代的经、史、子、集等书籍及文人著述,其总和尚不及南朝宋、齐、梁、陈四代中存书最少的陈朝,而且,这还是在南朝经历侯景之乱、江陵之变等数次毁书厄运之下的情况。六朝在保存和继承中国汉魏以前古代文化方面,显然有着巨大的历史功绩。

第三,隋唐礼乐政刑典章制度的重要来源之一是六朝文化。

隋唐是中国封建社会的鼎盛时期,在这一历史时期,政治、经济、思想文化等诸多方面所取得的成就都臻于中国中古历史发展的高峰。但是,隋唐时代各方面的成就显然并非一蹴而就,而是一个逐渐积累、发展的过程。其中,既有魏晋之前中国传统社会的影响,又是魏晋南北朝以来中国社会多方面的发展,包括六朝文化的发展,为隋唐社会繁荣局面的到来创造了有利的历史条件。

史学大师陈寅恪在《隋唐制度渊源略论稿》一书中论及隋唐制度渊源时曾指出:"隋唐之制度虽极广博纷复,然究析其因素,不出三源:一曰北魏、北齐;二曰梁、陈;三曰西魏、周。所谓(北)魏—(北)齐之源者,凡江左承袭汉、魏、西晋之礼乐政刑典章文物,自东晋至南齐其间所发展变迁,而为北魏孝文帝及其子孙摹仿采用,传至北齐成一大结集者是也。……所谓梁、陈之源者,凡梁代继承创作陈氏因袭无改之制度,迄杨隋统一中国吸收采用,而传之于李唐者。"②

陈先生所提到的三源,其中(北)魏、(北)齐之源,来自江东士人的北奔,即"江左承袭汉、魏、西晋之礼乐政刑典章文物,自东晋至南齐其

① 陈寅恪:《隋唐制度渊源略论稿》,中华书局1963年版,第2页。
② 陈寅恪:《隋唐制度渊源略论稿》,中华书局1963年版,第2页。

间所发展变迁，而为北魏孝文帝及其子孙摹仿采用”。而梁、陈之源，则为隋朝统一江左、灭陈以后所吸收。可见，隋唐制度渊源的三个源头中，二支都与南方的六朝有关。

另外，对比以上三源对隋唐制度影响的重要性，陈寅恪指出：“在三源之中，（西）魏、周之源远不如其他两源之重要。”①他在对比南北朝社会的差异时也特别指出：“南北朝有先后高下之分，南朝比北朝先进，这可以从经济生活、社会习俗等各方面的情况看出。”②南朝的各项制度，对隋唐各方面制度都产生了巨大的影响。陈寅恪、唐长孺诸先生还特别指出，唐代中期以后的各项制度实际出现了南朝化倾向，③进一步阐明了六朝文化对隋唐礼乐政刑典章文物等各方面制度所产生的重大影响。

第四，从中国江南开发史看六朝文化的重要地位。

在中国历史发展的一个相当长时期里，中国的经济重心一直在北方。唐宋以后，中国经济重心方转移到南方。而在这一历史过程中，六朝是一个重要的历史阶段。六朝时期，南方地区的社会经济与文化有重大发展，在江南开发史上占有重要的地位。

人类的发祥地之一便是中国长江以南地区，早在远古时代就已有了简单的原始农耕经济。但总体来看，在秦汉以前，这一地区多数尚为“火耕水耨”的落后地区。秦汉之际虽有较大规模开发，但“直到东汉末年，江淮以南地区经济的发展还远远落后于中原经济发达地区。当时江淮以南堪称经济比较发达之区，还仅限于一些点和线，尚未扩及广大的面”。④ 三国时期，孙吴争江淮、收岭南、取荆州、服蛮越，开始有计划、大规模地开发江南。永嘉之乱后，更有大批北方人口南渡避难，带来先进的生产工具与劳动技能，大大加快了江南开发。经东晋、宋、齐、梁、陈几百年的发展，形成了三吴、江汉、巴蜀三大经济区域及豫章、岭南、闽江等新经济区域。同时经济开发向深度发展，长江上、中、下游流域

① 陈寅恪：《隋唐制度渊源略论稿》，中华书局 1963 年版，第 2 页。

② 陈寅恪：《隋唐制度渊源略论稿》，中华书局 1963 年版，第 2 页。

③ 参见陈寅恪《隋唐制度渊源略论稿》，中华书局 1963 年版；唐长孺《魏晋南北朝隋唐史三论》，武汉大学出版社 1993 年版。

④ 许辉、蒋福亚：《六朝经济史》，江苏古籍出版社 1993 年版，第 42 页。

的经济联系日益加强。至隋代，江南已成为中国最重要的经济区域，南粮北调已成为中央政府在经济方面的重大事项。及至唐宋时期，江南已成为中央财赋的主要来源地，中国经济的重心已转移到南方。

随着经济重心的南移，江南亦成为文化上的重要区域，六朝时期，江南地区可以说人才辈出，著作如林。以文化方面相关的人物而论，经学方面的陆玑、虞翻、梅颐、韩康伯、雷次宗、范宁、皇侃等，文学方面的谢灵运、陶渊明、谢朓、王融、江淹等，文学评论方面的钟嵘、萧统、刘勰等，史学方面的裴松之、袁宏、刘孝标、范晔、裴骃、孙盛、干宝、萧子显、裴子野、沈约等，地志学方面的常璩，目录学方面的李充、任昉、王俭、阮孝绪等，谱学方面的贾弼及其后人与王弘、王俭及其后人，文字学方面的顾野王、郭璞，音义学方面的徐邈、李轨，书法方面的王羲之、王献之、萧子云、羊欣、王僧虔等，书学方面的王僧虔、袁昂、庾肩吾等，绘画方面的顾恺之、陆探微、张僧繇等，音律学方面的何承天，天文学方面的王蕃、张子信，化学、方术方面的葛洪，算学历法方面的何承天、祖冲之，本草方面的陶弘景，佛学家慧远、法显，无神论者范缜，无君论者鲍敬言等，举不胜举。他们在六朝文化史上占有重要地位，对江南的社会发展作出了巨大贡献，在整个中华文明史上也都值得大书特书。可以说，六朝文化的发展，为中国文化重心的最终南移奠定了基础。及至唐代后期，长江中下游已发展成为全国的文化重心所在，诗人数量及进士数量都超过了北方。明清时期的江南，更成为人文荟萃之区。

第五，六朝文化与中国中古时期中外文化交流。

在魏晋南北朝时期，南北方政权基本上是划江、淮而治。由于政治地理与自然地理的限制，六朝政权除了偶尔借北方政权的版图出使及接纳外国使节外，六朝政权由于偏在江左，要通过传统的丝绸之路与西方国家进行交往有相当的困难，这样便促使六朝政权另辟通道，努力开拓与世界各国的往来。因而，无论是在交往途径、交往对象、交往方式、交往内容上，六朝时期的中外交流与此前历史上的中外交流相比，出现了一些新的特点，发生了值得注意的变化(图 2-6)。

图 2-6　萧绎《职贡图》(局部)

六朝各政权与各国的往来途径，主要是通过海路；交往的对象则主要是海东、南海、东南亚诸国；交往的方式则突破了此前政治往来及政府使节为主的限制，向各国之间多方位的官方、民间交往过度；在交往内容上，不限于物质交换为主，而向全面的政治、经济、思想、文化、宗教等交流发展。这就为后来隋唐时期的全面对外开放奠定了基础。因此不妨说，六朝时期的对外开放，为隋唐时期的全面开放开辟了先路。

范文澜曾指出："在东晋南朝时期，长江流域开发出来了，使隋唐封建经济得到比两汉增加一倍的来源；文化事业发展起来了，使隋唐文化得到比两汉提高一层的凭藉。"①这是史家对六朝文化价值的高度概括与肯定。

六朝文化的历史价值当然远不止这些，六朝文化价值的许多方面，有待我们去研究、去发现。历史唯物主义认为："每一时代的理论思维，从而我们时代的理论思维，都是一种历史的产物，在不同的时代具有非常不同的形式，并因而具有非常不同的内容。"②人们对真理的认识没有穷尽，从而对于人类历史、人类自身的认识，也会随着时代的前进而产生新的认识、新的观点。史学大师钱穆在论及中国文化时曾经指出：

① 范文澜：《中国通史简编》修订本第二编，人民出版社 1965 年版。
② 《马克思恩格斯全集》第 20 卷，人民出版社 1996 年版，第 382 页。

“文化俨如一生命，他将向前延伸，不断成长。横切一时期来衡量某一文化之意义与价值，其事恰如单提一局部来衡量全体，同样不可靠。我们应在历史时期全进程中求其体段、寻其态势。”[①]随着时代的前进，相信人们会继续加深对六朝文化价值的认识。

① 钱穆：《中国文化史导论》，商务印书馆 1994 年版。

第三章　隋唐宋元时期的南京文化

隋唐宋元时期，是南京历史上非常重要的发展和转折时期。从隋至唐前期的一度衰落，到五代南唐时期的重新崛起，再到宋元时期成为东南政治经济文化重镇，南京经过近800年的曲折发展，从中古演进到近古，为后来明清南京城市达于极盛奠定了基础。[①]

在这样的背景下，南京文化，自六朝时期高度发展繁荣之后，历隋唐宋元，进入了一个随着历史起伏变迁而显现承前继后历史特点的新阶段。随着经济重心的南移，中国文化重心也实现了由北向南的历史转移，包括南京在内的江浙地区，成为中国的人文荟萃之地。在文化的各个领域，名家辈出，成就斐然。南唐时期，南京文化达到本时期的高峰，形成了"以金陵为中心的江淮文化区"。[②] 这一历史时期，文学艺术的繁荣，教育学、方志学的昌盛，宗教活动的活跃等，都深刻体现了南京文化的特色。

第一节　城市发展的阶段性

隋唐宋元时期，南京社会变迁的大势可以划分为三个阶段。

① 李天石等：《南京通史·隋唐五代宋元卷》，南京出版社2016年版，第1页。

② 薛政超：《五代金陵史研究》，中央编译出版社2011年版，第115页。

一、隋朝灭陈至唐“安史之乱”

第一阶段，从公元 589 年隋朝灭陈至公元 755 年安史之乱。这一时期总体上是南京政治地位下降，经济持续发展的历史时期，大约 160 余年。

六朝时期，作为都城的建康，是江南的政治经济文化中心。这一时期，无疑是南京历史上发展最快的历史时期之一。公元 589 年，隋朝大军一举越过长江，兵分八路攻灭陈朝。隋文帝将陈朝的皇室与权贵移徙长安，彻底割断了其与江南士族和江南故土的联系。之后，隋政府在江南采取了一系列的措施，“建康城邑宫室，并平荡耕垦，更于石头置蒋州”①，隋朝政府的江南政策无疑是强硬的，南京的地位明显下降。

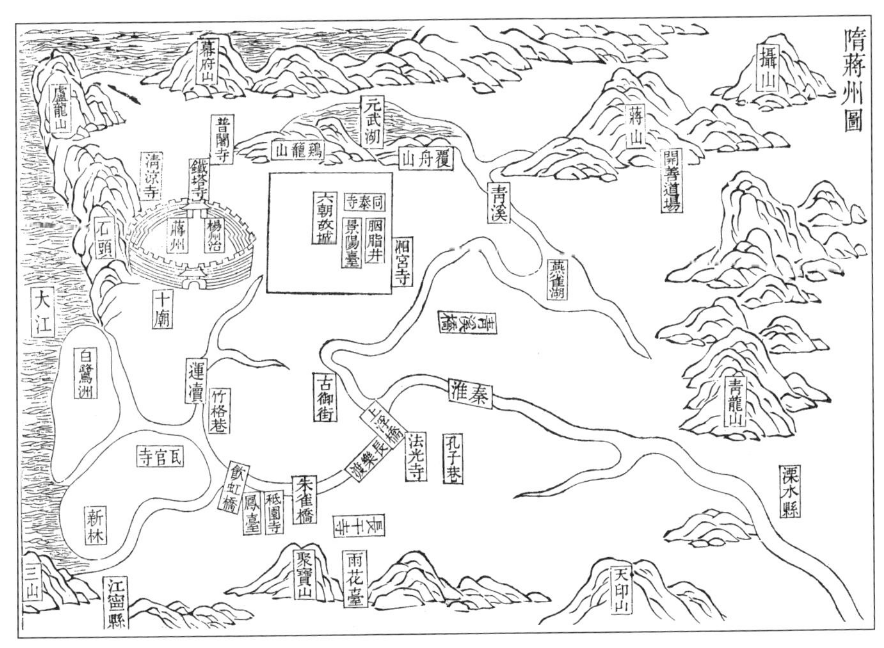

图 3－1　隋蒋州图(明朝陈沂《金陵古今图考》)

随着隋代社会经济的发展，特别是由于大运河的开凿，江南经济地

① [宋]司马光编著，[元]胡三省音注：《资治通鉴》卷一七七，隋文帝开皇九年，中华书局 1955 年版，第 5516 页。

位不断上升，加之晋王杨广任扬州大总管，坐镇扬州的经营，金陵地位又渐显重要。[①] 然而及至唐初，唐统治者继承隋朝的监控政策，有意贬抑金陵的地位，使金陵地位再次呈现下降趋势，正如唐初四杰之一王勃所见的那样："遗墟旧壤，百万里之皇城，虎踞龙盘，三百年之帝国，阙连石塞，地实金陵，霸气尽而江山空，皇风清而市朝改。昔时地险，尝为建业之雄都。今日太平，即是江宁之小邑。"[②]"气尽山空""江宁小邑"，这便是隋和唐初金陵政治地位低落的生动写照。

然而，有意贬抑并不能阻止社会经济发展的内在规律。政府某种程度的忽视，有时却为地方经济的恢复与发展创造了良好的机遇与条件。

唐武德七年（624 年），以今南京为中心的辅公祏政权被平定以后，江淮地区自隋末以来长期的动荡宣告结束。此后，除武则天执政时期徐敬业在扬州发动的反武氏斗争之外，在唐前期百余年间，江南未出现大的社会动乱。持续百年的发展，使江南地区经济实力大为增强。至安史之乱后，以东南八道为中心的江南成为唐中央政府的主要财赋来源之地，金陵的地位因而再次凸显。

二、唐"安史之乱"至南宋建立

这一阶段，大体从公元 755 年安史之乱至公元 1127 年南宋建立，约 360 多年。这是南京自唐中后期地位日益重要，后经南唐时期进一步快速发展，至北宋初期政治地位的短暂低落，而经济仍在快速发展的时期。

唐代前期，国家的根本在关中，其赋税来源地主要集中在关中、山东，国家军事防御的重点则主要在河西、塞北和华北。由于征集与运输的便利，唐中央政府的赋税和徭役大都来自中国北方。而今南京所在的江淮地区，并不为政府所重视，加之此处是南朝故地，如何

---

① 杨广在江南苦心经营，统领江淮 44 州。据《隋书》卷六十一《郭衍传》载：杨广图谋夺嫡的谋士郭衍曾言："若所谋事果，自可以为皇太子，如其不谐，亦须据淮海，复梁、陈之旧。"

② [唐]王勃：《江宁吴少府宅饯宴序》，《文苑英华》卷七一八，中华书局 1982 年版，第 3713 页。

防止割据政权的再现，实现中央强力的政治监控，是政府首先考虑的事情。

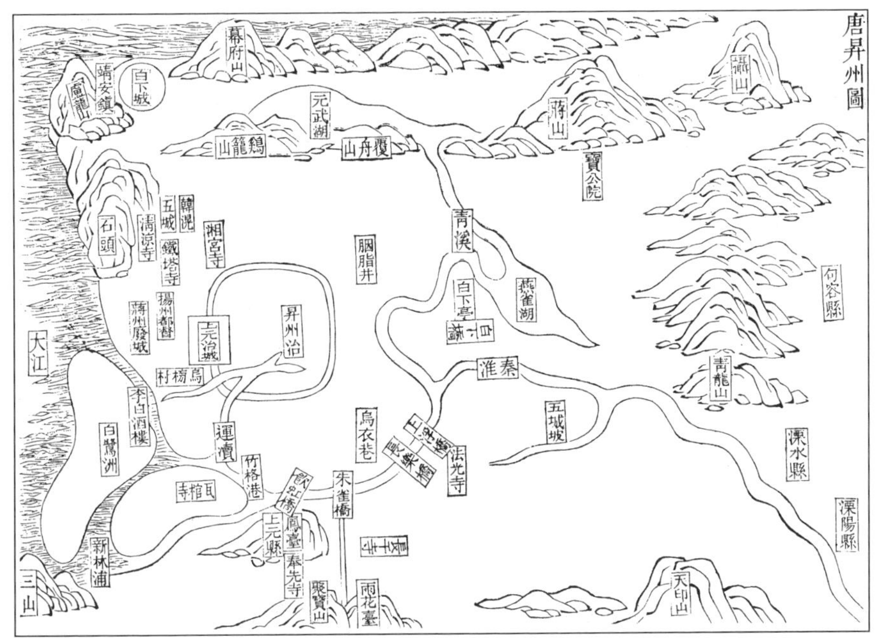

图 3－2　唐昇州图(明朝陈沂《金陵古今图考》)

在隋唐时期“役莫重于军府”的年代里，[①]包括今南京在内的江南地区的民众，长期以来“惟出租庸，更无征防”，[②]既不是帝国政治、军事的重要地区，又不是主要的赋税来源地，较长时间内维持着相对和平稳定的局面，相对较轻的赋役负担和优越的自然条件，为当地生产力的发展、经济实力的不断增强，提供了良好的条件。

天宝十四载(755 年)，安禄山、史思明叛乱，这是唐帝国长期以来社会矛盾的总爆发，是大唐王朝由盛而衰的一个转折点。在长达 7 年多的动乱当中，唐皇室险为倾覆，社会经济遭受严重破坏。从洛阳东至郑州、汴州，一直到徐州，“人烟断绝，千里萧条”。[③]

长年的征战，不仅使唐朝政府国力大伤，而且也在战后形成了严重

① [宋]司马光编著，[元]胡三省音注：《资治通鉴》卷二一〇，开元八年条。

② [后晋]刘昫等撰：《旧唐书》卷四九《食货志》，第 2114 页。

③ [后晋]刘昫等撰：《旧唐书》卷一二〇《郭子仪传》，第 3457 页。

的藩镇割据局面，使各地的财赋收入无法正常输纳于中央。安史之乱以前，唐玄宗天宝八载（749 年），天下租税庸调每年收入钱、粟、绢、绵、布等约五千二百三十余万贯、石、匹、端，①安史之乱以后，经过代宗时刘晏整顿财政，"通天下之财，总计收入，总一千二百万贯"。其中盐利还占有一半以上。比之天宝年间的赋税收入，大为减少。建中元年（780 年），德宗实行两税法改革以后，财政情况虽有好转，但仍入不敷出。因此，如何保证中央最基本的财政收入，就成为唐后期帝王首先考虑的问题。

藩镇割据局面，使政府能够控制的纳税地区与纳税户口锐减。朝廷每年赋税的收入，主要依靠的是浙东、浙西、淮南、宣歙、江西、鄂岳、福建、湖南等东南 8 道、49 州、144 万户。就是靠着这东南八道财赋的支撑，唐政府才在风雨飘摇之中，又存活了 100 多年。

东南八道之所以能够提供唐中央政府的开支，毫无疑问是以江南包括今南京地区社会经济的快速发展为前提的。于是，在唐代后期及宋元的国家文献、官府文书、私人书信中，江南开始有了"国之命脉""财赋渊薮""必待江、淮转饷乃足"等种种光环。人们终于发现，经过百余年的积累，江南已呈现出新的面貌，人们不得不重新审视江南的发展。

南唐时期，作为首都，南京地区出现了一个发展的高峰时期。一方面，北方人口继续南下，提供了大量的劳动力。有学者曾将南唐末年的长江以南包括南京在内的南唐各州户数和唐元和年间的户数进行比较，②可知在南唐境内人口增长幅度较大。而这很大一部分的人口，都侨居在时为国都的金陵。另一方面，在这一时期南唐统治者的重视下，农业、手工业、商业及社会文化等，呈现全面繁荣与发展的态势。

北宋统一南唐初期，为防止南唐残余割据势力再起，宋政权一度对金陵实行了与隋唐政府相似的压抑政策。然而，这个时间并不长久，随着时间的推移、社会的稳定，南京又进入了快速发展期，这从现存的南

---

① [宋]王钦若等编纂：《册府元龟》第四八七卷，中华书局 1960 年版，第 5830 页。

② 杜文玉：《南唐史略》，陕西人民教育出版社 2001 年版，第 47 页列表。

宋《景定建康志》所载的大量史料及宋元时期南京人口的快速增长并达到历史最高纪录，即可略见一斑。[①]

三、南宋建立至元代

隋唐宋元时期南京城市发展的第三阶段，大约从公元1127年南宋建立，至公元1368年朱元璋定都南京，约240年。这是南京成为东南经济政治文化重镇的最后奠定时期。

北宋钦宗靖康二年(1127年)，金兵攻占北宋首都汴京(今河南开封)。次年，将北宋皇帝宋钦宗和太上皇宋徽宗及几乎全部的皇族、后妃、官吏掳往北方，另尚有逾十万的首都平民亦一同被驱掠北方，北宋灭亡。

随着北宋覆灭，高宗在应天府(今河南商丘)建立了南宋政权，以后的几年中，高宗不断地游走于东南各地。最终，南宋以临安(今浙江杭州)为都，开始了将近150年的统治。

作为陪都的建康府，地处南北交界之处，在南宋的对外防御体系中，占有十分重要的地位。南宋政府不得不蓄意经营，这一时期，南京无论在社会经济发展还是在民众组织、军事配置、城垣建设、战船打造等诸多方面，都体现出明显特色。及至元代，从《至正金陵新志》等史书的反映来看，南京仍然是十分繁荣的。

总之，经过779年的曲折发展，到朱元璋建立应天府、定都南京时，南京在城市人口、城建规模、市政管理、文化产业、农业、手工业、商品经济发展水平及海外贸易、对外经济、文化交流等各个方面，都已经名副其实地成为在东南、在全国对各地及海外具有重大辐射与影响力的经济、政治重镇，为南京文化达于极盛奠定了基础。

① 李天石等:《南京通史·隋唐五代宋元卷》，南京出版社2016年版，第292—298页。

第二节　城市发展的历史背景

隋唐宋元时期江宁(建康)府城市与文化的发展,离不开这一历史时期整个中国社会发展变化的重要轨迹与重大历史背景。在这一过程中,有几个关键点是值得注意。

一、中国经济重心南移

从文明起源角度来看,中国历史的发展尽管是多元一体的,在黄河、长江、珠江流域及至北到辽河流域,皆发现了中国人类文化的遗存,但三代时期的文明中心主要是在黄河流域。秦汉之际,江南之地“火耕水耨”、人口稀少,是有待开发的落后之地。至六朝时期,经过近400年的经营,江南经济得以迅速发展。然而,直至唐中期前,政治、经济的重心仍然在以河北、河南、山东、关中为重心的北方地区。所谓“头枕三河(河东、河南、河内),面向西北”,就是中央政府立国的基本态势。

唐代江南凭借六朝以来数百年的不断开发与积累,经唐前期100多年默默发展,在经济、文化与社会等方面进一步繁荣。安史之乱后,中国经济重心南移,江南地区呈现出后来居上的发展态势,文化重心也随之南移。

唐宋之际,江南的发展表现在众多方面。经济方面,唐代江南地区农业大体形成了江东、成都、江西、福建、湖南等几个重要的经济区域,农业生产力在这些区域有了较快发展。中唐以后,农田水利的发展,南方已远超北方,唐代最先进的耕犁——曲辕犁,首先出现在江东,并在南方地区广泛推广,长江流域已普遍采用水稻插秧技术,稻麦轮作复种制也在先进的农业区推广。长江流域的粮食产量大大增加,茶业、盐业、粮食加工业等相关产业也有显著发展。

中唐以后,“天下以江淮为国命”,江南地区独立承担了唐中央政府100多年主要的财赋供给。这一点从唐宋江南的粮食漕运数量可以看得很清楚。开元二十二年(734年),唐政府以裴耀卿为江淮转运使,他采用沿线置仓、节级搬运等方法，使漕运量激增，“三年，凡运七百万石，省脚三十万贯”，[①]基本解决了关中缺粮问题。从此，江淮转运使遂为常设使职，这标志着唐代朝廷依赖江淮漕粮生存的局面开始形成。从开元二十二年（734 年）起至天宝年间（742—756），漕粮的年运量保持在 210 多万石，其中江淮的漕粮数占到了全国年漕粮的 56.5%。刘晏以宰相的身份领度支盐铁转运租庸使后，专掌东南财赋。经过整顿，转输江淮财赋的功效大大提高。每年漕运的粮食，多时达 110 万石，少时也有 50 万石，“军国之用，皆仰于晏”。[②] 江淮财赋物资源源不断地运往关中。

及至宋代，江南漕粮数量剧增，成绩更为突出。北宋初期，由于江南大多数地区尚未纳入版图，漕运的范围仅局限于北方，一年的漕粮不过百余万石。到宋太祖开宝年间，通过汴河征调的淮南漕米数，大体在 10 万石左右，漕粮年运量大体维持在一百几十万石上下。

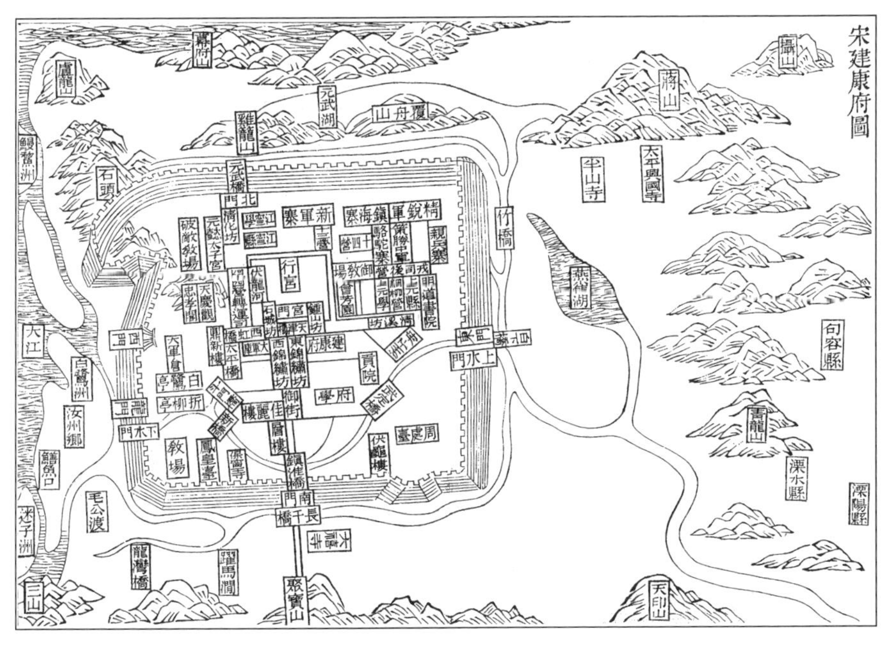

图 3-3　宋建康府图（明朝陈沂《金陵古今图考》）

① [宋]王溥撰：《唐会要》卷八七《转运盐铁总叙》，上海古籍出版社 2006 年版，第 1597 页。

② [后晋]刘昫等撰：《旧唐书》卷一二三《刘晏传》，第 3513 页。

北宋统一后，东南漕粮数很快增加，“岁运米四百万石”。对于全国漕粮数，宋王朝在太平兴国六年(981年)作出了年运量标准：“汴河岁运江淮米三百万石，菽一百万石。”①相比黄河、广济河、惠民河的漕粮数，江淮岁运远远高于他处。但不久之后，这一标准又被很快增长的东南漕运量突破。至太宗后期，东南漕粮年运量已经达600万石以上。景德四年(1007年)，北宋确立的全国漕粮年额数为800万石，其中东南地区为600万石，北方地区200余万石，东南地区占四分之三。②

北宋中期以后，北方漕粮经常在100万石以下。江淮的漕运，愈显重要。在宋真宗和宋仁宗朝一些年份，东南地区曾出现过上供漕粮年运800万石的记录。③ 后来虽有所减少，但漕粮中的绝大部分，大多来自东南六路地区，即淮南路、江南东、江南西路、荆湖南路、荆湖北路及两浙路。总的来看，北宋时期漕粮的数量，远远超过汉唐时期的一年400万石之数，而且也为明清漕运所不及。这种情况，显然是以宋代江南地区农业经济的快速发展为基础的。④

唐代主管盐铁及漕运的是盐铁转运使，这一职务在唐中期以后多由宰相担任，或由淮南节度使、镇海节度使兼任。不少人也由此升任宰相，足见此职位之重要性。淮南节度使驻扬州(今江苏扬州)，镇海节度使驻润州(今江苏镇江)，金陵虽不是两地之一，但作为江淮南北漕运的重要周转之地，自唐代中期以来金陵就与扬州、镇江一体处于南粮北调的核心位置。

经济重心南移这一中国历史上的重大变化，对后来中国的历史发展产生了深远而具有重大意义的影响。正如有的学者所指出的：“唐代后期政府之生命，全系于东南，东南民赋与东南盐利实为其财政收入之柱石。”⑤同样，这一过程也对金陵城市的发展产生了重大影响。正是在这样一个大的背景下，金陵的经济文化建设等出现了跨越式发展。

---

① [宋]马端临：《文献通考》卷二五《国用三》，浙江古籍出版社1988年版，第244页。

② [宋]马端临：《文献通考》卷二五《国用三》，浙江古籍出版社1988年版，第246页。

③ [宋]欧阳修：《欧阳文忠公集》卷二六《资政殿学士尚书户部侍郎简肃薛公墓志铭》。

④ 李天石：《宋代江淮的漕运》，载范金民、胡阿祥主编《江南地域文化的历史演进文集》，生活、读书、新知三联书店2013年版。

⑤ 李剑农：《中国古代经济史稿》，武汉大学出版社2006年版，第552页。

二、中国文化重心南移

中国文化重心的南移与南京城市发展有着密切关系。

唐宋时期，随着经济重心的南移与经济发展，中国文化重心也在这一时期加快了南移，至南宋之际，南移过程大体完成。江浙地区包括今南京地区，成为中国的人文荟萃之地。期间，南唐金陵文化的繁荣与发展尤其值得关注。

宋代是中国文化的极盛时期。在中国古代教育、科技和文化发展的历史上，宋朝占有突出的地位。陈寅恪认为："华夏民族之文化，历数千载之演进，造极于赵宋之世。"①邓广铭先生也曾说："宋代文化的发展，在中国封建社会历史时期之内达于顶峰，不但超越了前代，也为其后的元明之所不能及。"②

宋代的精神文明，深深受到了来自金陵的南唐文化的影响。这表现在许多方面。如宋朝"右文抑武"基本国策的实行。宋太祖在建立赵宋皇朝以后，在行政体制上进行改革，努力提高文臣地位，收到很大效果，扭转了唐后期以来轻蔑文人的风习。宋太宗时，继续推行崇文政策，优遇文臣，大阐文治，出现新的局面。

而实际上，中央政权出现文人化的倾向，始自南唐。南唐君主皆重用儒者，以文治国，由文人担任枢密使，执掌兵权。在南唐后期，知节度使改为知军州事，而且多以文人出任，改变了武夫专权的五代旧习，后来影响了北宋的文官政治，开辟了宋朝以文人理政的先河。

北宋摒弃中原五代重武轻文的积习，为加强朝廷对地方的控制，选派文臣担任知州，把地方行政管理权从武夫悍将的控制下，转到中央委派的文职官员手中。在地方行政中，知州府事发挥着越来越重要的作用，削弱了以武人为主体的藩镇行政管理体制。因此，在北宋政权的国

① 陈寅恪：《邓广铭〈宋史职官志考证〉序》，载《金明馆丛稿二编》，收入《陈寅恪先生文集》卷二，上海古籍出版社 1980 年版，第 245 页。

② 邓广铭：《宋代文化的高度发展与宋王朝的文化政策》，收入《邓广铭学术论著自选集》，首都师范大学出版社 1994 年版，第 169 页。

家行政架构体系中,可以清楚地看到南唐政权的影响,南唐是北宋文人政治之滥觞。

再如,在文物典籍的收集整理与人才汇聚方面。宋代国家藏书的重要一部分即来自南唐。经过三代南唐国主的大力搜求,金陵官藏书籍至南唐末年,已达10余万卷之多。在北宋所收诸国的图书中,属于南唐的藏书大约占了北宋馆阁藏书的三分之一。江南藏书之盛为天下之冠。南唐被称为文献之地,有"元和之风"。

南唐三主皆重视并大力提倡文化建设,对文献的收藏、保存与整理和文化的发展作出了重大贡献。对于南唐收集图书一事,马令极为赞赏:"皇朝初离五代之后,诏学官训校《九经》,而祭酒孔维、检讨杜镐,苦于讹舛。及得金陵藏书十余万卷,分布三馆及学士舍人院。""其书多雠校精审,编秩完具,与诸国本不类。昔韩宣子适鲁而知周礼之所在,且周之典礼,固非鲁可存,而鲁果能存其礼,亦为近于道矣。南唐之藏书,何以异此。"

除了典籍以外,南唐对于北宋文化重要的贡献,还在于它为北宋王朝提供了一大批有真才实学的学者文士。南唐当时重要的文臣,据史载大多参与了宋初图书典籍的校勘整理。其中参与《太平广记》《太平御览》两大类书的南唐文臣人数,竟达到了总编纂人数的40%以上。

文化制度建设方面,宋代借鉴南唐之处亦颇多。北宋的文化政策与南唐的文化政策有很多相同或相似之处。北宋初期文化方面的诸多制度、文学创作的风气,都与南唐政权有着密不可分的关系。北宋重视文人、扩大科举、兴办教育和当时较为宽松的学术环境,显然是受了南唐的影响。

南唐在书院、画院制度等文化教育方面对宋朝也有重要影响。南唐统治者重视文化建设事业,重用文士,倡导文治,提倡文化教育,大力培养人才,兴办学校,推行儒学教育,弘扬儒风。除了设立贡举选拔人才、广揽贤士、广泛搜集图书文献、编撰典籍以外,还采取积极措施兴办教育。如在庐山国学设立学田制度,既为学校提供资金,又避免给国家增添负担,这一制度后来被宋朝沿用。庐山国学发展成为白鹿洞书院,对宋代文化的繁荣与昌盛发挥了积极作用,推动了中国书院教育体制之完善。宋代遂有四大书院之称，它们均聘请名儒主持讲学，使教育事业突破了僵化的官学办学体制，历元、明、清诸朝而长盛不衰。总之，南唐的书院教育，对后世书院教育体制的形成，发挥了积极的促进作用。

各地学校的大规模兴建，不仅为南唐，而且也为后世的中国文化发展培养、积累了大批人才。南唐国子监和庐山国学培养的大批人才，以及南唐境内形成的浓厚文化气氛，不仅对江淮地区文化水平的提高有重要影响，而且对北宋及其以后社会经济文化发展有积极的推动作用。

南唐举朝上下崇文成风，聚集了大批文人学士，民间的读书向学之风繁盛，开设贡举之后，南唐学子更是崇学成风，形成好文尚士的良好社会风气。由南唐入宋的重要文臣中，拥有韩熙载、李建勋、徐铉等为代表的杰出的词人、诗人、画家、书法家、音乐家、文献学家等。如南唐在金陵设有宫廷画院，集中了许多优秀的画家，如花鸟画家刘熙、人物画家王齐翰和周文矩，以及山水画家董源等，均为当时画坛名手。不少入宋的南唐文人直接参与了画院建设，对北宋初期的文化建设、提高宋初文人的整体文化素质，及对宋代文学的影响作出了重要贡献。

毫无疑问，处于唐宋社会转型之际的南唐，曾经创造出灿烂的文化财富，其对宋代历史文化的影响是十分明显的。南唐政权的文化中心是在金陵，从这一角度来看，南唐金陵对宋代臻于中国古代文化发展的高峰贡献巨大。[①]

自宋代之后，江南成为人才重要的来源地，宋元 300 多年间，在科举考试巨大利益的驱使下，江淮学子求学、应举的热情空前高涨。江淮读书人数之多，读书风气之盛，远超以往。人称“今吴、越、闽、蜀，家能著书，人知挟册”[②]，北宋景祐二年(1035 年)范仲淹创建府学后，各地纷纷效仿，因此有“天下有学自吴郡始”之说。宋代见诸史料记载的书院共有 713 个，南方有 682 个，占全国书院的 95.7%。[③] 从科考来看，唐五代以前科举考试中，获状元者主要集中在北方，大体占总数的 64%。

① 参见任爽《南唐史》，东北师范大学出版社 1995 年版；邹劲风《南唐国史》，南京大学出版社 2000 年版。

② 叶适：《水心集》卷九《汉阳军新修学记》，《四库全书·集部别集类》，上海古籍出版社 1979 年版。

③ 参见王炳照《中国古代书院》，商务印书馆 1998 年版，第 202—203 页。

而北宋，有籍可查的状元 68 名，其中北方籍 35 名，南方籍 33 名，南北方处于平衡状态。而到南宋以后历代，南方状元人数大增，全国 305 位状元中，南方有 240 位，占 79%，其中江苏有状元 73 名，浙江有状元 62 名，分别占了全国的 1/4 和 1/5。① 及至明代，作为都城的南京，更成为全国科举文教之中心。

唐五代宋元时期，是中国文化重心南移的关键时期，而南京在其中无疑起了举足轻重的作用。唐宋以来，南京政治、经济地位的提高，促进了各项文化事业的长足发展，民众的精神风貌为之一变，各领域学者辈出，成就斐然。与此同时，全国各地的著名学者在这里活动，也大大丰富了地域文化的内涵。中外文化交流的频繁，又进一步提升了地域文化的包容性。

从唐宋元时期各个方面的发展来看，江浙地区，特别是以南京、镇江、苏州、杭州等城市为中心，出现了经济发展、市井繁荣、文化昌盛、人才辈出、思想活跃、科技发展、对外交流不断扩大、世界影响远及欧亚的发展局面，成为中国，也是当时世界最发达的地区之一。这从《马可·波罗游记》所记即可看出。宋元时期江淮一带，包括南京在内的城市之富庶，即使放在当时的世界范围内来看，也是首屈一指的。②

三、东南社会经济转型与海上丝绸之路兴起

南京在唐五代宋元之际的发展，除了与中国经济重心的南移相关，也与汉唐社会与宋元社会经济的变化，以及与东南沿海对外交往的发展即海上丝绸之路的崛起有密切关系。

唐宋经济重心南移之前，中国的经济与政治中心皆在北方，此即所谓“头枕三河（河东、河南、河内），面向西北”。古老的丝绸之路即是一

① 参见[清]黄之隽等编纂，赵弘恩监修《江南通志》卷一一九至一二四《选举制》，广陵书社 2010 年版；胡兆量等编著《中国文化地理概述》，北京大学出版社 2006 年版，第 185 页。

② 尽管曾经有人怀疑马可·波罗是否到过中国，但据杨志玖先生研究，“无论从《行纪》本身的记录，还是中国的有关资料，都有力地证明马可·波罗不仅确实到过中国……而且他所叙述的旅行路线和沿途所见的风土人情、社会经济、战争情况等大都是真实可信的”，见杨志玖《马可·波罗到过中国》，《历史研究》1997 年第 3 期。

条经由漫漫戈壁与草原，从陆路通往西域的中西交通孔道。那时的中外经济、政治、文化交往，都是经由陆路进行的。然而，随着中国经济重心的南移，以及宋夏政权对立时期陆上东西交流丝绸之路的中断，“从根本上改变了战国秦汉以来我国经济一直以黄河流域为重心的经济格局，同时经济重心区域由于向东南方向移动，而更加靠近拥有优良海港的沿海地区，为封闭型的自然经济向开放型的商品经济过渡提供了某种历史机遇”①，中国历史由此开始了由“头枕三河，面向西北”转变为“头枕东南，面向海洋”的进程。这既是汉唐社会与宋元社会的重大区别，也是中原地区与两宋东南沿海地区发展路向的不同。而从面向西北草原转过头来，到面向东南海洋，“则是中国古代经济发展历程中真正具有路标性意义的重大转变。这个转变的实质性内涵是从自然经济转向商品经济，从习俗取向变为市场取向，从单一种植经济过渡到多种经营，从基本上自给自足到专业分工有所发展，从主要生产使用价值转为生产交换价值，从封闭经济走向开放经济。”②正是在这样的一个背景下，南京也开始了面向大海、面向近世城市的转型。这一时期江南的城市布局密集程度越来越高，城市经济功能不断增强，城市服务型行业快速发展，市场商品经济普遍繁荣。

从对外贸易与交流来看，虽然南京不如当时的广州、明州（今宁波）、杭州、泉州等大型海港或如东南沿海（即长江三角洲含杭州湾、福建沿海和广州所在的珠江三角洲）地区那样具有航海的直接便利，但由于南京地临长江，而长江在镇江、扬州下游形成巨大的喇叭口，与大海相连，水深江阔，极便于大型船只的航行，所以金陵的造船业、航海业也有了比较快的发展，促进了海外贸易的兴盛。如在南唐时期，南唐与契丹交往频繁，当时割据政权林立，陆路交通已很难通行，不得不绕行海上。与南唐交往的还有新罗、高丽、占城、大食，都是经海上而来，进行大宗货物贸易。这些都需要大规模的船只运输。南唐的大船可容纳千人，载重量较以往也有所增加，造船技术有所进步。

南京城郊的一些港口，在唐代就是南京城与外界联系的重要交通

① 葛金芳：《中国经济通史》第五卷，湖南人民出版社2003年版，第838页。

② 葛金芳：《两宋东南沿海地区海洋发展路向论略》，《湖北大学学报》2003年第3期。

枢纽,对城市的发展发挥着极重要的作用。如金陵城外北部的竹篠港,其地理位置处在北临长江、南连孙吴时期开凿的人工漕运河道直渎的位置;[①]另外还有小蜀港:"在城东北一百里,句容县北六十里。唐世置盐铁转运使在扬州,本朝(指宋朝)都大发运使在真州,皆于江南岸置仓转般。"[②]两港都为金陵航运的重要交通枢纽。再如龙湾等,一直是长江边一个军事经济地位十分重要的港口。

在宋元之际,南京的造船业与作为掌控船只方向与平稳的船舵等船舶制作技术,有了突飞猛进的发展。在宋代,已出现万石大船,"万石船操驾之人数百",体短圆如三间大屋,可装载铜钱达 20 万贯。海船也有沙船、客舟、神舟、泉舶、浙船等多种。所谓沙船,最早建于唐代,与广船、福船、鸟船同称为四大海船。大的沙船长 10 丈,竖立 5 个桅杆,载重达 230 吨,为长江口以北海域的主要水运船舶。另外还有客舟与神舟。客舟是出使海外随员的座船。神舟则是以万石海船装修而成的华丽大型海船,当这种神舟驶入高丽国礼成港时,其"巍如山岳"的体态、"超冠古今"的装饰,引起了高丽人"倾国耸观","欢呼嘉叹"。

航海术也在这一时期有了很快发展。11 世纪中叶(北宋末期),出现了作为导航辅助工具的指南针,弥补了人们观察天文星辰的缺陷,使人们掌握了全天候的航行能力。到南宋时,指南针已成为主要的导航仪器。

南宋后期,建康沿江一带的战船制造业有相当快的发展。据建康府制置司统计,此时修造战船及修理旧船的数量很大:"自淳祐九年以后,大略可考造船、修船共三千五百五十只,造新船共八百五十七只,修旧船共二千六百九十三只。"[③]这样的规模与数量,是唐代不可同日而语的。

元代因定都于大都(今北京),"去江南极远,而百司庶府之繁,卫士

---

① [宋]周应合纂:《景定建康志》卷一九《山川志三·河港》,第 451 页。直渎地理概况:"在城北,隶上元县钟山乡,去城三十里,阔五丈,深二丈,西至霸埂,东北接竹篆港,流入大江。旁有直渎山、直渎洞。吴后主所开,渎道直,故名曰'直渎'。"

② [宋]周应合纂:《景定建康志》卷一九《山川志三·河港》,第 451 页。

③ [宋]周应合纂:《景定建康志》卷三九《武卫志二·战舰》,第 993 页。

编民之众，无不仰给于江南”①。为便利东南地区粮食对大都的供应和大都方面与东南沿海国外贸易的联系，元世祖忽必烈在至元十九年(1282年)开始试行海运。有元一代，海运主要承担了京师粮食的供应，随着京城人口的不断增长，更有山东、河北及漠北地区备储荒都有赖于海运，故此元人之海运号称“一代之良法”，具有“民无挽输之劳，国有储蓄之富”的功用。

无论海运是为了向北方漕粮还是对海外交往，元代海运自始至终都是从江淮出发的，其中太仓刘家港最为重要，而淮河、长江南北的沿海沿江一带也都是主要航道。延祐三年(1314年)，为减少刘家港的航运压力，利用太湖的主要出水口——白茆港的地理之便，将之开辟为当时海运的支线即松江、温州、台州、庆元、绍兴等处粮船的聚集出洋处。上江线，即海运重要的内河支线，承载江西、湖广的粮食，从刘家港出发，逆长江而上，先后到达真州(今仪征)、集庆(今南京)等处。因此，集庆和真州虽不是直接的出海口，却是粮食物资船只的集结处。建康路在海运中的意义可谓重大。

在中国海运史上，元代海运的开辟是一件划时代的大事，它对于南北商业的发展、大都城市的供给和繁荣、南北交通的沟通、造船业的发展、航海技术的提高等等，都具有重要的历史意义。南北经济的交流，元朝时主要通过陆路、河漕和海运三条途径，其中海运是最具经济价值的。每年有上百成千只海船往返于南北海道。除漕运粮食外，官船还运载南方的各种手工业产品，以及东南沿海外贸港口的进口商品，促进了南北物资的交流，为中外商船去北方或进行海外贸易提供了极大的方便，也为南京城自身的发展提供了契机。在这样的历史背景下，南京城向东方，向海外，向世界，打开了大门，成为后来郑和下西洋的历史壮举中的造船与航海的基地。

总之，唐五代宋元时期，整个江南地区在中国与世界的交往中影响越来越大，海上对外贸易愈加繁荣。南京造船业的发展及港口的建设，从一个侧面反映了南京对外经济贸易与文化交流的扩大，也说明了南

① [明]宋濂等撰:《元史》卷九三《食货志一》，中华书局1976年版，第2364页。

京由中古时期的政治、军事型城镇向近世经济型城市的转型。

第三节　隋唐宋元的文学

南京历史悠久，地理位置优越，自然风光秀丽，人文气息浓厚，尤其是沧海桑田的历史变迁和改朝换代的频繁，极易触发人们感慨盛衰荣辱的敏感神经，于是无数文人墨客都曾深情吟咏过“虎踞龙盘”的金陵城，“金陵怀古”亦成为中国文学史上篇制浩繁、体系完备、常咏常新的题材。南唐时期词的勃兴，更与金陵有密切关系。

一、唐五代文人与金陵文学

有唐一代，文风鼎盛，名家辈出，尤其是唐诗这一文学体裁更是登峰造极。恰如明代谢榛所言：“景乃诗之媒，情乃诗之胚。”①当唐诗遇见“江南佳丽地”之金陵，自然会摩擦出异常瑰丽夺目的火花。唐朝也是金陵咏叹的一个绝佳时期：六朝风华刚过，隋唐统治者将“建康城邑宫室，并平荡垦耕”，昔日殿堂楼阁如今成为田亩，强烈的盛衰对比，留给唐代文人以足够的情感刺激和疏泄空间。因此，唐朝是金陵怀古诗词的发轫时期，也是此类题材写作的最盛时期，对后世多有影响，奠定了金陵怀古的基调。

唐人或生于此，或仕于此，或登临于此，或途经于此，抑或仅是心向往之，钟情于此，不管是暂住还是常往，都被金陵独特的气质所吸引，于是留下了大量与金陵相关的诗文、实物，抑或是佳话、传说。如李白“凤凰台上凤凰游，凤去台空江自流”，刘禹锡“旧时王谢堂前燕，飞入寻常百姓家”，杜牧“南朝四百八十寺，多少楼台烟雨中”，韦庄“江雨霏霏江草齐，六朝如梦鸟空啼”之句，早已家喻户晓，耳熟能详；再如李白秦淮河上捉月而亡的传说，如今依旧在秦淮坊巷里流传；有“热血书家丹心

① [明]谢榛：《四溟诗话》卷三，《文渊阁四库全书》。

臣”之称的颜真卿，曾在金陵开辟乌龙潭，今日依旧潭水青青。金陵之石头城、秦淮河、乌衣巷、长干里、白鹭洲、劳劳亭、台城等等意象，也不绝如缕地进入唐人的写作视野，从而千古传诵。杜甫、刘禹锡、杜牧及王勃、张九龄、许浑、白居易、元稹、李商隐等诗人都留下了关于金陵的佳作。

五代时期，有许多文人于金陵赋诗，并留下了众多佳作。著名的诗人有李璟、李煜、宋齐丘、沈彬、李建勋、孙鲂、冯延巳、徐铉、李从谦等。这些人多将自己的生活境遇融入诗作中，增添了诗歌创作的活力与生机。

图 3-4　李白

五代时期又是一个承唐启宋的过渡时期。在这一时期，形成了一种崇尚白居易写作之风的风气，即所谓的宗白诗风。“宗白诗风在五代起着主导作用，集中体现着一代诗歌的基本创作倾向和转折特征。”[①]宗白诗风的代表人物有孙鲂、沈彬，他们不仅承袭白居易的风格，又有各自的特征。五代时期，金陵诗歌的兴盛与南唐君主的提倡也有着很深的关系。在中主李璟和后主李煜时期，时常举行宴饮，并赋诗唱和。

五代时期的金陵文学以词的成就最为突出，光芒也最为耀眼，对后世的文学创作产生了深远的影响。词，因其每行长短不一，又称长短句或诗余，本可以和乐歌唱，又称曲子词或词曲。这种体裁始于中唐以后，盛于两宋时期，而五代时期则是词发展的一个重要阶段。当时以西蜀与南唐词最为盛名，史家有云：“词至西蜀、南唐，作者日盛，往往情至文生，缠绵流露。不独为苏、黄、秦、柳之开山，即宣和、绍兴之盛，皆兆

① 贺中复：《论五代十国的宗白诗风》，《中国社会科学》1996 年第 5 期，第 141 页。

于此矣。"[①]西蜀之词承袭温庭筠的风格,代表作为《花间集》。与之相较,南唐词在中主李璟,尤其是后主李煜的推动之下,"实现了词在内容和意境上的突破",[②]开创了新的一代文学风格。而南唐的词作多创作于南唐的国都——金陵。尤以南唐元宗李璟、后主李煜及曾任宰相的冯延巳的词最具代表性。李璟之词,"大有众芳芜秽,美人迟暮之感",[③]表面上似乎描写的是女子的仇怨,实际上是抒发自己的境遇,感叹国内的严峻形势。

金陵词人中成就最大的当属后主李煜。近人王国维评价李煜词云:"词至李后主而眼界始大,感慨遂深,遂变伶工之词而为士大夫之词。"[④]李煜之词风格清新淡雅,语言朴素自然,不喜雕琢,"采用的白描、直抒胸臆等艺术手法,使词在创作技巧上大有突破"。[⑤] 李煜之词的创作与其生平经历不无关系,以亡国为界,分为前期和后期两个阶段。李煜前期之词多半反映其极尽奢华的宫廷生活,而后期之词,是其在饱尝亡国之苦后有感而作,多怀有对故乡的思念与对人生的感悟,更为后世之人所传唱。其词深深地表达了对故国的思念与亡国的痛楚,婉转伤感,愁意绵绵,感情真挚,富有极大的感染力。词中没有富丽堂皇的宫廷生活,却饱含沧桑之愁怨,把亡国的不幸表现得分外真切、沉重,将其亡国之痛表现得淋漓尽致。

近人王国维曾云:"温飞卿之词,句秀也。韦端己之词,骨秀也。李重光之词,神秀也。"[⑥]即说温庭筠之词,词句秀雅;韦庄之词,骨风秀雅;而李煜之词,则精神典雅。李煜这种清新淡雅的风格影响着金陵文学的创作。当然,这与当时的创作环境也有着很大关系。文献中曾对金陵盛时的景象有这样一番描述:"内外无事、朋僚亲旧,或当燕集,多运藻思,为乐府新词,俾歌者倚丝竹而歌之,所以娱宾而遣兴

① [清]沈辰垣等编:《历代诗余》卷一一四,引《玉茗堂集》,《四库全书》,上海古籍出版社 1987 年版,第 319 页。

② 邹劲风:《南唐文化》,南京出版社 2005 年版,第 57 页。

③ 王国维撰:《人间词话》,上海古籍出版社 1998 年版,第 4 页。

④ 王国维撰:《人间词话》,第 4 页。

⑤ 邹劲风:《南唐国史》,南京大学出版社 2000 年版,第 200 页。

⑥ 王国维撰:《人间词话》,第 4 页。

也。”[①]这样以宫廷、宴饮为主的创作环境，造成了当时金陵词作的雅致风格。

金陵词坛中还有一位重要的词人，即宰相冯延巳。冯延巳又名延嗣，字正中，有《阳春集》传于世，在文学上成就显著。清人评论“后主小令冠绝一时。韦端己亦不在其下。终五代之际，当以冯正中为巨擘”，认为冯延巳之词实不亚于李后主之词。[②]

在南唐君臣的带动下，这个时期金陵词愈显兴盛与繁荣。据统计，南唐时期的词人及其作品共计255首[③]，其中大部分作品都创作于国都金陵。可以说，金陵在五代时期词学的发展中占据中心地位。

二、宋元时期文学的繁荣

两宋时期江宁（建康）府文学进一步发展，其优势条件首先是厚重的文化积淀。自六朝以来，江宁（建康）府地区就是文化繁荣之地。唐宋以来，随着经济中心的转移，中国文化中心的转移也加快了步伐。江宁（建康）府作为宋元时期的大府或陪都，自然成为当时重要的文化中心。其次是由于该地区经济发展，奠定了良好的物质基础。再次是该地区社会相对安宁。

两宋时期，江宁（建康）府的文学与宋代主流的文学特点具有一致性，即处在一个承前启后的历史阶段，是中国文学从“雅”到“俗”的转变时期。所谓“雅”，指主要流传于社会中上层的文人文学，如诗、文、词；所谓“俗”，指主要流传于社会下层的小说、戏曲。两宋时期的江宁（建康）府地区除了诗词快速发展，还出现了很多话本、戏曲和口头文学等世俗文学形式。

由于江宁（建康）府地区经历了六朝的繁华与衰败，宋元时期文学

---

① ［清］侯文灿：《名家词》录陈世修序《阳春集序》。

② ［清］陈廷焯撰：《词坛丛话》，收入唐圭璋编《词话丛编》，中华书局1986年版，第3719—3720页。

③ 此数字为薛政超据曾昭岷等编撰的《全唐五代词》统计而成，见氏著《五代金陵史研究》，中央编译出版社2011年版，第123页。但李璟词的数量仍存疑问，因邹劲风、杜文玉等史家认为其传世之作仅有4首，具体数字有待继续考证。

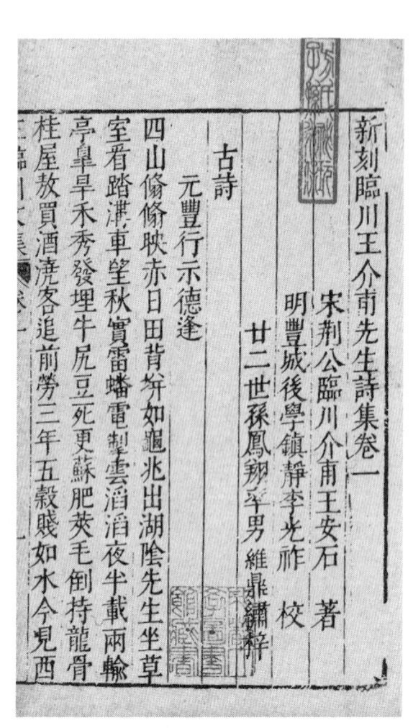
新刻臨川王介甫先生詩集卷一
宋荆公臨川介甫王安石 著
明豐城後學鎮静李光祚 校
廿二世孫鳳翔仝男維鼎編梓
古詩
元豐行示德逢
四山翛翛映赤日田背坼如龜兆出湖陰先生坐草
室看踏溝車望秋實雷蟠電掣雲滔滔夜半載雨輸
亭皋旱禾秀發埋牛尻豆死更蘇肥莢毛倒持龍骨
柱屋放買酒澆客追前勞三年五穀賤如水今見西
王臨川文集 卷一

图 3-5 《王临川文集》书影

与唐五代相似，仍以怀古为内容的作品居多。该地区“钟山龙盘、石头虎踞”的壮美景观与江山形胜又与人事沧桑相应和，激发无数诗人墨客的情感，写下动人的篇章。宋元的诗人墨客继承唐五代金陵文学的特点，所作诗篇显得格外深沉豪壮、抑郁苍凉。如北宋时期王安石在江宁期间，写下许多流传千古的诗篇，其中怀古词《桂枝香·金陵怀古》最为有名。苏轼留下的《同王胜之游蒋山》诗、《渔家傲·金陵赏心亭送王胜之》词及《水龙吟》等也都是咏金陵的杰作。

南宋著名词人和军事将领辛弃疾一生多次到过或者居住在建康。他的《水龙吟·登建康赏心亭》《念奴娇·登建康赏心亭呈史留守致道》《菩萨蛮·金陵赏心亭为叶丞相赋》《太常引·建康中秋夜为吕叔潜赋》《定风波·席上送范廓之游建康》皆是咏金陵的名篇。陆游也曾多次在建康留下足迹并赋有名篇。如《将至金陵先寄献刘留守》《登赏心亭》《夜泊龙湾回望建康有感》等。除了在建康创作了众多的诗词外，陆游还花了大量的时间和精力，对南唐历史进行了考察，编撰了《南唐书》18 卷，叙述了南唐佛教盛行的始末，以及南唐与契丹、高丽交往的重要事件，十分严谨，被后人所推崇。南宋著名将领文天祥与南京的缘分则带有一种悲怆的色彩。祥兴元年（1278 年）文天祥不幸被俘，被押北上，6—8 月羁留在建康城金陵驿。诗人忆古抚今，触景生情，诉亡国之痛，抒殉国之志，写下《金陵驿》等与建康有关的著名诗篇。

元人汪元量、王奕、白朴、仇远、卢挚、张可久、乔吉、王冕、许友壬、张翥、萨都剌等亦有不少咏金陵的佳作。

第四节　教育与科举

一、隋唐时期的学校教育

隋文帝建国初期，在中央设有国子学、太学、四门学、书学、算学和律学，在地方设有州县学。隋朝时，南京地区按制度应该设有州县学。

唐朝是中国封建社会中统一时间长、国力强盛的朝代之一，教育事业也得到了较快的发展。唐代以国子监作为中央教育机构，是国家最高学府。在地方上，唐承隋制，州县设官学，学生由州县长官补，州长史主持。《唐六典》对各州县学学生数额有较为明确的规定，其中京都学生 80 人，大、中都督府和上州各 60 人，下都督府、中州各 50 人，下州 40 人，京都下辖县 50 人，畿县、上县各 40 人，中县、中下县各 35 人，下县 20 人。①

唐代金陵的教育机构，应该是按照统一规定设置的。宋代的王谠在其《唐语林》一书中，有金陵府学的记载，曰："韩晋公治《左氏》，为浙江东西道制节。属淮宁叛乱，发戎遣馈，案籍骈杂，而未尝废卷。在军中撰《左氏通例》一卷，刻石金陵府学。"②另宋《景定建康志》记溧水县学曰："唐武德元年(618 年)建，至圣文宣王庙在县东三十步。"③光绪《六合县志》卷三《建置志》记六合学宫曰："六合学宫，唐咸通(860—873)中在东门街北，光化(898—901)中徙河南牛市街。"④这些都是唐代金陵地区设立州县官学的记录。

根据隋朝制度，南京所在的蒋州每年可以挑选三名成绩或资格优异的生员进入国子监学习。唐承隋制，南京所在的昇州每年同样可以

① [唐]李林甫等撰，陈仲夫点校：《唐六典》卷三〇《三府都护州县官吏》，中华书局 1992 年版，第 741—753 页。

② [宋]王谠撰，周勋初注解：《唐语林校正》卷二，中华书局 1987 年版，第 125 页。

③ [宋]周应合纂：《景定建康志》卷三〇《儒学志三》，南京出版社 2009 年版，第 795 页。

④ [清]谢延庚、吕宪秋等修：《光绪六合县志》卷三《建置志之三・宫庙》，江苏古籍出版社 1991 年版，第 52 页。

挑选三名生员入国子监学习。曾任昇州刺史的李栖筠在任职期间,"增学庐,表宿儒河南褚冲、吴何员等,超拜学官为师,身执经问义,远迩趋慕,至徒数百人"[①]。

二、宋元江宁(建康)府的学校教育

宋代地方行政区划实行两级制,地方官学也有两级,由州、府、军、监政府设立的,称为州学、府学、军学和监学,由县政府设立的,称为县学。北宋时期的江宁府属江南东路,南宋时的建康府则属江东路,主要管辖的地区包括上元、江宁、句容、溧水、溧阳五县。

这一时期府学和县学的快速发展,首先得益于国家崇尚文治的政策。宋代统治者推行"右文"政策,尊师重教,重视文化教育,加大对教育事业的投入,先后开展大规模的兴学运动,如庆历兴学、熙宁兴学和崇宁兴学。这三次兴学的宗旨、实施背景和性质虽然不尽相同,但是都起到了振兴教育、培养人才、促进教育事业发展的积极作用。地方官学也在这三次兴学运动中逐步建立和完善,达到繁荣的程度。南宋建康府作为"陪京",担任"典教重任",[②]府县学的发展自然要受到当朝统治者的重视。

此外,较安定的社会环境和经济的发展也为地方官学的持续发展提供了社会保障和物质基础。北宋词人张昪在《离亭燕·一带江山如画》词中,就这样描绘北宋时期江宁府的繁荣景象:"一带江山如画,风物向秋潇洒。水浸碧天何处断?霁色冷光相射。蓼屿荻花中,隐映竹篱茅舍。云际客帆高挂,门外酒旗低迓。"[③]词人周邦彦在任溧水县令时所作的《西河·金陵怀古》也提到江宁府"酒旗戏鼓甚处市"[④]的景象,反映了街市热闹的场景。

南宋时期建康府作为"留都",工商业发达,城市繁荣,使地方政府

---

① [宋]欧阳修、宋祁撰:《新唐书》卷一四六《李栖筠传》,中华书局1975年版,第4736页。

② [宋]周应合纂:《景定建康志》卷二八《儒学志一·置教授》,第753—754页。

③ [宋]范公偁:《过庭录》,明稗海本。

④ [宋]何士信辑:《群英草堂诗余》后集卷上《群英词话》,明洪武二十五年。

财政税收有较大的增加，进而为地方政府支持府学和县学的发展提供了条件。

宋代江宁（建康）府学的建立，始于宋仁宗天圣年间（1023—1032）。从《景定建康志》的记载可以看出江宁府学建立及发展的脉络：雍熙年间（984—987），建立文宣王庙，成为府学的故基；天圣七年（1029年），太守张士逊奏请将文宣王庙迁徙到浮桥东北，正式建立府学；景祐年间（1034—1038），陈执中将府学迁到太府的东南，府学场所确定下来；建炎年间（1127—1130）遭到战争破坏，绍兴九年（1139年），宋高宗下诏“以建康为留都”后，叶梦得下令重建府学，“因旧址尽彻而新之”，“为屋百二十有五间，南向以面秦淮，增斥讲肆，列置斋庐，高明爽垲，固有加于前”。[①] 刘珙担任建康府知府后，于淳熙四年（1177年）再次全面修复府学，此后的继任者如郑侨、别之杰、赵以夫、马光祖等都不同程度地在原有基础上增广修葺（图3－6）。[②]

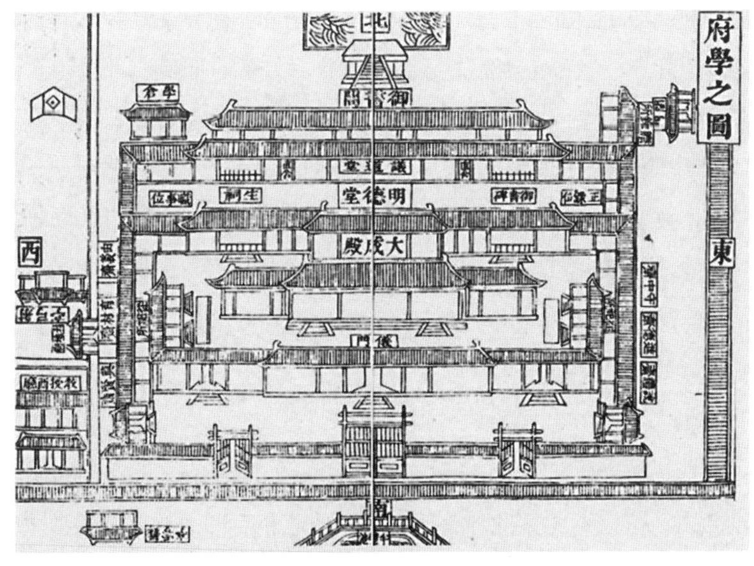

图3－6　建康府学图（《景定建康志》）

宋代地方官学中教师级别最高的是教授，据《宋史》卷167《职官志》

① [宋]周应合纂：《景定建康志》卷二八《儒学志一·本朝兴崇府学》，第742页。

② [宋]周应合纂：《景定建康志》卷二八《儒学志一·本朝兴崇府学》，第741页。

记载:“庆历四年,诏诸路、州、军、监各令立学。学者二百人以上,许更置县学。自是州郡无不有学,始置教授。”建康府学在天圣七年(1029年)建立之时就设置了教授一员,绍兴九年(1139年)增置教授一员,两名教授分任于东西两厅。[①]

教授首选那些“无过犯有节行,能讲说为众所服者”[②];其次是有学识的,能够称上“一郡之统学”的博士,再次就是能认真负责、严谨教学之“研精教事”者[③]。《景定建康志》中所列的东厅教授有陈珏等50人,西厅教授有范光等44人,其中包括南宋著名政治家和文学家周必大。

教授的职责主要包括教学传道、引导社会风气、促进地方文化发展和人才培养等。“学以明伦而建,官以传道而设”[④],这是府学设立的宗旨。府学的设置很大程度上还是适应科举考试,为国家选拔人才。[⑤] 与此同时,江宁府学十分重视改变社会“六经不作”的风气,对于当朝社会学术发展的弊端加以反思:“学校,固理义之所从出,而斯文之所先也”,是“风化之源,尊君人伦之首”,建康府“号陪都,视定鼎郏鄏,实为宗周,是亦风化之首”[⑥]。在这样的社会背景下,教授的职责不仅在于传授知识,还在于担负“变秦淮之地为邹鲁之乡”的重任。[⑦]

江宁(建康)府学作为地方官学,大体以经学为主要课程,经学教材在地方官学教育中占有主导地位,但是在不同时期,随着科举考试的科目和宋代文教政策的变化,学校所使用的教材也会相应地调整。

教育经费是学校教育得以持续稳定发展的重要保证,宋代江宁(建康)府的社会较为安定,经济较为富庶,这为府学教育经费问题的解决奠定了基础。

在宋代以前,地方官学的教育经费问题主要依靠一些临时性的手段来解决,并没有建立一种比较稳定的保障机制。自宋代建立以后,逐

① [宋]周应合纂:《景定建康志》卷二八《儒学志一·置教授》,第748页。
② [明]黄淮、杨士奇编:《历代名臣奏议》卷一六六《选举》,第2177页。
③ [宋]周应合纂:《景定建康志》卷二八《儒学志一·置教授》,第753—754页。
④ [宋]周应合纂:《景定建康志》卷二八《儒学志一·置教授》,第749页。
⑤ [明]黄淮、杨士奇编:《历代名臣奏议》卷一六六《选举》,第2177页。
⑥ [宋]周应合纂:《景定建康志》卷二八《儒学志一·本朝兴崇府学》,第742—744页。
⑦ [宋]周应合纂:《景定建康志》卷二八《儒学志一·置教授》,第754页。

步形成一种以学田制为核心的多种形式和来源,较为稳定的教育经费筹措制度。所谓学田制,是指“由国家拨给或学校自行购置一定数量的土地,作为学校的固定资产,学校将这些土地租佃给附近的农民耕种,收获的粮食和钱租用作赡学的经费”。[①] 江宁府学在天圣七年(1029年)建立之初,朝廷拨给学田十顷,此后还不断有所增拨,通而计之,府学“岁入米三千八百八十余石,菽麦四百石,钱四万一千余贯,柴薪丝麻之入不与焉”,[②]府学对这些收入的管理是“会计有籍,记载有碑,皆掌于学提督。钱粮则通判,东厅之职也”。[③]

江宁(建康)府学通过学田等获得经费,这些经费的支出主要包括府学日常运营所需的开支,如学官俸银、生徒膳食以及学校的修缮等费用。由于经费的充裕,建康府学还创立了义庄,用于资助本地贫穷士子求学,在他们遇到吉凶的时候给予一定的钱粮帮助。

据《景定建康志》记载,今南京地区的县学,有上元县学、江宁县学、句容县学、溧阳县学和溧水县学。

上元县可谓名县,“肇于唐五百年”,[④]“首诸县”,[⑤]程颢曾担任上元县的主簿。景定二年(1261 年),知县钟蜚英“在县治西”建立上元县学。[⑥] 县学所在学堂叫“勤清堂”,“画宫于堵,为殿、为学、为堂、为序、为门、为庖,井如也”。[⑦]

江宁县,“金陵附邑也,为江左望”,[⑧]知县王镗于景定四年(1263年)在“县治北”创办县学。“庆历四年,州县皆立学。县有学,实成周党庠术序之遗意。”同时,又由于“得田若干亩,归于学以继廪粟”,[⑨]从而为县学的创立和发展提供了物质基础。

句容县学“始建于唐开元十一年,在县衙之东”,宋代不同时期得到

① 乔卫平:《中国教育制度通史(宋辽金元卷)》,山东教育出版社 2000 年版,第 117 页。

② [宋]周应合纂:《景定建康志》卷二八《儒学志一・增学计》,第 757 页。

③ [宋]周应合纂:《景定建康志》卷二八《儒学志一・增学计》,第 757 页。

④ [宋]周应合纂:《景定建康志》卷三〇《儒学志三・置县学》,第 790 页。

⑤ [宋]周应合纂:《景定建康志》卷三〇《儒学志三・置县学》,第 789 页。

⑥ [宋]周应合纂:《景定建康志》卷三〇《儒学志三・置县学》,第 788 页。

⑦ [宋]周应合纂:《景定建康志》卷三〇《儒学志三・置县学》,第 790 页。

⑧ [宋]周应合纂:《景定建康志》卷三〇《儒学志三・置县学》,第 792 页。

⑨ [宋]周应合纂:《景定建康志》卷三〇《儒学志三・置县学》,第 792 页。

不同程度的修建。句容县学《重建学记》载奉议郎吴淇兼任句容县令时重修县学的过程："撙县费之浮，计学廪之羡，益之以邑人之愿助，市材之美，诹工之良，涓日之吉，撤旧宇，一新之。"①

溧水县学是在唐武德元年(618 年)所建至圣文宣王庙的基础上建立的，熙宁二年(1069 年)"知县关杞迁于通济桥之东南，建为学"。后在中央政府的支持和地方县臣的努力下，溧水县学不断重修和增建，使得溧水县学不断发展，并使得溧水县"文风最盛，贡举为多"②。

溧阳县在后汉光和年间就曾设立县学。淳化五年(994 年)，县令夏侯戬在县西门外建立宣圣庙；皇祐四年(1052 年)，知县查宗闵"移学于县城东南隅"；崇宁年间，知县李亘又"增广斋舍"。南宋绍兴十八年(1148 年)，知县施佑"因旧基兴创"，并且得到阎彦等地方士绅的资助。绍兴二十年(1150 年)，知县周淙"重加葺治，殿后建堂，曰'德化'"。此后又经历任知县修葺，逐渐完备。③

元代府县学大体沿革宋制并有所发展。元朝建立，统治者推行"汉化"政策，尊崇孔子，倡导儒学，而且在蒙元代宋之际，江南地区兵燹之祸较少，学校虽有损毁，但能迅速恢复旧规。江南各地纷纷兴校办教，走在了全国的前列，而集庆路更是"他郡莫及"。④

至元二十八年(1291 年)，元政府令江南诸路学及各县学内设立小学。⑤"至元二十一年(1284 年)建康路设提举学校官与教授同管学事……二十四年(1287 年)二月十五日设各道儒学提举司"，⑥成为全国设立地方教育机构和官员的开端⑦。

在朝廷的关注下，集庆路在归附之初路学便恢复了起来，"建康路自至元十二年(1275 年)归附，因前宋府学差官主教，寻设教授，又设江东道儒学提举司"。⑧ 后经多次建设，路学规模更胜往昔，弟子中也多有

① [宋]周应合纂：《景定建康志》卷三〇《儒学志三·置县学》，第 793—795 页。
② [宋]周应合纂：《景定建康志》卷三〇《儒学志三·置县学》，第 795 页。
③ [宋]周应合纂：《景定建康志》卷三〇《儒学志三·置县学》，第 800—801 页。
④ [元]张铉纂，田崇校点：《至正金陵新志》卷九《学校志·总叙》，第 319 页。
⑤ [明]宋濂等撰：《元史》卷八一《选举志一·学校》，第 2032 页。
⑥ [元]张铉纂，田崇校点：《至正金陵新志》卷六《官守志·本朝统属官制》，第 268 页。
⑦ 李天石、潘清主编：《江苏通史·宋元卷》，凤凰出版社 2010 年版，第 362 页。
⑧ [元]张铉纂，田崇校点：《至正金陵新志》卷九《学校志·本朝学校》，第 327 页。

名臣之后，史称："公卿大夫局江左者，率遣子弟就学，今仕为名臣者，多集庆子弟员。於戏！盛矣。"①

州县一级的官学虽也饱受战火之灾，但在和平到来之际迅速得以恢复，并有所扩建，规模较诸前代有所扩大。如江宁县学，在县治北，宋景定四年(1263 年)由知县王镗创建，江南归附元朝后，县学恢复了宋时规模。上元县学，在县治西，景定二年(1261 年)由知县钟蜚英创建。② 句容县学，至大二年(1309 年)，县尹赵靖撤旧重建，继任的县尹程恭更延聘名士，致使"远近向慕"。③ 溧水县学历史悠久，元贞元年(1295 年)溧水县升为州，学校亦升为州学，得到更多的建设。溧阳与溧水同升为州，县学也改为州学。大德五年(1301 年)，"重建斋舍"，"设小学斋，增学田三百八十余石"。④ 大德十一年(1307 年)，改建大成殿，"规模有加于旧"。⑤

三、宋元江宁(建康)府书院的发展

"书院"一词相当于书房，起源于一些士人在自己的书院中授徒教书。随着社会上私人创办和主持书院之风的兴起，更由于官学教育不能满足人们求学问道的需求及自身发展出现的腐败现象等问题，书院渐渐发展成为相对独立于官学和私学之外的一种新型教育组织形式。书院在北宋得到了初步发展，南宋时期，书院的发展进入高潮时期。

北宋时期的江宁府和南宋时期的建康府，虽然处于二级地方政区位置，但由于"领江左八州之地，于东南为大都会"⑥的战略位置，以及这一时期中国经济、文化重心的南移，书院也在这一时期兴盛起来。北宋时期，今江苏境内有 4 所著名书院，其中茅山书院即位于江宁府茅山(今镇江句容境内)，为宋初侯遗所建。宋仁宗天圣二年(1024 年)，江

① [元]张铉纂，田崇校点：《至正金陵新志》卷九《学校志·本朝学校》，第 330 页。
② [元]张铉纂，田崇校点：《至正金陵新志》卷九《学校志·本朝学校》，第 331 页。
③ [元]张铉纂，田崇校点：《至正金陵新志》卷九《学校志·本朝学校》，第 331 页。
④ [元]张铉纂，田崇校点：《至正金陵新志》卷九《学校志·本朝学校》，第 332 页。
⑤ [元]张铉纂，田崇校点：《至正金陵新志》卷九《学校志·本朝学校》，第 332 页。
⑥ [宋]周应合纂：《景定建康志》卷二八《儒学志一·本朝兴崇府学》，第 742 页。

宁府知府王随奏请朝廷，赐田三顷，以充书院赡用。

两宋时期，南京地区的建置和区划基本稳定，主要管辖上元、江宁、句容、溧水、溧阳5州县，建康府的书院至少有溧阳的金渊书院、上元的南轩书院和明道书院、金坛的龙山书院和申义书院。其中最著名的、史书中记载最为详细的当属位于上元县的明道书院。

据《文献通考》卷六一《学校考·书院》记载："明道书院旧在应天府学宫，宋淳熙初刘珙建祀程明道，后守刘椝改筑新祠于钤辖故地，李珏匾其堂曰'春风'，旁二塾曰'主敬''行恕'，寻废后守吴渊更创。理宗亲书'明道书院'四大字为额，与四书院等。马光祖继之又给田增廪。"可见，明道书院在历史上的地位是比较高的。

明道书院最初是在纪念理学大师程颢（号明道先生）的祠堂基础上扩建起来的，目的也是为了纪念程颢和传承他的思想。[①] 明道书院建立后，针对生徒以及职事，"仿白鹿洞规"，建立了详细的规章，内容比较严苛。明道书院的经费来源主要来自官府的资助，具体表现为赐田产和直接拨款。从有关史料可以得知，建康府赐给明道书院的田产数量相当大，而且是集各县的力量共同促进书院的发展，不难看出官府对明道书院的重视程度。官府赐给书院的田产成为书院所拥有的资产，习惯上被称作"学田"。书院经费的支出除了新建与重修之外，主要包括书院山长和职员的薪金，祭祀所需费用，购置图书及一些日常的开销等。

元朝入主中原后，书院虽遭受破坏，但很快得到复兴和发展。建康府（集庆路）书院进一步兴盛。

元朝在本地区的书院主要有明道书院、南轩书院、江东书院、昭文书院等。

明道书院创建于南宋理宗淳祐年间（1241—1252）。及至元代，一仍宋时旧规，无所更改。南轩书院初建于天禧寺方丈后，本是南轩先生张栻读书处。入元后，迁移至城东仪宾馆，在明道书院西南。江东书院在城内永安坊盐仓街，至元五年（1268年）由王进德创建。学院曾礼聘理学大家程端礼来此主持。程端礼所建立的教育体制，成

① [宋]周应合纂：《景定建康志》卷二九《儒学志二·置书院》，第760页。

为元代书院教育体制的成规，对书院的发展起到了十分重要的作用。元代杰出的思想家、教育家、前翰林学士吴澄也应邀前来讲学。吴澄对书院规章制度的厘定有很大的贡献。泰定元年(1324年)，泰定帝亲自赐额“江东书院”。江东书院后渐成为元代书院中学术氛围最为活跃的书院之一。① 昭文书院在湖熟镇，下临秦淮。其地亦名太子台，旧传是梁昭明太子宴游之所。至元年间(1264—1294)定“昭文书院”名，并得官府资助。

元代书院与前朝不同，有着极大的官方色彩，书院的建立须经官府的批准。书院山长皆为官方聘请，使其成为体制内的一员。书院的其他学官也是朝廷的官员，书院的经费更多地依赖于官府的资助，书院渐失其自由风气，书院发展至此已经“官学化”了。②

四、贡院与科举

科举制度自隋唐创立和完善以来，成为中国封建社会选拔治国人才的主要途径，在国家的政治、文化等各领域都产生了重要影响，对教育事业的发展也起到了或直接或间接的作用。

宋太祖赵匡胤建立宋朝后，于建隆二年(961年)正式恢复科举考试，宋代的科举制度较之隋唐时期，体制更加完备，规模逐渐扩大，如科举取士名额增多、考试科目增多、殿试成为定制、考试规程进一步完善等。同时还在科目的设置、考试过程的管理等方面都有较大幅度的调整，如先后废除了唐代科举制度中的公荐，实行殿试制度、同知贡举制度，以加强皇帝对科举考试的监督和控制，实行别头试制度，以限制官僚子弟和士族子弟应试的特权。这些调整和完善，体现了科举制度自身的演变趋势及宋代社会发展的现实需要。“后世学校、科举之法并行，以学校养士，而以科举取士”，学校与科举考试制度的联系自科举创立之始即密不可分。

① 李天石、潘清主编：《江苏通史·宋元卷》，第368页。

② 徐传德主编：《南京教育史》，商务印书馆2006年版，第77页。

贡院作为科举制度的产物，是宋元重要的“取士之所”[①]，成为国家选拔人才时科举考试的场所。今南京地区的贡院主要建于南宋，是供府学和县学学生考试的场所，也是作为省试的常设管理机构。此时期，建康府贡院的发展主要反映在以下几个方面。

1. 贡院的兴建

建康府内所兴建的贡院，主要有建康府贡院和转运司贡院。建康府贡院是留守史正志于乾道四年（1168 年）建在“青溪之南，秦淮之北，即蔡侯郎宽夫宅旧址”[②]，也就是今天南京市夫子庙东侧的江南贡院旧址。“兴学校，益庖廪，谓之崇儒”[③]，贡院作为科考取士的考场，其发展兴衰也反映了当地官员对教育和培育人才的重视程度。

据《景定建康志》记载，建康府贡院多次修葺和扩建。如绍熙三年（1192 年），“留守余公端礼修而广之”。嘉定十六年（1223 年），端礼之子余嵘“撤而新之”[④]，陈天麟、杨万里为记。后马光祖任内，又重建建康府贡院，“鸠工聚材，筑基崇址……试场旧止四庑，众以为隘，乃即西偏僻地数百弓，添创两庑，为屋共二百九十四间。庖湢守视之所，罔不整洁。又仿金华诸郡例，置长卓町柱间，阐三门以来多士。中门之外设封弥、交卷、誊录、对读所，各有所司，井然不紊。”[⑤]

转运司贡院，于嘉定九年（1216 年）由“真文忠公德秀始建贡院于青溪之西”。真德秀可谓精心选择贡院的地址，“相其阴阳正位，南乡筑而增之，其崇五尺，背负钟山，前直长干，清溪环流，秦淮旁注，宽闲爽垲，不僻不嚣”，[⑥]转运司贡院的设立，促使建康地区“教学兴，风俗厚，贤才出，治功著”。[⑦]

贡院还创置“房缗”（即房租），“专充赆送”，资助本地清贫的士子，并且规定“赆送数目并用铜钱”，确立了详尽的“赆送规约”。

---

① [宋]周应合纂:《景定建康志》卷三二《儒学志五・贡院》，第 839 页。
② [宋]周应合纂:《景定建康志》卷三二《儒学志五・贡院》，第 839 页。
③ [宋]周应合纂:《景定建康志》卷三二《儒学志五・贡院》，第 840 页。
④ [宋]周应合纂:《景定建康志》卷三二《儒学志五・贡院》，第 839 页。
⑤ [宋]周应合纂:《景定建康志》卷三二《儒学志五・贡院》，第 845—846 页。
⑥ [宋]周应合纂:《景定建康志》卷三二《儒学志五・贡院》，第 842 页。
⑦ [宋]周应合纂:《景定建康志》卷三二《儒学志五・贡院》，第 842 页。

2. 贡士名额

关于贡士，唐武德初规定，诸州号明经俊秀州县试合格者，每年十月随方物入贡，[①]也就是说凡是被举荐的贤良之士都可以被统称为“贡士”。科举制度创建后，贡士主要指那些参加明经诸科考试合格，可以赴礼部参加省试的举人。淳祐三年（1243年），建康府知府杜杲“增府学养士田，置贡士庄，并及进士阁”，[②]即设立了专门用来资助贡士的贡士庄，至于其资产来源，据《景定建康志》，“郡教姑孰陶公炽诱掖后进，以明道书堂拨入岁租，易金市屋，日僦月储，为贡士资”，[③]将明道书院田产所收田租作为贡士资。

北宋时期，江宁府贡士的名额只有10名。南宋建立后，江宁府改为建康府，并且成为“留都”，受到南宋统治者的重视。端平元年（1234年），“守臣奏，以建康行阙之重，请比临安府恩例，特与增添解额。八月十日奉圣旨：建康府解额特增两名，共以一十三名为额”，[④]这使建康府的士人增加了入仕的机会。

至元朝，科举恢复后，南京科第进士人数最初并不多。延祐四年（1317年），溧水州人刘泳江浙乡试第二十名，但会试下第；延祐七年，溧阳州人李士良江浙省第六名，会试中选，殿试得第三甲，同进士出身，授将侍郎、绍兴路余姚州判官；至治三年（1323年），李桓江浙省第二十七名，会试下第，但因恩例被授予余干州教授；大历二年（767年），李懋江浙省第十六名，会试中选，殿试第二甲，同进士出身，授予将侍郎、饶州路鄱阳县丞。[⑤]

随着元统治的稳定，江南越来越受到重视。元代考中进士的蒙古、色目人见于记载者，约有一半以上都在江南，也包括南京居住、学习过。陈垣先生《元西域人华化考》所辑168人，约四分之三有在江南任职、寓居、游学经历；萧启庆教授《元代蒙古人的汉学》论列的117人中，有江

① [宋]高承：《事物纪原》卷三《学校举贡部·贡士》，中华书局1975年版，第73页。

② [明]王一化纂，[明]程嗣功修：《万历应天府志》卷二《郡纪中》，南京出版社2011年版，第382页。

③ [宋]周应合纂：《景定建康志》卷三二《儒学志五·贡院》，第844页。

④ [宋]周应合纂：《景定建康志》卷三二《儒学志五·贡院》，第839页。

⑤ [元]张铉纂，田崇校点：《至正金陵新志》卷九《学校志·科第进士》，第332页。

南经历者约占三分之二。①

总的来说，入元之后，南京的教育很快得到恢复，并有所发展。但元朝廷直接干预学校事务，使得宋时活泼自由的书院渐失灵气，成为朝廷的工具。元朝不重儒术，更设儒籍，虽然给予儒士一定的权利，但也限制了儒士的发展。

第五节　方志学的发展

宋元之际，是中国方志学大发展的时期，而江宁（建康）府方志学的繁荣更具有典型性与代表性。

一、《乾道建康志》

宋徽宗大观元年（1107 年），朝廷设立了九域图志局，专门从事志书的编纂工作，并负责督导各州县修志，开启了国家设局修志的先例。乾道年间（1165—1173），时任建康府知府兼江东安抚使、沿江水军制置使、行宫留守等数职的史正志，组织编成见诸史载的南宋第一部方志《乾道建康志》，此志今已亡佚。史正志是地方大员，而当时建康府是进图中原、退保江浙的交通要道，其地位之重要，非同一般。在职时期，他对建康府的城防工作作出了极大的贡献：建设船厂、修造战船、修缮城墙，还设置贡院，后发展成著名的江南贡院。

方志开始之初，一般被称为“记”“图经”，如唐代《沙洲图经》。南宋时期，“图经”基本上被“志”所取代，而《乾道建康志》则是以“志”命名的南京第一部官修地方志，有极大的开创性意义。《乾道建康志》是一部亡佚的志书，现存文献《舆地纪胜》《景定建康志》《至正金陵新志》及《永乐大典》中，收录有《句容志》的佚文，引《乾道志》200 多条，其中内容涉

① 陈得芝：《从元代江南文化看民族融合与中华文明的多样性》，《北方民族大学学报》（哲学社会科学版）2010 年第 5 期。

及疆域、山川、沿革、田赋、风土、城阙、祠祀、文籍以及古迹等各个方面。

二、《景定建康志》

《景定建康志》为南宋马光祖所修，周应合纂。周应合字淳叟(一字弥厚)，武宁(今属江西)人。19 岁时参加科举考试，落第后发奋学习春秋经书。在宋理宗淳祐九年(1249 年)的发解试中，周应合拔得头筹，[①]取得了参加省试的资格。淳祐十年(1250 年)入别院参加省试，周应合考取进士。宝祐六年(1258 年)，受江陵府知府马光祖赏识，被召为马氏的幕僚，随马光祖来到建康府，担任明道书院山长。景定二年(1261 年)，马光祖请周应合编纂《景定建康志》，七月成书。马光祖随后献书朝廷，受到宋理宗赞赏。不久，朝廷召周应合进入临安，担任史馆检阅。

《景定建康志》的编修过程大体是，周应合以自己编纂的《江陵志》为基础，对《景定建康志》体例加以调整完善。在此过程中，得到了马光祖在人力、物力和财力方面的充分支持。周应合修撰成每卷书稿后，马光祖加以审定，而后方能刊刻付印。清代方志学家孙星衍在嘉定三年《重刊〈景定建康志〉后序》中曰："马光祖、周应合俱与权贵不合气节迈流俗者，其于地方诸大政兴利革弊，尤有深意存焉。"[②]由此可见，正是由于马光祖的重视与积极支持，周应合方能完成《景定建康志》的编纂。马光祖伯乐识马，周应合知恩图报，于是一部脉络井然、详略得当、文字简练、独具特色，为志乘家高度推崇的《景定建康志》终于产生。

《景定建康志》内容丰富，史学价值极高。全书共有 50 卷 45 册，从周元王四年(前 472 年)一直记到作者所处的年代，内容丰富，涵盖建康府的建置、山川、疆域、城阙、科举、职官、财赋、名人、儒学、文籍、武卫、关隘、河渠、金石、名迹、风土人情等各个方面。《景定建康志》是现今存

① 发解试是宋代科举考试中的初级考试，却是至关重要的一级考试，只有发解试合格，士人才有机会参加省试乃至于殿试。

② [宋]周应合纂：《景定建康志》卷首《重刊〈景定建康志〉后序》，第 5 页。

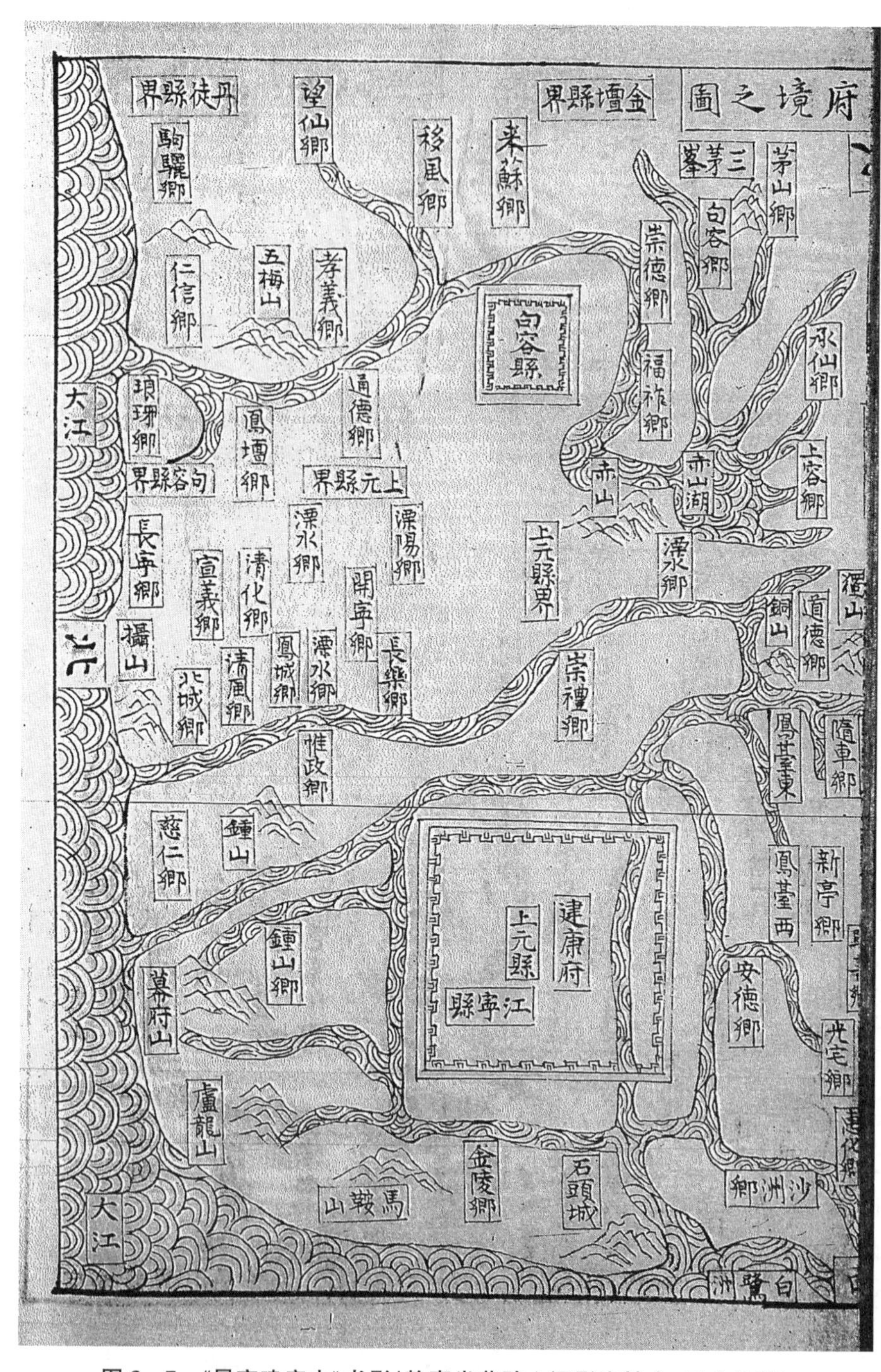

图 3-7 《景定建康志》书影(静嘉堂藏陆心源影宋抄本,日本收藏)

世的宋代地方志30余部中比较好的一部，其价值突出表现为：(1)编纂体例较佳。周应合在其《修志本末》中对史志体进行了详细的阐述，他认为，志书由图、表、志、传、拾遗五大部分组成，其中，表以时间为序，记郡邑沿革、牧守更代、重大事件等，志有十类，传亦有十类。《景定建康志》目以类归，层次分明，叙述方便，内容翔实，开创了地方志仿效正史的先河，反映了宋代地方志编修的日渐成熟。(2)编纂方法独到。周应合善于对各种志书的体例、内容进行比较分析，在继承前人成果的基础上，发现不足，并予以创新。(3)学术价值极高。《景定建康志》取材广泛，广罗地方文献，多述南宋史实，提供了众多正史中不能见到的地方政治、经济、军事、地理、文化、人物、风俗等多方面的资料，全书具有历史学、文学、地理学、经济学、政治学、民俗学等多方面价值。此外，据《直斋书录解题》载："《建康府续志》十卷，府帅吴琚居父以郡人朱舜庸所编铨次，与前志并行（《乾道建康志》），时庆元六年（1200年）。"[①]《庆元建康续志》是庆元六年由建康府行宫留守吴琚主修的，取材于宋朱舜庸撰《金陵事迹》，所记止于庆元年间，共10卷，今亦散佚，文本散见于《景定建康志》中。

三、《至正金陵新志》

《至正金陵新志》为元人张铉纂修。张铉长期任教集庆路学，是当时著名的学者。至正四年（1344年）受聘纂修《金陵新志》15卷，半年而就。

《至正金陵新志》共15卷，其时间上限与《景定建康志》相同，下迄元代至正三年。记事内容除了所领江宁、上元、句容3县及溧水、溧阳2州外，对于江南诸道行御史台的建置、沿革、人事变动等，均有详细记载。其书体例以《景定建康志》为准，篇目大体沿袭《景定建康志》，因此后人往往称此志为"建康续志"。另外，还广为辑录了近百种书籍，所参引者许多今已佚失，尤以丰富的元代南京地方史料最为珍贵。该志考

① [宋]陈振孙撰，徐小蛮、顾美华点校：《直斋书录解题》卷八《地理类》，上海古籍出版社2015年版，第249页。

订精细，本末明晰，较少芜杂附会之病。其中元时事迹，多为他书所未详。

总之，宋元之际南京地方志的修撰，无论从体例、内容，还是从史学价值来看，都独具特色，在全国各地方志的修撰工作中处于领先地位。

第四章　明代南京文化

六朝旧都南京，自明代起，进入了前所未有的重要时期。

洪武元年（1368 年），明太祖朱元璋在南京建立起全国统一政权——明王朝。同年八月初一日（1368 年 9 月 13 日），以应天为南京，开封为北京，南京之名正式载入史册。明成祖继位后，改北平为北京。永乐十九年（1421 年）正式迁都北京，南京作为都城，前后 53 年。在此期间，朱元璋大规模营建都城，建成号称城周九十六里（实为 35.267 千米）、开设 13 座城门的天下第一大城。不仅如此，朱元璋还通过迁移富户、征调工匠、设置驻在官军等方式，迅速扩充南京人口至 70 万左右，使之成为当时全国人口最多、经济文化最发达的城市。明成祖将京师迁往北京后，南京由都城降为留都，政治地位一落千丈，人口也较前减半，昔日繁华的都城变得冷清起来。表面上看起来，南京已无足轻重，实际上，它仍是仅次于北京的最重要城市。因为南京不仅保留了一整套中央行政机构，而且是宫阙陵寝之所在、形胜险要之所系、府库图籍之所储存、全国财赋之所辐辏，是南半个中国的统治中心和政治中心，经济地位也较北京更为重要。

明代南京先为都城，后为留都，先为政治、经济、军事中心及突出的文化、人才中心，后有信息交流极为便捷、文化底蕴异常深厚的客观条件，是雅有学养的士人理想的居留地。为官者、客寓者、南京当地人，一批批硕学鸿儒和各色特异人才身处繁华之地，勤于推敲，用心耕耘，沉

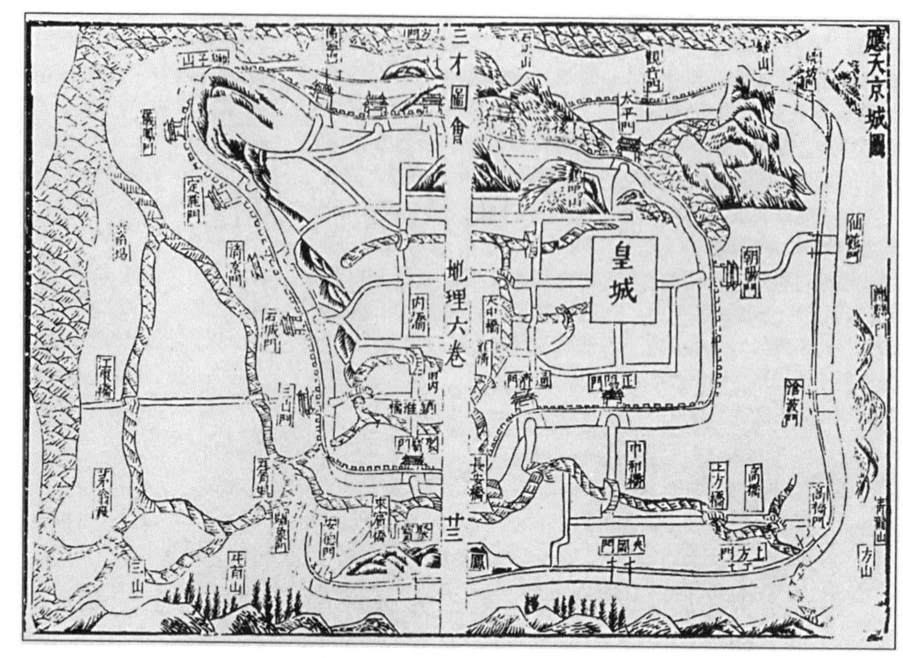

图 4-1　应天京城图(明代王圻、王思义《三才图会》)

潜思考,诗文创作、书画艺事的才能得以充分发挥,从而造就了明代南京文化的辉煌成就。

第一节　弘扬主体意识的哲学思潮

明初,作为京师的南京,其哲学是在宋元哲学的基础上发展起来的。理学仍然是这一时期占统治地位的哲学学说,并直接承继宋代程朱理学的传统。由于理学将传统伦常秩序视为天理,大大有利于封建政府的统治,明廷也将程朱理学确定为官方哲学。明太祖朱元璋将《四书》《五经》等儒家学说确立为科举教育的经典读本。明成祖朱棣即位后,鉴于儒家经典的分歧解说不利于统一思想,同时也期望借助经典的纂修整顿学校和科举,故于永乐十二年(1414 年)诏令胡广等人根据程朱理学编订《五经大全》《四书大全》《性理大全》,颁布天下,不许任何人反对和非议,从而使明初南京及至全国的哲学成为程朱理学的天下,别无创新。明初“文臣之首”宋濂是程朱理学的继承者，他曾拜元儒许衡为师。其弟子方孝孺，欲将伊、周、孔、孟合为一人，在当时即被人誉为“程朱复出”[①]。开国第一功臣刘基也以理学之徒自居，他在哲学上认为元气为天地万物之源，天不能降祸福于人，反对鬼神迷信。被称为明初“理学之冠”的山西河津人薛瑄，其学说完全继承了朱熹学说。与薛瑄并称“南北二大儒”的江西崇仁人吴与弼，也非常崇拜程朱理学，黄宗羲《明儒学案》指出吴与弼学派“一享宋人成说”。可见，明初哲学是以理学一统天下的。

明初将宣扬客观唯心主义的程朱理学定为官方哲学，心学的传播和发展受到抑制和排斥。但到明中期，随着社会矛盾的加剧，程朱理学逐渐不适应社会的需要，而且破绽百出，故陈献章等人提倡心学，后来经过湛若水、王守仁等人的弘扬，心学发展到登峰造极，王学遂占尽明代中后期理学的风流。而湛若水、王守仁的心学，实际上均是在南京期间形成或发展的。

陈献章的弟子湛若水，字元明，广东增城人。弘治五年(1492 年)乡试中举，次年会试落第后前往江门师从陈献章，前后 6 年。后入南京国子监。弘治十八年中进士，选庶吉士，授为翰林院编修。嘉靖三年(1524 年)升为南京国子监祭酒，七年迁南京吏部右侍郎，八年转礼部右侍郎，十年转左侍郎，十二年升南京礼部尚书，十五年转南京吏部，十八年转南京兵部，湛若水自出仕后一直在南京任高官。在南京任职期间，他几乎无日不讲学，足迹所及，必建书院以祀陈献章，任南京礼部侍郎时于长安街西建新泉书院，任南京礼部尚书时于江浦建新江书院，扬州又为其建甘泉书院。湛若水主要在南京撰著了反映其学术思想的《心性图说》《格物通》《雍语》《二业合一训》《新泉问辨录》《新泉问辨录续》《金陵问答》《尚书问》等书。

湛若水继承陈献章的心学思想，认为“圣人之学，皆是心学”。所谓心学，他提出，“万事万物莫非心也”，宇宙间万事万物均是心的产物，心学就是以心为本地的学说。围绕心学思想，湛若水沿袭宋儒张载精神

① [明]黄宗羲：《明儒学案·师说·方正学孝孺》，中华书局 1985 年版，第 1 页。

与物质不分的元气一元论，发展出“理气一体”的结论，认为“理”“气”，或“性”“气”，或“道”“器”，只有存在状态的差别，而无本质的不同，因此“理气一体”“宇宙一理”“宇宙一心”，从而呈现出程、朱理气的色彩。由此出发，他进一步提出“心”“事”“理”三者合一，“天地古今，宇宙内只同此一个心”，从而最终站到了心学的阵营。但是，湛若水心学的核心命题是“随处体认天理”，这既是其为学宗旨，又是其思想理论不同于其师陈献章和其友王阳明的地方。何为“随处体认天理”呢？他解释，“体认天理而云随处，则动静、心事皆尽之矣”。就是说，无论何时何地，也不论体认者何种状态，或动或静，都可以体认天理。这就纠正了陈献章静坐体认天理的理论偏差。湛若水在南京著书、立说、讲学、授业，与王守仁切磋学问，共同推进了明代思想史的发展。[①] 湛若水从学之士号称3900余人，其最出色的门人吕怀曾任南京太仆少卿，何迁曾任南京刑部侍郎，在南京的思想史上均占有一定的地位。

与湛若水同时，受湛若水影响，而心学思想影响更大的是王守仁。王守仁，字伯安，号阳明，浙江余姚人。成化十七年（1481年）状元，授修撰。正德、嘉靖时，先后任过南京太仆少卿、南京鸿胪寺卿、南京兵部尚书。受湛若水影响，王守仁在南京任职期间，专提“致良知”三字，发展了陆九渊的学说，创立“心学”，批判程朱理学，主张“心外无物”“心外无理”，成为其哲学的逻辑起点和理论基础。他说，“无心则无身，无身则无心”，“有是意即有是物，无是意即无是物”，“意之所在便是物”。在“心”与“理”的关系上，王守仁提出“心外无理”。他认为，“理也者，心之条理也”，“心即理也”，“物理不外乎吾心，外吾心而求物理，无物理矣”。王守仁把《大学》的“致知”和孟子的“良知”结合起来，提出“致良知”。与朱熹不同，王守仁的“致知格物”指的是“致吾心之良知天理于事事物物，则事事物物皆得其理矣”，即与其在外面烦琐地“穷物理”，不如不懈地从内心“致良知”。王守仁否认有见闻之知的必要，“良知不由见闻而

① [明]黄宗羲：《明儒学案》卷三七《甘泉学案·文简湛甘泉先生若水》，第876—910页。参见南炳文、何孝荣《明代文化研究》，人民出版社2006年版，第250页；王若重《为官、为学皆有成理学、心学间主合——湛若水》，载沈新林主编《明代南京学术人物传》，南京大学出版社2004年版，第214—216页。

有，而见闻莫非良知之用”，因此“良知之外，别无知矣”。王守仁强调“知行合一”和“知行并进”，反对宋儒程颐等的“知先行后”以及各种割裂知行关系的说法。王守仁的“知”，是对封建伦理道德的认识，“行”是对封建伦理道德的实践。他认为，“知是行的主意，行是知的工夫。知是行之始，行是知之成”，“知”“行”互相影响，互相渗透，“知行合一”。他对“知”“行”的依赖关系加以夸大、歪曲，提出“知即是行”。[①] 王守仁的心学集宋明以来主观唯心主义的大成，在反对朱熹“知先行后”的主张中，强调行的重要性，在论述“知行合一并进”中强调学以致用的原则，这在明中期以前学风空疏的环境中是可取的，也是一种比较进步的思想。

王守仁以反对程朱理学的面目出现，王学又具有摆脱传统束缚的精神，这对明后期以致明清之际的思想发展都有积极的影响。[②] 王守仁的“弟子盈天下”[③]，其中邹守益、王畿在南京应天府城新泉书院、江浦新江书院讲学30年，传授“王学”，东南学者，尽出其门。这些弟子在各地讲授“致良知”论，王守仁心学传遍天下，甚至远及朝鲜、日本。

明中期，南京哲学除“心学”大行其道外，“气学”也获得了较大发展。其代表人物是罗钦顺和王廷相。罗钦顺，字允升，自号整庵，江西泰和人。弘治六年(1493年)进士，授为编修。十五年升为南京国子监司业，后来迁南京太常少卿、南京吏部右侍郎，嘉靖初迁南京吏部尚书，前后官于南京20年，著有《困知记》。罗钦顺为学，专力于穷理、存心、知性。最初由佛教入门，任官南雍后，“圣贤之书未尝一日去手，潜玩久之，渐觉就实”[④]，既悟其非，乃极力抵排。罗钦顺潜心格物致知之学，与王守仁是文坛好友，但其看法完全相佐，与王守仁往复辩难。两人对格物致知的认识、如何理解良知和“礼”与“仁”的关系等方面存在很大的分歧。在王学看来，格者指的是“诚意之功”，而罗钦顺认为，心学是在片面夸大意识的作用，是禅学的滥觞，而格物在致知，是要研究纷繁的

① [明]王守仁：《传习录》，参见黄宗羲《明儒学案》卷一〇《姚江学案·文成王阳明先生守仁》，第180—182页。

② 此处参考南炳文、何孝荣《明代文化研究》，人民出版社2006年版，第251—254页。

③ 《明史》卷一九五《王守仁传》，中华书局1974年版，第5169页。

④ [明]罗钦顺：《困知记》卷下，中华书局1990年版，第34页。

特殊事物，致知就是发现万殊之中有所统一，而不能说致知在格物。罗钦顺又认为，像王守仁那样，以“良知”为天理，并不能做到内与外的统一，因为事物本身并不以“良知”为转移，自然界并没有良知，因而不能用“良知”来解释客观事物。罗钦顺沿着程朱理学“格物致知”论的逻辑推论下去，认为事物虽非皆有“良知”，但事物都有性，性即“理”。这个“理”，是接近程朱带有伦理意义的天理。王学以“心”代替“天理”，罗钦顺则反其道而行之，将“理”与“仁”置于同一层面，成为封建伦理道德的总称。[①]《明史》谓，当时天下言学者，不归王守仁，则归湛若水，独守程朱不变者，唯吕柟与罗钦顺二人[②]。罗钦顺的这些学说，一定程度上为后来的唯物主义思想家王夫之的理论开辟了道路。

王学在明代中期经过一段时期的发展后，又分化出以平民教育为主和带有唯物主义倾向的泰州学派的创始人王艮与早期启蒙思想家李贽等。师从王守仁的王艮，字汝止，号心斋，南直隶泰州人。王艮多次游学金陵，发展“王学”，从王守仁的不分贵贱在见闻酬应中即可“致良知”出发，提出了“百姓日用之道”，指出“圣人之道”无异“百姓日用”。又从王守仁“天地万物一体”论出发，认为“人欲”就是“天理”，天理就是天然自有之理。又把格物论当作“安身立本”追求，主张“人人君子”，故有“平民学派”之称，学者称其为“心斋先生”。王艮门徒之盛，与王学的浙中王畿相当，史称阳明学派以龙溪学派的王畿和王艮的泰州学派为“得其宗”[③]。但王艮创立的泰州学派在当时影响很大，突破了正统儒学观念而获得下层民众的支持，这也反映了社会现实的需要和思想文化的进步。

李贽，号卓吾，福建晋江人。嘉靖三十一年(1552年)中举人。历官南京国子监博士、隆庆五年(1571年)任南京刑部员外郎。在南京期间，李贽结识了南京人焦竑和理学家耿定向。万历二十六年，李贽与贬为福州同知的焦竑同到南京，并与意大利传教士利玛窦相会。反映其基本思想的《藏书》，就是在南京刊刻的。李贽喜好佛学，主张“童心说”

---

① 参见姚扬《精金美玉——罗钦顺》，沈新林主编《明代南京学术人物传》，第203—208页。

②《明史》卷二八二《儒林一·吕柟》，第7244页。

③《明史》卷二八三《儒林二·王艮》，第7274页。

和儒释道三教无异用说，反对把孔子思想神化为万古不变的教条，主张不以孔子之是非为是非，并否定了“六经”的神圣性。与道学家的“存天理，去人欲”的伦理说教相对，李贽提出“穿衣吃饭便是人伦物理，除却穿衣吃饭，无伦物矣”①。李贽从抽象的、一般的人的观点出发，反对封建等级的先天决定论，主张男女平等。他认为人人具有德性，反对道学家认为的只有圣人有德、凡人无德的观点，因此反对以忠君作为评价人物的道德标准，其思想往往被称为“异端”。他与在南京任官的耿定向往复辩论，“发道学之隐性……读之者高其识，钦其才，畏其笔”，被时人认为“上下数千年之间，别出手眼”，其思想意旨“大都在于黜虚文，求实用；舍皮毛，见神骨；去浮理，揣人情”②，深受社会普通大众欢迎。

南京除了为明代主流思想的形成和发展提供了宽广的舞台和肥沃的土壤外，还是各种对立思想交锋的场所。如讲正学的耿定向和持异端的李贽，便常常互相诘难辩论，各展其长。耿定向，字在伦，湖北黄州麻城人。嘉靖三十五年进士。四十一年督学南直隶，万历十五年出任南京都察院右都御史，两任南京高官。耿定向任职南京时，不时讲学，提倡正学，“海内士习，几为之一变”。其为学，不尚玄远，曾说：“道之不可以与愚夫愚妇知能，不可以对造化通民物者，不可以为道。”③强调普通百姓日用伦常之道。其主张做法，“大都以反身默识为先，以亲师友为助，以范围曲成为征验”，人称“一言一动，皆足为学者法”④。耿定向于佛学半信半不信，当时士大夫和普通百姓好禅者往往都信从李贽之说，耿定向与之辩难，常落下风。

明代后期，随着耶稣会士的来华，西方文化得以迅速传播，使得儒学在吸纳进步思想和外来文化中得以重构，呈现出向实学转变的特点和对传统文化的反思。利玛窦是最早在华传播西方科学的传教士，曾于万历中后期三次到南京传教。南京以包容和开阔的格局，对其持欢迎态度和支持精神。万历三十七年（1609 年）利氏第三次来南京，在罗

① ［明］李贽：《焚书》卷一《答邓石阳》，中华书局 1975 年版，第 4 页。

② ［明］袁中道：《珂雪斋集》卷一七《李温陵传》，上海古籍出版社 2007 年版，第 721、723 页。

③ ［明］黄宗羲：《明儒学案》卷三五《泰州学案四・恭简耿天台先生定向》，第 815 页。

④ ［明］焦竑：《澹园集》卷三三《资德大夫正治上卿总督仓场户部尚书赠太子少保谥恭简天台耿先生行状》，中华书局 1999 年版，第 532 页。

寺转弯处(即今南京石鼓路教堂之前身)设堂传教,这是南京第一所个人办的天主教小教堂。利玛窦在宣扬将孔孟之道和宗法敬祖思想同天主教相融合及合儒补儒超儒思想的同时,还大量介绍西方的自然科学知识。译著《天学实义》《几何原理》(与徐光启合译)等宗教和科学书籍19种,其中《万国舆图》《交友论》《畸人十篇》在南京出版或重刻。

利玛窦的布道和传播文明科学知识的活动,得到了南京士大夫的大力支持。工部主事刘斗墟将新建的官邸以半价出售,供其礼拜传教。南京礼部尚书王忠铭为其联络相关事宜,并陪同前往北京。地方最高官员应天巡抚赵可怀从驻地句容来到南京,将利玛窦接到句容,挽留款待了十天,与利玛窦讨论数学问题,并为利玛窦在自己的香堂中修建了一个祭坛,以安放利玛窦带去的十字架,毕恭毕敬地做礼拜,临分别时,还送给利玛窦一大笔钱作路费。李贽三次与利玛窦相见,切磋讨论。

西方先进自然科学传入中国后,在部分士人中产生了强烈反响,特别是得到了一些主张实学、反对空谈士人的信赖与合作,利玛窦的住所成了南京士人的聚谈场所,一些官宦甚至加入天主教并研究西方科学,号称明代天主教三个柱石的徐光启、李之藻和杨廷筠即是杰出代表。他们在反对"王学"和"气学"空谈中高扬"实学"旗帜,在崇古求实的同时,发现西方科学技术与宗教的价值。如徐光启万历二十八年赴南京结识利玛窦,从其学习天文、历算及枪炮等西方科技知识,并加入天主教,与利玛窦合作在南京翻译了《几何原理》,后又译《泰西水法》《测量法义》《勾股义》等书。自编《农政全书》《崇祯历书》。他博学洽闻,中西兼采,是我国最早加入天主教并研究和介绍西方科学的学者。

李之藻曾历南京工部员外郎、南京太仆寺少卿、光禄寺少卿、修历等职。万历三十八年加入天主教,万历四十一年在南京编译了《同文算指前编》,这是中国介绍西方笔算最早的译本,内有各种算法,并附练习题。据不完全统计,李之藻在1613—1631年间翻译出版了书籍50多种,大量介绍和传播西方科技知识和宗教、哲学思想。

杨廷筠万历三十七年曾为南直隶督学,后受洗加入天主教,出资修建圣堂,宣扬西学,并前往无锡的东林书院讲学,广泛传播西方先进的科学知识。

在东西贯通的时代背景下，明末南京成为西学东渐的重要场所，“实学”思想大行其道，逐步取代了“心学”和“气学”的空谈之道。在实学发展的同时，一批著名的科学家，如李时珍、徐宏祖、宋应星、朱载堉、王徵等也应运而出。他们与徐光启、李之藻、杨廷筠一起，以各自方式共同构成了明代“实学”主流，标志着中国古代科技开始步入近代文明。

第二节　丰富灿烂的文学艺术

明代南京集中了全国各色优秀人才，再加上手工业、商业十分发达，市民阶层规模不断扩大，为文学艺术的快速发展提供了极为优渥的环境。学养深厚的硕学鸿儒各展其才，该时期南京的文学艺术成就卓著，大放异彩。

一、诗文的新面貌

南京因处于政治中心，其文学作品也深受政治的影响，这与朱元璋的文化政策息息相关。朱元璋大兴文字狱，滥杀无辜或不愿与新政权合作的文人，同时又用科举制度拉拢文人，规定“中外文臣皆由科举而进，非科举者毋得与官”[①]，而科举只在《四书》《五经》范围内命题，禁锢了文人的思想，扼杀了士人的个性、创造性与创新能力，使其只能成为统治者的御用工具。正是在这种特定的政治氛围下，明代文士中不少人不敢自由思想，往往陷入僵化、呆滞的状态，这与文禁较松、思想活跃的唐代文坛形成了鲜明的对比。明代文坛显得呆滞、缺乏活力，而作为政治中心和亚中心的南京文坛，深受政治影响。

明代前期的南京，因其为京师所在，人文荟萃，既有高启、宋濂、刘基、方孝孺等文坛领袖，又有雍容气象的台阁体文学，主导着当时的文学潮流。值得注意的是，除传统的诗文外，小说、戏曲、散文、弹词等全

①《明史》卷七〇《选举二》，第1696页。

方位、多层次的繁荣兴盛构成了南京文学的新面貌。

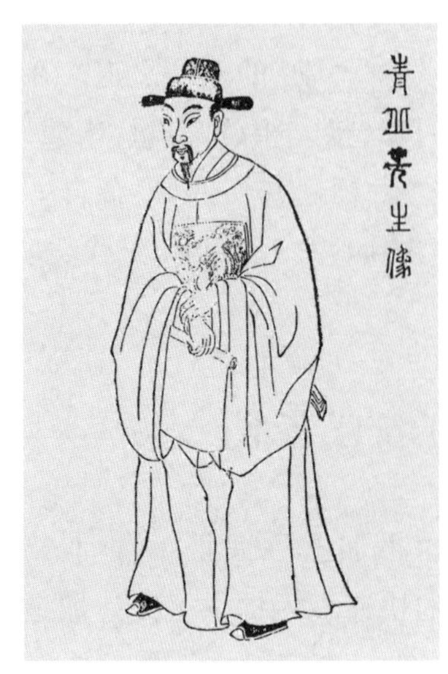

图 4-2　高启

高启，字季迪，洪武二年(1369 年)召修《元史》，又入内府教功臣子弟，授翰林院国史馆编修。洪武三年擢户部侍郎，力辞不受。洪武七年，因为苏州知府魏观写府治上梁文，被株连腰斩于南京，年仅 39 岁。著有《高太史大全集》《凫藻集》等。他是明初极为优秀的诗人，陈田在《明诗纪事》(甲签卷七)中评论说："诸体并工，天才绝诗，允为明三百年诗人称首，不止冠绝一时也。"《四库全书总目·大全集提要》也云："高启诗天才高逸，实踞明一代诗人之上。其于诗，拟汉魏似汉魏，拟六朝似六朝，拟唐似唐，拟宋似宋，凡古人之所长，无不兼之。振元末纤秾缛丽之习而返之于正，启实为有力。"近人梁启超甚至将其"略可比唐之陈子昂"。高启除诗著名外，还著有《扣舷词》一卷，陈廷焯在《云韶集》卷十二评道："青丘词，信笔写去，不留滞于古，别有高境。"王国维甚至将他与刘基并论，谓"有明一代，乐府道衰。《写情》《扣舷》，尚有宋元遗响"①。

宋濂，字景濂，被屡推为开国文臣之首。自元至正十九年(1359 年)到南京后，至洪武十三年，几乎一直在南京，"久客城东楼"。曾授江南儒学提举，为太子师，后又奉命撰修《元史》。曾迁侍讲学士，知制诰，同修国史，并参与制订礼乐诸书，深得太祖宠信。他一生著述很多，以散文成就最高，有《宋文宪公全集》。作品思想深广，辞采丰富，文笔简洁，雍容典雅。宋濂在南京前后生活了 20 多年，可以说南京是其第二故乡。在其众多文字里，有两篇是与南京直接相关的，那就是著名的古典散文《阅江楼记》和《游钟山记》。《阅江楼记》写于洪武七年(1374

① [清]王国维：《人间词话·补遗》，徐调孚校注，中华书局 2013 年版，第 120 页。

年)七月,后来由于入选清人所编的《古文观止》,数百年来脍炙人口,影响至为深远。该文在为朱元璋歌功颂德之中寓规劝讽喻,全文纡余委曲而又条达疏畅,庄重典雅而又委婉含蓄,以托物起兴、触类旁通、起伏照应、小中见大等艺术手法创造了一种雍容平和的境界,集中体现了宋濂"文道合一""醇深演迤"[①]的散文风貌。《游钟山记》写于元至正二十一年(1361年)二月,从中可以知道明初钟山地区僧寺众多、草深林密,而且还有猛虎出没其间,颇具生态环境方面的史料价值。此文重视考据,记叙历史人物、事迹、年代如数家珍。此外,宋濂的散文多有记叙南京风土人情、市井布衣。如《樗散生传》写金陵市中卖药的李诇,赞扬他"守易能之技,居无用之名以自适"的淡泊名利、有用于世的处世态度。又如《李疑传》,写了在金陵通济门外经营旅店为生的李疑,赞扬他扶贫济困、不图回报的高尚品质。宋濂不仅长于散文,而且还承旨撰写制诰文字,"朝廷礼乐新寰宇,半是先生撰次成"[②]。明朝洪武十三年以前的朝廷重要公文,大多出于宋濂之手,可以说宋濂是明代庙堂文化的奠基者之一,永乐时期的台阁体文学也深受其影响。

刘基,字伯温,元至顺四年(1333年)举进士,后应朱元璋召请,至金陵筹策佐命,参与机要。官封诚意伯,著有《诚意伯文集》,诗、文、词俱佳。《四库全书总目·诚意伯文集提要》,称其诗"沉郁顿挫,自成一家,足与高启相抗"。其诗中渗透着"一夜百日肠"的忧患感和济世救民的责任感,其风格主调沉郁顿挫,既有韩愈崎岖险怪的风格,又有屈原奇幻想象的特点,亦不乏陶渊明诗歌之恬淡自然的境界。沈德潜在《明诗别裁集》里称其诗"独标高格""超然独性"。刘基的散文也是体裁多样,内容丰富,尤以寓言著名,如《郁离子》《卖柑者言》等,短小精悍,锋芒毕露,寓讽刺于寓言或议论之中,读后使人有荡气回肠、余韵未尽之感。

在明初词坛上,成就最高、影响最大的也是刘基。清初大词人邹祗谟曾将刘基比之宋代的晏殊。陈廷焯也称其"词秀炼入神,永乐以后诸

① 《明史》卷一二八《宋濂传》,第3787页。

② [明]孙蕡:《西庵集》卷七《送翰林宋先生致仕归金华》,明万历十五年刻本,第7页。

家远不能及”。王国维也谓“明初诚意伯词，非季迪、孟载诸人所敢望也”①。刘基的词多保存在《写情集》中，抒写了词人的忧世拯民之情，其“词藻绚烂，慷慨激烈，快然而春温，肃然而秋清，靡不得其性情之正焉”②。

宋濂、高启、刘基被后人推崇为明初文学的三大文坛领袖，代表了三种不同的文学思潮：宋濂推崇“文道合一”说而偏向于述朱（熹）载道、雍容典雅的台阁文学；高启力倡“格、意、趣”说而偏重于尊情尚趣、超尘脱俗的个体情感；刘基则高扬“变风变雅”的旗帜而偏重于伤时愤世、美刺讽戒的群体精神。他们三人生活在南京较长时间并直到去世，对南京文学的繁荣与发展起到了至关重要的作用。

永乐至宣德时期，明代的政治经济呈现出上升的趋势，出现了所谓的“治平之象”。然而此时的文学却渐趋雍容平易，台阁体文学大行其道，以雍容典雅的“治世之音”代替了文学原有的“天趣之真”，文学思潮由多元化转为单一化。台阁体的代表人物是“三杨”——杨士奇、杨荣和杨溥。他们长期在内阁参与政务，如杨士奇在内阁 43 年，杨荣 37 年，杨溥 22 年。由于三杨等久任内阁，生活体验的范围主要是以帝王为中心的宫廷生活及有限的外延，因而其文学创作主要以宣扬帝王威德、歌咏太平盛世和表现“盛世”影响下自安其德的阁臣心态为主，远离了现实生活，纯粹是为统治者歌功颂德、粉饰太平。台阁体诗取法盛唐，尤其是李白、杜甫；台阁体文学主要学北宋，尤其是欧阳修；台阁体词仿北宋后期的周邦彦，其特征是设色富丽、节奏安和，风格冲淡娴雅。台阁体文学是永乐、宣德时期南京文学及其全国文学的主流。其产生的时代原因是洪武、永乐两朝大兴文字狱，文人惨遭屠戮，乃不得不阿谀取容以苟延残喘，写这种不痛不痒的台阁体，不仅可以明哲保身，又可作为晋升之阶。明成祖朱棣迁都北京后，南京成为留都，但它并不影响南京作为文化大都市的地位，虽有六部，却很清闲，著名文学家大都寓居于此。以后直到成化年间，南京文学的发展步入低潮期，文坛风行

① [清]王国维：《人间词话》卷下，徐调孚校注，第 87 页。

② [明]刘基：《写情集》，叶蕃序，明刻本。

的一直是台阁体。

明中期，“金陵三俊”兴起。南京人顾璘、陈沂与王韦，人称“金陵三俊”，其后宝应朱应登继起，称“四大家”[①]。三俊又与顾璘之弟顾瑮，并称“金陵四杰”，顾璘与刘麟、苏州人徐祯卿，又号“江东三才”。顾璘，字华玉，号东桥居士，上元人。弘治九年（1496 年）进士。历官浙江左布政使，山西、湖广巡抚，右副都御史，所至有声。迁吏部右侍郎，改工部，迁为南京刑部尚书。罢归，年 70 余岁而卒。顾璘年少即负才名，与“前七子”何景明、李梦阳等人不相上下。为推动南京的诗学，曾在清溪之上集会，其门下陈凤、谢少得、许谷、金大车、金大舆等人相从，讲艺论学，蔚为盛事，有《浮湘集》《山中集》《凭几集》《息园诗文稿》《国宝新编》《近言》等。陈沂，原字宗鲁，后改鲁南，号石亭居士。祖籍浙江鄞县。明朝初年，其先人陈瑶以行医征入太医院，遂家南都。父钢，初为黔阳知县，升为湖南长沙通判，所至有惠政。陈沂生于成化五年（1469 年），弘治十四年（1501 年）中乡试，但会试连续五科不中，直到正德十二年（1517 年）第六次会试才中进士，为二甲第 57 名[②]。先为翰林院庶吉士，授编修，后任江西布政参议、山东左参政、山西行太仆寺卿。致仕归家，筑遂初斋，杜门著书。嘉靖十七年（1537 年）陈沂卒于家中，终年 70 岁。[③] 陈沂颖异早见，据说 5 岁能属对，8 岁能摹写古人画，10 岁能作诗，12 岁能从事举业，年少时著《孔墨辩》《赤宝山赋》等文，传诵人口。会试屡次不中，虽久处民间，但时名烨然，大学士刘忠、吏部尚书乔宇等当年在南都任职的海内巨瞻，都与其引为忘年交。陈沂少时好苏东坡诗，人称其笔势澜溢，自号小坡，中岁乃宗盛唐，为文出入史汉，归于简古，“文如丽锦，行如美玉，德如庆云，量如虚谷，盖四方之特见，非一方之可局”[④]。又工画及隶篆。著作丰赡，有《皇明翰林志》《维祯录》《畜德录》《诲似录》《献花岩志》《游名山录》《拘虚晤言》《诗谈》等著述、《询刍录》《遂初斋》《拘虚》《石亭》等诗文集。王韦，字钦佩，号南原，

① 《明史》卷二八六《文苑二》，第 7355 页。

② 据查检朱保炯、谢沛霖编《明清进士题名碑录索引》而得，上海古籍出版社 1979 年版。

③ ［明］顾璘：《凭几集》卷二《明故山西行太仆寺卿石亭陈先生墓志铭》，《文渊阁四库全书》第 1263 册，（台北）商务印书馆 1986 年版，第 329—330 页。

④ ［明］顾璘：《凭几集续编》卷二《祭陈石亭文》，《文渊阁四库全书》第 1263 册，第 332 页。

上元人。弘治十八年(1505年)进士,由庶吉士历授南京吏部主事,改兵部,历河南按察副使,官至太仆少卿。致仕卒,年56。有《南园集》。

"金陵三俊"在创作主张上与弘治、正德年间的李梦阳、何景明、何祯卿等"前七子"相一致,主张复古,诗学盛唐,文学秦汉,可以说是"前七子"在南方的羽翼。当时,李梦阳、何景明、徐祯卿、边贡、朱应登、顾璘、陈沂、郑善夫、康海、王九思等又号称"弘正十才子",所以"金陵四大家"基本上就是"十才子"中的一部分。[①] 其中顾璘为诗崇尚唐风,以风调胜,乐府歌词,不失汉、魏风格。为文不事险刻,而铸词发藻,必以古人为师。但值得注意的是,顾璘曾有诗论,谓:"李空同言:'作诗必须学杜,诗至杜子美,如至圆不能加规,至方不能加矩矣。'此空同之过言也。夫规矩方圆之至,故匠者皆用之,杜亦在规矩中耳,若必要学杜,只是学某匠,何得就以子美为规矩邪?何大复所谓'舍筏登岸',亦是欺人。"又曾说:"何大复之诗,虽则稍俊,终是空同多一臂力。"[②]陈沂、王韦为诗,婉丽多致,然不免失于纤弱。这又说明,顾璘等人的诗文主张,在尚唐的同时,与"前七子"还是有一定距离的,并不过分拘泥,崇尚中强调创新。"金陵三俊"个人之间关系亲密,陈沂与同乡顾璘尤为至交。顾璘自弘治九年中进士后即与陈沂结交为文友,前后倾心40余年,切磋学问,诗文唱和,互相契许,日益胶固,顾璘形容俩人关系"真如兄弟骨肉"。陈沂去世后,顾璘撰墓志铭,高度评价陈沂的事功德行,详述俩人的交往情谊,称赞陈沂的才华文采;又作《祭陈石亭文》,颂扬陈沂。陈沂也屡屡撰作与顾璘交往的诗作,在其《拘虚集》中,有《和顾华玉朱升之山游次韵》《顾氏园》《与华玉登荃山》《雪中呈华玉》等诗篇[③]。可见两人交谊之深,堪称明代中后期南京文坛的佳话。

"三俊"之外,另有盛时泰。时泰字仲交,号云浦,上元人。嘉靖贡生。有《苍润轩碑跋》《牛首山志》《城山堂集》。时泰喜藏书,善画水墨山水竹石,工书,负盛名。

"金陵三俊"和"四大家"等人,其酬唱应和,形成相当壮观的文人群

---

① 参见成林为陈沂《金陵世纪》标点本所作导读。

② [明]顾起元:《客座赘语》卷六"东桥先生论诗"条,中华书局1987年版,第205页。

③ [明]陈沂:《拘虚集》,《北京图书馆古籍珍本丛刊》第102册,书目文献出版社1998年版。

体，其诗文活动也在南都文坛上产生了重要影响。《明史》评道："南都自洪、永初，风雅未畅。徐霖、陈铎、金琮、谢璿辈谈艺正德时，稍稍振起。自璘主词坛，士大夫希风附尘，厥道大彰。许榖，陈凤，璿子少南，金大车、大舆，金銮，盛时泰，陈芹之属，并从之游。榖等皆里人，銮侨居客也。仪真蒋山卿、江都赵鹤亦与璘遥相应和。沿及末造，风流未歇云。"[①]"金陵三俊"及其追随者的诗文活动，使南都文风大变，在中国文学史上的地位也大为提高。他们对南都事物的吟唱，不但形塑了城市的历史文化地标，对后代的城市想象亦有化育、衍生、润饰之功，人称"明代万历前后，在南京本地文人中，兴起了一股精选胜景重新品题的风气"[②]。

明末，南京有两位诗人值得一提。一位是阮大铖。阮大铖字集之，号圆海，又号石巢、白子山樵、皖髯，安庆府怀宁人。崇祯元年以党邪被罢官，崇祯八年避居南京直到隆武二年（1646 年）去世，在南京创作了不少诗歌。其人品为人不齿，但其诗一向受好评。陈散原在《咏怀堂诗集》题记中称"其诗新逸可诵，比于严分宜、赵文华两集，似尚过之"，认为其诗超过严嵩。现代学者胡先骕更在《读阮大铖〈咏怀堂诗集〉》中称其为"有明一代唯一之诗人"。阮大铖的诗作集中于山水田园、酬应、志时等题材，而成就最高的是山水田园诗。这些诗"具有感情饱满、意境空灵、富有禅理的特点"[③]，新逸可诵。另一位是与阮大铖政治立场完全对立的复社成员杨文骢。文骢字龙友，号山子，别署伯子，贵阳人。自天启三年（1623 年）因家难随父母徙居南京始，后来应试、交游、仕宦均以南京为中心，前后在南京度过了十六七年。杨文骢的诗留存下来的约有 900 余首，按内容可分为咏怀诗、山水诗和题画诗。诗中时时表露了他忧国忧民、感事伤时的爱国思想和怀才不遇、壮志未酬的感慨[④]。

① 《明史》卷二八六《文苑二》，第 7356 页。

② 程章灿、成林：《从〈金陵五题〉到"金陵四十八景"——兼论古代文学对南京历史文化地标的形塑作用》，《南京社会科学》2009 年 10 期。

③ 孙书磊：《小人多才不以废言——明末诗人、戏剧家阮大铖》，载沈新林主编《明代南京学术人物传》，南京大学出版社 2004 年版，第 517—518 页。

④ 沈新林：《画家亦诗人志士而烈士——杨文骢》，载氏主编《明代南京学术人物传》，第 541 页。

二、书法的探索与演变

明后期南京乡绅顾起元说："金陵士大夫多留意墨池者。"[①]明代南京堪为明代书法交流的核心地域，吸引了来自各地的士人书家云集于此谈艺榷文，也带动着当地书家的兴盛，金陵书法成为明代书法地域上的集中反映与缩影。

明初，同诗文一样，南京书法流行台阁体。明代前期诸帝王均雅好书法，提倡刻帖，以书取士。明成祖朱棣下诏求四方能书之士"专隶中书科，授中书舍人，永乐二年，始诏吏部简士之能书者，储翰林，给廪禄，使进其能，用诸内阁，办文书"。字写得漂亮，即受朝廷重用，写得不工整，主考官甚至连试卷都不屑一看。因此读书写字，唯求端正拘恭，横平竖直，整整齐齐，好像印刷体一样，这就是所谓的"台阁体"。可见，产生台阁体的直接原因，主要是统治者出于内外承制的需要，召命工书者入宫，负责缮写诰制、诏命、玉牒、册宝、匾额等，尤其是书写内制者，更被授为中书舍人之职。

明初的一些馆阁大臣如宋濂、刘基、解缙等都是当时著名的书家。朱孔旸、詹孟举书法也风靡一时，南京宫殿官署之额多出其手，詹书更于南京随处可见。又有刘理，与子素、孙良，三世能书，皆官中书舍人。其他如长期寓居南京的宋濂次子宋璲更是精于篆、隶、真、草书，其草书出入变化，如天骥行中原，一日千里，超涧度险，不动气力。

永乐迁都后至成化年间，金陵书法在台阁体的笼罩下并无风格趣味的新变，属于金陵书法发展的沉寂期。该时期，金陵本土或占籍书家书作平平，只有致仕寓居金陵的李时勉溢出时尚，不为流俗所拘囿。李时勉，名懋，江西安福人，自称金陵人。永乐二年进士，官至国子祭酒。李时勉书法以二王为基调，参化米芾，"钩画之内聚精藏锋，一笔不苟"。其跋文天祥《行书上宏斋帖卷》行楷，纯以王羲之兰亭笔法为之；跋《李龢赠颖监诗卷》行书以王羲之兰亭笔法为主，加以赵孟頫之温润；晚年

① [明]顾起元：《客座赘语》卷一〇"书法"条，第314页。

所书《米芾行书兰亭叙跋》，则将兰亭笔法与米字合二为一，意致精雅。李时勉崇尚二王，取法晋韵，虽难以在强势的台阁书风时尚下掀起波澜，却令人看到了金陵书法复苏的曙光。

明前期金陵书家，尚有上元人金润，字伯玉，一字静虚。正统间乡贡，授兵部司务，后擢南安知府。《金陵琐事》称其“书类赵松雪，画法方方壶，图成每题诗其上，清奇可喜”。稍后任官金陵的华亭钱氏兄弟，书风也代表了其时金陵时风所尚。钱溥，字原溥，号遗庵，正统四年（1439年）进士，授翰林院检讨，历左赞善、侍读学士等职，成化二年（1466年）掌南京翰林院事，进南京吏部尚书。其“小楷行草俱工”。钱博，钱溥之弟，正统十年进士，曾官南京刑部主事，善楷、行、草书，“真行出自宋仲温”。张益，字士谦，吴县人，徙金陵，正统中为侍讲学士。其文章雅健有法，“楷书亦工”。这些书家皆取法赵孟頫、沈度等为代表的台阁体风，形式与趣味颇为一致，可为台阁体的余绪。

明中期，金陵书法走出台阁体书风阴影，逐渐复苏与活跃，涌现出诸多杰出书家，如金琮、徐霖、顾璘、陈沂等人，金陵书家的书法实践与探索总体呈良好态势，书风取向由韵到意，韵意交织，书法的审美趣味日益生动丰富，金陵书法进入了繁盛与高潮期。①

金琮，字元玉，号赤松山农，金陵人。其书初学赵孟頫，晚年学张伯雨，均能得其神韵。文徵明极喜其字，得片纸辄装潢成卷，题曰“积玉”。盛时泰将其与史忠称为“金陵二隐”。王世贞称其行草“法赵吴兴，老健可爱”。詹景凤盛赞其行草“天真烂漫，迥乎寻常”。许彦明好事收藏，以诗请吴门领袖沈周作图，请金琮题字，可见金琮书法之不凡。金琮除取法赵孟頫、张伯雨外，于二王、米芾亦是情有独钟，直入堂奥。现代收藏家钱镜塘先生所藏《金琮致士行函》，显示了金琮书法的另一面，此帖以二王尺牍一路笔法出之，参以米芾沉着痛快，用笔精到流畅，深得二王、米芾韵致，显得轻松自如，有随意挥洒的快意。金琮于成化、弘治年间，独步金陵书坛，时人几乎将其与赵孟頫相提并论，评价极高，是金陵地区一致推崇的杰出书家代表，其赵体书风为众人广泛取法的对象。②

① 蔡清德：《明永乐迁都后至万历时期金陵书法发展的阶段性分析》，《艺术百家》2008年第4期。

② 以上参见蔡清德《文徵明与金陵书家交游考略》，《艺术百家》2007年第5期。

与金琮几乎同时的金陵书家当属徐霖。徐霖，子子仁，号髯仙、九峰，继金琮后直至嘉靖十七年，活跃于金陵。年未满三十即名满人耳，与谢承举并称“江东二才子”。其正楷出入欧阳询、颜真卿之间，擘窠大字学朱晦翁，几可乱真。后又喜摹赵孟頫，笔力遒劲，结构端谨，自成一家。所书《千字文卷》，字形玉润可爱，笔力劲丽苍古，神采灿然。何乔远《名山藏》称其“碑板书师颜柳，题榜大书师詹孟举”。王世贞认为，徐霖“正体乃有古隶，笔似欧阳兰台，草书半得章法，而实步趣会稽，其精雅妍媚使人啧啧生赏”[①]。徐霖行书流美精雅，得二王、陈子昂遗韵，凡文人书画雅集、名画鉴藏，大抵必请其篆书题写引首。从时风来看，徐霖和金琮两人皆能摆脱台阁体流波，由元人赵孟頫书风回溯晋唐，重新赋予书法鲜活的笔情墨致。

在金琮、徐霖同时或稍后活跃金陵书坛的还有“金陵三俊”顾璘、陈沂、王韦等人。上元人周晖评价“金陵三俊”书法：“东桥真、草皆清澈可爱”，“石亭陈鲁南，法苏眉山，评者谓不减于吴匏庵，篆隶亦佳”，“王钦佩真草清雅有法”[②]。从存世作品看，顾璘书法以二王为宗，清雅脱俗，结字中宫收紧，有晋人意，后参以黄庭坚之纵肆挺健，毫芒毕露，笔力虽弱，然意胜于法，奕奕有神。其弟顾瑮，字英玉，真、草皆有晋人风味。陈沂于东坡体用功至勤，继吴门前辈、文徵明之师吴宽之后，为有明一代习东坡体最为得心应手者。詹景凤认为学习苏体，陈沂较吴宽更胜。顾起元曾评价其书法“妍媚剜郁，工于取态，遒壮之气拂拂波磔间”[③]。王韦学书观念与顾、陈不同，取径也较为正统合辙，楷书临欧阳通，行书法二王，“真草清雅有法”。王韦之子王逢元，字子新，楷草笔物而圆润，吴门蔡羽将其字画与金子有之文辞并称为“江南二绝”。王韦的妹夫刘麟，字元瑞，号南坦，饶州人，家金陵。弘治九年进士，嘉靖七年为工部尚书致仕。人称其“书法二王”，“片纸只字，人得之为至宝”[④]。以其书观之，与苏州文徵明之书法颇有相似之处。顾、陈、王三人皆已脱略赵

---

① [明]王世贞：《弇州续稿》卷一六五《徐髯仙手迹》，《文渊阁四库全书》第 1284 册，第 392 页。

② [明]周晖：《金陵琐事》卷二“字品”条，南京出版社 2007 年版，第 74—75 页。

③ [明]顾起元：《嬾真草堂集》卷一八“金陵名贤墨迹跋五首”之“陈侍讲沂、景中允旸、邢侍讲一凤、胡编修汝嘉”。

④ [明]周晖：《金陵琐事》上卷“字品”条，第 74 页。

孟頫的束缚与影响，转而取法宋人及晋唐笔意。此外，该时期南京书坛的重要代表人物还有南京籍景旸、邢一凤，南京人胡汝嘉。顾起元认为景、邢二人"真行皆奕奕有隽气，而尤并以小篆显，骨貌丰匀，方圆绝妙，说者得二李之遗法，可与徐子仁相伯仲"，胡汝嘉"真书师黄庭、洛神，行书师大令，草书师崔子玉、张伯英，心慕手追，骎骎有度华骝前之势"①。

嘉靖中后期到万历之前，金陵书法呈现新的样态，较突出者有朱曰藩与盛时泰。朱曰藩，约1551年前后在世，字子价，号射陂，宝应人，"四大家"之一朱应登之子，嘉靖二十三年进士，历官九江知府。朱曰藩隽才博学，以文章名家。有《山带阁集》，詹景凤称其书法"巧自成趣，非草草作者，第骨气稍近脆"②。盛时泰，善隶书，小楷学倪云林，行书学苏东坡、米芾，隶字更优，画山水木石，效倪云林笔法，③人称"绝妙"，詹景凤以为"入圣散僧"，评价很高。有集若干卷藏于家。其子盛敏耕，肖其博雅。

明代后期，南京书坛打破了前、中期各有中心的一统局面，形成了不同书家、不同风格并存的多元格局，使帖学书法在此时获得了空前的繁荣和发展，并对清代书法的发展产生了深远的影响。此时，南京最著名的书家当属祝世禄。万历时期，祝世禄的书风风靡于金陵，有着广泛的市场影响力。当时金陵号称有"十忙"，其中一忙为"祝石林写字忙"。传教士利玛窦也知道其为"一个著名的中国书法家"。祝世禄主张"工不如拙，整不如散"的审美观念，其书法少却金琮、徐霖等人笔法的精致，用笔拙重、粗放与简单，韵致、意蕴上也不再像金琮、徐霖、顾璘、陈沂等人的含蓄婉约，而更多以势取胜，以态悦人。另有宋珏，于万历年间长期寄寓南京，他长于书法，章、行、草、隶俱佳，八分行草，瘦劲有神，下笔往往别开生面，其醉后挥毫，更似天授。

此时在南京书坛上居有一席之地的书法家还有不少，顾起元曾一一评论。如焦竑，"真行结法眉山，散朗多姿，而古貌古骨，有长剑倚天、

① [明]顾起元：《嬾真草堂集》卷一八"金陵名贤墨迹跋五首"之"陈侍讲沂、景中允旸、邢侍讲一凤、胡编修汝嘉"。

② 詹景凤：《詹氏性理小辨》卷四〇《书旨下》，《四库全书存目丛书》子部第112册，齐鲁书社1997年版，第555页。

③ 万历《上元县志》卷九《人物志一》。

孤峰刺日之象”；卜履吉，“行书师章草，简劲无媚骨，望之肃然，类其为人”；朱之蕃，“真行师赵魏公，简出入颜鲁公与文徵仲，日可万字，运笔若飞，小则蝇头，大则径尺，咄嗟而办，从来书家之神速，恐未有若此者”；许天叙，“行狎书师孙过望，劲媚错出，圆熟温茂，如王谢儿郎，皆有体韵”；沈生予，“真书师晋诸王，而波拂点画，具有拔山之力”；姚履旋，“真行法率更，稍益以己意，简峭中微带风貌，故自彬彬”；余大成，“真行师阁帖，笔势遒美，行列古雅，较乃祖司成，当有出蓝之誉”；孙幼如，“真书如玉环，丰艳而有致，行草师米元章《芜湖学记碑》，几如优孟之似叔敖”；欧阳序，“真师率更，篆、八分师二李与梁鹄，结构不疏，古雅有意”；胡宗仁，“八分师魏之《受禅碑》，简劲方正中，雅气逼人，如陶贞白坐听松楼上，语语烟霞，无一点尘气”；黄复儒，“行书法章草，而清劲特甚”；许无念，“真行似乃父而秀逸过之，真如赵合德初进御时，以辅属体，无所不靡”；魏之璜，“真书师黄庭经，结构致密，神采流丽，团扇尺素，嫣然动人”。此外，王可大善行草，姚汝循、余孟麟、金光初、李登、焦真生、张文晖、林景旸、郭惟诚等人善真行，罗万象草书学怀素，姚之裔真行学赵孟頫，金李殿小楷师文徵明、行书师《圣教序》，李宁俭草书学怀素，葛如龙楷书学率更体，何湛之行草法二王，何淳之行书得晋人意，朱音行书圆媚流丽、翩翩动人，李登于钟鼎文尤妙，论者以为丰坊之后一人，这些画家也值得称道。① 南京书坛堪称前后继起，代不乏人。

金陵书法家在书法理论上也有独到的看法。鉴藏家顾源有论字一纸，说得颇有理致，“写字之法，不必拘字形势如何人，要在心笔与古人相通。通会之妙，要须自悟，终难言说。如金赤松，是拘其形似而得通会之妙者；祝枝山则如风樯阵马，临机变化，得妙于言意之外。二老之书，如李杜之诗，并世间不可少者。若必欲评其优劣，正是痴人前不可说梦耳。”②顾源之说，体现出金陵与另一书法重地吴门的不同风格。③

① [明]顾起元：《客座赘语》卷一〇“书法”条，第314—315页；卷九“书法”条，第284页；卷七“书品补遗”条，第214—215页。

② [明]周晖：《金陵琐事》卷三“青浦论字”条，第93页。

③ 以上参见蔡清德《明永乐迁都后至万历时期金陵书法发展的阶段性分析》，《艺术百家》2008年第4期。

三、绘画的长足发展

明朝建立后，朱元璋仿照宋朝制度，在南京设立画院，征召全国各地的画家，充当宫廷画师，他们供职内府，或为皇帝画像，或画昔贤像、古孝行图、历代功臣图，或为殿廷、道观、寺院绘制壁画，为封建政治和伦理服务，被后人称为宫廷派。

明初南京是宫廷派的天下。洪武时期召入南京的著名肖像画家主要有赵原、周位、孙文宗、沈希远、陈遇、陈远、王仲玉、盛著、相礼等。这些画师，都是由元入明的著名画家，为明初的宫殿和道观寺院制作了大量壁画，如周位在便殿所作壁画《天下江山图》即名闻于时。由于宫廷派画家主要是为宫廷服务，歌功颂德，故人物画多为帝、后画像，山水画带祥瑞之气，花鸟画则求工致逼真。

就人物画而言，因以描绘帝、后和上层贵族的肖像为主，画师们不得不小心谨慎，揣摩上意，以讨皇帝欢心。有一次，朱元璋召集画工为他写御容，多不称旨，“有笔意逼真者，自以为必见赏，及进览，亦然。一工探知上意，稍于形似之外，加穆穆之容以进。上览之，甚喜，仍命传数本以赐诸王。”①画师沈希远、陈撝等都是因为善于揣摩帝意，御容画得称帝意而受荣宠。当然，若画作不合上意，也可能招来杀身之祸。如赵原奉旨画圣贤像，因“应对失旨坐法”。盛著奉命画天界寺影壁，“以水母乘龙背，不称旨，弃市”②。因此，洪武年间南京的宫廷画大都拘守成法，难有创新，未能形成固定的风格，成就远逊于民间画家的创作。

山水画方面，宫廷画主要继承了南宋马元、夏珪风格，并参以其他传统技法，构图简洁，用笔雄健，意境浑厚，形成了浙派画风。著名的如李在的《阔诸晴峰图》、王谔的《江阁远眺图》《溪桥访友图》《踏雪寻梅图》、朱瑞的《烟江远眺图》。

宫廷画派的成就，在花鸟画方面更为突出。边景昭的《竹鹤图》、吕纪的《桂菊山禽图》等，画法精细，设色浓艳，属于黄筌工笔的路子。林

① [明]陆容：《菽园杂记》卷一四，《文渊阁四库全书》第1043册，第360页。

② [清]徐沁：《明画录》卷二，《续修四库全书》第1065册，第650页。

良的水墨写意花鸟，如《灌木集禽图》，则继承了徐熙的画法，对后代产生了较大影响。孙隆用色如墨的没骨法富有独创性，如《花鸟草虫图》《花石游鹅图》等，丰富了宫廷派花鸟画的形式和技巧。

永乐迁都后，许多著名宫廷画家都随之迁到北京。其后直到明末，南京画家或在南京活跃的画家，有蒋子成、金润、史忠、吴伟、蒋嵩、徐霖、陈沂、陈芹、胡汝嘉、盛时泰、何淳之、蒋乾、马首贞、朱之蕃、薛素、吴彬、魏之璜、曾鲸、胡守仁、盛丹、高阳、姚允在、胡宗信、宋钰、李著、张翀、邹典、杨文骢、陈丹衷、施霖等。

永乐时的蒋子成和成化时的吴伟曾因画工出色被召入宫廷。蒋子成，江宁人，初工山水人物，后改画道、释神像，尤长画水墨观音大士像，与边景昭的翎毛、赵廉的虎，并称为“禁中三绝”。吴伟，字士英，武昌人，17 岁流寓南京，以年少奇才受成国公朱仪等赏识，召之幕下，被呼为“小仙”，后征召入宫，授锦衣卫百户，赐“画状元”印及府第。[①] 吴伟擅画山水与人物。山水画继承南宋院体传统，从马远、夏珪、戴进，水墨苍劲，山石作斧劈皴，遒劲粗犷。他善用侧锋、焦墨，运笔奔放，造型富于生气，为宋元以来水墨山水画中的独特创造，代表作有《江山渔乐图》《长江万里图》《灞桥风雪图》等。人物画呈现出两种不同的风格，一为细笔人物画，师法吴道子及北宋李公麟，精工白描，画面流畅，可谓细腻流转，趣味横生，代表作有《铁笛图》《洗兵图》《武陵春图》《歌舞图轴》等；一为粗笔画，继承了南宋梁凯的减笔法，所绘人物飘逸质朴、气韵生动，主要作品有《太极图》轴、《东方朔偷桃图》轴、《仙女图》轴等。[②] 吴伟因曾两度供职宫廷，画风与浙派创始人戴进相近，被视为宫廷画家及浙派健将，又因为是江夏人，也称“江夏派”。

明代中期的金润和史忠也颇具影响。金润，字伯玉，又字静虚，上元人。绘画取法元末画家方从义，以山水见长，“神会天出”，对形成吴门画派产生了较大的影响。[③] 史忠，原名徐端本，字廷直，号痴翁、痴仙、痴痴道人，金陵人。工山水、人物、花木竹石。绘画风格近似方从义，笔

---

① [明]周晖：《金陵琐事》卷三“《吴小仙传》”条，第 94 页。

② 参见郑天天《吴伟人物画艺术风格探究》，湖北美术学院 2017 年硕士学位论文。

③ 徐耀新主编：《南京文化志》，中国书籍出版社 2002 年版，第 5 页。

致潇洒，不拘家数，有“云行水涌之趣”。他的画颇得沈周欣赏，曾往吴门寻访沈周，恰逢沈周外出，见堂中有素绢，泼墨成山水巨幅，未留名姓而出。沈周归来，一看便知是金陵史痴所作，邀其归，留三月而别。

万历时，南京画坛颇为兴盛，名家辈出。朱之藩，作山水花卉，巨幅单条，触兴辄染，所摹前人“有南宫夺真之妙”；齐王孙朱国华，工写生，绘梨花、白燕、锦鸡等，“烨然有生动之状”，曾画松鹤为顾起元祝寿，“意匠尤古雅”；姚履旋之梅花，金莘甫之菊花，皆饶雅趣；郭仁，工写大幅山水，布置渲染，具有成法；胡宗仁的画笔意古征，颇有五代以前气象，二子耀昆、起昆，皆奕奕有父风；李绍箕山水草树，绰有胜情，骨法不凡，究为能品；魏之克工山水，笔法秀美，姿颜软媚，有不胜罗绮之态。在顾起元看来，这些都是当时以画名“卓然著称”者。[①] 又有宋臣，善画山水人物，远宗马远、李唐，近效戴进、吴伟，极妙临摹，凡宋、元名笔，皆能乱真；徐霖，虽不以丹青驰誉，但所画松竹、花草、蕉石等，皆精雅可爱；朱希文擅画梅花；陈钢善画蒲桃，其金姓夫人善水墨画，所作蕃马，峭劲如生；王元辉，从文氏父子入门，后学郭熙、巨然、倪云林等，皆有其家法，鉴画音有独见；何淳之工山水，画兰竹，颇有清趣；教坊马湘兰，工画兰，清逸有致，名闻海外，暹罗使者也购其画扇收藏。[②]

此外，该时期寓居南京的画家中，吴彬和曾鲸均以画风特异，名动一时。吴彬，字文中，又字文仲，号枝隐、枝隐庵头陀、枝庵发僧，莆田人。人物、山水、花鸟皆精，传世作品有《十八应真图卷》《罗汉图》《山阴道上图》《层峦重障图》等。吴彬早年的画迹，亦属正统派一路。后受自然界奇山异水的熏陶，画风大变，所画山水陡峭险峻，盘回重复，宏伟雄奇。且其画法也与当时流行的画法不同，所用线条细如丝发，勾写出的山水结构精微，造型夸张。[③] 吴彬的奇幻山水画“前无古人”，是变异一派的代表，美国学者高居翰认为，其画风是受到了西洋铜版画的影响。吴彬的画作在明代后期评价颇高，有人将其与华亭人董其昌并列为当时“名家”，言其“下笔玄妙，旁及人物、佛像，远即不敢吴道子，近亦足力

① [明]顾起元：《客座赘语》卷一〇“画事”条，第315—316页。
② [明]顾起元：《客座赘语》卷七“画品补遗”条，第211—212页。
③ 陈传席：《中国山水画史》，天津人民美术出版社2001年版，第390页。

敌松雪，传之后代，价当重连城矣”[①]。

曾鲸，字波臣，福建莆田人，是肖像画大师。他在南京侨居 40 年，有传世画作 33 幅，大都在南京完成。曾鲸在绘画方面最突出的成就是创立了写实性极强的墨骨法，即“先用传统的线条法勾勒面部轮廓和五官，再用淡墨沿线条渲染出面部的凹处，再用色彩反复晕染，形成自然的阴影，从而产生立体感”[②]，这种画法使结构清晰结实、立体感强，也称凹凸法。值得一提的是，曾鲸寓居金陵时，正是西方传教士利玛窦东来之时，他曾向利玛窦学习西洋画技，墨骨法的创立当在一定程度上受到了西洋画法的启发。曾鲸的代表作《王时敏像》《葛一龙像》《张卿子像》等都可谓中国肖像画的精品，所画文人学者也都透出端庄、安详、清宁、雅致的神态与气质。这种画风影响很大，传人有谢彬、郭巩、沈韶、张琦、徐璋等人，人称“波臣派”，是中国古代肖像画史上最大的流派。

明末侨居南京城西南白鹭洲的杨文骢，博学好古，善画山水。文骢，字龙友，新贵人，是明代后期“画中九友”之一。其画以山水见长，兼作花卉，画法出入巨然、惠崇之间，具宋、元人骨力与风格。同时师法自然，尤爱寄情于实景写生。据统计，其画作在 1000 种以上，现存《赠谭公山水卷》《寿陈白庵山水卷》《台荡纪游图册》等 60 余件，其中传往日本 10 余件。值得一提的是，他曾指导侨居南京清凉山，号称“金陵八家”之一的龚贤，龚贤的作品多写金陵山水，长于用墨，具有浑厚、苍秀、沉郁的独特风格，成功表现了江南山水茂密、滋润、幽深的特征，主要有《清凉环翠图》《摄山栖霞图》《木叶丹黄图》等传世。

绘画以外，明代南京版画也有重要地位。明代是中国版画的鼎盛时期，而南京是全国版画中心。金陵版画，始自明宣德十年（1435 年）刊《新编金童玉女娇红记》，至万历时则进入最为兴盛发达的时期。一些著名书肆，如唐氏富春堂、世德堂、文林阁、广庆堂，陈氏继志斋，汪氏环翠堂，都镌刻了大量的戏曲版画。富春堂主人名唐富春，字对溪，所刻戏曲版画最多。据考有百种以上，以每种附图 20 幅计，也有 2000 幅

---

① ［明］谢肇淛：《五杂组》卷七《人部三》，上海书店出版社 2001 年版，第 135 页。

② 冯晓娟：《明末清初西画东渐对金陵绘画的影响》，《大众文艺》2018 年第 21 期。

左右，画面多以大型人物为主，用笔粗壮，尤喜用大块阴刻墨底，黑白对比极为鲜明，表现出庄重、雄健、粗毫的作风，使人观后如饮醇酒，回味绵长。唐氏世德堂也刊有大量版画作品，风格基本上与富春堂同，只不过略显工细了一些。唐锦池文林阁、唐振吾广庆堂，所刊亦以戏曲版画为多，但绘镌皆工致，与富春堂、世德堂本的风格已迥然不同。

陈大来的继志斋，是16世纪初叶蜚声金陵的著名书坊，刻有《红蕖记》《红拂记》《双鱼记》《锦笺记》等戏曲版画多种，数量仅次于世德堂，版式多为单面方式和双面连式，较为统一，艺术风格趋于工整秀丽细致，不再用大片墨底来作近景衬托，而是追求一种澹静娴雅的风格。所刊《新镌古今大雅北宫词记》，图仅双面连式一幅，绘刻绵密清丽，给人以细腻缠绵、清纯典雅的美感，堪称是金陵存世戏曲古版画中的第一杰作。其他如周日校万卷楼，图刻粗豪雄健，体现的是金陵本土的风味。

万历时金陵版画所取得的辉煌成就，流寓金陵的他处刻工也作出了巨大贡献。如徽州名工黄镐、黄应祖、黄德宠、鲍守业，都在金陵操剞劂之业，他们把徽派秀劲婉丽的作风带给金陵版画艺苑，并在万历中晚期实现了金陵派版画风格从粗豪到工细的转变，使之成为既为大众所喜爱，又可作为文人案头清玩的艺术品。毫无疑问，这是金陵版画的巨大进步。

明代南京，除绘画、版画获得长足发展外，关于绘画的著作也很多，超过前代。身为明初大臣的宋濂在其《画原》中十分强调“助名教而翼群伦”的绘画政教功能说；蒋乾提出了“书中有画，画中有书”的书画关系说；王世贞《艺苑卮言》，对于历代人物、花鸟、山水画之变迁，宋元明清诸家绘画之渊源等，均有精辟的论说。

四、篆刻的新突破

明代南京篆书颇有地位。篆刻艺术久已衰落，而到明代中期出现了新的突破，其中南京和流寓南京的文人篆刻家起了关键作用。自明初直至明末，活跃在南京的篆刻家代不乏人。

滕用亨，初名权，字用衡，避讳后更今名。苏州人，永乐三年被荐至京师，时年已将近70岁。召见时面试篆书，作“麟凤龟龙”四大字，又献祯符三诗，深得皇帝欢心，授为翰林待诏，预修《永乐大典》。在官四年卒。滕用亨又善鉴定古器物书画，曾侍皇帝阅画卷，众人目为赵千里，用亨顿首言：“笔意类王晋卿。”等到终卷，果有王晋卿之名。永乐迁都前，滕氏的篆书在金陵享有盛誉。

陈登，字思孝，闽人，初仕罗田县丞，后选入翰林，历十余年于永乐初授为中书舍人。陈登既工于书，又精于字学。当时滕用亨素负书名，见陈登为后进，不行礼。某日，大众辩难《说文解字》，众说蜂起，陈登随问条答，如指诸掌，考古证今，百不失一，连滕用亨也不禁愧服，自是声名大噪。谢肇淛称其“最精小篆，凡周秦以来石刻残缺无可考者，皆能辨之”[①]。陈登是南京较早精通六书的篆书家。

景旸，字伯时，号前溪，本仪真人，流寓南京。正德三年(1508年)进士，授编修，官至南京国子监司业。顾璘称其最初工真行，后师周伯琦，小篆颇得风骨。

乔宇，字希大，号白岩，山西乐平人，成化二十年(1484年)进士。正德间官南京礼部尚书，世宗即位召为吏部尚书。乔宇“诗文雄隽，兼通篆籀”，篆书主要取法李东阳。

徐霖，字子仁，号九峰、髯仙，时人称“篆圣”。正德间，武宗两次驾临其宅，声名鹊起，是明代南京的代表性书家，篆书为其所擅书体。南京寓公华亭人何良俊论述篆书流派时认为，宪宗朝，李东阳和乔宇的小篆，以及后来徐霖和宗玉箸，“皆入妙品”[②]。王世贞则认为，明代通晓书法者，前后有滕用亨、程南云、金湜、李东阳、乔宇、景旸等人，不过都不如南京人徐霖，只有金霖可与元末周伯琦相匹配。[③] 万历时鉴赏大家詹景凤更充分地肯定徐霖篆书与文徵明分书并“为国朝第一”，而徐篆“无一笔愧前秀”[④]。周晖记载，大学士李东阳和吏部尚书乔宇，当时号“篆圣”，而见徐霖篆字，连称“吾辈不及，吾辈不及”[⑤]。徐霖谙于篆法用笔，

---

① [明]谢肇淛：《五杂组》卷七《人部三》，第129页。

② [明]何良俊：《四友斋丛说》卷二七《书》，中华书局1983年版，第244页。

③ [明]王世贞：《弇州四部稿》卷一五四《艺苑卮言》附录三，《文渊阁四库全书》第1281册，第481页。

④ [明]詹景凤：《詹氏性理小辨》卷四〇《书旨下》，《四库全书存目丛书》子部第112册，第550页。

⑤ [明]周晖：《金陵琐事》卷二“字品”条，第75页。

明代能以篆书书体创作整幅作品者，寥寥无几，唯徐霖笔力雄健，随心所欲而为之。徐霖于前人篆书笔法多有汲取，也有所创获，篆法精熟，笔韵流畅，结体谨严，堪称一代典范。

文彭，苏州人文徵明之长子，曾任南京国子监博士。其篆刻雅正秀润，风格遒劲，章法疏朗，改变了元代以来板滞纤弱的弊病，恢复了汉印传统，主张篆刻必须精通六书，才能入印，取得了空前的成就。由于刻印讲究六书，篆文不涉怪诞，又向秦、汉玺印吸取营养，因而其印章在当时确使印坛面目为之一新。在他的倡导下，一时篆刻之风大起，书法家和画家都参与篆刻创作，产生了我国篆刻艺术的第一个流派——吴门派，而文彭成为篆刻艺术的始祖。文彭的好友何震，嘉万时徽州婺源人，久居南京。习秦汉篆法，尤取汉代铸印之平正简洁，治印章法规正，生辣中有苍劲之气，名重一时，与文彭并称“文何”。何震所创单嫡刀边款，古朴典雅，错落有致，为治印者所效法。所著印论《续学古篇》，主张篆刻必须精通书法，只有运笔纯熟，运刀方能自由自在。

邢一凤，字羽伯，一字雉山，江宁人。嘉靖二十年进士，翰林编修，累官至参政。小篆师徐霖，工篆书。

文献所载金陵擅长篆书和精六书的书家，还有以下诸人。马琬，明初江宁人，精小学篆籀，尤工诸画。陈沂，篆隶、绘事皆称能品。李登，上元人，王韦甥，嗜古好学，精六书小篆、钟鼎文字。常信，上元人，隆庆初以善六书官南印使局，博学多才，工画。欧阳廪，上元人，工篆隶诗画。郑道先，上元人，工画梅，善鼓琴，精六书。陈纪，金陵人，著有《篆字书法》一卷。甘旸，万历间江宁人，篆刻家。自大父相传而下，皆好古者，喜攻篆隶六书，精于鉴赏，嗜镌刻，每有佳处，辄勒之金石，辑有《集古印正》，纠正时人翻印古谱之误，并著《印章集说》论说印章之道。梁袠，字千秋，扬州人，寄居南京，篆刻受业于何震，所作神情逼真而能运以己意；所作《印隽》，多为摹刻何震印作。汪徽，婺源人，游历金陵，诗极壮丽，画山水及八分书俱精妙，尤工秦汉图章，世称四绝。祝世禄，与活跃于金陵的印人何震、汪徽等多有交往。姚履旋，明末江宁人，工六书篆籀。①

① 以上所述，主要参考蔡清德《明代金陵篆书发展与文人篆刻之勃兴辨析——以徐霖等金陵书家及印人为视点》一文，《南京艺术学院学报》(美术与设计)2011年第4期。

五、戏曲表演的繁盛

明代南京是极为兴盛的文化中心，在戏曲表演、培养名角、声腔流变、曲谱创作等方面，均居重要地位。

明初，南京戏曲的发展是与朱元璋的扶持和提倡分不开的。洪武初年，朝廷在都城设立教坊司，以掌宫廷大乐，管理乐户及其演出机构。朱元璋深知民间戏曲对人的思想有潜移默化的作用，认为“以声感人，俚俗之音易人”。因此，洪武初年，“凡亲王之国，必以词曲一千七百本赐之”[①]。朱元璋还对当时的戏剧《琵琶记》推崇备至，称“《五经》《四书》、布帛、菽粟也，家家皆有；高明《琵琶记》如山珍海错，贵富家不可无”[②]。他还在洪武六年召见113岁的周寿谊老人，向其询问昆山腔戏剧。洪武八年又在南京设局修《洪武正韵》十六卷，洪武二十七年(1394年)又在南京建成富乐院、花月春风十六楼，系南京官民、宾客之游乐、宴集场所，经常有戏曲等艺术活动在此表演。这些政策措施对明代的戏曲活动产生了深远的影响，得以新增一些戏曲品种，老的戏曲种类也能得到进一步发展。“打春”是洪武初年诞生的一个新的戏曲品种。“打春”起源于朱元璋为笼络给自己守墓地(孝陵)的乡亲，赐予他们有向官员、百姓索取额外钱粮的特权。于是，“孝陵卫人每于冬至后，于京兆领画鼓二十四面，沿街打鼓，唱吉语，索钱米，名‘打春’，至迎春日至。”不仅如此，朱元璋还命自己的翰林撰写春词，供打春人使用。皇帝如此提倡，官员闻风而动，于是“江宁、上元两县给批，举行不废，谓之村田乐”。产生于南宋的“莲花落”，到了明代又有了进一步发展，为后世的“数来宝”创立了基本的规范。明代诸多传奇戏曲中都涉及莲花落，如朱有燉的传奇《李亚仙花酒江池》第四折中提到了莲花落，再就是徐霖的《绣褥记》第二十八出有郑元和从诸乞丐唱莲花落的内容。莲花落主要在穷人、乞丐中代代相传。明初的南京，曲种甚多，除打春、莲花落外，还有评话(评书)、滑稽(相当于说笑话)、打谈(一种用鼓击节，吟唱

---

① [明]李开先：《闲居集》序文六之一百四《张小山小令后序》，明嘉靖刻本。

② [明]徐渭：《南词叙录》，《续修四库全书》第1758册，第411页。

类的曲艺形式)等。

朱元璋一方面鼓励支持戏曲的发展,另一方面又对曲艺、戏剧的发展横加干涉,多方限制。一旦稍稍有背离,就给予严厉的镇压,无疑又给曲艺、戏曲事业的发展带来消极作用。洪武初年,他颁布了《禁止杂剧律令》,其中规定:"凡乐人搬做杂剧戏文,不许装扮历代帝王后妃、忠臣烈士、先圣先贤、神像,违者杖一百……其神仙道扮及义夫节妇,孝子顺孙,劝人为善者不在禁限。"[①]在这种政治背景下,明初戏曲的内容多为歌功颂德,缺少流传后世的佳作。

南京戏曲的真正发展期是在永乐迁都北京以后,此时的南京虽然是政治上的次中心,但若从经济、文化上讲,却仍是全国的中心所在,加上南京此时为"留都"或"南都",仍保留皇宫和六部衙门,但都是闲职,更使南京"公侯戚畹,甲第连云;宗室王孙,翩翩裘马。以及乌衣子弟,湖海宾游,靡不挟弹吹箫……每开筵宴,则传呼乐籍……真欲界之仙都,升平之乐国也"[②]。特别是仁宗、宣宗之后,南京的戏曲有了自由发展的天地,此时的戏曲创作进入了兴盛局面,产生了一批在全国很有影响的著名戏曲家。

散曲家陈铎,字大声,号秋碧,别署坐隐先生、七一居士,原籍下邳,后定居南京,为世袭卫指挥使。陈铎精通音律,擅长南北散曲,擅弹琵琶,每以牙板自随,兴发则引吭高歌。钱谦益《列朝诗集小传》称其所为散曲,稳协流丽,审宫节羽,不差毫末,传诵颇盛,教坊有"乐王"之称。其曲牌《梦回离思》,以弦索官腔清唱。其最富代表性的作品,则是以小令为主的散曲集《滑稽余韵》。该集收小令 136 首,描写了当时金陵城内 30 多种店铺的经营和六七十种手工业工人及其他劳动者的生活,以形形色色的社会职业为题,表现风貌各异的人情世态,展示了一轴具有浓厚生活气息的风俗画卷,是散曲中别开生面的佳作。陈铎的其他散曲作品,多写男女风情和闺门相思,缠绵幽怨,充分展示出南方人的性格情调,颇具南朝乐府民歌柔丽婉约的韵致。陈铎又是填词高手,词

① 熊鸣岐辑:《昭代王章》卷三《搬做杂剧》,《玄览堂丛书初集》第 17 册,(台北)正中书局 1981 年版,第 182—183 页。

② [清]余怀:《板桥杂记》卷上《雅游》,《续修四库全书》第 733 册,第 326 页。

集《草堂余意》，乃和《草堂诗余》之作，婉约清丽，不琢不率，亦自成诵。陈铎不仅工南调，也工北调，沈德符称："今人但知陈大声南调之工耳，其北《一枝花》'天空碧水澄'全套，与马致远'百岁光阴'皆咏秋景，真堪伯仲。……本朝词手似无胜之者。"[①]陈铎作北曲不故作粗豪，南曲亦能清疏华滋，不流于秾艳华丽。他集散曲诸格于一身，成为明代散曲文学的典型缩影，被称为"在散曲文学史是一个坐标性的作家"[②]。

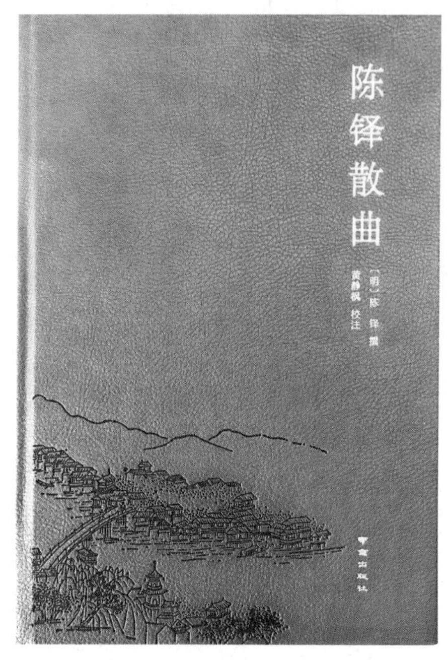

图 4-3 《陈铎散曲》书影

徐霖，善词曲，武宗南巡时得演员臧贤推荐，为武宗作曲，备受宠幸。其所作戏文有《绣襦》《三元》《梅花》《留鞋》《枕中》《种瓜》《两团圆》数种，其中影响最大的当属《绣襦记》，该剧原是海盐腔的演出剧目，后来改编成昆腔。徐霖被称为"曲坛祭酒"。

顿仁，正德、嘉年间南京著名的教坊曲师。曾随武宗入京"尽传北方遗音，独步东南"[③]，是南京戏曲表演由北曲转换到南曲时期的关键人物。晚年曾被华亭人何良俊请去教授家中女乐。

"金陵三俊"也是当时著名的戏剧作家。顾璘对戏剧颇有研究，著有《息园存稿》《浮湖集》《山中集》等。王韦著有《高原家藏记》《王太什记》等。

此外，明代南京从事戏剧创作研究的还有陈所闻，曾辑有《北宫词纪》《南宫词纪》各 6 卷，汇集了元明人散曲，颇具资料和研究价值。

徽州歙县人潘之恒，官至中书舍人，长期居住南京，是著名的戏曲

① [明]沈德符：《万历野获编》卷二五《词曲·南北散套》，中华书局 2004 年版，第 640 页。
② 高峰：《乐王陈铎》，沈新林主编《明代南京学术人物传》，南京大学出版社 2004 年版，第 251 页。
③ [明]沈德符：《顾曲杂言》，《中国古典戏曲论著集成》(四)，中国戏剧出版社 1959 年版，第 212 页。

表演理论家。潘之恒热爱戏曲，著有《亘史》《鸾啸小品》等，曾多次主持曲宴演出活动，并为许多著名演员写过情词恳切、生动优美的小传，因此获得“姬之董孤”的雅号。潘之恒针对演员的素质、表演的技巧以及表演时的情感体验等问题提出了诸多深刻的见解。他要求演员要有才、慧、致，三者兼擅，表演时要求演员注意度、思、步、呼、叹等，还要注意吐字发音。潘之恒谈论演员表演时的情感体验极为精辟，他赞扬出色的演员，每每用“痴情”或“情痴”二字来形容。他认为演员表演要能解情，出色的演员不仅要熟人情，而且要善解人情，不仅能在曲师、教习等人的指导下熟悉作品、了解人物，而且也要凭自己的智慧去理解角色情感背后更深层的东西。潘之恒在戏曲鉴赏时，还强调区分赏音和赏曲。①

明朝自嘉靖以来，内忧外患，民族矛盾、阶级矛盾日益尖锐，特别是严嵩执政时，党争激烈，这样的社会现实也引起了戏曲家们的关注，在他们创作的戏剧作品里，不同程度地对当时的社会现实做了反映，扭转了明初以来那种“以时文为南曲”的创作倾向，出现了许多描写反权奸阉党的作品，最为著名的是曾任南京兵部右侍郎、刑部尚书等职的王世贞（或其他人）所著《鸣凤记》，“开写了国家大事的政治剧的先河，是我国戏曲史上流传下来的第一部时事剧”。《鸣凤记》直接取材于离当时不远的历史事件，描写嘉靖年间夏言、杨继盛、邹应龙等朝臣与奸相严嵩的斗争，反映了当时的政治斗争，抨击了祸国殃民的奸相严嵩，在当时引起了极大的反响。戏曲创作上出现这种现实主义的倾向，对戏曲的发展繁荣起到了很大的推动作用，而且对以后的戏曲创作也产生了很大的影响。

明代末年，阶级矛盾和民族矛盾日益激化，北方陷入严重的战乱之中。北方的一些达官贵人、富商巨贾纷纷南迁，尤其是南明建都南京后，各地的文人学士、士大夫官僚纷纷移居南京。如明末吴应箕《留都见闻录》谓，崇祯时北方“流寇猖獗，江以北之巨富十来其九”。吴伟业《梅村家藏稿·宋子建诗序》也云：“当是时，江左全盛，舒、桐、淮、楚

① 郑志良：《古典剧论家中可推第一——潘之恒》，载沈新林主编《明代南京学术人物传》，南京大学出版社2004年版，第410—411页。

衣冠人士避寇南渡,侨寓大航者且万家,秦淮灯火不绝,歌舞之声相闻。"[①]因此,南京的戏曲活动并没有受到明末农民战争及明清易代的社会动乱的影响,继续流行。"金陵都会之地,南曲靡丽之乡……杂伎名优,献媚争妍。"[②]当时城内的妓家为斗胜夸富,"入夜……梨园搬演,声彻九霄"[③]。连臭名昭著的阮大铖,也在南京创作了大量戏曲。阮大铖一生创作了 11 种传奇体戏剧,存世的有《春灯谜》《牟尼合》《双金榜》和《燕子笺》,合称《石巢传奇四种》。阮大铖的戏剧,有着强烈的现实针对性,突出两个主题,即崇尚功名和借以洗冤。在艺术上,阮大铖的戏剧被张岱赞为"本本出色,脚脚出色,出出出色,句句出色,字字出色","镞镞能新,不落窠臼"[④]。其剧作结构严谨,关目巧妙,又具有曲折的故事性和浓厚的戏剧性。特别是《燕子笺》传奇,在当时南京的戏剧舞台上是极为有名的佳作,每有宴会,必演是剧,甚至连东林遗孤和复社成员也常演此剧。阮大铖的戏剧,对当时南京的文化环境、政治气候和历史变故等均有影响,在中国古代戏曲史上占有重要地位。[⑤]

明末南京戏曲表演也进入了新的发展时期。天启、崇祯年间,南京有数十个戏班,以致陈维崧说:"金陵歌舞诸部甲天下。"[⑥]此外,明末南京除本地曲种继续活动外,还吸取了大批外籍曲艺。其中对后世影响较大的有泰州说书人柳敬亭,扬州说书人韩圭湖、孔云霄等。柳敬亭在南京颇负盛名,张岱《陶庵梦忆》称其"一日说书一回,定价一两。十日前先送书帕下定,常不得空"[⑦]。

此外,南京擅长戏曲的名家还有盛敏耕、段虎臣、黄方儒、陈所闻等。

明朝初年,南京流行的还是元代盛行的北杂剧。入明之后,朱元璋

---

① [清]吴伟业:《吴梅村全集》卷二八《宋子建诗序》,上海古籍出版社 1990 年版,第 667 页。

② [清]余怀:《板桥杂记》卷下《轶事》,《续修四库全书》第 733 册,第 351 页。

③ [清]余怀:《板桥杂记》卷上《雅游》,《续修四库全书》第 733 册,第 327 页。

④ [明]张岱:《陶庵梦忆》卷八"阮圆海戏"条,上海古籍出版社 2001 年版,第 130 页。

⑤ 参见孙书磊《小人多才不以废言——明末诗人、戏剧家阮大铖》,沈新林主编《明代南京学术人物传》第 522—526 页。

⑥ [明]陈维崧:《奉贺冒巢民老伯暨伯母苏孺人五十双寿序》,载冒襄《同人集》卷二,《四库全书存目丛书》集部第 385 册,第 46 页。

⑦ [明]张岱:《陶庵梦忆》卷五《柳敬亭说书》,第 81 页。

对北杂剧大力提倡，北杂剧作家和演员活跃在南京舞台上。杨景贤，改名讷，蒙古人，久居金陵，曾撰《西游记》等杂剧 18 种，永乐间殁于金陵。金陵人谷子敬，明初著名杂剧作家，作有《吕洞宾三度城南柳》等 5 种。杂剧演员则有以歌闻于人的杜妙隆，妙歌舞的名姝樊香歌，精于绿林杂剧的平阳奴和善杂剧的郭次香、韩兽头等人。朱权《太和正音谱》列知音善歌者 36 人，金陵人蒋康之位列第三。

由北曲变为南唱是在成化时期前后。顾起元总结明中后期南京戏曲的流变情形道："南都万历以前，公侯与缙绅及富家，凡有宴会，小集多用散乐，或三四人，或多人，唱大套北曲，乐器用筝篆、琵琶、三弦子、拍板。若大席，则用教坊打院本，乃北曲大四套者，中间错以撮垫圈、舞观音，或百丈旗，或跳队子。后乃变而尽用南唱，歌者只用一小拍板，或以扇子代之，间有用鼓板者。今则吴人益以洞箫及月琴，声调屡变，益为凄惋，听者殆欲堕泪矣。大会则用南戏，其始止二腔，一为弋阳，一为海盐。弋阳则错用乡语，四方士客喜阅之；海盐多官语，两京人用之。后则又有四平，乃稍变弋阳而令人可通者。今又有昆山，校海盐又为清柔而婉折，一字之长，延至数息，士大夫禀心房之精，靡然从好，见海盐等腔已白日欲睡，至院本北曲，不啻吹篪击缶，甚且厌而唾之矣。"①按顾起元的说法，南京万历以前，先是北曲盛行，小集则用散乐，唱大套北曲；大席则用教坊打院本，唱北曲大四套，即北杂剧四折。后来才变而尽用南唱。南京著名的散曲家陈铎，主要生活在成化、弘治年间，其散曲作品既有北曲，也有南曲。到正德、嘉靖年间，南京教坊曲师顿仁还将北方遗音南传，独步东南，说明其时南京流行的还是北曲。如潘之恒《鸾啸小品》卷二《乐技》载："武宗、世宗末年，犹尚北调，杂剧、院本，教坊司所长。而今稍工南音，音亦靡靡然。名家姝多游吴，吴曲稍进矣。时有郝可成小班，名炙都下。"由顾起元和潘之恒所记，可知万历初年魏良辅、梁伯龙改革戏曲成昆山腔后，逐渐向南京推进，南京演员也前往吴地学习，昆山腔才经仕宦和戏剧界的推动，在南京开始流行起来。但其时，北曲演出在南京仍有一席之地。沈德符说："自吴人重南

① [明]顾起元：《客座赘语》卷九"戏剧"条，第 303 页。

曲,皆祖昆山魏良辅,而北调几废,今唯金陵尚存此调。然北派亦不同,有金陵,有汴梁,有云中,而吴中以北曲擅长者,仅见张野塘一人,故寿州产也,亦与金陵小有异同处。顷甲辰年,马四娘以生平不识金阊为恨,因挈其家女郎十五六人来吴中,唱北西厢全本。……四娘还曲中即病亡,诸妓星散。……今南教坊有傅寿者字灵修,工北曲。……若寿复嫁以去,北曲真同广陵散矣。”[①]当时,还有名角马四娘,即马湘兰。后来还有北曲名角傅瑜、傅卯、傅寿。潘之恒《鸾啸小品》卷八《傅灵修传》及卷三《朱子青》记载,傅瑜为名优,“二十以前旦,三十生,四十色,尤以北曲杂剧擅长,班中推为教师”。后来生子名傅卯,生女名傅寿,“二人登场一座尽狂”。当时,“趋狭邪者竞新曲,以昆山魏良辅调相高。寿习为曼事遏云,吴人咸挢舌不下。卯则超距行伍中,振衣舒啸,举国无能和者。”江南仕宦竞尚新事,以魏良辅调相高,北曲因演员凋零逐渐败下阵来。

按照顾起元的说法,南京在最初兴起南曲的明中期,先是流行弋阳腔和海盐腔。弋阳腔因杂有乡语,四方之人喜欢;海盐腔因带有官语,两京人士喜欢。海盐腔在昆腔流行后,在南京并未绝迹。直到清康熙十三年(1674 年),朱彝尊的《鸳鸯湖棹歌》还云:“曲律昆山最后时,海盐高调教坊知。至今十棒元宵鼓,绝倒梨园弟子师。”由此可知,南京教坊仍有海盐腔。南京后来还流行四平腔,在昆山腔盛行之时稍成对峙局面。四平腔稍变弋阳腔而成,大约语言更易于通晓。天启二年,文震亨的《秣陵竹枝词》谓:“梨园子弟也驰名,半是昆腔半四平。却笑定场引子后,和箫和管不分明。”明末清初人周蓼恤《秦淮竹枝词》也云:“昆腔幽细气氤氲,豪饮人多面不醺。水榭近来张酒席,桥头门上戏平分。”原注:弋阳子弟寓水西门,呼为“门上”;苏伶寓淮清桥,呼为“桥头”,[②]说明直到明末,南京戏剧舞台上昆山腔并未获得一统天下的局面,昆山腔的推广和流行虽然迅速,但南京仍有其他腔调的戏曲在演出。[③]

---

① [明]沈德符:《万历野获编》卷二五《词曲·北曲传授》,第 646—647 页。

② [清]朱绪曾:《金陵诗征》卷三四,茂记萃古山房书庄刊本第 11 册,第 33 页。

③ 此处关于南京戏曲声腔的流变,主要参考苏子裕《明代南京地区戏曲声腔述考》(《中华戏曲》2007 年第 2 期)一文。

与戏曲表演的兴盛相应，明代南京的小说和戏曲创作多有成就。中国古代白话小说的兴盛肇始于说书，明代南京说书兴盛，明末还寓居了“书绝”大师柳敬亭，他曾留下了《柳下说书》的底本。长篇小说的创作刊行也兴盛一时，《三国演义》《西游记》等名篇都是在南京梓刻的。南京三山街、内桥一带为书坊聚集区，著名书坊如世德堂、富春堂、继志斋等就曾刻印了诸多此类小说。《西游记》的最早刻本是“秣陵陈元之序”“金陵世德堂梓行”的本子。周氏大业堂刊有《西晋志传题评》《东晋志传题评》，金陵万卷书楼刻有《三国志传》，兼善堂刻有《警世通言》10卷。有些小说家寓居南京从事创作。《西汉演义》的作者自号钟山居士，《封神演义》的作者自号钟山逸叟，《杨家将演义》的作者纪振伦自号秦淮墨客等。南京与这些小说家结下了不解之缘。

伴随着戏曲表演的繁盛，记载曲艺活动的笔记也陆续问世。罗凤，所著小说数种，多奇艳。另外较有代表性的，主要有陈铎的《滑稽余韵》、潘之恒的《亘史》和《莺啸小品》等。陈所闻工乐府，著有《濠上斋乐府》，另有《狮吼》《长生》《青梅》《威风》《同升》《飞鱼》《彩舟》《种玉》8种传奇，后来书坊署名江廷讷，实际上也是其作。[①] 而顾起元《客座赘语》、周晖《金陵琐事》、余怀《板桥杂记》等，也有不少相关内容。作为雕版印刷和书坊刻印中心南京，也成为全国刻刊戏曲作品最为主要的城市。万历初年开设的著名书坊富春堂，所刻戏曲甚多，保存至今者就有49种，其中以明代剧作为主，创作者多为当时名家，如梁辰鱼《浣纱记》、汤显祖《紫箫记》、李晔《南调西厢记》等。万历中期建成的著名书坊继志斋，所刻戏曲数量仅次于富春堂，保存至今者尚有28种。其他诸如文林阁、世德堂、广庆堂、德聚堂等书坊，也曾大量刊刻戏曲作品，为明代戏曲作品的保存、传播与发展作出了突出的贡献。

六、鉴赏收藏的兴起

明代中后期起，江南兴起收藏之风，南京鉴藏家也有不少。书画鉴

① [明]周晖:《续金陵琐事》下卷“八种传奇”条，第268页。

藏家主要有金润、王徽、黄琳、徐霖、严宾、许隚、顾源、姚淛、朱衣、盛时泰、胡汝嘉、何淳之、罗凤、谢少南、司马泰、姚汝循等。

金润，字伯玉，一字静虚，上元人。正统三年进士，官至南安知府。通音律，工书善画，“所画山水天真横溢，推为神品”[①]。王徽，字尚文，号辣斋，江浦人。黄琳，字美之，约和徐霖为同时代人，活跃于弘治至嘉靖年间。其叔黄太监保养孝宗有功，故资财权势于金陵独霸一方。黄琳家有富文堂，收藏书画古玩冠于东南，所蓄多珍稀名品。苏州都穆自负赏鉴，且眼界甚高，而与顾璘同在富文堂赏名画，见到王维着色山水一卷、《伏生授书图》一卷等唐画后，连说“生平未见，生平未见”[②]。严宾，字子寅，号鹤丘，“字法米帖，粗能诗及画兰竹，所蓄古法书名画颇多。有藤床、藤椅，皆藤所成，不加寸木。有枣根香儿，天然为之，不烦凿削，最称奇品。……文人墨客多与之游，往来东桥、衡山诸公之门”[③]。严宾是当时金陵的书画鉴藏家，擅长书法，与顾璘、文徵明等交谊甚厚。

罗凤，字汝文，一字子文，号印冈，自号简斋翁，南京府军右卫人。弘治九年进士，官御史，出为兖州知府。性博雅好古，所藏法书名画金石遗刻数千种，盛时泰称其“藏汉刻甚富”，兼且工诗，晚年尤擅于书。许隚，字彦明，号摄泉居士，上元人。与“金陵三俊”及文徵明等为密友。爱好法书名画，喜吟咏。藏有《元王冕画梅赵奕书梅花诗》一卷，乔宇、都穆、黄谦、陈沂、顾璘、祝允明、王韦、文徵明、蔡羽等人皆应其请，赏鉴并题跋其上。司马泰，字鲁瞻，号西虹，自号龙广山人，江宁人。嘉靖二年进士，官至济南知府。致仕归，筑怀洛园，藏书极富。顾起元罗列南京藏书之富者，将其与罗凤、胡汝嘉三人并列，而且称司马泰家多有秘籍。姚淛，字元白，号秋涧，江宁人。官鸿胪寺丞。告归，筑市隐园于武定桥侧，日与名流赏咏其间。工行书，喜蓄古玩，精鉴赏，盛时泰称其文雅博达，家有古刻数百种。盛时泰，上元人，嘉靖间贡生。工书善隶，与文徵明、杨慎、王世贞等皆有交谊，曾与陈芹、姚淛等结青溪社，交游多名士。著有《苍润轩碑跋记》，记载其嘉靖末年本目之碑版墨迹，“于金

① [清]徐沁：《明画录》卷二，《续修四库全书》第1065册，第654页。
② [明]周晖：《金陵琐事》卷三“收藏”条，第95页。
③ [明]顾起元：《客座赘语》卷六“严宾”条，第177页。

陵六朝诸迹为多”，凡上至三代汉魏下至时人金琮、徐霖、顾璘、王韦等碑帖墨迹皆有所著录，是现存唯一一部金陵鉴藏家所著碑帖著录。朱衣，字正伯，号杜村，朱之蕃之父，上元人。嘉靖末年迁沅州知州，乞归。置名人书画古玩以自娱，兼工诗词。与姚汝循同校王世贞所辑《王氏书画苑》。胡汝嘉，字懋礼，一字沁南，又字茂禧，号秋宇，南京人。嘉靖三十二年进士，官翰林编修，出为山西又议。书、画、诗、词曲均擅长，富收藏，其藏书与司马泰、罗凤俱号充栋，字画则有王维《江山霁雪图》等。罗凤，字子文，曾官南都察院。博雅好古，所蓄法书、名画、金石遗刻多至千余种。[①] 姚汝循，初名理，后改字叙卿，别号凤麓，南京人。嘉靖三十五年进士。擅长欧阳询书体。家富而工赏鉴，晚年居秦淮，辟锦石山斋，以储书及古画、鼎彝之类，颇称富夥。[②] 又工诗，与李登、王元坤、陈所闻、盛敏耕、王元贞等共结白社。王文耀善画，且喜收藏，多收宋元名笔，曾结画社于秦淮，邀而入社者皆名流。[③] 何淳之收藏之文王鼎、子父鼎最为名器。明末还有朱元介，珍秘盈笥，远超前辈所藏。[④] 先曾为官，后来客寓南京的华亭人何良俊，赋诗度曲，兼且喜欢收藏，自称曾“在南京收得吴小仙真笔数轴，确然能品。当与戴文进、杜柽居相伯仲也”[⑤]。黄居中，字明立，一字海鹤，先闽人，官金陵，乐秦淮之风土，遂以为家。万历乙酉年中举，官至南国子监监丞。暇则讲究典籍，肆力于文章，声名日甚。购书数万卷。清初修府志，所藏书籍发挥了重要作用。[⑥]

明人将收藏分为好事、赏鉴两类。上述鉴藏家大多属清一色的文人士子，皆善诗文书画，精于鉴赏，或鉴或藏，多不以射利为目的，而为文人雅士之乐，堪称真赏鉴而非好事者之流。他们与吴门和浙西鉴藏家一起，互通有无，品题酬应，对于充分开发书画作品的观赏、学习效法

① [明]周晖：《二续金陵琐事》下卷“欣慕编”条，第332页；康熙《江宁府志》卷二一《人物传二》。
② [明]顾起元：《客座赘语》卷七“姚叙卿先生”条，第211页。
③ [明]周晖：《二续金陵琐事》上卷“画社”条，第318页。
④ [明]顾起元：《客座赘语》卷八“赏鉴”条，第251页。
⑤ [明]周晖：《二续金陵琐事》上卷“能品”条，第302页。
⑥ 康熙《江宁府志》卷二二《人物传三》。

价值，拓展书家、画家眼界，提升书画的继承与发展，均有促进作用。[①]

七、雕刻艺术的成就

明代南京的雕刻，以陵墓雕刻为最多。朱元璋孝陵前的人物、动物石雕组群是代表作。明孝陵位于南京紫金山独龙阜玩珠峰下，洪武十三年开始修建，全部工程在朱元璋死后数年即永乐三年（1405年）才完成，前后达25年之久。

孝陵规模宏大。据记载，陵园内殿堂栉比，松柏连云，并有长生鹿千头，守卫陵园的军户5000多户。明以后历经劫难，建筑多有损毁。现存陵门、享殿为清代重建，只有宝城为明代原物。陵前神道自中途的石望柱起转折弯曲，是为了避绕孙陵岗（三国孙权陵墓）。神道两侧石刻依次为狮子、獬豸、骆驼、大象、麒麟、马，各两对，一立一卧，共12对。石兽之北是一对浮雕，有盘龙和云气纹的白玉石望柱，再过去就是4对石人，文臣、武将各2对。所有石兽与石人形制都比较硕大，最小如石马也与真马相近，最大的石人高近3米，在形制规模上表现出硕大、凝重的体量。所有石雕作风都较写实，尤其是石人，武将披甲戴盔，手执金吾，挺然屹立，其盔甲、衣袍的纹理、图案等都雕造得相当真实、精致；文官执笏肃立，服饰简素，恰到好处地表现出文武官员的不同特征。石兽形象基本上也为写实，动物的主要特征比较鲜明突出。在写实的基础上，石雕也适当运用了装饰性的手法。在孝陵的石象中，大象以其性情温顺、体格庞大而显得特别突出，或许寓意着皇帝的臣民都很温厚、驯顺。石象的外形并无多少起伏，高达3.38米的巨型青石大象几乎成为一个巨大的椭圆形，产生了巨大的体积感，与陵墓仪卫的性质也十分相符。4只大象，两大两小，大象垂鼻而立，小象相对而跪，憨态可掬。这4只石象，是孝陵雕刻中艺术水平最高的作品。

在这些石雕群中，有一些形象是呆板僵硬的，头颈、躯干、四肢似乎是机械地拼凑在一起的，不像一个富有生命力的有机整体。造型上往

① 以上参见蔡清德《成化至嘉靖年间金陵地区书画鉴藏家丛考》，《南京艺术学院学报》2008年第2期。

图 4-4 明孝陵武士石像旧影

往疏于强大体积感和坚实厚重感的表现，即使是侧面形象，也不够生动有力，却在枝节细部做不必要的精细雕琢，结果失之于软弱而琐碎。总的看来，明代陵墓雕刻缺乏生气和力量，再也没有汉唐时期陵墓雕刻的那种雄强有力，充满自信心、自豪感的艺术气概了。从这一点来看，明代陵墓雕刻也真实地反映了统治阶级日趋萎靡的精神面貌。

与陵墓雕刻艺术相比，南京的竹刻艺术却有很高的成就。明中期以后，由于竹在中国传统文化中具有“气节”“隐逸”“君子”等文化内涵，符合当时思想界的艺术需求，因而得到特别的青睐。一些具有较高文化水平和艺术修养的雕刻家投身于竹刻创作，吸取书画艺术的营养，创造出高品位的竹刻作品。当时，主要有嘉定竹刻派和金陵竹刻两派。金陵竹刻的创始人是濮仲谦，所雕竹刻以简古著称，治器不喜精雕细琢，只就竹材的天然形态略加刮磨而成器，与嘉定派大异其趣。清人张岱在《陶庵梦忆》卷一中谈道：“南京濮仲谦，古貌古心，粥粥若无能者，然其技艺之巧，夺天工焉。”

第三节　形式多样的史学成就

明初南京作为都城，其史学成就主要体现在官修史书上，洪武时期史家云集南京，为官修史书提供了人才基础。这一时期的官修史书主要有《元史》《太祖实录》及当代史的编纂。

一、官修史书

《元史》的编修始于洪武二年（1369 年）二月，明廷在南京天界寺设史局，命开国文臣之首的宋濂和精通元朝历史的王袆担任总裁，并征召遗逸之士王克宽、胡翰等 16 人参与编纂，第二年八月便修成元顺帝一朝之外的本纪 37 卷、志 53 卷、表 6 卷、传 63 卷。而后，朱元璋又下令欧阳佑、刘夏等 12 人赴北平、山东、河南等地采元顺帝朝事迹，洪武三年二月，史料运抵南京，太祖下令重开史局，至同年七月书成，共 120 卷。《元史》两次纂修，历时仅 331 天，成书之速，实为历代正史之首。

洪武时期，太祖重视当代史的编纂，先后令大臣编写了《大明日历》《皇明宝训》《洪武圣政记》等书，保存了明初极为珍贵的原始资料。此外，《明实录》为明代历朝官修编年体史书，其中《太祖实录》在明初先后修改过三次，第一次为建文朝方孝孺主持修撰，第二次是永乐时李景隆等修撰，第三次是永乐时由姚广孝、夏元吉等重修，三次均在南京举行。

明初，在南京完成的官修史书还有成祖时编修的《永乐大典》。明成祖即位之初，即令翰林学士解缙为监修、陈济为总裁编修类书，第三年奏进，初名《文献大成》，成祖阅后，因“所纂尚多未备”，下令重修，至永乐六年（1408 年）完成，更名《永乐大典》。全书共 22937 卷，11095 册，约 3.7 亿字，是我国历史上最大的一部类书，也是迄今为止世界上最大的百科全书。《永乐大典》收录古代重要典籍七八千种之多，上至先秦，下达明初，经、史、子、集、释庄、道经、戏剧、平话、工技、农艺、医卜、文学等，无所不包，在当时真可谓“包括宇宙之广大，统会古今之异同”。所辑录书籍，一字不易，悉照原著整部、整篇或整段分别编入，宋元以前的佚文秘典，多借此得以保存流传。全书体例“用韵以统字，用字以系事”，检索非常方便。

二、私家史著

永乐迁都以后，南京史学转向以私家撰述为主，南京籍和寓居南京的史家著述宏富。南京籍史家的代表人物主要有陈沂、焦竑、顾起元、周晖等。

“金陵三俊”之一的陈沂，留心乡邦图籍，热心纂修地方文献。正德十年（1515 年）即应江宁知府委托参与纂修府志，次年成《金陵古今图考》一书。主要记录南京作为都城的历代建置、城郭山川的情形和历史变迁。书中列图 16 幅，分别是吴越楚地图、秦秣陵县图、汉丹阳郡图、孙吴都建业图、东晋都建康图、南朝都建康图、隋蒋州图、唐昇州图、南唐江宁府图、宋建康府图、元集庆路图、国朝都城图、应天府境方括图、境内诸山图、境内诸水图、历代互见图，图后以文字分别简要说明考证，周详清晰，前后变迁之迹从而显现。后在山东任，纂修《山东通志》，出力尤多。致仕后，又应督学御史闻人诠之聘纂修《南畿志》，于嘉靖十三年（1534 年）成 64 卷皇皇巨著。十六年（1537 年），陈沂又撰成《金陵世纪》一书。全书简要记述了南京千年历史之迹，并突出南京作为明朝都城的盛况。共 4 卷 18 类，分别为都邑、城郭、宫阙、郊庙、官署、雍泮、衢市、宅第、楼宇、山川、驿路、津梁、台苑、陵墓、祠祀、寺观、杂遗、赋咏，分类体系大体上仿照志书体制，每一类中按时代顺序排列。对于年代久远或文献无征的古迹，列举其名，存目备考。至于元明以前有文字可循的胜迹史事，则大量参考并直接引录有关史书和文学作品，保存了大量珍贵资料。此外，陈沂还有《献花岩志》《皇明翰林志》《游名山录》《遂初斋集》等著述。《献花岩志》专述南京南郊名胜献花岩。全书分山石、岩洞、水泉、台甃、宫宇、卉木、异蓄七部分，详记献花岩的景物，最后附录时人所作献花岩诗多首，可以看作一部献花岩的资料大全。[①] 陈沂文章、政绩、德行皆足称道，时人誉为“清修厚德、文藻惠政，合而归之曰有道仁人”[②]，洵为实至名归。

焦竑，曾任翰林院修撰、南京国子监司业。后落职还家，专心从事著述。同时代人谢肇淛对其赞誉有加，谓：“近时则焦弱侯、李本宁二太史，皆留心坟索，累世探讨，非徒为书簏者。”[③]焦竑治学勤奋，著述甚多，《明史·艺文志》著录其书十几种。关于明朝史的撰述，主要有《国史经籍志》5卷附录1卷、《国朝献征录》120卷、《玉堂丛语》8卷等。《国史经籍志》著录历代典籍，体例多遵《隋书·经籍志》，分类又参考了《通志·略》，含经部11类、史部15类、子部17类、集部5类，各类皆有小序，以明分类之旨。附录名为《纠缪》，详析《汉书·艺文志》以下至《文献通考·经籍考》等公私文献分类目录之误。此书分类较为合理，受到后人推崇，在目录学史上有一定地位，对于后人了解明人著作尤有帮助。但对前代典籍之著录，多抄自相关目录书，难免失误。故《明史》称该书“号称详博，然……赝书错列，徒滋讹舛”。《国朝献征录》是焦竑运用应聘修本朝史时所搜集的资料编辑而成的。该书博采洪武至嘉靖各朝的名人事迹，按宗室、戚畹、勋爵、内阁、六卿以下各官，分类标目，依次编排，未曾任过官职的，按孝子、义人、儒林、艺苑等目，分类汇编，大多数人物传记，均注明引述之书，内容丰富，查用方便，保存了明中期以前的人物传记资料。《玉堂丛语》是一部笔记体人物集，仿《世说新语》体例，记录万历以前的翰林人物，分行谊、文学、言语、政事、铨选、筹策等54门。此书征引广博，皆注出处，多有未见之书，明代稗乘赖以流传者不少。书中记录刘大夏和李介经理宣府大同军饷、叶淇经理盐法纳银户部改变纳粟实边的开中制度、应天巡抚周忱设立济农仓、杨士奇纵子横暴乡里、严嵩之客鄢懋卿盗占淮盐、明代官衙勒索顶首银、司礼监内监跋扈、永乐时修《永乐大典》等，对了解明朝史事富有参考价值。同

① [明]顾璘：《凭几集》卷二《明故山西行太仆寺卿石亭陈先生墓志铭》，《文渊阁四库全书》集部第1263册，第329—330页；并参见成林为陈沂《金陵世纪》等标点本所作导读。

② [明]何乔远：《名山藏》卷八六《文苑记·陈沂》，《续修四库全书》第427册，第416页。

③ [明]谢肇淛：《五杂组》卷一三《事部一》，第266页。

乡顾起元推崇其书,“义例精而权量审,闻见博而取舍严。词林一代得失之林,煌煌乎可考镜矣。”①

稍晚于焦竑的史学家是顾起元。顾起元,字太初,一作璘初,号遯园居士。生于嘉靖四十四年(1565年),卒于崇祯元年(1628年)。万历二十六年(1598年)会试第一名,殿试一甲三名,由编修累官国子监祭酒、吏部左侍郎兼翰林院侍读学士。退官家居,绝迹公门,仍关心地方利弊,如兵部快船改马船、绝卫弁之科索、两县坊厢作里甲、为条编更定良法等,军民称便。顾起元学识渊博,著作精核,留心桑梓文献,著有《蛰庵日录》《金陵古金石考》《客座赘语》《诸寺奇物记》等书,于南京地方文献贡献尤多。《客座赘语》10卷,分条记述南京掌故和风俗民情,为研究明代南京地方历史提供了极为丰富有用的资料。如书中“转运兑军长运”“米价”“南京水陆诸路”“运船”“力征”“赋役”“杂赋”诸条,均为有关明代中后期经济及赋役制度之重要史料。卷三诸条,语及南京六部职官及选举事,为典章制度史料。书中多所提及的南京习俗风尚及其在明中期前后的变化,颇受研究者重视。作者与文人学士交往甚多,书中所记艺林掌故逸事,皆属亲见亲闻,可信度高。南京为六朝故都,顾起元以地方文献及金石资料考证其山陵水道、宫阙遗址、寺观旧迹,对于研究南京的历史地理、都城风貌,大有裨益。②

顾起元以后,南京著名的史学家是周晖。周晖,字吉甫,又字漫士,号鸣岩山人,上元人。生于嘉靖二十五年(1546年),卒于天启七年(1627年),终年81岁。周晖不到20岁即为诸生,数举不第,即弃去举子业。性好编录,为乡里所重。老而好学,博古洽闻,旁及时事。万历三十八年(1610年),周晖从其《尚白斋客谈》中选出有关金陵故实的内容,撰成《金陵琐事》4卷,后来又相继撰成《续金陵琐事》《二续金陵琐事》。该书分条记载,上关典常,下及街谈巷议,“包前修之往行,具名流之嘉话”③,凡国史之不载,地方志不逮者,往往收录,是记载明代南京社

① [明]焦竑:《玉堂丛语·顾起元序》,中华书局1981年版。

② 参见《客座赘语》谭棣华等所作点校说明。

③ [明]周晖:《金陵琐事·引》。

会生活、人文活动的重要笔记，尤其多载万历以后故实，为府志多所取资。①

任官或寓居南京者，当数王世贞史书撰著成就最为突出。王世贞，字元美，自号凤洲，又号弇州山人，南直隶太仓人。生于嘉靖五年（1526年），卒于万历十八年（1590年）。嘉靖二十六年（1547年）进士，两次被任为应天府尹，任过南京刑部右侍郎、南京兵部右侍郎、南京刑部尚书。王世贞有盛名于文学，为"后七子"的代表人物。一生著述丰富，又为明代成就卓著的史学家，代表性著作有《弇山堂别集》100卷、《弇州史料》100卷、《嘉靖以来首辅传》8卷，此外，还编辑《明野史汇》《皇明名臣琬琰录》等书。王世贞贬斥《史记》《汉书》以下历代史书，其史学倾向为是古而非今。但他提出"博古通今"的主张，强调史贵实，史家贵直笔，认为"作史者一字之褒，片言之贬，不取一时，而取万世。非作史者之权与势能取万世也，盖是非之公在万世"。② 王世贞以撰修明代当代史为己任，自从应天乡试中举后，即访问朝家故典与阀阅琬琰之事实，三十年如一日，又尽窥大学士徐阶家所藏丰富图籍，晚年撰写《弇山堂别集》一书，并于万历十八年在南京刑部尚书任上由翁良瑜雨金堂梓刻。后来又由董复表对其遗著加以收集整理，刻成《弇州史料》一书，前集30卷，后集70卷。《弇山堂别集》包括《皇明盛事述》5卷、《皇明异典述》10卷、《皇明奇事述》4卷、《史乘考误》11卷、《表》34卷、《考》36卷。"述"记事，涉及朝章典故、君臣事迹、人物轶事、民族关系、中外关系等；"考"以考录典章制度为主，包括亲征、巡幸、亲王禄赐、各种赏赐、命将、谥法、科试、诏令、兵制、市马、中官等目；"表"即如史书纪传体中之"表"。各类述、考、表前，均有序，简要叙述明代各项制度的历史沿革。《弇州史料》所收内容，除《皇明三述》《史乘考误》与《弇山堂别集》所记重复外，其他大部分均未刊刻过。书中包含明代君臣事迹、盛世轶闻、社会经济、典章制度、礼仪风俗、朝野掌故、少数民族与民族关系、对外关系等方面的丰富内容。王世贞藏书丰富，著史求真求实，运用丰富的史料

① 康熙《江宁府志》卷二二《人物传三》。

② ［明］王世贞：《纲鉴会纂序》，转引自魏连科《弇山堂别集》点校说明，中华书局1985年版，第5页。

加以严格鉴别考订，因此其著述被人誉为“考核该博，固有自来”[①]。《四库全书总目提要》也评论此书道：“世贞承世家文献，熟悉朝章，复能博览群书，多识于前言往行，故其所述，颇为详洽。虽征事既多，不无小误……然大端可信，此固不足以为病矣。”《弇山堂别集》和《弇州史料》是王世贞的史学力作，是其为修当代史而做的史料准备，为后来修明史提供了很大方便，清修《明史》不少地方吸收了王世贞的成果，有些地方连文句也未做大的改易，凡此均可见王世贞在明代史学上的地位。

除上述诸人外，尚有部分南京籍及寓居南京的史家，笔耕于某一史学领域，成就斐然。如记海外见闻者，有应天人巩珍的《西洋番国志》，作者随郑和等第七次下西洋，归国后撰成，记述西洋 20 余国风土人情，为郑和下西洋随员的三部重要笔记之一。在通史及史评著作方面，有嘉靖朝南京人沈越撰《宋史详节》《通鉴纪事前编》、上元陶元素撰《史隽》、江宁司马泰撰《史流十品》、高淳邢土乾撰《历代帝王世袭图考》、六合孙近辰撰《通鉴大全解》等。为解“建文逊国之谜”，弘治年间，曾任职兵部的南京人陈谦之得“诸臣事于故犊中，铨次为集”，惜“家业寝远，书以不存”，是较早补辑建文朝史者。关于福王南都之事，以六合徐鼒撰《小腆纪年》《小腆纪传》可概一般。吴应箕撰《留都防乱公揭》《留都见闻录》《东林本末》《启祯两朝剥复录》《熹朝忠节死臣传》等影响颇大，其辑录的《复社姓氏录》多达几千人。金陵野史，记人物轶闻、风俗时尚，除上述焦竑《金陵旧事》、周晖《金陵琐事》外，尚有李贽《藏书》、顾苓《金陵野抄》附《南都死难记略》等。

三、地方志书

地方志是明代史籍种类中占比颇重的一种。明代南京的地方志书修纂较为繁多，上自涵盖南直隶范围的《南畿志》，下至县志，堪称齐备。

《南畿志》64 卷，闻人诠、陈沂纂修，嘉靖十三年(1534 年)刻本。闻人诠时为督学御史，汇集诸郡县志，嘱托国子监生和府学生 20 余人，在

① [明]谢肇淛：《五杂组》卷一三《事部一》，第 266 页。

贡院开局，“分取列史所传名宦之迹，忠贞节孝文学独得隐德之人，及女之贞淑者，考其所志地里郡县世代沿革，然后各据其志，续以本朝之所宜载者，辨其区域，别其城社，备其官属，录其教化祠祀之典，不泯其废，不遗其异，为郡县志而笔削之。若夫都城畿内，非一郡一邑所得载者，作总志又冠诸篇，而总谓之《南畿志》，视一统志为祥，视诸郡志较省。凡所系之大者，具在也。”①《南畿志》备载南直隶范围各府情形，是明代唯一一部有关南直隶区域范围的志书，也是江苏范围内最早的一部省志，为清代纂修江南省志提供了先例。

府县志。正德《应天府志》，正德十四年（1519 年）应天府丞寇天叙在前府尹龚弘《南京志草》的基础上，委托生员刘雨编次成帙。不久，武宗南巡驻跸南京，有旨取应天府志，遂将此纂修将成之书重加润饰，成集以进。② 可见，这是一部尚未完工的应天府志，但显示出明代南京在修撰府志方面的领先示范地位。明代南京唯一完备的一部府志是万历《应天府志》。该志 32 卷，由府尹汪宗尹主持修纂，万历五年成书付梓，后来内容增补至万历二十年（1592 年），并予补刻。应天府附郭两县最早的县志是正德《江宁县志》和正德《上元县志》。前者 10 卷，后者 12 卷，均修纂于正德十四年，因匆促而成，舛错较多，体例也不完备，但保留了其时南京丝织业和店铺市肆的诸多珍贵材料，不可忽视。万历中期，两县又均修有县志。府属其他各县，高淳县有正德、嘉靖、万历三次修纂的县志，句容县有弘治、嘉靖、万历三次修纂的县志，溧阳县有弘治、万历、天启三次修纂的县志，溧水县有正德、嘉靖、万历三次修纂的县志，江浦县有成化、弘治、万历、崇祯四次修纂的县志，六合县有永乐、成化、正德、嘉靖、万历五次修纂的县志，修纂均在三次以上。

专志。明代南京最有特色的是各种专门志书极为繁多，留存了大量有关南京的宝贵资料。京城志，如洪武时礼部修《洪武京城图志》（图 4－5）。官署志，如佚名纂《诸司职掌》10 卷，刘汝勉纂《南京工部职掌条例》5 卷，祁承㸁纂《南京车驾司职掌》3 卷，天启时王逢年重纂《南京吏部志》20 卷，施沛等纂《南京五城察院职掌志》2 卷，万历时符验纂《留台

① ［明］陈沂：《南畿志》序，明嘉靖刻本。

② 正德《江宁县志》寇天叙序；沈庠：《上元县志旧序》，载万历《上元县志》卷一二。

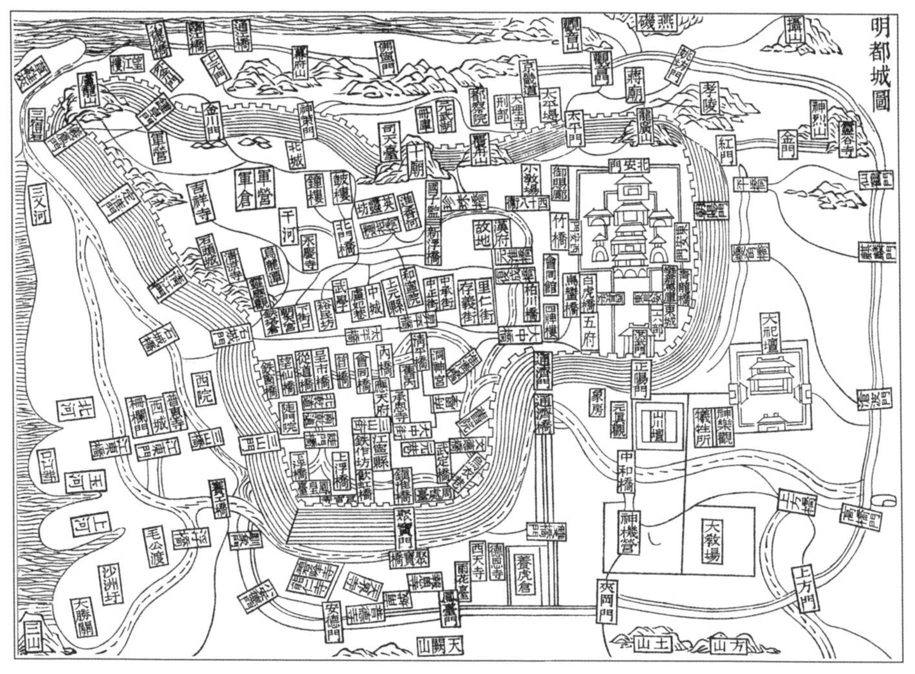

图 4-5 《洪武京城图志》书影

杂记》8 卷，天启时徐必达等纂《南京都察院志》40 卷，嘉靖时高栋等辑《南京刑部志》4 卷首 1 卷，嘉靖时谢彬纂《南京户部志》24 卷，林希元纂《南京大理寺志》7 卷，邵点等纂《南京詹事府志》20 卷，汪宗元纂《南京太常寺志》13 卷，嘉靖时雷礼纂《南京太仆寺志》16 卷，万历时徐大任纂《南京光禄寺志》4 卷，天启时潘焕宿纂《南京尚宝司志》20 卷，南京大小卿衙门大多有志。学校志，嘉靖时郭鎜纂《皇明太学志》12 卷，黄佐纂《南雍志》24 卷，天启时黄儒炳纂《续南雍志》18 卷首 1 卷，崇祯间卢上铭、冯士骅纂《辟雍纪事》8 卷附纪事述言 1 卷、《辟雍考》1 卷。词林志，黄佐纂《翰林记》20 卷，万历时周应宾纂《旧京词林志》6 卷。船厂志，嘉靖时李昭祥纂《龙江船厂志》8 卷。此外，寺庙志，万历时葛寅亮纂《金陵梵刹志》53 卷；防守志，明末范景文撰《南枢志》170 卷；湖志，嘉靖时赵官等纂《后湖志》11 卷；山志，盛时泰撰《栖霞山志》1 卷和《牛首山志》2 卷等；反映南京景致的，有郭仁《金陵八景图卷》1 卷、朱之蕃《金陵四十景图考》1 卷等。种类繁多，内容丰富。

第五章　清代南京文化

清代南京[1]的文化衍变过程，具有明显的阶段性。这种阶段性，既与重大历史事件如明清鼎革、太平天国运动以及近代被迫开埠等有着直接的关系，但也与南京城市自身的发展历程密不可分。同时，南京作为江南都会，其文化包罗万象，内容繁杂，头绪众多，而其特色、贡献或影响之可圈可点处，也不胜枚举。兹就清代前期、中期和后期三个阶段的重要内容，分述如下。

第一节　清代前期的压抑和悲情

崇祯十七年（1644 年）三月，李自成攻陷北京，崇祯帝自缢身亡。在留都南京建立起来的南明弘光政权，一年以后就崩溃于清军的铁蹄之下。南京随即降格为省会，并改名江宁。清代前期的南京，成为清廷控制江南、经营南方的重地，为全国的统一和稳定作出了巨大贡献。但是，明清鼎革以及清初军事、政治功能的过分强化，也使得南京付出了沉重的代价，其社会、经济曾一度十分萧条，文化窒息、压抑。

---

① 南明弘光政权灭亡之后，清廷立即将南京降格为省会，并改名为江宁。江宁一名，一直使用到清朝灭亡。为行文方便，本文仍使用南京之名，特此说明。

一、南京地位的下降

崇祯十七年(1644 年)三月,李自成率军攻入北京,崇祯帝自缢,明朝灭亡。被东林党人称作“贪、淫、酗酒、不孝、虐下、不读书、干预有司”等“七不可”的福王朱由崧,在凤阳总督马士英以及总兵高杰、刘良佐、黄得功、刘泽清等人的拥戴下,于五月初一日进入南京,初三日就任监国。到五月十五日,福王正式继位称帝,改元弘光,建立起南明弘光政权。

但是,腐朽的弘光政权没能挡住清军的铁骑。顺治二年(1645 年)三月初,在陕西击溃李自成部的清军,由多铎指挥,兵分三路,挥师南下。势如破竹的清军,在四月底血洗扬州后不久,突破长江防线,兵锋直指南京。弘光帝和马士英等匆忙出逃。五月十四日,清军攻到了南京城下。次日,南京城正式投降。二十三日,多铎从正阳门(今光华门)进入南京。

占领南京后,清廷很快就接受总督大学士洪承畴提出的“改京为省”的建议,取消南京的陪都地位,南直隶降格为江南省,应天府改称江宁府;撤销南京原有的一切中央机构,如六部、科道衙门、国子监等;设置江南左右布政使司、按察使司以及江宁府、上元县、江宁县等各级机构。从顺治四年(1647 年)开始,清廷开始正式设置总督,驻扎在江宁府。此后总督之名称与辖境时有变化,直到康熙年间平定“三藩之乱”后,才正式确定为江南江西总督(后简称为两江总督)。南直隶(辖境包括今江苏、安徽、上海)改称江南省后,其行政区域被一分为三,分属凤阳、安庐(不久改称安徽)、江宁三巡抚。康熙四年,凤阳巡抚一职被裁撤,其辖区改属安徽、江宁巡抚。至此,安徽、江苏两省的各自辖境已基本确定。康熙六年(1667 年),江南左、右布政使分别改为安徽、江苏布政使。江南最终被拆分为安徽、江苏两省。

清初的一系列调整,使南京由留都降格为省城,其政治地位大大下降。但是,南京仍然是江苏、安徽、江西三省的最高军政长官即两江总督的驻地,同时也是管辖安徽、江苏大部地区的安徽布政使、江宁布政

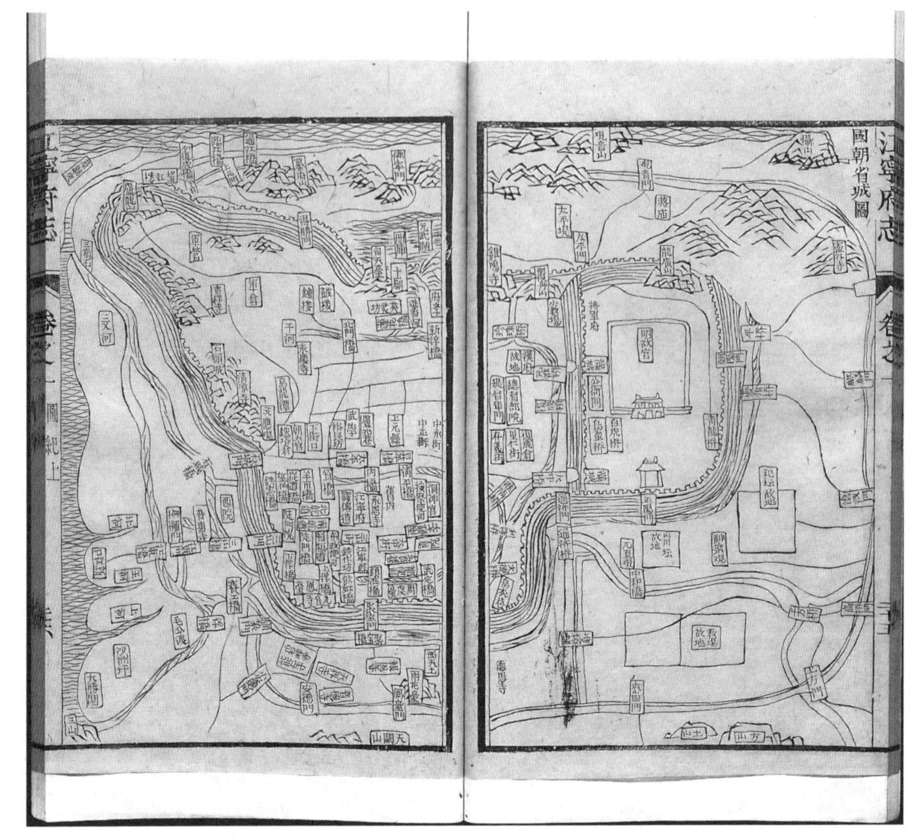

图 5-1　国朝省城图(清《江宁府志》)

使的驻地。南京还驻扎着由江宁将军统辖的满洲八旗军队,设有隶属于内务府的江宁织造。此外,南京也是安徽(上江)、江苏(下江)举行乡试之地。因此,南京仍是当时东南地区的政治中心和军事重镇。

二、南京文化的逆转

清廷占领南京后,摄政王多尔衮重北抑南,对江南实行高压政策。南京作为江南政治、军事重镇,在清初震慑江南的过程中发挥着不可或缺的作用。与此同时,南京不仅失去了晚明全国文化中心的地位,而且还在高压统治政策和肃杀政治氛围下成为清初江南文化逆转的桥头堡。明清鼎革后的南京文化,弥漫着一种浓烈的悲情色彩。

清廷占领南京后，对原先代表着南京陪都地位的标志性建筑或占领，或拆毁，或降格。南京皇宫始建于洪武时期，永乐时期尽管首都北迁，但南京皇城仍保留着完整的中央机构，是仅次于北京的政治中心。清军占领南京后，立即将南京皇城及周边地区划为八旗军营地，强行驱逐这里的官员和居民。为隔离满汉，清廷在顺治六年(1649 年)开始修建满城，顺治末年又加以扩建，最终形成规模庞大的八旗驻防城。

拆毁南京后湖(今玄武湖)黄册库则是清初的另一个标志性事件。明洪武十四年(1381 年)开始在全国农村推行里甲制度，编制黄册。黄册是登记全国农村户口、财产的重要籍账，也是朝廷征发赋役、控制乡村的主要依据，事关国计民生。为保存各地上缴中央的黄册，朱元璋在后湖兴建了规模宏大的黄册库。永乐北迁时，黄册库作为特例仍设在南京，是唯一没有北迁的中央机构。到明末，保存在后湖的黄册数量近 180 万册。黄册库对南京的重要性不言而喻。清军占领南京后，悍然下令拆毁黄册库，变卖库房建筑材料。而保存在此的黄册，或被总督、巡抚用于制造火药，或被工部变卖，短短几年，荡然无存。[①]

南京国子监是明代地位最高的两所中央教育机构之一，始建于洪武十四年(1381 年)，位于南京鸡鸣山之阳。在洪武时期，它曾是全国最高学府和教育管理机构，为明初最重要的人才培养基地。尽管永乐之后改称南京国子监(简称“南监”)，其地位有所下降，但仍是全国人才培养的重镇，也是南京文化、教育地位的象征。顺治六年(1649 年)，两江总督马国柱题请改南京国子监为江宁府学并于次年获准，地方当局随即对南京国子监进行改造。新建的江宁府学虽规模较大，但其地位和影响已无法与南京国子监相提并论。

清廷占领南京后的这些举措，对当时的南京产生了重大影响。由明代皇城改建而成的八旗驻防城，是异族征服南京的符号。后湖黄册库这一中央档案机构的拆毁，以及黄册的变卖，则意味着南京从此失去了全国档案中心的地位。南京国子监的降格和改建，则标志着南京不再是全国的教育中心。这些举措，极大地打击了南京的文化自信。

① [清]韩世琦:《抚吴疏草》卷六《元年工属补还户部黄册变价疏》、卷八《覆黄册纸价疏》。

从清初发生在南京的几起标志性事件,也可略窥清廷对南京的打压。

南京是最早实行"剃发易服"的江南城市。顺治二年六月初,清廷在击败李自成后又迅速攻占南京,军事形势十分有利,因此又开始强制实施一度暂缓的剃发令。南京的清军统帅多铎立即执行,要求江南"各处文武官员,尽令剃发。傥有不从,以军法从事"①。而南京首当其冲,在清军的高压之下,很快就完成了全城剃发。不久,南京又强制推行易服令。这一政策,对高度重视衣冠服饰礼仪且信奉"身体发肤,受之父母"理念的汉族人而言,是一种严重的文化摧残。

顺治四年(1647 年)发生在江宁的僧函可案,是清初较早的文人要案。函可,俗姓韩,名宗騋,广东博罗人,明万历三十五年(1607 年)进士,其父为明朝南京礼部尚书韩日瓒。崇祯末年出家,法名函可,字祖心,号剩人、罪秃。南京弘光政权建立后,函可从广东来到南京,亲身经历了清军占领南京之事,并将其所见所闻撰成具有强烈反清色彩的《再变记》一书。② 顺治四年,函可通过其父门生洪承畴获得出城印牌,准备返回广东,不幸在出城时被查获《再变记》等违禁书籍而被逮捕。函可在南京遭受严刑拷打,后又被解到北京审讯。尽管清廷最终未能获得函可谋反的真凭实据,但仍将其流放东北,最终客死异乡。清廷的这种做法,就是要给那些仍眷恋故国的遗民当头棒喝。

顺治十四年(1657 年)发生在南京的丁酉科场案,则明显是清廷有意打击江南文人的科场大案。

丁酉科江南乡试,由方犹、钱开宗两位江南、浙江籍官员担任主考官。发榜之后,因其考试公正性遭到质疑,引发了严重舆情和广泛抗议,矛头直指两位主考。案发后,顺治帝随即下令严惩,将两位主考官革职,并将其连同涉案举人方章钺等押解北京,同时要求南京地方当局继续彻查。顺治十五年(1658 年)三月,顺治帝亲自对该科录取的江南举人进行复试,其结果是 24 名举人合格,保留举人资格,但罚停会试二科;另外 14 名不合格者则被革去举人资格。对于涉案人员,顺治更是

---

①《清世祖实录》卷一七,顺治二年六月丙辰。

② 杨铨:《岭南明遗民僧函可"私携逆书"案述析》,《学术研究》2006 年第 2 期。

严厉惩处。方犹、钱开宗等官员被处死，家人、家产被籍没。吴兆骞等8人家产充公，本人及家人被流放宁古塔。顺治丁酉科场案，虽首发于顺天，后又波及江南、河南、山东、山西各闱，但就惩处力度而言，则以江南闱为最重。①

金圣叹南京被杀案，更是震动天下的大案。金圣叹，名采，字若采，入清后改名人瑞，字圣叹，自称泐庵法师，苏州吴县人。金圣叹是当时的江南才子，名闻天下。顺治十七年(1660年)十二月底，任维初出任吴县县令后，以重刑催逼赋税，后又监守自盗，粜卖常平仓米三千石，民怨沸腾。二月初，吴县诸生百余人进入文庙，利用悼念顺治帝之机，哭诉悲情。后又至苏州府署鸣钟伐鼓，跪进揭帖，要求罢免任维初。与任维初私交颇深的江宁巡抚朱国治，在逮捕诸生十余人后，又上疏为任维初开脱，并以震惊先帝之灵、目中无朝廷、匿名揭帖、聚众闹事等罪名诬告诸生。四月初，11人被解往江宁，异地会审，并牵连到金圣叹等人。金圣叹等随即被捕。六月，包括金圣叹在内的8名诸生被判处斩并籍没，张韩等10人处斩，免籍没。七月，唯恐夜长梦多的朱国治，下令在南京提前处决金圣叹等人。金圣叹等人的家属，则被发配边地，一时哀声遍野，惨不忍睹。② 这一案件，就是清初“三大案”中的“哭庙案”。

从相关记载不难看出，“哭庙案”就是朱国治枉法诬告的冤案，而清廷中央对此大概也心知肚明，但最终仍下令严惩相关人员。究其原因，其中最重要就是清廷有意利用此类案件，打压江南士绅。此前因顺治十六年(1659年)郑成功攻打南京而受牵连的一批江南士绅，也在同年七月以私通郑成功而被处死在江宁，这就是清初“三大案”中的“通海案”。不久由江宁巡抚朱国治发起的“奏销案”，更是清初“三大案”中规模最大的一案，涉案的江南士绅多达万余人。这些大案，是直接推动江南士风逆转的重大因素之一。

其实，清廷在占领江南后，就开始系统打压江南士绅。众所周知，江南地区教育发达、科举兴旺，士绅数量众多。同时，江南还吸引着大量外地士绅。南京作为当时南方地区的政治、文化中心，集聚着规模庞

① 孟修:《顺治丁酉南闱科场案流人在宁古塔》,《东北史地》2012年第6期。

② 有关金圣叹的生平事迹，请参考吴正岚《金圣叹评传》(南京大学出版社2010年版)中的相关内容。

大的士绅群体。尽管这一阶层一直颇受诟病，但毫无疑问，他们是推动南京文化发展和繁荣的中坚力量，贡献极大。入清以后，随着南京行政地位的降格，以及中央官署及国子监等机构的撤销，南京的士绅规模急剧下降，对南京的城市文化造成了致命的伤害。更为严重的是，清廷出台的一系列文化控制措施，大大限制了士绅的文化活动。其中最为典型的是顺治九年（1652 年）《礼部钦依刊立晓示生员卧碑》的颁行。在此卧碑中，朝廷不仅要求生员孝敬父母、学做忠臣清官、尊重老师、不入公门、不结交权贵等，而且还规定，“军民一切利病，不许生员上书陈言。如有一言建白，以违制论，黜革治罪”，“生员不许纠党多人，立盟结社，把持官府，武断乡曲；所作文字，不许妄行刊刻，违者听提调官治罪”。也就是说，生员既不能上书言事，对一切公共事务发表看法，更不能集社、集会、刊刻著述等。这种规定，完全是将读书人关入笼中，是一种严重的文化窒息政策。这些做法，在整体上逆转了江南文人的思维方式和行为方式，影响深远。[①]

晚明的南京，曾经享有“衣冠文物盛于江南，文采风流甲于海内”的美誉。十里秦淮，是晚明南京最为著名的城市公共休闲娱乐空间。它的形成和繁荣，与南京城市的文化生活，特别是休闲娱乐是分不开的。城市大众文化的形成、娱乐业从业人员的职业化、商业化的经营，以及文人士大夫的积极参与等，都是推动十里秦淮娱乐休闲业发展的重要因素，而秦淮青楼则是最重要的前提。秦淮河畔，风景如画。秦淮风月，名满天下。名妓、河房、画舫，共同构成了秦淮河两岸的风景线。但在入清之后，十里秦淮的休闲娱乐业曾一度陷入低潮。秦淮旧院、珠市之歌台舞榭，已经化为瓦砾之场[②]，或为市阛，或成废圃。余怀曾这样记述秦淮的衰退：

> 鼎革以来，时移物换。十年旧梦，依约扬州。一片欢场，鞠为茂草。红牙碧串，妙舞清歌，不可得而闻也；洞房绮流，湘帘绣幕，不可得而见也；名花瑶草，锦瑟犀毗，不可得而赏也。间亦过之，蒿

---

① 范金民：《鼎革与变迁：明清之际江南士人行为方式的转向》，《清华大学学报》2010 年第 2 期。

② 王玉鹏、夏维中：《清代秦淮青楼业的嬗变》，《中国社会经济史研究》2014 年第 3 期。

藜满眼，楼馆劫灰，美人尘土，盛衰感慨，岂有过此者乎！①

三、悲情色彩的南京文化

明清鼎革，使南京的地位发生了天翻地覆的变化。这一重大事件，又给金陵怀古这一文学母题提供了新的绝好题材，并使清初南京再一次成为文学关注的城市。而遗民则在其中扮演了最为重要的角色。南京这一座历史古城，再次被浓浓的悲情文化所笼罩。

清初的金陵怀古诗词，更多的是抒发亡国之恨、寄托故国之思。遗民是这类诗作的主要创作群体。即使是那些与新朝不得不合作的文人，如侯方域、吴梅村等，也在南京留下了诸多类似作品。

南京在明清鼎革、天崩地裂后的悲惨境遇，给遗民造成了极大的刺激。面对改朝换代的汹涌潮流，无奈之下的遗民只能通过诗文、绘画，来寄托故国之思、亡国之恨。以前较少受到关注的方文，就是这类遗民中的杰出代表。方文，字尔止，号嵞山，原名孔文，字尔识，诸生，安庆桐城人，出身名门。入清之后，方文更名一耒，别号淮西山人、明农、忍冬，长期客居南京，以游食、卖卜、行医或充塾师谋生，以气节自励，坚决不与当局合作。方文是著名的诗人，早年与钱澄之齐名，后又与方贞观、方世举并称为“桐城三诗家”，影响极大。在方文的《嵞山集》中，就留下了大量的金陵怀古作品。如《负版行》一诗，就是他在南京三山街目睹赋役黄册被贱价发卖后创作的长诗：

> 数年不到三山街，今春偶到多感怀。不知是何大书册，路傍堆积如芦柴。行人纷纷来买此，不论何书只秤纸。官价每斤钱七十，多买少买随人耳。借问此是何版图？答云出自玄武湖。天下户口田亩籍，十年一造贡皇都。玄武湖心绝炊爨，永无火患及鼠患。洪武至今三百年，收藏不知几千万。一从世变陵谷新，此图废阁空埃尘。有司上言请变价，听民自取输官银。官召吏人估其值，十四万

① [清]余怀：《板桥杂记》，上海古籍出版社 2000 年版，第 4 页。

金可立得。富民争买入私家，零卖与人取微息。有一老翁立路傍，俯首见之神暗伤。曾为州椽写此册，一字错误忧彷徨。岂知今日废无用，口不敢言心自痛。也买一册负之归，看是何年何地贡。其中户口久凋残，田亩荒芜不忍看。若逢鲁国驱车叟，凭轼而趋鼻更酸。[①]

天下赋役黄册，自洪武以来就一直珍藏于后湖黄册库，被视作最为重要的官方文书。而入清之后，这些关乎朝廷命脉的档案竟然被如此糟蹋，方文当时的心情可想而知。

被誉为"江南三布衣"之一的姜宸英(字西溟，号湛园，又号苇间，浙江慈溪人)，其《金陵少年行丙戌年》则是以人物为记述对象的代表作。中山王徐达的后裔、魏国公徐文爵之弟徐青君，在入清后被"籍没田产，遂无立锥"，竟潦倒至"与佣、丐为伍，乃为人代杖"的程度。[②] 顺治三年即丙戌年(1646年)，姜宸英用非常凄凉的笔法，描述了徐青君这位贵族子弟入清之后的悲惨生活：

金陵年少谁家子，蓬跣行乞城东市。
坼裂锦绣挂两肩，苦道天寒冻欲死。
卖身代笞期得钱，三木直趋长吏前。
岂知捶击身痛楚，雪琢肌肤横被鞭。
可怜长吏还相诘，家本萧曹旧公室。
先朝建业垂千春，皇祖丹青常第一。
画图山水镇江南，白马盟书赤玉函。
列戟门阑夸带砺，封泥金石秘韬钤。
东厢西第填歌舞，女长六宫男尚主。
平明鸡犬响云中，日夕鸳鸾翔素渚。
燕客尊开琥珀红，黄金铸弹娱春风。
哀弦切切弹者谁？无那子都与秦宫。
垂杨一线出飞阁，复道斜穿入寥廓。

① [清]方文：《嵞山集》卷三《负版行》，上海古籍出版社1979年版，第176页。
② [清]余怀：《板桥杂记》下卷《轶事》，上海古籍出版社2000年版，第58页。

清宴相承十六皇，驰骋狗马聊为乐。
岂料风尘反掌间，千年王气愁云山。
楼船东下江难断，青盖西飞人不还。
昔年吹箫池上石，今年侧身窥不得。
庐田万顷充官租，大功坊作平章宅。
落魄苍茫空一身，满堂朱履谁相亲？
自矜旧日王侯子，不及当时行路人。
我闻此言泪交堕，黯惨白日秋风过。
自古繁华有尽头，年年江水向东流。
不见高皇本支三十五，只今存没惟荒丘。①

不过，相对于事件和人物而言，此类文学作品关注更多的是南京的山水、景物和建筑等。当然，明遗民们对南京的感情绝非单纯的景物之恋，而应视之为历史记忆的回眸。大多数遗民常借南京的景物委婉地表达自己的心绪。②

明孝陵是关注的重点之一。这座明代开国皇帝朱元璋夫妻的合葬墓，是明代南京乃至全国最为重要的政治性地标之一。但在入清以后，明孝陵这一神圣庄严的皇家陵寝，地位一落千丈，陵区中大量名贵树木被砍伐，陵寝建筑也遭到不同程度的损坏。明孝陵的衰败，激发了广大明遗民心中的“故国”之情，他们往往托物比兴，以诗文或寄托，或明志，其中最为著名的是顾炎武，他自称“蒋山佣”，在顺治八年（1651 年）至十七年（1660 年）之间，曾前后七次拜谒明孝陵，并留下了不少诗作。

遗民在南京的这些活动，其影响也辐射到外地。康熙十年（1671 年）左右，宜兴画家徐渭文访问南京，回乡后作《钟山梅花图》，从而在宜兴引发一场以明孝陵所在的钟山为主题的群体性凭吊故国的活动，③其作品也从单一的诗文而发展成为绘画与诗词合一的形式。首先，著名

① 杜桂萍主编，杜广学辑校：《姜宸英集》上册，人民文学出版社 2018 年版，第 9—10 页。
② 杨念群：《何处是“江南”：清朝正统观的建立与士林精神世界的变异》，生活·读书·新知三联书店 2010 年版，第 30 页。
③ 严迪昌：《阳羡词派研究》，齐鲁书社 1993 年版，第 126—129 页。

图 5-2　顾炎武

词人陈维崧为此画作《题徐渭文〈钟山梅花图〉，同云臣、南耕、京少赋》一词：

十万琼枝，矫若银虬，翩如玉鲸。正困不胜烟，香浮南内；娇偏怯雨，影落西清。夹岸亭台，接天歌管，十四楼中乐太平。谁争赏？有珠珰贵戚，玉佩公卿。

如今潮打孤城，只商女船头月自明。叹一夜啼乌，落花有恨；五陵石马，流水无声。寻去疑无，看来似梦，一幅生绡泪写成。携此卷，伴水天闲话，江海余生。①

此后，另外3位宜兴籍词人史惟圆（字云臣）、曹亮武（字南耕）、蒋

① [清]陈维崧著，陈振鹏标点，李学颖校补：《陈维崧集》下册，上海古籍出版社2010年版，第1499—1500页。

景祁(字京少)也联吟酬唱,从不同的角度、以不同的词调题咏钟山,最终留下了一组独特的文学精品。

徐渭文创作《钟山梅花图》,与南京遗民龚贤有着直接的关系。在徐渭文出发之前,陈维崧曾要求他到南京后要拜访龚贤,而龚贤(字半千)则是"金陵八家"的领军人物。除龚贤外,金陵八家的代表人物还有樊圻、高岑、邹喆、吴宏、叶欣、胡慥、谢荪等。他们眷恋故国,不仕新朝,遁迹山林,醉心绘画,具有浓烈的遗民画色彩。

晚年的龚贤,还对孔尚任《桃花扇》的创作产生了很大的影响。龚贤先是受孔尚任的邀请,参加了扬州的春江社诗会。康熙二十八年(1689年),孔尚任又到南京拜访过龚贤。龚贤应该是向孔尚任追述南京晚明旧事的重要人物之一。而孔尚任最终以晚明南京为背景,将侯方域、李香君的爱情故事写成一曲家喻户晓的《桃花扇》。"借离合之情,写兴亡之感"的《桃花扇》,以戏曲的形式将金陵怀古这一文学题材推向了新的高度,"是在一本剧作中,同时记叙了一个朝代、一座城市、一条河流及浮沉其中的人物的历史"。[①] 而其中苏昆生所唱的北曲《哀江南》,堪称千古绝唱:

> 俺曾见金陵玉殿莺啼晓,秦淮水榭花开早,谁知道容易冰消。眼看他起朱楼,眼看他宴宾客,眼看他楼塌了。这青苔碧瓦堆,俺曾睡风流觉,将五十年兴亡看饱。那乌衣巷不姓王,莫愁湖鬼夜哭,凤凰台栖枭鸟。残山梦最真,旧境丢难掉,不信这舆图换稿。诌一套《哀江南》,放悲声唱到老。[②]

四、南京形象在欧洲的传播

清初南京,尽管遭遇一系列的打压而陷入低潮,但令人称奇的是,随着中西文化的交流,它在欧洲的影响却越来越大。在相当长的时间

① 李孝悌:《桃花扇底送南朝——断裂的逸乐》,载《恋恋红尘:中国的城市、欲望和生活》,上海人民出版社2007年版,第12页。

② [清]孔尚任:《桃花扇》,人民文学出版社1959年版,第267页。

内，南京甚至成为西方人眼中的中国城市的优秀代表，美誉度很高。

西方人的这种南京印象，始于明末利玛窦等耶稣会士。如利玛窦就曾这样高度评价过南京："在中国人看来，论秀丽和雄伟，这座城市超过世上所有其他的城市；而且在这方面，确实或许很少有其他城市可以与它匹敌或胜过它……在整个中国及邻近各邦，南京被算作第一座城市。"[①]不过，真正让欧洲人广泛知晓南京的却是荷兰人约翰·尼霍夫(Johan Nieuhof)。约翰·尼霍夫游记中有关南京大报恩寺琉璃塔的文字介绍及其版画，对欧洲产生了巨大的影响。

1653年，尼霍夫被荷兰东印度公司派遣至巴达维亚(今印度尼西亚雅加达)，随即参加了荷兰使团，前往北京，其间曾两次到过南京。作为使团的素描画家，约翰·尼霍夫的职责之一就是必须把旅途中所看到的各种奇事异物以速写的形式记录下来。后来，约翰·尼霍夫将记录这次旅行的手稿委托给其兄亨利·尼霍夫整理出版。1665年，由亨利·尼霍夫编撰的《荷兰共和国东印度公司大使晋谒中国皇帝——鞑靼大汗》(简称《尼霍夫游记》)，最终在荷兰出版。此书被誉为是当时对中国最全面的记录，很快就被翻译成各种文字出版。[②]

南京在《尼霍夫游记》中是被重点介绍的城市，且获得了极高的评价。而大报恩寺及其琉璃塔(南京瓷塔)更是得到了热情的推崇：

> 我们告别那些鞑靼妇女后，骑马去城郊处那座著名的宝塔，中国人称之为报恩寺(Paolinxi)，而其他人也称之为Paulingjing。在南京，报恩寺指的并不是那座宝塔，而是城外小山边一处规模极大的寺院；寺院中有许多殿阁、宝塔、大琉璃塔以及其他建筑，皆环以各式围墙。所有寺院里面和周围的建筑(进入寺院要先踏上十二层宽阔的石阶)都令人惊叹地体现着中国式的建筑风格，并有悠久的历史；因此，在我看来，没有任何中国建筑可与它们相媲美。

在详细描述大报恩寺琉璃塔之后，尼霍夫还"为这无与伦比的杰作

① [意]利玛窦、金尼阁著，何高济、王遵仲、李申译：《利玛窦中国札记》，中华书局2005年版，第286—287页。

② 夏维中：《南京大报恩寺及其琉璃塔在海外的影响》，收入赵轶峰、万明主编《世界大变迁视角下的明代中国国际学术研讨会论文集》，吉林人民出版社2012年版。

与所有建筑的辉煌壮丽赋诗一首”，而这首诗，大概也是琉璃塔后来误认为世界七大奇迹的出处：

虽然这骄傲的建筑堪比七大奇迹，
它们都是远古时代对这新世界的挑战；
你那金殿的光辉却令我颤栗，
啊南京，在此上帝的名字还未被召唤。[①]

对于《尼霍夫游记》的贡献，罗涩·莱德柔斯曾作过如下的评价：

尽管有这些早期的介绍，但关于中国建筑方面的知识仍然匮乏。第一位提供了有用信息的还是1665年出版的《尼霍夫游记》一书的作者尼霍夫。

尼霍夫最著名的插图之一描绘了南京的九层琉璃塔。这座优雅的角梁下悬挂着鸣铎，塔顶饰有被尼霍夫描述为状似菠萝的如意宝的宝塔，此后成为最为欧洲人熟知的中国建筑。[②]

《尼霍夫游记》的这些内容和插图，后来被全部或部分地收入相关的书籍。如在欧洲影响广泛的由阿诺尔多·蒙塔纳斯（Arnoldus Montanus）编译的《中国图集，从联合省东印度公司到中国》一书中，就直接收录了约翰·尼霍夫的游记。[③] 更多的则是被广泛改编和模仿，如1843年出版的托马斯·阿洛姆《中国：那个古代帝国的风景、建筑和社会习俗》一书中，就大量引用并改编了《尼霍夫游记》中的相关插图。[④] 由此可见，直到19世纪40年代，尼霍夫的游记和插图仍是欧洲人了解中国的重要知识来源。

① [荷]尼霍夫：《尼霍夫游记》，阿姆斯特丹，1665年，第107—109页。

② [英]罗涩·莱德柔斯：《十六至十八世纪中国对欧洲艺术的影响》，香港中文大学出版社1991年版，第232页。

③ [英]阿诺尔多·蒙塔纳斯编译的《中国图集：从联合省东印度公司到中国》，是根据当时的一些荷兰文书籍和航海日志编写而成的。全书共4个部分，前3个部分为3次出使记，主要记述荷兰东印度公司3次出使中国的纪实，其中就包括约翰·尼霍夫的游记。该书名为《一个由东印度公司派出的驻华公使见闻录》，第四部分是中国总论，内容包括行省的概况、行省下辖的府、县以及各地民情风俗的具体描述；也涉及建筑、气候、动植物、鸟类及矿产资源等。书中有大量的图片及地图，1671年该书在伦敦出版。

④ 该书的中译本改名为《大清帝国城市印象——19世纪英国铜版画》，由上海古籍出版社和上海科学技术文献出版社于2002年出版。

1839年,安徒生在《天国花园》[①]中写到一位名叫东风的少年,穿了一套中国人的衣服,刚从中国飞回来。关于中国的印象,东风是这样告诉他的风妈妈的:“我刚从中国来——我在瓷塔周围跳了一阵舞,把所有的钟都弄得叮当叮当地响起来!”这里的瓷塔,就是大报恩寺琉璃塔。在安徒生时代的欧洲,作为中国标志性建筑的大报恩寺琉璃塔已深入人心。

也正因为如此,近代只要有机会来到南京的欧洲人,都要参观南京大报恩寺琉璃塔。1841年英国“纳米昔斯”号军舰抵达南京江面,等待与清廷签订《南京条约》。军舰上的英军上岸“游览”南京的名胜古迹,其中有一位名叫贝尔拉德的,记下了当时他对大报恩寺琉璃塔的印象,[②]并表现出极大的热情和敬意。而当年参与谈判的张喜,也在其《抚夷日记》中留下了英国人多次参观琉璃塔的记录。

19世纪中叶的美国人,也从欧洲人那里获得了南京大报恩寺琉璃塔的相关知识。在美国人心目中,琉璃塔是中国奇迹。1854年,美国驻华全权委员到达南京,其随员法斯等参观了大报恩寺琉璃塔。他们也许是最后一批见到该塔的外国人。尽管当时的琉璃塔已是面目全非,但他们后来的相关描述仍充满着敬意。[③] 而美国诗人郎费罗(Henry Wadsworth Longfellow)也曾经写下一首赞美诗,深情赞美他从未见过的南京琉璃塔:

位于南京的近郊,你看
那座瓷塔,奇异而且古老,
高耸入云天
它九层彩绘的楼台,
有着枝叶盘绕的栏杆,
和层层衬着瓷砖的塔檐,

---

① [丹]安徒生著,叶君健译:《天国花园》,上海译文出版社1978年版,第118页。

② 叶灵凤:《鸦片战争与江南文物的劫难》,载《能不忆江南》,江苏古籍出版社2000年版,第127—126页。

③ 茅家琦译,蒋赞初注释,沈宗美校:《1854年6月1日法斯就漫游天京大报恩寺琉璃塔给麦莲的报告》,收入南京市秦淮区地方志办公室编印《秦淮夜谈》第17辑,2002年,第8—9页。

上头悬挂的瓷铃无时无刻
响着轻盈柔和的乐铃声，
同时整座塔闪耀
多彩多姿的烨烨烂漫，完全
融入一个缤纷的彩色世界，
就像阳光照耀下花团锦簇的迷宫。①

在《尼霍夫游记》出版以后的相当长的时间内，南京瓷塔一直是欧洲人心目中的奇迹，是中国建筑，甚至是中国的象征。

第二节　清代中期的发展和繁荣

随着全国统治的逐步稳定，南京的地位得以重新确立。南京尽管不再是旧朝陪都，但仍保留着东南地区政治、军事中心的地位。总督、驻防将军、布政使、织造等文武要员的同时驻扎，充分体现出南京的特殊地位。康熙帝与乾隆帝的前后六次南巡，都将南京作为巡幸的必经之地，由此也可见清廷对其的高度重视。康熙前期以后，南京进入了所谓的康乾盛世时期。在此长达百余年的和平发展时期，南京社会稳定，经济发达，城市文化也进入了高度繁荣时期。

一、康乾南巡与南京

康熙、乾隆帝六次南巡，是康乾盛世的重大事件。康乾南巡，以经济文化发达、人才荟萃的江南地区为重点，而作为江南政治、军事中心的南京，则是历次南巡的必经之地。前后持续近百年的南巡活动，对包括南京在内的江南地区产生了巨大的影响。

康熙二十三年（1684 年），清廷刚刚取得了平定三藩、收复台湾的胜利，统治危机基本解除。玄烨的第一次南巡，正是在此背景下进行

① [美]李露晔著，邱仲麟译：《当中国称霸海上》，广西师范大学出版社 2004 年版，第 133 页。

的。访求民情、考察吏治、处理河务、笼络汉人官绅等，都是康熙帝此次出巡的目标。康熙帝第一次南巡，始于此年的九月，在南京活动的时间是在十一月上旬。此后，康熙帝又先后在康熙二十八年（1689年）、康熙三十八年（1699年）、康熙四十二年（1703年）、康熙四十四年（1705年）、康熙四十六年（1707年）五次南巡，并都到了南京。

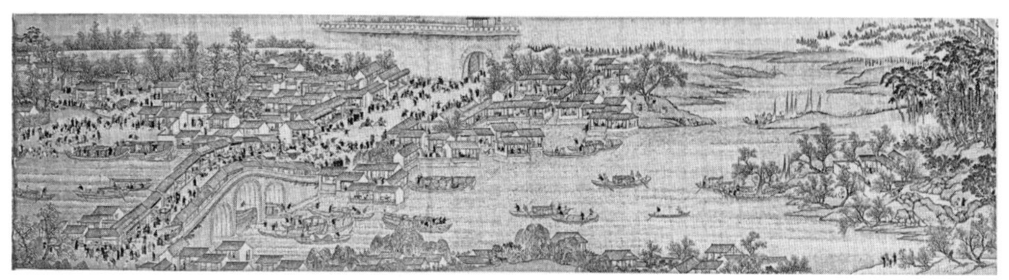

图5-3 《康熙南巡图》中的南京(局部)

康熙帝六次南巡期间在南京的活动，内容非常丰富，兹以康熙四十四年（1705年）第五次南巡为例略加叙述。此年四月二十二日，康熙帝抵达南京郊外，城外沿途30里搭建黄篷，张灯结彩，“抬台演戏并抬阁装扮故事数十座”，众多民间艺人在此“跳演迎接”。康熙帝由朝阳门入城时，驻防江宁八旗官兵举行了满族风格的欢迎仪式。二十三日，委派户部尚书徐潮祭明孝陵。二十五日，玄烨由织造府行宫出发，经三山街出聚宝门，前往报恩寺进香。在报恩寺大殿礼佛、登琉璃宝塔观景后，又往雨花台等地游览。[①] 二十六日，玄烨赴演武场检阅驻军，亲率诸皇子射箭，随即登太平门观看后湖景色。四月二十七日，玄烨离开江宁，出城后特意前往明孝陵拜谒。

而六次南巡中相关的文化活动，虽前后有所变化，但重点主要有以下几个方面。

一是以超高规格祭奠明孝陵，高度评价朱元璋的历史贡献。康熙帝六次南巡，曾五次亲赴明孝陵祭奠（第四次南巡由大臣代祭），并行三跪九叩头大礼，而且还亲笔题写“治隆唐宋”四字，镌刻立碑。康熙帝祭拜明孝陵这一举动，确实有效地笼络了人心，对消泯满汉的对立情绪以

---

①《圣祖五幸江南全录》，《振绮堂丛书》初集，第30页上、31页下、36页下。

及稳定江南社会起到了积极作用。江南士人对此无不感恩戴德。江南籍高官张玉书就称，康熙帝“以当代万乘之尊，特诣胜国山陵，亲致拜奠，礼文隆渥，逾于常祀，是乃千古盛德之举”，以至于“垂白之叟、含哺之氓，罔不感仰圣仁，至于流涕”。①

二是广泛接见汉人耆旧与致仕官员，并不时施予恩惠，对广大汉人士绅进行说教与拉拢。如首次南巡，康熙帝接见了原大学士熊赐履，并派人到熊家赏赐羊、酒、果脯等物以及赐御书《太极图说》及御制诗。康熙二十八年第二次南巡时，康熙帝又遣侍卫关保、礼部尚书张玉书、工部尚书苏赫到熊赐履家，赐茶、酒、果品、鹿肉、鹿尾、羊各物。② 康熙四十六年，康熙帝第五次南巡至南京时，先是在行宫召见了熊赐履，后在回銮之日将自己所穿的貂帽及团龙御服赏赐给了熊赐履。

三是观览南京山水和古迹。康熙帝喜爱南京这一历史古城，几乎游遍了南京的名胜古迹，对其中的有些景点如大报恩寺等，更是每次必到。游览期间，康熙帝不仅题词吟诗，展示自己的汉文化修养，而且还借题发挥，谈古论今。如首次南巡期间，康熙帝面对被圈入满洲驻防城中的明故宫遗址，曾洋洋洒洒写下了著名的《过金陵论》。在此文中，康熙帝在抒发兴亡感慨之后，还借机抨击明朝后期的弊政，总结明朝亡国的教训：“迨成平既久，忽于治安。万历以后，政事渐弛，宦寺朋党，交相构陷。门户日分而士气浇漓，赋敛日繁而民心涣散。闯贼以乌合之众，唾手燕京，宗社不守；马、阮以嚣伪之徒，托名恢复，仅快私仇。使明艰难创造之基业，未三百年而为丘墟。良可悲夫！孟子曰：天时不如地利，地利不如人和。有国家者，知天心之可畏，地利之不足恃，兢兢业业，取前代废兴之迹，日加儆惕焉，则庶几矣！”③

四是移风易俗。康熙二十三年（1684 年），康熙帝首次南巡到达南京，就对江南的民风土俗表示不满，声称“朕向闻江南财赋之地，今观民风土俗，通衢市镇似觉充盈，至于乡村之饶、民情之朴，不及北方，皆因

① ［清］张玉书：《圣驾诣明太祖陵颂有序》，《张文贞公集》卷一，《清代诗文集汇编》第 159 册，上海古籍出版社 2010 年版，第 388 页。

②《康熙起居注》康熙二十三年甲子十一月、康熙二十八年己巳二月。

③《康熙起居注》，康熙二十三年十一月初二日，第 1247—1248 页。

粉饰奢华所致”[①]。后来，地方当局将此圣谕刻石立碑于南京、苏州和安庆，以警示世人。第三次南巡期间，康熙帝曾亲临江南贡院，手书五律《为考试叹》[②]，希望江南乡试能够公平地选拔人才，杜绝科场舞弊。此诗后来被刻于碑石，立于江南贡院。

乾隆帝也仿效乃祖，在 30 余年中先后进行了六次南巡，时间是乾隆十六年（1751 年）、乾隆二十二年（1757 年）、乾隆二十七年（1762 年）、乾隆三十年（1765 年）、乾隆四十五年（1780 年）和乾隆四十九年（1784 年）。不过，乾隆南巡时的时代背景，与康熙朝相比已发生了巨大变化，因此其在南京的文化活动与康熙帝并不完全一致。

乾隆帝六次南巡，大多打着效法康熙帝巡视民生、河防、观风等旗号，其具体的活动也极力模仿康熙帝。如乾隆每到南京，必到明孝陵祭奠，也行三跪九叩礼，并御书“开基定制”匾。但与康熙帝相比，乾隆南巡更多的是为了游山玩水、追求享乐。在南京期间，乾隆游遍南京的山水、古迹和名胜，尤其对大报恩寺、灵谷寺、栖霞寺、鸡鸣寺、清凉寺、弘觉寺、幽栖寺、朝天宫等寺庙、道观非常着迷。同时，乾隆帝每到一地，几乎都要吟诗作对，题写匾额。如第二次南巡在宁期间，乾隆就留下了大量的作品，主要有《凤凰台用李白韵》七律一首、《秦淮歌》七古一首、《石城歌》七古一首、《游清凉寺》五律一首、《遥题扫叶楼》七绝一首、《朝天宫》五律一首并题写“妙高昆阆”匾额、《清溪览古》七律一首、《题鸡鸣山》五古一首、《登凭虚阁》七绝一首……《泛舟后湖览古》七古一首、《幕府山》《东山》《寄题祈泽池》七绝各一首、《大报恩寺》七律一首、《雨花台口号》七古一首、《牛首山》五律一首并书弘觉寺佛殿“万法皆如”匾额、《祖堂》五律一首并书幽栖寺“无来去处”匾额、《献花岩》七绝一首等，[③]其数量之多令人咋舌。

康乾南巡对南京的文化产生了深刻的影响。大致也是在康熙首

---

① 《圣谕》，收入杨新华、夏维中等《南京历代碑刻集成》，上海书画出版社 2011 年版，第 205 页。

② 《御制宸翰碑》：“人才当义取，王道岂分更？放利来多怨，徇私有忘声。文宗濂洛理，士仰楷模情。若问生前事，尚怜死后名。”收入杨新华、夏维中等《南京历代碑刻集成》，上海书画出版社 2011 年版，第 210 页。

③ ［清］陈作霖：《国朝金陵通纪》卷二，光绪三十三年刊本，第 5 页下。

次南巡以后，南京的经济和文化开始进入稳定发展时期，并逐步呈现出康乾盛世的繁荣局面。但是，承载着东南地区的政治和军事中心功能的南京，注定要受到高层政治权力中心的高度关注和管控，其文化的发展也必然要被打上深深的烙印，当然也难以恢复明中期以后南京文化的那种格局和气度。就此而言，康乾南巡对南京文化的影响，是需要从正反两面来理解的。特别应该指出的是，乾隆时期的南巡，一方面以奢侈豪华、附庸风雅来夸张所谓的盛世气象，而另一方面又通过高压政策严厉管制文人，清洗文化异端，形成万马齐喑的沉闷局面。不过，陶醉于江南万民归顺、欢声雷动壮观场景的乾隆帝，在心理上获得巨大自我满足感之时，大概没有预料到大清朝很快就要面临深刻的统治危机。

二、曹寅的文化贡献

南京作为江南的政治中心，其城市文化必然受驻宁官员的影响。在某些特定的时期，有些特定官员的行为甚至能主导南京城市文化的走向。在康熙时代，江宁织造曹寅就是这样的一位官员。

在曹寅之前，有两位南京官员曾对南京的文化生态产生过不小的影响。第一位是周亮工。周亮工，字符亮，号栎园，一字减斋、缄斋，别名陶庵等，从小生活在南京，崇祯十三年(1640 年)进士，曾任山东潍县令。入清以后，出仕新朝，为官经历曲折。康熙五年(1666 年)，周亮工出任江南江安粮道，开始在南京做官，后又代理安徽布政使，改任江宁粮署，直至康熙八年(1669 年)罢官。周亮工为淹博之士，诗文、书画、篆刻、鉴赏等无一不精，著述、藏书非常丰富。他与江南各类文人关系都非常密切，其中也包括像黄宗羲、方以智、魏禧、杜濬、冒襄、张怡、申涵光、陈弘绪、髡残、龚贤等许多遗民在内。周亮工凭着自己良好的口碑和出色的才华，积极赞助、组织和参与各类文化活动，极大地推动了南京文化的复兴。康熙八年底，第三次罢官后的周亮工，曾与南京的画家举行过一次颇具规模的雅集，成为当时乃至整个清代南京画坛少见的盛事。[①] 而另一位则是两江总督于成龙。于成龙是著名的清官，有"于青菜"之雅号。他在康熙二十年上任之后，不遗余力，禁止奢华，移风易俗，当时的南京，"阖城尽换布衣，即婚嫁无敢用音乐"，而"长干、朱雀、雨花、桃叶旧时歌舞，游乐之地，一旦哄寂如僧舍"[②]。于成龙的这种做法，曾一度使南京城市文化陷入低潮。

而在康熙中期出任江宁织造的曹寅，则对当时南京文化的繁荣作出了杰出的贡献。曹寅，字子清，号荔轩，又号楝亭，又号雪樵。曹寅身份特殊，其先祖原为明朝辽东军官，降清后被编入汉军正白旗包衣。顺治年间因正白旗成为皇帝直辖的"上三旗"之一，曹家也因此成为内务府旗鼓佐领下的包衣，即皇帝本人的家奴。曹寅之母孙氏曾做过康熙帝的保姆，曹寅本人幼年时也做过康熙帝的"伴当"，而深得康熙帝信赖的曹寅之父曹玺，则在康熙二年(1663 年)出任江宁织造，直到康熙二十三年过世。在此期间，曹寅曾跟随其父在南京长期生活。曹玺过世后，曹寅又在南京为其守丧一年。康熙三十一年(1692 年)，曹寅最终继承父职，由苏州织造改任江宁织造，并一直供职到康熙五十一年(1712 年)病卒，前后长达 21 年。而正是在南京的几十年中，曹寅这位本应负责宫廷丝织品生产的江宁织造，却成为主持江南风雅的文化领军人物，为南京的文化史留下了一笔浓墨重彩的遗产。

曹寅之所以能在南京取得如此高的文化成就，首先是与当时的历史背景分不开的。在曹寅出任江宁织造之时，清廷的统治局面已大为好转，康熙帝也开始调整江南政策，通过笼络江南文人等一系列措施，来消除民族隔阂，实现对江南这一繁华之地的长治久安。而深得康熙信任的曹寅，自然就成为担此重任的不二人选。其次，曹寅自身也具备担当此任的独特条件。曹寅虽为皇家包衣，但从小就接受良好的教育，才华出众，在诗、词、文、赋、戏曲、书法、绘画、收藏、鉴赏、宗教等各个方面都有极高的造诣，其作品《楝亭诗别集》《楝亭词钞》《楝亭词钞别集》《楝亭文钞》等，都具有很高的水准。曹寅甚至对茶、酒、卜筮、歌舞

① 孟晗:《周亮工年谱》，广西师范大学 2007 年硕士论文，第 126—136 页。

② [清]熊赐履:《光禄大夫总督江南江西等处地方文武事务兼理粮饷操江兵部尚书兼都察院右副都御使北溟于公墓志铭》，《经义斋集》卷八《墓志铭》，四库全书存目丛书集部第 230 册，第 334—338 页。

伎艺之类与优雅生活相关的学问，也无不精通。[1] 他曾经将历代所传饮膳之法的书籍，整理、汇编成《居常饮馔录》。他创作的剧本，至少就有《北红拂记》《续琵琶记》《太平·乐事》《虎口余生》四种。同时，曹寅也是一位藏书家和刻书家。据流传于世的《楝亭书目》可知，他曾收藏过 3200 多种，共 2 万多册图书，其门类多达 36 类，其中许多是非常难得的珍稀善本。曹寅还非常热心于刻书。他曾根据自己的收藏，汇刻过音韵学丛书《楝亭五种》和艺文杂著类丛书《楝亭十二种》等，质量上乘。康熙帝之所以委任曹寅负责刻印《全唐诗》，就是看中他在校勘、刻书方面的能力。而曹寅最终完成的《全唐诗》，也堪称清代刻书的精品，其刻板也曾长期保存在南京。在曹寅去世之前，康熙帝又要求他负责刻印《佩文韵府》，可惜最终没有完成。

风流儒雅、文才华赡的曹寅，在当时的江南文坛享有极高的声誉，可谓是众望所归。在就任江宁织造之前，曹寅就结识了许多著名的江南文人，如邵长蘅、李因笃、汪琬、陈维崧、施闰章、阎若璩、尤侗、朱彝尊、姜宸英、毛奇龄、毛际可等。赴江南任职后，他与江南文人的交往更加广泛。据统计，与曹寅有诗文交往的文人就超过 200 人。曹寅为纪念其父曹玺，曾从康熙二十三年开始广求诗画，最后编成《楝亭诗画册》一书。而参与"歌韵图绘"的天下名士，仅从该书残存的 4 卷来看，无论是数量和名头，都是惊人的，由此也不难看出曹寅在当时文坛的影响力。大批的江南名士，纷纷成为曹寅的座上客，诗酒流连，雅集不断，南京也因此成为江南文人的活动中心之一。

而曹寅之所以能获得如此高的认同，固然与他礼贤下士之类的风度有关，但更重要的是他了解江南文人的心态，懂得如何笼络人心。他不避嫌疑，公开与明遗民交往。他经常慷慨解囊，资助士人，如施闰章的《学余全集》、朱彝尊的《曝书亭集》等都是在曹寅的资助下才得以刊刻。对那些落魄的士子，如洪昇之类，曹寅也施予援手。他甚至还出面修理明孝陵、祠庙等前朝遗迹。诸如此类的举措，在江南深得人心，对江南局势的稳定起到了重要的作用，也客观上推动了南京文化的恢复

① 胡绍棠:《关于曹寅与〈楝亭集〉研究》,《红楼梦学刊》2006 年第 4 辑。

和繁荣。①

江宁织造曹氏尤其是曹寅的经历，与曹雪芹的《红楼梦》有着极大的关系。雍正五年(1727年)十二月，曹雪芹叔父曹頫因骚扰驿站、织造亏空、转移财产等罪被革职入狱；次年正月，曹家被抄，曹家三世四人把持江宁织造的历史到此结束。遭受灭顶之灾后的曹家，陷入了悲惨的境地。从小生活在南京的曹雪芹，因家难而被迫迁往北京。后来，他以其由盛转衰的家族为原型，在"茅椽蓬牖、瓦灶绳床"极度窘迫的情形下，撰写出《红楼梦》这一不朽之作。尽管存在着一些争议，但《红楼梦》与南京尤其是与江宁织造曹家的密切关系却是可以肯定的。《红楼梦》以小说的形式反映了曹家等豪门大族的兴衰，就本质而言，它仍是传统金陵情结的载体，是一种更高形式的金陵怀古。不过，这部小说家之言，又被视作是清代社会的一部百科全书、传统文化的集大成者，曹寅大概没有料到，曹家后人竟然能用这样的形式为南京文化再作贡献。

三、科举与教育

入清之后，南京虽然备受打压，地位大为下降，但仍幸运地保住了东南科举考试中心的地位。在南京举行的江南乡试，是全国规模最大的乡试。通过江南乡试而选拔的科举人才，数量最多，名次最高，对清代官僚政治的影响举足轻重。也正因为如此，江南乡试的考场即南京的江南贡院，有着"天下文枢"之美称。

今安徽、江苏(含今上海市)，在明代皆属南直隶。经清初的一系列调整，康熙初年苏、皖两省虽得以分治，但因历史渊源及分省过程的复杂性，两省仍有不少事务纠缠在一起，难以彻底分开。江南乡试就是其中典型一例。入清以后，南直隶建制虽经变革，但其乡试模式却沿袭明制，即江苏、安徽两省仍在南京共同举行考试，史称江南乡试。

位于南京城东南隅秦淮河畔的江南贡院，是江南乡试的考场。始建于明代，入清以后又多次增修、扩建，至清末其号舍已多达两万余间，

① 李广柏:《曹雪芹评传》，南京大学出版社1998年版，第13—46页。

位居各省贡院之首。除江南贡院外，南京还设有主要用于录遗考试的上江考棚（安徽）和下江考棚（江苏）。江南贡院、上江考棚、下江考棚，三位一体，共同支撑着江南乡试，缺一不可。具体而言，就是上江、下江考棚由两省学政主持的录遗考试必须先行举行，江南贡院的江南乡试才能如期举行，反之亦然。

江南乡试的录取名额由两省共享。具体为四六分配，上江（皖）为四，下江（苏）为六，解元则由两省轮流取中。如乾隆初上江 45 名、下江 69 名。而中额直接决定应试名额。如乾隆初皖额为 45 名，应试者为 3600 名，苏额为 69 名，应试者为 5520 名。后又规定副榜一名可加 40 名应考。主考则由中央钦派，而负责考选房官、纠察关防、总摄闱场的监临则由两省轮流担任。

清代江南乡试，是人才培养的摇篮。从江南贡院走出去的进士，其数量甲于天下，[①]其中尤以状元人数之多而引人注目。如以江苏为例，清代共考中状元 44 人，其中苏州府 29 人（含太仓州 5 人），常州府 7 人，镇江府 4 人，江宁府 3 人，松江府 1 人，[②]占全国的近四成（清代状元共 112 人，不计 2 个满状元）。清代安徽、江苏的进士，绝大部分也都是从江南乡试中选拔出来的佼佼者。不过，南京的科举成就并不突出，可圈可点者大概只有秦氏一家。秦氏科举之盛，始于秦大士。秦大士，字鲁一，一字磵泉，号秋田，乾隆十七年（1752 年）状元。秦大士之子秦承恩、秦承业，不久先后考中进士。秦承业之子秦绳曾，嘉庆进士。[③] 连续三代都有进士功名的家族，在清代南京是绝无仅有的。

三年一次定期举行的江南乡试，也对南京产生了巨大影响。每逢乡试之年，大批应试士子以及陪考人员涌入南京。据道光年间两江总督陶澍的估算，每逢乡试之年，来南京入闱应考的士子，以及此前参加录遗考试的士子，再加上他们的随行仆从、专做相关生意的商人等，人

① 关于清代江南进士人数众多的原因，参见夏维中、范金民《明清江南进士研究之二——人数众多的原因分析》，《历史档案》1997 年第 4 期。

② 范金民：《明清江南进士数量、地域分布及其特色分析》，《南京大学学报》（哲学·人文·社会科学）1997 年第 2 期。

③ ［清］陈作霖：《金陵通传》卷三三，清光绪三十年（1904 年）瑞华馆刻本，第 12b 页。

图 5-4 江南贡院旧影

数竟然多达四五万人。[①] 如康熙年间徽州府婺源县的詹元相（字翊元，号畏斋），为婺源县增广生。根据残存的资料可知，他至少先后来南京参加过康熙三十五年丙子科（1696 年）、康熙三十八年己卯科（1699 年）和康熙四十一年壬午科（1702 年）三次乡试。[②] 詹元相曾以日记的形式记述了他的江南乡试经历及相关信息，从中可以清晰地了解这位深居徽州婺源山中的乡村下层生员，是如何通过乡试而与南京这座大都市发生各种关联的。南京城的繁荣，正是与千千万万个像詹元相这样的底层士子的支撑分不开的。

每逢乡试之年，考生及随行人员纷纷涌入南京，或客居亲朋家中，或自行租赁民房或庙宇。如上述詹元相在南京应考期间，就是如此。许多州县，为安排本地考生在南京的住宿问题，还纷纷在南京购置房产，设立会馆和试院。商人会馆本是为本籍商人等服务的组织，只是在乡试之年向本籍应考士子开放。如创建于乾隆四年（1739 年）的安徽

① 陶澍：《陶云汀先生奏疏》卷三四《江督稿·贡院被淹乡试请展期办理折子》。

② 刘和惠：《读稿本〈畏斋日记〉》，《中国史研究》1981 年第 1 期；[清]詹元相著，刘和惠标点：《畏斋日记》，载中国社会科学院历史研究所清史研究室编《清史资料》第 4 期，中华书局 1983 年版。

旌德会馆、创建于嘉庆八年(1803 年)的泾县会馆等,就属此类。后来,南京又出现了专为科举士子提供落脚之地的专业会馆即试馆,其位置大多位于江南贡院及上、下两江考棚附近,如钞库街、大石坝街等地。①

乡试极大地刺激了南京的经济繁荣和文化消费。甘熙《白下琐言》也记载,每到乡试时,“贡院前有卖雀戏者,蓄鸠数头,设高桌,旁列五色纸旗,中设一小木筒,放鸠出……为叶子戏,则排斗巧顺,去取悉中,布列天、地、人十余字,令衔出,皆能应声识认。”②袁枚之孙袁祖志曾回忆太平天国战前,“若逢乡试之年,则秋日来游之人更不胜计。缘应试士子总有一二万人,而送考者、贸易者又有数万人,合而计之,数在十万人左右,既来白下,必到随园,故每年园门之槛必更易一二次,盖践履太繁,限为之穿故也。”③集中在三山街、状元境一带的书坊,每逢乡试,必定是摩肩接踵,热闹非凡,进入书籍销售的旺季。南京书坊大都刻书、售书兼营,实力雄厚。而考生则是购书的主力,他们利用参加乡试的机会,在南京大量购买书籍。书坊也看准商机,大量推销本埠、外埠的刻书。不少商家还专门准备选文、朱卷甚至作弊书籍,向士子们兜售牟利。

江南乡试,也使南京成为功利之场。科举考试巨大的利益诱惑,不仅使读书人趋之如鹜,也让相关的家庭、团体不惜血本,到处钻营,甚至铤而走险,作奸犯科,最终酿成科场案。如康熙五十年(1711 年)辛卯科江南乡试案,就是典型的例子。辛卯科江南乡试发榜之后,应试士子以中举者多为扬州盐商子弟且不乏文理不通者为理由,声讨正副主考左必蕃、赵晋舞弊,并将江南贡院匾额上的“贡院”二字改成了“卖完”。康熙皇帝得知此事后,先是任命张鹏翮为主审大臣,会同两江总督噶礼、江苏巡抚张伯行等在扬州审理。审查期间,两江总督噶礼和江苏巡抚张伯行互相攻讦对方涉案,最后都被免职。案件改由张鹏翮与漕运总督赫寿继续审理。此后案件会审进展极为缓慢,困难重重。无奈之

① 董圣兰、范金民:《科考善举与社会变迁:晚清南京试馆的修建与转型》,《江苏社会科学》2019 年第 5 期。

② [清]甘熙著,邓振明点校:《白下琐言》卷六,南京出版社 2007 年版,第 99 页。

③ [清]袁祖志著,王志英点校:《随园琐记》卷上《记四时》,《袁枚全集新编》第二十册附录,浙江古籍出版社 2015 年版,第 20 页。

下，康熙改任户部尚书穆和伦、工部尚书张廷枢再赴扬州审理此案。最后的结果是噶礼革职，张伯行革职留任（不久开复还职），而涉案人员除叶九思病殁、陈天立畏罪自尽外，赵晋、王曰俞、方名被处斩，吴泌、余继祖、员炳、李启、程光奎被判绞监候（后改流徙），左必蕃初拟军流，后改为革职。[①] 这一案件，是当时震惊全国的著名科场大案。该案不仅牵涉众多的官员和考生，而且还引发江南督抚及其各自阵营之间的公开对决，甚至曾一度引起了江南社会的波动。江南乡试的影响之大，由此可见。

江南乡试，对中举者而言自然是鲤鱼跳龙门的福地。不过，金榜题名者毕竟是少数，更多的是铩羽而归的失败者。江南乡试是全国规模最大的乡试，每科的应考人数远远超出其他省份，这也同时意味着江南贡院造就了全国规模最大的落榜者群体。吴敬梓就是其中的一员。吴敬梓，字敏轩、粒民，晚年自称“文木老人”，安徽全椒人。自负才情的吴敬梓，早年曾孜孜于科举考试，但屡屡失败，不能如愿。科场失利而又难容于家族的吴敬梓，在雍正十一年（1733 年）怀着“逝将去汝”的决绝心情离开了全椒，正式移居南京秦淮河畔的秦淮水亭，自称“秦淮寓客”。科举失意后的痛定思痛，几十年间的耳闻目睹，使吴敬梓开始深刻反思科举考试的种种弊端，并最终写成鸿篇巨制《儒林外史》。《儒林外史》虽为小说家之言，但其中涉及清代科举的内容不仅非常丰富，而且生动、准确，入木三分。鲁迅认为，该书“其成殆在雍正末，著者方侨居于金陵也。时距明亡未百年，士流盖尚有明季遗风，制艺而外，百不经意，但为矫饰，云希圣贤。敬梓之所描写者即是此曹，既多据自所闻见，而笔又足以达之，故能烛幽索隐，物无遁形”[②]。更为难得的是，吴敬梓通过“他所塑造的栩栩如生的人物形象、他所描绘的奇特突出的故事情节，把八股科举放在当时现实社会的场景上，从各个侧面加以解剖，嘲讽和抨击它的显然的弊端，暴露和谴责它的隐秘的黑暗”[③]。可以说，吴敬梓是明清时代全面、深刻揭露和批判八股科举制度的第一人。

① 范金民、孔潮丽：《噶礼张伯行互参案述论》，《历史档案》1996 年第 4 期。

② 鲁迅：《中国小说史略》，中华书局 2010 年版，第 138 页。

③ 陈美林：《吴敬梓评传》，南京大学出版社 1990 年版，第 465 页。

与科举制度关系最为密切的，则是教育。清代南京拥有完整的官学体系。府学又由原南京国子监改建，颇具规模，后又经多次修建。附郭的江宁、上元两县县学则在秦淮河畔。其他属县如高淳、溧水、句容、江浦、六合等皆在县城设立县学。府、县学通过考试招收生员，每次录取皆以学额为准。如附郭的江宁和上江两县，其学额为最高等。两校自康熙至嘉庆的生员招收的情况如下：康熙朝共举行过 30 次考试，共录取生员 895 人；雍正朝考试 9 次，录取 564 人；乾隆朝考试 40 次，录取 2625 人；嘉庆朝考试 17 次，录取 1511 人；道光朝考试 20 次，录取 1511 人；咸丰朝因太平天国战争仅举行过 1 次考试，录取 76 人。①

南京的学校，与全国一样，完全成为科举的附庸。学管所教、生员所学以及所考之内容，与科举考试完全一样。生员的唯一目标，就是科举功名。而具体的途径，幸运者是经过科考等直接参加乡试，稍次者则须先通过出贡而进入国子监，其中的优秀者再经选拔后参加北京顺天乡试。而实际上，真正能获得如此机会的生员比例非常之低。据统计，"清代上元、江宁两县生员总数约 11021 人，举人总数约 834 人，仅 7.6％的生员成为举人；贡生总数以 714 人计，则只有 6.5％的生员成为贡生。生员从入泮到中举平均间隔 14.7 年；从入泮到出贡平均间隔 12.5 年。由此可见，生员的仕进之途既狭窄又漫长。"②失败者最终只能放弃科举，另谋出路。

清代南京还存在着另一教育系统即书院系统。入清之初，清廷以明末故事为借口，严禁天下书院。雍正元年（1723 年），由两江总督查弼纳捐资兴建的南京钟山书院，是全国最早突破限制而获得朝廷特许开设的书院之一。雍正十一年（1733 年），雍正帝下诏取消限制，允许各地兴办书院。钟山书院从此也正式成为省级书院，并获得地方当局在政策、经费上的长期支持。与明代不同的是，清代的书院已经完全属于官办性质，受朝廷的严格控制。钟山书院作为全国著名的办学机构，自然是朝廷关注的重点。如其山长必须由两江总督聘请，且须得到皇帝的认可。南京的另一省级书院是惜阴书院（又称惜阴书舍），由两江

① ［清］陈作霖：《上江二县采芹录》，《冶麓山房丛书》第 2 册，（台北）联经出版事业公司 1976 年版。

② 刘淑敏：《清代上元、江宁两县的生员数量及其仕进比例研究》，《史辙》2010 年第 6 期。

总督陶澍在道光年间创立。除省级书院外，各县也兴办书院。其中较为重要的是上元、江宁两县所辖的明道书院、尊经书院，江浦县的珠江书院，六合县的六峰书院，溧水县的高平书院，高淳县的学山书院，等等。总体而言，南京的书院比较兴旺，办学水平较高，在全国占有重要地位。所谓"江宁书院，特盛于他省，奖优儆惰，官师䜣和"①，这一评价是名副其实的。

清代书院的通病之一，就是在学士子大多沉溺于八股、孜孜于功名利禄，而无心于关乎国计民生之学问。南京的书院，当然也同样深受科举的影响，毕竟科举功名是当时读书人唯一的进阶之途。不过，即使在如此残酷的社会生态中，南京的一些书院如钟山书院，却仍能坚守人才培养的本业，重视学术研究。清代的南京之所以能在全国学术领域中占有一席之地也与此有关。

四、学术重镇

明代南京，曾是东南的学术重镇，在全国也有较大的影响。入清以后，南京的学术曾一度沉寂。康熙十五年(1676 年)熊赐履来宁，可以被视作清代南京学术复兴的起点。而至雍正以后，南京学术开始进入繁荣期。其乾嘉考据、桐城学派以及经世之学，皆可圈可点，贡献较大。

皮锡瑞称："国朝经学凡三变。国初，汉学方萌芽，皆以宋学为根底，不分门户，各取所长，是为汉、宋兼采之学。乾隆以后，许、郑之学大明，治宋学者已鲜。说经皆主实证，不空谈义理。是为专门汉学。嘉、道以后，又由许、郑之学导源而上。"②依皮氏的看法，清代学术大致可分为三个阶段：一是以宋学为主、汉宋皆采的顺康时期；二是独重汉学的雍乾时期；三是今文经学复兴的嘉道时期。南京的学术发展，虽基本符合皮氏之说，但也稍有不同。

清代前期的南京学术，曾一蹶不振，乏善可陈，有全国影响的学术人物也屈指可数。就理学而言，熊赐履大概算是唯一的大师级人物。

① [民国]柳诒徵：《江苏书院志初稿》，《江苏省立国学图书馆年刊》第四年号，1931 年，第 44 页。

② 皮锡瑞：《经学历史》，中华书局 1959 年版，第 313 页。

众所周知，明清鼎革之大动荡，对思想学术的影响是十分巨大的，儒学也由此进入反省和重组时期。反省主要体现在对王学的批判和总结上，重组则是继承和发展明代后期的经世致用之学。与此同时，清廷出于统治的需要，开始重举程朱理学的大旗。在这一过程中，南京基本上是缺位的。这种局面，直到熊赐履来宁后才有所改观。

熊赐履，字敬修，又字青岳，号素九，别号愚斋，湖广汉阳府孝感人，顺治十五年(1658年)进士。康熙十五年(1676年)，位居武英殿大学士兼刑部尚书的熊赐履，因故致仕，开始客居南京清凉山一带，直到康熙二十九年(康熙二十七年曾被启用任礼部尚书，但很快就因丁忧而回到南京)。康熙四十五年(1706年)，致仕后的熊赐履再次回到南京，直至康熙四十八年终老。熊赐履来宁之前，就是一位理学名臣，充当过康熙帝的经筵讲官，深得康熙帝信任。赋闲南京期间，熊赐履仍潜心于理学，完成了《学统》等著作。在熊赐履身边，也活跃着一批南方士人，如遗民杜浚、东林后人高节培等。康熙二十六年，熊赐履就应高节培之请，为新落成的东林书院撰写《重修东林书院记》。

从书商江钟刊印《学统》等书情况来看，熊赐履的学说在当时的南京还是很有市场的，当然也遇到不少的阻力。徽州书商江钟，为追随熊赐履而从苏州移居南京。对熊赐履所著《学统》等书大为赞赏的江钟，“于是多方印刷，流布海内，纸为之贵”。康熙二十六年(1687年)春天，临终前的江钟仍要求其子继续印刷熊赐履的著作。不过，据熊赐履称，当时南京的“为二氏之说者，颇不便于鄙著之行，则争搆飞语以慑君”。[①] 当然，到康熙首次南巡后，熊赐履的处境就大为改观了。首次南巡的康熙帝，就对赋闲南京的熊赐履优待有加。康熙二十八年时第二次南巡的康熙帝，又亲笔为熊赐履题写了“经义斋”匾额，高度肯定熊赐履的理学成就。

康熙之后，南京的学术进入了繁盛时期。而这种学术繁盛，在某种程度上而言，是与钟山书院有很大的关系的。钟山书院成立之后，其掌

① [清]熊赐履：《江君传》，载《经义斋集》卷七《传》，四库全书存目丛书集部第二百三十册，第319、320页。

教多由名士担任。[①] 而出任山长者,则更是各个时代的饱学之士,而其中的卢文弨、钱大昕、姚鼐等,甚至代表了当时的最高学术水平。柳诒徵称:“钟山山长之著闻者,有杨绳武、夏之蓉、钱大昕、卢文弨、姚鼐、朱琦、程恩泽、胡培翚、任泰诸人。”[②]也正是因为这些学术精英的长期参与,钟山书院才成为当时著名的学术中心之一,而南京也因此成为学术重镇。[③]

南京是“乾嘉学派”活动的重要基地。盛行于乾隆、嘉庆年间的乾嘉学派,又称“乾嘉考据学派”或“乾嘉汉学”,是最能反映清代学术思想特征的学术思潮与学术流派。与重义理推阐的宋明理学不同,乾嘉学派沿袭汉儒所倡导的朴实考据之法,对传世古文献进行考订、整理和研究,其范围覆盖文学、音韵、训诂、目录、版本、校勘、辩伪、辑佚、注释、名物典制、天算、金石、地理、职官、避讳、乐律等方面,其中又以小学尤其是音韵学为先导,以经史为重点。在南京活动的乾嘉学派学者中,以卢文弨和钱大昕最为有名。

卢文弨,字召弓,一作绍弓,号矶渔,又号檠斋、抱经,晚年更号弓父,人称抱经先生,浙江杭州人。乾隆十七年(1752 年)进士,曾任翰林院侍读学士、广东乡试正考官、提督湖南学政等职。乾隆中后期,卢文弨曾两度主讲钟山书院,前后长达 10 余年。在宁期间,卢文弨除以经术导士、培养人才外,还在学术上取得了巨大成就。卢文弨以收藏、校勘古籍著称,而在钟山书院的 10 余年是其学术黄金期之一,成就极大。赵鸿谦曾据《抱经堂文集》中所载题跋和当时江苏图书馆所藏的卢校本作《卢抱经先生校书年表》,其结论是“他一生校书的数字为 184 种次,而其中在钟山书院期间校出 75 种次,占总数的 40%以上。卢氏从 20 多岁至殁世,共有近 60 年的校书生涯,以在钟山书院 11 年中校书成果为大”[④]。赵鸿谦的统计,因限于当时条件,仍有不少缺漏。据统计,目

① 徐雁平:《清代东南书院与学术及文学》,安徽教育出版社 2007 年版,第 576—577 页。

② [民国]柳诒徵:《江苏书院志初稿》,《江苏省立国学图书馆年刊》第四年号,1931 年,第 44 页。

③ 此处涉及钟山书院的内容,除特别注明者外,主要参考孟义昭《清代江宁钟山书院研究》,南京大学 2014 年硕士论文。

④ 转引自陈鸣钟《清代南京学术人物传》,南京大学出版社 2003 年版,第 188—189 页。

前可确定的卢文弨钞校题跋本多达 304 种，其中经部 71 种，史部 56 种，子部 101 种，集部 76 种。[①] 其代表性学术著作《钟山札记》也基本上是在南京完成的。

钱大昕，字晓征，又字及之，号辛楣，晚年自署竹汀居士，江苏嘉定县人。乾隆十六年（1751 年）春，乾隆帝在南京特赐钱大昕为举人，充内阁中书。乾隆十九年（1754 年），钱大昕中进士，官至广东学政。其间多次充任纂修官，参与各类大型文化工程，同时也担任过乡、会试考官。乾隆四十三年（1778 年），因丁忧而致仕的钱大昕，接受两江总督高晋的邀请，担任钟山书院山长，至乾隆四十六年卸任。钱大昕是乾嘉学派中最为博学的学者之一。乾嘉学派晚期的代表人物阮元曾这样评价钱大昕："国初以来，诸儒或言道德，或言经术，或言史学，或言天学，或言地理，或言文字音韵，或言金石诗文，专精者固多，兼擅者尚少，唯嘉定钱辛楣先生，能兼其成。"[②]钱大昕在南京虽然只有 4 年，但其影响却十分深远。他在南京继续自己的学术研究，如其名著《廿二史札记》就是在此时初步成型的。同时，他还力推汉学，将钟山书院办成汉学研究的大本营，并培养了一批优秀的学术人才。其中最为杰出者就是孙星衍。孙星衍，字伯渊、渊如，江苏常州人，乾隆五十二年进士。孙星衍为钱大昕主持钟山书院时的高足，后来成为乾嘉学派的著名人物，并在嘉庆后期主持过钟山书院。

到乾隆末年开始，南京又成为桐城派活动的中心。这与两度执掌钟山书院前后长达 20 余年的桐城派领军人物姚鼐是分不开的。姚鼐，字姬传，一字梦谷，学界尊称其为惜抱先生（其书斋名惜抱轩）。姚鼐出生于安徽桐城世家，家学深厚，乾隆二十八年（1763 年）进士，官至刑部郎中，曾参修《四库全书》，后辞官南下，以讲学、著述为生，先后掌教扬州梅花书院、安庆敬敷书院、徽州紫阳书院等。乾隆五十五年（1790 年）至嘉庆六年（1801 年），姚鼐首任钟山书院山长；嘉庆十年（1805 年）至嘉庆二十年（1815 年），二任钟山书院山长。姚鼐主讲钟山书院期间，南京成为桐城派的学术中心。

① 陈修亮：《卢文弨校勘学研究》，山东大学 2002 年硕士论文。

② [清]阮元：《十驾斋养新录序》，载钱大昕《十驾斋养新录》，上海书店 1983 年版，第 7 页。

姚鼐生活的时代，正是乾嘉学派处于鼎盛的时期，学术界弥漫着考据之风，而理学则相形见绌，明显处于下风。姚鼐却一反潮流，在抨击乾嘉学派弊端的同时，高举宋学大旗，奉程朱理学为正宗。姚鼐认为，二程、朱熹"实于古人精深之旨所得为多，而其审求文辞往复之情亦更为曲当，非如故儒者之抽滞而不协于情也。而其生平修己立德，又实足以践行其所言，而为后世之所向慕。故元明以来，皆以其学取士"①。在姚鼐看来，程朱无论是对古代经籍的理解和诠释，还是在修齐治平，学以致用方面，更符合儒家先贤的真谛，其有效性也是被历史充分检验过的，因此必须坚持，不能动摇。当然，姚鼐也清醒地认识到程朱理学长期存在的问题，主张以汉学补苴宋学的罅漏。姚鼐治学，可以说是"博集汉儒之长，而折衷于宋"②。而其文论，也在坚持义理为先、辞章之美的同时，强调考据之实。这在某种程度上而言，也反映出姚鼐调和宋、汉之学的学术倾向。

姚鼐在南京的学术贡献，主要体现在两个方面。一是完成了桐城学派的构建。姚鼐在继承方苞、刘大櫆两位同乡先贤学术成就的基础上，进一步创新和发展，构建了桐城学派的学术谱系，确立了桐城学派的理论基础，刊刻了一批代表性成果，桐城学派也由此而得以确立，并逐步为学界所关注。二是利用钟山书院这一平台，培养了一批学术骨干，如被誉为"姚门四杰"的管同、梅曾亮、方东树、姚莹等。这些姚门弟子及再传弟子，后又在各地推广桐城学说，发扬光大，最终使桐城学派名扬天下。桐城学派的崛起，不仅是学术史上的一件重大事件，而且对清代晚期的政治、思想、文化等各个方面都产生了深远的影响。

如果说姚鼐的思想仍纠缠于宋学、汉学之间，只是在传统的范畴中寻求变革，那么魏源的思想则取得了更大的突破。可以说，魏源的突破，标志着中国思想史由传统步入了近代，具有划时代的意义。

魏源，字默深、墨生、汉士，号良图，湖南邵阳人。道光二年（1822年）举人，道光二十五年（1845年）进士，官至东台、兴化知县。由于父

① [清]姚鼐：《复蒋松如书》，载《惜抱轩文集》卷六，《续修四库全书》第1453册，上海古籍出版社2002年版，第48—49页。

② 《清史列传》卷七二《文苑传》，中华书局1987年版，第5919页。

亲魏邦鲁长期在江苏做官，魏源很早就与江苏发生了联系。嘉庆二十五年(1820年)，魏源全家迁居扬州。道光十二年(1832年)，魏源又在南京城西清凉山下乌龙潭边的龙蟠里，购地建房，起名“小卷阿”，长期居住。这位湖南籍的思想家，与南京有着特殊的关系。

魏源的思想，丰富庞杂，且前后多变。这不仅与他丰富而又特殊的人生经历有关，而且也与他生活的时代背景密不可分。而其学术追求的最高境界，用他自己的话来说，就是“贯经术、政事、文章于一”。不过，单就思想史领域而言，魏源的最大成就仍是其经世思想。①

魏源最早接触经世思想，应该是其早年在岳麓书院求学时期。经世致用是湖湘学派的重要传统之一，而当时的山长袁明曜则是当时讲授经世之学的名家。此后数十年在江南的幕府经历，也对魏源的经世思想产生了极大的影响。魏源曾先后担任过贺长龄、陶澍、裕谦等6位高官的幕僚，并与林则徐等官员也一直保持着密切的关系。这种一般读书人不能拥有的特殊经历，使魏源有机会亲身参与、处理当时的许多重大事件，洞悉朝野利弊，总结经验教训。他的代表性经世之作《皇朝经世文编》，就是应贺长龄之邀而编写的。而其影响更大的《海国图志》，以及后来家喻户晓的“师夷长技以制夷”之主张，也与裕谦、林则徐等有着很大的关系。不过，这些成就仍然属于魏源经世思想的应用层面。

魏源经世思想的更高层面应该是“通经致用”，这与常州学派的今文经学有直接的关系。常州庄存与、刘逢禄等，致力于今文经学的复兴，给当时考据学派一统天下的学术界注入了新的活力。而拜刘逢禄为师的魏源，与龚自珍等同道一起，在继承和总结的同时，又将这一学派进一步拓展和改造，并赋予其迎合时代需求的思想内涵。在魏源那里，公羊学的微言大义成为他倡导社会改革的理论基础。这一思想，又直接为近代中国资产阶级改良派所继承，并产生了巨大的社会影响。②

① 陈祖武、朱彤窗：《乾嘉学派研究》，河北人民出版社、人民出版社2011年版，第495—498页。

② 有关魏源的内容，可参考陈其泰、刘兰肖《魏源评传》，南京大学出版社2005年版。

第三节　晚清的恢复和突破

在嘉庆、道光时期的50余年中，南京已经呈现出种种危机迹象。更为不幸的是，此后的南京又成为外患内乱的重灾区之一。在道光年间爆发的第一次中英鸦片战争中，南京成为城下之盟《江宁条约》(《南京条约》)的签订之地，中国屈辱而艰辛的近代化转型由此开始。10年以后，太平天国战火又烧到南京，前后长达11年之久。在战争期间，江宁遭到了严重的破坏，其社会、经济、文化进入低谷时期。太平天国之后，满目疮痍的南京进入长期的恢复之中。同时，南京也开始了其艰难的近代化进程。洋务运动、光绪二十五年(1899年)的开埠、晚清新政以及南洋劝业会等，持续不断地推动着南京城的近代化进程。在社会、经济等转型的同时，南京城市文化的发展也进入了一个全新的阶段。

一、太平天国战争之后文化事业的逐步恢复

南京及其周边地区历经10余年太平天国战火蹂躏，人口伤亡及财产损失惨重。刘坤一称，南京“经粤匪盘踞，岁逾一纪，七县糜烂。暨我师恢复，而疮痍满目，瓦砾载途，典章文物荡焉，无有存者”①。而曾国藩更是谴责太平天国将“中国数千年礼义人伦、诗书典则，一旦扫地以尽”②。为此，清廷在攻占南京城后，先后采取一系列善后措施，稳定社会秩序，恢复城市元气。而以文化守护者自居的曾国藩，更是高度重视各项文化事业的重建。

在战后极其困难的局面下迅速恢复南京的江南乡试，是曾国藩优先实行的重大举措。江南乡试是全国最为重要的乡试，拥有举足轻重的地位，在太平天国占领南京期间，江南乡试因战事而停止。同治三年(1864年)恰为甲子乡试之年，曾国藩收复南京后不久，就决定在当年恢复江南乡试。在朝廷的支持下，曾国藩克服重重困难，最终在当年年

---

① [清]刘坤一：《〈续纂江宁府志〉序》，光绪《续纂江宁府志》卷首，南京出版社2011年版，第3—4页。
② [清]曾国藩：《讨粤匪檄》，《曾国藩全集》第14册，岳麓书社1994年版，第232页。

底成功举行了乡试。这次乡试，应试者多达 1.3 万多人，共录取正榜 273 人，副榜 48 人。

这次乡试的成功举行，标志着清廷在江南统治秩序的彻底恢复、文教重建的正式启动，对恢复、收拢人心效果明显。正如曾国藩当时所言，“远近一闻乡试之信，四民辐辏，奔走偕来，臣此行抵省城，各街巷熙来攘往，焕然改观，殊出意料之外”[①]。对广大读书人的激励、鼓舞作用更是明显。湖南名士何绍基对此曾作过这样的描述：“风雪争将健笔降，潭潭锁院绝纷哤。武功初奏文场启，士气欢腾上下江。”[②]而江南贡院能成为战后最早恢复的文化设施之一，也得益于此次乡试。为迎接此次乡试，曾国藩等不仅将贡院内的各类用房全部恢复，而且还将号舍增加到 1.6 万余间。同治五年（1866 年），署理两江总督李鸿章再次扩建贡院，号舍因此增加到近 1.9 万间。同治十二年（1873 年），署理两江总督张树声又将号舍增加到 2.06 万余间。这一规模，在全国是绝无仅有的。上江（安徽）考棚和下江（江苏）考棚也在同治四年得以恢复。

南京各类学校的修缮工作也逐步展开。南京本为文教重地，除府学、县学等额设官学外，还有各类书院。战争期间，无一幸免。最早重建的是府学。府学原在鸡鸣山南麓，由明代南京国子监改建。毁于战火的府学，因种种原因无法在原地重建。同治四年（1865 年），署理两江总督李鸿章接受士绅建议，选定朝天宫为府学新址，易地重建，具体事务由江宁知府涂宗瀛负责。新建府学以运渎为泮池，棂星门、戟门、大成殿、两庑依次布局。此后，两江总督曾国藩、马新贻继续扩建，增加崇圣祠、尊经阁、官署，以及名宦、乡贤、忠义、孝悌等祠。同样毁于兵火的上元、江宁两县县学，则在同治八年由地方官原地重建，其布局、规制与战前基本相同。

众多书院的恢复，情况较为复杂。其中最早恢复的书院，是久负盛名的钟山书院。同治三年（1864 年），曾国藩等人开始易地重建钟山书

① [清]曾国藩：《复陈补行乡试事宜片》，同治三年（1864 年）九月十一日，《曾国藩全集》第七册奏稿七，岳麓书社 2011 年版，第 448 页。

② [清]何绍基：《金陵杂述四十绝句》，《东洲草堂诗钞》卷二六，《续修四库全书》第 1529 册，上海古籍出版社 2002 年版，第 84 页上栏。

院，次年初具规模。钟山书院新址在门东旧漕坊苑街东花园（今南京白鹭洲公园一带），回光寺故址之南。后因诸多不便，争议不断，钟山书院最终由两江总督刘坤一在光绪七年（1881 年）迁回原址。其他一些较为著名的书院，如尊经书院、惜阴书院、凤池书院、奎光书院等，因财力不足，恢复的时间要晚得多。

随着书院的恢复，一批饱学之士也来到南京，这对南京文化的恢复和重建意义非凡。如同治四年钟山书院恢复后，曾国藩就聘请当时因病赋闲的前大理寺卿李联琇（字秀莹，一字小湖，江西临川人，道光二十五年进士）担任山长。李联琇不仅是当时著名的学者，在天文、舆地、名物、训诂、典章、制度等各个方面都有极高的造诣，而且还担任过福建、江苏学政，具有丰富的教育管理经验。李联琇的应邀出任，曾被曾国藩自诩为："吾为此郡得一大宗师矣！"而事实上，李联琇在担任钟山书院山长的 14 年中，确实是兢兢业业、成绩卓越，备受推崇。

金陵书局的设置，是战后对南京意义重大的一件文化大事。金陵书局的前身是曾国藩在安庆军械所中设立的编书局，后迁至南京铜作坊（不久又迁至江宁府学之飞霞阁），改由南京官办，正式命名为金陵书局（又称金陵官书局，后改称江南官书局）。

重刻王夫之的《船山遗书》，是金陵书局开设之初的主要业务。而《船山遗书》的重刻，则是晚清学术史上的一件大事。王夫之的著作，曾在道光年间由湖南学者邓显鹤（湘皋先生）等进行过系统性编印（守遗经书屋本），其书板毁于咸丰年间战火。在欧阳兆熊、赵烈文等人的建议下，曾国藩、曾国荃决定开局重刻。被称为金陵节署本的《船山遗书》最终于同治四年在南京付梓，曾国藩不仅为之作序，而且还亲自校阅书稿，非常重视。对于曾国藩重刻《船山遗书》的动机，学术界历来存在多种说法，[①]但曾国藩此举，客观上为王夫之著作的保存与传播作出了极大的贡献。而《船山遗书》的广泛传播，也对晚清社会产生了深刻的影响。王夫之的思想，成为戊戌变法、辛亥革命乃至五四运动重要的理论来源。

---

① 萧萐父、许苏民：《王夫之评传》，南京大学出版社 2002 年版，第 632—635 页。

《船山遗书》出版后，金陵书局一度面临困境，但很快就进入黄金发展期。此时的曾国藩，已经充分认识到刻书对恢复和重建江南社会、文化秩序的重大意义。为此，曾国藩开始推行金陵书局的制度化建设，亲自制定书局章程、刊书条例等，对书局一应事务都做了严格规定。金陵书局此后的刻书，不仅种类和规模不断扩大，而且质量上乘，颇获好评。据不完全统计，到光绪七年（1881 年）汪士铎续修《江宁府志》时，金陵书局刊成的书籍已多达 78 种。[①] 尤其值得一提的是，金陵书局曾与淮南、苏州、浙江、湖北四书局合刻《二十四史》，并承担了其中的前 14 种，其种类远超其他 4 局的总和。对金陵书局的贡献，叶德辉曾给予高度评价："咸丰赭寇之乱，市肆荡然无存。迨乎中兴，曾文正首先于江宁设金陵书局，于扬州设淮南书局，同时杭州、江苏、武昌继之。既刊读本《十三经》，四省又合刊《廿四史》。天下书板之善，仍推金陵、苏、杭。"[②]

地方志的修撰，也是战后南京文化恢复的重要标志。地方官员将其视作文化建设的大事，积极推动。而劫后余生的南京士绅，更是踊跃参与，并希望通过此举，重建乡邦文化记忆、强化历史认同，其中尤以汪士铎、陈作霖师徒二人贡献最大。

汪士铎，初名鏊，字振庵，一字晋侯，号梅村，晚号悔翁，道光二十年（1840 年）举人，太平军占领南京时曾一度被困城中，后逃亡异乡，直到战后才返乡。汪士铎知识渊博，著述丰富，是战后最有文化影响力的南京籍士绅，被誉为南京文坛的祭酒。陈作霖是汪士铎的学生。陈作霖，字雨伯，晚号雨叟、可园老人等。陈作霖早年肄业于钟山、惜阴两书院，后跟随汪士铎学习并协助其在金陵书局主持古籍校勘工作。光绪元年（1875 年）中举后，入仕无望的陈学霖，便长期致力于教育和学术便是晚清最有成就的南京籍学者。

战后地方志的编撰始于同治十三年（1874 年）。此年编成的同治《上江两县志》，由上元县令莫祥芝、江宁县令甘绍盘牵头组织，并获得两江总督李宗羲、江宁布政使梅启照、江宁知府蒋启勋等地方官员的

① 谢正光：《同治年间的金陵书局——论曾国藩幕府中的儒学之士》，《大陆杂志》第 37 卷第 12 期。
② 叶德辉：《书林清话》卷九《古今刻书人地之变迁》，上海古籍出版社 2008 年版，第 191 页。

支持。而实际参与编修的，则多为当时南京籍文人学者。其中名声最大的就是汪士铎，而贡献最大的则是陈作霖。举人秦际唐、试用训导甘元焕也承担了一部分工作。光绪六年(1880 年)，汪士铎又受江宁府知府蒋启勋之邀续修江宁府志，担任总纂一职，最终编成光绪《续纂江宁府志》。而陈作霖也是该志的重要编撰者之一(图 5 - 5)。

图 5 - 5　陈作霖(清末徐藻画)

陈作霖除参与上述两志的编撰外，还长期致力于南京乡邦文献的收集、整理和出版工作。《金陵通纪》和《金陵通传》是其代表性作品，规模宏大，颇多创新。《运渎桥道小志》《凤麓小志》《东城志略》《金陵物产风土志》《南朝佛寺志》《上元江宁乡土合志》等志书，则开南京乡土志风气之先，具有极高的史料价值。此外，陈作霖还参与整理、编撰了具有总集性质的文学选本，如《金陵诗征》《金陵续诗征》《国朝金陵文征》《国朝金陵词征》等。[①] 陈学霖在这些方面的贡献，堪称晚清南京第一人。

也正是在汪士铎、陈学霖等人的带动下，江浦、六合、句容、高淳、溧水等县也在战后极其困难的条件下启动了修志工作，并最终在光绪朝先后编成了各自的县志。这些志书依次是侯宗海、夏锡宝的《江浦埤乘》，谢延庚、吕宪秋的《六合县志》，张绍棠的《续纂句容县志》，杨福鼎修、陈嘉谋的《高淳县志》卷，傅观光等所修的《溧水县志》。

文人雅集的重新出现，也可以视作战后南京文化恢复的标志之一。清廷攻占10余年后，南京终于又出现了本地文人的雅集。光绪初年，号称"石城七子"的陈作霖、秦际唐、朱绍颐、何延庆、顾云、邓嘉缉、蒋师辙7人，结成诗社，诗酒唱和，独树一帜，被誉为"金陵诗派"。而规模更大的雅集唱和，则是在胡氏愚园。愚园位于门西鸣羊街，原为金家塘菜地。光绪初年，富商胡恩燮(字煦斋，晚年号愚园老人)仿照苏州狮子林格式，大兴土木，疏池叠石，艺竹莳花，将菜地改造成著名的私家花园。修成之后的愚园，一度成为南京最重要的雅集之地。汪士铎、端木埰、龚坦、杨长年、卢崟、陈兆熙、朱桂模、秦际唐、甘元焕、邓嘉缉、顾云、罗震亨等本地文人雅士，曾多次在愚园举行雅集。[②]

不过，在翁长森看来，战后南京的文化重建还远远不够。他在光绪十六年(1890年)为《石城七子诗钞》所作的序文中，曾对此作过总结。他承认曾国藩等人的文化贡献，也肯定南京籍文人在"谈道讲业"方面的成就，所谓"曾文正公戡乱石城，开馆冶山，搜罗天下才隽，论议其中。吾乡人士相与谈道讲业，颉颃上下，于时东南坛席称为极盛，而七子尤时辈所推挹云"，但他对战后南京的科举、教育和文化的恢复状况非常不满，称"自粤寇盗据吾郡十有数年，弦诵之风，荡然澌泯。虽贤人君子鼓舞振作，而其气弗昌，大师宿学至老死不遇"。在他看来，这些文人雅集，是南京文人"既温温无所试"，而只能"周旋里闬，为朋酒文宴之会"[③]的无奈之举。翁氏的评价，虽基本成立，但他

① 马振犊:《金陵一代地方文献学家陈作霖》,《南京史志》2020年第1期。

② [清]胡恩燮、胡光国等编:《白下愚园集》卷首《姓氏里爵总目》,《南京愚园文献十一种》上册，南京出版社2015年版，第13—20页。

③ [清]翁长森:《石城七子诗钞》序，光绪十六年(1890年)刻本，南京图书馆藏，第1页。

没有意识到的是，此时的南京已经面临着数千年未有之变局，已绝无再走旧路的可能。

二、艰难的突破

战后南京的重建，与晚清的政局关系密切。洋务运动、晚清新政等都对南京的城市近代化产生了重大影响。而光绪二十五年（1899 年）的开埠，更是极大地推动了南京城的近代化步伐。南京文化也在城市近代化的进程中开始了艰难的突破。

传统教育向近代新式教育的转型，是晚清南京引领性的重大变革。南京传统的教育，是以府学、县学以及书院为主体的，其办学目标就是科举。从光绪前期开始，南京开始出现教会创办的教会学校，如明德女子学院、沙小姐学堂（后改为女布道学堂）、汇文书院、基督书院、益智书院等。其中的汇文书院，在宣统二年（1910 年）并入此前由益智书院、基督书院合并而成的宏育书院之后，最终发展为金陵大学。教会学校虽具有浓烈的宗教色彩，但也为当时的南京带来了全新的西式教育模式。

南京的官办新式学校则开始于洋务运动时期，其主导者则为两江总督。洋务时期兴办的学校，多为军事学堂性质，其中以两江总督曾国荃、沈秉成兴办的江南水师学堂，以及署理两江总督张之洞创设的江南陆师学堂（附设矿路学堂）最为著名。戊戌变法时期，两江总督刘坤一按照全国统一部署，开始将原有的钟山、尊经、惜阴、文正、凤池、奎光 6 书院改造成新式学堂。此后因变法失败，这一工作曾出现波折，直到晚清新政启动后才得以继续推进，

晚清新政开始后，南京的官办新式学校进入了高速发展期，其中尤以三江师范学堂的兴办最为重要。光绪二十七年（1901 年）《钦定学堂章程》即“壬寅学制”公布后，两江总督刘坤一开始推行教育新政。光绪二十九年正月，继任两江总督张之洞奏请开办三江师范学堂。尽管张之洞仍遵循其“中学为体、西学为用”之指导思想，且以日本高校为模仿对象，但他创办的三江师范学堂毕竟是一所全新的西式学校，对南京乃

至江南都具有重大意义。张之洞的这套办学模式,后又被他融入光绪三十年十一月二十六日(1904 年 1 月 13 日)清廷颁布的《奏定学堂章程》即"癸卯学制"之中,在全国发挥了较大的影响。两江师范学堂后来的发展,尤其是在李瑞清主持期间所取得的成绩,也证明张之洞当初的办学方针是行之有效的。①

此前一度停顿的书院改造又重新启动。文正书院被改为小学堂,钟山书院被改为中学堂,尊经、凤池两书院则被改为校士馆。张之洞署理两江总督后,又对这一方案进行了调整,文正书院被改为府学堂,惜阴书院被改为县学堂,钟山书院则被改为江南高等学堂。

为服务于新式教育,光绪二十七年(1901 年)两江总督刘坤一、湖广总督张之洞会奏在南京设立江楚编译官书局。不久,江楚编译官书局就兼并了南京的江南官书局和扬州的淮南书局,进一步扩大规模。其中的江南官书局,就是由著名的金陵书局发展而来的,实力很强。江楚编译官书局主要翻译西方图书,出版学堂章程、教学用书以及地方史志,影响极大。

两江总督周馥、端方任职期间,继续积极推行新式教育。周馥以"癸卯学制"为契机,改造、扩充三江师范学堂,并将其改名为两江师范优级学堂;同时还大力调整、改造原有的教育机构和学堂,增设官立学堂和机构。② 而端方则在此基础上开始建立起系统化的新式教育体系。他在建立和完善中小学体系的同时,大力创建高等专门学校如南洋方言学堂、两江法政学堂和南洋高等商业学堂等,培养专门人才。此外,他还开办华侨专门学校即暨南学堂,派遣留学生出国留学等。③ 与此同时,包括女学在内的私立学校也迅猛发展起来。

新式教育的建立,是以科举制度的彻底否定为前提的。这就是袁世凯、赵尔巽、张之洞、周馥、端方等人在《请立停科举折》中所称的"欲补救时艰,必自推广学校始。而欲推广学校,必自先停科举始"。而新

① 相关内容参见苏云峰《三(两)江师范学堂:南京大学的前身,1903—1911 年近代中国高等教育研究》,(台北)"中央研究院"近代史研究所,1998 年。

② 汪志国:《周馥与晚清社会》,合肥工业大学出版社 2004 年版,第 171 页。

③ 参见张海林《端方与清末新政》,南京大学出版社 2007 年版,第 253—293 页。此处有关端方的论述,除特别注明者外,主要参考了此书。

设立的学堂，也完全放弃了原先科举制下的模式，其办学目标正如《请立停科举折》所称的那样，“以开通民智为主，使人人获有普及之教育，具有普通之知能，上知效忠于国，下得自谋其生其才高者，固足以佐治理，次者亦不失为合格之国民。兵农工商，各完其义务而分任其事业。妇人孺子，亦不使佚处而兴教于家庭。无地无学，无人不学，以此致富奚不富，以此图强奚不强。”[①]科举制度的废止，其附属旧式教育体系的逐步退场，以及新式教育的迅速发展，对南京产生了巨大的影响。在某种程度上而言，这也是旧文化退场、新文化崛起的标志之一。

新式教育的兴办，是晚清新政的重要内容之一。而南京之所以能在短短的几十年中取得不俗的成绩，原因当然很多，但其中重要的一条就是以两江总督刘坤一、张之洞、周馥、端方等为首的地方官员的积极推动。而其中贡献最大者，应该就是端方。端方，字午桥，号陶斋，满洲正白旗人，举人出身，与荣庆、那桐被誉为清末“旗下三才子”。端方是清末新政的重臣。早在戊戌变法中，端方就被任命为农工商总局督办，成为推行新法的干将。在陕西、河南、江苏、湖北等地担任地方官期间，端方也一直推行各项改革，废除科举、兴办新式学校则是其重点之一。光绪三十一年（1905 年），端方与袁世凯、赵尔巽、张之洞、周馥等联署著名的《请立停科举折》，并最终迫使清廷废止科举制度。同年，端方与其他 4 位清廷大员率团出洋考察宪政，先后访问日、美、英、法、德、俄等 10 国，并于次年回国后上《请定国是以安大计折》，力主模仿日本，鼓吹宪政。不久，端方被任命为两江总督兼南洋通商大臣。在南京任职的 3 年中，端方竭力贯彻自己的新政理念，推动一系列改革，南京也俨然成为晚清推行新政最为成功的城市之一。

在端方离任后的第二年即宣统二年（1910 年），也就是清朝灭亡的前一年，南京仍然发生了与端方有关的两件文化大事：一是江南图书馆的开馆，二是南洋劝业会的举办。

江南图书馆的创建，是端方在任期间的一项重大文化贡献。光绪三十三年（1907 年），端方聘请缪荃孙担任总办，筹建江南图书馆。在

---

① ［清］端方：《端忠敏公奏稿》卷六《请立停科举折》，《近代中国史料丛刊》第一辑第 94 册，文海出版社 1966 年版，第 645—653 页。

端方的大力支持下，缪荃孙开始收购图书，扩充馆藏，杭州丁氏八千卷楼、武昌范氏月槎木樨香馆等私家收藏先后入馆。江南图书馆先是在萨家湾自治局借地存书，后在端方的支持下，在上元高等小学堂（前身为惜阴书院）旧址兴建了两栋藏书楼（俗称“跑马楼”），颇具规模。江南图书馆是我国近代第一所对公众开放的大型公共图书馆。

南洋劝业会亦称江宁赛会，是中国历史上首届全国性博览会。这次赛会，也是端方的一大杰作。端方出洋考察期间，受西方博览会的启发，萌发了举办赛会以振兴实业的想法。此后，端方利用自己两江总督及南洋通商大臣的特殊地位，克服重重困难，开始在南京筹办南洋劝业会。尽管后来端方北调，但南洋劝业会仍在其继任者张人骏等人的推动下，在宣统元年（1910）四月如期开幕。会展先后持续了半年之久，参观人数达 30 万人，在当时堪称是一大盛事。

图 5－6　南洋劝业会总门旧影

南洋劝业会的举办，对南京城市产生了深刻而又全面的影响。这次博览会，固然是一次工商性质的展会，但在某种程度上而言，也是一次文化盛会。就文化史的角度来看，南洋劝业会至少具备如下几方面的意义。

集中展示了新式教育的成果。如展会设教育馆，专门展示来自各类学校的展品。展品分为小学、女学、中学、师范、实业及高等、图书及彝器六部，并附有经济与统计两部。小学部展品多为学生手工，如折纸、组纸、剪纸、图画等；女学部学生展品以图画、刺绣、绒结、造花、制果、缝纫等为主，其中刺绣品最为精致奇巧，令人瞩目；中学部展品主要是教科书表册、手工图画、动植物标本等；实业及高等部的展品以工业品模型为主；图书部则陈列上海各书坊及江南官书局的书籍。教育馆是最吸引人的展馆之一，其展品也基本上反映了清末新式教育的体系和水平。

以建筑、展品等为载体，全面介绍了西方工业文明以及明治维新后日本的成果。南洋劝业会场位于城北，南起丁家桥，北至三牌楼，东临城墙，西达将军庙。劝业会所建馆院，有相当一部分是模仿各国建筑样式的，如教育馆、工艺馆、武备馆、机械馆为仿德国式，医药馆（卫生馆）和美术馆为仿意大利式，水族馆（水产馆）为仿荷兰式，京畿馆为仿法国式等，整个会场俨然成为各国建筑的展示区。南洋劝业会还专设参考馆，展示外国展品。其中第一参考馆为仿英国式建筑，专门展示德、美两国展品；第二参考馆为仿法国式建筑，专门展示英、日两国展品。可以说，南洋劝业会是中国第一次全面展示西方工业文明的展会，其影响不可低估。

推进了中外文化交流。博览会本身就是舶来品，相关人员在筹办南洋劝业会的过程中，全面学习和借鉴了西方的经验。与此同时，南洋劝业会也邀请了美、日商团前来参会。日本实业团由著名的邮船株式会社社长近藤廉平担任团长，成员多为日本各大城市的工商界头面人物。美国商团虽由前洛杉矶商业会议所会长维利阿姆·普慈任团长，但其核心人物是大赉轮船公司社长罗伯特·大赉，成员多是太平洋港湾城市的工商界代表人物。会后，日本展品协会专门出版了篇幅巨大的《南京博览会各省展品调查书》，而大赉也出版了《大赉访华日记》。此外，南洋劝业会还设立了暨南馆，专门介绍来自海外华侨的展品。

南洋劝业会显示了新式商人的力量，动摇了歧视工商的传统文化观念。在当时的时代背景下，南洋劝业会固然带有浓烈的官方色彩，但它毕竟是中国首次由官商合办的大型展会。在南洋劝业会的筹办过程中，新兴的绅商群体扮演了重要角色，这在劝业会组织机构的人员构成中就能得到充分反映。如劝业会的会长、3 名副会长虽由两江总督等官员担任，但仍有 2 名副会长由入股的绅商推荐。其执行机构南洋劝业会事务所的成员，要么是曾出洋考察过博览会的高级幕僚，如担任坐办的陈琪，要么就是海外高等商科或内地学堂的毕业生，如帮办向淑予等，他们都须由南洋劝业会的监督机关董事会认定。董事会设在上海，其 13 名董事都是绅商，并由在股绅商推选公举。南洋劝业会的集股、陈赛、建筑、转运等各项章程，均须经董事会议决。当时在全国各大城市、商埠设立的相关组织，如物产会、协赞会、出品协会等，也基本上都由绅商扮演主角。[①]

① 有关南洋劝业会的内容，参考郁尚翠《南洋劝业会的初步研究》，南京大学 2004 年硕士论文。

第六章　民国时期的南京文化

从 1912 年中华民国临时政府建立至 1949 年国民党统治被推翻，是为中华民国时期。此时期，是南京文化发展中的一个重要阶段。虽然这一时期仅 38 年，在南京的历史发展中当属短暂，但南京在大部分的时间内，曾作为中华民国的首都，是全国的文化中心。此时期，南京凭借其独特的地位，集中了全国重要的教育、科研机构与人才，以及其他文化方面的机构和人才，这使得南京文化的发展在一段时期中具有比较有利的条件。同时，南京在全民族抗战中沦陷与国民党政权走向崩溃，则又对南京文化的发展起了限制和消极作用。但总的来说，在此时期，南京文化虽是艰难但还是基本实现了由旧时代向现代的转型，因而自有其重要价值和历史意义。

第一节　民国初年的南京文化

1912 年元旦，随着封建的清王朝被推翻，中华民国临时政府在南京宣告成立。社会大变动的时代背景，给南京带有承前启后特点的文化发展增添了新气象。这既表现在多形态新文学的产生，也表现在对教育及其他文化方面发展的推动。而尤为值得关注的是，在各种社会思潮的杂陈中，马克思主义顺应历史潮流，在南京传播开来。

一、民国建立为文化发展带来新气象

南京在其悠久的数千年历史中，凭借特殊的政治地位，以及不断的经济发展，孕育了灿烂辉煌的南京文化。其间虽有曲折起伏，但在趋势上仍能发扬光大，并不断地随着社会的变革而丰富和发展。

然而，时至1911年(农历辛亥年)，即清宣统三年，腐败的清朝政府的封建统治已至晚期。它悖逆历史前进潮流，不但闭关锁国，固守封建旧制，严重地阻碍生产力的发展，而且拒绝接受先进思想，抵制新生事物，极力地扼制符合新时代的文化。于是，在所激起的社会矛盾急剧恶化之下，10月，反清的武昌起义成功。之后，12月2日，江浙联军攻克南京城，南京遂告光复。

随着辛亥革命取得推翻封建的清王朝的胜利，在历史与现实中具有特殊重要地位的南京，被定为新成立的中华民国的首都。中华民国临时政府于1912年1月1日在南京成立，伟大的中国民主主义革命的先行者孙中山被选举为中华民国临时大总统，并于即日宣誓就职(图6-1)。

中华民国的成立，在中国的历史上具有划时代意义。它推翻了延续几千年的封建帝制，同时创建起民主共和国家。其所肇始的政治上的变革、经济上的发展，给中华文化的发展带来新的变化，而南京作为新成立的中华民国的首都，所承接的这种变化则应更为直接和明显。

图6-1　身着中山装的孙中山

此时的南京，在政治上再次成为全国的中心。1月5日，孙中山组成临时中央政府，民主革命派的重要人物多在中央政府中担任要职。南京在政治上的中心地位，亦有利于推动经济上的发展。在中央政府所颁布的许多促进工商业、服务业发展的政策、法规的引领下，有不少投资者纷纷创办新企业或壮大既有企业；即便是后来中央政府迁都至北京，南京的工商企业等的发展势头仍在延续。

随着南京工商企业及服务业等的发展，直接地带来了对相关人才的急需；而人才的涌现，一方面依靠对地域外人才的招引，另一方面更源于就地对人才的培养。因此，这也带动了本地区多种教育形式的发展，而教育事业的发展，相应地促进或催生了其他多种文化形式的产生与发展。同时，多种文化形式的产生与发展，不但反过来促进教育事业的发展，也整体上提升了南京文化的新高度，并不断地丰富了南京文化内涵。

期间，随着中华民国的建立，也推动着人们思想或快或慢地转变，主动或被动地适应社会变革的步伐。与此同时，国外的多种社会思潮也通过诸多渠道传入南京，尽管意蕴与形态各异，但也促进了人们思想视野的开阔，其中符合现代文明的很多形式，亦在中外文化的碰撞、嬗变与融合中，于南京落地、生根、开花与结果。

概而言之，辛亥革命后中华民国的成立，以及南京之作为民国首都，伴随着社会的变革、经济的发展，这些都从基本方面为南京文化在新时代下的多个方面发展创造了比较好的基础性条件，因此，也为南京文化在中华民国建立后带来了新的发展动力。

二、文学创作及其理论探析

在中华民国成立至 1927 年之间的 15 年左右时间里，适应社会的大变动，并直接地得益于五四新文化运动的开展和文学革命的有力推动，作为南京文化的重要组成部分，其文学创作呈现出新气象，并取得了比较明显的成就。

其一，关于诗歌的创作与审美标准论争。

随着五四文学革命的崛起，一种由白话写作，表现新时代、新生活和新思想感情的诗体，即新诗，在社会大变动中诞生了，且名家辈出，群星灿烂。在此时期，南京的诗坛上出现了陆志韦、卢前、胡梦华等诗歌创作者兼理论家。他们不但创作新诗，而且还形成了对新诗的独特理解，即在诗歌韵律、语言形式，以及情感抒发方式等方面，均提出了符合诗意的规范。其主要代表人物如下：

陆志韦（1894—1970），浙江吴兴人。1913 年毕业于东吴大学，后赴美国芝加哥大学读书，获哲学博士学位。1920 年回国后，曾在南京高等师范学校、东南大学任教。他不但创作新诗，而且在新诗格律化方面提出了 5 点创新观点：一是破除以四声做长短句；二是用白话填词；三是将古诗的格调试用白话来改写；四是舍平仄而采抑扬；五是押韵不主张用四声。事实上，前两种尝试虽未获成功，但第三点主张则在实践中具有积极意义。其尝试将传统诗歌的音乐美与现代诗歌的自由形式相结合，尤其是把诗歌押韵标准划定为大致顺口而不追求严苛的平仄的这种诗歌形式，对推动新诗的创作，以及增进新诗读者的接受度，是有所裨益的。

卢前（1905—1951），江苏南京人。先后就读南京高等师范学校附中、东南大学文科。在大学期间，师从国学大师吴梅学曲。1927 年大学毕业后，即在金陵大学任教。卢前才华横溢，年轻时即为国内著名的词曲教授。他在教学之余勤奋写作，留下了大量的文学作品及理论著作，且创作形式多样，涉猎范围甚广①，所著新诗集《春雨》，在打破那种采用白话文、完全摒弃旧体文学的用典用韵习惯，是将传统诗歌中的意境及韵律彻底摧毁的片面观念的同时，强调诗歌是以美来感化读者、以格律来传承新精神的，这样才能达到将新旧精粹结合、将传统文化复活于新文学形式的目的。另外他还认为，新诗不必拘泥于形式，只要不失“诗”的本质，能够起到描景叙事、表情传意的作用，并具有鲜明的艺术特色，就应算作好诗。这种将诗作的社会价值与审美价值相联系的相对超前的诗歌创作观，在当时惜未得到比较普遍的认可。

在此时期，关于新诗的审美标准，也有着比较激烈的论争。“学衡派”成员主张以“新材料入旧格律，合浪漫之感情与古典之艺术”。所谓

① 卢前著有新诗集《春雨》、小说集《三弦》、旧体诗集《梦蝶庵绝句》、词集《中兴鼓吹》、散曲集《饮虹乐府九卷》、剧曲《饮虹五种》等，另外还有大量译作、曲学理论和文学论著。

新材料，是指“西洋传来学术文艺生活器物，及缘此而生之思想感情等”；而旧形式即“吾国诗中所固有之五七言律绝古体平仄押韵等”。当时“学衡派”与新文学界对诗歌标准的分歧，主要体现在关于“湖畔诗社”青年诗人汪静之所作情诗集《蕙的风》(1922 年出版)的论争中。新文学界称赞《蕙的风》在新诗创作方面的开创意义，其虽有内容粗俗、语言过于直白等瑕疵，但仍热烈地加以肯定。相反，另一派人物中之胡梦华(时为东南大学学生)，则认为《蕙的风》只是一部“情场痛史”，因哀痛过甚而过于偏激，以致流为轻薄，其实它于诗体诗意上并没有什么新的贡献。因之，引发了新文学界群体对胡之观点的激烈批评。① 此后，胡曾于 1926 年在《小说月报》第 17 卷第 3 号上发表了一篇《絮语散文》，对散文之概念、内涵、特征等方面做了比较系统的阐述和说明，从而在散文理论方面作出积极贡献。

其二，关于现代小说的创作与多样主题。

在此时期，南京小说界的创作及其理论亦呈现新的气象。其重要特征在于现代小说意识的觉醒。他们中的代表人物主要有两位：

陈衡哲(1890—1976)，湖南衡山人，1914 年赴美国留学，毕业于芝加哥大学。她是现代中国留学生中的第一位女性、也是中国第一位女硕士。1917 年，始以“莎菲”笔名，在《留美学生季报》上发表描述美国女留学生一天生活的白话文小说《一日》，这是中国女性创作的第一篇白话文小说。1918 年，她在《新青年》上发表白话小说《老夫妻》，此为继鲁迅在该刊发表白话小说《狂人日记》之后，所公开发表的第二篇白话小说。陈以自己对中国语言文字的独特把握和对社会生活的敏锐感悟，才华横溢，挥笔创作，为新文学运动呐喊助威，其作品亦为人们所瞩目。1920 年回国，执教于东南大学。其后数年间，发表《小雨点》《波尔》《运河与扬子江》《洛衣思的问题》等白话小说。1928 年，这些小说由新月出版社以《小雨点》书名结集出版，其内容多为反映五四时期青年知识分子的积极人生态度与蓬勃向上精神。

倪贻德(1901—1970)，浙江杭州人。自幼爱好绘画艺术，中学时积

---

① 参阅张光芒、陈进勇、张勇《传统与现代的碰撞——1912—1927 年南京文学思潮与小说创作》，《青春》2020 年第 12 期。

极参加反帝反封建的新文化运动。1922年毕业于上海美专。次年入创造社，在文坛上崭露头角，成为后起之秀。其小说创作特点，是以强烈的个人情绪宣泄和浓郁的主观抒情为主。曾出版小说集《玄武湖之秋》《东海之滨》《百合花》。1923年，在南京艺术学校担任教职时创作了《玄武湖之秋》小说集中的大部分作品。该小说集被列入创造社丛书第9种，于1924年出版。全书收录《玄武湖之秋》等10篇小说，其作品以较多笔墨描述了青年人求生谋职的压力，以及因诸多挫折而产生的对人生意义的怀疑。这些小说除了关注社会、聚焦个人情感的主题外，也有将二者结合起来批判现实的一些另类作品。该小说集中的单篇同名小说《玄武湖之秋》，则具有鲜明的自传体色彩，其主要情节围绕着一位男性教师与三个女学生之间的暧昧关系展开，全篇透射出自恋自伤的情愫，同时也借此抨击被黑暗压抑的社会。然而，倪所触碰的师生恋主题，引起了社会上的诸多激烈非议，且因此丢掉教职，悲屈地离开南京。该作者因文致祸的个人遭遇，也反映了那一时期青年知识分子备受压抑的命运惨剧。①

其三，其他文学形式的兴起。

此时期，南京文学界除新诗与现代小说有所成就外，在现代戏剧及散文创作方面亦有佳作。在戏剧方面，作为中国现代戏剧重要一翼的江苏话剧，颇有可观亮点：一是南京等地相继建立戏剧社团，二是创作出具有重要价值的剧本。1920年进入南京东南高等师范学校读书的侯曜，翌年即发表了《复活的玫瑰》等话剧剧本；并组织东南剧社，在南京及外地演出，均产生积极的反响。侯曜主要以通俗话剧创作著称，其剧作在当时的江苏现代话剧运动中颇有影响。他的早期戏剧集《复活的玫瑰》收录有《复活的玫瑰》《刀痕》《可怜闺里月》三个剧本。前两部写了封建家庭的专制造成婚姻的不自由，以及由此产生的悲剧；后一部则写因战争而导致的家庭惨祸。其情节给人以悲凉感，结构也较严谨。② 这一时期江苏还有几位剧作家比较有名，其中如侯曜之妻濮舜卿

① 参阅张光芒、陈进勇、张勇《传统与现代的碰撞——1912—1927年南京文学思潮与小说创作》，《青春》2020年第12期。

② 参阅陈辽主编《江苏新文学史》，南京出版社1990年版，第46页。

著有戏剧集《人间的乐园》，被认为是当时“学校剧”的代表，还有《她的新生命》等剧作集。所著《芙蓉泪》剧本，曾荣获中华民国拒毒会举办的电影剧本征文比赛最高奖。[①]

本时期的江苏散文，在创作质量上有不少佳作。其中如朱自清，他虽未在南京长期居住，但常从家乡扬州赴外地而经过南京，在多次游览南京后，他以南京为背景，撰写了不少叙事散文、抒情散文。其中《背影》描述 1917 年冬其父在南京浦口火车站为他送别的经历，文笔质朴而感人；《桨声灯影里的秦淮河》描述游览秦淮河的多彩场景及深情感受，文笔细腻而生动。另有在南京游历一年多时间的包天笑，创作有自传散文集《钏影楼回忆录》《初到南京》，叙述其在南京的任教经历及对南京的观感。

在民国成立至 1927 年的这段时间里，顺应时代的新旧更替、新文化运动及五四运动的推动与发展，作为南京文化重要内容之一的南京文学初显兴盛现象，其间涌现出不少思想开放、勇于创新的作者，他们分别在不同的文学领域，创作出各具特色的文学作品，为此时期的南京文化增添了一道绚烂光彩。

三、科学事业与学术研究的新进展

随着清王朝的推翻与中华民国的建立，科学观念的逐渐扩散及其学术研究的逐次开展，也影响到南京，并且伴随其近代教育事业的发展而初获成就。

（一）中国科学社在南京开展活动

中国科学社原名科学社，是由留学美国康奈尔大学的中国学生赵元任、任鸿隽、杨铨（杨杏佛）等 9 人，于 1915 年 10 月 25 日在美国发起成立的中国最早的现代科学学术团体，属民间性质，宗旨为“联络同志，研究学术，以共图中国科学之发达”。该社由任鸿隽任社长，赵元任任

① 参阅张光芒等著《南京百年文学史》，江苏凤凰文艺出版社 2021 年版，第 71 页。

书记，杨铨任编辑部长。1918年该社总办事机关迁回国内，即在南京、上海各设事务所。后因多数社员回国在东南大学任教，该社总办事处及《科学》编辑部遂于1919年迁驻南京，在此开始了近10年的活动历程，直到1928年4月复又移设上海。

中国科学社在南京期间活动积极，发展迅速。1919年有社员435人，到1924年便增至648名。其社员绝大多数都是在中国从事科学工作和工程技术工作的优秀人才。该社每年举行一次年会，进行讲演、宣读论文、专题讨论、研究社务、选举理事。其内部按照专业分设若干股。1919年时已设农林、生物、化学、化工、土木工程、机械工程、电工、矿冶、医药、理算等12股。该社在国内一些重要城市设有社友会，还在美国设有分社。1920年8月，该社所创建的南京科学图书馆成立。

中国科学社对于中国科学事业的发展作出重大贡献：一是促进了科学知识在中国较广泛地传播，以及中国近代科学研究较深入地开展。它所出版的《科学》月刊，在这方面发挥了独特的重要作用。二是积极地推动了中国科学组织的孕育和发展。它所聚集的中国科学界的顶尖人物，各以其卓越成就影响与带动了不同门类科学的发展，并在全国各地推动建立诸多专业性学会。三是在中国科学界的国际交流中发挥了重要作用。其时许多重要的国际科学会议均由该社选派代表参加，同时还邀请外国学者前来中国讲学。四是直接而有力地推动了中国近代科学的发展，尤在地质学和生物学上取得突出成就，如该社社员丁文江领导测制了全国地质图，秉志领导创办了中国第一个生物学研究机构——生物研究所。中国科学社在南京的活动，亦给南京科学发展及科技进步留下了深厚的历史积淀，包括培养和带动了一批从事科学研究的专业人才，扩大与提升了南京在全国科学研究中的影响与地位，同时也优化与丰富了南京文化的品质与内涵。

（二）《学衡》杂志的创办与学衡派主张

如果说中国科学社的创建，较多地受到了国外先进科学思维与有益做法的影响，那么《学衡》杂志的创办与学衡派的出现，则较多地体现了南京以及中国特色。

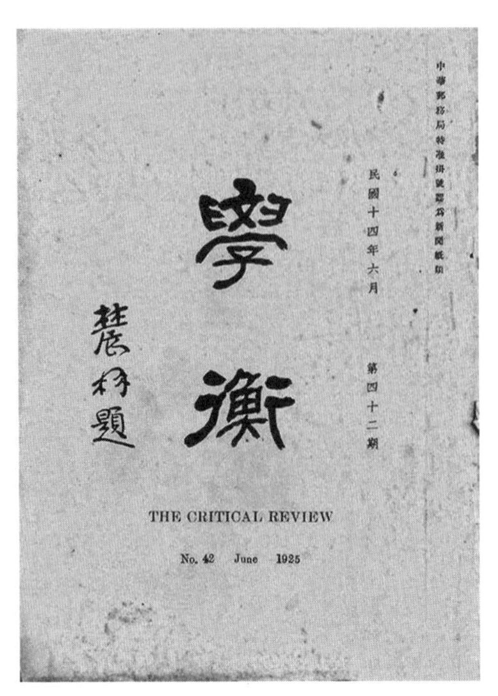

图 6-2 《学衡》书影

1922 年 1 月，梅光迪、胡先骕、吴宓等教授在东南大学创办了《学衡》杂志。其为综合性期刊，宗旨在“论究学术，阐求真理，昌明国粹，融化新知，以中正之眼光，行批评之职事，无偏无党，不激不随”①。它设有通论、述学、文苑、述评、杂录等栏目，涉及时事、哲学、文学、史学等方面。该刊从创办到 1933 年 7 月停刊，共出 79 期。

创办《学衡》杂志并以此为阵地发表言论的主要人物被称为“学衡派”，其对新文化运动及其倡导者曾进行激烈抨击，因而遭到新文化运动人士的回击。学衡派代表人物大多留学欧美，不仅具有深厚的传统文化功底，也大多接受过系统的西方教育。他们的主张多具有两面性，如既反对废除文言文，又不排斥白话文；既反对文学革命，又不反对文学改良；既反对新文化运动派所输入的西方文化，又不反对吸收外来文化；既主张维护儒家文化，又不反对改良风俗；等等。

学衡派对于新文化运动的批评确有偏激与片面之处，如对新文化运动在文学创作方面所取得的显著成就，简单地予以全盘否定等；但其观点也具有相当的合理性，自有其存在价值，如反对对中国传统文化的全盘否定，反对对西方文化的全盘接受，而主张弘扬民族精神，沟通并融合中西文化等，故而具有一定的积极意义与可取之处。学衡派的主要代表人物在坚持整理、继承中国国学，以及对中国传统文化进行创造

① 张光芒等著:《南京百年文学史》，江苏凤凰文艺出版社 2021 年版，第 20 页。

性研究方面作出了一定的贡献，因此在南京文化的历史发展长河中，应有其一席之地。

（三）创建学术组织与出版刊物

民国建立后，南京学者还积极创建学术组织与出版刊物。

1918 年 12 月，由南京高等师范学校、江苏省教育会、北京大学、中华职业教育社、暨南学校等单位，联合发起组织了中华新教育社。次年 1 月，改称中华教育共进社。1919 年 2 月，该社创办《新教育》杂志，蒋梦麟、陶行知曾先后担任该刊的编辑主干。《新教育》于 1925 年 10 月停刊，共出 11 卷。该刊大量介绍欧美各国流行的各种教育理论，介绍欧美各国在第一次世界大战后的教育发展趋向，这为中国教育界开辟了一条研究、借鉴西方教育的重要渠道，有力地推动了南京、江苏以及全中国教育事业的改革和发展。

1919 年 10 月 1 日，南京高等师范学校成立地学会。次年 5 月 13 日，地学会改为史地研究会。该会以“研究史学地学为宗旨”，凡本校学生有志于研究史地者，或本校毕业同学愿入会者，皆可为其会员。该会会员在 60—100 人之间。龚励之首任总干事。学术大家竺可桢、柳诒徵、徐养秋分别担任世界地理、中国史、西洋史等方面的指导员。1921 年 7 月，该会开始出版会刊《史地学报》，张其昀首任编辑部主任。该刊曾登载柳诒徵、陈训慈、竺可桢、张其昀等人的重要文章，还连载了梁启超在东南大学讲学期间脱稿的《中国近三百年学术史》专著。史地研究会除编辑出版《史地月刊》外，还不定期举行分类讨论、邀请著名学者演讲等学术交流活动，在校内外产生很大影响。

在民国建立后的初始十几年时间里，崇尚科学之风气熏染着南京，教育界也出现开展学术研究与思想交流的新景象，这一切都正向影响着、推动着南京文化的发展。

四、教育事业发展迎来新机遇

教育，作为南京文化的一个主要方面，历史上官民多予以重视。民国时期，由于南京的首都地位，使其教育迎来新的发展机遇。

在清朝末年，南京除旧有的传统私塾外，各级近代学校教育已有初步发展。但在辛亥革命爆发后，其初等、中等、高等学校（堂），因政局动荡及经费缺乏等原因而部分停办。民国成立后，办学条件有了比较明显的改善，在1912—1927年间获得较大发展。

一是初等教育的发展，这主要包括幼稚园、小学及私塾教育。

清末，外国人首先在南京创设了两所幼稚园。1917年冬，江苏省第一女子师范学校附设保姆传习所，次年3月再附设蒙养园。至1919年7月，南京高等师范学校创办幼稚园。1923年，东南大学儿童心理学教授陈鹤琴在自家住屋创办私立幼稚园，并自任园长，次年再扩建新园舍，后定名为东南大学教育科学实验幼稚园。他依托该园，进行了长期的幼教研究和实验，在探索中国化的幼儿教育体系方面取得重要成就，在全国产生很大影响。1925年，私立明德中学亦附设幼稚园。

在小学教育方面，自民国建立后，南京在清末已有小学18所的基础上有了较大发展。到1927年6月，南京共有市立小学48所①，私立小学数十所。其数量虽不为多，但在科研与改革方面，则处于全国比较领先的地位。其中如南京高等师范学校于1918年创办的附属小学（后改称东南大学附属小学），即在著名教育家周维城等人指导下，先后进行了“设计教学法”“道尔顿制”“六、三、三学制”等教学实验，取得显著成效，这在全省和全国都产生了很大影响。另有东南大学教授陶行知，曾于1927年3月辞职赴南京郊外创办晓庄师范，同时亦创办了附属晓庄小学。他所主张的“生活即教育，社会即学校”，提倡“教学做合一”的理念与实践，也产生了积极影响。

此外，传统的私塾依然大量存在。至1927年秋，据南京市政府调查，南京共有私塾710所，塾师715人，学生15502人，但实际数字远远超过此数。这些私塾与塾师在办学条件及教学水平上尚存局限，但在当时情况下仍具合理的存在意义，在一定程度上缓解了许多适龄儿童的就学问题。

---

① 南京市地方志编纂委员会、南京教育志编纂委员会编:《南京教育志》(上)，方志出版社1998年版，第180页。

二是中等教育的发展，这主要包括中学、师范学校和实业学校。

1912年民国初建，南京仅存中学堂（次年改称中学校）10所，其中有官办3所、私立7所（包括教会所办5所）。

随着新旧社会的交替，一些中学相继创办，呈现较好的发展势头，而其办学形式则为多样。自1912年起，南京地区既有官办的、私立的中学，也有教会机构办的中等或高等学校附设的中学，另外还有外地旅宁团体或个人在南京所办的中学等。至1925年底，南京共有公私立中学32所。其间有些学校还进行了“道尔顿制”“三三学制”等实验，取得了较好成效。但至1926年冬，因受时局动荡、战事频仍影响，部分中学停办。到1927年初，南京仅存公私立中学15所[①]，数量大减过半。

在这一时期，南京的师范学校和职业学校也被纳入中等教育范围，且有一定发展。1912年，原江南高等学堂改为江苏省立第四师范，后相继添设农林分校与艺术专科；同年，原宁垣女子师范学堂恢复并改名为江苏省立第一女子师范学校。另外在清末时，南京曾先后建成6所中等实业学堂，至民国初年学制变更，实业学堂改称实业学校。1912—1918年，南京还新建了数所中等实业学校，如崇实学校、江苏省立第一工业学校（后改称江苏公立南京工业专门学校）、江苏省第一农业学校、金陵高级护士学校等。

民国建立之初，南京中等教育的发展比较明显。这适应了社会发展对中等人才的需要，在一定程度上缓解了社会各方对中等人才的需求，既沟通了初等教育与高等教育之间的顺序衔接，也为培养急需的初等教育师资人才、职业技术人才、社会各业所需之多方面文化人才，发挥了积极的重要作用。

三是高等教育的发展，这主要包括国立大学、教会大学。

南京在清末共有高等学堂6所。辛亥革命爆发后，在新旧社会更替之际，南京除外国教会办的金陵大学外，其他高等学堂均遭停办。待1912年民国建立，始变更学制，改高等学堂为高等学校，并于当年夏举行全国临时教育会议，决定10年内在全国建成10所高等学校，其中南

① 参见《南京教育志》（上），方志出版社1998年版，第367页。

京建2所。可惜因时局动荡等原因，被寄予厚望的南京，竟在民国初年连一所公立大学都未建立起来，倒是先后建立了一批私立高等学校，但其并不具备办学条件，纯属"营业性质"，遂被教育部于1914—1915年间下令停办。

南京高等学校数量之奇少，直接影响了高等人才的培养，特别是高等师范毕业生缺乏，无法满足中等学校发展对师资力量的急需。于是，在江苏省民政长韩国钧（后改称巡按使）的支持下，历经艰辛而创办起来的由江谦任校长的南京高等师范学校，于1915年8月正式开始招生。该校是民国初年所创立的全国第4所知名高等师范。

南京高等师范学校创办伊始，仅设国文、理化两部和国文专修科，教职员只有30多人，实际报到新生亦仅有110人。到1920年，已有毕业生58人，在校生达到357人。共设有8系8科。其规模较大，颇具综合大学雏形，这为后来创设综合大学奠定了基础。为因应新思潮及满足社会所需，学校于1920年暑期开始正式招收女生入学，虽录取者不多，但男女同校同班学习，揭开了中国高等教育史上崭新的一页。

鉴于中国水患严重，但人才匮乏，民国政府于1915年在南京创办隶属全国水利局的河海工程专门学校，第一年招收新生80人，学制4—6年。此为中国第一所培养水利人才的高等院校。后为适应导淮工程之急需，开办学制2年的特科。1924年夏，该校与东南大学工科合并组成河海工科大学，由原东南大学工科主任、著名桥梁学专家茅以升担任校长。该校所培养的高级专业水利工程人才，对南京，对江苏，对江河湖海等水患严重地区的水利工程建设，都具有积极的现实意义。

1921年9月，获准成立的国立东南大学正式开学，由南京高等师范学校校长郭秉文兼任东南大学校长。该校是民国初年继北京大学之后中国建立的第二所国立大学，时与北京大学齐名，以科学享誉。1923年7月，南京高等师范学校并入，实力大增。该校设文理、教育、工、农、商5科及27系，其学科之全，时居全国首位，且许多学科在中国各大学中具有首创性质。事实上，东南大学不仅学科众多，还延聘了大量优秀的以及国内顶尖级的人才来校任教，可谓人才济济。

与此同时，南京的教会大学也获得进一步发展。如原有的金陵大学在办学过程中不断发展壮大，新添设师范科、华言科、医科、农林科。其间还购进鼓楼附近的基督医院，更名为鼓楼医院，作为医科学生的实习医院。在金陵大学各科教学水平不断提高的同时，其中农林科更是位列当时国内农林学前茅。后金陵大学对部分系科做了调整，至1927年，共有文理、农林两科，18个系（科）和3个专修科，初步具备了近代化大学的基本条件。

另外，南京于1915年还创立了一所新的教会大学——金陵女子大学。该校的创建，缘起于清末民初苏浙沪一带英美教会所创办之女子中学数量增加，却少有中国籍女教师，且女子中学毕业生也再无升学深造之前途。因此，遂有该校之创建。1915年9月17日，只设文、理两科的金女大正式开学，首届仅招收新生11名。1919年6月，吴贻芳等5名学生毕业，成为中国最早在国内获得学士学位的女生。此后，金陵女子大学续获发展，1924年在校生有135人。到1927年，已拥有文理科共11个系。该校每年毕生生人数很少，仅有数名至十几名，但质量较高，在社会上享有良好声誉。据1922年8月统计，该校前4届毕业生共计33人，其中赴美深造，获得硕士、博士学位者即达20人。①

民国成立后，南京高等学校经历了一个从低谷到发展的历史过程。从中看出，南京高校的创建与发展既适应了社会各方面的迫切需求，得到了从官方到民间的比较重视和支持，而且办学的起点较高，教学质量优良，这对提升南京文化的整体水平有积极的引领作用。

四是社会教育的发展，这主要包括通俗教育与平民教育。

以上从初等教育到高等教育，总体上都属于制度性的正规教育，但其受教育人群有限，这既有观念上的原因，也有经济基础方面的原因，而对于广大平民百姓来说更是如此，他们要为日常生计奔波，其自身及其子女难有接受正规教育的机会。鉴于这种情况，新成立的民国临时政府首任教育总长蔡元培等，即积极倡导社会教育和通俗教育，旨在通过有关形式，一方面尽可能地使广大平民百姓能有接受教育的机会，另一方面能够提高全社会的知识水平与文化素养。

① 张连红主编：《金陵女子大学校史》，江苏人民出版社2005年版，第336页。

在这一社会教育思想的指导及有关政策的推动下,江苏省立南京通俗教育馆于1915年建成开馆。其主要活动,一为开展书报阅览,二为普及科学常识,三为进行巡回讲演。在社会教育方面的另一项重要举措,是面向社会层面开办夜校,虽然数量不多,但展示了一个有益的方向。

为推动平民教育的发展,1923年,著名教育家陶行知等在南京成立平民教育促进会,并试办平民教育学校,共办3期,受教学员计5000余人。1926年,陶行知又在中央门外的晓庄、燕子矶和尧化门等处,积极开展乡村教育运动。次年,在所创建的晓庄师范亦附设民众学校,进行平民教育。

此外,在1920—1923年间,南京高等师范学校曾先后举办了四期暑期学校,每期学员约千人,分别来自全国各地区。在教学上,暑校根据学员的文化程度及工作需要,分成诸多班级,共开出100多门课程。授课者多为全国著名学者,如陶行知、竺可桢、朱经农、舒新城、黄炎培、陈鹤琴、严济慈等。

民国成立后的这段时间,南京的通俗教育和平民教育大体上走在全国前列,其形式多样,效果较好,在社会层面营造了一定的文化氛围。

五、马克思主义的传播与外来社会思潮的传入

辛亥革命推翻清王朝,建立中华民国,人们的思想观念相应地随着社会制度的更替而发生或大或小的变化。之后新文化运动兴起,促使人们思想观念的进一步改变,旧的许多传统观念及其在文化方面的表现形式被革新、被打破。同时,新的思想观念,特别是从西方输入的思想观念及其在文化上的表现形式,亦在中国社会中涌动,当然这其中既存在着一些进步的、合理的东西,也包含着一些不合理与不适合中国国情的部分。1919年五四运动爆发后,在各种思想交汇、各种主义激辩、各种救国方案并陈的大潮中,人们深入思考,并在思考中获得一次思想的大解放。

就在这各种思想的大交汇以及思想的大解放中,马克思主义在当

时虽然只是诸多主义中的一种，却以其科学性、实践性、革命性、人民性的特色本质，在中国大地上传播开来，当然也在南京地区传播开来。

中国在巴黎和会的失败以及中国的积贫积弱，同样也激起了南京学生们的爱国热情。如何使中国富强起来？他们也同全国的爱国学生以及进步的、爱国的知识界一起思考着探寻救国之路。

在五四运动后不久的6月23日，由南京学生联合会创办的《南京学生联合会日刊》便告问世，南京河海工程专门学校学生张闻天是其编辑与重要撰稿人之一。该刊以"开通明智，增进民德，发扬爱国精神为宗旨"，围绕着"改良社会"这个中心，及时报道南京、江苏以及全国学生之反帝爱国运动发展情况，并在猛烈抨击日本帝国主义与北洋军阀政府的同时，展开对旧制度、旧思想、旧道德、旧习惯的批判，并宣传爱国主义、革命民主主义和社会主义思想，介绍各种新思潮。该刊在存在的不到3个月时间里，张闻天就撰写了数十篇论评，其中关于《社会问题》的文章，已开始尝试运用马克思主义的唯物史观来考察当时中国的社会问题，他是中国传播马克思主义的先驱之一，也是南京地区传播马克思主义的第一人（图6-3）。

1919年11月1日，少年中国学会南京分会成立，它的宗旨是"本科学的精神，为社会活动，以创造'少年中国'"。该分会虽然成员复杂、思想多端，但反映了南京知识青年对旧中国的强烈不满。其会刊《少年世界》及南京高等师范学校学生所办的《少年社会》，都介绍过李大钊撰写的有关国际工人运动的文章，这在客观上起到了在南京宣传马克思主义、十月革命的作用。

在马克思主义传入南京期间，有两个重要事件，一是在1920年春夏，在南京高等师范学校任职员的杨贤江在南京组织了马克思主义研究小组，开展对马克思主义研究与宣传。1922年5月5日，中国社会主义青年团南京委员会成立。当日，该会还举办演讲会，请杨杏佛介绍马克思。5月上旬，由青年团南京委员会筹组的南京马克思学说研究会成立。研究会为会员提供学习书目与书籍，如《共产党宣言》《马克思资本论入门》《新青年》等，亦请杨杏佛等演讲马克思主义、劳动问题等。该会注重探讨中国现实问题，探讨的13个题目中，涉及马克思主义、唯

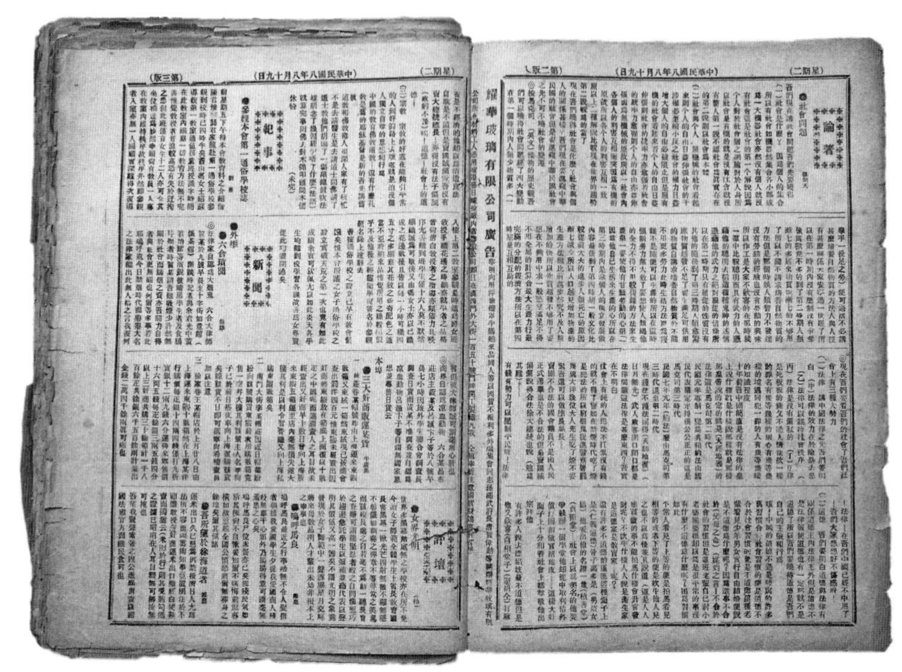

图 6-3　张闻天在《南京学生联合会日刊》上发表《社会问题》一文

物史观、阶级斗争、剩余价值、共产主义、社会主义、十月革命、各种社会主义之比较等。许多青年就是在研究中学习并接受了马克思主义，并由此走上革命道路。

当时各种社会思潮众多，其中无政府主义一时甚为盛行。1921 年 5 月到 7 月，南京无政府主义者太朴与上海的陈独秀等在《新青年》等报刊上开展激烈论战。陈独秀等人批判了无政府主义思想，宣传了马克思主义，南京知识界对此多为关注。另外，在 7 月初于南京召开的少年中国学会年会上，对要不要社会主义问题进行大讨论，会上左舜生等主张“不要主义”，并反对接受马克思主义。但邓中夏、沈泽民等则主张学会必须坚持马克思主义，确定社会主义方向。

1924 年 1 月 13 日，由中共南京小组和青年团南京地方委员会领导的南京社会科学研究会成立。该会采取读书报告、轮流演讲、互相辩论、公开演讲的方式学习马克思主义，研究改造中国问题。其第一次演讲的题目，便有马克思学说是什么、共产主义与中国的关系等。

由上可见，因新文化运动，特别是五四运动所引起的人们思想的大解放，促进了代表先进文化的马克思主义在南京地区的开始传播；而其他诸如非科学的无政府主义思潮等，则因脱离实际而在与马克思主义的论辩中逐渐淡化和消亡。自此，马克思主义理论便在与中国实际相结合中，突显其蓬勃的生命力，逐渐成为南京文化的精髓与主导。

六、民俗文化的革新

南京地处中国南北地区交汇之地，历史上曾发生多次大规模的北民南迁至此的情况；并且又多次成为地区性的或全国性的都城与统治中心，故而在民俗文化上也形成了兼容并蓄、多姿多彩，并不断随时代发展而演化、优化的鲜明特点，其间既有优秀传统文化的延续与传扬，又有新形式与新内容的生成与注入。至中华民国建立，随着时代的变迁、新旧制度的嬗变、社会形态的转化，以及西风东渐的进一步影响，南京的风俗文化也迎来了适应社会发展的新时期。

辛亥革命后，随着孙中山领导的中华民国临时政府在南京禁娼、禁毒、禁止缠足等政令的发布，一些不符合文明社会发展的陈规陋俗被破除(实际上尚未达到禁绝效果)，而另一些传统风俗文化则与文明新风相生相长。

一是改发与易服。从清末到辛亥革命前后，曾掀起一场“改发易服”的浪潮。在清朝时，统治者强行推行发辫，而“垂辫既益污衣，而蓄发尤增多垢”。辛亥革命后，拖留了 200 多年的辫子终被剪去，新派人物及大多数青年人留起平头或分头；女子则梳长辫或烫发等。

清代的长袍马褂等含有封建等级秩序的服饰，在辛亥革命后也发生巨变。社会上人们的穿着，既有西装东装，又有汉装满装，可说是应有尽有。孙中山要求创制出一种能“适于卫生，便于动作，宜于经济，壮于观瞻”的新式服装，该服装既要不同于传统的中式服装，又要同西装相区别。后孙中山还亲自参与设计，随之成型与生产出这种意想中的服装，人们称之为“中山装”。再后来，随着西方文化的进一步传入，配领带或领结的西装，越来越多地为官员、学者、商界等人物所穿用。

二是饮食与文化茶馆。南京突出的历史与地理环境，致其饮食文化比较发达。辛亥革命后，南京人爱食小吃的习俗发展很快，全市经营小吃业务的早点店达数百家，其网点多分布在新街口以南地区，夫子庙地区尤为昌盛，是集南京小吃之大成的地方，不仅有南京风味，还有外地风味，以满足各地食客习惯。

民国建立后，随着文化人来南京的不断增多，相应的，文化茶馆也得到快速发展。这些文化茶馆各具特色，其中有边喝茶边听书的说书茶馆、边喝茶边看曲艺表演的清音茶馆、边喝茶边听大鼓说唱的大鼓茶馆、边喝茶边接受时事新闻和卫生常识教育的学校茶馆、边喝茶边看戏曲的戏茶厅等数十家文化茶馆。

三是元旦新节与礼仪风俗。辛亥革命后，各省都督府代表会集南京时，即议决采用世界各主要现代国家通行的公历，以 1 月 1 日为元旦。1912 年，孙中山在南京就任中华民国临时大总统，当天亦为实行新历的首个元旦。此日，各机关团体门前张灯结彩，悬挂“庆祝元旦”横幅，并放假一天，欢庆新的一年开始。此后，元旦这一天便成为中国民众的又一个重要节日。

中国是礼仪之邦，在历史上形成了具有自己民族特色的礼仪文化，并体现在风俗习惯上。其中婚丧嫁娶，民国建立后受西方影响较为明显。一是在婚嫁仪式上趋于简易，此时文明结婚之风渐起，男女青年不受父母媒妁之言约束，而是自由恋爱，然后订婚，随之互相交换戒指以为订婚纪念品，结婚时则租赁旅舍或饭店、酒馆举行仪式。与此同时，旧礼旧俗仍在，依然存在着如童养媳、纳妾等陋习。在办丧事方面，一些新派人物也仿效西方习俗，简化仪式，以黑纱缠臂为服，张挂挽联孝幛，开追悼会，行鞠躬礼，向遗体告别。其间一般百姓则仍行旧礼，按传统方式操办丧事，但也有从简的趋向。

从辛亥革命及民国建立至 1927 年这段时间，随着经济发展、政治变革所引起的社会大变动，使得南京文化在其新旧内涵与表现形式的激荡与碰撞中，获得新的发展动力与源泉。其中既有对之前优秀传统文化的保留与弘扬，更有在许多方面对新文化的吸纳与融合，因而显现出本时期南京文化的复杂性、多样性、渐变性与进步性的特点。尽管一些封建的、落后的观念及其表现形式仍大量顽固地存在,但南京文化随时代的发展而在不断前进。

第二节　1927—1937 年间的南京文化

1927—1937 年,是南京的十年建设时期。南京重又被定为民国政府首都。如此特殊地位,对南京文化有着重大影响。其中既有因城市地位的提升、经济发展的相对繁荣、社会环境的基本稳定,对南京文化发展产生或大或小的促进作用;又有因首都地位的政治敏感性,以及在地域及行政上直接处于中央政权的控制之下,对南京文化的发展带来或轻或重的不利因素。

一、文化艺术事业初显繁荣

在这十年中,南京文化艺术事业得到较大的发展,这体现在新闻出版、文学创作、绘画艺术,以及人文社会科学等方面,其间既有名人大家,又有重要成果。

(一) 新闻出版

首先是创设《中央日报》和有关刊物。1928 年,国民政府颁布《设置党报办法》,规定在首都创设《中央日报》。次年 2 月,《中央日报》在南京正式发行,第一任社长由国民党中央宣传部部长叶楚伧兼任。该报是国民党中央的机关报,其独特地位带来发行量的迅速增加,由发行之初的数千份增加到 1935 年的 3 万余份。除此之外,属团体或私人办的小报还有《民生报》《南京人报》《新民报》《朝报》《南京晚报》和《救国日报》等。另外,杂志方面还有由国民党江苏省党部主办或省政府主办的《江苏评论》《江苏研究》《江苏月报》《江苏省政》等。据国民政府内政部统计,1927 年 4 月前,南京共有报社 31 家,而到 1934 年则增加到

211家。南京的报纸约占全国各类报纸总数的1/10。①

其次是创设中央通讯社。该社于1924年在广州成立,直属国民党中央党部。1927年6月始在首都南京发稿,次年迁来南京。1932年,改组后的中央社社长由国民党中央宣传部秘书肖同兹担任。1937年,中央通讯社向全国250余家报社提供新闻稿。

再次是成立正中书局。1933年,国民党官方出版机构正中书局在南京成立。该书局由国民党中央组织部部长陈立夫创办并自任总经理,亦在上海、北平、天津、汉口等地设有分局或发行所。其出版的书籍主要有国防教育丛书10种、时代丛书20余种等。除了正中书局外,官办的出版机构还有1928年成立的军用图书社、1932年成立的拔提书局等。在此时期,南京的民营出版业也渐渐发展起来。据统计,到1933年,南京已有民营出版机构数十家,其中规模较大、较具特色的为1931年创办的钟山书局,其以出版学术书籍和中小学教科书见长,同时也出版《国风半月刊》《方志月刊》《地理学报》《科学世界》等期刊。

以上由国民党中央创设及控制的新闻出版机构,在传播新闻与出版有益书籍方面具有一定作用,但执行的是国民党的宣传方针和政策,本质上是为维护国民党的统治而服务的。

(二) 文艺创作与文学团体

在文艺创作方面,南京在这十年期间汇聚了许多知名作家,并形成了具有重要影响的文艺流派,所获成就亦为人注目。

一是现实主义文学流派。20世纪30年代文艺的主流是批判现实主义,在小说、诗歌、戏剧、音乐等文艺领域都留下了大量的作品。其中代表人物如陈瘦竹(1909—1990),所出版的短篇小说集《奈何天》,多以农村生活为题材,展示了20世纪30年代江南农村经济破败、广大农民生活困苦的悲惨情状。此外,其作品中也有反映小资产阶级知识青年的穷愁潦倒与思想苦闷情况的。另如鲍雨(1913—1968),代表作品有

① 张宪文、穆纬铭主编:《江苏民国时期出版史》,江苏人民出版社1993年版,第215页。

短篇小说《小光蛋》和中篇小说《飞机场》，其戏剧创作有独幕剧《蔡金花》、三幕话剧《克复》等。再如高植（1911—1960），创作的主要作品有中短篇小说集《树下集》和《黄金时代》，其中篇小说《中学里的同学》有着现实感比较强的社会意义。

二是民族主义文学流派。该流派有国民党背景，在南京曾先后发行了《开展月刊》《流露月刊》《文艺月刊》等十几种民族主义文学刊物。其中《文艺月刊》的影响当属最大。巴金、刘白羽、欧阳予倩、臧克家、何其芳等名作家的作品都曾在《文艺月刊》上发表。除此以外，该刊还拥有数十位至百位左右的特约撰稿作家队伍。

三是"纯文学"创作流派。该流派主张和政治保持一定距离，唯对艺术抱有极大热忱，在创作上重视文学本体特征和审美性能。其代表性刊物为《诗帆》。在该流派众多的作品中，女作家沈祖棻（笔名绛燕）运用心理分析方法写作的一组历史小说表现了小说创作上现代意识的自觉与强化，当时颇受评论界关注。

在文学团体创建与活动方面，南京在这十年中影响亦较大。其中比较有名的文学社团主要有：1930 年成立的中国文艺社（受国民党中央宣传部直接领导），由王平陵、钟天心、左恭等主持，曾创办《文艺月刊》《文艺新地》《中国文艺》等刊物；1930 年成立的流露社，社务由斡萧、卓林主持，曾创办《流露月刊》《中国文学》等刊物；1930 年成立的线路社，曾创办《橄榄》月刊，另出版"线路丛书"多种；1930 年成立的开展文艺社，潘孑农任社长，曾创办《开展月刊》《青年文艺》等刊物，宣扬民族主义文艺；1931 年成立的青春文艺社，曾在《全民日报》等报纸上创办《青春周刊》《我们》五日刊等，并组织冻雨剧社，该社还经常举办画展、雕塑展、音乐会等活动；1931 年成立的甚么诗社，由聂绀弩和金满成发起组织，曾在南京的一些日报上推出《甚么诗刊》，并出版过专门刊登新诗的《甚么月刊》；1934 年组成土星笔会，其成员以南京金陵大学文学院部分学生为主体，曾创办小型刊物《诗帆》，另还以诗社名义出版诗集；1935 年成立的如社，曾出版有《如社词钞》，收词 226 阕。以上这些文学团体，有些背景比较复杂，且多数规模都不大，存在时间亦长短不一。

在这期间，南京的戏剧界活动开展较多。1929 年 1 月和 7 月，著名剧作家田汉曾率领南国社全体成员，分别来南京进行戏剧演出，受到观众好评，同时还促使南京戏剧活动积极开展与戏剧团体纷纷涌现。其中成立的戏剧团体有中大剧社、金大剧社、南钟剧社等。中国左翼作家联盟还以南钟剧社为基础，建立了南京分盟，这为 20 世纪 30 年代的南京现代戏剧的发展，壮大了积极进步力量。另外，1935 年 10 月，国民党中央党部与教育部在南京合办中国第一所正规戏剧教育学校，即国立戏剧学校。该校自成立起至 1937 年外迁，在南京共举行了以学生为主体的 13 届正式公演，内容多系改编经典剧与国内知名剧作家的代表作。该校在当时的国统区话剧界，无论是师资还是声誉，都堪称一流，并为南京以致全国，培养了一大批戏剧专门人才。

（三）绘画艺术

民国时期，南京的首都地位与人文环境再度吸引有影响的画家不断地相聚于此。到 20 世纪 20 年代末及 30 年代初，诸多画坛名流陆续来到南京。他们或承袭发扬原金陵画派传统，或接受融汇西画技法，渐次形成在现代中国画坛最具影响力的绘画流派之一，即新金陵画派的雏形。

在新金陵画派雏形的代表性人物中，国画方面有汪采白、张大千、高剑父、张书旂等人；图案及理论方面有吕凤子、陈之佛、傅抱石等人；西画方面有徐悲鸿、高乐宜、吕斯百、吴作人等人。

徐悲鸿(1895—1953)，江苏宜兴人，擅素描、油画与中国画，是中国现代美术的奠基人。1926 年毕业于巴黎高等美术学校，次年回到上海。1928 年应中央大学艺术系之邀，举家迁居南京，并在此创作出《田横五百士》《徯我后》《九方皋》等许多传世名作。其作品熔古今中外技法于一炉，显示了极高的艺术技巧和广博的艺术修养，是古为今用、洋为中用的典范。

陈之佛(1896—1962)，浙江余姚人，擅工笔花鸟、工艺美术、美术教育。1919 年考入日本东京美术学校工艺图案科。1923 年毕业回国后创办尚美图案馆。1932 年任中央大学教育学院艺术科讲师，教授图案、色彩学、艺用人体解剖学等理论课程。1934 年起从事工笔花鸟画创作。其主要作品有《图案法 ABC》《图案构成法》《寒梅》《母爱》等。

图 6－4　徐悲鸿

傅抱石(1904—1965)，江西南昌人，“新山水画派”代表人物。1933 年留学日本，就读于东京日本帝国美术学校，主修东方美术史，兼学雕塑，并继续研习绘画、篆刻。1935 年归国后任中央大学艺术系讲师，完成《中国美术年表》一书，获积极赞誉。

除此三人外，发端中的新金陵画派其他画家，多有自己的长项与特色，所获成就颇得赞誉。

在 1927—1937 年的十年时间里，作为首都的南京曾多次举办美术展览。1928 年春节，由国立南京第四中山大学(即后来的国立中央大学)民众教育馆艺术部主任王子云发起，举行首都美术展览会。参展作者有林风眠、刘开渠、吕凤子等名家，共展出作品 400 多件。1937 年，国民政府教育部在南京举办第二次全国美术展览会，展出内容门类较多，包括图书、刻印、美术工艺、建筑图案及模型、雕塑、西画、现代画、历代书画和摄影等。

(四) 人文社会科学

南京的人文社会科学历来比较兴盛，在十年时期，借助于民国首都地位，以及重要科教单位和机构众多的优势，南京汇聚了诸多人文社会科学领域的著名专家、学者，可谓群星璀璨，成就斐然。

中国古典文学研究方面，在中央大学、金陵大学兼任教授的胡小石著有《甲骨文例》《远游疏证》《说文古文考》《古文变迁论》等，为学界所关注和赞誉。

历史研究方面，在中央大学任教授的朱希祖，代表著作有《南明之国本与政权》《中国最初经营台湾考》《六朝陵墓调查报告》等，其中《六朝陵墓调查报告》为研究南京六朝的历史文化奠定了基础。

图书馆学方面，曾主持江苏省立国学图书馆，并任中央大学教授的柳诒徵，其在图书馆任上，整理旧籍，分类编目，编纂完成了 36 册的《国学图书馆图书总目》，主编《国学图书馆年刊》，撰成《国学图书馆小史》。这些图书对图书馆学的发展与研究，具有重要的推动意义与史料价值。他亦是著名的历史学家，在 20 世纪二三十年代的中国史坛，与在北方任教的史家陈垣、陈寅恪并称"南柳北陈"。

词曲研究方面，先后在东南大学、中央大学、金陵大学任教的一代词曲大师吴梅，著有《曲学通论》《中国戏曲概论》等；对词学研究颇有造诣的王伯沆，曾先后执教于东南大学、中央大学，著有《冬饮灯诗稿》《离骚九歌辑评》等；在国民政府侨务委员会任职，并在诗词研究及创作方面成果显著的高二适，著有《新定急就章及考证》等；著名词学家、中国古典文学研究专家唐圭璋，其就读国立东南大学中文系时，即汇辑《纳兰容若词》等，后撰成出版《全宋词》。

教育研究方面，创建晓庄师范学校的著名教育家陶行知，著有《中国教育改造》等；金陵女子大学校长的吴贻芳，其在教育理论及教学方法的研究方面卓有建树。

1927—1937 年间，这些在人文社会科学领域潜心研究、辛勤耕耘的著名专家学者，分别在自己的专业方向上获得重要的研究成果，大大丰富了南京文化的内涵，同时也积极推进了中国近代学术的进步。

（五）曲艺活动与表演

南京作为民国首都，其文化内涵与表现形式多种多样。除以上各个方面之外，还有丰富多彩的曲艺活动及其特色各异的表演形态。

1927—1937 年间，南京人口剧增，达官贵人云集，富豪商贾众多，东西南北之外地人来此经商创业者亦众。人口的多与杂，自然产生不同方面、多个层次的文化需求。于是，多个地方的曲艺表演便组团纷纷进入南京发展。

这其中既有许多北方曲艺，包括原活动于苏北、安徽北部的琴书、安徽大鼓等竞相进入南京；又有扬州评话、扬州弹词、扬州清曲、南方独角戏、苏州评弹等，也开始接踵进入南京。另外，诞生于清朝时期并日臻成熟的南京白局，以及南京评话等，其表演内容与形式亦多获本地市民欢迎。

一时间，在历史文化底蕴深厚的首都南京，四方曲种聚汇，书场、茶社、杂耍等曲艺场所林立，南京已然成为全国曲艺活动的一个重要中心，并为作为整体的南京文化增光添彩。

二、科学研究机构的创设

作为首都的南京在 1927—1937 年间，迎来了一个包括文化建设在内的相对稳定的发展时期。在此时期，南京成为全国主要的学术科研中心，以中央研究院为核心组织的自然科学研究机构和社会科学研究机构的创立和发展，吸引了一批在诸多学术研究领域有卓越贡献的专家学者汇聚于此。

早在 1927 年 5 月的国民党中央政治会议第 90 次会议上，就决议设立中央研究院筹备处，确定该院为中华民国最高科学研究机关，并推定蔡元培等为筹备委员。次年 4 月 10 日，南京国民政府依例改中华民国大学院中央研究院为国立中央研究院，使之成为独立机关。1928 年 6 月 9 日，蔡元培在上海召集中央研究院第一次院务会议，正式宣告中央研究院成立。

中央研究院的成立，适应了当时民国科学研究发展的需求，所包含的学科既有理科、工科，也有文科。其总办事处设在南京成贤街 57 号，同时在上海设立办事处。从 1927 年秋开始筹备至 1930 年初，成立了物理、化学、工程、地质、天文、气象、历史语言、心理、社会科学共 9 个研究所和 1 个博物馆。其中设在南京的有天文、气象、地质、心理、历史语言、社会科学研究所，以及自然历史博物馆(后改为动植物研究所)等机构。

心理研究所，1929 年 5 月成立，由中国现代著名实验心理学家、心理学史专家唐钺教授任所长。该所初在北平办公，1934 年 6 月迁至南京。主要侧重于神经生理的研究，如动物视觉系统神经中枢各处的电位变动研究、动物姿态反应研究以及内脏感觉器官的反应研究等。

历史语言研究所，1928年在广州成立，先后迁往北平、上海，1934年迁至南京。由中国近代著名史学家、教育家和社会活动家傅斯年任所长。该所下设历史、语言、民间文艺、考古4组，分别由陈寅恪、赵元任、刘复、李济任组长。所里研究人员有胡适、顾颉刚、汤用彤、韩儒林等。所里研究工作主要内容为编订明清内阁档案，从事古籍校订，开展语言学、民间文学、民俗学研究等。该所成立后不久，即于1928—1929年在安阳小屯村发掘殷墟，发现了大量殷代青铜器和甲骨卜辞，使中国古代信史向上推移千年左右，成为国内外考古学史上的重大事件。自1928—1937年间，该所曾先后组织了15次殷墟甲骨科学发掘，共得甲骨24918片。

社会科学研究所，1928年在广州成立，蔡元培曾兼任所长。1934年该所迁往北平，次年迁至南京。下设民族学、经济学、社会学、法制学4组。所内研究人员有钱俊瑞、罗尔纲、巫宝三、陈翰笙、严中平等。主要研究方向为经济史、工业经济、农业经济、国际贸易、银行金融、财政、社会生活状况等领域。该所人员曾深入进行无锡、广东农村调查，以及上海杨树浦工人生活调查、东北难民调查，所获成果颇具影响。

1927—1937年间，还成立了其他一些社会科学研究及工作机构等。如1932年6月在南京成立国立编译馆，该馆由中国农业史学家、生物学家辛树帜任馆长，馆内主要工作为教育用书与专门译著的编审两个方面。再如1933年4月在南京成立隶属教育部的国立中央博物院筹备处，以著名学者傅斯年为主任，另设有负责行政的总办事处，下辖自然、人文、工艺三个分馆，分馆筹备主任分别由翁文灏、李济和周仁担任；三分馆计划包括自然科学中的各主要学科，以及人类学、历史学、民族学，并涵盖各工业行业、农业、交通运输业、艺术等门类，建成后将能代表全国博物馆界的最高水平。同时，该院在筹备过程中亦汇聚了全国有关学科中一批著名的专家学者。1936年11月，该院奠基。次年8月，其建设工程已完成大部，惜因抗日战争全面爆发而被迫停止。

三、教育事业较快发展

1927—1937 年间,南京地区得益于首都地位,社会生活比较稳定,经济发展较快,同时国民政府也采取了一系列扶持教育的政策与措施,因而教育事业处于稳步发展时期。

(一) 幼儿与初等教育事业的发展

在幼儿教育方面,南京市于此时期并不算发达,但相对于以前和其他地区,还是有了比较明显的发展。1927 年,南京特别市教育局对幼稚园的办学条件做了具体规定,以便有章可循、有规可依,从而在一定程度上推动了幼教事业的发展。当年春,全市只有 5 所幼稚园,到秋季时,已增加到 19 所。同年,陶行知等人创办有 4 所乡村幼稚园。1935 年,全市幼稚园总数增至 26 所,在园儿童 1740 名。1937 年 12 月,日军侵占南京后,幼稚园大多被迫停办。

在初等教育方面,南京市明确规定小学为实施国民教育的场所,其办学主体有市立、县立、区立、坊立、乡镇立、联立和私立等区别。1927 年,市教育局对全市的初等教育学校进行重新布局,当年,全市已有 33 所市立小学。1929 年,南京因建都后户口猛增,初等学校的规模和设施已不能满足学龄儿童的入学要求,遂在政府所拨经费增加的情况下,不断增加小学及班级数量。1935 年,教育部决定采取分期普及义务教育的办法,南京市是首先实施义务教育的城市之一。到了 1936 年,南京有各类初等教育学校共 179 所,1451 级,学生 7 万余人。除市立小学外,还有公立、私立小学 48 所,及城区私塾 289 所。

(二) 中等与高等教育事业的发展

在中等教育方面,1927 年国民政府定都南京之初,南京市区的各类中等学校 22 所,其中有国立、省立、市属及外地在宁所办之中学等。为了弥补中等教育之不足,市教育局还采取措施,发展私立中学,为此制订了私立学校补助办法、私立学校董事会章程等,并加强管理,努力促进办学质量的提高。截至1936年，全市共有国立、省立、市立、私立中学共28所。另外，还有国民革命军遗族学校、市立师范学校、市立初级职业科及职业补习班，这些也都属于中等教育范畴。

在高等教育方面，以国立中央大学为首的南京高等教育，位居全国前列。1927年，国民政府决定将东南大学在内的8所院校合并改建为国立第四中山大学，主校址设在原东南大学，校本部设有文学院、哲学院、自然科学院、社会科学院、工学院、教育学院，另在上海设有商学院、医学院（1932年两院分离）。1928年5月，改称国立中央大学。1932年，该校改组，南京本地留文学院、理学院、法学院、教育学院、工学院和农学院6个学院。1935年，再增设医学院、牙医专科学校、机械特别研究班及理科研究所算学部。该校是民国时期中国培养人才最多的大学，也是中国最著名的大学之一。

图6-5　国立中央大学大门旧影

在此时期，私立教会学校也得到发展。1927年后，在南京的教会大学中，掀起了一场以收回教育权为主旨的“本土化”运动。在这一大背景下，陈裕光博士以中国人身份就任金陵大学校长。后该校将原文理科、农林科改建为文学院、理学院、农学院，同时新建中国文化研究所。1935 年，该校又先后设立文科研究所史学部、理科研究所化学部、农科研究所农业经济学部，这为该校今后的发展进一步奠定了基础。另外，1927 年后，南京的另外一所教会大学金陵女子大学（1930 年改名金陵女子文理学院）也进行了“本土化”改革。次年聘吴贻芳任校长。抗日战争全面爆发前，该校先后增设中国语文系、经济系等 7 个系、科。随着该校的发展，其学生人数也从 1928 年的 132 人增加到 1936 年的 259 人。①

除以上高等学校外，1927 年 5 月，在南京还成立有国民党中央党务学校（蒋介石兼任校长，6 月更名为中央政治学校），该校受辖于中国国民党中央执行委员会，是国民党所立最高教育机关。此外，南京还于 10 年间先后筹备成立或成立了一批新的高等学校，如中央国术馆体育专科学校、国立戏剧专科学校、国立药学专科学校。

到 1937 年初，包括国立、私立高校在内，南京地区共有 8 所高等学校。

(三) 社会教育事业的发展

在社会教育方面，南京市政府也比较重视，曾采取许多措施，以促进其发展。一是继续推动开展以扫除文盲为主要内容的识字运动。据不完全统计，1935 年下半年成人识字教育共招收学生 7554 人，毕业人数 5136 人。② 二是推行职业补习教育，办学形式亦多种多样。其中有公立初级职业补习学校、公立妇女职业补习学校、私立职业补习学校等。三是自 1928 年 12 月起，创设面向普通大众的民众学校。其实行夜校制，多附设在民众教育馆或各学区小学内，后改为专职学校，教职员亦为专职，校务包括识字班、社会活动、代笔问事等。到 1936 年上学

---

① 参见张连红主编《金陵女子大学史》，江苏人民出版社 2005 年版，第 113 页。

② 参见南京市地方志编纂委员会、南京教育志编纂委员会编《南京教育志》（下），方志出版社 1998 年版，第 1236 页。

期，专设民众学校14所、夜校48所，就学人数4500人，毕业人数3574人。[①] 四是设立民众教育馆。其中影响力较大者，当属江苏省立南京民众教育馆（1928年成立）、市立首都实验民众教育馆（1932年春成立，后更名为鼓楼民众教育馆）。以上这些不同的办学形式及教育机构，比较好地发挥了综合性的社会教育功能，也比较好地发挥了在文化知识教育、职业技能训练等方面的作用。

四、建筑艺术特色鲜明

南京在1927—1937年的十年建设时期，建造了一批特色鲜明的各类建筑。这些建筑既融汇了中华民族的传统建筑文化，也吸收了西方近代的建筑艺术。

建筑，特别是城市建筑，不单单是解决人们“住”的需求，而且还是诸种艺术相互融合的生动“创造”。正因为建筑要靠各种比例关系的和谐，所以它被人们称作是“凝固的音乐”。建筑也并非冷冰冰的建材堆砌，而是在很大程度上反映了人们的思想和情绪，体现了时代发展的印记，蕴含着相伴历史的文化。

自1912年1月民国建立、首定南京为国都时起，南京的城市建设即行开启。不久，北京定为首都，南京的城市建设便放缓了。至1927年4月，南京二次作为民国首都，其城市建设出现了前所未有的高潮局面，并且得到了国民政府的大力支持。当时聘请美国建筑师墨菲、古力治，于1929年12月完成《首都计划》的制定。根据该计划，南京新建了一批大型行政建筑、大型纪念性建筑、文教建筑、公共建筑、里弄建筑、新式住宅建筑、近代工业建筑；另外还有外国人兴建的宗教、学校、公益建筑，以及一批外国使领馆等。南京的这些民国建筑，从建筑风格和特点上，可分为4种：一是折中主义和西方古典式建筑，二是中国传统宫殿式建筑，三是新民族形式的建筑，四是西方现代派建筑。[②]

---

① 南京市政府秘书处编印：《十年来之南京》，1937年6月，第36页。

② 参见卢海鸣、杨新华主编《南京民国建筑》，南京大学出版社2001年版，第1—2页。

在以上所述各类建筑中,代表性建筑如下:

(一) 公共建筑

中山陵。其为中国民主革命伟大的先行者、中华民国临时大总统孙中山的陵墓,位于东郊紫金山南麓,采用著名建筑师吕彦直设计的自由钟式图案,比喻孙中山毕生致力于敲起警世大钟、唤醒人民大众、反抗内外压迫、拯救国家民族之意,是为政治与艺术完美结合的建筑艺术杰作。陵墓主要建筑有牌坊、墓道、陵门、碑亭、祭堂和墓室等。环绕中山陵的主体建筑,还有一系列纪念性建筑,如永慕庐、奉安纪念馆、宝鼎、音乐台、藏经楼等。该陵墓建筑色调和谐,寓意深刻,气氛庄重,宏伟壮观,被誉为"中国近代建筑史上的第一陵"。1929 年 5 月 28 日,孙中山灵柩由北京运抵南京,6 月 1 日在中山陵举行了庄严隆重的奉安大典。

国民革命军阵亡将士公墓纪念建筑群。1929—1936 年,建于紫金山南麓、中山陵以东之灵谷寺旧址。此处葬有 1029 名在北伐及淞沪抗战中阵亡的将士。该建筑群由美国人墨菲设计,其中祭堂为利用原建于明朝的无梁殿改建而成,皆用砖砌,结构独特;祭堂四周墙壁上嵌有 110 块太湖青石碑,上刻阵亡将士姓名及阶衔 3 万余人。纪念塔(后称灵谷塔)为楼阁式,高 60 米,呈八角九层。

航空烈士公墓。邱德孝设计。1932 年 8 月,国民政府军政部航空署在紫金山北麓建成。含牌坊、东西庑、碑亭、纪念亭、墓地等。首批入葬的,有在"一·二八"淞沪抗战、中原大战和二次北伐中阵亡的空军将士。

中山陵藏经楼。卢树森设计。为中山陵纪念性主要建筑物之一,1936 年 8 月落成。位于中山陵以东、灵谷寺以西的山谷中。该楼雕梁画栋,具有鲜明的中国民族特色。其建筑群包括主楼、碑廊、碑殿三部分。楼北碑廊上嵌有 137 块嵩山青石碑,上镌孙中山所著《三民主义》(15.5 万字),由著名书法家叶恭绰等 13 人书写。

国民大会堂。奚福泉设计。该会堂(今人民大会堂)于 1933 年开始筹建,1936 年 5 月建成,坐落于国府路(今长江路)29 号。会堂共 5

层，主要由前厅、剧场、表演台三部分组成，建筑面积为 5100 平方米。会场宽敞明亮，整座建筑雄伟壮观，为南京当时最大的公共建筑，诸多重要会议均在此举行。

中央体育场。杨廷宝设计。1931 年建成。位于中山门外，占地 80 公顷，田径场四周皆为看台，可容纳 3 万名观众。另有可供 3600 人住宿的 75 间宿舍，可容纳 5400 人观看的国术场，可容纳 5000 人观看的篮球场，可容纳约 3500 人观看的游泳池。此外，还有足球场、网球场等建筑。全场共可容纳观众 6 万人，其规模当时为远东第一。建成当年，在此举行了全国运动会。

（二）官邸建筑

在城市建设中，南京还建有许多各具特色的豪华官邸。其中最有名者首推美龄宫。此为蒋介石官邸（初名“国民政府主席官邸”），因蒋介石夫人宋美龄常在此下榻，故又名美龄宫。南京市工务局局长赵志游设计，1931 年冬建成于南京城东梅岭。该建筑既现典雅庄重，又见富丽堂皇。其正屋为一座仿古宫殿式二层楼房，宽大的底楼会客室可容纳 200 余人。

另有颐和路公馆区，即鼓楼以西偏北侧之颐和路、宁海路一带连线成片的住宅建筑。此处曾是民国党政军要员、富豪、外国人的花园别墅，有 1700 户住宅，建筑面积 69 万平方米，庭院绿化面积达 65%。该公馆区曾被称为“民国官府区”“使馆区”。

总观 1927—1937 年这十年间南京的民国建筑，既非完全模仿中国古代的宫殿式建筑，也非全部照搬西方的建筑式样，而是在总体上显示为中西结合、古今结合，因而既具建筑特色，又含文化底蕴，使得南京成为中国近代规模宏大的“建筑历史博物馆”，亦成为中国近代精彩纷呈的“建筑文化博物馆”。

第三节 沦陷时期的南京文化

从 1937 年 12 月至 1945 年 8 月，为南京的沦陷时期。此时，南京在汉奸政权的统治下，文化事业受到严重摧残，被称为“文化大屠杀”；一切反日的文学作品及思想言论被严重禁锢，同时卖国的汉奸理论则被大肆宣扬。其间为社会所需的各级各类教育，则处于明显萎缩及衰败的境况之中。

一、国民政府迁都与文教单位撤离

1937 年 7 月 7 日，中国全民族抗战爆发。此时，南京的文化界、学生界站在首都抗日救亡活动的前列，并为推动南京以及全国的抗日救亡活动作出积极贡献。

为应对日军对南京的威胁与进攻，并为长期坚持抗战的大局计，中国政府于 11 月决定迁都重庆，随之政府各机关陆续撤离南京。与此同时，南京的大中学校也匆匆向重庆、成都等地迁移。此举既为抗战输送了人才，又加强了中国西南地区文化教育事业薄弱环节的建设，同时为国家和民族保存了许多文化教育精英与后备力量。

当南京大中学校纷纷内迁之时，在南京的研究及文博机构也紧急安排内迁。11 月，中央研究院在宁机构奉命西迁。其间，故宫博物院也将暂存上海、南京的文物转运至西南大后方，其中包括原存南京朝天宫新建库房中的文物。另外，在南京的中央博物院筹备处及所藏珍品，也随故宫文物一起西迁。此次南京文物机构及所藏文物以及经南京中转文物的内迁，是在危急形势下历经千辛万苦而实现的，为保存中国文脉的一项重大举措，具有无可估量的历史与文化意义。同时，在南京的两家公共图书馆，即中央图书馆、国学图书馆也进行了部分搬迁。

1937 年 12 月 13 日，日本侵略军攻占南京，随之在南京相继扶植成立汉奸傀儡政权。南京沦陷后，因之前文教及研究机构提前外迁，南京在这方面的高级人才多随之外流；加之南京处于日伪高压统治之下，其文化的生存与发展处在严酷的环境之中。

二、逐步恢复与再度停滞的各级教育

南京失陷，日军进行全城大屠杀，时局动荡，秩序混乱，且人口大量外流，之前又有大批学校外迁，致使曾经比较发达的南京教育事业遭受沉重打击。经过一段时间，沦陷后的南京社会秩序逐步安定，相应地，各级教育开始逐步恢复。但之后，随着汪伪政权逐渐走向衰败，南京的各级教育又出现停滞或萎缩局面。

初等和中等教育。在伪南京市自治委员会时期，对教育事业并未给予重视，其下属也无专门管理教育的机构。当时，只是沿用以前校址，设立了 6 所小学。至 1938 年春，伪维新政府成立后，始设立教育部。同时，伪督办南京市政公署也设立了教育处(后改教育局)，先后制定《南京市管理私塾暂行办法》《南京市私立中小学暂行办法》，继续增设小学，加添学级。此后，南京中等、初等教育开始逐步恢复。到 1938 年底，全市共有市立小学 26 校，学生总数 6 万余人。除此之外，还有宗教团体设立的与私立的各种初等学校，计 18 校，学生总数 2800 余人，以及私塾 107 所，学生 3400 余人。[①] 其后，南京的各类小学数量与在校学生数量均有明显增长。至 1943 年后，日军在太平洋战场接连败退，汪伪政权亦朝不保夕，这影响到南京的初等教育事业，使其也处于逐渐停顿和萎缩状态。至 1945 年初，南京市的各类小学共有 78 所，学生 32149 人，不仅较 1942 年有所萎缩，而且分别只占 1936 年小学 231 所、学生 79372 人的 34％和 41％。[②]

沦陷时期，南京的中等教育与初等教育的境况大体相似。南京沦陷后，其中等教育有近一年时间都未能恢复。直到 1938 年九十月间，才分别设立市立第一、第二中学，共有学生 324 人。次年 2 月起，为了扩大青年就学面和接受完全小学毕业生，除原有中学增加班级外，其他

① 参见伪督办南京市政公署秘书处《南京市政概况(民国 27 年度)》，1939 年版，第 85—88 页。

② 南京市地方志编纂委员会、南京教育志编纂委员会编《南京教育志》(上)，方志出版社 1998 年版，第 373 页。

主体所办的多种类中等学校开始出现。1939 年底，南京共有市立、私立、教会等创办的各类中等学校 17 所，学生 1398 人。1940 年 3 月，汪伪政府“还都”南京后，一些中等学校规模续有扩大。至 1945 年日本投降前，全市有公立、私立中学共 19 所，学生近 5000 人，其数量虽有所增加，但也仅占 1936 年中学 26 所的 73%、学生 8522 人的 59%，萎缩依然明显，属于勉强维持状态。

高等教育和社会教育。南京沦陷后，其高等教育的恢复相对迟缓，迟至 1940 年 4 月 9 日，汪伪政权方决定“恢复”中央大学，后任命樊仲云为南京中央大学校长，校址选择建邺路原中央政治学校旧址(后迁往金陵大学校址)。9 月正式开学，第一届新生仅在汪伪政权统治区内大城市中录得 674 人，之后每年招生数有所扩大。同年，江洪杰所创办之私立安徽大学(后改称私立南方大学)也开始招生，但首届仅录取新生 36 人，规模甚小。至此，南京的高等教育才在停顿多年后开始恢复。1942 年，中国公学在南京复校，下设大学部和高中部；陈瑞志设立私立建村农学院，但规模亦甚小。到 1942 年底，南京共有 3 所高等学校，学生总数 1100 多人，教职员未及 280 人。由此可见，沦陷后南京的高等学校数量与在校生已有大幅度的萎缩和下降。

在此时期，沦陷后南京的社会教育状况也不佳。自伪督办南京市政公署建立后，始着手恢复社会教育，包括编印民众教育画报，内容涉及市民社会生活的诸多方面。每期画报印就后，便分发至各区公所及市立中小学，并广为宣传。1939 年 3 月，该市政公署改组为南京特别市政府后，即令市教育局筹设市立民众教育馆、民众图书馆各 1 所。民众图书馆、民众教育馆先后于当年 5 月、10 月建成对外开放。为宣传其所谓“和平反共建国”方针，伪南京特别市政府还举办了民众教育播音演讲。另外，还制定了扫除文盲的五年计划，设立民众夜校，广设阅报牌等。在伪政权统治下，南京的社会教育虽有一些举措，但基本上是为维护其统治服务。后随着汪伪政权的走向末途，其仅有的一些社会教育项目也多处窘境之中。

三、备受压制的新闻出版事业

南京沦陷后，曾作为南京文化重要组成部分并有所发达的新闻出版事业遭到毁灭性打击，报刊馆闭门，出版业停滞。之后，随着局势的逐渐稳定，南京的新闻出版事业方才缓慢恢复。

1938年8月，伪维新政府在南京创办《南京新报》，此为南京地区日伪创办的首张报纸。同月，日伪合办的"中华联合通讯社"在南京成立。9月，日本华中派遣军司令部报道部所设之南京放送局（即南京广播电台，后移交"中国广播事业建设协会"，改名"中央广播电台"）开始广播。次年9月，日本人创办的侧重报道南京地方新闻的《南京晚报》发行。后汪伪政权建立，接收并整顿伪维新政府原创办的报纸和通讯社。在此基础上，继续恢复发展南京新闻出版事业。其间，继续出版《南京新报》（后相继改名《民国日报》《中央日报》），以登载伪政府及南京市消息为主，《南京晚报》为其所属；又新创办《中报》《京报》，后两者合并办公。此外，还有《时代晚报》等数种小报在南京发行。

沦陷期间，南京亦曾出版了不少政治性、新闻性、文学性和综合性的杂志。1942年，南京地区杂志达到35种。1943年后，汪伪政权实行"战时新闻体制"，将杂志予以调整归并，致南京地区的杂志降为21种。除了文学性和以文学为主的综合性杂志外，较有影响者还有汪伪宣传部机关刊物《中央导报》、中央大学研究部主办的学术性杂志《真知学报》。此外，在新闻媒体方面，亦有另合并组成的直属汪伪宣传部的"中央电讯社"，该社在南京设立总社，于东京、香港、上海、广州等地设立分社。

伪政权一方面利用所控制的主要新闻媒体，宣扬汉奸理论；另一方面严格管制新闻出版业，使其为维护和巩固伪政权服务。1940年6月，汪伪当局公布《全国邮电检查暂行办法》，规定各种新闻报刊，不论何种文字，不分发送人国籍，皆在检查之列；凡是发现有违反"和平反共建国”的报刊，一律予以扣留。[①] 10月，汪伪行政院再颁《全国重要都市新闻检查暂行办法》，规定凡“违反和平反共建国国策”“企图颠覆政府危害民国”“扰乱地方破坏金融破坏邦交”“泄露组织军事外交秘密”“破坏公共安宁”，以及“宣传部”通令禁止的新闻和稿件，一律予以删除。如违反此规定，轻则给予“警告”“禁止当日发行”“有期停刊停业”处分，重则给予“无期停刊停业”“封闭馆所没收机器生财”，直至“移送法院依法诉究”。[②] 1941年初，汪伪政权又颁布《出版法》，严令出版物不得登载所禁止登载之内容，为此该出版法还对图书出版、发行、登记等，制定了严格的审查制度与惩罚等级。太平洋战争爆发后，汪伪政权进一步强化对出版业的控制，将所有具有抗日色彩的刊物停刊。1943年6月，汪伪宣传部在南京成立“首都新闻检查所”，分三班检查伪中央电讯社稿件和南京的10家报刊。

在南京沦陷的八年中，伪政权在日本侵略者的支持并与其勾结下，一方面对南京文化和中国文化进行有形的与无形的肆意掠夺和极力摧残，妄求扼杀南京人民和中国人民的爱国主义精神，阻遏中国文化的传承与发展；另一方面则打着“和平反共建国”的旗号，强力推行奴化教育，倾力贩卖汉奸理论，严格控制报刊出版与新闻媒体，企图维护和巩固汉奸政权的统治。这段时期，是从民国建立以来有所成就与发展的南京文化所处的最为黑暗与备受屈辱的一段时期。之后，随着1945年8月日本的投降、伪政权的垮台，历经劫难的南京文化开始进入新的历史时期。

第四节 国民党政权走向崩溃时期的南京文化

1945年8月，中国抗战取得最后胜利。次年5月，南京再度恢复民国首都地位，在此前后，一度外迁的文教单位、研究机构等相继返回南

① 余子道等：《汪伪政权全史》（下），上海人民出版社2006年版，第903、882页。
② 复旦大学历史系中国现代史研究室编：《汪精卫汉奸政权的兴亡——汪伪政权史研究论集》，复旦大学出版社1987年版，第248页。

京,文化界重现生机。后国内战争全面爆发,并逐步引发国民党统治区在政治、经济方面的全面危机,这必然影响到南京文化的发展与繁荣。在此情况下,南京的文化建设趋于停顿甚至倒退。

一、文化事业的恢复与短期发展

在全民族抗战前,南京有著名的国学图书馆和国立中央图书馆。抗战中,两馆曾遭劫难。抗战胜利后,国学图书馆馆长柳诒徵寻访该馆旧人,并多方查找馆藏古籍,请求发还馆藏图书和柜架等设备,最终追回馆藏善本书和大部普本书达 18 万册。中央图书馆返回南京成贤街后,收回了旧存南京的部分书籍,同时还接收了汉奸陈群的泽存书库等处的藏书。此时该馆藏书达 120 多万册。1946 年 11 月,南京市设置通志馆;1948 年 1 月,再设立南京市文献委员会,以馆属会,编纂地方志,积累资料,曾刊印《南京》(内部发行)等志书。

国立中央博物院于 1945 年 8 月把西迁文物首先集中于重庆。后于 1946 年 12 月,所有文物陆续运抵南京。此前之 10 月 21 日至 11 月 5 日,该院还与中央研究院和教育部合作,在南京地质调查所举办文物展览会。

1947 年至 1948 年间,南京还成立了社会事业促进会京剧组,为业余性质。同时南京的一些机关单位、大专院校、工厂企业内部,也有不少的京剧票社组织。另有一些单位还单独成立了京剧票社。

抗战胜利后,南京市教育局为纪念武训一生行乞兴学的事迹,曾在玄武湖公园举行武训教育画传展览 4 天,并通知玄武湖附近各级学校派员率领学生前往参观。另外,南京市政府对捐资或以私有财产建立学校、图书馆、博物馆、美术馆,以及其他教育机关的社会人士予以褒奖。

作为当时全国最高学术研究机构的中央研究院,抗战胜利后不久也迁返南京,并于 1946 年 10 月决定设置院士。次年 10 月,在第二届评议会第四次年会上,在各大学、独立学院、学术团体、研究院推荐人士中,选出院士候选人 150 名;经公告名单 4 个月,接受学术界的公论,于

图 6－6　中央研究院第一届院士会议结束后，院士们步出大门

1948 年 3 月正式选出 81 名院士。

抗战胜利后，南京的图书馆、博物馆、中央研究院陆续回迁，以及之后它们短期的发展，对南京文化的传承意义重大。其间，许多挚爱南京以致中华文化的专家、学者，为保存和收集文化典籍等作出重要贡献；另有许多卓有建树的文化人，历经抗战期间的艰难辗转，又重新再聚南京，期能施展才华。

二、教育事业的恢复与缓慢发展

抗战胜利后，伴随着首都地位的恢复，南京城市人口快速增加。与此相适应，曾经在日伪统治下被严重摧残和奴化的南京教育事业，得到恢复及程度不同的发展。

1946 年 7 月，南京市政府为适应本市教育发展之需要，重新恢复曾于 1927 年并入社会局的教育局，由副市长马元放兼任局长。之后，“即以国民教育之发展，中等教育之扩展，社会教育之推广，校馆房舍之整理，以及行政效率之增进为中心工作”。[①]

(一) 基础教育及社会教育的恢复

幼儿教育方面。抗战胜利后增校增班，并加大师资培养，故得以逐步恢复。到 1948 年，南京市幼稚园数量已相当于抗战前的规模，计有幼稚园 30 所，幼稚生 2160 人。[②]

初等教育方面。抗战胜利前南京的小学数量甚少，而抗战胜利后学龄儿童又骤增，因而形成严重学荒。后经三年多时间的恢复发展，到 1948 年 12 月，已有小学 215 所，教职员工 3352 人，在校生 101780 人。[③]

中学教育方面。抗战胜利后南京的中等教育发展很快。根据国民政府的有关法令，战前的公立和私立中学纷纷恢复，其中外迁中学多分别在原校址复校。到 1948 年，南京市立普通中学已增至 12 所。其间南京私立学校发展也比较快，至 1947 年，共有不同办学主体所办的私立中学 19 所。

中等职业教育及中等师范教育方面。抗战胜利后，外迁的多所中等职业学校纷纷迁回南京复校。之后，南京多种形式的中等职业学校亦有增设，另外还有几所在外地创设的中等职业学校也移迁南京。到南京解放前夕，全市共有各类中等职业学校 8 所，另有 4 所国立高等学校附设了职业科。1945 年 12 月、1946 年 8 月，南京市立师范学校、江苏省立江宁师范学校先后恢复和创办，至 1948 年，两校共有 22 个班级与 807 名学生，其所培养师资，在充实南京中小学教师力量方面发挥了较好作用。

社会教育方面。抗战胜利后曾得到一定程度的重视。1946 年末，民众学校在各区国民学校开设民教班，对 12—45 岁的失学民众采取强迫入学制，并免费供给课本，当时共招收学员 3200 人，分 73 个班；到

---

① 南京市档案馆藏，档号 1003-7-1270。

② 徐传德主编：《南京教育史》，商务印书馆 2006 年版，第 288 页。

③《南京教育志》(上)，方志出版社 1998 年版，第 184 页。

1947年，市立各级国民学校民教部扩充到179个班，学员8950人。[1] 至1948年6月，南京市除既有的民众教育馆、图书馆外，还设有体育馆、电化教育辅导处、第一补习学校（后续有增加）、聋哑学校各一。后应市民文化之需求，市教育局又先后组织开办了多所市立民众学校和市立补习学校。

（二）高等学校的回迁与发展

鉴于高等学校的特殊重要地位，其回迁与复校，就成为抗战胜利后南京教育界的大事。首先，国民政府下令解散前汪伪政权所办的伪中央大学及另外三所私立高等院校。接着，南京高等学校的恢复与接收工作即告完成。随之，对汪伪政权下教职员的甄审工作也开始进行。其中对于上述学校中学生的具体甄审、登记工作，学生们认为这是对沦陷区学生的歧视，遂进行了反甄审斗争。

1946年，曾西迁的高校开始大规模回迁。国立中央大学、戏剧专科学校、药学专科学校，以及私立金陵大学、金陵女子文理学院相继迁回南京，并在原址复校。复校后的中央大学规模是战前的三四倍，原四牌楼校舍已不敷使用，遂于丁家桥地区设立分部。1946年11月1日，复校后的中央大学开学，共有各类学生4719人，成为全国学生人数最多的大学。复校初期，教师队伍较前虽略有缩减，但聘请了许多专家、学者，如著名教育家陈鹤琴、徐养秋，史学家罗尔纲，翻译家罗大纲，核物理学家赵忠尧，皮肤科专家于光远等。1947年初，全校有教职员1266人，其中教授、副教授401人，所开课目也比较齐全。[2]

1946年9月，南京金陵女子文理学院在南京陶谷旧址开学复课，在全校师生的共同努力下，学校教学秩序很快恢复。中央政治学校在南京复校后，不久即与中央干部学校合组为国立政治大学，蒋介石亲任校长。另外，还有一些于抗战期间在后方建立而在抗战胜利后移址南京，以及抗战胜利后在南京新建（含合组）的一些高校，其中有国立边疆学

①《南京教育志》（下），方志出版社1998年版，第1237页。

② 参见王德滋主编《南京大学百年史》，南京大学出版社2002年版，第259页。

校、国立音乐院、私立建国法商学院、私立南京工业专科学校等。到1948年底，南京共有8所国立高校，5所私立高校。

在此期间，大部分西迁的军事学校也陆续迁回，另外，亦新建了几所军校。

1947年6月1日，联合国文教会在南京举行第一次基本教育会议，由此可见南京文化教育事业的重要影响。

总的来看，抗战胜利后作为民国首都的南京再次成为国民党统治的中心，这成为推动南京教育事业得以较快恢复并有一定发展的重要因素；而又因国民党统治集团发动内战，导致经济危机日益加深；军事上的连遭失败，致使人心浮动、政局不稳，这些又不同程度地限制了南京教育事业的发展，甚至在许多方面还有停滞或倒退。

三、国民党当局加强舆论宣传与精神教化

抗战胜利后，曾经外迁的文教单位迁回南京，又有一些新建的文化机构。一时间，南京的文化事业呈现恢复与发展的新气象。但是，随着国民政府对南京的军事接管，以及全国内战的爆发，国民党独裁统治进一步加强，与此相适应，国民党政权对新闻舆论不断加大控制，基于独裁理论的精神教化也在不断升级。

1945年9月，国民政府行政院颁布《管理收复区报纸、通讯社、杂志、电影、广播事业暂行办法》。根据此《暂行办法》，国民党当局一方面接收原沦陷区的新闻事业，另一方面在此基础上推行“党化”新闻事业的政策，并迅速建立起一个庞大的国民党新闻事业网。其“党化”的核心，就是将新闻事业置于施行独裁统治的国民党严格控制之下。

全面内战期间，国民党当局基于反共、反人民、反民主的立场，常以国民党中宣部名义，向国民党系统的报刊发出指示，对于重大事件的新闻言论处理均作出具体规定。此外，但凡有关国际、国内重大问题的社论，均由国民党中宣部组织撰写、播发。

在接收汪伪政权在南京的新闻单位过程中，1945年9月10日，《中央日报》在南京复刊。其言论和报道，以宣传经蒋介石解释过的所谓

"三民主义"为统领中心,以宣扬蒋介石特别强调的"一种思想,一种信仰,一种力量"为基本内容,以宣传蒋介石和国民党的施政方针及内外政策为主要目的。总之,该报的一切言论和报道,都以蒋介石的个人意志为出发点,以维护国民党的统治为根本目的。

继《中央日报》复刊后,曾于南京沦陷前撤往抗战后方的各报刊人员,也先后迁回南京和复刊。其中也有一些新创办的报纸,如《新生日报》《大道报》等。另外,也还有一些报纸发行南京版,如《新民报》《和平日报》《大刚报》《益世报》等。在此期间,南京新旧报社颇多,各家争奇抢新,一时呈现比较兴盛的景象。

除了强化对新闻报刊的控制与宣传外,国民党当局与南京市政府还积极对广大市民进行精神教化。其具体做法,一是在各级学校中,加强公民训练和公民教学,以使学生思想"归于纯正";二是对教育工作人员举行精神讲话,强调忠于党国,并特别提示要矫正日伪时期进行奴化教育的歪理与思想;三是注重实施社会教育,加强对普通民众的道德观念和守法精神的教育等。

此时期,国民党对新闻舆论的严格控制与推行精神净化,其核心还是为了贯彻国民党统治集团的思想与方针,强使民众的思想与行动统一到国民党蒋介石的独裁理论上来,其根本目的亦是为了巩固国民党反人民的政权。观其这种倒行逆施的行径,对南京文化的符合历史潮流的演进与发展,事实上起到了严重的阻碍与摧残作用。

四、高校与科研机构的反搬迁斗争

自 1947 年南京发生"反饥饿""反内战"的五二〇学生运动后一年多时间,人民解放军的战略决战已自辽沈战场起而次第展开。随着国民党军主力接连大部被歼,国民党统治的末日即将到来。在此情况下,国民党政府谋划搬迁南京的重要高校、科研、文化单位,随同撤离高级专家、学者。于是,在文化之都的南京开展了搬迁与反搬迁的斗争。

1948 年,南京有各类高等院校 12 所,中等学校 51 所,大中学生约 4.5 万人,教职员近万人。他们当中绝大多数人反对搬迁,并投入了保护学校资产的护校斗争中去。

1949 年 1 月，中央大学代校长周鸿经奉命派人分赴福建、广州、台湾勘察新校址，并将图书、仪器装箱准备搬迁，遭到多数教授和学生群起反对。月底，校长与训导长、总务长竟携款弃职离校。情急之下，各系科学生代表开会成立全校性的“应变会”，开展公开护校行动。同时，中央大学教授会成立中央大学校务维持委员会，推举梁希、潘菽、胡小石等进步教授为委员，行使特殊时期的学校行政领导权，保护图书仪器，并建立各种护校组织保护学校，反对学校南迁福建。维持会的正、副主任委员梁希、潘菽，联合广大师生员工多次到总统府请愿，强烈要求解决应变粮款。后利用争取到的应变费购买粮物，组织警卫队站岗放哨，取得护校斗争的胜利。

蒋介石担任校长的国立政治大学地位特殊，校内国民党势力比较强。国民党政府搬迁令一下，校方就大造舆论，称政大是共产党最痛恨的学校，共产党来了对学生或杀头，或判刑。这些谣言确实也蒙蔽了不少学生随他们走。但同时，隐于该校的共产党员在中共南京市委学委领导下，发动群众成立应变委员会反对搬迁，于是反迁校的师生人数越来越多。1949 年初，校方曾以旅游为诱饵，骗走部分学生到杭州，以达迁校之目的。但大部分学生不为所动，坚持留校并维护校产，还写信给赴杭师生，说服其大部分返回学校。

除有影响的中央大学、国立政治大学开展反搬迁斗争外，其他大学、中等学校也都先后成立应变会、护校队等组织，维持秩序和护校，各小学亦发动教师护校。

在教育界学校反搬迁的同时，南京的科研单位也开展了反搬迁斗争。南京作为首都，科研机关众多，拥有 4 个系统的 16 个研究所、近千名科技人员。自 1948 年底至 1949 年 1 月间，因国民党军队败局已定，国民党政府决定将南京、上海各研究所搬迁台湾或沿海各省。于是，国立中央研究院代院长兼教育部部长朱家骅便紧锣密鼓地负责策划搬迁事宜。

时中央研究院以“在京人员谈话会”名义，连续召集在南京的各所负责人会议，具体部署搬迁及后续工作；故宫博物院理事会理事长翁文灏在南京召开会议，决定选择精品文物以及善本图书、档案等运往台湾。对此，代表中国参加联合国博物馆协会的中央博物院总干事曾昭燏认为十分不妥，函称“运出文物在途中或到台之后，万一有何损失则主持此事者，永为民族罪人”。[①] 中央研究院社会研究所所长陶孟和亦发表文章，表示对于这种搬迁，“我们积极地反对，我们严厉地予以斥责。我们主张应该由政府尽速将它运回”，因为“这些古物与图书决不是属于任何个人，任何党派”，“它们是属于国家的，属于整个民族的，属于一切人民的”。[②] 陶孟和还公开反对迁台，主张留守南京，他不但不理朱家骅要其搬迁的命令，反而亲去上海劝说已迁至上海的南京各所不再搬迁，并和中央研究院在上海的各所坚持原地护所，迎接解放。

中央研究院地质研究所代所长俞建章服从朱家骅关于该所南迁广州的决定，但遭到大部分研究人员的反对。该所研究员许杰等人密拟反搬迁誓约，有组织地抵制搬迁，签字者达 11 人。1949 年 1 月 9 日，正在英国讲学的地质研究所所长李四光致信许杰等，钦佩其愿留南京的行动，并提出将自己的私人资产作为本所研究工作和救济私人困难之用。月末，李四光再电俞建章，明确表示反对搬迁。

历史久、规模大、人才集中的中央地质调查所成员也反对搬迁，他们在斗争中团结一致，坚决反对迁台湾或广州。当国民党当局下达搬迁命令后，所长李春昱和全所人员找来一些空木箱，内装野外用的铁锤等工具，而在箱外则标明“精密仪器，轻拿轻放”字样，运到南京下关火车站，做出正在搬迁的姿态。他们还把图书馆书库和标本库的窗户用砖砌好，以防战事发生后将其损坏；并组织“应变会”，设立保卫组，轮流在所内巡逻，以防破坏或被抢劫。

1949 年 8 月，之前由南京迁到上海的物理、天文、气象 3 个所，由上海返回已解放的南京，结束了半年来流落上海的搬迁生活。

历时一年左右的搬迁与反搬迁斗争的结果是，中央研究院系统 14 个单位，人数总计 506 人，只有管理机构总办事处、历史语言研究所（其中总办事处 50 人，史语所 80 人，共计 130 人）成建制迁台，数学所 18

① 蔡震：《南博宝多功在曾昭燏反对文物迁台留住国宝》，《扬子晚报》2009 年 11 月 20 日。

② 陶孟和：《搬回古物图书》，《大公报》1949 年 3 月 6 日。

位研究和行政人员，去台的仅5人，所长姜立夫在完成搬迁任务后，即辞职返回大陆。中央研究院全部12个自然科学研究所和社会学所、将近3/4人员全都选择留在内地。依照中央研究院历次公布的资料显示，1948年11月25日成立的国立中央研究院第一届院士会中有81位院士，去台湾者仅9人，去美国工作的12人，留在内地的达50多位。

经过一系列斗争，南京市内11所大专院校，中央研究院的社会、地质、物理、气象、天文、地理等研究所，还有一些文化单位都得以留在南京，包括这些单位大部分的研究人员及高级专家、学者等。

在中国共产党所领导的人民革命即将胜利前夕，南京科教文化界开展的反搬迁斗争取得了重要胜利，这些留下来的科研人员与专家、学者，成为南京以致新中国发展科教文化事业十分宝贵的人才财富，其中所保留下来的资财、档案、仪器设备、图书资料等，亦成为南京开展教学科研的重要基础。

下　编

第七章 文学

南京的文学源远流长，蔚为大观，无数文人墨客生于斯，长于斯，游于斯，在六朝、南唐和明、清时期都出现过创作的高峰，在中国文学发展史上占有重要地位。总体而言，南京文学彰显出都城特质、江南风情、外生包容、怀古感伤这四大特征。

第一节 六朝文学

一、三国及东晋时期文学

南京建城历史悠久，南京文学的兴起实自三国东吴开始。西晋文士左思《吴都赋》是第一篇以孙吴地域为题材的作品，全面展现出三国时期孙吴的山水、市容、人情等风貌，尽显出建业（今江苏南京）“飞甍舛互”“冠盖云荫”的江南都城的繁华气象。

孙权统治时期，涌现出张纮、胡综、张温、薛综等文学家。他们的创作主题较为积极进取，表现出建功立业、中分天下的雄图壮志。

张纮（151—211），字子纲，广陵（今江苏扬州）人，孙吴重要谋臣。好文学，其文析理透彻、辞采华妙。建安二年（197 年），袁术在淮南称帝，张纮为孙策代作《为孙会稽责袁术僭号书》，以九“不可”说明袁术称帝之不足取，立意措辞精当，既指陈是非利害，又无过多声讨斥责之词。辞藻条畅，颇具骈俪之风。

胡综（183—243），字伟则，汝南固始（今属河南）人。孙权文诰、策命、书檄之类，多出其手。文章气势沉雄，其《中分天下盟文》透彻分析时代大势，声讨曹魏作乱，指出兴仁义之师是为了复皇纲道统。陈寿评此文曰“文义甚美”[①]，颇具纵横挥洒的气度风采。

孙吴后期的代表作家包括韦昭、华覈、薛莹等。他们的文学主题大多为揭露社会黑暗，抒发悲楚意绪。

韦昭（204—273），字弘嗣，吴郡云阳（今江苏丹阳）人。诗、赋、文皆能。其文《博弈论》显示出作者对于世风不古、国事衰颓的忧虑。诗歌《吴鼓吹曲》记载孙坚、孙权父子在汉末乱世中筚路蓝缕、创业江东的过程，可视为吴国兴起史略。

华覈（219—278），字永先，吴郡武进（今江苏丹徒）人。著作繁富，其《谏孙皓盛夏兴工疏》《上务农禁侈疏》对孙皓不恤民生、劳民伤财、奢华无度的种种恶迹进行指责，揭示了孙吴后期社会尚俗骄奢的普遍风气，对百姓承负的繁重劳役之苦给予了深切同情。

孙吴辞赋受到汉代以及建安赋风影响，产生了一系列体物、写景佳作，形成了清丽灵秀的风格特色。

张纮的《瑰材枕赋》运用一连串优美的譬喻，形象描绘楠榴枕的色泽、香气、文采等特征，造成鲜明的画面感和超之象外的艺术魅力。广陵人闵鸿（生卒年不详）的《芙蓉赋》运用清丽的辞藻、轻灵的句式，正面状写芙蓉长干凌波挺立的劲姿和圆叶翠绿的可人，然后侧面比喻其朝夕色泽的变化，并用美女以芙蓉增色来加以烘托，更加突显出婀娜之姿、娇艳之色，给人以沉醉其间的审美享受。

东晋前期，郭璞、庾阐在游仙诗、辞赋创作中取得了很大成就。

郭璞（276—324），字景纯，河东闻喜（今属山西）人。他的辞赋、散文、诗歌创作成就斐然。其早期辞赋以《江赋》《客傲》最为著名。《江

① [晋]陈寿：《三国志》卷六十二《胡综传》，中华书局2000年版，第1043页。

图 7-1　郭璞

赋》写长江源流始终，气势雄伟，设想新奇，语句壮丽。《客傲》作者以前代诸多贤达隐者为榜样，坚守简傲不群的精神气质；作品模仿东方朔《答客难》、扬雄《解嘲》，牢骚语中颇杂玄言。

郭璞诗歌的主要代表作是 14 首《游仙诗》，其内容约分两类。一是继承秦汉以来游仙文学创作传统，描写神仙缥缈生活，表达对于神仙长生境界的向往追求。更值得关注的是那些寓含寄托的游仙诗，继承了屈原《远游》之旨，即如刘熙载《艺概·诗概》所评："假栖遁之言，而激烈悲愤，自在言外。"这些诗歌虽以"游仙"为题，却并不沉迷于完全与人世相脱离的虚幻仙境。作者把隐逸和游仙合为一体来写，两者常常密不可分。所抒发的情绪，是生活于动乱时代的痛苦和高蹈遗世的向往，但内中又深藏着不能真正忘怀人世的矛盾，隐含着动乱时代的"忧生"之感。郭璞的游仙诗跳出了玄言诗的窠臼，构思险怪，语句灵幻，富于慷慨之气和浪漫精神，对整个东晋文风产生了重要影响。

庾阐（约 298—约 351），字仲初，颍川鄢陵（今属河南）人。他的辞赋创作取得了很大成就，最著名的作品是颂美首都建康的《扬都赋》。该赋按照传统京都大赋的格局加以铺排，规模壮大，气象恢宏，极力渲染"扬都之巨伟"，充满着殚精竭虑、刻意经营的夸饰成分，在当时名噪一时。其《海赋》集中描绘大海的波澜壮阔，"飏波于万里之间，漂沫于扶桑之外"，"映晓云而色暗，照落景而俱红"，气势磅礴，气象万千。《浮查赋》则托物比兴，借助木筏材质的巨大不凡、秀直雍容，来暗示自身品质高尚、才华出众，表达了自己的壮伟理想，以及对于前程的无限憧憬。作品体物抒怀，笔势雄健，具有很高的文学价值。

东晋中期文坛弥漫着玄言诗歌的创作风潮，孙绰、许询等人用诗文阐析玄佛之理。

孙绰（314—371），字兴公，太原中都（今山西平遥附近）人，东晋中期玄学中坚。他自评诗作“托怀玄胜，远咏《老》《庄》，萧条高寄，不与时务经怀”①。其《赠温峤诗》《赠谢安诗》等“合道家之言而韵之”，颇多玄虚之悟；而《秋日》诗则描摹秋天山林中自然界的变化，表现其乐于逍遥林野的放逸心情，语言清淡，体物工细，具备一定的真情实感。

许询（生卒年不详），字玄度，高阳新城（今属河北）人。当时“孙、许”齐名，皆以玄谈闻名朝野。其《竹扇诗》托物取譬，功力深厚，简文帝司马昱评之曰：“玄度五言诗，可谓妙绝时人。”②他的《墨麈尾铭》《白麈尾铭》赋咏名士清谈时的必备器物，借物说理，形象生动。

东晋中期，王谢家族文学兴起，涌现出一大批富有个性魅力的文学佳作。

王羲之（303—361），字逸少，出身琅琊临沂王氏世族。作为东晋中期的名士领袖，王羲之倾心老庄之道，尤喜优游山水的闲适生活。他是一代“书圣”，其诸多书论文章，以文学笔触描述书法奥妙，富有艺术风采。他的《题卫夫人〈笔阵图〉后》运用行军打仗的阵势，来描摹书法创作准备阶段的各个要素，强调要凝神静思、意在笔先，接着运用大量连缀的比喻，详解笔法要旨，富于艺术感染力，也形成了中国古典书画理论注重形象思维的语言表述范式。其《兰亭诗》二首及《兰亭集序》，描写“天朗气清，惠风和畅”的自然风光之美，由此引发人生修短随化、终归于尽的无限感慨；然而他能够顺应自然运势，以达观积极的态度实现自我的超越，“真是通识所发，非一意孤高绝俗之流”③。

王献之（344—386），字子敬，羲之第七子。幼年随父学习书法，众

① 徐震堮：《世说新语校笺·品藻第九》，中华书局 1984 年版，第 285 页。
② 徐震堮：《世说新语校笺·文学第四》，第 143 页。
③ ［明］钟惺：《古诗归》卷八谭元春评语，明闵振业三色本。

体皆精，尤以行草著名，与其父并称为“二王”。其诗文简洁隽雅、清新可爱。王献之爱妾名桃叶，他曾到秦淮河畔渡口迎接桃叶，并作《桃叶歌》三首。诗歌采用对答的形式，以桃树桃根比喻男女双方之爱，用类似民歌的质朴语言表达真挚之情。这些诗歌流传甚广，后人因而称此渡口为桃叶渡。

谢安(320—385)，字安石。谢安幼弘雅有识度，王濛、王导皆深器之，由是有重名。他凭借韬光养晦、沉稳风雅的政治品格，得以总揽朝政，成为东晋朝臣之首。谢安善清言，亦能诗文，具有较高的文学赏鉴能力，所作简文帝谥议，桓温有“安石碎金”之誉[①]。曾参与王羲之兰亭之会，作有《兰亭诗》二首，另有四言体《与王胡之诗》一首六章存世，虽然带有玄言色彩，但也显得潇洒自如、清新爽朗，展现出隐逸丘林、山水清音的幽情雅趣。

谢尚(308—357)，字仁祖，小字坚石，谢安从兄。能言善辩，通达率真，不拘小节，江左咸推名士。他爱好文学，善于奖掖后进，《晋书》所载谢尚提携贫士袁宏的故事，成为赏音知遇的佳话。其乐府诗《大道曲》乃写景感怀之作，既蕴含人生感触，又饶富民歌风味，体现了率真明畅、直抒胸臆的文学个性，明人唐汝谔《古诗解》卷十一称：“非闲旷心胸，不能于热闹中写此光景。”

谢万(320—361)，字万石，谢安弟。善清言，能属文，尝作《八贤论》，叙述渔父、屈原、季主、贾谊、楚老、龚胜、孙登、嵇康四隐四显之事，以处者为优，出者为劣。在“竹林七贤”中，谢万最敬重嵇康，曾作《七贤嵇中散赞》，对这位卓尔不群的前辈表示了由衷敬意。他参加王羲之的兰亭盛会，创作了两首《兰亭集诗》，被王夫之誉为“无一语及情而高致自在，斯以为兰亭之首唱”[②]。其《春游赋》辞采华美，音韵铿锵，通过对偶和排句的层层渲染，显示出悠扬丰沛的气势。

谢道韫(生卒年不详)，名韬元，以字行。博学多识，善于才辩，“神情散朗，故有林下风气”[③]，具有出色的文学才能。《世说新语·言语》所

---

① [唐]房玄龄等：《晋书》卷七九《谢安传》，第1380页。

② [明末清初]王夫之：《古诗评选》卷二，文化艺术出版社1997年版，第102页。

③ [唐]房玄龄等：《晋书》卷九六《谢道韫传》，第1679页。

载谢安家集时咏雪逸事中，谢道韫云：“未若柳絮因风起。”形象展现出雪花轻盈飘逸的神韵，显得风姿优雅，想象新奇，因此后世常称赞能诗善文的女子为“咏絮才”。其《登山》《拟嵇中散咏松》等诗作，表现出高雅不俗的精神追求和艺术境界，语言古朴，气势雄浑，颇具汉魏遗风。

东晋中期文坛，袁宏、曹毗等人取得了很高的文学成就。

袁宏(328—376)，字彦伯，小字虎，时称袁虎，陈郡阳夏(今河南太康)人。工诗文，时号文宗，王珣称“当今文章之美，故当共推此生”[①]。他最负盛名的辞赋是《东征赋》。此赋作于桓温幕中，述元帝渡江定都建康事。作品自三国时赤壁之战写起，然后乘势而下，赋咏司马睿于西晋末乱局中奋起，建立东晋政权，挽狂澜于既倒，延晋祚于败亡。海西公太和四年(369年)，袁宏跟从桓温北征，受命作《北征赋》，描绘北方秋冬风物，尽显一派苦寒萧瑟之气。袁宏的辞赋在东晋与郭璞齐名，刘勰《文心雕龙·诠赋》指出：“景纯绮巧，缛理有余；彦伯梗概，情韵不匮：亦魏晋之赋首也。”[②]

袁宏的散文作品气魄宏大，体现出对于历史人物的洞见卓识。其《三国名臣序赞》对三国时期魏、蜀、吴20位名臣逐一加以论赞，态度平允，语言精练，颇见个性风范。最后合赞三国名臣，指出他们“名节殊途，雅致同趣”，共同体现了当时的雄豪慷慨之气，并且对后代产生了深远影响：“后生击节，懦夫增气。”袁宏接受谢安启发，撰写《名士传》，概括魏晋两朝主要名士及其集团组成状况，首次将魏晋名士区分为“正始名士”“竹林名士”“中朝名士”，并且为惨遭司马氏杀害的夏侯玄、何晏、嵇康等人作传，深刻剖析人物命运和个性气质，体现了作者的勇气和卓识。其《咏史诗》二首秉承了左思《咏史八首》的传统，以古讽今，批评东晋时代以门阀偏见来品评选拔人才的制度，蕴含着沉痛的身世之悲。

曹毗(生卒年不详)，字辅佐，谯国(今安徽亳州)人。他的辞赋代表作是《扬都赋》，另有《箜篌赋》《鹦鹉赋》等亦颇具文采。其散文以《对儒》为代表，借鉴东方朔《答客难》、扬雄《解嘲》、班固《答宾戏》等传统，采取主客对答的方式，阐述任运委化的“大人达观”之理。他的《夜听捣

① [唐]房玄龄等：《晋书》卷九二《袁宏传》，第1600页。

② [梁]刘勰著，王志彬译注：《文心雕龙·诠赋》，第91页。

衣诗》以冬夜清寂之景，抒写捣衣女子凄恻之情，流露出征人、闺妇深切相思之意，由此形成了中国诗歌史上“捣衣”题材的创作类型。《杜兰香诗》表现张硕与神女杜兰香的姻缘故事，虚实结合，恍惚迷离，具有浓郁的神幻浪漫气息。

东晋后期玄言风潮逐渐消退，呈现出清新文学的发展趋向。

谢混（381？—412），字叔源，小字益寿。少有美誉，善属文，号称“江左风华第一”。他与从侄谢灵运、谢弘微、谢瞻、谢曜等过从甚密，以文义赏会，形成了一个以其为核心的谢氏家族文人团体。他们居住在京城建康秦淮河畔的乌衣巷，故谓之“乌衣之游”。钟嵘《诗品》中评谢混诗，谓“其源出于张华，才力苦弱，故务其清浅，殊得风流媚趣”[①]。其《游西池诗》中“景昃鸣禽集，水木湛清华”，描摹富于勃发生机的鸣禽和清新明澈的水木，广为流传。他的诗歌对东晋诗风的推移具有一定影响。

谢瞻（385—421），字宣远，一名檐，字通远。幼聪颖，6岁时即创作了《紫石英赞》和《果然诗》，“当时才士，莫不叹异”[②]。作为谢氏名门望族的谢瞻，时刻不忘家族的荣耀和个人的志向。曾作《喜霁诗》，由谢灵运书写，谢混诵读，时人叹为“三绝”。其《张子房诗》盛赞张良辅佐汉家基业的丰功伟绩，流露出追随前贤、奋发有为的强烈愿望。然而现实政治的黑暗，又令其深怀忧惧、如履薄冰，始终保持着诚惶诚恐的心态。他的《答灵运》诗写景清寂，感情真挚，意境深远，陈祚明《采菽堂古诗选》称之“如秋空河汉，光气淡明”[③]。《安成郡庭枇杷树赋》着力描绘枇杷树不畏严寒霜露、不惧炎夏酷暑而茁壮生长、开花结果的旺盛生命力，借以表达作者自身的高洁品质和人生理想。

东晋后期文士中，殷仲文与谢混常相对举，具有较高的文学地位。殷仲文（？—407），陈郡长平（今河南西华县）人。文采斐然，为世所重。其《南州桓公九井作诗》观览秋日清晨山野景色，抒发悠远旷逸的情怀。

---

① [南朝]钟嵘著，曹旭集注：《诗品》中，上海古籍出版社1994年版，第277页。

② [梁]沈约：《宋书》卷五六《谢瞻传》，中华书局2000年版，第1027页。

③ [清]陈祚明：《采菽堂古诗选》卷一八，上海古籍出版社2008年版，第555页。

作品摹山范水，富有理致，因此沈约评之曰："仲文始革孙、许之风。"[①]

湛方生(生卒年不详)，是东晋后期的文学奇人。其诗歌擅长描摹自然景物，山川草木，高岳长湖，无不优美清新，意境高远。这些诗作基本脱出玄言诗的樊篱，实开谢灵运山水诗的先河。他的《风赋》写春风和煦之景，清新疏朗，逸兴酣畅，展现忘怀凡俗的逍遥享受。散文《七欢》体现出东晋士大夫文人无可无不可的政治态度和精神追求，不事雕琢，清新简朴，昭示着新的文风逐渐形成。

二、南朝时期文学

公元420年，刘裕在建康代晋自立，国号为宋，拉开了南朝历史大幕。刘宋皇室成员喜好文学，用文学作品展现建康城繁华富丽的皇家气派，以及当时上流社会的精神面貌。

宋孝武帝刘骏(430—464)，字休龙，小字道民。他喜欢组织赋诗之类的文艺活动，尝于宫廷宴会上"普令群臣赋诗"[②]；还曾组织了一次在华林园的联句活动，参与者有刘骏、刘义恭、刘诞、柳元景、张畅、谢庄、何偃、颜师伯8人，他们联成《华林都亭曲水联句效柏梁体》，成为文坛佳话。他颇有诗歌才华，刘勰在《文心雕龙·时序》中称赞说："孝武多才，英采云构。"曾创作有组诗《丁督护歌》6首，既抒发"朱门垂高盖，永世扬功名"的英雄气概，也描写儿女之情，饶有清新朴素的民歌风味。其《登作乐山》诗描写登临千寻绝顶，极目四望，景物刻画层次清晰，炼字亦极精巧，"遂开灵运之先"[③]。

临川王刘义庆(403—444)，字季伯，"性简素，寡嗜欲，爱好文义，才词虽不多，然足为宗室之表"[④]。他招揽门下文士，编撰成六朝志人小说的代表作品《世说新语》以及志怪小说《幽明录》等。《世说新语》分德行、言语、政事、文学等36门，记载了自汉末到东晋文人名士的言行，形

---

① [梁]沈约：《宋书》卷六七《谢灵运传论》，第1177页。

② [梁]沈约：《宋书》卷七七《沈庆之传》，第1324页。

③ [明]陆时雍：《诗镜总论》，中华书局2014年版，第101页。

④ [梁]沈约：《宋书》卷五一《刘义庆传》，第974页。

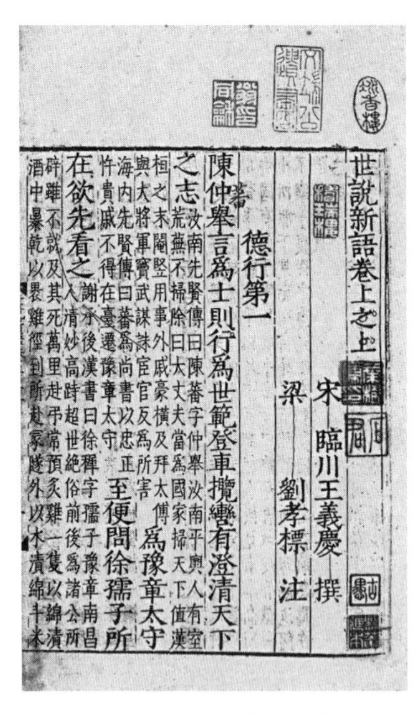
世說新語卷上之上
宋 臨川王義慶 撰
梁 劉孝標 注
德行第一
陳仲舉言爲士則行爲世範登車攬轡有澄清天下之志汝南先賢傳曰陳蕃字仲舉汝南平輿人有室荒蕪不掃除曰大丈夫當爲國家掃天下值漢桓之末閹豎用事外戚豪橫及拜太傅與大將軍竇武謀誅宦官反爲所害爲豫章太守海內先賢傳曰蕃爲尚書以忠正忤貴戚不得在臺遷豫章太守至便問徐孺子所在欲先看之謝承後漢書曰徐稺字孺子豫章南昌人清妙高時超世絕俗前後爲諸公所辟雖不就及其死萬里赴弔常預炙雞一隻以綿漬酒中暴乾以裹雞徑到所赴冢隧外以水漬綿斗米

图 7－2 《世说新语》书影

象地勾勒出那个时代上层社会的风情图画，真实地反映了魏晋名士的性格特征和精神面貌。该书擅长通过一言一行的简练文笔，把人物的品藻、容止、风度栩栩如生地勾画出来，使“人”成为小说描写的主体，对于小说体裁的定型具有重要意义，也是后代记叙轶闻隽语的笔记小说的先驱。《世说新语》一出，模仿之作不断涌现，从而形成了“世说体”。书中的许多故事，有的已成为后来诗文常用的成语典故，有的则成为后代戏剧、小说创作的素材。

刘宋时期，王谢家族遭到皇室沉重打击，他们的文学创作也纷纷逃离现实，忘情山水，呈现出新的风格特性。陈郡谢氏家族此时期涌现出几位著名的文学家：谢灵运、谢惠连、谢庄。

谢灵运(385—433)，谢玄之孙。出生于会稽始宁(今浙江上虞)，寄养在钱塘杜明师道观，故小名“客儿”，后人习称“谢客”。晋安帝元兴元年(402 年)，袭封康乐公，故后人又习称“谢康乐”。刘裕代晋建宋，降等为康乐侯。灵运聪明好学，“博览群书，文章之美，江左莫逮”①。他曾经不无自豪地宣称：“天下才共一石，曹子建独得八斗，我得一斗，自古及今共用一斗。”②工诗文，所作大量山水诗开一代风气，被视为中国山水诗派之祖，时称“谢灵运体”或“谢康乐体”，与颜延之、鲍照并称“元嘉三大家”。

谢灵运的山水诗大都带有淡雅、闲适的情调。他描绘山水力求精工与形似，善于经营画境，有不少诗句生动细致地刻画了自然界的优美

① [梁]沈约：《宋书》卷六七《谢灵运传》，第 1153 页。
② 佚名：《锦绣万花谷》卷二三，清文渊阁四库全书本。

景色，给人以清新之感，故而鲍照称谢诗“如初发芙蓉，自然可爱”[①]。他少年和中年时期都曾寓居建康（今南京），创作了一些诗作，表达了复杂的内心感受。其《述祖德诗》追述谢安、谢玄等谢氏先辈的赫赫功业，歌颂他们视富贵如浮云的高贵品质，从中也寄寓着自己的远大抱负。他的《君子有所思行》诗则抒写出曾经煊赫一世的簪缨谢家声势日衰的悲哀。谢灵运的山水诗对于自然美的发现和描摹，在中国诗歌史上占有重要的地位；在调动多种艺术手段、创造山水艺术形象方面，对后代王维、孟浩然、杜甫、柳宗元等人山水诗的创作，产生了深远的影响。

谢惠连（407—433），谢灵运族弟。在诗坛上和其族兄谢灵运、族侄谢朓，被后人并称为“三谢”。他少年时期即富有文才，谢灵运见其新作，每每叹曰：“张华重生，不能易也。”又云：“每有篇章，对惠连辄得佳语。”其《登池上楼》“池塘生春草”之句，据云即寤寐间见惠连而得句，所以他慨叹道：“此语有神功，非吾语也。”[②]陈祚明《采菽堂古诗选》评惠连诗“如秋空唳雁，风霜凄紧之中，飒沓寒声，偏能嘹亮”[③]。他最负盛名的文学作品是咏物小赋《雪赋》，以新奇的构想、优美的文句，描绘出雪花飘散大地的景象，画面素净而奇丽；同时又把握住了白雪易融与青春易逝的共同点，渲染出清幽冷寂的气氛，字里行间渗透着作者屡遭挫折后随俗浮沉的无奈心理，以及内心的无限酸楚。

谢庄（421—466），字希逸，谢灵运族侄。他的辞赋代表作是带有叙事成分的抒情小赋《月赋》。作品虚拟曹植、王粲月夜游赏对话的故事，描写了月下君王夜宴、羁客愁思和情人念远的情景，既展现出月白风清、空灵疏朗的幽美景致，又抒写出悠远无尽的月下幽思，情致隽永，风格明净。此赋与谢惠连的《雪赋》并称为南朝小赋双璧。

刘宋时期，以颜延之、颜师伯、颜竣为代表的颜氏家族文学取得了突出成就。

颜延之（384—456），字延年，祖籍琅琊临沂（今属山东），出生于建

---

① ［唐］李延寿：《南史》卷三四《颜延之传》，中华书局2000年版，第586页。

② ［唐］李延寿：《南史》卷一九《谢惠连传》，第353—354页。

③ ［清］陈祚明：《采菽堂古诗选》卷一八，第558页。

康。少孤贫，发愤勤学，于书无所不览，“文章之美，冠绝当时”[①]。在刘宋前期的文坛上，颜延之与谢灵运并称“颜谢”。他师法陆机“才高辞赡，举体华美”[②]的典重风格，着意于用事和谋篇琢句，显得雕缋满眼、厚重雅致。其诗惯用典故，具有以才学为诗的创作倾向，对于杜甫、韩愈、黄庭坚等人的诗歌产生了深远影响。他创作于建康的诗歌大部分是庙堂应制之作，反映了“元嘉之治”的升平气象，颇见闲逸舒旷之致。其《五君咏》则分别歌咏“竹林七贤”中的阮籍、嵇康、刘伶、阮咸、向秀，并以此自况，既表达了人生坎坷的悲怆，也流露出桀骜不驯的性格。他的《赭白马赋》描写骏马奔驰之速，对后代许多咏马诗都产生过影响。

鲍照(426—466)，字明远，与谢灵运、颜延之并称为“元嘉三大家”。他的人生经历、情感体验迥异于谢、颜，成为元嘉诗风向萧齐永明体诗风过渡的关键诗人，也为七言诗的发展开拓了道路，对李白、高适和岑参均有很大影响。鲍照的诗歌以乐府诗最为出色，其中写游子、思妇之情尤为生动。他学习民歌刚健清新的风格，自然直露地表白自己的丰富情怀，开拓了边塞战争、游子思妇、寒士不平等诗歌题材，慷慨豪放、俊逸奇峭的诗歌风格富有个性特色，在当时诗坛产生了惊世骇俗的效果。即如陆时雍《诗境总论》所云：“鲍照材力标举，凌厉当年，如五丁凿山，开人世之所未有。”[③]他的辞赋代表作《芜城赋》借用西汉时代曾在广陵建都的吴王刘濞叛乱失败的故事，讽刺刘宋大明年间竟陵王刘诞割据叛乱所带来的灾祸。作品对比广陵昔日的繁华与眼前的残破，形成了极大反差，满目悲凉之状溢于纸上，足以令人惊心动魄，千古以来，被誉为“赋家之绝境”。

汤惠休(生卒年不详)，字茂远。早年为僧，人称“惠休上人”。工诗，多写儿女之情，风格绮丽宛转，时有“休鲍”之称。他的《怨诗行》有意模仿曹植《七哀诗》，表现少妇的思念与哀怨之情，钟惺、谭元春《古诗归》评之“妍而深，幽而动，艳情三昧”。《白纻歌》惟妙惟肖地描摹舞者的窈窕身姿、美艳容貌，步履迁延，凝眸流盼，细致展现其妩媚多姿、娇

---

① [梁]沈约：《宋书》卷七三《颜延之传》，第1249页。

② [南朝]钟嵘著，曹旭集注：《诗品》上，第132页。

③ [明]陆时雍：《诗境总论》，第66页。

羞含情的独特魅力，笔法细腻，情致婉转。

范晔（398—445），字蔚宗，小字砖，原籍顺阳（今河南内乡西南）。善为文章，对四声音韵颇有研究。他是南朝著名史学家，所著《后汉书》结构严谨，编排有序，文兼骈散，简洁流畅，人物传论尤极纵横驰骋之致，对后世散文创作颇有影响。

袁淑（408—453），字阳源，原籍陈郡阳夏（今河南太康）。工诗善文，其诗与谢庄齐名。他的《效曹子建白马篇》继承曹植《白马篇》的创作意旨，风格雄浑有力，慷慨有古气。《效古诗》追述倦游之人昔日雄壮戎事，字里行间充满苍茫萧瑟之气，由此感发“壮年徒为空”的悲怆意绪，表达出沉痛的身世转蓬之感，情韵古拙凄楚，无六朝金粉气。

南朝齐代国祚短促，寓居建康的谢朓、沈约、王融、范云等文士在永明体诗歌的创作方面取得了突出成就，为中国近体诗的形成起到了重要的先导作用。

萧齐君王雅好文义，支持并引导了当时文坛的发展。竟陵王萧子良（460—494），字云英。他敦义爱古，“少有清尚，礼才好士，居不疑之地，倾意宾客，天下才学皆游集焉”①。当时游其门者如沈约、谢朓、王融、萧琛、萧衍、范云、任昉、陆倕，号为“竟陵八友”，对“永明体”新诗的出现提供了比较自由宽松的学术气氛。萧子良的《行宅诗》徜徉于青山秀水之间，抒发出性喜自然的本性。

萧齐时代，“永明体”诗歌理论兴起，新体诗创作技巧日渐圆熟，更加自觉地讲求声韵和对偶，风格清怨而工丽，为中国诗歌从古体向近体的演进发挥了很大作用。“永明体”的兴起，得益于当时汉语声律问题上的理论探讨，代表作是周颙的《四声切韵》和沈约的《四声谱》。他们明确提出平、上、去、入四声，并以此运用到诗歌声律的规则当中。

沈约（441—513），字休文，吴兴武康（今浙江德清）人。历仕宋、齐、梁三朝，博物洽闻，官高望重，喜奖掖后进，俨然文坛领袖。他在诗歌方面的主要贡献是“四声八病”声律论的创建。这是对汉语音韵、诗歌格律的第一次探索，由此形成既符合语音规律又繁简适中的近体诗的声

① [梁]萧子显：《南齐书》卷四〇《萧子良传》，中华书局2000年版，第471页。

律规定。他创作于建康的《临高台》《别范安成》等诗歌反映了作者丰富的思想情感，取得了突出的艺术成就。沈约的散文、骈文亦富盛名，所著《宋书》中的人物传论，评骘精到，言简意赅，符合“事出于沉思，义归乎翰藻”（萧统《文选序》）的标准。

新体诗创作成就最高的诗人当属谢朓。谢朓（464—499），字玄晖，东晋谢氏家族后裔，与谢灵运皆以山水诗见长，并称为“大小谢”。谢朓生活的时代，曾经显赫的谢氏家族已趋衰落。谢朓既追念祖先的荣耀，又畏惧仕途的险恶，更不能放弃对功名利禄的追求，在进退出处中犹豫、疑惧，心情更加敏感。相应地，他的诗歌中的感情也大多表现为迷惘、忧伤，气质柔弱，形象地展现出诗人迟疑不定、抑郁畏祸的精神世界。

谢朓的《随王鼓吹曲·入朝曲》《游东田》等歌咏建康的山水诗，写景清丽悠远，极少抒发强烈激荡的情绪，也极少出现刚性的线条、刺目的色彩以及富有动感的形象，既吸取了谢灵运诗歌观察细致、描摹逼真的长处，又摆脱了玄言的尾巴，形成了清新流丽的风格。沈德潜评之曰：“玄晖灵心秀口，每诵名句，渊然泠然，觉笔墨之中、笔墨之外，别有一段深情妙理。”①他的五言短诗耐人咀嚼，富于民歌风味，对后来五言绝句的形成和发展具有一定影响。谢朓在其生前，就被人誉为“古今独步”，许多诗人都主动效法谢朓作诗。梁简文帝萧纲在《与湘东王书》中称谢朓作品为“文章之冠冕，述作之楷模”②。唐代诗人中，李白“一生低首谢宣城”（王士禛《论诗绝句》），对谢朓最为景仰、崇敬。

王融（467—493），字元长，王导六世孙。才思敏捷，《南齐书》说其“文辞辩捷，尤善仓卒属缀，有所造作，援笔可待”③。他与沈约、谢朓并称为“永明体”创始人。其《临高台》诗创作于建康，描写登台纵览所见美景，画面层次清晰，显示出疏朗清丽的艺术风格，而且将不同季节的景物并置一处，产生了虚实相生的优美意境。《饯谢文学离夜》送别谢朓赴任宣城太守，诗人的感情起伏如同友人行船上的旗帜，洒下的伤别

---

① [清]沈德潜：《古诗源》卷一二，辽宁教育出版社 1997 年版，第 193 页。
② [唐]姚思廉：《梁书》卷四九《庾肩吾传》，中华书局 2000 年版，第 479 页。
③ [梁]萧子显：《南齐书》卷四七《王融传》，第 557 页。

泪水恰似远行一路的波涛，极写友情的深浓和意绪的沉痛。

范云(451—503)，字彦龙，南乡舞阴(今河南泌阳)人。8岁即能当众赋诗，机警有才识，善属文，尤工尺牍，下笔辄成，时人每疑其宿构。他位尊望重，笃于友情，奖掖后进，与沈约同为齐、梁间文坛领袖。工诗，钟嵘《诗品》称“范诗清便宛转，如流风回雪”①。其诗歌以抒写朋友之谊(如《送沈记室夜别》)和男女之情(如《闺思》)为主，风格明净，已见唐音的前奏。

江淹(444—505)，字文通，原籍济阳考城(今河南兰考)，先世于晋室渡江时迁往江南。他身经宋、齐、梁诗风转变之际，诗文上承元嘉，下启永明，古奥遒劲，稍近鲍照，所以前人合称“江鲍”。《梁书》说他“晚节才思微退，时人皆谓之才尽”②。江淹的诗歌大抵模拟两汉至宋齐诗人，颇能显出各家特色。尤其擅长辞赋，代表作《恨赋》和《别赋》脍炙人口。《恨赋》生动描写了愁恨之情在不同人物身上的各种表现，作者悲叹他们备受打击、屈志难伸，实则寄寓着自己人生短促、志不获骋的怨愤。《别赋》首先用“黯然销魂者，唯别而已矣”总括全篇，接着以浓郁的抒情笔调，采用环境烘托、情绪渲染、心理刻画等艺术方法，通过对成人、富豪、侠客、游宦、道士、情人别离的描写，生动具体地反映出齐梁时代社会动乱的侧影。作品骈俪整饬，清新流丽，充满诗情画意。两篇名赋相较，《恨赋》以激昂胜，《别赋》以柔婉胜。

张融(444—497)，字思光，一字少子，吴郡(今江苏苏州)人。善言谈，思想以调和佛、道为主。形貌短丑，性情乖僻，行止诡异，齐高帝萧道成笑谓：“此人不可无一，不可有二。”③他的辞赋代表作《海赋》追求新奇的艺术感觉，想象独特，气势磅礴，设喻新颖，文辞诡激，用梦的来去飘忽无定来形容浮云的轻渺，成为秦观《浣溪沙》名句“自在飞花轻似梦，无边丝雨细如愁”的远祖。

孔稚珪(447—501)，字德璋，会稽山阴(今浙江绍兴)人。他“不乐世务，居宅盛营山水，凭几独酌，傍无杂事。门庭之内，草莱不剪，中有

① [南朝]钟嵘著，曹旭集注：《诗品》中，第312页。

② [唐]姚思廉：《梁书》卷一四《江淹传》，第170页。

③ [梁]萧子显：《南齐书》卷四一《张融传》，第493、494页。

蛙鸣"[1],过着身在魏阙、心游山野的朝隐生活。其《北山移文》是六朝骈文的代表作,采用檄移的文体,借山神的口吻,对那些初以隐居自高、后竟变节游宦的人物加以口诛笔伐。作品采用妙想天开的拟人、对比、夸张等艺术手法,辛辣揭露庸俗世态,嬉笑怒骂,富有气势。

公元 502 年,萧衍代齐建梁。萧梁统治者学问淹博,重视文治教化,积极支持并主动参与文人玄谈雅集和文学活动当中,引导了梁代文学艺术的蓬勃发展。

梁武帝萧衍(464—549),字叔达,小字练儿,南兰陵(治今江苏常州)人,早年为"竟陵八友"之一。他奖励文学,重用文士,即位后不时与竟陵旧友及其他诸文士宴饮赋诗,分题限韵,凡以为佳者均加褒美,或赐诗、赐物以示奖励。

作为"皇帝菩萨",萧衍奉佛甚诚,其长诗《游钟山大爱敬寺诗》移步换景,模山范水,谈佛说理,流露出自己的禅悦之心。萧衍雅善音乐新声,曾仿作吴声、西曲凡数十首,缠绵温婉,古雅流丽。其《河中之水歌》以河中之水起兴,描写莫愁的成长经历,渲染她嫁到夫家后的优裕生活,及其内心的孤寂失落。作品流畅自然,语言纯净,重章叠句,反复吟咏,充分展现出亲切优美而又跌宕婉转的民歌风韵。他的《子夜四时歌》同样采用民歌形式,富有清新流丽之美,尽显含蓄蕴藉的江南情味。《有所思》描写与情人分离,亦复清雅温婉,陆时雍《诗镜总论》评曰:"梁人多妖艳之音,武帝启齿扬芬,其臭如幽兰之喷。诗中得此,亦所称绝代之佳人矣。"[2]

梁简文帝萧纲(503—551),字世缵,小字六通,萧衍第三子。他尝自序文集,称:"余七岁有诗癖,长而不倦。"[3]继立为太子后,他所提倡的轻艳诗风被东宫文士竞相仿效,时号"宫体",遂成诗歌创作的一大潮流。他经常与朝臣论道披典、谈诗赏文,成为文人集团的当然领袖,对于梁代后期的文学发展提供了理论指导和创作示范。他在《与湘东王书》中进一步弘扬陆机《文赋》"诗缘情而绮靡"的论断,为其倡导的宫体诗风进行理论上的辩护和宣传。

---

① [梁]萧子显:《南齐书》卷四八《孔稚珪传》,第 570 页。

② [明]陆时雍:《诗镜总论》,第 81 页。

③ [唐]姚思廉:《梁书》卷四《简文帝本纪》,第 73 页。

萧纲诗文创作吟咏情性，多染冶艳绮靡，因此陆时雍《诗镜总论》批评曰："简文诗多滞色腻情，读之如半醉酣情，恢恢欲倦。"而其《采莲曲》《雪里觅梅花》等诗则写得清新可读。他的《从军行》《陇西行》《度关山》等边塞题材的诗歌，又体现出与宫体诗歌迥异的艺术风格，气势雄浑，笔法遒劲，充满了高古苍远的气象和力度，对于唐代边塞诗的出现起到了很大影响。

梁元帝萧绎（508—554），字世诚，小字七符，自号金楼子，萧衍第七子。他在所著《金楼子·立言篇》中，论为文须当"绮縠纷披，宫徵靡曼，唇吻遒会，情灵摇荡"，要求辞采华丽、音节宛转、语言精练，感情得到充分表现。这种观点与萧纲"吟咏情性"和"放荡"主张遥相呼应，为当时宫体诗风的理论纲领。萧绎的诗力求华艳而风致稍逊，不过有些写景的诗句颇为精雅。他的《荡妇秋思赋》抒写征人之妇幽怨凄恻之情，句式参差，杂以诗句入赋，辞采绚丽，行文流畅，富有感情魅力。

萧统（501—531），字德施，小字维摩，萧衍长子，卒谥"昭明"。他召集门下文士刘孝绰、王筠等人编定《文选》30 卷，收录作家 130 人，作品 514 篇，按文体分类编次，共分赋、诗、骚、七、诏、册、令等 38 类，大体包罗了先秦以来的主要作品，诸多重要资料赖以保存。其选录标准为以文为本、文质兼重，所选的作品都应是"事出于沉思，义归乎翰藻"，也就是经过作者的深思熟虑而又文辞华美的作品。该书影响极大，唐朝及北宋前期的儒生文士几乎都以为诗赋范本，至有"《文选》烂，秀才半"[①]之谚。后人研究著作极多，乃有"选学"之称。

图 7－3 《昭明文选》书影

① [宋]陆游：《老学庵笔记》卷八，载《宋元笔记小说大观》，上海古籍出版社 2001 年版，第 3522 页。

吴均(469—520),字叔庠,吴兴故鄣(今浙江安吉)人。齐末梁初,入建康。沈约见其文,颇加称赏。《南史》称吴均"文体清拔,有古气,好事者或效之,谓为'吴均体'"①。他的诗文清峻脱俗,较少沾染齐梁时代的柔靡绮丽之风,而是继承鲍照寒士牢骚不平的传统,富有刚健清新的精神力度。他的《咏宝剑》《古意》等诗歌通过歌咏宝剑或游侠,抒发自己渴求建功立业的理想;《赠王桂阳》等诗则流露出屈志难伸、怀才不遇的怨愤。吴均的骈文代表作《与宋元思书》,将富春江的急湍猛浪、寒树高山栩栩如生地展现出来,富有清新悠远的风神雅韵。

何逊(472? —519?),字仲言,原籍东海郯县(今山东郯城),20 岁左右入建康,与范云结为忘年交。沈约亦爱其诗,说:"吾每读卿诗,一日三复,犹不能已。"②他的诗歌多为赠答酬唱、送别伤离、摹写自然风光之作,风格清新自然,虽乏风骨而情辞宛转,堪称永明诗体后劲。其《临行与故游夜别》诗透过雨夜清寂凄恻的景致,渲染出凄然感伤的悲绪。《下方山》诗描写方山之景,流露出返乡途中的复杂心绪。陆时雍《诗镜总论》云:"何逊诗,语语实际,了无滞色。其探景每入幽微,语气悠柔,读之殊不尽缠绵之致。"何逊的赠别、思乡佳作中,善于锤炼情景交融、细腻工巧的写景名句,与离情别绪构成了衬托、对比的关系,产生了突出的抒情效果和艺术魅力,为唐代近体诗的创作提供了成功的范例。

任昉(460—508),字彦升,小名阿堆,原籍乐安博昌(今山东博兴)。齐末,入萧衍幕中为记室参军,专掌文翰。每制书草,沈约辄求同署。任昉好交游,广为才士称誉、亲附。陆倕、到溉、到洽、王僧孺、张率、刘孝绰等均受其奖掖,时相宴聚,号"龙门之游""兰台聚",成为当时士大夫互通声气、求名延誉的重要途径。萧纲《与湘东王书》称:"近世谢朓、沈约之诗,任昉、陆倕之笔,斯实文章之冠冕,述作之楷模。"善作文,风格简练朴素,尤长于诏册、章奏、碑传,所著凡数十万言。《梁书》云:"当世王公表奏,莫不请焉。昉起草即成,不加点窜。"③他的《奏弹刘整》一

---

① [唐]李延寿:《南史》卷七二《吴均传》,第 1190 页。

② [唐]姚思廉:《梁书》卷四九《何逊传》,第 480 页。

③ [唐]姚思廉:《梁书》卷一四《任昉传》,第 171 页。

文弹劾刘整侵凌寡嫂，其中历叙叔嫂、子侄、婢仆之间的诟骂斗殴，绘声绘色，颇具小说笔意，以雅语叙俚事，亦自有态。

柳恽(465—517)，字文畅，原籍河东解县(今山西永济)。柳恽身为梁武帝的重臣，常受诏赋诗。他奉和萧衍《登景阳楼》作《从武帝登景阳楼》诗，描绘登临景阳楼纵目所见的高华景象，渗透着秋高气爽、广远振奋之气，紧缩式的语句构成强大的感情张力，对唐代以来诗句的凝练工致产生了深远影响。柳恽的诗歌格调雍容，风致雅淡，擅长写离愁闺怨之作。如《捣衣五首》其二抒写捣衣闺妇对远方征人的深切思念，其中“亭皋木叶下，陇首秋云飞”堪称名句。

王僧孺(465—522)，原籍东海郯县(今山东郯城)。善楷隶，好聚书，与沈约、任昉为梁代三大藏书家；多识古事，精谱牒之学。他的诗歌受到梁代宫体诗创作风气的影响，多为描绘妇女题材，风格艳丽；另有一些乐府诗，吐露早年报国立功的抱负，格调豪壮；抒写朋友离别的诗作，风格稍近于谢朓，情景交融，笔触细腻，非常形象地展现出新体诗清新圆美的创作风韵。

徐摛、徐陵父子和庾肩吾、庾信父子都是梁代著名的宫体诗人，对宫体诗风的流行发挥了很大的推动作用。

徐摛(471—551)，字士秀，一字士缋，原籍东海郯县(今山东郯城)。摛形质陋小，属文“好为新变，不拘旧体”①，诗风靡丽，在萧纲属官中年又最长，因而影响极大，其他文士纷纷仿效，至萧纲入东宫而有“宫体”之号。诗风新秀轻逸，其乐府诗《胡无人行》以娓娓诉说的方式，抒发流落北方的汉家女子归朝思乡的情绪，表现了强烈的民族意识；《咏笔》诗“直写飞蓬引，横承落絮篇”，对仗平仄已与唐律无异。

徐摛之子徐陵(507—583)，受皇太子萧纲之命，编撰了大型诗集《玉台新咏》，选录自汉至梁诗作660首，多为与妇女生活相关的言情之作，风格以宛转绮靡为主。作为“一代文宗”，徐陵诗歌多咏物及艳歌，以流丽轻艳、喜用典故、注重对仗为特色，与庾信齐名，世称“徐庾体”。

① [唐]李延寿：《南史》卷六二《徐摛传》，第1016页。

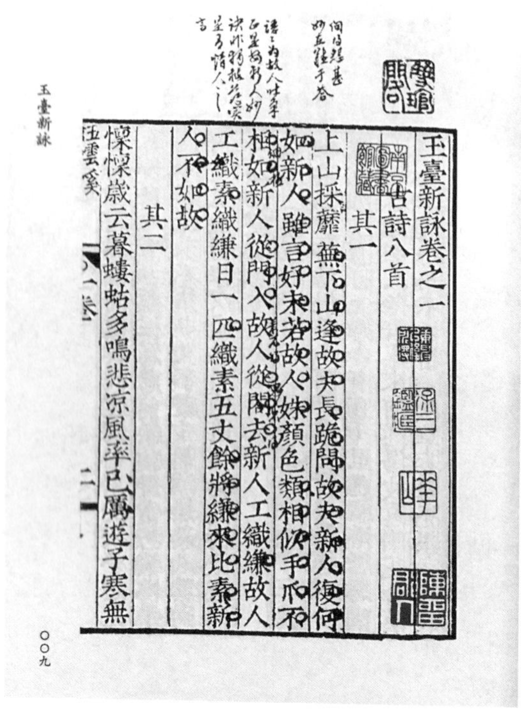

图 7-4 《玉台新咏》书影

庾肩吾(487—551),字子慎,一作慎之,原籍新野(今属河南)。诗文多应制、应教、侍宴之作,但不乏精心结撰的清词丽句,饶富清雅闲适之致;讲究声律和炼字琢句,调叶声谐,自然流畅。其《赋得有所思》细腻刻画闺中思妇痴心等待、盼归不成的急切难耐心情,语言质朴,情感凝重,脉络细密,浑然一体,创造了有别于宫体诗轻靡华藻的清疏意境。

庾肩吾之子庾信(513—581),字子山。幼而聪敏,博学多才,早年跟随父亲出入梁朝宫廷,后奉命出使西魏。梁亡后,他遂被羁留北土,仕宦北朝,虽然位望通显,常有乡关之思。庾信前期为宦南朝,作品多为醇酒美人、辞藻华艳的宫体之作;后期身在北朝,受到北方刚健文化的濡染,强烈的思念故国和人生哀伤之情,也促使其文风转为苍劲沉郁、劲健悲凉,成为当时诗赋成就最高的作家。

庾信的《寄王琳》《拟咏怀》等诗作都抒发了对故都建康的思念和身仕北朝的悲楚,以浑成质朴的语言创造出深挚感人的艺术境界。他的辞赋代表作《哀江南赋》,以宏大的气魄追述南朝梁代由盛而衰直至覆亡的整个过程以及作者的身世经历,表现了强烈的亡国之痛和身世之悲,情感凄怆凝重,沉郁顿挫,堪称南朝辞赋中的压卷之作。杜甫对庾信的后期作品非常推崇,称赞:“庾信文章老更成,凌云健笔意纵横”(《戏为六绝句》)、“庾信生平最萧瑟,暮年诗赋动江关”(《咏怀古迹》)。正是由于对江南故国的无限思念,终于酿成了庾信历久弥深的深情咏叹。

刘峻(462—521),字孝标,原籍平原(今属山东),生于建康。性格高傲狷介,不能随俗阿谀,因而仕途偃蹇,乃自比冯衍雄才冠世而被摈斥,牢骚抑郁一泄于诗文。他的《辨命论》借论性命穷通而寄托自己对现实的不满,倾吐出内心的无限愤懑;《广绝交论》讽刺世态炎凉,“说尽末世交情,令人痛哭,令人失笑”[①],引起读者的广泛共鸣。《自江州还入石头》诗描绘乘舟返归都城建康所见繁盛景观,辞采华茂,荡气回肠,“庀言重色,郁郁葱葱,居齐梁之余,自为一体”[②]。

丘迟(464—508),字希范,吴兴乌程(今浙江湖州)人。能诗工文,其诗辞采丽逸,钟嵘《诗品》评之为“点缀映媚,似落花依草”[③]。丘迟从萧宏北伐,曾作《与陈伯之书》,劝降投奔北魏的原南朝将领陈伯之,用江南风物打动陈伯之的故国之思、乡关之恋,情景交融,意味深长。陈伯之接到这封劝降书后,立即率部归降了梁朝。赵翼《说诗八首》其七赞之曰:“文章妙绝有丘迟,一纸书中百首诗。正在将军旗鼓处,忽然花杂草长时。”

陶弘景(456—536),字通明,自号华阳隐居,丹阳秣陵(今江苏南京)人。归隐于句曲山(即句容茅山),立道馆,游遍名山大川,访仙采药。梁武帝即位后,书问不绝,冠盖相望;国有大事,无不加以咨询,王公权贵时相参候,人称“山中宰相”。弘景圆通谦谨,聪明颖悟,经史文学、阴阳五行、历数星算、山川地理、物产医药无不通晓。其诗文清新闲远、恬淡自然,如其《与谢中书书》描绘出一幅令人怡神悦性的山水画

① [唐]于光华:《重订文选集评》卷一三引邵长蘅评,清乾隆四十三年(1778年)刻本。
② [明末清初]王夫之:《古诗评选》卷五,文化艺术出版社1997年版,第270页。
③ [南朝]钟嵘著,曹旭集注:《诗品》中,第312页。

轴，表达了作者对自然的钟情和体悟。作品概括古今，包罗四时，动静结合，意境清幽，富有山水相映之美、色彩搭配之美、晨昏变化之美，是六朝山水小品的名作。《诏问山中何所有赋诗以答》同样表达了自己的隐逸情怀，文辞清淡素雅，风格清逸隽永。

周兴嗣(469—537)，字思纂，祖籍陈郡项(今河南沈丘)，生于江南姑熟(今安徽当涂)。13岁起至建康游学，善属文。据唐人李绰《尚书故实》记载，梁武帝为教育子辈，令殷铁石在王羲之书写的碑文中拓出一千个不重复的字，供诸皇子临摹。但因"每字片纸，杂碎无序"，遂命周兴嗣将此一千字编撰成合辙押韵并有意义的文句。周兴嗣"一夕编缀进上，鬓发皆白"①。《千字文》构思精巧，条理连贯，文采斐然，运用对仗工整、朗朗上口的韵语，介绍了有关自然、社会、历史、地理、道德、教育、人物掌故等方面的知识，其知识性与艺术性堪称双绝，成为中国教育史上流传最久、影响最大的蒙学教材。它还远播海外，在日本、朝鲜等国广为流传。

殷芸(471—529)，字灌蔬，原籍陈郡长平(今河南西华)。励精勤学，博洽群书，与任昉、刘孝绰等友善，时相饮宴。所著《小说》杂记秦汉以迄晋宋旧闻，是我国文学史上第一部以"小说"名书的短篇小说集，开始以虚构的情节塑造历史中的真人形象，成为我国小说创作的一大突破。"腰缠十万贯，骑鹤上扬州"这一名句即出自该书。

张率(475—527)，字士简，吴郡吴县(今江苏苏州)人。年少能作文，梁武帝称其兼得司马相如、枚皋之工整敏捷；又屡侍宴赋诗，武帝誉为"东南才子""东南之美"。张率作诗用功极勤，萧统谓其"才笔弘雅"②。他的《白纻歌》采用柏梁体的形式，细腻描摹舞女的动人美态和缠绵情思，音韵和谐，才华秀发。《长相思》其一表达对远方恋人的无尽思念，造语清浅，音韵参差顿挫，使得感情的抒发格外缠绵悱恻。

王籍(480—550?)，字文海。7岁能属文，及长，博学有才气，为任昉所称赏；尝于沈约处赋《咏烛》诗，甚得夸赞。王籍诗学谢灵运，其《入若耶溪》有"蝉噪林逾静，鸟鸣山更幽"一联，为时人激赏，被称为"文外

① [唐]李绰：《尚书故实》，民国景明宝颜堂秘笈本。

② [唐]姚思廉：《梁书》卷三三《张率传》，第330页。

独绝”[1]。此联成功运用了艺术辩证法，通过蝉噪、鸟鸣的有声，更加反衬了山间的幽静，创造出令人向往的恬淡悠然境界，对唐代王维的山水诗句“明月松间照，清泉石上流”（《山居秋暝》）有明显的影响。

王筠（481—549），字元礼，一字德柔，小字养。富有文学才华，16岁作《芍药赋》，文辞甚美。后为沈约所赏，曾以谢朓所主张的“好诗圆美流转如弹丸”来称赞他。其诗作工稳端雅，笔法生动。乐府诗《行路难》表现思妇真切动人的细腻感情，通过裁、缝等操作的描写，把思妇的怨、恨、爱、望等矛盾心情表现得淋漓尽致，具有朴素的民歌风味，谭元春评之“悲甚，怨甚。笔下全是血，纸上全是魂”[2]。小诗《杂曲》描写春日美景，思致精巧，明快简洁，语言优美，色调淡雅，令人咏之赏心悦目、感之心旷神怡。

南朝陈代文坛，宫体诗风愈加炽烈，陈叔宝、江总等人均创作了大量风格绮靡的宫体诗歌。

陈代后主陈叔宝（553—604），生活极其绮靡，诗风轻荡靡丽，为金陵文化增添了浓重的旖旎风情和脂粉气息，他的《玉树后庭花》成为“亡国之音”的范本。在陈后主的宠臣中，江总（519—594）的侧艳宫体诗歌绮靡柔丽；而其陈、隋易代之后所作诗歌，如《于长安归还扬州九月九日行薇山亭赋韵》《哭鲁广达》等，格调陡转，体现出清劲悲楚的风格，正如陈祚明所评：“江总持诗如梧桐秋月，金井绿阴之间，自饶凉气。”[3]

陈代比较重要的诗人当推阴铿（511—563）。他的诗歌以行旅、赠别题材见称，在格律上是自齐梁诗向初唐沈佺期、宋之问成熟的五言律诗转变的重要环节。阴铿诗对唐人颇多影响，杜甫屡称之，有“李侯有佳句，往往似阴铿”（《与李十二白同寻范十隐居》其一）、“颇学阴何苦用心”（《解闷》其七）之语，可见其在唐人心目中的地位。

南朝乐府民歌是六朝文学中一朵绚丽的奇葩。永嘉南渡以来，江南经济发展，生活富庶，城市繁荣，上自帝王公卿，下至市井民众，都追求逸乐之享，伴随歌舞表演的乐府歌辞由此兴盛，总体呈现出柔婉清丽

① ［唐］姚思廉：《梁书》卷五〇《王籍传》，第 495 页。
② ［明］钟惺：《古诗归》卷一四谭元春评语，明闵振业三色本。
③ ［清］陈祚明：《采菽堂古诗选》卷三〇，第 984 页。

的基调。与兴盛于长江中游和汉水流域的西曲歌真率、清新、明朗的风格相比，以建康为中心的吴声歌曲绝大多数作品都是描绘女子美丽的体态容貌，歌咏男女爱慕相思之情；篇幅短小、艳丽柔弱，善用谐音双关的修辞手法，含蓄地表现委婉缠绵的情态，显出吴侬软语的小巧雅致。最著名的南朝乐府民歌《西洲曲》，以一个江南少女的口吻，抒发其对江北情郎的无限思念，构思回环宛转，整个诗境都透射出江南女子的一片灵秀之气；蝉联、顶针、谐音双关等修辞手法的运用，造成了委婉含蓄、荡气回肠的表达效果，丰富了诗歌的想象空间。陈祚明评述道："《西洲曲》摇曳轻扬，六朝乐府之最艳者。初唐刘希夷、张若虚七言古诗，皆从此出，言情之绝唱也。"[①]另有 11 首《神弦歌》是民间祀神的乐曲，继承了屈原《九歌》的传统，多描写少年神鬼的容貌、生活和感情。

三、六朝文学理论

魏晋南北朝时期的思辨风气催生了文学理论的发展。

陆机(261—303)的《文赋》以赋体的形式，探讨文学创作的准备、构思、灵感以及文体风格、写作技法等诸多问题，是我国第一篇系统探索文学创作规律的专论。

葛洪(284—364)是东晋著名的道教领袖，他的主要著作《抱朴子》包含有丰富的文学思想。在文道关系方面，他将文章提升至与德行平等的地位；在文章取材方面，他认为构成文章的材料，既源于对外物的细致观察与思考，又要借助前人的言论与文章，有效发掘已有的精神财富；在文章风格方面，他主张"文贵丰赡"(《辞义》)、不拘一格，认为文无定评，强调审美判断的多元化；在文章作用方面，他主张立足现实，有益于世，直言不讳地揭露现实弊端，不昧着良心粉饰太平，由此彰显文士的良心和节操。从艺术角度来看，该著文字平易通达，唯以说理透彻为目标；而《博喻》《广譬》等篇章，则精心结撰，词采繁丽，比兴迭出，音节铿锵，具有较高的文学价值。该著反对贵古贱今，主张今胜于古、德行

---

① [清]陈祚明：《采菽堂古诗选》卷一五，第 485 页。

与文章并重，既是当时思想解放的反映，也是文学走向自觉独立的标志。

沈约在《宋书·谢灵运传论》中提出情文互用的观点，并且在发现汉语四声的基础上创立了声律理论和"四声八病"说，对促进格律诗的形成作出了突出贡献。

魏晋南北朝的两部著名文学理论巨著《文心雕龙》和《诗品》都创作于南京。刘勰(465—520)的《文心雕龙》总结了历代文学创作和文学理论批评的丰富经验，结构严密，体大思精，是我国古代文学理论批评史上第一部系统的理论专著，可与亚里士多德的《诗学》并论，对中国文学批评理论的成熟产生了深远的影响。

钟嵘(468—518)的《诗品》是中国文学批评史上第一部专论五言诗的著作，对五言诗的起源及流变进行探讨，打破"四言为正"的传统观念，确立了五言诗的主导地位。他通过选录、评骘诗人、诗作的形式，表达对当时浮靡文风的不满，标示自己心目当中的诗歌理想境界。

此外，檀道鸾《续晋阳秋》、萧绎《金楼子·立言》、萧子显《南齐书·文学传论》都在文学理论方面作出了重要的探索。

第二节 唐宋元文学

一、唐朝金陵怀古诗文的兴起与发展

公元589年，隋朝军队攻陷建康，南朝陈代就此灭亡。隋文帝杨坚下令毁城，六朝古都化为废墟，众多古迹遭受到灭顶之灾。古城兴亡更迭、悲恨相续的历史最能警策后人，于是唐宋以来金陵怀古题材诗文大量出现。怀古诗文的实质，在于通过前朝遗迹的观照，唤起人们的历史记忆，感发出兴亡盛衰、人世变幻的慨叹。

"初唐四杰"之一王勃(650—676)途经江宁，所作《江宁吴少府宅饯宴序》以雄旷广远的时空气势，概括了金陵六朝历史的兴替，由此感发

出对于历史和个人命运的悲怆之情。张九龄(673—740)的长诗《经江宁览旧迹至玄武湖》,较早地对金陵作全方位的描绘,奠定了唐代金陵怀古诗歌抚今追昔、盛衰巨变的情意内涵和创作范式。

图 7-5　刘禹锡

中唐时期,刘禹锡、卢纶、司空曙、刘长卿、张祜等文士来到金陵,纷纷写景抒情,寄寓深沉的怀古之叹。刘禹锡(772—842)的《西塞山怀古》抒发王朝兴废、人世沧桑的无限感慨,劝诫统治者居安思危。他的《金陵怀古》含蓄地寄寓鉴戒亡国之意,情韵悲怆,意味深长。其《金陵五题》更是今昔对照、以小见大,咏怀六朝金陵遗迹、总结历史教训。

晚唐时期,杜牧、李商隐、许浑、韦庄、罗隐等人徜徉于金陵故迹,创作了许多脍炙人口的咏怀佳作,从中寄托了历史感慨和末世悲叹。杜牧(803—约 852)的《江南春》绝句,尺幅千里,绘就富有立体感的江南春色图,自然与历史浑然一体,既有深婉的兴亡感慨,也富含朗润的灵性。他的《泊秦淮》联系六朝故事,抚今追昔,抒写家国悲怆;《台城曲》则记述陈代的灭亡经过,并给予辛辣的讽刺。许浑(约 791—约 858)的《金陵怀古》触景生情,寄托繁华易逝、回天乏力的慨叹与忧愤,表达出怀古伤今的悠远情思。李商隐(约 813—约 858)遍游金陵美景,借古喻今,咏史抒怀,创作了《南朝》《咏史》《齐宫词》等诗,追述六朝灭亡往事,抒写人世代谢、盛衰无常的空幻悲叹。韦庄(约 836—910)的《台城》《金陵图》《上元县》等写景、怀古诗作,抒写了无限凄怆的历史沧桑之感,具有缥缈空灵的艺术魅力。晚唐诗人孙元晏专注于金陵咏史诗创作,《全唐诗》收入其咏史诗 75 首,编为一卷,清人朱绪曾《金陵诗征》称:“咏金陵事为一集者,实自元晏始。”

二、唐朝金陵的风情咏唱

初盛唐时期，文人墨客徜徉在金陵的街衢巷陌，常常通过对地域风情的歌咏，流露出对于江南情味的欣赏和追慕。崔颢(704—754)的《长干曲》，描写横塘少女与陌生青年男子青春邂逅，互相攀谈，风格明快流畅，传神写照，使读者透过秦淮河畔轻漾的柔波，感受其甜美温馨的青春剪影。崔国辅(生卒年不详)的《小长干曲》描述年轻小伙月夜在湖边寻觅意中人的情景，具有浓郁的地域色彩和生活气息，饶富空灵缥缈的艺术魅力。

中唐诗人李益(约750—约830)继承这样的创作传统，写作长诗《长干行》，以一位商人妇的口吻，自述与丈夫的离别之苦，构成秦淮怨妇文化的情意空间。张潮(生卒年不详)的《长干行》，则描绘出商业大潮下商人妇的矛盾心理，离别的相思、无望的期待令其悲绪难诉、惆怅满怀。

晚唐时期，与新罗文学交流结出了硕果，最典型的代表当属崔致远。崔致远(857—928?)，字海夫，号孤云，新罗庆州沙梁部(今韩国庆尚北道庆州)人。唐懿宗咸通九年(868年)乘船西渡入唐求学。僖宗乾符元年(874年)进士及第，任宣州溧水尉。崔致远在唐居留16年，汉语娴熟，刻苦好学，与杜荀鹤、罗隐、张乔等唐末文人交游甚广、酬唱颇多。他将自己在中国生活期间所作诗文汇辑成《桂苑笔耕集》20卷，是朝鲜半岛三国时期流传下来的唯一一部个人著作集。崔致远在唐期间所作诗歌，受到晚唐诗风的影响，同时饱含异国游子的孤寂思乡情怀，伤感忧郁，被尊奉为韩国汉文学的开山鼻祖，有“东国儒宗”“东国文学之祖”的称誉。他在担任溧水尉的3年时间里，以文会友，创作了《中山覆篑集》5卷。这是溧水县最早的著作集，也是韩国文学史上第一部个人文集。另作有叙事长诗《双女坟》，描写梦遇仙女、人鬼相恋的风流韵事，情节曲折离奇，文笔优美生动，具有独特的艺术价值。

三、李白的金陵歌咏

李白(701—762)有着深厚的“金陵情结”。他一生多次优游金陵，于此登览怀古、呼朋畅饮，留下了100多首佳篇丽作，清人陈文述指出：“金陵江山之胜，甲于东南，古来诗人游者，太白为著。”[①]

李白遍游金陵名胜，经常登高望远，吟咏不辍，其中尤以《登金陵凤凰台》诗最为著名。此诗情意、结构、押韵皆类似崔颢《黄鹤楼》，确有刻意争胜之意。李白将金陵的山高水远刻画得恢宏壮丽、气象万千，同时又带有鲜明的政治意味，抒写出深沉的家国情怀和人生失意之悲。

李白还借助地名景物，描绘颇具金陵特色的动人风情。《长干行》以长干商妇自述的口吻表现爱情的经历，以及对于外出经商的丈夫的怀念，言语浅显，真挚动人。作品回忆女主人公与丈夫孩提时代天真烂漫、纯真无邪的动人情事，营构了“青梅竹马”“两小无猜”的成语，清《御选唐宋诗醇》卷三评之曰：“儿女子情事直从胸臆间流出，萦迂回折，一往情深。”

李白徜徉在六朝故都金陵，抒发了王朝兴亡、世事沧桑的咏史怀古之叹。其《金陵三首》《金陵歌送别范宣》《月夜金陵怀古》等诗，皆吊六朝遗迹，流露出无限沧桑的历史感慨，笔酣神舞，雄迈悲凉。在《金陵新亭》《东山吟》《金陵城西楼月下吟》等怀古咏叹中，他又表达了对于王导、谢安、谢朓等六朝风流人物的由衷景仰，发思古之幽情，达成心灵的共契。

李白在金陵经常呼朋引伴，欢酌酣饮，其《金陵酒肆留别》《金陵江上遇蓬池隐者》等诗，都形象地展现了金陵香气馥郁的旖旎风情，自述潇洒自得、狂傲不羁的醉态，充分展现出自由放达、逸兴壮飞的精神风度。而他的《寄东鲁二稚子》《劳劳亭歌》等，则又寄托了滞留金陵期间离别相思、怀才不遇的人生感怀。

概括地讲，李白在金陵的歌咏，展现了诗人多面的精神世界和艺术

---

① [清]陈文述：《秣陵集》卷五，南京出版社2009年版，第183页。

魅力，也为唐代金陵文学书写出光彩耀目的篇章。

四、南唐文学

南唐(937—976)定都金陵，呈现文化繁兴的局面，为词体的创作提供了丰富的生活素材和情意濡染，使其彰显出富丽、清雅的格调；国势的日渐衰颓、崇佛风气的影响，又令南唐词普遍充满着忧患的意绪，隐含着现实无奈的苦闷和人生空茫的悲感。南唐词的文化特质和体性风格对后代词的发展产生了深远的影响。清人冯煦在《四印斋阳春集序》中指出："词虽导源李唐，然太白、乐天兴到之作，非其专诣。逮于季叶，兹事始卺。温、韦崛兴，专精令体。南唐起于江左，祖尚声律，二主(指李璟、李煜)倡于上，翁(指冯延巳)和于下，遂为词家渊丛。"

南唐李璟、冯延巳、李煜这三位代表性词人的创作，为江南的青山秀水增添了旖旎风情和优雅格调。李璟(916—961)在中唐"诗客曲子词"的基础上，融入了时代的悲感、清雅的格调，给人以优雅而伤感的艺术魅力。冯延巳(903—960)词较多表现人生无常和世事难料的悲哀，艺术境界开阔延拓，较之花间词具备更为广远、野逸和雅致的韵味。李煜(937—978)身为国主，富贵繁华到了极点，然而经历了国家命运、个人遭际的沧桑巨变后，悲哀也到了极点，由此眼界始大，感慨遂深，创造出深美闳约的艺术境界，具有深沉的宇宙人生思考和超逾一己闲愁浅恨的大悲哀与大感慨。李煜词的价值在于：用非常精美而通俗的文字，表达出人类共通的思想感情。

图 7-6　李煜

五、北宋文学

北宋的金陵文坛，呈现出人文荟萃的盛况。诸多文士游赏龙盘虎踞的金陵美景，追怀六朝往事，延续唐五代以来咏史怀古的文学传统，创作了大量写景抒怀的诗词佳篇。

林逋(967—1028)游览金陵古迹台城,创作了《台城寺水亭》诗,格调清雅,含蓄蕴藉,在看似平淡的写景状物中,蕴含着深远无尽的意蕴。他登临清凉山顶翠微亭,所作七绝《翠微亭》抒发了清风爽致、江天浩渺的精神愉悦之情。

潘阆(?—1010)的《金陵禁林有感》则以佛家的“空”看待历史兴废,在景物与感情相结合、历史感与现实感相融汇中,将人世的多变和秦淮河的永恒加以对比,表现出人生无常的凄凉感伤。

张昇(992—1077)所创作的《离亭燕》词是宋词中金陵怀古的最早作品。该词将晚秋景物的萧条肃杀与登高临远的怀古幽思完美地交融在一起,营造出清雅冷寂的意境,极苍凉萧远之致。

此外,杨亿《南朝》、杨备《幕府山》、钱惟演《南朝》、梅尧臣《金陵三首》、王琪《金陵赏心亭》、王珪《游赏心亭》、张耒《赏心亭》、张舜民《江神子·癸亥陈和叔会于赏心亭》、郭祥正《凤凰台次李太白韵》、秦观《木兰花慢》(过秦淮旷望)、贺铸《台城游》(南国本潇洒)等诗词佳作,也都抚今追昔,通过对金陵赏心亭、凤凰台等风景名胜的歌咏,引发出沧海桑田的历史感慨,以及物是人非的沉重悲怆。

王安石(1021—1086)在金陵度过了青年时代,在这里两度居丧、三任知府、两次辞相后居住,先后生活了将近20年,去世后又埋葬在钟山脚下。他在《金陵怀古》《桂枝香·金陵怀古》等诗词作品中,追怀六朝往事,揭橥出逸豫亡国的历史教训,又暗含着对宋朝现实时局的深切忧患,由此显示出政治家的远大胸襟和雄伟气概。王安石晚年在钟山筑半山园,过着退隐山林的生活,诗风深婉华妙,表现技巧、语言运用更加精湛圆熟。叶梦得《石林诗话》指出:“王荆公晚年诗律尤精严,造语用字,间不容发。然意与言会,言随意遣,浑然天成,殆不见有牵率排比处。”严羽在《沧浪诗话》中称其诗歌风格为“半山体”。

元丰七年(1084年),苏轼(1037—1101)途经金陵,专程拜望闲居在家的王安石,成为文学史上的一段佳话。两人同游蒋山,谈禅说诗,叠相唱和,颇有相交恨晚之意。王安石殷切劝说苏轼在金陵买田置产,毗邻而居,虽然未能如愿,不过两人的交情可见一斑。苏轼逗留金陵期间，与时任江宁知府的王益柔同游钟山，所作诗歌《同王胜之游蒋山》富有悠远的生机，境界幽美雅逸。

北宋后期词坛领袖周邦彦(1056—1121)曾官江宁溧水令，名作《西河》(佳丽地)追忆金陵南朝盛事，气韵沉雄，苍凉悲壮，与王安石的《桂枝香·金陵怀古》词异曲同工；但视野文心、声情辞采，又有鲜明的艺术个性：王词高亢激越，是叱咤风云的政治家之词；周词则幽咽苍凉，是沧桑叹古的词人之词。

六、南宋文学

靖康之难后，南宋朝廷偏安于江南，周紫芝、杨万里、刘克庄等众多文人墨客于此怀古伤今，或激愤，或悲慨，或深沉，或哀怨，表达出丰富的现实情怀。南宋王朝徒有半壁山河，建康成为扼江守险、支援北伐军需的重镇。诸多文人先后在此为宦、游历，北望沦陷在金人铁蹄下的中原大地，抒发英雄报国之志，也流露出壮志难酬的无限痛楚。

叶梦得(1077—1148)担任建康知府期间，创作了不少感怀时事、抒发雄杰之气的诗歌作品，编为《建康集》，表达出志节不衰的倔强精神。朱敦儒(1081—1159)的《相见欢》(金陵城上西楼)通过苍茫冷落的景象，渲染出悲凉凄苦的情感氛围，抒发了“辞乡去国人”的沉痛愁绪。建炎三年(1129年)，赵明诚病逝于金陵，李清照(1084—约1155)创作《浪淘沙》(帘外五更风)、《临江仙》(庭院深深深几许)等词作，形象地展现出家破夫亡后凄楚悲凉的内心世界。

“中兴四大诗人”陆游(1125—1210)游历建康的《登赏心亭》等诗文，联系前朝往事，感怀当今国运，抒发出孤臣忧时的悲叹。范成大(1126—1193)的《赏心亭再题》《望金陵行阙》等诗作，强调金陵形胜之地对于南宋军事攻防的极端重要性，也流露出感时伤世、警醒昏聩的深刻用意。张孝祥(1132—1169)曾任建康留守，其《六州歌头》(长淮望断)倾吐满腔悲愤，情感激越顿挫，风格沉雄苍劲。

辛弃疾(1140—1207)曾数度为宦建康，所作《念奴娇》(我来吊古)发思古之幽情，抒写“报国欲死无战场”的千斛闲愁。其《水龙吟·登建康赏心亭》《菩萨蛮·金陵赏心亭为叶丞相赋》等词作，则通过奇特的想象、叠用的典故，倾吐知音难求的寂寥以及壮志难酬的郁苦。他的《祝英台近·晚春》又继承香草美人、比兴寄托的传统，表达出词人对于时局的忧虑，以及怀才不遇、忧谗畏讥的痛苦。

宋末危急之际，文天祥（1236—1283）诗作《金陵驿》、词作《酹江月》（乾坤能大）等，表现了视死如归的英雄气概和坚定不渝的民族气节，为宋代诗歌奏响了慷慨悲壮的绝唱。南宋灭亡之际，陈允平、汪元量等人所作金陵怀古诗词更多地怀有沧亡之苦、黍离之悲，流露出山河破碎、神州陆沉的无奈与悲苦。

七、元朝文学

元朝时期，白朴、卢挚、仇远、萨都剌、虞集、张可久、乔吉、许有壬、王冕、张翥等著名文学家都曾游览金陵，创作了大量描摹风景、抒写隐逸、咏怀古迹的文学作品，形成了独特的艺术风采。

元朝前期文学多吊古咏史之作，抒时迁世变之情。白朴（1226—约1306）晚年终老于金陵，他流连古都，俯仰沧桑巨变，颇多狡童禾黍之意。其《水调歌头》（苍烟拥乔木）、《沁园春》（我望山形）等词作发古今兴废的浩叹，渗透着自身人生衰残的怅触。《夺锦标》（霜水明秋）则浮想联翩，独采南朝陈代张丽华故事，一反女色误国的传统观念，抒发了对于美好事物转瞬即逝的无奈和感伤，闪现出人性关怀的光芒。卢挚（1242—1314）的散曲小令《折桂令·金陵怀古》点化刘禹锡、杜牧诗句，将凄迷景致与沧桑历史有机结合，流露出深沉的黍离之悲、山河之恸。仇远（1247—1326）的《宿集庆寺》则营构出凄清幽寂的意境，渗透着诗人清空孤冷的内心感受。

元朝中期，萨都剌（1272—1355）宦游金陵，其《满江红·金陵怀古》《念奴娇·登石头城》等词作呈现出雄浑劲健、兴寄高远的风格特色，代表了元代金陵怀古词的最高成就。虞集（1272—1348）的《寄题新冶亭》渲染歌乐喧阗的华贵气象。张可久（约1270—1348后）的散曲小令《湘妃怨·次韵金陵怀古》以萧瑟景象，遥想六朝往事，渲染兴亡盛衰

图 7－7　萨都刺

的遗恨。乔吉(1280—1345)的《梧叶儿·出金陵》则描绘雾里看花的朦胧景致，表达出作者自由旷逸的精神追求。许有壬(1287—1364)为宦金陵，遍访名胜古迹，创作了《满江红·次汤碧山清溪》《清平乐·登北山阁》等咏史词作，既展现了鄙弃世俗、闲淡自适的诗酒人生，也总结了统治者“甚矣色成荒”的兴亡教训。此外，王冕(1287—1359)的《金陵行送余局官》、张翥(1287—1368)的《秦淮晚眺》等诗作，也都抒发出兴衰沧桑的深沉咏叹。

元朝后期的金陵文学创作颇多怀古伤今的悲怆感慨。傅若金(1303—1342)的《金陵晚眺》于繁花似锦的山水画卷中陡兴盛衰变幻之感，显示出警醒世人的思想深度。陆仁(1350 年前后在世)的《题金陵》则通过萧瑟的秋风，抒写强烈的故国之思，同时也表露出不屈服于异族统治的坚强决心。

第三节　明代文学

一、洪武、永乐时期的诗文

明太祖朱元璋(1328—1398)虽然出身行伍、粗通文墨，但是坚持读书，经常和手下的文士讲经论史、列坐赋诗。他曾决定在南京城北狮子山兴建阅江楼，并作《阅江楼记》，回顾南征北战之艰辛，阐析定都金陵的原因，充分展露出开国君王壮伟雄阔的胸怀和丰富浪漫的想象力。其《咏燕子矶》等诗作也彰显出一代雄主的恢宏气度。朱元璋朴实无华的文学创作，显示出开国君王的豪情壮气，引导了明朝崇文尚雅的风气,也为金陵文学留下了与南朝、南唐诸多君王风格迥异的帝王篇章。

明初诗文的主要作者,是号称“明初诗文三大家”的宋濂、刘基和高启,他们对明初南京文学的繁荣和发展起到了至关重要的作用。

“开国文臣之首”宋濂(1310—1381)推崇“文道合一”,而偏向于雍容典雅的台阁文学,以散文创作见称;其《阅江楼记》庄重平和,纡余委曲,尽显股肱文臣为初创王朝殚精竭虑的耿耿忠心。

刘基(1311—1375)高扬“变风变雅”的旗帜,而偏重于伤时愤世、美刺讽戒的精神,对于明初文风由纤丽转向质朴起了重要作用。其诗作《二鬼》以隐晦的手法,折射出明初士人心态由昂扬进取到避祸全身的微妙变化;寓言著作《郁离子》等则以短小精悍的形式、锋芒毕露的态度、批判讽喻的精神,渗透自己对社会人生的深切领悟。

高启(1336—1374)力倡“格、意、趣”说,而偏重于尊情尚趣、独标个性的格调情怀。他的《登金陵雨花台望大江》创作于明代开国之际,通过对古都金陵几度兴废的追怀,表达出对大明一统中国后四海一家、永期太平的美好愿望,于苍凉沉郁之中饱含跃动的激情;《沁园春·雁》则隐现作者身处朱元璋猜忌功臣、屠戮异己的白色恐怖下,所心怀的忧惧之思和避祸之念。

公元 1398 年,明太祖朱元璋驾崩,燕王朱棣与建文帝叔侄之间进行了长达 3 年之久的战争。面对纷乱的战争形势,文士方孝孺(1357—1402)忧心忡忡,赋咏《闻鹃》诗作,寄托无限感慨。靖难之役后,朱棣攻占南京,方孝孺坚拒起草《登极诏》,遂被“诛十族”。他主张文以明道,对社会上一切丑恶现象进行无情的鞭挞和抨击;还善用寓言、比喻来说明深刻的道理,文笔畅达,词锋犀利。其诗常用隐晦曲折的手法,表现洪武中后期的政治恐怖气氛,以及诗人复杂的身世感怀。

明初台阁体诗文领袖杨士奇(1365—1444)对南京的风景名胜、风俗人情非常熟稔,其《龙潭十景序》真实还原金陵龙潭的生态环境,描绘了清新秀美的风景、尚文醇厚的民风,字里行间充满着难以忘怀的情意,为明朝南京都城风物增添了深厚的文化风韵,也显示出台阁之文的特征。

解缙(1369—1415)主持纂修《永乐大典》,成就了中国文化史上的辉煌成就。他历经明初政治风云变幻，其《忧患中寄友》诗流露出对明太祖的耿耿忠心。

二、明朝中后期的诗文

明朝中期，南京文学结社吟诗的风气开始兴盛，出现了众多文人雅集活动，涌现了一批作家。著名学者庄昶（1437—1499）隐居江浦定山草堂，其诗出入古今，题材多样，擅长山林抒情，为明代中期性气诗派的代表作家。谢承举（1461—1524）与储巏（约 1464—约 1497）为亲密诗友，结檀园社、秣陵吟社，诗歌大都清新活泼、情趣盎然。敖英《雨花台》、钱琦《游牛首山》等也都描绘金陵风景名胜，寄寓丰富的内在情致。

明朝中期王守仁心学的传播，对社会文化思潮的发展产生了很大的推动作用，徐渭、李贽、袁中道、钟惺、谭元春等思想家、文学家都深受王派心学影响，在南京创作了独具个性的诗文佳制。

王守仁（1472—1529）晚年为宦南京期间，所作《登阅江楼》诗联系明朝中期以来内忧外患的严峻形势和危机，抒发了深重的悲怆之情。

徐渭（1521—1593）于万历三年（1575 年）来到南京游览，特地拜谒了明太祖朱元璋的孝陵，所作《恭谒孝陵》诗追怀太祖功业，更感人生境遇的巨大落差和失意，一种自负和自哀相杂、不甘心又无可奈何的情绪全都渗透在字里行间。

李贽（1527—1602）一生中曾经三次来到南京，结识了焦竑、耿定理、王畿、罗汝芳等学术朋友。他的哲学名著《藏书》即刊刻于南京，焦竑为之作序。此书一出，在金陵盛行，“海内又以快意而歌呼读之”①。

公安派代表作家袁中道（1570—1626）与李贽交往颇密，在诗文创作中显露出独具慧眼、独抒性灵的精神情趣。他游历南京，泛舟秦淮，运用画家手笔，赋予自然山水以鲜活生命，展现出灵动朗润的艺术魅力。

竟陵派领袖钟惺（1574—1625）遍游金陵各处风景名胜、历史遗迹，

① ［明］陈仁杨：《藏书序》，黄宗羲：《明文海》补遗，清涵芬楼钞本。

并创作了数十首诗作，遍咏南京胜迹。其《秦淮灯船赋》将秦淮河上灯船盛会光怪陆离、流光溢彩的景象描写得备极形致，给人以身临其境之感和灵动缥渺之美，为人们还原明代秦淮文化的繁盛情状提供了生动真实的材料。谭元春（1586—1637）最喜林木清幽之景，先后撰写过三篇《游乌龙潭记》，调动多种艺术感受，细致描摹富有神奇魅力的风景之美。

明朝后期，南京文学出现了诸如青溪文会、白社、文社、白门新社等吟诗社团，涌现了陈沂、顾璘、王韦、邹元标、吴兆、叶向高、顾起元等数十位作家，呈现出繁盛的局面。

陈沂（1469—1538）与顾璘、王韦齐名，有"金陵三俊"之称。他对金陵历史地理、城郭规制变化颇多研究，著有《金陵古今图考》等。其诗调动多种艺术感知，描摹金陵清幽冷寂景象，展现出清疏爽朗之气。

顾璘（1476—1545）少有才名，与李梦阳、何景明不相上下，工于诗文，对金陵掌故颇多研究，著有《金陵名园记》。其写景诗作富有诗意之美，显示出士大夫优游闲适的情趣。

朱应登（1477—1526）才思泉涌，落笔千言，诗宗盛唐，格调高古。其七律《宿献花岩作》描写祖堂山寺庙繁盛之景，并且联系法融禅师入定的典故，表露出作者寄兴深远的禅悦之心。

文徵明（1470—1559）与祝允明、唐寅、徐祯卿并称"吴中四才子"。他的诗风平易，清丽自然，长于写景抒情。七律《雨花台上》赋咏游览雨花台所见景致，境界清旷辽阔、苍劲悠远，富有余味无穷的绵邈情韵。

归有光（1506—1571）曾官金陵，与唐顺之、王慎中均崇尚内容翔实、文字质朴的唐宋古文，并称为"嘉靖三大家"。其《钟山行》《游灵谷寺》等诗作观察细致，既表现出理性睿智的艺术感知，又洋溢着宏伟气度和远大抱负。

王世贞（1526—1590）曾官南京刑部尚书，在人生的晚年优游于金陵，过着闲适的生活。他纵情山水，遍览名胜，广交文友，饮酒赋诗，尽显文士潇洒才情。

上元（今江苏南京）人盛时泰（1529—1578）博学多才，文气横溢，曾与陈芹、姚淛等结青溪社，交游多为名士。著有《苍润轩碑跋记》，"于金陵六朝诸迹为多”，是现存唯一一部金陵鉴藏家所著碑帖著录，并对金陵人物、山水名胜多有撰著。其七律《祖堂山》描写祖堂山构筑于深山之中的清幽之境，萧瑟旷远，格调清寂，富有苍劲雄浑的气势。

明代后期著名学者、藏书家焦竑（1540—1620）生于江宁，曾任南京司业。他将自己的读书札记和论文汇集成《焦氏笔乘》，成为其考据与学术思想的重要文献。晚年卜居金陵退园，所作诗歌抒发魂兮归来的自得之意。

江宁人顾起元（1565—1628）学识渊博，辞官返宁后筑遯园，专注学术文化的研究，尤其在金陵乡邦文献考索方面作出了杰出贡献。所著《客座赘语》10 卷，详述金陵故事，具有重要的史料价值。他雅好文学，所作诗歌写景清新，意境幽雅，发思古之情，抒隐逸之致。

上元人周晖（1615 年前后在世）终生隐居未仕，以博学老硕儒驰誉乡里。他早年曾结白门诗社，诗作清新空灵、高远幽静，一时文士俱与之属和。笔记《金陵琐事》专记明初以来的金陵掌故，堪称明代南京地方风情的实录，历来备受学者重视。

南京人易震吉（生卒年不详）著有《秋佳轩诗余》12 卷，存词 1184 首，是明代词史上少有的专力为词且存留词作最多的作家。其词作多抒写仕途奔波的羁旅乡愁，以及归隐之后的闲适情怀。他钟爱家乡风光，遍咏各处名胜，全面、形象地展现了金陵古城的风物之美，流露出作者优游美景，寄寓历史咏叹和人生情怀的丰富意蕴，体现出鲜明的地域文化色彩，为明朝词坛的金陵之咏彰显了独特的艺术风韵。

三、晚明时期的诗文

公元 1644 年，明朝灭亡。福王朱由崧在南京建立南明王朝。深受东林党人的精神感召，陈子龙、夏完淳、侯方域、杨文骢、方文、张岱、余怀、黄周星、张煌言等人活跃于晚明时期的南京文坛，其中不乏复社、几社的著名文士。他们的诗文创作充满了救亡图存的爱国激情，也蕴含着国破家亡、时世沧桑的无限悲痛。

陈子龙（1608—1647）供职于南京弘光朝。清兵南下之际，他在太湖起兵抗清，事败自尽殉国，体现出高尚的人格和不屈的风骨。作为明词殿军，他创作于南京的《山花子·春恨》抒发崇祯王朝覆灭后的亡国之痛，并对腐朽当局提出了有力警告，意绪忧愤，格调悲怆。其诗作《秋日杂感》则谴责降清的"贰臣"，愤慨沉痛之情溢于言表。

夏完淳(1631—1647)先后追随父亲夏允彝、老师陈子龙起兵抗清，事败后被清兵押至南京，在狱中作《狱中上母书》《遗夫人书》《土室馀论》等，皆是血性文字，展现出威武不屈的民族气节。其长诗《故宫行》备述黍离之悲，抒发出椎心泣血的哀痛惊叹。

杨文骢(1596—1646)寓居南京期间，结识了大批复社文人，论文励志，主张改良政治，挽救明朝危亡，并以其出众才华、豪迈不羁性情为同社推崇。他的诗歌才气纵横，骨力峻峭。七绝《朱雀航》抚今追昔，蕴藏着诗人对于现实政治的感伤，情意凄婉，格调悲凉。

张岱(1597—1685)少为贵家公子，明亡后，以前朝遗民的身份遭受到种种政治迫害、贫困折磨，内心留下了深深创伤。他在《陶庵梦忆》中深情追忆昔日金陵繁华景象，表现晚明时代声色竞逐的奢靡生活，字里行间又渗透着经历盛衰巨变者的沉痛、忏悔和无限凄婉的心绪。

史可法(1601—1645)官至南明弘光政权建极殿大学士、兵部尚书，坚持抗清斗争，后于扬州拒降遇害。其五绝《燕子矶口占》描写诗人伫立燕子矶头，深感内忧外患形势的严峻，心情极为沉痛，一腔报国热血感人至深，风格悲苦沉郁，文字力重千钧。

黄周星(1611—1680)多次游历金陵，曾于金陵集古欢社。他秉性狷介，诗文奇伟，慷慨激昂，金陵诗咏触景伤情。其《秋日与杜于皇过高座寺登雨花台》诗歆慕李白纵酒而狂，效灵均自沉以殁，践行了自己对故国的耿耿忠诚。

方文(1612—1669)入清不仕，与复社、几社中人交游，以气节自励。其《文德桥步月》诗回忆秦淮河畔风情旖旎、歌舞喧嚣的盛景，抚今追昔，感慨万分，黍离之悲，意在言外。《摄山绝顶》诗描写登临摄山远眺金陵，勾起故国之思，也流露出复国无望、万般无奈之愁。

侯方域(1618—1654)以写作古文雄视当世，与方以智、冒襄、陈贞慧合称"明末四公子"。他的《李姬传》记述自己与秦淮名妓李香君的交往经历，叙事分明，情节曲折，使得品行高洁、侠义美慧的李香君形象跃然纸上。

张煌言（1620—1664）明亡后坚持抗清近 20 年。他的《和秦淮难女宋蕙湘旅壁韵》化用六朝灭亡的典故，喻示清兵渡江、明朝灭亡的历史悲剧；又谴责南明奸佞弄权、满朝文恬武嬉以致身死国灭，字里行间充满着爱国志士的无限悲壮之气。

晚明时期，王微、杨宛、柳如是、马守贞等 20 余位秦淮歌姬均创作了大量词作。特殊的身份、丰富的人生感触，形成了秦淮歌姬词独特的情感世界和艺术风味。她们沦落风尘的身份处境、悲苦难言的情感体验、结遇才士的旖旎风情、身遭离乱的易代之悲，都令其词作呈现为内涵丰富、雅俗兼备的创作风貌，彰显出有别于明清闺秀词人的情趣格调，为词体艺术开拓了新的表现空间，具有独特的思想价值和艺术魅力。

四、明朝戏曲、小说

明朝南京的戏曲、小说创作同样取得了很大成就。

徐霖（1462—1538）长期生活在南京快园，与诸多文友诗酒酬唱，使之成为一个富有书卷气息的文化中心。他擅长辞赋，精通音律，正德间与陈铎并称为南京的“曲坛祭酒”。他的传奇《绣襦记》是中国戏曲史上南戏向传奇过渡期间的一部重要作品，描写细致完整，艺术成就甚高。

何良俊（1506—1573）多年为宦金陵，其《四友斋曲说》对戏曲理论的建树具有突出的价值。他依据“本色”的核心标准，评骘元曲诸家，强调戏曲自身的体性特征，开启了此后沈璟“格律说”的先声。

潘之恒（1556—1622）晚年侨寓金陵青溪。他一生爱好戏曲，有着十分丰富的观剧经验，多次在南京主持曲宴活动；并且通过《亘史》《鸾啸小品》的撰著，构建起一套包括戏曲表演论、戏曲导演论、戏曲鉴赏论的完整的戏曲表演艺术理论，总结出具体、深刻的表演艺术规律，对中国戏曲理论的丰富和发展作出了重大贡献。

汤显祖（1550—1616）先后在南京游学、为宦长达 10 年时间。在此期间，他投身反对前后七子拟古派的斗争当中，提倡文章要有“生气”“灵气”“心灵”，并且自觉地将之运用到诗文和戏曲创作中。在思想上，他又深受紫柏大师和李贽的影响，以情反理，通脱自由。其传奇名作《牡丹亭》认为天地间存在着一种超越生死的男女至情，这种至情应该冲破禁锢人性的黑暗现实，由此反映了重情反理的思想，体现了作者对美好理想的执着追求。

阮大铖(1587—1646)早年被誉为“江南第一才子”，是明末成就最高的戏曲名家。其《石巢传奇四种》具有强烈的现实针对性，剧情曲折，结构严谨，曲词典雅，具有很强的艺术魅力。

明朝南京文坛也涌现了陈铎、金銮等散曲名家。陈铎(1488—1521?)是审音南北、词曲兼工的大家。他的《滑稽馀韵》描写金陵城内30多种店铺的经营和六七十类手工业工人和其他劳动者的生活，表现了风貌各异的人情世态，展示出颇具规模的风俗画卷，充满了浓郁的生活气息。他采用当时的口语，明白通俗而又幽默风趣地描形绘态，广泛而逼真地再现明朝中叶的社会生活状况，具有很高的文化价值和史料价值。金銮(1494—1587)的散曲以萧爽清丽著称，但也不乏俳谐之趣。其《北南吕·梁州第七》描写金陵山川风物，富有诗情画意。

凌濛初(1580—1644)多次旅居南京，与袁中道情趣相投。他是著名戏曲学家，凌批《西厢记》《琵琶记》均为戏曲史上重要的版本，戏曲选本《南音三籁》在曲谱学、选本学、评点学诸多方面都有着不可忽视的意义。他更是中国创作拟话本小说最多的作家，所著《初刻拍案惊奇》与《二刻拍案惊奇》赋予旧材料全新的生命，具有很高的思想和文学价值。

第四节　清代文学

一、清初文学

清初南京文学具有明清易代之际鲜明的时代特征和悲怆情调。一方面，以林古度、邢昉、顾梦游等人为代表的金陵遗老，感愤明亡悲剧，抒写锥心之痛。另一方面，顾炎武、黄宗羲、冒襄、钱澄之、归庄、屈大均等著名遗民诗人，都曾徜徉故都，抚今追昔，留下了许多深沉的悲叹。“江左三大家”钱谦益、吴伟业、龚鼎孳，皆由明臣仕清，他们在秦淮之畔都曾留下青春冶游的身影；历经人世沧桑之后，他们故地重游，内心充满着复杂的况味，作品当中也深蕴着难言的隐衷。

清初戏剧家李渔（1610—1680）寓居南京，构筑芥子园，经营书铺，创作了戏剧理论名著《闲情偶寄》，以及《比目鱼》《凰求凤》等作品，还自建家班，巡回演出，成为当时颇具影响的文化盛事。

清初文坛，流派纷呈。并称为“南施北宋”的宋琬、施闰章，云间派词人宋徵舆，柳州派词人曹尔堪，广陵词人吴绮、邓汉仪、汪懋麟等人都曾游历故都南京，抒发出国家兴亡、身世感遇的意绪。以陈维崧（1625—1682）为代表的阳羡词派诸位作家，曾经围绕一幅《钟山梅花图》共同创作了一组题画词，从中寄寓着深切的亡国之痛。浙西词派领袖朱彝尊（1629—1709）也曾伫足于昔日欢游的金陵故地，无限凄怆之绪充溢胸中，抒发出“燕子斜阳来又去，如此江山”（《卖花声·雨花台》）的悲叹。

康熙时期，年轻才俊王士禛（1634—1711）游宦江南，其《秦淮杂诗》等作流露出浓重的感伤意绪，引发了江南明朝遗民的情感共鸣，由此赢得诸多文士的共同推誉，遂为文坛盟主。纳兰性德（1655—1685）曾经作为御前侍卫扈从康熙南巡。他以满人、近臣兼诗家的身份审视这座文化名城，怀念当年的李后主，引发出繁华易逝、盛时不再的无限慨叹，为金陵咏史怀古诗咏增添了独具魅力的一笔。其挚友顾贞观（1637—1714）所作《金缕曲·秋暮登雨花台》，遥想六朝往事，感叹世事沧桑；更透过冷寂的秋景渲染，烘托出悲怆凄楚的心境。康熙后期著名诗人查慎行（1650—1727）和赵执信（1662—1744）歌咏南京的诗词作品，表现出有别于清初遗民诗人的故国情怀，流露出借古鉴今的意旨。

孔尚任（1648—1718）多次寻访南明遗迹，经过十多年苦心经营，三易其稿，终于完成了传奇名著《桃花扇》。作品以南明灭亡的历史过程为背景，以复社文人侯方域与秦淮名姬李香君的爱情故事为线索，“借

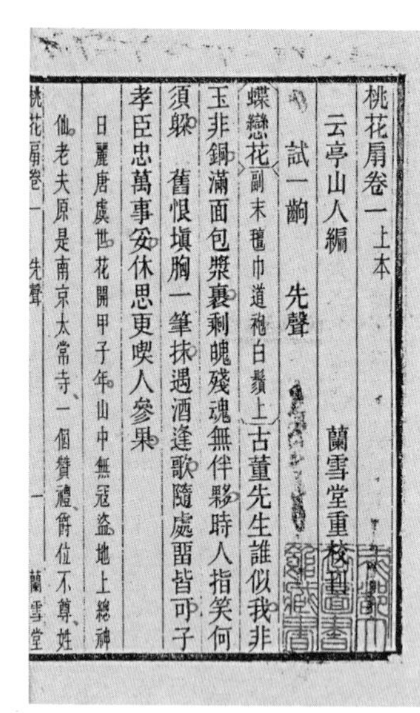
桃花扇卷一上本
云亭山人編　蘭雪堂重校刊
試一齣　先聲
蝶戀花 副末氊巾道袍白鬚上 古董先生誰似我非
玉非銅滿面包漿裹剩魄殘魂無伴夥時人指笑何
須躲　舊恨填胸一筆抹遇酒逢歌隨處留皆可子
孝臣忠萬事妥休思更喫人參果
日麗唐虞世花開甲子年山中無寇盜地上總神
仙老夫原是南京太常寺一個贊禮爵位不尊姓
桃花扇卷一　先聲　一　蘭雪堂

图 7-8 《桃花扇》书影

离合之情，写兴亡之感”，总结出深刻的历史教训。作品展现金陵风物，歌咏秦淮风情，具有鲜明的地域文化色彩。

《红楼梦》作者曹雪芹的祖父曹寅(1658—1712)多年担任江宁织造，兼有学者、文人的气质，尝于小仓山建成西花园。曹雪芹幼年生活在南京，对金陵故家钟鸣鼎食的昔日富贵自然充满着留恋；然而，百年家业的衰败更令其感慨万端。他对南京的记忆和眷恋之情，都或隐或显地表露在《红楼梦》的创作原型、主题取向、人物形象、语言风格等诸多方面。可以说，《红楼梦》中贾府的兴衰史，就是作者曹雪芹自己家族在南京的兴衰史。

二、清朝中期文学

清朝中期，统治者在文治武功方面颇多建树，从而步入盛世。诸多文士在南京创作了大量诗文，体现出有别于清初遗民文学的思想内涵和艺术风貌。

厉鹗、郑燮、蒋士铨、汪中、黄景仁等文学名家徘徊在金陵旧迹，咏史怀古，抒发出世事变迁的无限感慨。赵翼(1727—1814)的诗作富有创新思维，议论锋芒毕现，其《题明太祖陵》诗一反前人的追怀留恋之情，而是隐含揶揄嘲讽之意，反映出清朝承平时期的历史文化观念。南京本籍文人张坚、程廷祚、秦大士、严长明等人也取得了较高的文学成就，显示出鲜明的地域文化特色。

吴敬梓(1701—1754)中年移家金陵，倾慕这里的山水之胜和人文气息，与当地文士广泛交游酬唱。其《金陵景物图诗》历绘金陵风景名胜，备述其历史源流，资料丰赡，形象生动。他更将自己对世态人情的种种感悟，凝聚在讽刺小说巨著《儒林外史》当中，批判黑暗社会，揭示儒林士子的人生悲剧和扭曲灵魂，暴露酷吏、劣绅和假名士的丑恶本质，也表达出对于理想人格的朦胧向往与追求。鲁迅《中国小说史略》指出："迨吴敬梓《儒林外史》出，乃秉持公心，指擿时弊，机锋所向，尤在士林；其文又蹙而能谐，婉而多讽，于是说部中乃始有足称讽刺之书。"小说中有大量笔墨展现南京的旧都气派和六朝风流，堪称明清以来南京城的风俗画卷，优游其间的文人雅士饶有逸怀风致，即便是"菜佣酒保都有六朝烟水气"。

清朝诗坛性灵派领袖袁枚(1716—1797)与赵翼、蒋士铨并称"乾隆三大家"。他中年购居随园，过着名士风流的生活。他在随园诗酒自娱，广交朋友，享有盛名，在此创作了《小仓山房诗文集》《随园诗话》《随园食单》《新齐谐》(又名《子不语》)等著作，流露出不拘格套的生活情趣和潇洒放任的个性气质。随园，也成为令人神往的风景灵秀之地、珍馐美味之乡、佳词丽句之城。

清朝时期，大批安徽桐城文人寄居南京，形成了清代影响最大的散文流派——桐城派。郭绍虞在《中国文学批判史》中指出："清代文论以古文家为中坚，而古文家之文论，又以'桐城派'为中坚。有清一代的古文，前前后后殆无不与桐城生关系。"①桐城派古文与南京有着千丝万缕的内在关联。桐城派鼻祖方苞(1668—1749)虽祖籍桐城，但其家族早已迁居南京六合。桐城派的集大成者姚鼐(1731—1815)主讲江宁钟山书院，进一步发展了桐城派的理论主张。他还负责撰修《江宁府志》，鉴古证今，足备大邦之文献。其后继者"姚门四大弟子"中，管同、梅曾亮均为南京人，共同推动了桐城派古文的后期发展。

三、清朝后期文学

清朝后期，鸦片战争爆发，清朝国势盛极转衰，内忧外患接踵而至，南京文学歌咏抗英斗争意志，表现经世致用思想，体现出时代文化的新趋向。

① 郭绍虞：《中国文学批评史》，百花文艺出版社 2008 年版，第 484 页。

陈文述、包世臣、周济、汤贻汾等人皆曾侨寓金陵，他们的诗文创作颇多身世之感，折射时势之悲，也表达出积极备战、抵御外侮的坚强决心。

鸦片战争前后，以龚自珍、魏源为代表的有识之士痛感时代积弊，推动近代思想革新运动，传统的文学观念、审美趣味、文学风格、创作手法由此发生了巨大变革。龚自珍(1792—1841)栖居南京城北龙蟠里四松庵，不少描写金陵风物的词作都抒发出深重的时代悲楚，以及世事难为的颓丧心境。魏源(1794—1857)定居乌龙潭畔“小卷阿”，积极为地方政务筹谋划策，提出了诸多兴利除弊的改革建议，并且编撰了《海国图志》，系统论述“师夷之长技以制夷”的具体对策，体现出经世致用的思想。他的《秦淮灯船引》则对鸦片战争中清廷贵族的醉生梦死、麻木不仁进行了无情猛烈的鞭挞。陆嵩、黄燮清、赵函等诗人同样感愤时代之悲，并且对清廷的主和乞降发出指斥。

1853年，太平天国定都于金陵，号称天京。太平天国运动的领袖们企图以“文功”来宣传和巩固自身的思想文化，反对儒家孔孟之道，解脱人们的精神枷锁；强调诗文要为现实政治斗争服务；反对“浮文巧言”，提倡实用文风；强调诗文朴实浅显、语言大众化、形式通俗化。他们的文学创作成就并不高，不过其反孔孟、反八股的文学主张却对五四新文化运动产生了潜在的精神影响。

太平天国运动在诸多传统文人的眼里，无疑是一场椎心泣血的巨大劫难。许宗衡、杜文澜、金和、蒋春霖、薛时雨等人纷纷写作诗文，流露出沉痛的时代命运之悲。其中有的作品谴责“衮衮诸公”的昏庸误国；有的作品抚今追昔，感慨金陵往日繁华顿然消歇；有的作品则通过晚清时局的动荡迷乱，渲染出浓烈的时世幻灭感。

两次鸦片战争后，国人展开了自强运动(又称洋务运动)，在经济、政治、文化等方面开启了近代化的历程，南京文坛涌现了一批富有创新意识的新作家，呈现出前所未有的新特质。冯桂芬(1809—1874)主讲南京惜阴书院，在经世致用的思想指导下，著文倡导改革弊政。缪荃孙(1844—1919)主讲南京钟山书院，担任三江师范学堂总教习；主持江南图书馆，被称为“现代图书馆之父”；其《金陵杂感》以钟山毓秀的亘古不变，突显人事风流的荡然无存、金陵王气的黯然消亡。黄遵宪、康有为等人在南京所作诗歌，都抒写出毋忘国耻、发愤图强的强烈心声。谭嗣同(1865—1898)博学多才，诗文兼长；更在寓居南京期间，撰成哲学名著《仁学》，对封建君主专制进行了猛烈的抨击，被邹容称为"维新运动的《圣经》"。

伴随着封建王朝的江河日下，整个晚清文坛弥漫着末世衰残的气象，既有对传统的流连不舍，更有封建遗老面对新的时代潮流的茫然与惶惑。南京诗坛汪士铎、端木埰、陈三立、郑孝胥等人的诗作也普遍流露出老气横秋的意涵和风味。孙景贤(1880—1919)的《金陵杂诗》则寄寓着对于孙中山新兴政权的赞颂与期盼。

江宁人陈作霖(1837—1920)致力于南京乡邦文献的搜集、整理、辑存，编撰了大量地方志书，填补了金陵文献资料的空白。他论诗论文均主张打破宗派门户之见，诗作偏重纪实，遂有"诗史"之称，著有《可园诗存》。他先后组织了挑菜会、五老消寒会，与秦际唐、顾云等人结成"石城七子"诗社，继承袁枚、魏源的传统，形成了"南京诗派"的独特创作风格，抵制同光体复古僻拗的文风对南京的影响。

近代著名诗僧释敬安(1851—1912)，自号"八指头陀"。他在漫游南京期间创作了五律《夜游清凉寺登扫叶楼》，调动视觉、听觉、触觉等多种艺术感知，描写高楼远眺所见苍远景色，显得格外萧瑟空灵。全诗格调高古，自然清新，正如钱基博所评："其诗大抵清空灵妙，音旨湛远"，属于"禅门本色，不染一尘也"[①]。

苏曼殊(1884—1918)客居南京期间，创作了五绝《莫愁湖寓坐》，刻画月色朗照下"清凉如美人，莫愁如月镜"的清幽静谧的湖景，万柄掩映的亭亭荷花更加令人心旷神怡、美不胜收。

曾国藩(1811—1872)署理两江总督期间，他所代表的湘乡文派受到姚鼐桐城文风的影响，在新的时代背景下形成了散文创作的风格蜕变。张裕钊(1823—1894)早年笃嗜桐城派方氏、姚氏之说，常诵习其文；后入曾国藩幕府，深得曾氏文法。他论文崇尚雅健与自然，作文则

① 钱基博：《现代中国文学史》，上海书店出版社2007年版，第153—154页。

学韩愈与汉赋，着力于雄奇、变化。其《愚园雅集图记》真实记载了光绪年间南京文化名流雅集愚园的盛况。南京人徐鼒(1810—1862)探讨南明灭亡教训的历史著作《小腆纪传》，为封建王朝的日落西山唱响了挽歌。

德国人骆博凯(1852—1910)于1896—1900年期间受聘为江南陆师学堂总教习，著有《骆博凯日记》，又译作《十九世纪末南京风情录——一个德国人在南京的亲身经历》，书中收录了直接与南京有关的家书100多封。他还收集和拍摄了大量反映19世纪末南京面貌的图片，如南京城墙、玄武湖、明孝陵、陆师学堂等，具有十分珍贵的史料价值。

1895年，法国诗人、戏剧家、外交家保尔·克洛代尔(1868—1955)以外交官的身份来到中国，游历了许多地方。他将自己的见闻和感慨，以散文诗的形式精心描绘出来，形成了一部作者自称为"精致的素描册子"——《认识东方》，其中包含《大钟》《陵墓》这两篇歌咏南京大钟亭和明孝陵的作品。

第五节　民国文学

一、旧体文学的创作与研究

1912年民国建立前后，南京逐渐恢复了人文之盛。1927年，国民政府定都南京，南京的文化地位一度跃居全国之冠。正如郑鹤声所言："政治都市之所在，常为一国文化之所聚，其繁盛亦当冠一国"，"自首都南迁，气象日新，地位日隆，江浙文化，尤为全国文化之中心代表。瞻观所系，责望益重。"①

源于三江师范学堂的南京高等师范学校及其后的国立东南大学，为民国前期南京文化的复兴发挥了重要作用，"从'南高'到东南大学，

① 郑鹤声：《江浙文化之鸟瞰》，《国立中央大学半月刊》第1卷第6期。

主导学风在于学术研究，并且是对中国传统文化的研究，创作上也一直遵循中国传统的诗文词曲的创作传统"[1]。1922年，《学衡》杂志创刊于国立东南大学，吴宓、梅光迪、胡先骕等人组织了新旧文化论争中独树一帜的文化派别——学衡派，倡导"昌明国粹，融化新知"，兼取中西文明之精华，深刻思考中国传统文化的现代性转型。在此学术氛围的影响下，南京的旧体文学在教学、研究和创作上都取得了卓著成就，成为坚守文化传统的"东南重镇"。

近代"曲学泰斗"吴梅(1884—1939)先后任教于国立东南大学、国立中央大学、金陵大学等校。他对古典诗、文、词、曲研究精深，著有《顾曲麈谈》《曲学通论》《霜厓诗录》《霜厓词录》等；又长于制曲、谱曲、度曲、演曲，作有《风洞山》《霜厓三剧》等传奇、杂剧10余种；并且是第一位把昆曲带入大学的教授，培养了任讷、唐圭璋、卢前、赵万里、王起等大批学有成就的词曲学者和教育家。唐圭璋(1901—1990)于20世纪30年代编成《全宋词》《词话丛编》，成为蜚声海内外的词学大家。卢前(1905—1951)擅长散曲，著有《晓风残月曲》《冀野散曲抄》等。

当时，在大学校园内兴起了众多创作旧体诗词的雅集社团。梅社是国立中央大学以尉素秋、曾昭燏、沈祖棻、龙沅等女生组成的词社。她们师从吴梅、汪东等名家，创作富有特色。潜社是以吴梅为核心的师生唱和兼有教学性质的社团，有《潜社词刊》《潜社曲刊》等传世。上巳诗社是1928—1929年间上巳节文人雅集修禊时，黄侃等大学教师即兴成立的联谊性唱和社团。社会中的重要社团，有如社，是吴梅、汪东等教育界人士与社会上的其他人士组织的，以磨砺诗艺为初衷的雅集结社，主要人物包括陈匪石、仇埰、乔大壮、蔡嵩云、卢前、唐圭璋等，1936年社课作品结集为《如社词钞》。还有白下一石城诗社，主要为官商仕宦的联谊唱和组织。黄侃等著名学者还曾参与过青溪诗社的唱和活动。

民国时期，南京的文人雅士经常利用上巳修禊、重九登高之机，举行唱和雅集活动，大型雅集包括1933年癸酉扫叶楼登高、1934年甲戌

[1] 高恒文：《东南大学与"学衡派"》，广西师范大学出版社2002年版，第151页。

玄武湖修禊、豁蒙楼重九登高等活动，文人依韵唱和联句，形成了南京城浓厚、典雅的文学氛围。

此外，程先甲(1871—1932)著有《百花词》，辞藻妍丽，风格沉稳；他的鸿篇《金陵赋》铺叙清末南京的山川形势、四时风景、水陆交通、农工物产、商肆居民和民情风俗，是研究南京民俗文化的重要文献。此赋一出，洛阳纸贵，广为传播。

二、新文学的发展

民国时期，许多现代作家的文学世界中都包含着南京记忆、南京想象、南京书写，以及南京的人与事，并汇聚成一道独特的文学风景，由此显示出鲜明的地域文学特色。

早在1897年，陈独秀(1879—1942)前来南京参加乡试，虽然名落孙山，但是受到维新改良的《时务报》启发，“由选学妖孽转变到康、梁派”[①]，为日后的新文化运动埋下了思想启蒙的种子。

1898年，鲁迅(1881—1936)来到南京，就读于江南水师学堂。在这里，他知道了“中国有一部书叫《天演论》”，“原来世界竟还有一个赫胥黎坐在书房里那么想”[②]。1912年，他曾经在南京国民政府教育部任职。从1913年到1932年，鲁迅十次途经南京，三次稍作停留。他写于南京、回忆南京，在南京印行和涉及南京的文章、日记、书信多达50余篇，也留下了“六代绮罗成旧梦，石头城上月如钩”(《无题二首》其一)、“雨花台边埋断戟，莫愁湖里余微波”(《无题二首》其二)等诗句。

1924年，巴金(1904—2005)客居南京，就读于国立东南大学附属中学(今南京师范大学附属中学)。在此期间，他阅读了大量无政府主义的书籍，成为影响其一生文学创作的思想基础。1925年上海五卅惨案发生后，他参加了当时南京学生的救国运动，小说《死去的太阳》即以此经历为创作背景。

中国第一所戏剧专科学校——国立戏剧专科学校于1935年创建

① 陈独秀:《江南乡试》,《宇宙风》散文十日刊,1937年第51期。

② 鲁迅:《〈朝花夕拾〉琐记》,《鲁迅全集》第2卷,人民文学出版社1981年版,第486页。

于南京，余上沅为校长，以“研究戏剧艺术，培养戏剧人才”为办学宗旨，是中国当时的戏剧最高学府。1936年，被誉为“中国的莎士比亚”的著名戏剧家曹禺受邀前来任教。

田汉(1898—1968)开展左翼戏剧运动，1929年率南国社到南京公演话剧《古潭的声音》《名优之死》；1935年在南京组织发起中国舞台协会，在夫子庙等地公演《回春之曲》《洪水》《械斗》等多部话剧，意在鼓舞民众，团结救亡，洪深、欧阳予倩等著名戏剧家都前来助阵。

美国作家赛珍珠(1892—1973)20世纪20年代在金陵大学外文系任教，在此期间创作了描述中国农民生活的史诗长篇小说《大地》，于1938年获得了诺贝尔文学奖(图7－9)。

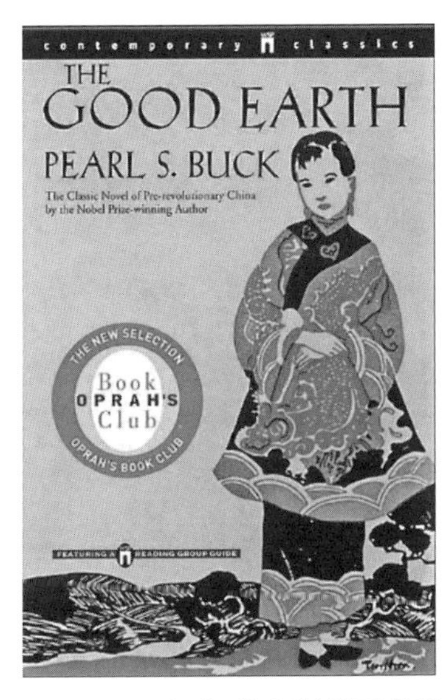

图7－9 《大地》英文版封面书影

南京对于现代女作家张爱玲(1920—1995)来说，不仅是其祖父母生活的城市，她也曾在南京居住过。她的小说《十八春》《小团圆》和散文《流言》《对照论》等作品中，都弥漫着浓浓的南京记忆和想象融合而成的城市叙述，构成了其独有的城市文化视角。

民国时期，记述南京游踪的现代散文不胜枚举，例如梁实秋的《南游杂感》、石评梅的《金陵的古迹》、孙伏园的《浦镇十三日之勾留》、陈西滢的《南京》、钟敬文的《金陵记游》、艾芜的《孝陵游感》、李金发的《在玄武湖畔》、陶晶孙的《随园坊日记》、郭沫若的《南京印象》、赵景深的《灵谷寺》等，不仅延续着南京文学咏史怀古的传统，同时也展现出古都南京的现代风采。朱自清(1898—1948)、俞平伯(1900—1990)的同题散文《桨声灯影里的秦淮河》，写尽了秦淮人家小桥流水的泛舟情趣，然而在字里行间又都渗透着时世衰残的慨叹、理想幻灭的无奈。

民国时期，南京活跃着一批现代学者、文化报人。他们在文学作品中营造出南京城既古老又现代的民国韵味。1944年，张恨水(1895—

1967)的《秦淮世家》《丹凤街》《日暮过秦淮》《清凉古道》等多篇作品，呈现出南京市民社会日常生活独有的旧街、马路、米店、酱坊的市井风俗，从故事内容到方言口语，都充满了纯正的南京风味。张友鸾(1904—1990)的《白门秋柳记》《魂断文德桥》等长篇小说皆以南京社会为背景，富有乡土气息和地域特色。新闻记者、作家范长江(1909—1970)抗战期间所写的《感慨过金陵》《南京的歪风》等，将通讯报道与文学感悟有机结合，对战时南京人的苦难生活进行了细致描摹和实录。学者型作家黄裳(1919—2012)写作与南京有关的《白门秋柳》《旅京随笔》等风景类、史话类散文，体现出独特的情韵。南京人卢前自称"江南才子"，主编有《南京小志》，撰写《冶城话旧》《鸭史》《织造余闻》等文，描写南京的人与事，文笔风趣活泼，颇具史料价值。

第八章　书法艺术

南京历史上的书法艺术可追溯至两汉时期。两汉时期的书体以隶书为主。行书、楷书、草书等书体也萌芽于此时，并得到初步发展。东汉《校官碑》是隶、楷转换的代表之作，在书体演变史上意义重大。近年来，高淳出土的东汉《人物画像文字砖》等，虽为无名氏之作，但风格淳朴厚重，亦可见当时书艺之一斑。

六朝是中国书法的大变革时期。六朝以建康为都，书家承继两汉，顺应思想解放的潮流，将文字进一步简化。楷、行、草发微于汉代，至三国时相继成形，六朝时成熟并臻于鼎盛，大为流行。至此，诸体兼备，为其后千百年书法艺术的发展演变奠定了基础。

隋唐书法上承六朝，下启宋元，在楷书、行书、草书、书论等领域均取得重大开拓和创新，在楷书和狂草上表现得尤为突出。曾任昇州刺史的颜真卿，是楷书、行书的重要代表；书写《明徵君碑》的高正臣，是行书方面的重要代表。南唐定都江宁（今属江苏南京），徐铉、徐锴兄弟等书家为南京的书法艺术增光添彩。

宋代书法重"意"，逐唐追晋，在中国书法史上占有重要地位。宋代南京，笼罩着浓郁的文艺气息。"宋四家"苏轼和米芾，都曾游历过南京。北宋的王安石晚年隐居南京，南宋的张孝祥曾任建康留守，都为宋代南京书坛贡献自己的力量。当时的重要碑志有《徐伯通墓志铭》《钱寿仁墓志铭》等。

明清两代，南京为东南经济、文化重镇，书画艺术重现繁荣景象。明代的南京书家主要分为南京本土书家、占籍南京书家、游宦南京书家和寓居南京书家。重要铭刻有《沐英墓志铭》等。

清代，南京书画家师承有自，创作繁兴。史载与南京有关的书法名家主要有杨法、郑簠、邓石如、孙星衍、包世臣、莫友芝、张裕钊、李瑞清等。当时画家亦擅书，著名者有“金陵八家”“金陵二谿”等。

近现代南京书坛名家辈出，两江优级师范学堂监督李瑞清发其端，于右任、徐悲鸿、“金陵四老”踵其后，他们深研碑学和帖学，走碑帖融合之路，奋力创新，成就卓著，其中于右任、林散之、高二适更被誉为当代“草圣”。

第一节　汉代书法

东汉《校官碑》是南京乃至江苏境内现存最古老的碑刻，代表了汉代南京书法的最高成就。

东汉灵帝光和四年（181 年），溧阳县丞赵勋等人为颂扬溧阳长潘乾的品行与德政，尤其是他兴办地方教育事业的功绩，于学舍前立碑，即此《校官碑》。潘乾，字元卓，东汉光和年间任溧阳长。《校官碑》的记载，反映了当时社会的现实状况。东汉灵、献二帝年间，朝纲不振，宦官专政，战乱四起，生灵涂炭。但是，潘乾为官却能不同流合污，且能打击奸宄，扶弱抑强，安置灾民，“重义轻利”，使百姓安心生活、发展经济，因此受到百姓的称赞和拥戴。《校官碑》对潘乾重视兴办学校、培养人才的功绩更是大加赞扬，颂其“推泮官之教，反失俗之礼，构修学宫，宗懿招德”，并将此碑立于学舍之前（图 8 - 1）。

《校官碑》高 148 厘米，宽 76 厘米，厚 22.5 厘米。碑质为麻石，呈圭形，上有圆形穿孔，孔径 12 厘米，穿孔上竖刻碑额“校官之碑”四字，孔下即碑文。碑额、碑文均为隶书。碑文 16 行，共 398 字，另有题名和年月 95 字。此碑距今已有 1800 多年，由于时间久远，碑面风化，碑文可辨者 470 多字。《校官碑》碑文，前半叙事曰“诔”，后半韵文曰“叙”，

图 8-1　高淳固城出土的东汉《校官碑》
（溧水县文化局《溧水文物集粹》，东南大学出版社 2009 年版）

这是一种独特的碑体文字。此碑题名“校官”，曾有两种说法，一谓校官即学官，一谓校官即学舍。《后汉书·明帝纪》：永平十年（67 年）帝南巡狩幸南阳，“召校官弟子作雅乐”。李贤注说：“校”即“学也”，“官即官舍”。所以此处校官并非学官,而是学舍之称谓。

据宋洪迈《夷坚志》载,此碑系南宋绍兴十三年(1143 年)溧水尉喻仲远得于固城镇(原为古溧阳县治,隋后属溧水县,明弘治至今属高淳区)固城湖滨,遂将此碑移至溧水县城,先置于官舍,后移至孔庙。溧水、高淳在汉代均属溧阳县,此三县县志均有此碑记载。南宋发现此碑后,学者洪适曾为之注释,作《校官碑释文》。元至顺四年(1333 年),溧水文学掾单禧将宋人洪适所作《校官碑释文》书刻上石。碑石上部呈圭形,碑额正书“汉校官碑释文”三行六字,中部为洪适的校官碑释文,下部为单禧的考订、跋语,立于《校官碑》之侧。民国初年《校官碑》尚立于原地,后废置于塘边,1957 年重新发现,由溧水县文化部门收集。江苏省人民政府于同年公布其为省第二批文物保护单位。1958 年被移往苏州市江苏省博物馆内保存,后江苏省博物馆与南京博物院合并,运来南京,藏于南京博物院至今。《汉校官碑释文碑》也于中华人民共和国成立后运至南京博物院保存至今。

《校官碑》不仅是研究汉代溧阳政治、经济、文化、教育等重要历史资料,且具有较高的书法艺术价值。该碑隶书运笔讲究顿挫,笔法多变,方折中含圆润;笔力厚重含蓄,力蕴其中;字体方整端庄,其结构,重心平稳,端庄中显雄健;风格质朴沉郁,雄浑而有气魄。《校官碑》上承汉隶的一般法则,下启隋唐的一代风范,在古代书法艺术史上占有重要地位,为研究汉代书法艺术的珍贵资料。康有为《广艺舟双楫》评述其碑书法风格云:“丰茂则有《孔谦》《校官》。”近代学者、书法家杨守敬评此碑云:“方正古厚,已导《孔羡碑》之先路。”

《校官碑》是东汉末期具有代表性的名碑,虽属汉隶,但已有变化。它和同时期的《孔宙碑》尚不相同,后者字体趋于横扁,体势开张,波挑分明,属于比较典雅的八分书(今隶)范畴;《校官碑》比《孔宙牌》晚十年,书体虽仍属今隶,但其字多呈方形,结体茂密,已具楷书方整丰润之态势,且有的字(如倒数第三、四行的“字”)出现楷书的竖钩,已呈现由隶向楷转变之迹象。东汉晚期至六朝时期,书体由隶向楷演变,这是一个大的趋势,不仅表现在当时的砖文和画像石文字上,也表现在《校官碑》等碑刻上,并对其后的书体变化和书法艺术产生积极的影响。相关专家学者认为，孙吴凤凰元年（272年）的《谷朗碑》及六朝的一些石刻墓志，其用笔、结体，多少不等，均受到《校官碑》的影响。《校官碑》尝试由隶向楷的转变，与东吴、东晋和南朝的隶楷书和楷书具有其一脉相承的联系，在中国书体演进过程中具有重要意义。南北碑书风的异同，在东汉末年《校官碑》上已见端倪。

《校官碑》除原碑外，存世拓本有明中叶拓本，“光和四年”之“光”字未损；明末拓本，“四”字未损。民国时，上海艺苑真赏社有金属版印本行世。

第二节　六朝书法

魏晋南北朝时期，南北对峙，战乱、分裂导致社会动荡，南方六朝因相对和平稳定而带来局部的经济发展和文化艺术的繁荣。思想上，六朝释道流播，玄学兴起，清谈之风盛行，儒家正统思想及文化专制被削弱，思想渐趋自由和开放。世家大族过着优裕放逸的生活，文人士大夫追求个性自由，崇尚情感抒发，寄情文墨，创作、欣赏、收藏书画作品成为时尚。

六朝书艺是以“二王”的卓越成就为标志的。“书圣”王羲之博采众长，革新楷、行书，一变汉魏以来的质朴书风为妍美书风，在中国书法史上占有极为重要的地位。其行书代表作《兰亭序》被誉为“天下第一行书”。其幼子王献之，拓展其父书风，行、草冠绝古今，与王羲之并称“二王”。以“二王”为代表的晋书与唐诗、宋词、元曲一起，奏响了中国古代艺术的最强音。

六朝书坛极为活跃，产生了一批较为系统、卓有识见的书论，涌现了一大批书家，包括为数不少的女书家。书家的分布呈现出世家大族化的特点，除星光璀璨的琅琊王氏外，郗氏、庾氏、谢氏等家族均以书法代代相传，书家辈出。

一、六朝楷书与行书、草书

六朝书体众多，但仍可归为碑、帖两大类，楷、行、草是主流，篆、隶渐不流行，但存于碑刻中。尽管碑刻的数量不多，但近年不断出土的墓志弥补了这一缺憾。碑刻的书体为正体，以楷为主，面貌大异，不逊北碑。法帖以行、草为主，“二王”为经典。写经、书抄、残纸等，多出于无名书家之手，可列于帖的外围，率意自然，多姿多彩。

1. 楷书

楷书是减省汉隶波磔和纠正草书自由放纵而形成的一种书体，形体方正，笔画平直，具有法度，可作楷模，故名。又称真书。

楷书发微、孕育于东汉，这从当时的砖文及画像石文字即可看到，那种字形方正、无波磔或少波磔的民间隶书，便是楷书雏形。至汉末三国时，楷书基本形成，钟繇的楷书及东吴的《葛祚碑》等为成形之作。东晋时期，王羲之上承钟繇，革新楷书，创写《乐毅论》《黄庭经》《东方朔画赞》等经典之作。其后，王献之写有《洛神赋》，意法兼备。“二王”楷书为六朝楷书之代表。

六朝工楷书的书家还有王廙、谢灵运、王僧虔、贝义渊、智永等人。楷书在当时社会得到广泛应用。

2. 行、草书

行书也发端于东汉，兴盛于六朝。“晋世以来，工书者多以行书著名。昔钟元常善行押书是也。尔后王羲之、献之并造其极焉。”[①]王羲之的行书有真书痕迹；王献之的行书偏向于草书。行草由于富有韵律美，便于抒发情感，成为六朝最流行的书体。“二王”之后的羊欣、谢尚、薄绍之、谢灵运等，均为行书名家。

草书始于汉初或更早，初为章草。而由章草向今草变革，是由王羲之完成的。此外，开一代草书之风者首推王献之。王献之在晋书超逸隽秀的时代基调上，大胆创新，比其父笔速更快，气势更强，情感更浓，

---

① [唐]张怀瓘：《书断》，收入华东师范大学古籍整理研究室选编《历代书法论文选》，上海书画出版社2012年版，第163—164页。

开创了气势和韵味并存的一代书风，对后世影响深远。

六朝善于草法的书家众多，如王廙、薄绍之、谢安、王僧虔、阮研等人，被张怀瓘评为妙品；而王导、郗愔、庾翼、宋文帝、齐高帝、谢朓、庾肩吾、萧思话、梁武帝等人，被张怀瓘评为能品。

二、六朝书家

六朝书坛涌现了一大批书家，以王羲之、王献之、陶弘景、贝义渊等人为代表。

1. 王羲之

王羲之(303—361)，字逸少，琅琊临沂(今山东临沂)人，我国古代最伟大的书法家之一。他出身优越，其父王旷，官淮南太守，首倡南渡之议；堂伯父王导，为东晋开国元勋。

王羲之年少讷于言，及长，以骨鲠著称，以书法闻名，受从伯王敦、王导器重。他23岁出仕，初为秘书郎；后入庾亮幕府，得“清贵有鉴裁”之好评。此后曾任江州刺史等。丁忧服阕后数年，因好友、扬州刺史殷浩邀请，出任在建康(今南京)的护军将军一职。永和七年(351年)出任会稽内史、右军将军，为其一生所任的最后一个官职，故后人称之为“王右军”。

图8-2　王羲之(王圻、王思义《三才图会》)

王羲之书法的源头是张芝和钟繇。二家之法依靠卫、索等家族传至东晋。卫氏家族的卫铄——卫夫人，是王羲之的书法老师，最擅长钟繇一系楷书。得其亲授，王羲之掌握了钟繇楷书的精髓，为变革楷书奠定基础。王廙是王羲之的另一位书法老师，对张、锺、卫、索诸家均有钻研和继承，是王羲之上溯张芝一系草书的桥梁。此外，伯父王导、岳父郗鉴等人也或多或少地对王羲之的书法产生重要影响。

王羲之精擅多体，变章草为今草，尤以新体楷、行书为古今之冠。他的字线条遒劲俊朗，结构严整谐和，字势雄逸多变，境界雅逸高远。南朝梁武帝喜欢书法，对王羲之书法极为推崇，他在《古今书人优劣评》中说："王羲之字势雄逸，如龙跳天门，虎卧凤阙，故历代宝之。"

王羲之的妻子郗氏及七个儿子也都写得一手好字，其中有名者五人：凝之、涣之、徽之、操之和献之。史载羲之诸子皆得家传，且书体风格各不相同。凝之得其韵，操之得其体，徽之得其势，涣之得其貌，献之得其源。这种分法难免有机械片面之处，在继承家风时，由于气质、性格、修养、情感等差异，书风不同很正常。

2. 王献之

王献之(344—386)，字子敬，小字官奴，王羲之幼子。曾任建威将军、中书令等职，人称"王大令"。王献之精楷、行、草诸体，与王羲之并称"二王"。他自幼从其父羲之学书，七八岁时，"羲之从后掣其笔不脱，叹曰：'此小儿，后当有大名'。"[①]他兼学东汉草书大家张芝，但不拘成法，学而能变，自创新调，秀逸遒美。王献之在王羲之和张芝的基础上对行草书加以变革，完成了钟、王以后的第三次变革，不再是一次保守的改造，而是一种全新的风格创造。他和其父王羲之所开创的书风，对后世书法的发展产生了深远的影响。

3. 陶弘景

陶弘景(452—536)，字通明，号华阳陶隐、华阳隐居等，秣陵(今南京)人。南朝梁书画家。少有异禀，常以荻草为笔，在泥滩及草木灰上学写字。长大后，精书画，善琴、棋、医术。仕齐，官至诸王府侍读。齐永明十年(492年)辞官，隐于句容句曲山。梁武帝萧衍早年与其交游，即位后屡加礼聘，但陶弘景坚不出仕，二人保持密切的书信往来。书法师钟、王，采其骨气，精隶、真、行诸体。史载其真书遒劲爽利。传焦山摩崖石刻《瘗鹤铭》为其所书。书论有《与梁武帝论书启》。

4. 贝义渊

贝义渊，吴兴(今浙江湖州)人，南朝梁书法家，在当时颇有书名。

---

① [南朝宋]虞龢：《论书表》，收入华东师范大学古籍整理研究室选编《历代书法论文选》，第54页。

徐勉所撰《梁始兴忠武王之碑》和刘孝绰所撰《梁故散骑常侍司空安成康王之碑》，均为其所书。康有为《广艺舟双辑》称《始兴王碑》为“峻美严整之宗”。

5. 其他书家

王羲之、王献之只是六朝书家的佼佼者。事实上，六朝书法灿若星辰，六朝书家不胜枚举，其分布总体上表现出世家大族化的特征。东晋有王、郗、庾、谢等名门望族，子弟多在南京为官，书家辈出。如王氏一门，除“二王”外，尚有王敦、王导、王廙、王凝之、王徽之、王涣之、王操之、王珣、王珉等人。又如郗氏一门，除王羲之的丈人郗鉴外，尚有郗愔、郗昙、郗超、郗俭之、郗恢等人。再如庾氏一门的庾翼、庾亮兄弟，谢氏一门的谢尚、谢安、谢万兄弟等，皆为书法名家。南朝帝王书家亦多，此时的帝王家族如彭城刘氏、南兰陵萧氏和吴兴陈氏等，对南京书法的影响和贡献也不容小觑。

三、六朝书作

六朝书作主要分法帖、碑刻、墓志和砖文。法帖以王羲之《黄庭经》《兰亭序》、王献之《洛神赋》《鸭头丸帖》、王珣《伯远帖》和王氏一门《万岁通天帖》为代表；碑刻以东吴《天发神谶碑》、梁《始兴忠武王碑》和梁《萧景墓神道石柱铭》为代表；墓志以东晋王氏墓志、东晋《谢鲲墓志》和南朝墓志为代表；砖文则以《温峤墓志砖》《高崧墓志砖》《高崧妻谢氏墓志砖》等为代表。

1. 六朝法帖

（1）王羲之《黄庭经》《兰亭序》等

《黄庭经》，传为东晋王羲之书。智永、欧阳询、虞世南等大书家都临写过。唐褚遂良《右军书目》将其列为正书第二；清梁巘评曰：“《黄庭经》字圆厚古茂，多似钟繇，而又偏侧取势，以出丰姿”①；“右军《黄庭经》原本，字有紧处，有疏处，无不各极其妙”②。另《乐毅论》《东方朔画赞》

① [清]梁巘：《承晋斋积闻录》，上海书画出版社 1984 年版，第 6 页。
② [清]梁巘：《承晋斋积闻录》，上海书画出版社 1984 年版，第 9 页。

等，也为(或传为)王羲之所书。此三件是王羲之楷书的代表作。

《兰亭序》，王羲之书。神龙本《兰亭序》，传为唐冯承素摹，双钩硬黄纸本，因卷首存有唐中宗神龙年号半印，故称“神龙本”。纸本，行书，凡 28 行 320 多字。北京故宫博物院藏。此帖虽为摹本，但线条遒丽劲健，姿态清峻爽朗，匠心蕴于自然之内，骨力寓于流美之中，被后人誉为“天下第一行书”。自唐以降，多有摹刻者，其中著名者尚有虞世南摹本、褚遂良摹本、欧阳询摹本等。

图 8－3　东晋王羲之《兰亭序》

《丧乱帖》，王羲之书。唐摹本。行书。王羲之一改以中锋为主的用笔，从草书和新体楷书中汲取营养，侧锋起笔而转为中锋运笔，在翻折、使转、钩挑时又转为侧锋，随机应变，中、侧锋变换自如，八面出锋，极大地丰富了用笔的内涵。在结字方面，打破四平八稳的格局，“欹斜反正”；在章法方面，参差变化，营造纵势，打破了字如算子的平匀，展现行书的韵律美。王羲之的书法作品还有《十七帖》《快雪时晴帖》等。

(2) 王献之《洛神赋》《鸭头丸帖》等

《洛神赋》，王献之书。单刻帖，小楷。原迹至宋残佚，南宋贾似道先后得 13 行，刻于水苍色端石上，美称之“碧玉”，故又称《玉版十三行》《大令十三行》等。后又有摹刻者 10 余种，以《越州石氏本》《停云馆帖》为优。明清时董逌、刘熙载、张廷济等对此书作称赏不已，如董逌《广川书跋》云：“逸少此赋，当以为第一。”

王献之行草书名迹有《鸭头丸帖》《新妇地黄汤帖》《鹅还帖》等，草书有《冠军帖》等，风貌各异，神采焕然。如《鸭头丸帖》，墨迹，摹本，绢本。行草书,2 行 15 字。上海博物馆藏。运笔中侧兼使,不避尖锋露锋,毫颖爽利;中宫收敛,外势拓展,但放而能收,遒利而含蓄。王献之在王羲之的基础上又突破成法,独创一格,与王羲之共同造就了行草书的巅峰(图 8-3)。

图 8-4　王献之《鸭头丸帖》

(3) 王珣《伯远帖》

《伯远帖》,东晋王珣书。墨迹,纸本,行书,凡 5 行 47 字。北京故宫博物院藏。《伯远帖》是王珣书写的一通函札,乃晋人法书真迹,极其珍贵。王羲之的行书多用棱侧之锋,王珣此帖同样如此。以偏侧之锋取势,但表现得更加朴厚,线条于运动中多以断笔相连,欲行还断,欲放还敛,在潇洒流美之中增添了几分古淡和含蓄的气息。

(4) 王氏一门《万岁通天帖》

《万岁通天帖》,又称唐摹《王羲之一门书翰》。硬黄纸本。行草书。是唐摹东晋王羲之等七人十帖的精品,现藏于辽宁省博物馆。第一帖:王羲之《姨母帖》;第二帖:王羲之《初月帖》;第三帖:王荟《疖肿帖》;第四帖:王荟《翁尊体帖》;第五帖:王徽之《新月帖》;第六帖:王献之《廿九日帖》;第七帖:王僧虔《太子舍人帖》;第八帖:王慈《柏酒帖》;第九帖:王慈《汝比帖》;第十帖:王志《喉痛帖》。因卷尾有"万岁通天二年,王方庆进呈原迹"而得"万岁通天帖"之名。宋代《秘阁续帖》、明代华夏《真赏斋帖》、文徵明《停云馆帖》、王肯堂《郁冈斋帖》、清代《三希堂法帖》曾刻录。

2. 六朝碑刻

(1) 孙吴《天发神谶碑》

《天发神谶碑》,三国吴篆书碑刻,是江苏省现存最古老的碑刻之一。碑为圆幢形,铭文环而刻之。天玺元年(276 年)立于建业(今南京)。此碑乃三国吴末帝孙皓在亡国前四年所立,是为了维护其摇摇欲坠的统治。他伪称天降神谶,营造天命永归大吴的舆论,刻碑以纪功,故此碑又名《吴天玺纪功刻石》《天玺纪功碑》等。此碑传为皇象书,无确据,一说苏建书。旧在江宁天禧寺,宋元祐二年(1091 年)胡宗师将碑移至转运司后筹思亭,后又移至江宁府学尊经阁。原石上有宋胡宗

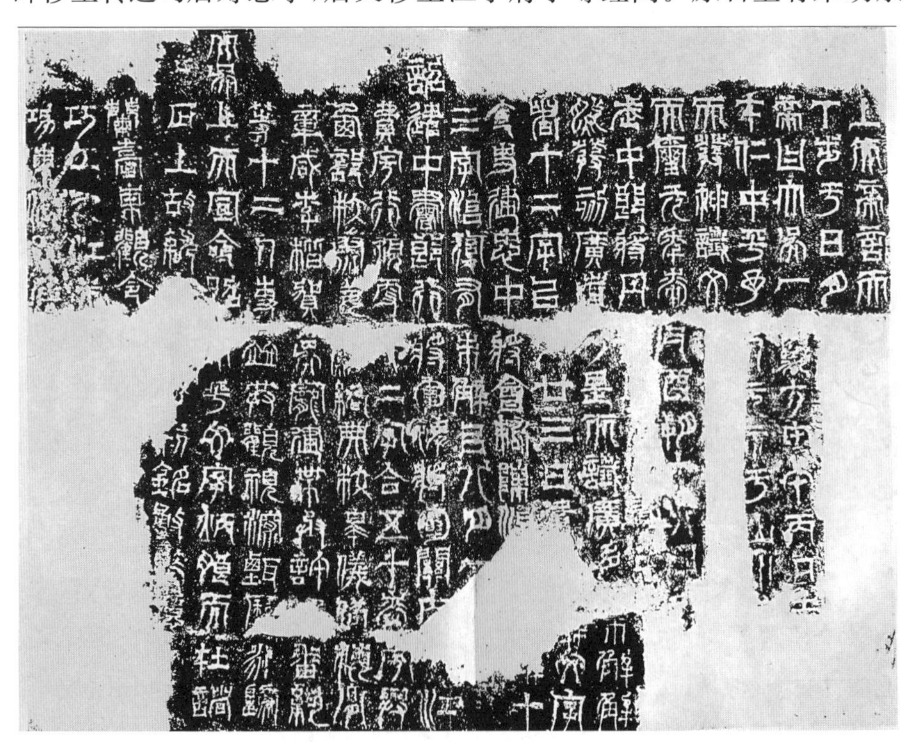

图 8-5 《天发神谶碑》拓本

师、石豫、明耿定题跋三则。此碑宋时已断为三段，共存213字，因此也有《三段碑》《三击碑》之称。清嘉庆十年(1805年)三月，此碑尽毁于火灾(图8-5)。

《天发神谶碑》初看怪诞离奇，似无法规，细览则法度森严，独具匠心。它用隶书笔法作方整的篆体，兼取二体之长，呈现出一种阳刚雄劲的美感，无疑是一个重大突破。此碑峻利昂健的面貌，使篆书圆静匀和的套路被打破，对后世有深远而积极的影响，并对明清乃至近现代的篆刻家多有启发，丰富了印章语言，提升了篆刻艺术的品位。古近代名家对《天发神谶碑》评价甚高。如黄伯思《东观余论》云："吴时有《天发神谶碑》，若篆若隶，字势雄伟。"康有为《广艺舟双楫》云："笔力伟健冠古今"，"奇伟惊世"，"篆隶之极"。《天发神谶碑》原拓本稀少，已知传世最早的北宋拓本现藏北京故宫博物院。存世者多为翻刻、仿刻本。清代南京仿刻者，现存南京总统府西花园内。

(2)《梁始兴忠武王碑》

《梁始兴忠武王碑》，也名《始兴忠武王萧憺碑》《萧憺神道碑》《萧憺碑》等，位于南京市栖霞区栖霞街道甘家巷西。高4.45米，宽1.6米，厚0.33米。碑额书刻楷书"梁故侍中司徒骠骑将军始兴忠武王之碑"17字。碑文楷书，36行，行86字，共3096字，尚可辨2800余字。东海徐勉撰，吴兴贝义渊书。萧憺(478—522)为梁武帝弟，官至侍中、领军将军。追封"始兴忠武王"。

虽然此碑剥蚀严重，但是可辨之字，神彩奕然。其字楷法规范，用笔英锐，结字方长，被誉为"南派代表""南朝石刻之最"。该碑对欧阳询等初唐楷书家影响较大。清代金石学家、书法家对此碑多有高评。如莫友芝《宋元旧本书经眼录》称赞该碑"上承钟(繇)、王(羲之)，下开欧(阳询)、薛(稷)"。康有为《广艺舟双楫》云：此碑"意象雄强，其源亦出卫氏"，"为峻美严整之宗"。其碑额大字，略带行书笔意，丰神朗逸，与碑文并美齐辉。北京故宫博物院藏有该碑旧拓本。

(3)《梁萧景墓神道石柱铭》

《梁萧景墓神道石柱铭》，也名《梁吴平忠侯萧景墓望柱铭》《梁萧景墓神道石柱反书》《萧景神道阙》等。位于南京市栖霞区栖霞街道十月村农田中。神道石柱，现存西柱，通高 6.5 米，柱围 2.45 米，为南朝陵墓石雕中保存最好的一件。柱额刻“梁故侍中抚将军开府仪同三司吴平忠侯萧公之神道”，23 字，反书，楷书，字迹清晰，令人耳目一新。萧景(477—523)为梁武帝堂弟，曾历多职，梁武帝十分器重他。谥曰忠。初葬于江夏，后迁葬建康(今南京)。

反书，又称“反左书”，梁朝初年出现，大同年间盛行，其后便销声匿迹，成为中国书法史上的绝响。反书在南朝陵墓神道石柱上仅存两例。《萧景墓神道石柱铭》，虽然反书，但体势端庄，神采焕然。其横画略向左上倾侧，点、撇、捺、竖钩等皆合楷法，已脱尽隶书意味，为成熟之楷书，为南朝反书之代表。

3. 六朝墓志

(1) 东晋王氏墓志

《王兴之夫妇墓志》，东晋咸康六年(340 年)、永和四年(348 年)墓志。长 37.4 厘米，宽 28.5 厘米，厚 1.1 厘米。长方形，石质，两面镌刻文字。文凡 11 行，满行 10 字。正面为王兴之的墓志，共 115 字；背面为其妻宋和之的墓志，共 88 字。《王闽之墓志》，东晋昇平二年(358 年)墓志。墓志砖质，长方形，长 42.5 厘米，宽 19.8 厘米，厚 6.2 厘米。正面 5 行，满行 12 字，反面 3 行，满行 9 字，84 字。《王丹虎墓志》，东晋昇平三年(359 年)墓志。墓志砖质，长方形，长 48.2 厘米，宽 24.2 厘米，厚 5.4 厘米。文凡 5 行，满行 14 字，共 65 字。《王建之墓志》，长 47 厘米，宽 28 厘米，厚 5 厘米。青石质。王建之夫妇墓中实出三方墓志，除此石墓志外，还有两方王建之妻刘媚子墓志，一石一砖(图 8 - 5)。

《王兴之夫妇墓志》的笔法、气息在隶、楷之间，可被视为隶楷或楷隶。它与稍早的《谢鲲墓志》相比，分势全无，而表现出楷书的显著特征。《王闽之墓志》《王丹虎墓志》等书迹，大致与《王兴之夫妇墓志》相类，自有一种朴拙之美。《王建之墓志》及其妻《刘媚子墓志》的风格与前述墓志并无二致，但笔画匀细，婉雅秀整。同出于王氏家族墓的《王仙之墓志砖》，握刀直刻，别具一格，虽用楷法，但古风犹存。

《王闽之墓志》《王丹虎墓志》与《王兴之夫妇墓志》相隔 10 余年，而风格相类，似为同一人所书刻，必是当时的善书、善刻者。这些墓志为

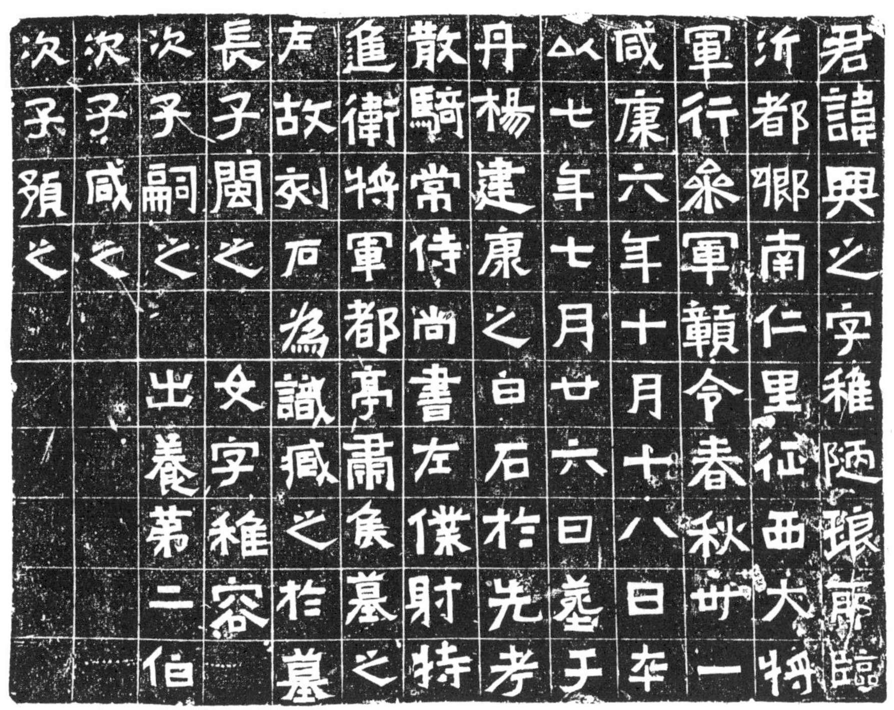

图 8－6　王兴之夫妇墓志

（东晋永和四年，鼓楼区象牙山东晋王氏家族墓葬群出土，南京市博物总馆藏）

六朝书体演变的见证物，其重要价值和意义不容忽视。1965 年，由《王兴之夫妇墓志》引发的“兰亭论辩”在全国影响深远，此不赘述。

（2）东晋《谢鲲墓志》

《谢鲲墓志》，全称《豫章内史谢鲲墓志》。东晋泰宁元年十一月廿八日（324 年 1 月 10 日）刻。1964 年出土于南京中华门外戚家山（今 1865 文化创意产业园内）。现藏于南京市博物馆。以长条形花岗岩刻成。长 60 厘米，宽 16.5 厘米，厚 11 厘米。全文 4 行，共 67 字，前 3 行每行 17 字，第 4 行 16 字，出土时残缺 4 字。墓主谢鲲，《晋书》卷四十九有传，唯“鯤”作“鲲”，两字通用。谢鲲系谢安之父，东晋初年名士。《晋书》称其曾任“豫章太守”，墓志则作“豫章内史”。

这块墓志的书体为隶书，上承汉隶风格而有变化。字形多扁方，字势多平稳；波挑或收或放，或刚或柔，变化殊多，较之汉代八分，波磔已收敛;端庄中略带行书笔意,捺笔多灵动张扬。有的字笔致已具楷书意味,显得峻严方饬。《谢鲲墓志》时代风格鲜明,为晋隶之精品,在中国书法史和碑志史上占有重要的地位。此志不仅是南京地区发现最早的墓志,也是迄今全国所发现的六朝墓志中最早的一块,为研究六朝历史文化和书法艺术提供了宝贵的实物资料。

(3) 南朝墓志

与北朝墓志相比,南朝的墓志数量较少,其中多数出土于南京,其中著名者有《明昙憘墓志》《王宝玉墓志》《萧融墓志》《王慕韶墓志》等。从南朝刘宋开始,墓志趋于成熟,一些墓志开始出现首题,并自铭为"墓志"或"墓志铭"。除了刘宋早期的墓志尚沿东晋作砖质外,刘宋后期至齐、梁、陈朝墓志现存 14 方,均作石质,且制作规整。

《明昙憘墓志》,南朝宋元徽二年(474 年)。1972 年出土于南京太平门外尧辰果木场。长方形,青石质,长 48 厘米,宽 65 厘米,厚 7 厘米。首题"宋故员外散骑侍郎明府君墓志铭"。志文通篇 30 行,满行 22 字,共 540 余字。现藏于南京市博物馆。此志虽出自江南,然其书势却颇近北碑。书体已是成熟的楷书,脱尽汉隶之窠臼,可视为北方魏碑书体的先导。

《王宝玉墓志》,南朝齐永明六年(488 年)。1988 年出土于南京炼油厂基建工地,出土地点名包山。石质,近于正方形,长 48 厘米,宽 46.5 厘米,厚 7.5 厘米。志文凡 13 行,满行 21 字,计 230 字。现藏于南京博物院。该墓志的序文与铭辞之间,有"铭文大司马参军东海鲍行卿造"题名一行。鲍行卿,南朝时期著名文人。此志文很可能是今日所能见到的鲍行卿唯一一篇文字,填补了六朝文学的空白。此志以十分成熟的楷书书刻而成,无唐以后挑、踢、顿、按之习气。

《梁桂阳王萧融墓志》,梁武帝天监元年(502 年)。1980 年出土于南京太平门外张家库。石质,正方形,长 60 厘米,宽 60 厘米,厚 9 厘米。文凡 28 行,满行 28 字。现藏于南京市博物馆。萧融为梁文帝第五子,梁武帝萧衍异母弟。志文撰写者任昉,齐梁之际著名的文学家。志文楷书,多篆、隶涩行之法,多侧锋起笔,转折自然,疏密有致,意态简古。

《王慕韶墓志》，首题“梁桂阳国太妃墓志铭”。刻于梁天监十三年(514 年)。1980 年 9 月，与《梁桂阳王萧融墓志》同时在南京市太平门外张家库出土。青石质，长 49 厘米，宽 64 厘米，厚 7.5 厘米。楷书，文凡 31 行，满行 23 字，共 655 字。现藏于南京市博物馆。萧融及夫人王慕韶墓志，是目前出土所见保存最为完好的梁代墓志。

《黄法氍墓志》，南京西善桥出土，是目前所见保存最为完好的陈朝墓志，也是迄今所知时代最晚的一块南朝石志。志文虽以成熟的小楷刻成，但其横划末端却出现了早先南朝墓志所未见的隶笔波挑，表现出与北朝后期墓志文字频见的复古现象相呼应的特征。

4. *六朝砖文*

六朝书法的辉煌成就，还体现在大量的砖文上。所谓六朝砖文，包括出于六朝时期墓葬中的墓志砖、墓记砖、买地券砖、墓砖及画像砖上的文字等，以前四者为主。这些砖文，广泛出土于江苏、安徽、江西、广东等南部地区，但以南京出土者数量最多，也最具特色和代表性。

(1) 楷书

《温峤墓志砖》，东晋咸和四年(329 年)，江苏南京城北郭家山出土。楷书。此砖字形较为方正，楷书特征明显，但仍有隶意遗存，是六朝砖文中最早呈现楷书风貌的书法精品。《颜谦妇刘氏墓志砖》，东晋永和元年(345 年)，南京挹江门外老虎山出土。书写较随意，变化殊多。虽然很多笔画已是楷书写法，但仍带有较浓的隶意。《高崧墓志砖》，东晋太和三年(368 年)，江苏南京东郊仙鹤观出土。其字已为较成熟的楷书，但仍带有隶意。一字一风度、一字一境界，无疑为东晋时期楷书佳作之一。《谢珫墓志砖》，南朝宋永初二年(421 年)，江苏南京城南司家山出土。文字刻于方格内，规整有序，6 砖文字拼成一篇志文，应为先书丹后刻。体势略向右上倾侧，而复归平正。

(2) 隶书

六朝书法，真书及行草无疑为主流，当然也有篆、隶，只是较少。《李缉墓志砖》，东晋升平元年(357 年)，江苏南京东郊吕家山出土。有浅刻界格，隶书，略具楷意。同时出土的《李纂妻武氏墓志砖》《李摹墓志砖》等也各有特色，为六朝隶书砖文精品。

另外，还有一些隶楷合体之砖文，隶法多于楷法，称之为隶楷书。如《高崧妻谢氏墓志砖》，东晋永和十二年（356 年），南京东郊仙鹤观出土。字形多宽扁，大小、正侧，各各不一。横主画多有波挑，多用隶法，但竖钩、卧钩明显已具楷法。隶楷融合自然，风格秀润，是当时隶楷书的代表作品。

（3）行草书

六朝时，除少数土坑墓外，绝大多数为砖室墓。墓砖大小逐步统一，盛行纹饰，并有纪年、工匠名、记事、吉语、砖名、编号等文字，成为断代的依据。可分模印和刻划两类，模印者多为隶、楷书，刻划者多为行草书。这些行草书多草率，姑且称之为"民间简率书"，其体多为行、楷书，多为湿刻。但也有较精者，如梁桂阳王萧融夫妇合葬墓，除出土两方墓志外，其墓室地砖上还刻划有人名"张承世师"，行书，似在地砖未干时以硬物信手刻成，运笔洒脱，线条流畅，为南朝砖文中行草书较佳者。

四、六朝书论

六朝书论与六朝书家、六朝书作一样，灿若星辰，以东晋王羲之，南朝宋羊欣、虞龢，南朝宋齐时期的王僧虔，南朝梁陶弘景、袁昂、萧衍、庾肩吾等人的书法理论为代表。

1.（传）王羲之《题卫夫人〈笔阵图〉后》《笔势论十二章》

传为王羲之所作的《题卫夫人〈笔阵图〉后》，总结出真、行、草、章草、八分等书体的写法。如"夫欲书者，先乾研墨，凝神静思，预想字形大小、偃仰、平直、振动，令筋脉相连，意在笔前，然后作字"①；"若欲学草书，又有别法。须缓前急后，字体形势，状如龙蛇，相钩连不断，仍须棱侧起伏，用笔亦不得使齐平大小一等……其草书，亦复须篆势、八分、古隶相杂，亦不得急，令墨不入纸。若急作，意思浅薄，而笔即直过"②。

---

① [东晋]王羲之：《题卫夫人〈笔阵图〉后》，收入华东师范大学古籍整理研究室选编《历代书法论文选》，上海书画出版社 2012 年版，第 26 页。

② [东晋]王羲之：《题卫夫人〈笔阵图〉后》，第 27 页。

为了指导其子王献之等学书，王羲之作《笔势论十二章》，对笔画、结体、字形等书法技艺做系统阐述。如“节制章第十”谈字形及结构疏密：“夫学书作字之体，须遵正法。字之形势不得上宽下窄。不宜伤密，密则似痾瘵缠身。复不宜伤疏，疏则似溺水之禽；不宜伤长，长则似死蛇挂树；不宜伤短，短则似踏死蛤蟆。”①

2. 羊欣《采古来能书人名》

南朝宋羊欣《采古来能书人名》一卷，为六朝主要的书法史传著作，介绍从秦李斯至东晋共69位书法家的所擅书体和书艺成就。书中记载程邈增减大篆创写隶书之事：“秦狱吏程邈，善大篆，得罪始皇，因于云阳狱，增减大篆体，去其繁复，始皇善之，出为御史，名书曰隶书。”②隶书非一人能创写，但杰出书家在字体创立过程中能起到重要作用；而古隶由大篆衍化创写，则与史实不悖。书中介绍王羲之、王献之说：“王羲之，晋右将军、会稽内史，博精群法，特善草隶，羊欣云：‘古今莫二。’”③“王献之，晋中书令，善隶、藁，骨势不及父，而媚趣过之。兄玄之、徽之，兄子淳之，并善草、行。”④言辞简洁，而论述大致精当。

3. 虞龢《论书表》

南朝宋虞龢撰《论书表》，为虞氏于泰始六年（270年）上宋明帝之表，凡数千言，叙“二王”书事及当时搜求书法名迹情形等内容。文气不连贯，似有脱简。但书中对“二王”书艺、书事的记载，提供了很好的史传资料。《论书表》还对当时与书艺相关的笔、墨、纸、砚等文具做了介绍和评述。如该书中间部分：“乃诏张永更制御纸，紧洁光丽，辉日夺目。又合秘墨，美殊前后，色如点漆，一点竟纸；笔别一二，简毫专用白兔，大管丰毛，胶漆坚密；草书笔悉使长毫，以利纵舍之便。兼使吴兴郡作青石圆砚，质滑而停墨，殊胜南方瓦石之器。缣素之工，殆绝于昔。

① [东晋]王羲之：《笔势论十二章》，收入华东师范大学古籍整理研究室选编《历代书法论文选》，第35页。

② [南朝宋]羊欣：《采古来能书人名》，收入华东师范大学古籍整理研究室选编《历代书法论文选》，第44页。

③ [南朝宋]羊欣：《采古来能书人名》，第47页。

④ [南朝宋]羊欣：《采古来能书人名》，第47页。

王僧虔寻得其术,虽不及古,不减郗家所制。”①

4. 其他书论

六朝书论除上述外,尚有王僧虔《论书》、陶弘景《与梁武帝论书启》、袁昂《古今书评》、萧衍《观锺繇书法十二意》、庾肩吾《书品》等,与六朝法帖、六朝铭刻书法一起,共同铸就了六朝书法的辉煌。

第三节　隋唐宋元书法

隋唐时期,与南京相关的书家主要有颜真卿、高正臣等。颜真卿曾任昇州(南京)刺史。唐高宗撰文、高正臣书《明徵君碑》,为我国古代较早的行书碑刻,现仍立于栖霞寺前。重要铭刻还有唐圣历三年(700年)的《仙坛山铭》等。南唐创设画院,聚集人才,书画兴盛。当时南京知名书家有李璟、李煜、徐铉、徐锴、冯延巳等人。

宋代的南京,文化气息浓厚。“宋四家”中的苏轼、米芾,都曾至南京游历活动。当时南京主要书家有张孝祥、王安石等人,重要铭刻有《徐的墓志》《徐伯通墓志铭》《钱寿仁墓志铭》等。元代见于史载的南京篆隶书家,有杨刚中、杨翮父子等人。

一、唐宋书家

唐代的南京书家以昇州刺史颜真卿为代表,而南唐的南京书家则以游宦于江宁(今属江苏南京)的文字学家徐铉为代表。

颜真卿(709—785)与南京颇有渊源。颜氏祖上颜含追随晋元帝渡江,侨居建康(今江苏南京),而后发展成为江左望族。唐肃宗时,颜真卿还曾出任过昇州刺史、浙江西道节度使兼江宁军使,治所就在昇州城。虽然颜真卿的任期不长,但是他对南京的影响很大。时至今日,南京城内的乌龙潭仍然保留有颜鲁公当年设置的放生池和后人为了纪念

① [南朝宋]虞龢:《论书表》,收入华东师范大学古籍整理研究室选编《历代书法论文选》,第53页。

他而设立的颜鲁公祠。颜真卿书法，真、草并重，真书以《颜勤礼碑》《麻姑山仙坛记》等为代表，行草书以《祭侄文稿》《争座位帖》等为代表。他在南京写有《乌龙潭放生池碑》《宝志禅师像赞》等。他开创的书法风格，前无古人，后无来者，影响极其深远。他取得的书法成就，垂范后世，影响深远。

徐铉(916—991)，字鼎臣，扬州广陵(今江苏扬州)人。10岁能文，仕南唐李昪父子。随李煜入觐宋太祖，命为率更令，后迁左散骑常侍。徐铉与其弟徐锴(920—974)均以文翰名世，为江左之冠，号“二徐”。徐铉精于小学，曾受诏与句中正、葛端等校订《说文解字》，以正天下字学。工篆、隶、行书。存世书迹有《篆书千文》《武成王庙碑》《摹秦峄山铭》《今有私诚帖》等。《今有私诚帖》，行书，纸本。凡14行，共160字，台北故宫博物院藏。此尺牍墨迹，字势以平稳为本，但颇多变化，正中见奇，静中含动，实中藏虚，雅有古意。行笔沉着凝练，不矜不躁，不激不厉。点画敛角减芒，浑润处隐见篆意。信手而成，遒婉自然。

王安石(1021—1086)，字介甫，号半山，抚州临川(今江西抚州)人。他是北宋著名的政治家，曾主持熙宁变法。变法遭到利益受损者的强烈反对，王安石本人也因此被两度罢相，变法以宋神宗的去世而告终。他还是北宋著名的文学家，即赫赫有名的“唐宋八大家”之一，散文和诗词的成就颇高，其诗有“王荆公体”(又称“半山体”)之美称。王安石第二次罢相后，退居江宁(今江苏南京)，直至去世。虽然王安石不以书家自居，但是其书法之个性和奇古却得到苏轼、黄庭坚、米芾等书家不同程度的肯定。公认的王安石传世墨迹主要有两件，一件是上海博物馆藏的行书《楞严经旨要》卷，字势如“斜风细雨”，“不齐”之中有“大齐”，另一件是台北故宫博物院藏的行书《过从帖》，萧散简远，文气十足。

张孝祥(1132—1170)，字安国，号于湖居士，和州乌江(今安徽和县)人。他是状元、爱国词人，颇有书名，与陆游、范成大和朱熹并称南宋中期书法“中兴四大家”。张孝祥曾出任建康留守，与南京也有着密不可分的关系。张孝祥自称书学颜真卿，但现在看来，学得更多的是颜真卿的气节。若专从技法上考察，则张孝祥书法更多地受到米芾和晋人的影响，在收放和韵味上境界颇高。张孝祥传世的书法代表作有台北故宫博物院藏的行草《台眷帖》、上海博物馆藏的行草《柴沟帖》等，前者收放有度，后者奔腾豪放，与其"豪放派"词人的身份相契。

二、唐宋碑志

出土于南京的唐宋碑志主要有唐代的《明徵君碑》《仙坛山铭》、北宋的《徐伯通墓志铭》和南宋的《钱寿仁墓志铭》。

1. 唐《明徵君碑》

唐代行书碑，立于南京栖霞寺门前右侧。唐代"方技之士"明崇俨请求唐高宗为其五世祖、南朝隐士明僧绍而立。高 2.74 米，宽 1.31 米，厚 0.36 米。碑文由唐高宗李治于上元三年(676 年)亲撰，通篇 2376 字，四六韵文，最后以 10 首铭词作结，追述南朝齐人明僧绍归隐林泉，崇信佛教，于齐、梁两代在栖霞山大造佛像等活动情况。碑文行书，33 行，行 74 字，由唐代著名书法家高正臣书丹。碑额"明徵君碑"由朝散大夫、太子洗马王知敬篆书。碑阴刻有"栖霞"两个大字，传系高宗李治御书。1956 年，该碑被列为江苏省文物保护单位。1962 年，江苏省、南京市文管会建亭护碑。该碑为南京仅存的唐代地面碑刻，保存较为完好。以行书刻碑首推唐太宗撰书之《晋祠铭》，次则《唐怀仁集王羲之书圣教序》，《明徵君碑》与前二碑同时而稍晚，是我国古代较早的行书碑刻(图 8－6)。

图 8－7 《明徵君碑》拓片(局部)

明僧绍，字承烈，号栖霞，平原(今属山东)人，是南朝宋、齐时著名的隐士。他隐居摄山(即栖霞山)20 余年，才广品高，桃李满天下，影响很大，先后有 6 个皇帝以国子博士等官职相征请，他坚辞不就。时人赞许明僧绍自甘淡泊的真隐士精神，尊称他为"徵君"。南齐永明七年

(489年)，明僧绍捐住宅为寺，因其号为“栖霞”，故此寺称栖霞精舍，后又改称栖霞寺，摄山也因此更名栖霞山。

高正臣，生卒未详，唐广平(今属河北省)人。官至卫尉少卿。书学王羲之。传世书迹有《杜君绰碑》《明徵君碑》等。高正臣初学王羲之，又吸收褚遂良、欧阳询、虞世南等书家的笔法，融会贯通，深受唐高宗、玄宗等皇帝的喜爱和时人的推崇。但追本溯源，实学王羲之为多。明盛时泰在《苍润轩碑跋》中更直指此碑："书自《圣教序》中出，极有风骨，可爱。"

此碑书法结体谨严，笔画丰润圆劲，姿势俊朗遒逸，与《怀仁集王羲之圣教序》在结字及用笔上都有相近之处。露锋起笔，中锋运笔，使转遒美，得“王书”三昧。既有楷书之端庄，又不失行书之流韵，亦放亦拘，显示书者深厚的功力，有很高的书法艺术价值，是研究我国南朝及唐代宗教、历史特别是书法艺术的珍贵文物之一。

2. 唐《仙坛山铭》

《仙坛山铭》，亦称《寻仙观仙坛山铭》。长65厘米，宽41厘米。唐圣历三年(700年)三月十八日刻。20世纪60年代从南京市溧水县采集，现藏南京博物院。此碑系道士周道赐书赞铭并画像，汤义思镌刻。该铭主体为楷书，中杂有数个武则天时期所造文字，如“垂拱五年”的“年”；间或杂有篆书，如“夫修道者上消天火”的“天”；文中还刻有行书，如“半山汉毛氏亦有”等字。总体来说，还比较和谐，不太突兀。笔画肥瘦互见，结体宽朗，字势端庄，气象博大，书刻俱佳，为唐早期南方碑刻之精品，具有较重要的道教、社会历史和书法艺术价值。

3. 北宋《徐伯通墓志铭》

《徐伯通墓志铭》，长94.5厘米，宽71厘米，厚6.5厘米。北宋元丰四年(1081年)刻。1958年南京市江宁县祖堂山出土，现存南京博物院。志盖篆文，4行8字，文曰“宋故建安徐君墓铭”。传主徐伯通，字文渊。其祖徐的，字公准，建州建安人，中进士，官至三司度支副使、荆湖南北路安抚使，平诸蛮有功。

该墓志字形大致匀整，字形大小、笔画粗细变化不大。下笔厚重，笔势酣畅；结体严谨，平正中有险峻；骨肉丰满，魄力雄强，表现出与《钱寿仁墓志铭》不一样的风貌精神。

4. 南宋《钱寿仁墓志铭》

《钱寿仁墓志铭》，长 69 厘米，宽 48 厘米，厚 7.8 厘米。南宋淳熙十六年刻。现存南京市博物馆。传主钱寿仁，字仁叔，六世祖为吴越忠逊王钱倧。父辈迁居于建康溧阳。钱寿仁生于绍兴七年(1137 年)，累迁至绍兴府录事参军。卒葬于溧阳来苏乡。

该墓志楷书，略带行意，笔力沉着，略有毛涩之感；结体紧劲，字形修长，转折圆润，字势略向右上倾侧，而大致平正；字里行间，萧散秀逸，神完气足。这在碑刻墓志中是极为难得的，为宋代江南文人行楷书代表作之一，置于文人大家的书作中也不逊色。

三、元代书家

元代活跃于南京的书家以擅长篆隶的杨刚中、杨翮父子为代表。

杨刚中，字志行，生卒未详。明安世凤《墨林快事》云：《闾丘公祠记》“书篆为杨刚中，虽未足名家，而能规模吴兴”。可知，杨刚中的篆书面目不出赵孟頫藩篱。

杨翮(? —1367)，杨刚中子。据乾隆《上元县志》记载，杨翮字文举，金陵人，元末提举江浙学校，杨孟载有悼杨文举博士诗云：“白发苍髯老奉常，乱离终喜得还乡。八分书古追东汉，七字诗工到盛唐。”工古文，善分隶。撰有《佩玉斋类稿》。

第四节　明清书法

明代是中国书法史上的一个重要时期。明初的书法，必然受到元代书风的影响。在赵孟頫书风格调的熏陶下，明初的书法多为“二王”及“赵体”的翻版，审美趣味比较单调。在持续的政治高压下，元末明初的文人书家或惨遭杀害，或与世隔绝，以至于明初的书坛死气沉沉。全国如此，作为明初都城的南京更是如此。明初的南京书法主要是以实用为主的宫廷书法。

明成祖朱棣于1421年迁都北京后，仍然保留了南京的都城地位，并且保留了一套完整的中央机构。虽然南京的中央机构很完整，但是毕竟不再是全国政治中心，故设员较少，然而，来来往往、先后游宦于南京中央机构的文人官僚却很多，如程南雲、李应祯、邵宝、乔宇、蔡羽、王守仁、文彭、朱日藩、何良俊、莫如忠、王世贞、詹景凤等，皆是鼎鼎有名的书家，为明代中后期的南京书坛带来了不少活力，共同谱写了明代南京书法史。

清代书法的发展有十分独特之处。乾、嘉时期，学界出现了推崇碑版刻石的倾向和风气，并在阮元的倡导和包世臣的鼓吹下迅速兴盛。这是一股不可阻挡的潮流，打破了崇尚法帖墨迹的传统。康有为将这种倾向的书学理论和创作风气称作"碑学"，将传统的书学理论和创作风气称作"帖学"。清代南京的书法艺术得到长足发展，本土籍和寄寓南京的书法名家较多，其中郑簠、邓石如、李瑞清等为影响全国书坛的代表性人物。

一、明代书家

明代，南京书家荟聚，可大致分为南京本土书家、占籍南京书家、游宦南京书家、寓居南京书家等几类。

1. 南京本土书家

俞纲(生卒未详)，上元(今南京)人，以生员善书而成为中书舍人。天顺年间官南礼部左侍郎。

焦竑(1540—1620)，字弱侯，号漪园，世人称之"澹园先生"。万历己丑年(1589年)状元。"真行结法眉山，散朗多姿而古貌古骨，有长剑倚天、孤峰刺日之象。"[①]"眉山"代指苏轼，意谓其楷、行书师法苏轼。

此外，明代南京的本土书家还有金润、倪谦、倪岳、童轩、庄昶、顾谦、金琮、金鱼、黄谦、马巘、张志淳、谢承举、陈钦、严宾、许穀、陈凤、邢一凤、马汝溪、王可大、胡汝嘉、余梦麟、余世奕、盛安、盛时泰、姚汝循、

① [清]倪涛：《六艺之一录》卷三七一，四库全书本，叶十三。

焦尊生、顾源、金元初、李登、马呈道、沈天启、姚履旋、沈凤翔、张文晖、金殿、魏之璜等。

2. 占籍南京书家

徐霖(1462—1538)，字子仁，号九峰、髯仙，又称徐山人，明代戏曲作家。先世长洲(今江苏苏州)人，出生于华亭(今上海松江)，后移居金陵。徐霖性格倜傥豪爽，工于书法，兼善绘画。填曲富有才情，精于格律，在当时与散曲作家陈铎并称“曲坛祭酒”。

此外，明代占籍南京的书家还有李时勉、伊恒、张益、王徽、王韦、王逢元、陈钢、陈沂、马氏、沈锺、黄珍、周金、刘麟、顾璘、顾瑮、陈芹、朱之蕃、何湛之、何淳之、姚淛等。

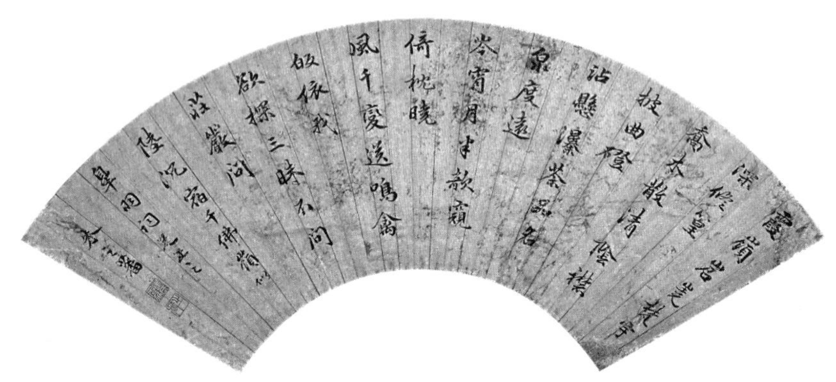

图 8-8　朱之蕃行书扇面(南京市博物总馆藏)

3. 游宦南京书家

明代，游宦南京的书家可谓数不胜数，以书法闻名者，如程南雲、李应祯、邵宝、蔡羽、王守仁、文彭、袁袠、莫如忠、许初、王世贞、詹景凤、王铎等。其他善书者，如陈琏、金问、魏骥、王英、周瑄、陈信、钱溥、钱博、罗琥、夏时正、朱贞、刘昌、罗璟、戴珊、翟瑛、吕献、陈璚、储巏、顾清、张文渊、朱希周、周伦、乔宇、项麒、秦金、景旸、王鸿儒、王瓒、林达、顾应祥、马一龙、潘恩潘、朱曰藩、何良俊、潘德元、沈玄华、王世懋、祝世禄、郑梦祯、常信、臧懋循、李开芳、钱谦益等。

4. 寓居南京书家

明代寓居南京的书家以宋珏为代表。宋珏(1576—1632)，字比玉，号荔枝仙，福建莆田人，客居金陵。尤善隶书，以至于行草之名为隶书所掩。其行草出手不凡，从米芾那里所得颇多，亦受到祝枝山、董其昌影响，气势撼人，是典型的晚明书风。此外，工篆刻，首创以八分入印，突破篆文入印的传统，自成一家，从而开创篆刻史上的“莆田派”。

宋珏的隶书取法汉《夏承碑》。《夏承碑》为东汉名碑，面貌奇特，隶书中夹杂篆书，波磔夸张，结体偏方，而这些都在宋珏的隶书作品中体现。南京博物院藏宋珏隶书《定水寺行香》轴是颇具其个人风采的作品，内容为唐末诗人郑谷作的一首七言绝句。

二、明代墓志铭

明代墓志铭风行，南京地区出土不少，其中代表者为《沐英墓志铭》，现存南京博物院。明洪武二十五年(1392 年)刻。志盖长 77.5 厘米，宽 78.3 厘米。墓志长 77.5 厘米，宽 78.3 厘米。志盖篆文，6 行 29 字，文曰“大明开国辅运推诚宣力武臣柱国西平侯追封黔宁王谥昭靖沐公之墓”。志文楷书阴刻，首题“大明西平侯追封黔宁王谥昭靖沐公圹志”，继刻正文 24 行，满行 25 字。出土于南京江宁将军山南麓。将军山，即因葬入沐英及其家族成员而得名。

沐英，字文英，为朱元璋养子，明初仅次于中山王徐达、开平王常遇春、岐阳王李文忠、宁河王邓愈的开国功臣，封西平侯。沐英幼失怙恃，明太祖朱元璋抚以为养子，爱如己出。及长，从太祖征伐，克忠职守，屡著功勋。洪武十六年(1383 年)奉诏留镇云南为屏藩，其子孙 12 代 14 任族长，均镇守云南，世袭黔国公，创建了与明祚相始终的黔国世家。卒赠黔宁王，谥昭靖，赐葬于京师东南长泰北乡观音山之原，即今将军山南麓。沐英墓志作为新资料，对校勘传世史料具有重要价值，同时具有较高的书法价值。

唐代李阳冰以降千余年间，篆书颇为沉寂，能篆者不多，佳者更少。但自明代开始，写篆书者渐多，技法和面目渐多变化。写秦小篆风格仍是主流，风貌有异，高下皆有。沐英墓志盖篆书，线条稍细，转折圆润；字形修长，结体严谨；章法规整谐和，在明清篆书史上，特别是在明清墓志盖篆书史上，是一件不可多得的精品，堪称明代早中期“玉箸篆”之代表作。志文楷书，线条细劲，劲力内敛，骨肉匀适，字势典雅，工稳精整，风致秀逸，显露出江南文人润雅遒美的笔致意趣，与志盖篆书形成明显对比，为明清志文楷书佳作。

三、明末清初画家的书法

明末至清初，南京集聚了为数众多的书画家。除书法家外，画家中多有擅书者，书画俱佳，其中以“金陵八家”中的龚贤最为著名。

1. “金陵八家”

明末清初的“金陵八家”，指龚贤、樊圻、高岑、邹喆、吴宏、叶欣、谢荪、胡慥8位知名画家。他们笔墨投契，互通师承，在师法古人的基础上，多师真山水，成就显著，在中国绘画史上写下了浓墨重彩的一笔。其中以龚贤为代表。

龚贤(1618—1689)，又名岂贤，字半千，又字野遗(野逸)，祖籍江苏昆山，幼年即随家迁居南京，一生中有50余年生活于南京。龚贤最后选择清凉山作为定居地。他购买了几间草屋，在屋旁空地上栽花种竹，名曰“半亩园”。他使用的印章中有一方“安节堂”，表明了不与清政府合作，保持民族气节的坚定志向。龚贤不仅是大画家，也善行草，工诗文，是一位颇有成就的书法家、诗人。关于龚贤的书法评论不多，《昆山景物志略》《昆新两县续修合志》都称龚贤“兼工书，行草雄奇奔放，仍不失矩”。清代彭蕴灿《画史汇传》说龚书“行草雄奇”。近些年来关注龚贤书法的人渐多，一般认为龚书主要师承米芾。但该观点不够全面。其实龚贤兼师众法，兼习融通，终成一家面目。

龚贤的书法大致可分为三个阶段：17世纪60年代初期(约40多岁)之前为早期，以王羲之、颜真卿、米芾、董其昌等为主要师法对象，且以王、颜为主，《集王字圣教序》是主要借鉴、研习对象。其后至1682年前后(约40多岁至65岁)为中期，仍主习王字，兼法李邕，初步形成雄逸劲拔的书风。其后至1689年龚氏逝世为晚期，在早、中期师法的基础上，转而研习米芾书法，并由此确立了他纵逸的个性书风。

2.“金陵二谿”

明末清初的金陵画坛，除“金陵八家”外，还有两位居住在金陵的大画家，人称“金陵二谿”，一为石谿髡残，一为清谿程正揆。

髡残(1612—1692)，俗姓刘，出家后名髡残，字介丘，号石谿、白秃、石道人等。湖广武陵(今湖南常德)人。明末清初画家、书家。髡残与八大山人、弘仁、石涛合称“清四僧”。他出家后云游各地，43岁时定居南京大报恩寺，后迁居牛首山幽栖寺。他善书法，能诗，与程正揆相友善，时称“二谿”。髡残书法多为题跋，独立成作者少，故学界对其书法的关注不多。但从其长篇题跋可知，髡残对自己的书法颇为自信。

程正揆(1604—1676)，字端伯，号鞠陵，又号青谿老人。湖北孝感人。明末清初画家、书家。崇祯四年(1631年)进士，官少司空。入清，官工部侍郎。他初名正葵，入清后改名正揆。顺治丁酉十四年(1657年)去官后，优游于金陵栖霞、牛首之间。工书善画，初得董其昌指授，而能自出机杼。书法从“二王”入手，汲取李邕、颜真卿之精髓，成自家风貌。

程正揆创作的《行书唐人尚颜五律〈松山岭〉诗轴》，纸本，纵182厘米，横45厘米，为其存世不多的独立书法作品之一，弥足珍贵。现藏于南京博物院。该诗轴署名“程正揆”，当为其入清后所书。此作骨气清高，无媚俗之态，无燥火之气，加之疏朗的章法，大方潇洒的结构，使全幅作品呈现出一种清虚淡泊的意味。

3.其他画家书法

除龚贤、髡残、程正揆外，明末清初生活或活动于金陵的书画家中，有多人善书，如吴宏(行、篆书)、查士标(行书)、武丹(楷、行书)、蔡泽(行书)、魏之璜(楷书)、魏之克(楷书)、杨文骢(行书)、髡残(行书)、吕潜(行草)、石涛(行书)、柳堉(行书)、柳遇(行书)等皆工书，有的还兼擅各体，其书法艺术多体现在绘画款题上，也有少数独立作品。他们功力深厚，各有优长，组成了一个金陵书法创作的群体。

四、清代书家

清代，南京地区的书法家和书法理论家较多，其中著名者如郑簠、邓石如、孙星衍、包世臣等。

1. 郑簠

郑簠(1622—1694)，字汝器，号谷口，上元(今江苏南京)人，以擅长隶书著称于清初。据学者统计，郑簠可靠的传世作品近百件。[①] 而这些作品除信札外，几乎全是隶书，数量之多，比重之大，足以证明他对隶书的挚爱。

闽人宋珏是郑簠学隶的“导师”首选。宋珏是郑簠(原籍福建莆田)的同乡前辈，久居金陵，主要以隶书名世。但二人年纪相差较大，宋珏去世时，郑簠才 11 岁，故是否得宋亲授未知，有待方家考证。不过，可以推测的是，郑簠从祖、父辈口中时常听到宋珏的名字，毕竟后者是莆田客宁的名人。郑簠初学隶书便选择宋珏，且一学就是 20 年，应当不是巧合，除“见其奇而悦之”的兴趣外，还与长辈引导及地缘关系有关。

40 岁以前(1661 年前)，郑簠隶书一直未能摆脱宋珏隶书面目，总体而言并未超出元明隶书的习尚。此后，郑簠“乃学汉碑，始知朴而自古，拙而自奇，沉酣其中者三十余年”[②]，才逐渐走出元明隶书风气的藩篱，形成了富有个性而成熟的隶书风格，用笔“沉着而兼飞舞”[③]，结字“移步换形”“古趣可挹”[④]。70 岁(1691)以后，郑簠“人书俱老”，所作隶书“醇而后肆”，最终复归平和质朴。

南京博物院藏有两件郑簠的立轴大字作品，一件是作于 1678 年的《介雅三章之二》轴，一件是没有纪年的《孔子〈蟪蛄吟〉句》轴，均为隶书。1678 年，郑簠 57 岁，一方面正不遗余力地寻访、搜集、研究和临摹

---

① 薛龙春:《郑簠研究》，荣宝斋出版社 2007 年版，第 16 页。

② 张在辛:《隶法琐言》，震钧辑:《国朝书人辑略》(卷一)《郑簠》，清光绪三十四年刻本，第 93 页。

③ 方朔:《枕经堂金石书画题跋》卷三《旧拓汉鲁相史晨祀孔子庙前后二碑跋》，《石刻史料新编》第 2 辑第 19 册，(台北)新文丰出版公司 1980 年版，第 14263 页。

④ 方朔:《枕经堂金石书画题跋》卷三《旧拓汉鲁相史晨祀孔子庙前后二碑跋》，《石刻史料新编》第 2 辑第 19 册，第 14270 页。

汉碑，另一方面也仿照汉碑进行展大创作。隶书《介雅三章之二》轴即属于后者。此作尺幅很大，纵逾两米，笔法、结体和章法直取汉碑，点画圆中带劲，古意盎然，字势活泼飞动，极具“书写性”，彻底打破了唐以来隶书的规整习气，与板滞的元明隶书大不相同。其用笔注重行笔速度、节奏和轻重变化，收笔果敢，时出飞白；结体变形大胆，点画高低错落，左右伸展，主次分明，字形稚拙可爱。可见，此时郑簠的隶书风格已经形成。隶书《孔子〈蟪蛄吟〉句》轴为郑簠书风成熟期（1682—1691）[1]甚至是 70 岁（1691）以后的作品。其用笔兼有“沉着”“飞舞”两大特征，结体变明隶之紧密为汉隶之开拓，舒展扁方，字距较行距疏朗，虽寥寥 12 字，却以十分强大之气场撑起了整幅画面，为其隶书代表作品。

郑簠隶书对当时及其后书坛的影响很大。首先影响的是同时代人。据学者考证，在郑簠身前，至少有周亮工、朱彝尊、王概、王蓍、禹之鼎、陈奕禧、林佶等一大批追随者。[2] 其次影响的是张在辛、万经、吴瞻澳和金磐北等门生。[3] 再次影响的是高凤翰、高翔、郑燮、金农等“扬州八怪”，甚至影响了清代碑学书法的“开拓者”邓石如。

2. 邓石如

邓石如（1743—1805），初名琰，字石如，因避仁宗讳，以字行，后更字顽伯。因居皖公山下，又号完白山人、别署完白等。安徽安庆怀宁县人。幼年家贫，从其父习篆隶，治印售卖。青年时负笈游历，开阔了眼界，过安徽寿州，梁巘见其书，惊叹：“笔势浑惊，余所不能。”乃举荐其见江宁（今属江苏南京）举人梅镠，得到梅镠的欣赏和鼎力支持。邓石如客居梅家，得以纵览大量金石碑帖，心追手摹，寒暑不辍，为以其后在篆隶方面的变法打下坚实的基础。

邓石如书法艺术的成就主要是篆、隶书及楷书，其核心是对篆书笔法的创造，这是近代书法史上的一次革命。包世臣评邓氏篆书：“稍参隶意，杀锋以取劲折。”很确切。他创造性地用隶书笔法作篆，突破了篆书 1000 多年来惯用的“二李”笔法，大胆地使用长锋羊毫，强化了篆书

① 薛龙春：《郑簠研究》，第 139 页。

② 薛龙春：《郑簠研究》，第 155—162 页。

③ 薛龙春：《郑簠研究》，第 152 页。

的书写性和线条表现力，使作者的性情能够流露其间，极大地丰富了篆书的用笔。邓石如也以篆入隶，但影响力远不如其以隶入篆。邓石如学楷书没有从唐楷入手，而直取南北朝的《张猛龙》《贾使君》《石门铭》《梁始兴王碑》等，笔画使转带有隶意，同样表现出勇于探索的精神。邓石如以小篆入印，并不一味崇尚汉法，而极力表现"以书入印"、酣畅多姿的新面貌，为篆刻艺术的发展开拓了空间。

邓石如以布衣脱颖而出，崇尚碑学，以其郁勃遒劲、跌宕雄厚之书风，冲击了俗媚秀丽、刻板单调的"馆阁体"，使篆、隶、篆刻得以中兴，使当时颓废的书坛、印坛获得了新生。邓石如继承传统，创立新风，在书法史上的成就及贡献巨大，是中国书法史上继"二王""颜柳"之后的又一座丰碑。

3. 孙星衍

孙星衍（1753—1818），字渊如，号伯渊，别署芳茂山人、微隐，阳湖（今常州）人，后迁居金陵。他年轻时就读于南京的钟山书院，晚年又曾主讲于钟山书院。孙星衍于经史、文字、音训、诸子百家，皆深有研究。擅长篆书，其篆书精妙圆润，工稳遒劲；其行书多见于信札和文稿中，行笔流畅，点画精妙，富于变化，可见他对书法的优游态度。

4. 包世臣

包世臣（1775—1855），字慎伯，号倦翁、安吴，安徽泾县人。晚年寓居南京，以著述为事。中青年时期为包世臣书法探索期，师法"二王"及唐宋诸名家；45 岁到 58 岁是包世臣书法革新期，主要以北碑为师法对象；59 岁到 81 岁是包世臣书法回归期，又回归对"二王"和唐宋笔法的追求，参用碑法。① 包世臣不仅广泛取法，还偏爱钻研，于执笔、运毫等技术环节尤下功夫，甚至到了舍本逐末的地步。著有《艺舟双楫》等。《艺舟双楫》共 6 卷，前 4 卷评论古人书法，抒发己见；后 2 卷阐述学书经验和心得，论述汉代以来书法用笔源流。前后合编，故为"双楫"。总的来看，其书法实践水平远不及其书法理论水平。

清代游学、讲学、寄寓于南京的书法名家还有杨法（1696—约 1762

---

① 参见金丹《包世臣书学的重新审视》，南京艺术学院 2005 年博士论文，第 82—94 页。

后)、姚鼐(1732—1815)等。

第五节 近现代书法

中国近现代书法延续晚清的碑学书风,传承帖学风范,碑帖交融,开拓创新;并理性地利用考古发掘成果,融入甲骨文、西北汉简、敦煌写经等古代书法元素,增加近现代书法的多样性,在清代基础上取得长足发展,大家辈出,精品纷呈。近现代南京书坛名家辈出,两江师范学堂监督李瑞清发其端,于右任、胡小石、高二适、林散之、徐悲鸿、萧娴等踵其后,他们深研碑学和帖学,走碑帖融合之路,一意创新,独标书坛,成就卓著。同时,李瑞清、胡小石等人在书法理论上也钩沉发微,多有创新。

一、近现代书法名家

近现代的南京书坛,名家辈出,影响全国,其中具代表性者有莫友芝、张裕钊、李瑞清、于右任、胡小石、林散之、徐悲鸿等。

1. 莫友芝

莫友芝(1811—1871),字子偲,号郘亭、眲叟,贵州独山人。他自幼天资聪慧,攻经史诗文,研习汉学。又拜黎雪楼为师,研读宋学与诗文。21岁中举后,于会试中屡屡受挫,遂绝意进取,致力学术,终成著名学者。曾国藩从太平军手中收复南京后,莫友芝曾随其来到南京,继续参与从安庆迁来并改名的金陵书局的业务工作。他以书法著称于时,受碑学思想影响,不论作楷、篆、隶书,下笔都坚实沉厚,结字以生拙古朴为特点,毫无巧饰姿媚,继承了邓石如一派的法则。莫友芝学篆从《少室石阙铭》、释梦英《篆书千字文》入手,也取法邓石如,又广泛搜求秦汉碑刻,尤其是汉碑篆额,以为取法对象,力避圆滑、卑弱之弊,故能高出时人,被后人誉为学邓石如一派中成就最高者。

2. 张裕钊

张裕钊(1823—1894),字廉卿,号濂亭,湖北武昌人。以擅长书法著称于当时。他取法唐碑,由唐及魏,上溯至北朝碑刻,潜心摸索,学古求变,最终发展成个性突出的书法风貌。和莫友芝一样,在曾国藩从太平军手中收复南京后,张裕钊也到南京协助其恢复文化事业,并主持几座书院。张裕钊于楷、行书上用力最多,用笔扎实而坚挺,转折处使用一种特殊的折笔方法,造成一种外廓方正、内边圆转的奇异效果,钩挑之笔如斧劈刀刻,尤显尖锐爽利。结体以唐楷的长方为主,重心上移,内紧外松,气力收敛,有一股含而不露、引而不发的潜在扩张力。其独具一格的书法风貌,受到了社会的普遍关注和书坛的赞誉。

3. 李瑞清

李瑞清(1867—1920),字仲麟,号梅庵、梅痴,入民国署清道人,斋名玉梅花庵、黄龙砚斋。江西临川(今江西抚州)人。他对南京的文化和教育建设作出过较大贡献,对中国近代书画艺术产生过重要影响。20世纪初,李瑞清被任命为两江师范学堂监督(校长)兼江宁提学使。他公正勤勉,尽心教育,深得江南士人学子的爱戴。一些著名学者、艺术家如胡小石、吕凤子等都是他的弟子。后来李瑞清隐居上海,张大千投入其门下研习书法,成为其得意弟子。

李瑞清早年学颜、柳及黄山谷,后追周秦,博综汉魏六朝,晚年遍临魏晋以降法帖,并汲取汉简笔法写章草,为吴昌硕所推崇。其楷书出于晋唐;行草得黄庭坚真髓,挺拔开张;其大篆广泛取法商周金文,尤得力于《散氏盘》,多取涩笔,笔力坚实,深厚朴茂。他善为擘窠大字,尤致力于北魏真书、六朝碑刻,以篆籀之气行于北碑,点画韧劲坚实,体势雄峻,故自称"北宗",与曾熙并称"北李南曾"。所临钟鼎、汉魏碑帖,印行甚多,日本来华求其字者络绎不绝。他晚年对帖学颇有心得;20世纪初西北出土了汉晋木简后,对他启发很大。李瑞清对书学理论亦有独见卓识,提出"求分于石,求篆于金"的见解,在当时影响很大。

4. 于右任

于右任(1879—1964),祖籍陕西泾阳,生于陕西三原。原名伯循,字诱人,后字右任。他是民主革命的先驱,伟大的爱国主义诗人,享誉海内外的学者，更是大书法家。他长期在国民政府担任高级官员，与南京有着密切的关系。

于右任精擅书法，前期以行、楷为主，后期以草书称雄。他 11 岁时即随毛氏父子学习书法，从帖入手，基础扎实。青年时代的于右任接受了革命思想的洗礼，感觉纤弱的帖学书风不再适应民族觉醒的需要，而碑学书风更加契合他的追求。他遍临北碑，曾撰有“朝写石门铭，暮临二十品”的联句，可见其用功极深。于右任的楷书“以碑坚质，以帖润姿”，于 1930 年前后走向成熟。同时，他的行书也在自然地提升。中年以后，他由帖到碑，由碑及草，风格发生较大变化，碑与帖在他笔下自然地融合，取得了可以比肩古人的草书艺术成就。他的草书，是以早期的“碑体楷书”和中期的“碑体行书”为主干，统摄各家草书精华而形成的。于右任的书法“无意于佳乃佳”，体现了深厚的书法功力、宽广的胸怀和巨大的人格魅力。同时，他的碑帖观对现当代书法也产生了深刻影响。

5. 胡小石

胡小石(1888—1962)，名光炜，字小石，号倩尹，又号夏庐，晚年别号子夏、沙公。原籍浙江嘉兴，生于南京。少承家学，其父胡季石出于清末著名学者刘熙载门下。1906 年，胡小石考取了两江优级师范学堂预科，1907 年进入该校农博科学习，师从校长李瑞清。

胡小石严格遵循其师李瑞清“求篆于金，求分于石”的书学主张，工于金文，遍临商周诸铭，对甲骨文也颇有研究。其金文和篆书，总体上看，是摹临多而创作少。他学隶自汉碑入手，尊《张迁碑》为隶之首。他自谓“遵梅庵先生教导，自此入手，肄习甚勤”，并“兼学《礼器》《乙瑛》等碑”。同时，他将《流沙坠简》等汉简作为临习对象，对汉镜铭文高度重视。胡小石楷书初学颜真卿，经李瑞清指点而改学北碑，临习《郑文公碑》等碑志最久。他还常临《萧憺碑》与《萧秀碑》碑阴以及隋《董美人》《常丑奴》两墓志，并由诸碑刻而上溯钟繇、王右军，得楷书笔法之精髓。其楷书多以隶书笔意书之，外形是楷书，而内核则是隶书。胡小石的行草书，既基于鼎彝尊铭和北碑、南碑等深厚的功底，又继承并改善了李瑞清涩笔顿挫的风格，且不废帖学，对锺繇、“二王”及“宋四家”中的黄山谷、米芾等人的书法致力尤深，兼碑帖二者之长，从而形成自我风貌。综合来看,他从篆书得古意,于八分得结体,于帖学得笔法,融会贯通。

胡小石治学严谨,学贯古今,于文学、文学史、文字学、书法、文物鉴赏等领域成果丰硕。胡小石于1934年在金陵大学国学研究班讲授书法史,是最早在高等院校中进行书法教学活动的拓荒者。曾昭燏、游寿等从其学,并成为我国现代学者和书法名家。

6. 徐悲鸿

徐悲鸿(1895—1953),原名寿康,别署江南布衣、东海王孙、黄扶等。江苏宜兴市屺亭镇人。现代杰出画家,同时也是书法家和艺术教育家。徐悲鸿自1928年中央大学艺术系聘为教授起,在南京从事艺术工作长达10余年,与南京结下不解之缘。

从少年起,徐悲鸿就开始研习历代碑帖。青年时代,从康有为学习书法,欣赏、临习众多金石碑版。他钟爱《散氏盘》《石鼓文》《爨宝子碑》《爨龙颜碑》《张猛龙碑》等,反复临写。他主张碑帖结合,传承出新。徐悲鸿篆、隶、楷、行、草五体皆能,尤以行书见长。他一生留下的书法作品众多,内容丰富,形制多样。他的篆、隶、楷书,劲健浑厚,气息醇雅;行书取法于怀仁集《圣教序》,以帖派的婉转为基调,又融入了碑派书法的朴拙,形成了率真质朴的崭新风貌。徐悲鸿书法,具有鲜明的时代风格和独特的艺术魅力,是其学问人格的生动体现,在中国近现代书法史上独树一帜,是文人书法和画家书法的一座高峰。

7. 林散之

林散之(1898—1989),原名以霖,号"三痴",后改名散之,别号左耳、散耳、聋叟、半残老人、江上老人等。祖籍安徽和县乌江镇,生于江苏江浦县江家坂村(今属南京浦口)。工诗、书、画,尤擅草书,驰名中外。

林散之曾说:"余学书,初从范先生,一变;继从张先生,一变;后从黄先生及远游,一变;古稀之年,又一变矣。"①"余初学书,由唐入魏,由魏入汉,转而入唐,入宋、元,降而明、清,皆所摹习。于汉师《礼器》《张

---

① 林散之:《〈林散之书法集〉自序》,《文艺生活(艺术中国)》2015年第12期。

迁》《孔宙》《衡方》《乙瑛》《曹全》;于魏师《张猛龙》《敬使君》《爨宝子》《嵩高灵庙》《张黑女》《崔敬邕》;于晋学阁帖;于唐学颜平原、柳诚悬、杨少师、李北海,而于北海学之最久,反复习之。以宋之米氏,元之赵氏,明之王觉斯、董思白诸公,皆力学之。……余十六岁始学唐碑,三十以后学行书,学米;六十以后就草书。"[①]这是严格地按照传统的习书观念进行练习,并且每一阶段都坚持不懈。

林散之晚年草书终有大成,书境深邃老迈,宛如深山老道,凡胎脱尽,苍茫高古,萧散自如,为世所重。就用笔而言,其草书有几个特点:一是刚柔相济。二是富有涩感。"涩"并不是一味的慢,涩感的产生与留、逆、提按等有关。三是诸锋并用,散锋入草。加之用长锋羊毫,意外效果频出。四是空灵。林散之书法仙风道骨,字格高逸。林散之草书多以怀素为体,多取纵势,比较瘦劲。其结体堂堂正正,不作怪体,可谓"意到便成"。就墨法而言,林散之的成就也极大。他继承其师黄宾虹墨法并发展之,将绘画之"五笔七墨"法运用到书法创作中,协调黑白、虚实,大大增强了书法的表现力,前无古人。林散之把中国现代草书艺术推向了又一个高峰。

8. 高二适

高二适(1903—1977),原名锡璜,后改名二适,号瘖庵,晚号舒凫、舒凫父等,又号磨铁道人,江苏东台小甸址乡(今属江苏姜堰)人。他出身塾师家庭,幼时庭训甚严。1934 年,被陈树人赏识,举荐至南京,任国民政府侨务委员会科员,与章士钊、于右任、柳诒徵等社会名流结识,与章士钊订忘年之交。1963 年,经章士钊引荐,被聘为江苏省文史馆馆员。

二适先生书法早年临习锺、王法书及《明徵君碑》《曹娥碑》《龙藏寺碑》等;中年耽于"二王"而尤喜献之行草,于唐则深爱太宗、高宗及褚遂良、薛稷诸人书;晚年则专攻草书。他在 50 岁以后的 10 年里,一方面溯流探源,撰写《新定急就章及考证》一书;一方面专攻章草,以改变自己的书法面貌。为了师古不泥古,他又研究如何将章草同锺、王楷书和

① 林散之:《〈林散之书法集〉自序》,《文艺生活(艺术中国)》2015 年第 12 期。

"二王"行草相结合。60 岁以后，为了"变"古而出新，又反复临习汉隶《杨淮表记》《西狭颂》、楷书《贺捷表》《黄庭经》、行书《温泉铭》《李贞武碑》和王羲之、张旭、杨凝式等人的草书。65 岁以后，笔墨精熟，修养高深，终于熔铸古今，独辟蹊径，走出了一条新路。作为一个传统型的学者书家，二适先生是属于有传统、有根底的出新，其草书"亦章亦今亦狂"，书风鲜明，格调高古。

9. 傅抱石

傅抱石(1904—1965)，原名长生、瑞麟，号抱石斋主人。生于江西南昌，祖籍江西新余。长期生活、工作于南京。现代杰出画家，同时也是书法家、篆刻家和教育家。在书画印诸艺术中，傅抱石尤其重视书法艺术。他早年潜心研习书法艺术，甲骨、钟鼎、石鼓、小篆、隶书乃至楷书、行书等，无不研习。至 20 世纪三四十年代，其楷书、行书及篆书等已成自家面目。尽管抱石先生的书法有很高的艺术价值，但他从不以书家自居，更不愿以书法作品应付索请。这除了谦虚外，还体现了他对书法艺术审慎的态度。

傅抱石先生早年曾潜心练习过颜真卿等唐楷，用力甚勤。其楷书多题于画作之上。傅抱石楷书成熟于 20 世纪 30 年代末至 40 年代初，受颜真卿、欧阳询等人的影响较大，体势略向右上倾侧，结构紧密，笔画遒劲，险峻峭拔，可谓笔笔精到，无一懈笔。傅抱石独立的行书作品与楷书一样少见，其行书或行草书多见于其画作上的款题以及信札等，前后大体有两种面貌。早期行书(20 世纪 20 年代)似受吴昌硕影响较大，但线条较为瘦劲挺秀。大约在 30 年代后期至 40 年代初，傅抱石行书逐渐成熟。40 年代中期以后，傅抱石的行书已定型，运笔以中锋为主，但中侧兼使，随意起倒，沉着痛快。傅抱石题款篆书以小篆为基，参以大篆及碑版、镜泉、封泥等笔法，揉以己意，遂成一家风范，气韵高古。傅抱石题款隶书，尽管数量不多，但写得骨力遒劲，浑厚朴茂。

另外，活动于民国及中华人民共和国成立后的南京书家还有谈月色、萧娴、陈大羽等。

二、近现代书论

近现代南京书家中，李瑞清、胡小石等人不仅书法艺术成就斐然，且在书法理论上也多有创见。

1. 李瑞清《玉梅花庵书断》

世人对李瑞清的书学理论和书学思想关注不多。其实，李瑞清不仅有大量的论书题跋、题诗传世，还有一部比较完整的书论《玉梅花庵书断》存世。该书分为两部分，第一部分为李瑞清论书之宗旨，其中以当时时兴的碑学话题为核心；第二部分是其考证金文篆书流派，其中提出了极有贡献的“以器分派”理论。李瑞清的碑学理论建基于阮元，其言：“何谓帖学？简札之类是也。何谓碑学？摩崖碑铭是也。”他对于碑帖学的分类完全是按照形态类别，其比阮元之“北碑南帖”观念、康有为以“晋人之书，流传为帖”的认识要更为宽阔。①

李瑞清对清代碑学书法理论的最大贡献在于将中国哲学、诗歌、绘画等领域中的“南北宗”概念引入书法理论中。南北宗这一组概念的引入，对于碑学理论的自我完善有很大的意义。与之前的碑学理论相比较，南北宗不同于阮元所言“南北书派”，也不同于南北碑刻，南、北不再是空间上的对立，而是指书法风格的对立性；南北宗概念弥补了康有为以时间梳理碑学所忽略的风格划分，更为重要的是其弱化了碑、帖的对立性，强化了碑派自身的系统性。②

2. 胡小石《中国书学史》《书艺略论》

胡小石在书法理论方面的著作不多，但体大思深，著有《金石蕃锦集》《中国书学史》(后人根据游寿手抄讲义整理而成)、《书艺略论》等。其理论逻辑是以系统阐述古文字的演变来论述先秦两汉书艺发展的规律。关于书体、书风、书家、书作、技法等书学内容，也有重要论述。总之，胡小石吸取刘熙载、李瑞清、沈曾植等人论说，融合南北书风理念，

① 公丕普:《“断代史”“通史”和“传记”:三种清代“碑学”理论话语的演变路径》,《中国书法》2018 年第 4 期。

② 公丕普:《“断代史”“通史”和“传记”:三种清代“碑学”理论话语的演变路径》,第 42 页。

碑帖并重,能较全面地论述我国书法艺术的发展史。

3. 沈子善《学书捷要》

沈子善(1899—1969),又名六峰,祖籍六合(南京市六合区),世居南京。学者、书法家、书法理论家。其祖上有功名,做过幕僚、文官,家藏典籍与字画丰厚。他自幼喜读书,好书法,日课不辍。他牵头筹备成立了中国书学研究会,创办了《书学》杂志,以"宣传、继承我国特有的书法艺术"为宗旨。他在《书学》杂志上发表了《学书捷要》一文,从执笔、运腕、毛笔之使用、写字之方法、选帖等方面论述了学书要领,对学书者尤其是初学书者有一定的指导意义。

三、近现代书法教育及结社

1. 学堂书法教育

前述李瑞清曾于20世纪初被任命为两江优级师范学堂监督(校长)。"他在学堂中正式设立图画手工科(相当于后来的艺术系),教学主课是图画与手工(工艺),副主课为音乐。这在中国近代美术教育上是破天荒的举动。李瑞清本人执教书法,萧俊贤则教绘画。由是,书法教育第一次在高等教育中出现,第一次以正当身份进入艺术殿堂。"①李瑞清的得意门生胡小石则进一步推动了书法高等教育的进程。他在金陵大学文科研究所首开书法史课程,讲述中国书学史,具有划时代的意义。后来其学生游寿将听课笔记整理成《中国书学史》讲稿。

2. 金石书画综合社团

近现代活跃于南京的金石书画综合社团主要有文社、畸社书画会和中国美术会。文社创立于1932年,由王陆一、杨天骥、王广庆等人发起,以"研究诗文、金石、书画、小说及其他文艺,发扬国光"为宗旨,每隔十日举行一次艺术交流活动,每逢双月举办一次书画观摩展览会。编辑出版有艺术刊物《文社》。主要成员除王陆一、杨天骥外,尚有许世璋、于右任、王一亭、谢无量、王祺、何志贞、倦游子、张鹏一、郑源等人。

① 陈振濂:《中国现代书法史》,人民美术出版社、河南美术出版社2009年版,第125—126页。

畸社书画会创立于1935年，由王商一、傅抱石、张书旂等人发起，未见明确的宗旨和刊物，活动不外乎书画交流。中国美术会也创立于1935年，由张道藩、徐悲鸿、朱屺瞻、吴作人等人发起，编辑出版有《中国美术会季刊》4期，但活动仍停留在雅集的层面。[①]

3. 书法专业社团

近现代活跃于南京的书法专业社团主要为标准草书社。标准草书社创立于1932年，地址在上海，但在1946年随社长于右任迁到南京，地址为宁夏路2号，从此与南京结下了不解之缘。该社以“易识、易写、准确、美丽”为原则，以“整理中国草书，推广标准草书”为宗旨，创办有《草书月刊》，在民国书坛影响很大。之后于右任赴台，标准草书社偃旗息鼓。直至1984年，在多方努力下，曾经的标准草书社得以重生，更名为中国标准草书学社，并于1991年12月从银川迁来南京。

① 参考李阳洪《民国书法社团研究(1912—1949)》，中国艺术研究院2014年博士学位论文，附录部分第1—17页；赵润田《乱世熏风——民国书法风度》，中国文联出版社2015年版，第305—306页。

第九章　绘画艺术

南京历史悠久，人杰地灵，在中国绘画史上具有十分重要的历史地位，尤以六朝时期最为重要，名家辈出，精品纷呈，成为全国的书画艺术中心，创立了中国书画史上的第一个高峰。

六朝时期(公元3—6世纪)，南京作为首都，成为南方政治、经济、文化、艺术的中心。大批文人艺术家及民间艺术家聚集于此，创作了大量的书画艺术作品。六朝时期，人物画大兴，山水画独立，花鸟画渐具雏形，绘画风格由之前粗略稚朴向精美雅致转变。人物画方面，以“秀骨清象”为特色，先后涌现出曹不兴、顾恺之、陆探微、张僧繇等绘画大家，彪炳史册，代表当时人物画艺术的最高峰，对后世绘画产生深远而重要的影响。六朝时期，还出现了第一批有深度的画论、画史专著，如顾恺之的《论画》等、谢赫的《古画品录》、姚最的《续画品录》等，为此后绘画艺术的品评和创作指明了方向。

南唐时期，南京作为南唐首都，是当时全国最具影响力的绘画艺术中心之一，山水、人物、花鸟诸画种皆有大家出现，如董源、巨然的南派山水画，周文矩、王齐翰、顾闳中的人物画，徐熙的花鸟画等，在绘画史上皆具有重要地位。他们的作品，不但是绘画艺术的精品力作，同时也是当时社会生活的反映，为研究当时的社会生活提供了第一手资料。

宋元以降，南京绘画艺术持续发展，代有名画家或画派出现。如明末清初以龚贤、髡残为代表的“金陵画派”和“金陵二谿”，近现代以傅抱石为代表的“新金陵画派”等，皆对全国画坛产生了重大影响，取得了卓著的成就。

第一节 六朝绘画

六朝时期的绘画艺术有三个特点：一是出现了我国最早有作者可考、有摹本流传的实物作品；二是出现了一批对后世有巨大影响的一代宗师；三是出现了中国最早的绘画理论著作。而这些宗师和创作者，大多与南京有不解之缘，或在南京创作与活动，或与当时的京城艺术圈交流互动，在南京艺术史上写下了华彩篇章。

六朝时期，南方社会相对稳定，经济持续增长。经过魏晋以来的玄学思辨和佛教东传，当时的人们对自身的思考逐渐成熟，挣脱了正统儒学的精神羁绊，个性得到张扬，思想文化得以繁兴，绘画艺术得以蓬勃发展。此时人物品藻风气盛行，且品藻风气由汉代的人物品评延伸至文学艺术品评，出现了数部辉耀后世的文学艺术名著，如南齐刘勰《文心雕龙》、南梁钟嵘《诗品》、南齐谢赫《古画品录》等。这些著作代表了当时文学艺术和美学理论的最高水平，也推进了人物画的发展。

六朝时期，杰出画家涌现，人物、肖像、佛像画等取得重要成就，如东吴曹不兴及其后的顾恺之、陆探微、张僧繇等人，在画史上均有突出地位和重大影响。当时的绘画形式以长卷式为主，绘画风格也呈现多样化。在表现人物面貌、精神气质上有“张（僧繇）得其肉，陆（探微）得其骨，顾（恺之）得其神”的区别；而在表现技法上，有顾恺之、陆探微的“密体”，也有张僧繇的“疏体”之分；有用线如春蚕吐丝的传统表现方法，也有其体稠叠、衣服紧窄的“曹衣出水”。在形象创作上，顾恺之、陆探微等人创造的“秀骨清象”成为当时社会名流的典型范式。民间美术活动兴盛，漆画、壁画从内容到形式都有很大发展，创作技巧不断提高，出现了像“竹林七贤与荣启期”砖画这样有着成熟技巧的作品。民间活动和专业创作相互促进，进而推动了六朝美术走向兴盛。

绘画理论著作的出现是绘画发展到一定阶段的必然要求，顾恺之和谢赫等人的理论是这一时期的代表，而重气韵、重人物的传神写照是这种理论的精髓，且对后世绘画艺术产生深远影响。

一、六朝画家

六朝时期，以当时都城建康（今江苏南京）为中心，出现了一个画家群体，以画人物、肖像、佛教画为主，兼画山水、鸟兽等。其中代表性的画家为东吴曹不兴、东晋顾恺之、南朝宋齐年间陆探微、南朝梁张僧繇。

1. 曹不兴

曹不兴，吴兴（今属浙江）人，生卒不详。据谢赫《古画品录》载："吴时事孙权"，当为吴宫廷画家。主要艺术活动当在黄武、赤乌年间（222—251）。曹不兴擅画人物、佛像，尤以画龙冠绝于时，称为吴国"八绝"之一，是中国最早享有盛誉的一位画家。据说，曹不兴能在50尺长的绢上作巨大的画像，"心敏手运，须臾立成，头面手足，胸臆肩背，无遗失尺度"[①]。相传曹不兴"落墨为蝇"，说明他具备高超的技巧表现能力。南朝谢赫《古画品录》把他列为第一品第二人（在陆探微下），品说"观其风骨，名岂虚成"。"风骨"一词在绘画中是指气格、风范的卓越，即他的画已进入门阀士族审美的范畴。曹不兴还是最早从事佛画的画家之一，相传康僧会来吴地传佛法时，携带印度佛画范本，曹不兴据以绘制，名盛当时，因此他在中国历史上有"佛画之祖"的赞誉。

2. 顾恺之

顾恺之（约345—406，一作348—409），东晋画家。字长康，小字虎头，晋陵无锡（今属江苏）人，出身士族，曾任桓温及殷仲堪参军、散骑常侍。博学有才气，工诗赋，善丹青，师于卫协。笔法如春蚕吐丝，傅染以浓色微加点缀，不晕饰。绘画水准高超，六法兼备。能画山水等，尤精于人物、佛像等，妙极一时，有"才绝、画绝、痴绝"之称。谢安尤深重之，以为苍生以来未之有也。唐张怀瓘评其画："运思精微，襟灵莫测，虽寄迹翰墨，其神气飘然在烟霄之上，不可以图画求。象人之美，张得其肉，

---

① ［唐］张彦远：《历代名画记》卷五，人民美术出版社1963年版，第123页。

陆得其骨，顾得其神。”[①]唐李嗣真评其画：“天才杰出”，“思侔造化，得妙物于神会”，“今顾、陆请同居上品”。他不满于谢赫《古画品录》将顾恺之画品评为第三品，认为应将其与陆探微的画一样评为第一品。[②]

顾恺之的绘画很重视眼神的描绘。据记载，他作画数年不点眼睛，人问其故，他说：“四体妍媸，本无关于妙处，传神写照，正在阿堵中。”[③]认为绘画中人物传神的关键是描绘眼睛。他画过大量同时代人物的肖像，都能悉心体验，以微小的细节衬托出人物的个性和神采。如他画裴楷像时，在面颊上加了三毫，顿觉神采焕然。他还擅画佛教画，在他的创作活动中，最为著名的是在金陵瓦官寺绘制的维摩诘壁画，传为画史佳话。顾恺之的画法，属于“笔迹周密”的“密体”，人物形象多属“秀骨清象”，张彦远曾借用《庄子》的“清羸示病之容，隐几忘言之状”来加以概括，这是当时探究玄理又追求恬淡的胜流名士的真实写照，也是时代的特征和产物。

3. 陆探微

陆探微（？—约485），南朝宋齐间画家。吴（今江苏苏州）人。擅长人物、肖像、佛教画，兼能禽兽画等，谢赫在《古画品录》将其评为第一品第一人，说他的绘画“穷理尽性，事绝言象，包前孕后，古今独立”，视其为最得“六法”精妙的画家，具有鲜明的时代性和个性，能够代表一个时代的最高成就。张彦远《历代名画记》说他：“宋明帝时，常在侍从，丹青之妙，最推工者。”陆探微绘画师法顾恺之，与顾恺之并称“顾陆”，同属“笔迹周密”的“密体”。陆探微在继承顾恺之画法的基础上，又有创新发展，能“作一笔画，连绵不断，故知书画用笔同法”[④]。他创造性地将草书笔法运用于绘画，在画史上，这是正式以书法入画的开始。

陆探微画人物，唐张怀瓘《画断》评曰：“陆公（探微）参灵酌妙，动与神会；笔迹劲力，如锥刀焉。秀骨清象，似觉生动，令人懔懔，若对神明。”又评三家造型特点说：“张（僧繇）得其肉，陆（探微）得其骨，顾（恺

① ［唐］张怀瓘：《书断》，辑自《历代名画记》，人民美术出版社1963年版，第115页。

② ［唐］李嗣真：《续画品录》，辑自《历代名画记》，人民美术出版社1963年版，第115页。

③ ［南朝宋］刘义庆撰，徐震堮校笺：《世说新语校笺》，中华书局1984年版，第388页。

④ ［唐］张彦远：《历代名画记》“论顾陆张吴用笔”，人民美术出版社1963年版，第23页。

之)得其神。”说明他在“骨法用笔”方面有突出成就。陆探微笔下的人物造型是一种“动与神会”的“秀骨清象”，这种形象正符合用笔“劲力如锥刀”的效果，这是对崇尚玄学、重清议的六朝士人形象的生动概括，以致蔚然成风，成为这一时代造型艺术的美的典型。其影响远远超出南朝绘画范围，甚至远至敦煌莫高窟等北朝壁画、雕塑中，都可以见到流风余韵。陆探微的画迹，张彦远《历代名画记》著录有70余件，多为当时帝王、功臣、名士肖像，以及古圣贤、佛教图像、禽鸟等。北宋《宣和画谱》中也著录了陆探微10件作品(以佛画为多)，惜无一件作品流传至今。陆探微子陆绥、陆弘肃均善画。陆绥尤负盛名，谢赫在《古画品录》中列为第二品第二人，在顾骏之下。

4. 张僧繇

张僧繇，吴(今江苏苏州地区)人，生卒未详。擅画佛像、人物、肖像等。他是南朝萧梁时期成就最高的宫廷画家和佛画创作者。因其创造的形象独具风格，被称为“张家样”，是古代寺庙中影响最大的式样之一。相传他在建康(今南京)一乘寺用“朱及青绿”诸色仿天竺(印度)法画“凹凸花”，说明他能吸取外来画法，运用色彩的浓淡烘托阴影，形成凹凸的立体感。他有高超的写实绘画能力。据说梁武帝因思念远在外地的诸王子，命张僧繇为之画像，张画的像，能达到“对之如面”的生动效果。他的绘画创作，在民间还流传着不少近乎神话的传说，如画龙不点睛，“点睛即飞去”①；画鹰、鹞如生，致使鸠、鸽惊飞。在人物形象的塑造上，张僧繇创造了与陆探微不同的艺术形象。陆画为瘦削型的“秀骨清象”，张画则创造了比较丰腴的人物形象，即米芾《画史》所说的“面短而艳”。张僧繇笔法豪迈疏朗，“笔不周则意周”，创立了与顾、陆画风不同的“疏体”。

张僧繇还能画山水、塑像等，取得了多方面的艺术成就，对后世产生了深远的影响。唐李嗣真高度赞扬他的绘画：“顾、陆已往，郁为冠冕；盛称后叶，独有僧繇”；“骨气奇伟，师模宏远，岂唯六法精备，实亦万类皆妙……请与顾、陆同居上品”②。僧繇子善果、儒童，也善画。张善

① [唐]张彦远：《历代名画记》卷七引文，人民美术出版社1963年版，第148页。

② [唐]张彦远：《历代名画记》卷七引文，人民美术出版社1963年版，第150页。

果，善人物故实，所作“殊多佳致”，与父“时有合作，乱真于父”。张儒童，善果弟，与兄并师于父，亦善道释人物。

5. 其他画家

上述四位，被誉为“六朝绘画四大家”。除此而外，六朝时期还活跃着大量的画家，他们多擅画人物、肖像、道释，或擅画山水、蝉雀、鸟兽等，在绘画上取得了较高成就，与南京有着或多或少的联系。如三国时有吴王赵夫人等，晋代有司马绍（晋明帝）、荀勖、张墨、卫协、王廙、王羲之、王献之、顾恺之、史道硕、嵇康、戴逵等，南朝画家有戴勃、顾宝光、谢赫、宗炳、王微、袁蒨、顾骏之、顾景秀、刘胤祖、姚昙度、谢约、丁宽、毛惠远、萧绎（梁元帝）、萧贲、陶弘景、宗测、顾野王等。他们专长不一，各臻其能。如卫协、张墨善画人物、佛像，时称“画圣”；荀勖长于人物、肖像；王廙擅人物、风俗、禽兽画和宗教壁画，《历代名画记》说他“过江后为晋代书画第一”；戴逵父子长于雕塑兼擅绘画；史道硕长于人物、禽鸟；谢赫长于人物，并著有《古画品录》；顾景秀擅画蝉雀；戴勃、宗炳、王微、宗测等擅画山水；宗炳、王微著有山水画论；萧绎善人物画，其《职贡图》传世至今。其中以卫协、张墨、荀勖、戴逵、王廙、萧绎等人的成就尤高。

二、六朝画作

六朝绘画至今无存，现藏国内外博物馆的六朝绘画皆为唐宋摹本，其中具代表性者有东晋顾恺之《女史箴图》《洛神赋图》《列女仁智图》、南朝梁萧绎《职贡图》等。另外，大型砖拼壁画《竹林七贤与荣启期》，其母本出自六朝时某大画家之手。这些绘画和壁画，对于我们了解和研究六朝绘画具有重要价值。

1.《女史箴图》（唐摹本）

长卷，绢本设色，纵 25.5 厘米，横 377.9 厘米。英国大英博物馆藏。西晋惠帝贾后专恣善妒，权诈奸谋，乱伦无德。张华作《女史箴》以讽谏。顾恺之据此绘制成画卷，绘图录文，寓有对当世“劝戒”之意。《女史箴》原文 12 节，图卷亦分为 12 段（一说 11 段）。现存唐摹本，前 3 段已佚，尚存 9 段。每段均以《女史箴》原文作标题，精心描绘节，以刻画人物精神为主，起到明理教化的作用。卷末题"四字。此画原藏清宫内府。1900年八国联军攻陷北京，。画家通过对当时宫廷妇女的生活描写，展露出她们的身。人物造型准确，表情生动，妇女端庄娴静，设色雅丽秀润，笔描，细劲连绵。顾恺之将自战国以来形成的"高古游丝描"发完美的境地。山、树与人的比例则不小不称，表现了早期绘画的态。顾恺之作品迄今传世的仅有3幅。《女史箴图》画风较《洛图》为古，与北魏司马金龙墓出土屏风的漆画风格相似。

2.《洛神赋图》（宋摹本）

《洛神赋图》（宋摹本），绢本设色，纵27.1厘米，横572.8厘米。故宫博物院藏。此画以曹植《洛神赋》（即《感甄赋》）为脚本。此赋描写曹植在幻觉中与已逝的暗恋女神宓妃在洛水相逢的浪漫故事，言词凄婉，情意缠绵，为不朽名篇。顾恺之以手卷形式和气脉一贯的笔法，展现了文学作品的动人内容，抒发作者失恋的感伤，创造了人神相恋的梦幻境界。此画分段将人物故事的情节置于自然山水的环境中展开画卷。画面上的女神，梳着高高的云髻，身着飘逸的长裙，含情脉脉，步履轻盈，若往若还，再现了宓妃"翩若惊鸿，矫若游龙"的动人姿容和可望而不可即的惆怅情意。此画用工笔重彩法绘制，运笔细劲古朴，如春蚕吐丝；设色艳丽明快，人物刻画生动传神，富有诗意之美。作为衬景的山水树石均用线勾勒，而无皴擦，简繁得当，空间、疏密都安排得井然有序，与画史所记载的"人大于山，水不容泛"的魏晋画风相吻合。古代一些画家曾以此为题材进行创作，流传下来的《洛神赋图》有几种摹本，其中以故宫所藏此件较为古朴。

《洛神赋图》（宋摹本），绢本设色，纵26厘米，横648厘米。辽宁省博物馆藏。构图与国内外流传摹本基本相同，而作风雅逸，气韵生动，是艺术水平最高的一个摹本。以小楷书录原赋全文。首节第二段为元明人补绘。其间还有缺佚，或图文俱佚。此图作为人物衬景的山水丰富而完整，是研究六朝山水画的重要依据之一。

3.《列女仁智图》（宋摹本）

绢本淡设色，纵25.8厘米，横470.3厘米。故宫博物院藏。据汉刘向《古列女传》卷三《仁智传》绘写历史上有智谋远见的妇女。原为15段49人，现存10段，共28人，其中有楚武夫人邓曼、许穆夫人、晋伯宗妻、卫灵公夫人等。每段独立成一画面，有人名、颂辞和题记。此画采用平列构图布局方法，保留了较多的汉代古意，不像上述两幅绘画（女史箴、洛神赋）既有一定的故事情节，又有山水草木、动物禽鸟等背景。这幅画卷仅有少量道具，无任何背景，构图与人物形象比较简朴，人物仪态风度与《女史箴图》相近，线描流畅，线条较粗，风格劲健，是六朝时期绘画以人物为主的典型表现。

4.《职贡图》（宋摹本）

绢本设色，纵25厘米，横198厘米。国家博物馆藏。绘者萧绎(508—554)即梁元帝，为梁武帝萧衍第七子，博涉技艺，工书善画，多著述。其人物、肖像画与顾恺之风格各异，萧以写实为主，顾则更重神韵，各得其妙。姚最《续画品》将其作为开篇第一人品评："王于象人，特尽神妙，心敏手运，不加点治。"说明他在人物画上成就甚高，达到"神妙"的境界。据《石渠宝笈初编》记载，《职贡图》卷原绘南朝梁代来中国的外国使臣像25人，现存画卷系北宋摹本，已残损，仅存12人。图绘列国使者皆侧身立像，身后楷书榜题，记叙该国情况及历年交往史实，各自成单独的画面。他们分别是滑国、波斯、百济、龟兹、倭国等国的使者。内容与《梁书·诸夷传》相符，或更翔实。服饰装束、脸型肤色等各具特色，神情各异，具有不同国别、民族的独特气质。画像着重写实，每位使臣神态自然，人物比例准确，铁线描遒劲流畅。此画对了解当时的人物肖像画，具有不可忽视的重要价值。

5. 其他类型作品

除卷轴类绘画外，随着当时漆器漆艺和画像砖艺术的发展，还出现了一些其他类型的绘画作品。其中具代表性的漆画为出土于南京周边马鞍山市孙吴朱然墓的历史故事画《季札挂剑图》。孙吴绘画历来不见实物，此幅漆画填补了中国绘画史上的空白。

画像砖也称砖画，即在砖上模制画面，用以砌筑墓室。汉代即兴盛，六朝时更有发展，内容丰富，画面展阔，制作技法也复杂一些。其内容可分为花纹、人物、历史故事、祥瑞等。六朝人物故事画像砖以出土于南京西善桥的南朝大型砖拼壁画(也称砖画)《竹林七贤与荣启期画像砖》为代表。相同题材砖画在南京和镇江等地发现有四五处,但以此砖画最为精细、完整,创作时间和发掘时间最早,艺术价值最高。

此砖画1960年出土于江苏南京西善桥南朝大墓。青砖模印,纵80厘米,横240厘米。南京博物院藏。画面分作两部分,砌于墓室东西两壁。一壁为嵇康、阮籍、山涛、王戎,另一壁为向秀、刘伶、阮咸、荣启期。前七人为魏晋名士,号为“竹林七贤”;荣启期为春秋高士。“竹林七贤”不同程度地以消极形式反对司马氏政权,隐逸山林,是当时玄学清谈的代表人物。画面反映了当时玄学兴盛、清谈成风的社会习尚。墓主过去曾被推定为刘宋孝武帝刘骏,近年其时代被认为属南朝中晚期,墓主可能是齐梁之际的宗室王侯。[①]

图9-1 “竹林七贤与荣启期”砖砌壁画拓本(南京西善桥南朝大墓出土,南京博物院藏)

---

① 南京博物院、南京市文物保管委员会:《南京西善桥南朝墓及其砖刻壁画》,《文物》1960年第8、9期。

人物各有鲜明的性格特征，各人身旁均有榜题标示姓名，相互间以各种树木相间隔，极富山林野趣，与人物相得相谐，并形成各自独立的画面。该砖画所绘，颇契合《晋书》《世说新语》等文献所描述的各人个性特点。此砖画改变了汉画像砖剪影式的风格，构图宏大，技法娴熟，阳线优美流畅，人物神情生动，为成熟高妙的人物画精品，其粉本应出自东晋晚期至刘宋时期的一位著名高手。同时，又在阳线塑造人物的基础上，填绘色彩，有机地把绘画、雕刻、设色三者结合起来，把画像砖艺术推向历史高峰。六朝绘画，除少数唐宋摹本外，原作无一存世。此砖画为迄今发现最精善的六朝大型人物画实物，也是现存最早的"竹林七贤"人物画，在中国绘画史上具有非常重要的地位。

三、六朝画论

六朝时期，随着中国美学思想和人物画、山水画的发展，出现了一批画论画史著作，如东晋顾恺之的《论画》《魏晋胜流画赞》《画云台山记》，南朝齐梁谢赫的《古画品录》等，提出了一系列创作、品评、鉴赏绘画的原则和标准，在中国绘画理论史上具有非常重要的地位，对后世中国画的传承、创新、发展具有普遍的美学意义。

1. 东晋顾恺之的画论

东晋顾恺之为魏晋南北朝时期南方绘画艺术的代表，他既是"画绝"，又是善于总结前人经验提出画论的大画家和大理论家。他的画论作品主要有《论画》《魏晋胜流画赞》《画云台山记》等，为《历代名画记》著录而传世。顾恺之的画论还见于《世说新语》。他通过自己的实践和理论，提出了以"形神论"为中心的绘画美学观点，千余年来成为民族绘画的精粹，他的观点也成为其后谢赫"六法论"的主要基础。

顾恺之在绘画理论上的最大贡献，主要体现在以下两个方面：其一，"以形写神"与"传神阿堵"。什么是神？神就是生气、神气。本来形与神是统一于一体之中的，神寓于形，以形示神，但由于画家审美崇尚不同，出现了重形或重神之别。顾恺之的"以形写神"论，辩证地看待形神二者之间的关系。神既然寓于形之中，那么人体的哪部分最能传神呢？是眼睛(阿堵)，顾恺之认为“传神写照正在阿堵中”。除目光传神，顾恺之还提出传神的其他途径，如给裴楷画像时，特地画上“颊上三毫”，顿觉生动有个性。顾恺之在画中注重气氛渲染，起到了以景托神的作用。顾恺之的“以形写神”论，实质上是重写神，写神是他的艺术审美理想。其二，“迁想妙得”与“悟对通神”。“迁想妙得”涉及艺术创作的心理活动，即没有联想、没有情感体验，就无法获得描绘对象的神。可以说，“迁想妙得”是如何得神的途径。在创作之前和创作过程中，顾恺之非常重视在晤谈时观察研究表现对象的神情，他把这种方法称作“悟对通神”，这是取神的途径。做到了“悟对通神”，才能“神仪在心”，画家才能得心应手地画出对象的神采。其三，顾恺之还提出“置陈布势”“骨法”“用笔”等观点，总结自己和前人在绘画构图和技法等方面的心得，为其后谢赫“六法论”的形成奠定了基础。

2. 南朝谢赫《古画品录》

《古画品录》大致成书于公元 528 年以前。① 谢赫为南朝宋、齐、梁

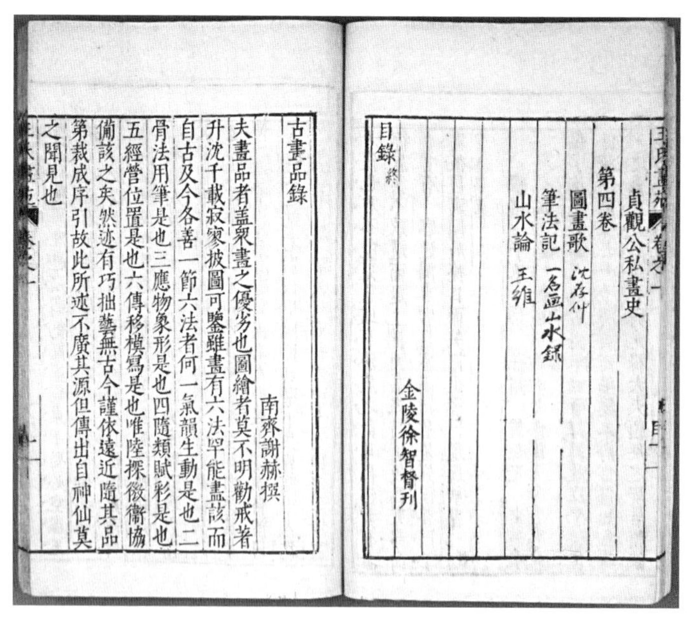
王氏畫苑 卷之一
貞觀公私畫史
第四卷
圖畫歌 沈存中
筆法記 一名畫山水錄
山水論 王維
金陵徐智督刊
目錄 終

古畫品錄
南齊謝赫撰
夫畫品者蓋衆畫之優劣也圖繪者莫不明勸戒著升沈千載寂寥披圖可鑒雖畫有六法罕能盡該而自古及今各善一節六法者何一氣韻生動是也二骨法用筆是也三應物象形是也四隨類賦彩是也五經營位置是也六傳移模寫是也唯陸探微衛協備該之矣然迹有巧拙藝無古今謹依遠近隨其品第裁成序引故此所述不廣其源但傳出自神仙莫之聞見也
王氏畫苑 卷之一

图 9－2 《古画品录》书影

① 张东方：《谢赫〈古画品录〉成书年代探析》，《艺术探索》2014 年第 1 期。

时人物画家,生卒年不详,与刘勰、钟嵘约略同时。曾入梁秘阁,掌绘事。谢赫之前,对于绘画的记录和见解比较零散。自谢赫始,方有专门记录、品评绘画的论著。此书在我国美术美学史上,具有十分重要的地位和重大理论价值。

《古画品录》[①]分两部分:一是序论,二是画品。在序论中,谢赫提出了"画品"的基本原则,即"六法":"六法者何? 一气韵生动是也,二骨法用笔是也,三应物象形是也,四随类赋彩是也,五经营位置是也,六传移模写是也。""气韵生动"指绘画中人和物象的神态,要能够达到鲜活而灵动的程度,显示其非凡的生命力和感染力,达到自然生动的美学境界。"骨法用笔"指有骨力和力量美的笔法线条是绘画造型的基础。"应物象形"指画家的描绘要与所反映的对象形似。"随类赋彩"指画中所敷的彩色与所画的物象相似。"经营位置"即构图,指谋画人或景、物所处的地位。"传移模写"指临摹前人绘画作品。谢赫评画谈得最多的是"气韵生动"和"骨法用笔",他把艺术美的最高境界和完成这一境界的主要手段用笔,视为中国画的两大特征。此"六法"既是品画,同时也是绘画创作的标准和法度,千百年来被艺术家和鉴藏家奉为圭臬。

"画品"中记录、品评的画家计 27 人,上至三国,下迄南梁。但各传本所品评画家人数不一,今世传本均漏去刘胤祖一评,而评语见于《历代名画记》,可知今传本实乃古之残篇,或者系后人掇拾《历代名画记》征引而成,全书所记画家有 28 人或 28 人以上。[②] 谢赫《古画品录》系统地提出了中国绘画和批评"千年不易"的基本准则——"六法",同时还保存了六朝时期许多重要画家的信息,这是我国绘画史上第一部完整的绘画理论著作,首开中国绘画记录、品评著述之滥觞。

继谢赫《古画品录》之后,南朝陈姚最著《续画品》。不分品第,亦少标明时代。此篇从梁元帝至解倩,共记录、品评了 20 名画家。姚最以发展的观点看待绘画,把继承与革新的关系概括为"质沿古意,文变今情";他重视画家的生活积累,认为绘画要做到"立万象于胸怀"。对于谢赫的"六法",姚最没有表示意见,实际上是承认并沿用了。关于赋

① [明]王世贞编:《王氏书画苑》,明万历金陵刻本,南京图书馆藏。

② 邵学海:《〈古画品录〉校注前言》,《湖北美术学院学报》2015 年第 2 期。

色，谢赫六法中的“随类赋彩”，要求根据客观对象的色彩而设色，至于色彩对欣赏者的心理和情感作用如何，没有谈到。姚最的“赋彩鲜丽，观者悦情”补充了谢赫所缺，具有时代感和进步意义。姚最画论中最有意义的新观点是“心师造化”说。造化即天地万物也。“心师造化”论保障了中国绘画沿着正确的方向发展，其意义无疑是重大的。

3. 其他画史画论

六朝时期，还有一些画论，多出自名画家之手，是他们绘画经验的总结及感悟，对后世也有重要启迪作用。

东晋王廙撰《平南论画》。据《历代名画记》，王廙“过江后为晋代书画第一”；“廙画为晋明帝师，书为右军法，时右军亦学画于廙”。篇中云：“画乃吾自画，书乃吾自书，吾余事虽不足法，而书画固可法。欲汝学书则知积学可以致远，学画可以知师弟子行己之道。”此篇虽寥寥数十言，但强调了绘画的主体性，以及“积学”和师承之道，甚有价值。

南朝梁萧绎撰《山水松石格》，文字虽短，但包罗甚广，且有极精到语。如：“夫天地之名，造化为灵。设奇巧之体势，写山水之纵横。”认为山水之体势，不可过于平正，过于平正，则呆板无趣，但专以奇巧眩人亦易流于邪道。他认为画格须高，人格亦须高，人格不高，则画格无从而高，纵极工整，亦难免于卑俗；画家之人格既高，思想亦必须“逸”。所谓“逸”者，非摆脱一切束缚，独往独来，昂首天外，目无余子不可。以上两则为画家根本之修养。除此之外，此篇对笔、墨、色彩、构图、比例、树石、云水等亦有妙论。

另外，宗炳、王微分别著有《画山水序》和《叙画》，是早期山水画论的代表。宗炳和王微都认为，山水画创作是人与自然的主客体交融，山水画给人的美感享受是精神愉悦。宗炳关于透视原理的阐述，如“竖画三寸，当千仞之高，横墨数尺，体百里之迥”，对山水画的发展有很大贡献。王微的见解大体与宗炳相同，认为作画为心灵之表现，与实用并无关系，画山水绝非画地图。画山水，不能停留在形似上，而是要经过画家的心思融合为形神一体，才会产生动人的“画之情”。他们的观点为中国山水画发展奠定了良好的理论基础。

第二节　唐宋元绘画

隋唐统一后，社会比较稳定，文化艺术大为发展。唐代人物画兴盛，花鸟画独立形成，山水画继魏晋以后成为重要画种，出现了青绿及水墨两种不同风格。这些画科都涌现了一批辉耀千古的大画家。而瑰丽、宏伟、明快成为唐代绘画的共同风格，对后世产生重大而深远的影响。单纯朴素的水墨画的创立，又丰富了绘画表现手法，成为五代以后绘画中的重要形式。但这一时期，绘画艺术的中心在长安、洛阳两都为代表的北方，当时金陵的书画家较少。

唐末五代时期，因中原长期战乱，不少画家迁徙到江南和四川等南方地区，那里局势安定，有利于绘画的发展和繁荣，因而绘画重心由中原转移到南唐、西蜀及吴越地区。为了搜罗人才，适应宫廷贵族的需要，南唐、西蜀等创设了画院，在绘画艺术上有卓越的创造。五代时期，人物画继续发展，山水画和花鸟画取得令人瞩目的成就。五代绘画上承唐代传统，下开宋代画风，在中国绘画史上具有承上启下的重要历史作用。

五代南唐诸帝皆爱好文艺。李璟、李煜擅长填词。李煜成就尤高，且通音律，善书画。其写字行笔遒劲，称之为“金错刀”，善画墨竹花鸟。南唐于中主李璟时即已设立画院，至后主两朝，人才济济，画家有高太冲、朱澄、曹仲玄、周文矩、顾闳中、徐崇嗣、董源、卫贤、王齐翰、顾德谦、赵幹等人。宫廷绘画多描绘皇室贵族游乐及装堂饰壁之山水花鸟，另创作有佛寺壁画、肖像画等。南唐内府富于书画收藏，且注意装裱，精于鉴赏，藏画上钤以“内殿图书”“建业文房之宝”等印鉴，或有题字、押字。赵幹《江行初雪图》上有后主李煜题字，可证是南唐内府故物。由于南唐统治者的重视，加之当时经济、文化的发展，作为南唐都城的金陵，以宫廷画院为中心，集聚了一批杰出的画家，其中山水画家有董源、巨然，人物画家有周文矩、王齐翰、顾闳中，花鸟画家有徐熙等，皆一时之选，精品纷呈，辉耀史册。

宋代统一，结束了五代的封建割据局面，在一段时间内，社会保持着相对安定，中原的经济和文化艺术得到了恢复和发展。山水、花鸟、人物等画种皆取得很高成就。宫廷绘画和士大夫绘画成为宋代绘画的重要组成部分之一。徐熙之孙徐崇嗣等，进入北宋宫廷画院，创立“没骨法”，取得了一定成就。南宋以后，书画艺术中心移至江南，金陵画家因地利之便，与江南画家多有交流，坚持创作，文脉得以赓续。

一、南唐人物画

五代之际，唐代流行的描绘贵族及士大夫生活的人物画仍在延续发展，其中以南唐画院的周文矩、顾闳中、王齐翰等为代表。

1. 周文矩

周文矩，建康句容(今江苏句容)人，生卒年不详。南唐后主李煜时任翰林待诏。周文矩“工画人物、车马、屋木山川，尤精仕女，大约体近周昉，而更增纤丽”①。此外，他还擅画道释神像。“周文矩用意深远，于繁富则尤工”②。李煜曾以他的《南庄图》作为贡品，进献宋太祖，可见其重要程度。周文矩在南唐颇受宠遇，保大五年(947 年)元旦，天降大雪，中主李璟与弟兄臣僚登楼赏雪饮酒赋诗，召令画家绘制成《赏雪图》，周文矩即参加了这一创作，负责绘制图中臣僚及侍从人物。

北宋末年，内府藏周文矩作品达 76 幅，除少数道释画外，多数是皇帝及贵族生活、肖像和仕女画。他的画以《重屏会棋图》最为著名，且流传至今。《重屏会棋图》(宋摹本)，长卷，设色绢本，纵 40.3 厘米，横 70.5 厘米，藏北京故宫博物院。图绘南唐中主与其弟下棋的情状。画中两人下棋，两人旁观，一童侍立，形象生动，衣纹勾线细劲曲折，略带顿挫，作“战笔”，也称“颤笔”，构成了周文矩人物画的独特风貌。画上绘一屏风，上画唐白乐天《偶眠》诗意，而画中又有一小屏风作山水，故称为“重屏”。画中小屏风上的山水，清润细致，是了解江南山水画面貌的形象资料。此画宋代以来摹本颇多，以故宫所藏画卷年代最早，是周文矩传世的重要代表作。周文矩作品还有《文苑图》《宫中图卷》等。

---

① [宋]郭若虚:《图画见闻志》卷三《纪艺中・人物门》，人民美术出版社 1963 年版，第 73 页。

② [宋]刘道醇:《圣朝名画评》卷一《人物门・妙品》，山西教育出版社 2017 年版，第 31 页。

图 9-3 《重屏会棋图》

2. 顾闳中

顾闳中，江南人，籍贯不详，生卒年不可考。南唐画院待诏。顾闳中长于人物画，与周文矩齐名，“尝与周文矩同画《韩熙载夜宴图》”①。后主李煜曾命他二人窃窥大臣韩熙载家夜宴情况，二人分别作《韩熙载夜宴图》，元代两者尚在，但流传至今，只有顾闳中的《夜宴图》。

《韩熙载夜宴图》，长卷，绢本设色，纵 28.7 厘米，横 335.5 厘米，藏北京故宫博物院。此画绘政治上失意的官僚韩熙载在家中饮宴听声乐观舞伎的场景。此画分为五段，用屏风床榻分隔。人物形象描写非常细腻传神，手势、衣纹等也颇有表现力。画中不同人物的身份、表情及相互关系，都处理得自然合理。线描严谨自然，黑色的服装、家具和仕女鲜丽的色彩相对照，具有强烈而和谐的效果。此画是我国中古人物画的杰作，对于了解当时的社会风习和服饰、家具等也有重要价值。

3. 王齐翰

王齐翰，建康(今南京)人，生卒年不详。李煜时为画院待诏，画道释人物“多思致”。他画山林丘壑、文人隐士等，被评为“无一点尘埃气”②；画风上“不曹不吴，自成一家，其形势超逸，近也无有”③。他所画的罗汉像曾受到宋太宗的赞赏。其传世的唯一作品是《勘书图》，对于研究五代时的人物画具有重要价值。

① [元]夏文彦：《图绘宝鉴》卷三《宋》，凤凰出版社 2018 年版，第 40 页。
② [元]夏文彦：《图绘宝鉴》卷三《宋》，凤凰出版社 2018 年版，第 39 页。
③ [宋]刘道醇：《圣朝名画评》卷一《人物门·妙品》，山西教育出版社 2017 年版，第 17 页。

《勘书图》，亦名《挑耳图》，绢本设色，纵 28.4 厘米，横 65.7 厘米，南京大学藏。画上有宋徽宗墨题“勘书图，王齐翰妙笔”，即据此定名。曾收入南唐内府，为王齐翰真迹无疑。此画笔墨细润清丽，略有唐人遗意。章法也颇为别致，横贯画卷主要部位的是一架画着山水画的大屏风，屏前安置板床，其上杂陈书籍、画卷等物。勘书人据椅而坐，袒胸赤足，一手挑耳，一目微闭，脚趾翘起，细节真切生动，揭示了士大夫闲散悠然的心境。屏风上的山水作青绿法，精细入微，是唐代山水画风的延续。

此外，还有一些画家擅人物、道释画，取得了一定成就。高太冲，江南人，一作冲古，与竺梦松同事李中主为翰林待诏，工写貌。尝写李璟貌，妙肖如真。顾德谦，江宁（今南京）人。善绘人物，多写道像，兼工动植。最著者有《萧翼赚兰亭图》横幅，风致特异。曹仲元，江宁人，仕南唐李璟为待诏，工画佛及鬼神。武岳，江南人，工画佛，作佛像罗汉，善战掣笔，作髭发尤工。李景道，南唐李昪之亲属，善丹青，作《会友图》颇精。李景逊，景道之兄弟行，善人物，作《谈道图》，风度不凡。竺梦松，江宁人，工画人物。厉昭庆，江宁人，工画佛及鬼神。在王齐翰影响下，当时还出现了一位女画家黄氏，亦工道释人物，贵族家妇女往往求其画像。

二、南唐山水画

以董源、巨然为代表的画家，以绘写江南山水景色著称，取得了重要成就，形成与北派山水画不同的风格特色。北宋时期的山水画分两大流派，均可追溯到五代。北方画派的创立者是荆浩、关同，江南画派的开创者是董源、巨然。宋朝的统一，使南北各种绘画流派得以交流，代表江南山水画派来到开封的，就是巨然。南唐时山水界画也有一定发展，而以卫贤成就尤高。

1. 董源

董源，江南人，字叔达，仕南唐中主为北苑副使，故后世称为董北苑。善画山水，多写江南真山，尤工秋岚远景，不为奇峭之笔，树石幽润，峰峦清邃，得之神气，平淡天真，意趣高古。水墨类王维，著色如李思训。又兼善人物、牛虎等，间作龙水亦妙。[①] “近世神品，格高无与比也”。在技法上，他有重要的发展，用干湿不同的墨线皴出峰峦坡岸，又以聚散变幻的墨点画草木杂树，这种“披麻皴”“点子皴”交互使用、皴染结合的表现方法，成功地画出了江南草木葱茏、气候湿润与烟雨迷茫的山容水色。

《潇湘图》，董源代表作之一。长卷，水墨绢本，纵 50 厘米，横 141.4 厘米，藏北京故宫博物院。画山树水墨轻淡湿润，草草点簇，皴染浑厚，江山平远。画中小人物用粉白青红各种颜色，凸出绢上，有迎客者、捕鱼者等，简洁生动。

《笼袖骄民图轴》，绢本，青绿设色，纵 156 厘，横 166 厘米，藏台北故宫博物院。此画为绢本着色山水大轴，是一幅图写南京近郊风俗的青绿山水画，颇有特色。

此外，传为董源的作品尚有《夏山图》《夏景山口待渡图》《溪岸图》《寒林重汀图》等。

2. 巨然

巨然，江宁（今南京）人，生卒年不详。系金陵开元寺和尚，善画南方清润明净的山水。976 年，南唐后主李煜降宋，巨然随其来到开封，以画山水有名于时。为学士院所作壁画，是巨然最负盛誉的作品。[②] “巨然师董源，今世多有本，岚气清润，布景得天真多。巨然少年时多作矾头，老年平淡趣高。”[③]巨然传世作品有《秋山问道图》《万壑松风图》《层岩丛树图》《山居图》等。

《秋山问道图》，立轴，绢本水墨，纵 156.2 厘米，横 77.2 厘米，藏台北故宫博物院。画作山林高远，草木华滋，通幅用长披麻皴写出，高旷清爽，富有诗意。《万壑松风图轴》，绢本，水墨淡设色，纵 200.1 厘米，横 77.5 厘米，藏上海博物馆。层峦富有变化，中部大壑水流奔泻而下，水雾迷茫，有长廊楼阁跨于壑上，流水穿过乱石，激湍之状，令人如闻其

① [元]夏文彦：《图绘宝鉴》卷三《宋》，凤凰出版社 2018 年版，第 42 页。
② [宋]郭若虚：《图画见闻志》卷四《纪艺下·山水门》，人民美术出版社 1963 年版，第 91 页。
③ [宋]米芾撰，刘世军、黄三艳校注：《画史校注》，广西师范大学出版社 2020 年版，第 40 页。

声。山间密植松林，掩映梵寺，景色清幽，富有田园风致。

3. 赵幹

赵幹，江南人，一说江宁（今江苏南京）人，生卒年不详，南唐后主时为画院学生。“画山水林木，皆江南风景，多作楼观、舟船、水村、渔市、花竹，散为景趣，无一点朝市尘埃。”①

《江行初雪图》，绢本，水墨淡设色，纵 25.9 厘米，横 376.5 厘米，藏台北故宫博物院。此图描写初冬江上景色，以洒粉法弹出飞雪，技法别致。江中渔夫，江畔行人，神情生动，是公认的杰作。卷前有“江行初雪，画院学生赵幹状”十一字，为南唐后主李煜所题，是一幅流传有绪、极为可靠的五代绘画精品，可以作为断代的标志。

4. 卫贤

卫贤，京兆（或指长安，今陕西西安，或指每个朝代的首都所在地）人。南唐后主时为内供奉。他始学尹继昭，后来又拜师吴道子。“长于楼观殿宇、盘车水磨，于时见称”②，为界画高手，在界画发展史上具有重要地位。兼擅山水、人物。卫贤曾画《春江钓叟图》，深得后主李煜欣赏，并在图上题《渔父词》两首。③

卫贤的传世作品有《闸口盘车图》《高士图》等。《闸口盘车图》，绢本，设色，纵 53.3 厘米，横 119.2 厘米，藏上海博物馆。此画描写一个官营水磨的生产场面，河前木桥坡道上有牛车及独轮车运粮，河中有船只运载，工役奔走推车、搬粮、簸米、磨面，磨旁亭中有官吏监督。车船建筑，工致严谨，人物穿插生动自然，特别是靠水力运转之水磨装置结构画得非常准确细致，为考察当时水磨机械留下珍贵资料，对于研究我国工艺发展史有重要价值。《高士图》，绢本，淡设色，纵 134.5 厘，横 52.5 厘米，藏故宫博物院。此画表现东汉隐士梁鸿与其妻孟光故事。全图章法严谨，景物绵密，皴石画树多用干笔，雄健苍厚。图中虽然界画不多，但可看出卫贤精密而不板滞的画风。

另外，与巨然等画家同时的尚有刘道士，江南人，画风也师法董源，

---

① [宋]米芾撰，刘世军、黄三艳校注：《画史校注》，广西师范大学出版社 2020 年版，第 40 页。

② [元]夏文彦：《图绘宝鉴》卷三《宋》，凤凰出版社 2018 年版，第 52 页。

③《宣和画谱》卷八《宫室》，人民美术出版社 1964 年版，第 142 页。

不同的是在山水点景人物中的僧与道，“巨然画则僧在主位，刘画则道士在主位，以此为别”。①

三、南唐花鸟画

当时，江南的花鸟画也呈现出新的风貌，代表画家为徐熙等人。

徐熙，生卒未详，钟陵（今江西南昌）人，出身于江南显族，世代为官，但徐熙未尝出仕，以布衣终身。他志节高迈，放达不羁，常徜徉于郊野园圃，观察花竹虫鱼之自然习性。“熙识度闲放，以高雅自任，善画花木、禽鱼、蝉蝶、蔬果，学穷造化，意出古今。”②在题材及技巧上都有所突破，其花鸟画取得了重要成就。《圣朝名画评》云：“（黄）筌神而不妙，（赵）昌妙而不神，神妙俱完，舍熙无矣”，“宜乎为天下冠”③。徐熙绘画造诣高，惜作品佚失。传为徐熙的作品有《雏鸽药苗图》《玉堂富贵图》《雪竹图》等。

五代时花鸟画有两大流派，一是后蜀的黄氏父子（黄筌、黄居寀），另一派就是南唐的徐熙，后代称为徐、黄二体，即“黄家富贵”“徐熙野逸”。黄氏父子长期在画院供职，所画大多是宫廷中的珍禽瑞鸟、奇花异石。其画法称为“勾勒”，即以细淡的墨线勾画出所画物体的轮廓，然以填以色彩，以着色为主，给人以富丽工巧之感。而徐熙以处士终身，所画则是江湖上的汀花野竹、水鸟渊鱼。其画法称为“落墨”，即先用墨笔描绘所画物体的形状，然后在某些部分略加色彩，以墨为主，以着色为辅，给人以朴素自然的印象。

李后主对其绘画，甚为爱重。徐熙也画过为宫廷装堂饰壁的“装堂花”“铺殿花”，章法上位置端庄，骈罗整肃，注重装饰效果。宋代内府所收徐熙作品中有一些是“装堂桃花”“装堂折枝花”作品，估计就是从南唐转入宋代宫廷的。

此外，还有一些画家擅花鸟、竹木及龙鱼等。钟隐，字晦叔，不知姓

① [宋]米芾撰，刘世军、黄三艳校注：《画史校注》，广西师范大学出版社 2020 年版，第 40 页。
② [宋]郭若虚：《图画见闻志》卷四《纪艺下 · 花鸟门》，人民美术出版社 1963 年版，第 90 页。
③ [宋]刘道醇：《圣朝名画评》卷三《花竹翎毛门 · 神品》，山西教育出版社 2017 年版，第 105 页。

名，人以其隐于钟山，遂为姓名。天台（今浙江天台）人，生卒年不详，以处士终身。其“尤喜画鹞子、白头翁、鹖鸟、斑鸠，皆有生态，尤长草棘树木。其画在江南者，悉为南唐李煜所有，煜亲笔题署及以伪玺印之”①，“善画鸷禽榛棘，能以墨色浅深分其向背。变姓名，师郭乾晖，深得其旨。兼工画山水、人物”②。大概因为他隐居的缘故，北宋时人们对他的情况已不很清楚了。其作品北宋时尚多，南宋时已寥寥可数，后代则几乎不可见了。解处中，江南人，为后主翰林司艺，俗呼为解将军，不知何指。善画竹，尤工画雪竹，有冒雪之意，其间多作禽鸟，或群聚，或孤立，如畏凛冽，足有可观。董羽，毗陵（今江苏常州）人。五代南唐时为翰林待诏。入宋后，为图画院艺学。董羽以画龙鱼、海水著称。③ 他长于作壁画，也作卷轴。

还有一些画家一专多能，取得不俗的成就。梅行思，江夏（今湖北武昌）人，寓金陵，后主时为翰林待诏。善人物，最工画鸡，以此知名，世号曰梅家鸡。李煜，江南人，南唐后主。南唐亡后归宋。精鉴赏，工诗词，善书画。画山水、人物、花鸟及墨竹，清爽不凡，别为一格。善画风虎、云龙图，有霸者之风。

四、宋元绘画

继五代之后，两宋山水画、人物画、花鸟画皆有重要的发展和建树。北宋前期，花鸟画以西蜀“黄家富贵”画风为规范，黄家画法成为画院绘画的主流，徐熙这一派遭到排斥。北宋后期，画院花鸟画的风格发生了变化，徐熙受到了重视，《宣和画谱》认为他兼有黄筌、赵昌之长，“为古今之绝笔”。

徐熙之孙徐崇嗣、徐崇矩、徐崇勋皆能画，“善继先志，克著佳声”④。徐崇嗣在南唐中主时已参加画院，并与高太冲、周文矩等共同创作

① [宋]刘道醇：《五代名画补遗·花竹翎毛门·神品》，山西教育出版社 2017 年版，第 165 页。

② [元]夏文彦：《图绘宝鉴》卷二《五代》，凤凰出版社 2018 年版，第 32 页。

③ [元]夏文彦：《图绘宝鉴》卷三《宋》，凤凰出版社 2018 年版，第 42 页。

④ [宋]郭若虚：《图画见闻志》卷四《纪艺下·花鸟门》，人民美术出版社 1963 年版，第 95 页。

了《赏雪图》。南唐亡国后，徐崇嗣到开封，加入北宋画院。因当时画院花鸟以“黄家富贵”为范式，徐氏野逸体不被重视，徐崇嗣在题材和技法上不得不向宫廷体靠拢。徐崇嗣“长于草木禽鱼，绰有祖风。如蚕茧之属，皆世所罕画，而崇嗣辄能之。又有坠地果实，亦少能作者，崇嗣亦喜摹写，见其博习耳。然考诸谱，前后所画，率皆富贵图绘，谓如牡丹、海棠、桃竹、蝉蝶、繁杏、芍药之类为多”①。但徐崇嗣也新创技法，画花不用墨笔描写，而直接以彩色染成，谓之“没骨图”。徐崇勋，崇嗣弟，写生与兄同艺，时称二徐。徐崇矩，崇勋弟，写生有祖风。

宋时祖籍南京或流寓南京的画家还有不少，他们均取得了一定的艺术成就。山水画家有：崔友谅，江宁（今南京）人，淳祐年间画院待诏，善画道释人物及绛色山水。张翼，江宁人，字性之，号竹林。擅人物道像及杂画，尤工逸笔。任生，建康（今南京）人。工仕女，有忠孝、烈女等画。郝澄，江宁人，字长源，得伦风鉴之术，故于画尤长传写。郝澄力学逮二十年，而笔墨乃工，声誉益进，作道释人马，世多传其本，清劲善设色。顾大中，江宁人。善画人物牛马，兼工花卉。

花鸟画家有：艾宣，金陵（今南京）人，“善画花竹禽鸟，能傅色，晕淡有生意，孤标雅致，别是风规，败草荒榛，尤长野趣。尤喜画鹌鹑，著名于时。”②刘常，金陵人，善画花竹，绝精妙，名重江左。家治园圃，手植花竹，日游息其间，每得意处，辄索纸笔写生。染色不以丹铅衬傅，调匀深浅，一染而就。陶缜，金陵人，善画花果，尤工蔬菜，有诸色菜 20 种图册。吕元亨，金陵人，工花鸟。宋永年，临江人，居金陵，善写梅。员贞，金陵人，字光祖，一字胜之，善画墨竹坡石。

擅山水、杂画及一专多能的画家还有：董琛，金陵人，善山水。熊应周，金陵人，善画小米山水，兼工花鸟。田宗源，临安（今杭州）人，居金陵，字子济，习范宽山水，尤工鸡画。李士云，金陵人，善山水，尤工写照。蔡润，江宁人，工画舟船及江湖水势，宋太宗时为画院待诏。陈禧，金陵人，乾道时工杂画。

元代，当时的文人画家多集中在太湖周边的江南地区，但仍有南京

① 《宣和画谱》卷一七《花鸟三》，人民美术出版社 1964 年版，第 275 页。

② ［元］夏文彦：《图绘宝鉴》卷三《宋》，凤凰出版社 2018 年版，第 49 页。

本籍画家坚持绘写，承续艺脉。如陶鋐，金陵人，号菊村，善山水，师李成。潘桂，金陵人，善写肖像。陈时举，金陵人，工画。

第三节　明代绘画

1368 年，朱元璋在当时的应天府（今南京）建立了明朝。作为一个朝代的都城，南京地理位置优越，是连接南北的交通要道，不仅是政治中心，经济发达，物产丰富，文化兼容并蓄，聚集了大量的文人墨客，代表了整个时代文化发展的方向和最高成就。

明初，绘画作为意识形态为统治者所重视，朱元璋想以绘画的教化作用宣扬政绩、平复民心，以举荐和选拔的方式召集天下善画者进入宫廷画院，为统治阶级服务。朱元璋曾让人在宫殿墙壁上绘制壁画，体现他“身所历艰难、起家、战伐之事”[①]；绘制《耕织图》，体现他对农业的重视；绘制《孝子图》，表现他对三纲五常思想的推崇。明成祖朱棣时期，《介庵集》中说：“太宗皇帝入正大统，海寓宁谧，朝廷穆清，机务之暇，游心词翰。既选能文能书之士，集文渊阁，发秘藏书帖，稗精其业，期在追踪古人，又欲仿近代设画院于内廷，命臣淮选端厚而善画者完其任。”[②]永乐十九年（1421 年），明成祖朱棣迁都北京，改北京为京师，应天府改为南京，南京成为“留都”。南京延续了完整的行政机构和一定的行政职能，但人员配备简单。政治的变迁并没有改变南京是南方最繁华都市的地位，南京绘画艺术持续发展，一些名画家和本籍画家在此活动和创作，同时，宫廷绘画、浙派、吴门画派等对南京绘画产生了相当深刻和长远的影响。

一、明早期画家及作品

明代早期，在南京活动的画家有赵原、周位、戴进、郭纯、边文进、吴

① ［明］余继登：《典故纪闻》，中华书局 1997 年版，第 32 页。

② ［明］黄淮：《介庵集》，《四库全书存目丛书》集部第 27 册，齐鲁书社 1997 年版，第 49 页。

伟、蒋嵩等。他们或为御用画家，或为民间画家；或流寓南京，或为本籍；或擅山水，或擅花鸟、人物等，皆取得一定的成就。

明代早期，南京住有大量皇亲国戚和开国功臣权贵，政权稳定、生活无忧的同时，达官显贵们对于字画、艺术品的需求量大增，装饰宅院、人情往来、聚会雅集均需要字画，画家在这样一个丰富的市场需求下也能得到更多的机会，所以很多江浙、福建，乃至全国各地的画家、画工都纷纷来到南京，使明早期的南京成为当时绘画艺术的一个中心。

明代早期在南京创作、活动的画家，主要有：

赵原(约1325—1374)，又名赵元，字善长，又字丹林。山东莒县人，后迁居苏州。明王鏊《姑苏志》中说："明初召天下画士至京师，图历代功臣，原以应对不称旨，坐死。"①

道周位，字原素、玄素，太仓人。"高庙取入画院，掖庭壁上山水多出其手。后为同列所忌，竞死于谗。"②

沈希远，昆山人。"山水宗马远，亦善传神。洪武中写御容称旨，授中书舍人。"③

王仲玉，"未详里氏，洪武中以能画召至京师。"④

戴进，字文进，号静庵，晚号玉泉山人，钱塘人。年轻时跟随父亲走南闯北，以卖画为生。"永乐初年到南京，将入水西门，转盼之际，一肩行李被脚夫挑去，莫知所之。文进虽暂识此人，然已得其面目之大都，遂向酒家借纸笔画其像，聚众脚夫认之，众曰：此某人也。同往其家，因得其行李。"⑤这则故事讲的是戴进绘画技艺高超，过目不忘。可见戴进年轻时就曾来过南京。

郭纯是浙江乐清人，因为服兵役而入兴武卫，兴武卫隶属于京城的五军都督府，是京城三十三卫之一，是军队中从事与技艺相关工作的单位。到了南京之后，郭纯得以开阔眼界，增长技能，与其他的画家交流切磋，也因为画艺出众，受聘于季驸马都尉谢达家中。之后，郭纯被同

① [明]王鏊：《姑苏志》，《天一阁藏明代方志选刊》本。
② [明]朱谋垔：《钦定四库全书·画史会要》卷五，中国书店2018年版，第78页。
③ [明]朱谋垔：《钦定四库全书·画史会要》卷五，第80页。
④ [明]朱谋垔：《钦定四库全书·画史会要》卷五，第81页。
⑤ [明]周晖：《金陵琐事》，载《明代笔记日记·绘画史料汇编》，上海书画出版社2019年版，第220页。

乡黄淮举荐入宫廷绘画，郭纯得以“遍观古人名迹，其变化飞动，有契于心而益臻其妙”。①

边文进，字景昭，福建沙县人，永乐初年因擅画被召至宫廷。“既至，写画数幅以进，上览之，称善。寘文进秘府，使区别名画。”②他的一些作品题款中也会提到京城。比如现藏于台北故宫博物院的《三友百禽图轴》，落款是“永乐癸巳秋七月，陇西边景昭写三友百禽图于长安官舍”。“永乐癸巳”是永乐十一年，“长安”指当时的京城南京。

这些有名的画家或作为宫廷画家为皇家服务，可以说当时的院体画家代表的是南京地区的主流绘画风格。但当时没有正式的画院建制，画家散落于宫内各处，分别隶属于翰林院、工部营缮所和文思院等处。内廷画家没有专属的职级，比较常见的职位是中书舍人，地位较低的有营缮所丞（正九品）、文思院大使（正九品）、翰林院待诏（正九品）等。内廷画家不仅待遇不高，还时常有性命之忧。周位非常谨慎周全，“太祖皇帝尝命画史周玄素绘天下江心于殿壁，玄素对曰：‘臣未尝遍历九州，唯陛下赐草规模，臣谨依润之。’上即操笔倏成大势。玄素对曰：‘陛下山河已定，安敢复动？’上悦。”③如此机敏之人，却也因为才华出众被同僚妒忌，而皇帝听信谗言杀了周位。画家在宫廷内绘画如履薄冰，只能以皇帝的审美喜好为创作标准，绘画风格和技法的发展也受到诸多限制。

相对于宫廷制度高压之下拘谨严苛、精细华丽的画风，现藏于台北故宫博物院的周位传世孤本《渊明逸致图》表现的是充满意趣的文人画风。画面中陶渊明醉态明显，由仆人搀扶，袒胸露肚，步态踉跄。寥寥数笔，勾勒出人物丰满的形象，白描画法纯熟生动，受到元代风格的影响，气韵高逸。赵原洪武年间官至中书令，因画历代功臣，应对忤旨而被杀。他虽为宫廷画师，但平日里与江南一带文人名家交往甚密，画法学董源、王维，也多受其挚友倪瓒、王蒙等人的影响。他传世的《溪亭秋色图》《合溪草堂图》《陆羽烹茶图》等，皆有文人画的风格。可见当时的

① ［明］黄淮：《黄文简公介庵集》，《四库全书存目丛书》，齐鲁书社 1995 年版，第 28 页。

② ［明］胡广：《胡文穆公文集》卷一一，清乾隆十五年刻本。

③ ［明］朱谋垔：《钦定四库全书·画史会要》卷五，中国书店 2018 年版，第 63 页。

宫廷画家与文人画家交流颇多,也在不自觉中相互影响。

明代早中期,以戴进、吴伟为代表的浙派与宫廷绘画(院体派)相呼应,成为当时绘画的主流。浙派与院体派同受南宋院体画的影响,但不同的是,浙派在继承的同时,更注意个人笔墨技法和画风的变化。明中期以后,以沈周、文徵明为先驱的吴门画派崛起,在江南苏州一带形成了新的面貌。南京处在杭州和苏州之间,江浙一带文人之间的交游相当频繁,这些画派都对南京绘画产生了多方面的影响。

二、明中晚期画家及作品

明代中期,在南京创作的画家以浙派巨子吴伟为代表。吴伟与南京有着不解之缘。他从 17 岁到南京至 50 岁去世,除去进京做官不长的时间,人生大部分的时间都在南京。吴伟原籍湖北江夏,字次翁,又字士英、鲁夫,号小仙。从小画艺出众,“至十七游南京,以童负性气,径谒成国朱公。公奇之曰:‘此非仙人欤!’因其年少,遂呼‘小仙’”,吴伟 17 岁来南京闯荡,后来成为成国朱公的门客。在宪宗和孝宗朝多次应召入宫,任锦衣卫镇抚,待诏仁智殿,“孝庙授锦衣卫百户,赐‘画状元’印章”。吴伟的性格是矛盾的,一方面,年轻时动荡的生活经历让他懂得世道不易,他能周旋于权贵当中,处事圆融谨慎,“貌严而礼谨,言语侃侃不阿”①。这种工细、谨慎也体现在他的早期作品当中。他取法南宋院体风格,线条细腻、劲健,气韵秀逸,有古人意趣,如现藏于故宫博物院的《灞桥风雪图》、藏于湖北省博物馆的《雪渔图》等。他同情底层百姓、穷苦人家,“独以书画称重于时,画亦不肯苟作,故亦不多见。或时出一幅,辄即与穷困人,而即为人传去,为富势家买取,云‘得之小仙’。”②另一方面,他行事狂放不羁,爱好自由,“性豪放,轻利重义,在富贵室如受束缚,得脱则狂走长呼!”他自觉不适应官场争斗,告病返回南京,“得居秦淮之东涯”。平日里,他经常与王孙贵族聚会豪饮。③ 每至

① [明]周晖:《金陵琐事·续金陵琐事·二续金陵琐事》,南京出版社 2007 年版,第 94 页。

② [明]周晖:《金陵琐事·续金陵琐事·二续金陵琐事》,南京出版社 2007 年版,第 255 页。

③ [明]姜绍书著,印晓峰点校:《无声诗史韵石斋笔谈》,华东师范大学出版社 2009 年版,第 31 页。

酒酣兴发，肆意挥洒，运笔如飞，旁若无人。这种看破世俗、放浪形骸体现在他晚年的《溪山鱼艇图》《长江万里图》等作品中，气势磅礴，淋漓尽致。晚年的吴伟吸收了元人画风，中锋用笔，作品更重意境，笔墨浑厚深沉，含蓄清雅。

其他的南京籍画家也受浙派影响颇深。蒋嵩，字三松，号徂来山人、三松居士，江宁（今江苏南京）人。活动于明代成化、嘉靖年间。他的画法是学吴伟的，“善山水、人物。多以焦墨为之，最入时人之眼。”①其画风肆意豪放，笔墨洒脱。现藏于南京博物院的《松下著履图》，构图工整，用笔粗放、劲健，意境悠远。藏于故宫博物院的《渔舟读书图》等也都体现了浙派的绘画风格。

史忠，本姓徐，名端本，后改名史忠，自号痴翁、痴仙、痴痴道人，金陵（今南京）人。周晖的《金陵琐事》中提到史忠：“史痴，山水、人物，自写胸中逸气，不可以画之常格求之。”其作品洒脱酣畅、逸笔草草、气韵苍郁，超越法度之外，受到了当时浙派吴伟、张路等人风格的影响。史忠与吴门画派创始人沈周的私交非常好，两人经常交流切磋画艺。史忠去苏州可以在沈周不在家的情况下，在他家厅堂里挥毫泼墨，完成巨幅作品。沈周只要到南京，必定会去史忠的卧痴楼住上几日。

徐霖，字子仁，号九峰、髯仙，又称徐山人。祖籍长洲（今江苏苏州），出生于华亭（今上海松江），幼年随兄移居金陵。与沈周私交颇好。工书法，善绘事，多作写意作品。他的《菊石野兔图》，现藏于北京故宫博物院，用笔老辣遒劲，野兔栩栩如生，苍劲中不乏工细，有宋人崔白之遗意，可见当时南京本籍画家同时受到浙派、吴门画派等的影响。

明代晚期至明末，政治动荡，官员腐败。北方边境屡遭外族侵犯，浙闽沿海倭寇横行。南京由于地理位置的关系，相对安全。在它周围，没落的吴门画派以及武林画派、松江画派、新安画派的崛起，使得当时的画坛呈现更加多元的面貌。画家们因为各种原因来到南京，有的是做官，比如董其昌，曾官南京礼部尚书；有的是躲避战乱，比如程正揆、龚贤；有的是寓居，比如髡残、陈鹤等。他们活跃在南京这块土地上，交

① 张小庄、陈期凡编著：《明代笔记日记绘画史料汇编》，上海书画出版社 2019 年版，第 218 页。

游互动，创作著述。明晚期在南京活动的画家以董其昌为代表。明末至清初在南京活动的画家更多，这在下一节中有介绍。

董其昌（1555—1636），字玄宰，号思白、香光居士，松江华亭（今上海市）人。万历十七年（1589 年）进士，明晚期大臣，“华亭派”代表画家。年轻时多次到南京参加乡试。天启五年（1625 年），出任南京礼部尚书，因事辞官。董其昌颇能诗文，工书，擅山水。其山水画师法于董源、巨然、黄公望、倪瓒等，笔致清秀中和，恬静疏旷，用墨明洁隽朗，温敦淡荡，青绿设色，古朴典雅。董其昌还是重要的绘画理论家，其最重要的贡献就是“南北宗”论的确立，奠定了文人画的理论基础。董其昌在《画禅室随笔》中写道：“禅家有南北二宗，唐时始分。画之南北二宗，亦唐时分也。但其人非南北耳。北宗则李思训父子着色山水，流传而为宋之赵幹、赵伯驹、伯骕，以至马、夏辈。南宗则王摩诘始用渲淡，一变勾斫之法，其传为张躁、荆、关、郭忠恕、董、巨、米家父子，以至元之四大家。”[①]董其昌的“南北宗”论，是在总结了唐代至元代画家的基础上，按照绘画风格、画家身份、绘画技法等把文人画和院体画做了区分。董其昌提倡文人画，主张摹古，推崇董源、巨然、黄公望的南宗风格，其画作笔墨温润，追求意境，富“士人意气”。他的这一观点受到了莫是龙《画说》的影响，得到了陈继儒、沈颢等人的肯定，对后世绘画影响甚远。

明代后期，江浙一带的文人名士崇尚雅集，一方面文人书画家借此交流技艺、饮酒作诗，另一方面也是一种买卖、鉴定字画的平台。当时的南京是收藏、鉴赏书画的重镇之一。如董其昌，其采风、会友、创作和鉴赏活动都发生在南京附近及京口（今江苏镇江）、吴门（今江苏苏州）等地。现藏于上海博物馆的《秋兴八景图》第四开题款：“庚申八月廿五日，舟行瓜步大江中写此并书元人词，亦似题画亦似补图。玄宰。”瓜步位于今南京六合东南面。董其昌在癸卯年（1603 年）年八月，作《小楷卷》，并写下：“今年游白下，见褚遂良《西昇经》……以顾虎头《洛神赋》易之不得，更偿之二百金，竟靳固不出，登舟作数日恶，忆念不置，然笔法尚可摹拟，遂书此论，亦得二三耳。”可见董其昌在南京的交游活动

① [明]董其昌：《画禅室随笔》，华东师范大学出版社 2012 年版，第 15 页。

多，认识很多的书画商人，也参与平日里的书画交易。

明中、晚期活动在南京的画家还有陈沂、蒋乾、徐霖等，在画史上也较有影响。

陈沂，字宗鲁，后改为鲁南，号石亭、陈钢子。祖籍浙江鄞县人，因被征入太医院而寓居南京。正德十二年（1517 年）进士，授编修、进侍讲，历官山东参政等。他的作品《龙江晓饯图》，现藏于上海博物馆。此画描绘典型的江南山水，意境悠远空寂。

蒋乾（1525—?），蒋嵩之子，字子健，江宁（今南京）人。工山水，风格复古雅致。他的《雪江归棹图》，现藏于北京故宫博物院，是画家晚年作品。风格清淡典雅，笔墨工细，描绘江南雪景，意趣盎然。

杨文骢（1596—1646），字龙友，贵州人，流寓金陵（今南京）。"画中九友"之一。他重写生，气质风雅，有文人逸气。他所作的《枯木竹石图》，现藏于南京博物院，画面层次分明，用笔洒脱典雅，墨色浓丽，意境古雅。

还有一些绘画，作者佚名，但画的是明代的南京城，是当时社会历史文化的直观体现。如明人画《南都繁会景物图卷》（又名《南都繁会图卷》），绢本设色，纵 44 厘米，横 350 厘米，藏于中国国家博物馆。因其真实地反映了明朝旧都南京市井情形，一直享有"南京本土的《清明上河图》"之盛誉。卷首署"明人画南都繁会图卷"，尾署"实父仇英制"，但从绘画技法看，并非仇英的作品。

图 9－4 《南都繁会图卷》(局部)

此图卷描绘了明代南京城繁兴热闹的市井生活场面，画面从右至左，由郊区农村开始，经城中的市街，止于皇宫前。市面店铺林立，人物摩肩接踵，佛寺、官衙、民居、牌坊、城门等建筑，茶庄、药店、鸡鸭行、粮油谷行等店铺，应有尽有，河中运粮船、龙舟、渔船往来穿梭，共绘有1000多个职业、身份不同的人物和109个商铺的招幌牌匾，反映出当时的南京是各地百货云集、官商民杂处的商业大都市，而“东西两洋货物俱全”的招幌，则反映了明代中外贸易的发达程度。画卷中还着力描绘了戏台及踩高跷、武术表演等，反映了南京文艺活动的丰富多彩。此图卷因具有重要的历史、文物和艺术价值，被评定为国家一级文物。

第四节　清代绘画

明清易鼎之后，南京地区政治地位下降，但因其深厚的社会经济和人文条件优势，绘画接续明朝，获得进一步发展，继续成为江南地区最重要的绘画重镇和艺术中心之一。关于明末至清早期南京画坛情况，龚贤曾在程正揆所作《山水》上题“今日画家以江南为盛，江南十四郡以首郡（南京）为盛，郡中著名者且数十辈，但能吮笔者奚啻千人”①，可见南京画坛之盛。

当时南京地区绘画的特色和优势，首先表现在“明遗民画家”的集中出现。由于明清易鼎，在清初产生了数量较大的遗民群体，其中有相当数量的一批遗民又是擅长绘画的文人画家，如龚贤、髡残、程正揆、萧云从、戴本孝、石涛、程邃、弘仁等。他们的绘画作品多寄寓深沉的亡国感慨和思想内容，具有丰富的精神、情感内涵和鲜明的时代气息。其次表现在版画的兴盛上，南京地区兴盛的印刷行业为版画的创作提供了充分的条件，有不少画家参与版画的创作，他们的中国画也收到了版画艺术的影响，从而确立了自己的绘画艺术特色。其三，在绘画理论领域也有着不菲的贡献，笪重光、周亮公、程正揆、龚贤、石涛、王概、汤贻汾等人的绘画理论在我国传统绘画理论领域留下了非常亮丽的一页，尤其龚贤、石涛的绘画理论更成为具有全国性影响的绘画理论，代表了清代南京地区的绘画理论水平。

① ［明末清初］龚贤：《周亮工集名家山水册》第六开程正揆《山水》，台北故宫博物院藏。

清代南京地区的绘画呈现出多元化、包容性、开放性、持续性等特点。南京地区在清代初中期一直吸引外地艺术家不断来此发展，各种绘画风格流派几乎在这里都能找到发展的脉络，如笔墨苍劲的浙派画风、严谨整饬的青绿山水画、宋代院体绘画、界画以及具有写意性的文人绘画、民间绘画等，几乎在南京都能找到自己的位置，这也从一个侧面反映出南京地区所具有的艺术包容和绘画兴盛气象。

一、清代画家

清代早中期寓居、游历南京地区的绘画流派、画家数量非常之多，几乎所有重要的画家和绘画群体的知名画家都有在南京创作、活动的经历，如程邃、萧云从、髡残、程正揆、魏之璜、魏之克、七处和尚（朱翰之）、姚允在、周亮工、龚贤、樊圻、高岑、邹喆、吴宏、叶欣、胡慥、谢荪、蔡苍霖、李又李、武丹、陈卓、张风、吕潜、顾源、王概、蔡泽、宗言、官铨、龚柱、樊云、高荫、高遇、邹坤、邹冰、龚柱、郑燮、杨法、李方膺、杨法、李又李、汤贻汾、明俭、程璋等，都在南京留下了他们创作的足迹。其中，龚贤、樊圻、高岑、邹喆、吴宏、叶欣、胡慥、谢荪等并称“金陵八家”；髡残（字石谿）、程正揆（号青谿老人）合称“金陵二谿”；髡残与石涛合称“二石”；清代中晚期汤贻汾山水与戴熙齐名，世称“汤戴”。南京因其深厚的历史文化底蕴，也诞生了为数不少的女性画家，如柳如是、董白等人，为南京画坛留下一抹异彩。清代南京地区重要画家简介如下。

髡残（1612—约1674），湖南武陵（今常德）人。字介邱、石谿，号白秃、电住道人、天壤残道者，释名髡残，俗姓刘。来南京后常住报恩寺、栖霞寺等处，后寓南京牛首山幽栖寺，与程正揆交往密切。与石涛并称“二石”，与程正揆并称“二谿”，清初“四画僧”之一。好游名山大川，擅画山水，师法王蒙等，喜用干笔皴擦，淡墨渲染，间以淡赭作底，布置繁复，苍浑茂密，意境幽深。。

龚贤（1618—1698），字半千、野逸，号半亩、柴丈人。江苏昆山人，流寓金陵。与程正揆、髡残并称为“金陵三大家”，又为“金陵八家”之首。性格孤僻。作山水一变古法，独出幽异。用笔浑厚滋润，凝练劲拔；用墨以积墨法见长，墨色层次分明，温润沉厚，适于表现江南湿意浓重的山水景色。这种画法又分两类，世称“白龚”和“黑龚”，前者简淡雅洁，后者浓密苍茫。弟子有吕潜、王概、柳堉等。

程正揆（1604—1676），初名正葵，入清改名正揆，字端伯，号鞠陵，又号青谿道人、青谿旧史、惜香居士等。湖北孝感人。明亡后寓居南京。山水初师董其昌，得其指授，后自出机杼，多秃笔，枯劲简老，水墨木石尤佳。其论画说：“宋人千丘万壑，无一笔不简；元人枯枝瘦竹，无一笔不繁”，对笔墨与意境的关系做了深入的剖析。曾作《卧游图》五百卷。

萧云从（1596—1673），原名龙，字尺木，号默思，别号无闷道人，晚称钟山老人。江苏上元（今南京）人，祖籍安徽芜湖，后移家金陵（今南京）。明崇祯九年、十五年两科副贡，入清不仕。擅山水，师法倪瓒、黄公望笔法，自成一家。绘画意境萧疏清远，笔墨雅洁淡逸，画风清冷明净。

程邃（1605—1691），字穆倩，号青溪、垢道人、野全道者、江东布衣。安徽歙县人。明诸生。精金石考证，工分书，刻印精研汉法，而能自见笔意。山水早年师法巨然、倪瓒、王蒙，格调雄浑苍莽，萧散清疏。后纯用焦墨渴笔，引篆隶笔法入画，笔墨沉郁苍古，朴茂润泽。程邃长年寓居江苏华亭、南京等地，晚年在南京直至去世。

樊圻（1616—约1694），字会公，更字洽公。江宁（今江苏南京）人，樊沂之弟。居迴光寺畔，蔬篱板屋，与兄二人吮笔其中，萧萧如神仙中人。樊圻善画，工山水、人物、花卉。山水师赵令穰、刘松年、赵孟頫等而自成风貌。笔墨娟秀细腻，轻快爽利，老年转趋于高简。

高岑（？—约1687），字善长，又字蔚生，高阜弟。杭州人，居金陵（今江苏南京），与其兄同称高士。幼年学朱翰之山水，晚年自成一家，颇臻神妙。其山水及水墨花卉，写意入神。山水用笔雄劲秀拔，墨气浑厚，同时有董、巨笔意和南宋风神。画风清润挺拔，洒脱奔放，气象幽远。

胡慥，字石公，金陵人。工写菊，兼擅山水、人物。用笔劲健雄秀，敷色雅洁。子胡清、胡濂亦善画。

谢荪，字缃西，一字天令。江宁(今南京)人，一作溧水人。擅重彩花卉、青绿山水。画风工整细秀，用笔坚挺劲峭。

邹喆(1625—?)，字方鲁。原籍吴县，寓居金陵。画学其父邹典，师法沈周，山水笔力工稳，墨色苍秀，画松尤奇秀。兼长花鸟，笔墨爽朗苍秀，奇逸雄厚，设色淡雅清逸。子邹坤、孙邹冰亦善画。

吴宏(?—1690)，字远度，号云林竹史。原籍江西金溪，寓居南京。兼长山水、人物、墨竹，山水居能品，风神淡远而含雄远壮阔之势。

叶欣(约1597—1671后)，字荣木。华亭(今属上海)人(或说无锡人)，寄寓金陵。善山水，学赵令穰，复参以姚允在。画风细致淡远，幽深工细，气格明秀冷峻。

图9-5　高岑《灵谷深松》(南京市博物总馆藏)

陈卓，字中立。北京人，寓居南京。《上元县志》列其为“金陵八家”之首。绘画师法唐宋青绿山水，兼擅山水、人物、花卉。所作青绿山水用笔严谨深沉，精密劲挺，设色幽雅秀整，画风娟秀妍丽，清隽高雅。工笔重彩，花鸟取法崔白、边景昭、吕纪画风，精工秀丽。

李又李，上元(今南京)人。善山水人物，最工画菊，能绘百种，备极香艳清冷之致。

张风，字大风，号昇州道士，自称上元老人，署款喜书“真香佛空”四字而不名。上元人。崇祯诸生，性格幽僻，明亡后独自往来，不与人接触。善画，工治印，山水称妙，人物花草亦恬静闲适，神韵悠然。

邹典，吴县人，家金陵，字满字。工山水，笔意高秀，绝去甜俗一派，写生清逸雅秀，有超然尘外之致。

蔡苍霖，字蔡泽，号雪岩，溧水(今属南京)人。擅人物、花鸟、山水。

李方膺(1695—1755)，字虬仲，一字秋池，号晴江、柳园、衣白山人。江苏南通人，寓居南京、扬州等地。受父荫先后任职滁州、合肥等地。擅四君子、山石、杂花、鱼虫等。绘画师法文同、苏轼、赵孟頫、陈淳、徐渭等，注重观察体验生活，画风苍劲古朴，潇洒淋漓。

杨法(1696—约1762后)，字己军，号孝父、白云帝子等。上元人，一作江宁人。擅花卉，笔墨苍劲老辣，设色淡雅清新。

汤贻汾(1778—1853)，字若仪，号雨生、琴隐道人，晚号粥翁。江苏武进人，寓居金陵，与王文治、洪亮吉为友。太平军攻克金陵，投水而死。擅山水，与戴熙齐名，世称“汤戴”。山水受董邦达影响，深得简静超脱、疏淡松秀之致。画风清隽冷逸、旷远幽邃。妻董婉贞，子绶名、懋名、禄名，女嘉名、紫春俱工画。著有《琴隐园诗集》《画筌析览》。

二、清代画作

清代，活跃于南京的画家创作了大量的作品，精品迭出，其中代表性的作品如下。

髡残《苍翠凌天图》，纸本设色，纵85厘米，横40.5厘米，顺治十七年(1660年)作，南京博物院藏。这是清早期山水的代表性作品，描绘南京地区真实的自然景物，崇山层叠，古木丛生，近处茅屋数间，一高士凭几而坐。作者将水雾、山岚和南京特有的山峦地貌真实地再现出来，意境深幽，空灵静寂。山石树木以湿笔淡墨和干笔浓墨层层皴擦，用赭石勾染，焦墨点苔，凝练苍茫，高古奇逸。

龚贤《千岩万壑图》，长卷，纸本墨笔，纵27.8厘米，横980厘米，康熙十二年(1673年)作。此画为龚贤54岁时的作品。画作古木丛林起伏，山间流泉沿山谷汇成清澈的溪流，屋舍、寺塔点缀其间，刻画出江南山水秀润而伟岸的景象，并注意表现烟林、雨林、晴林、朝林的不同特征。构图辽阔繁密，笔墨精湛，苍茫浑穆，为其晚年山水画精品力作。

图 9-6 《千岩万壑图》(局部)

程正揆《山水图册》，纸本设色，纵 22.6 厘米，横 44.3 厘米，南京博物院藏。此册共有五开，描绘了山脚下屋舍俨然、流泉淙淙，山岚出入无际、高士远眺静游的景致。笔墨松秀清旷，枯劲苍老。作者通过简洁明晰的山川物象，勾勒出心中明洁静逸的意境，为画家感慨乱世而沉浸于笔墨、寻求精神寄托的典范之作。

石涛《清凉台图》，纸本设色，纵 45 厘米，横 30.2 厘米，南京博物院藏。此作为石涛绘写南京西郊清凉山的写实性山水画作品。画作山台耸峙，屋宇俨然，城墙逶迤，远处江帆往来，给人以大江苍茫、物是人非之感。画幅左上方有石涛题跋："清凉台。薄暮平台独上游……兴亡自古成惆怅，莫遣歌声到岭头。清湘遗人济。"作者沉郁的故国情怀寄寓其中。

吴宏《柘溪草堂图》，绢本设色，纵 160.8 厘米，横 79.8 厘米，康熙十一年(1672 年)作，南京博物院藏。此画为作者应江苏宝应乔莱之请，画其父乔可聘居处柘溪草堂秋景。画作湖水绕村，林木葱郁，亭台面水，宾主安坐对谈，超然世外。笔墨劲挺清润，雄浑苍远，具有浓厚的写实风格，为吴宏之佳作。

吴宏、樊圻《寇白门像》，纸本墨笔，纵 79.2 厘米，横 60.6 厘米，顺治八年(1651 年)作，南京博物院藏。此画由樊圻写像，吴宏补景。作者通过简练的笔墨，将具有相当文化修养的秦淮名妓寇白门娟娟静美、风流俊逸的优雅神态呈现出来，同时也在笔端流露出美人迟暮之感。作者借现实的迟暮美人哀叹明王朝的灭亡，吟唱出一曲明亡后士人画家心中凄美的挽歌。

李方膺《潇湘风竹图》，纸本水墨，纵 168.5 厘米，横 67.7 厘米，南京博物院藏。此图作一丛青竹，在疾风的吹动下，枝叶狂摆不已，地上的兰草也随风势一起摆动，唯有坚硬的怪石挺立不动。全幅以粗笔、湿笔为主，写风竹神韵气势，雄劲淋漓，同时也是画家文人精神特质的写照。

三、清代的画论、画史

清代出现了一批重要的画论专著和画家传记，如龚贤《画诀》《柴丈画说》、周亮工《读画录》、程正揆《青谿遗稿》、石涛《画语录》、王概《芥子园画传》、汤贻汾《画筌析览》等。

周亮工著《读画录》。此书为明末清初画家传记，列传者始于明李日华（1565—1635），止于清章谷（生卒年不详），共 77 人。书后附有名无传者 69 人。明代画家多被收录，各论其品第，兼引时人评论，间附题咏及其人生平梗概，多为周亮工目睹或相去不远者，所载遗事轶闻亦较为可信。周亮工读画勤于随手札记，书未成而卒，当时一些名家也有所缺略，是为憾事。

龚贤著《画诀》《柴丈画说》《课徒画稿》。这些著述比较具体详细地向学画者解说山水创作的步骤、事项和步骤，对于绘画的构图位置、笔墨等作出详细论述，画家四要（笔法、墨气、丘壑、气韵）、士气说、道气说的提出以及逸品、幻境与实境的有关论断，都是龚贤绘画创作实践与绘画理性思考的总结，反映出龚贤丰富而深邃的绘画理论水平。

石涛著《画语录》。全书 18 章，讲述绘画创作的原理以及笔墨理论，构成完整系统的山水画理论体系。作者反对拟古，主张“借古以开今”“笔墨当随时代”“搜尽奇峰打草稿”，重视画家个性的发挥。石涛在《画语录》中所反映出来的绘画创作思想、艺术见解，对中国 18 世纪山水画的发展产生了深远的影响。

图 9－7 《芥子园画传》书影

王概著《芥子园画传》（又称《芥子园画谱》）。芥子园是清初名士李渔在南京建筑的居宅别墅。其婿沈心友家中，藏有明画家李流芳的课徒稿，遂请嘉兴籍画家王概等整理增编，并附临摹古人各式山水画，得李渔资助出版。全书系统地介绍了中国画的基本技法，内容中从用笔方法到具体景物的笔墨技法，从创作示范再到章法布局，为学画者提供了完整的学习方案。此画谱被誉为“画学之金针”，对于普及中国画理论知识和学习中国画起到了积极的引导作用。

第五节 近现代绘画

近代以来，南京继续成为绘画艺术的中心之一。尤其太平天国建都南京、中华民国建都南京，不断吸引着全国一流的画家来南京学习、定居、教学、创作，极大地推动了南京地区的绘画进入繁盛时代。

太平天国时期，南京汇集了虞蟾、陈崇光、虚谷、任伯年等名画家，盛极一时，成为当时南方绘画艺术的中心。其后，南京地区创办新式教育、出国留学、积极引进西方文化观念，促进了社会思想观念发生新的变化，南京地区的美术教育得以领风气之先，成为我国近现代美术教育、创作、研究、展览最为重要的发源地之一。南京地区不仅成为绘画人才的聚集地，高等美术教育机构、博物馆、美术馆、学会等美术教育、组织、研究等平台在这一时期也不断创立起来，具有近现代观念和学术意识的绘画创作、展览、评价体系在南京地区诞生。两江优级师范学堂（1906 年即设置图画手工课）、南京高等师范学校图画手工科、国立南京高等师范学校（后改东南大学、第四中山大学、中央大学）、私立南京美术专门学校、国立中央大学艺术教育科等先后创立，成为培养绘画人才、进行绘画创作的基地。国立美术陈列馆等公私美术展览机构也分别创建。重要美术展览不断举办，如南京通俗教育馆举办了首都第一届美术展览，国民政府教育部在南京地区举办了第一、二次全国美术作品展览等。正因为此，使后来南京的美术教育和美术人才优势始终在全国占据突出的地位，为我国的美术事业输送了大批的人才，成为我国美术资源、绘画资源最为重要的输出地，亦为南京地区绘画的崛起提供了充分的文化条件和社会基础，将南京地区的美术事业、绘画事业推进到新的历史发展阶段。

近现代南京地区的绘画非常活跃，作为中国绘画的重镇发挥出十分重要的作用，在山水画、花鸟画和人物画方面均取得重要成就。山水画方面出现了虞蟾、陈崇光、吴庆云、萧俊贤、张大千、黄君璧、刘海粟、傅抱石等诸多著名的山水画家；花鸟走兽画领域出现了高剑父、陈树人、徐悲鸿、陈之佛、刘海粟、张书旂等著名画家；人物画方面则以吕凤子、徐悲鸿等人最为突出。他们共同努力，促进了中国花鸟画和人物画的复兴。

近现代南京地区的绘画具有鲜明的传统性特点，如吕凤子、傅抱石、陈之佛等人均主张继承"文人画"的优秀传统，使中国画走出创作的困境。同时，南京地区的绘画又具有现实主义特点，感悟生活，关注现实，关爱自然，贴近大众。如虞蟾等人所绘表现太平天国内容的壁画《江天亭立图》等，为人们留下了太平天国珍贵的影像。民国时期，高剑父、徐悲鸿、吕凤子等人也多有反映现实的绘画题材，取得了显著的艺术成就。

一、近现代画家

南京正是因其特殊的地理、历史、社会、经济、文化条件，引领时代风气，吸引了一大批造诣精湛的画家在此寓居、工作、创作和教学，如近代的虞蟾、陈崇光、吴庆云、李瑞清等，现代的高剑父、陈树人、高奇峰、陈衡恪、吕凤子、张大千、傅抱石、陈之佛、刘海粟、钱松岩、亚明、宋文治、魏紫熙、陈大羽等。正是这一优秀的绘画艺术家群体，推动了南京地区绘画的兴盛。

虞蟾（约1803—1882），江苏扬州人。字步青，号半村老人。善北宗工细山水，画风雄健。太平天国1853年攻占南京后，成为太平天国第一画师，并亲到扬州招募画家。他们除绘有各类绘画外，更创作有大型壁画。南京堂子街王府的山水壁画《江天亭立图》《江防望楼图》《云带环山图》等，即为虞蟾等人所绘。虞蟾兼擅山水、人物、花鸟，工书法。其山水师承石涛，上追宋元，画风苍莽雄肆，大气磅礴。

李瑞清(1867—1920),江西临川人,字仲麟,号梅庵。光绪二十一年(1895 年)翰林。任南京两江优级师范监督兼江宁提学使,民国后署名清道人,寓居上海,卖字为生。李瑞清在南京任职期间,提倡艺术教育,特设图画手工科,造就艺术教育人才。书法广学钟鼎、汉魏碑帖,绘画多作山水、花卉、佛像,以书法笔墨行之,古雅超逸。

高剑父(1878—1951),广东番禺(今广州)人。早年师法居廉学画,后游学日本,毕业于东京美术学院。为辛亥革命元老,与陈树人、高奇峰并称为"岭南画派"创始人之一。力主折中中西,融合古今,提倡艺术革命、中国画革命。曾在南京中央大学任国画教授,推动了南京地区绘画的发展。高剑父擅山水、人物、花卉、走兽,所作绘画气势撼人,豪放劲健,壮丽幽深。

陈树人(1883—1948),祖籍广东番禺。早年师从居廉,与高剑父同学,后留学日本。20 世纪 20 年代在上海追随孙中山,先后任侨务委员会委员长等职。陈树人绘画注意写生,兼擅仿古。由于长期客居江南,画风圆润、轻巧、疏朗,颇有清秀明润之气。抗战时期入蜀后,因应时代,画风一变,雄劲峭拔。

陈衡恪(1876—1923),江西义宁(今修水)人。曾留学日本,毕业于日本高等师范学校,回国后从事美术教育。擅山水、花卉。早年拜吴昌硕为师,师法沈周、陈淳、徐渭、髡残诸家,笔墨苍劲透逸,富有金石气。1898—1901 在南京学习,20 世纪 20 年代亦多次来南京省亲,最后病逝于南京。

吕凤子(1886—1959),江苏丹阳人。15 岁考中秀才,1906 年考入南京两江优级师范学堂。历任上海美专教授、南京中央大学教授、国立北平艺术专科学校校长、江苏师范学院教授、江苏省国画院筹委会主任委员等职。擅人物、花鸟、山水,早期以罗汉画和仕女画著名。笔墨凝练遒劲、奇崛生动。书法糅合篆、隶、行、草,奇肆古朴,自创一格,被誉为"凤体书"。著有《中国画法研究》等。

徐悲鸿(1895—1953),江苏宜兴人。自幼随父学画,早年师法吕凤子、胡汀鹭、吴观岱等。1919 年赴法国高等美术学校学习,回国后长期从事美术教育工作和绘画创作。历任中央大学艺术系教授、国立北平艺术专科学校校长、中央美术学院院长、中华全国美术工作者协会主席等职。其中国画吸收中国传统写意画的精华，同时吸收西画的理念和技法，创造出新的绘画风格，丰富了中国画的笔墨技法。

陈之佛(1895—1962)，浙江余姚县浒山镇人（今慈溪县）人。1918年入日本东京美术学校学习。以后历任上海美术专科学校、中央大学教授，国立北平艺术专科学校校长，南京大学、南京师范学院教授，南京艺术学院副院长等职。陈之佛在继承中国古代工笔花鸟画优良传统的基础上，吸收近代日本画等国外绘画元素进行工笔花鸟画创作，开创一代新风，有“南陈北于”之誉，画风清新隽逸，幽秀古雅。

傅抱石(1904—1965)，江西新喻人。“新金陵画派”重要创始人。早年留学日本。历任中央大学艺术系教授、中国美术家协会江苏分会主席、南京师范学院美术系教授、江苏国画院院长等职。擅长山水、人物及书法、篆刻。其人物、仕女笔墨劲健生动，笔意简远；山水自创“抱石皴”，笔墨酣畅淋漓，气势磅礴雄浑。著有《国画源流述概》《中国画变迁史纲》《石涛上人年谱》等。

另外，活动于民国至中华人民共和国成立后的绘画名家还有刘海粟、钱松岩等人。

二、近现代画作

虞蟾《风雨归舟图》，纸本水墨，纵 120.9 厘米，横 34.5 厘米，南京博物院藏。此画写风雨迷蒙之中，一披蓑衣渔人撑船匆匆回家情景。以粗笔写意而成，山石作湿笔披麻皴，树木坡岸多以粗笔点触而成，笔法老辣奔放，气势雄健雄阔。

高剑父《东战场的烈焰》，纸本设色，纵 166 厘米，横 92 厘米，1932年作，广州艺术博物院藏。此画原题《淞沪浩劫》，描绘“一·二八”事变中被日军炸毁的上海闸北东方图书馆惨状。东方图书馆被毁坏之后，骨架犹存，矗立不倒。构图依对角线展开，中间留白，以艰涩的笔触勾勒出断壁轮廓，施以渲染和皴擦，格调悲壮，雄奇幽深，表现出日寇侵华战争的残酷、伤痛的心境和不屈的意志。

图 9-8　傅抱石《龙蟠虎踞今胜昔》

吕凤子《四阿罗汉》，纸本设色，纵 76.5 厘米，横 105 厘米，江苏省美术馆藏。此画为吕凤子最富有代表性的罗汉画经典作品。1942 年曾在重庆国立中央图书馆公开展出，荣获全国第三届美展中国画唯一一等奖。吕凤子借四阿罗汉形象，抒发自己对国家、民族前途和命运的担忧和人民所面临巨大苦难的同情，委婉道出了对当政者的不满和愤慨，认为外患严重、民众遭殃，完全是政治衰敝、腐化的结果，表达出自己沉痛、抑郁的心情。全幅笔力雄健高简，奇拙老辣。

徐悲鸿《三马图》，纸本设色，纵 81 厘米，横 103.7 厘米，南京博物院藏。此图为作于抗战晚期的惠赠之作。绘三马于旷野奔跑、飞跃情境，给人意气风发、精神昂扬之感。作者以娴熟的笔墨，高度概括出奔马的状貌，既有中国画传统的笔墨意韵，又有西洋绘画注重造型和光影的借鉴，为融合中西绘画之法进行中国画创作的成功典范。

陈之佛《芦花双雁》，设色纸本，纵 131 厘米，横 47 厘米，1948 年作，南京博物院藏。陈之佛工笔花鸟画兼取五代的徐熙、黄荃二家之长，对宋代院体工笔花鸟作品研习尤勤。在表现手法上，以工整写实为主，融合图案的装饰手法和日本绘画温婉柔丽的设色特点，形成清新隽逸、纯正典雅的风格。这幅作品以精微细腻的笔墨，描绘了苇塘冬日落雪、一片萧瑟的情景。笔墨与色彩淡雅冷逸，对大雁的形貌、神态、动作和芦苇的姿态都进行了细致的刻画，生动传神。

傅抱石《听瀑图》，设色纸本，纵 51.4 厘米，横 64.3 厘米，1945 年作，南京博物院藏。这是傅抱石寓居重庆金刚坡期间创作的纪游作品，非常形象地描绘出我国大西南地区雨水多、泉瀑流泻、山峦奇美雄秀的景象。图绘坡石突兀，拔地而起，周边杂木葱郁茂密，高峰如屏障环绕，溪水淙淙流淌而来。近景绘山间坡旁草阁，一高士凭栏静听瀑水奔流而下的情形，水声洋溢出画面之外，更增添了山居幽静岑寂的氛围。

三、近现代画论及画史研究

近现代尤其民国以来，南京不仅是中国名画家集聚之地，同时也是绘画理论家、美术史家活动的中心。他们在南京求学、游宦、寓居、教学或著述，与南京有着不解的缘分，其中如梁章钜、端方、蔡元培、高剑父、陈树人、李叔同、鲁迅、陈衡恪、吕凤子、徐悲鸿、吕澂、许幸之、陈丹崖、傅抱石，以及美国传教士、学者富开森等，都是比较著名的绘画理论家和美术史家。他们在中国画领域提出了革命、改良、折中、中西结合、守常等不同的艺术主张，留下了诸多具有创建的绘画思想观念及理论阐述，标志着南京作为南方中心城市和首都在绘画理论领域所取得的重要成就。

在艺术论著和译著出版方面，南京保持了优势地位，有不少重要的著录、论著等得以编纂出版。如梁章钜的《所藏金石书画跋》，端方的《壬寅消夏录》、吕凤子的画学研究论文《画微》(1928)、傅抱石的《中国绘画变迁史纲》(1931)、陈之佛的《西方美术概论》(1934)、美国富开森编著的《历代著录画目》(1934)、傅抱石的《石涛上人年谱》(1948)等，都是其中具有代表性的成果。如端方《壬寅消夏录》，著录其于光绪二十八年(壬寅，1902 年)两江总督任上所得书画，故名。与清康熙高士奇《江村消夏录》、清乾隆孙承泽《庚子消夏录》、清道光吴荣光《辛丑消夏录》并称“四消夏”，深受书画收藏界推崇。前三种“消夏”皆有印本传世，唯《壬寅消夏录》未印行。稿本由墨笔正楷抄写，中华人民共和国成立后归中国文物研究所，后于2004年出版。傅抱石《中国绘画变迁史纲》，原为其于1929年在江西省立第一中学任教期间所作的讲义，1931年由南京书店出版发行。傅抱石以自己掌握的美术文献，对中国绘画的演变史进行了系统的考察和总结，是民国时期中国绘画史经典著作。这些研究出版工作，推进了绘画艺术的传播和学术研究的发展。

四、近现代美术教育及相关活动

近现代，由于较早地接触了西方文化，加上便利的水陆交通，以及雄厚的传统文化资源和政治优势，使得南京地区得风气之先，继续在美术教育、展览、出版及创建社团组织、结社雅集等方面走在全国前列，对我国的美术事业发挥了积极的辐射和引导作用。

近现代南京绘画的发展与成就，首先得力于现代美术教育的兴办。如1906年9月，李瑞清任监督（校长）的南京两江优级师范学堂正式开设图画手工科，聘日本工学士杉田稔为手工教习、仙台陆军学校教员亘理宽之助为图画教习，首创中国高校艺术系科。1915年，南京高等师范学校图画手工科创办。1924年，南京高等师范工艺专修科改为江苏省立艺术专科学校。1927年，蔡元培于南京创办国立中央大学艺术教育科。1920年，沈溪桥创办南京私立美术专门学校。1931年，高希舜创办私立南京美术专科学校。私立美术学校教育与公办学校一起，为美术事业培养了诸多专业人才。而李瑞清开设两江师范图画手工科，延请接受西洋绘画观念的日本美术教育家来南京任教，拉开了我国现代美术教育、高校艺术教育的序幕。一大批绘画名家如李叔同、高剑父、陈树人、高奇峰、吕凤子、徐悲鸿、张大千、傅抱石、陈之佛、潘玉良等来南京任教、创作，对于南京近现代绘画的繁荣振兴，起到了巨大的促进作用。

其次，在组织、举办美术活动方面，近现代的南京也作出了自己的贡献，走在全国前列。近现代南京地区举办了不少有质量的绘画展览。

如1910年,清政府在南京举办南洋劝业会,专门设立美术馆陈设中国书画和刺绣,这是中国现代美术展览的开始,具有相当重要的意义。1924年,举办江苏省第一届美术展览会。1928年,大学院艺术教育委员会在南京通俗教育馆举办首都第一届美术展览。1929年,南京举办第一届全国美术展览会。1930年,南京举办中央美术会第一次展览。1931年,江苏省民众教育馆举办赈灾书画展。1931年,艺术运动社举办绘画展览(南京展)。1935年,艺风社举办绘画展(南京展)。1937年,国民政府教育部在南京举办第二次全国美展。1946年,徐悲鸿、陈之佛、傅抱石在南京举行联合画展,等等。不仅如此,活跃在南京地区的画家依托文化优势,也将一些作品送往海外参展,为宣传介绍中国优秀文化艺术作出积极贡献。如1931年吕凤子的《庐山云》在法国巴黎世界博览会上荣获中国画一等奖;1933年徐悲鸿组织的中国近代绘画展在法国、比利时、德国、意大利、苏联展出,成为民国美术史上最大的美术出国展;1935年应英国政府邀请,中国现代绘画展在伦敦成功举办。

其三,官方文化机构、社会团体的建立及相关艺术交流活动,也促进了近现代南京地区绘画创作和研究的推进,使南京地区成为绘画艺术的创作和研究中心之一。如近代太平天国建立的书画库、1918年成立的江苏省美术研究会、1928年创建的大学院艺术教育委员会、1931年成立的中国美术会、1933年南京成立的中国美术会、1935年开始创立的国立美术陈列馆、1948年中央研究院实行选拔美术史院士制度、国立中央大学增设艺术研究所等,对于我国近现代美术运动、美术传播和美育的普及都起到了积极的推进作用。

总之,南京作为历史文化古都,在中国文化艺术史上具有十分重要的地位。六朝时,可谓全国的书画艺术中心;南唐、明初、明末清初、民国时,可谓全国的艺术中心之一。南京绘画创作繁荣,名家汇聚,精品迭出,在中国绘画史上写下了华彩篇章,并对现当代绘画艺术的发展产生了深远而积极的影响。

第十章　教育

南京教育历史悠久，素有“天下文枢”之称。

据史料记载：汉代，南京学校教育形成。六朝时期，南京是江南教育中心、官学重地。宋元以来，南京的教育场所如夫子庙、江南贡院等已全国闻名。明朝南京设国子监，为全国最高学府，学生最多时达9900余人，同时吸收外国留学生。明清两代的江南贡院是全国最大的科举考场，科考盛极一时，唐寅、董其昌、郑板桥、翁同龢、张謇等人曾在南京中举；林则徐、曾国藩、左宗棠等人曾在南京主持考务；吴承恩、吴敬梓、王韬等人曾在南京寻求功名。南京由科举考试脱颖而出者，在全国名列前茅。古代的南京教育，文脉绵绵，薪火相传，更因其“六朝古都”“十朝都会”的社会、政治、经济地位而得以昭昭于天下。如此的文教昌盛，成就了古代南京“东南第一学”的教育地位，成为古代中国的学中翘楚。

进入近现代，特别是1842年8月29日中国近代史上第一个不平等条约《南京条约》签订后，西方列强在对华进行武装侵略的同时，也在图谋掠夺文化教育特权。外国传教士大量进入南京，他们先后在江宁府及各县办小学、中学等，传播西方的价值观和教育理念，并具有近代教育的特征，极大地刺激了南京本土教育向近代转型。以“洋务运动”为先声，建学堂、采西技、开民智、启童蒙，为南京教育的早期现代化奠定了基础，成为中国现代教育的重要发源地。国民政府定都南京后，南京成为全国的教育示范区，南京的新式学堂先后走出鲁迅、巴金、胡风、严济慈等一大批文学家、科学家以及社会名流；还有陶行知、陈鹤琴、吴贻芳等，成为立足南京、影响全国、流芳久远的著名教育家，南京逐步成为堪与北京比肩的教育中心。

第一节　传统学校教育

古代，南京教育事业繁荣，官学（国学、府学、县学）、私学[书院、蒙学（社学、义学、私塾）]等几种教育层次、形式俱有。三国孙吴奠都建业之初，诏设国学，是江南最早建立的中央官学。南朝刘宋元嘉年间，在建康建立了儒学馆、玄学馆、史学馆、文学馆，为中国文科分科大学之始。明代南京国子监，是全国最大的国立大学。

东汉时期开始，南京地区有了由府衙、县衙兴办的地方官学——府学、县学。

宋代，南京出现书院，成为讲学育人之地。南京最早建立的北宋茅山书院和南宋明道书院影响甚远。

私塾是封建社会民间开办的一种学馆，在南京有着悠久的历史。经过历代的发展，到了清代，私塾已遍布南京城乡，这种教育形式构成了封建社会教育的基础。

一、官学

1. 国学

南京在孙吴，东晋，南朝宋、齐、梁、陈，以及南唐和明初作为都城，均建立了中央官学——国学、太学、国子监。

三国时期，吴大帝孙权黄龙元年（229 年）奠都建业；翌年，即下诏立国学，置都讲祭酒（国学主持人），以教学诸子。这是南京地区有国家高等教育的开端。东吴的国学，基本上是沿袭汉制“量才而授官，录德而定位”的“察举”制度。教授内容以儒家经学为主，重点是今文经学。

东晋建武元年(317 年)十一月,元帝司马睿“置史官,立太学”[①]于建康。太学设国子祭酒(主持太学官员),以经师、博士为主要教学人员,以助教协助博士教学。入学弟子称太学生,又称博士弟子。教授儒家经学《尚书》《礼记》《周易》《论语》《毛诗》《周官》《孝经》《古文尚书》《春秋左传》等。东晋太元十一年(386 年),立国子学于太庙南,“选公卿二千石子弟为生,增庙屋 155 间”作为国子学的学宫,“增学额至百人”。于是太学与国子学并存,蔚然形成崇儒尚学的盛况。

南朝时期,宋永初三年(422 年),宋武帝下诏兴国学,选儒官。宋文帝继位后,于元嘉十五年(438 年)命散骑常侍雷次宗开儒学馆于北郊鸡笼山,讲授儒学。在此前后,又命丹阳尹何尚之立玄学馆,专门研究老庄之学;著作郎何承天立史学馆,专门研究历史;司徒参军谢元立文学馆,专门研究辞章。这四所学馆,为中国文科大学之始,也为中国分科教育创立了先例。宋文帝重视教育,所以史学家沈约称赞元嘉兴学是“一代之盛”。[②] 宋明帝泰始六年(470 年),诏立总明观(藏书兼教学、研究的中央官学机构),征学士入学,分为儒、玄、文、史、阴阳五部学。

齐建元四年(482 年),高帝萧道成“诏立国学,以张诸为祭酒,置学生一百五十人,取王公以下子孙年十五以上,二十以下”。武帝萧赜继位后,“于俭宅开学士馆,悉以四部书充俭家”。王俭遵诏以家办学,把宋时期总明观的儒、玄、文、史四科搬到学士馆。至此,齐的中央官学又有了学士馆的设置。

梁天监四年(505 年),武帝萧衍诏“置五经博士各一人”[③],广开学馆,招纳平原明山宾、吴郡陆琏、吴兴沈峻、建平严植之、会稽贺瑒五人为博士,各主持一学馆,进行教学。当时法令规定,凡入学就试,只问程度,不问出身,无门庭限制。因此,当时的五馆“皆引寒门俊才,不限人数”。[④] 学生由官家供给伙食,学后考试合格者,即可委派官职。这一法

---

①《晋书》卷六《元帝纪》,中华书局 1974 年版,第 149 页。

②《宋书》卷五五《傅隆传》论,中华书局 1974 年版,第 1553 页。

③《梁书》卷四八《儒林传序》,中华书局 1973 年版,第 662 页。

④《隋书》卷二六《百官志上》,中华书局 1973 年版,第 724 页。

令实行不到一年，四方学子云集京师，各馆都数量不等地招到一百至几百学生，共计千余人。天监五年(506 年)五月，又下诏“置集雅馆以招远学”。集雅馆既是学府，又兼研究院性质。这时中央的五馆、集雅馆，都是为满足庶族和地主阶级子弟受教的需要而设立的。天监七年(508 年)，在中央五馆和集雅馆之外，又下诏专为士族(士大夫阶层)子弟设立国子学。天监九年(510 年)，武帝曾诏“皇太子及五侯之子，年在从师者，皆入学”。并在这一年内，两次亲临国子学“第试胄子，赐祭以下各有差”。梁大同七年(541 年)，还“于宫城西立士林馆，延集学者”。当时著名的学者领军朱异、太府卿贺琛、舍人孔子袪等，相继来此讲学。五经博士严植之在士林馆讲学时，听者达千人，可见当时的盛况。武帝还指派文学侍从周兴嗣编纂《千字文》，被公认为世界教育史上流传最久、影响最大的识字课本。在梁武帝执政 40 余年间，学风颇盛。

陈天嘉元年(560 年)，嘉德殿学士沈不害上书请兴学校，选公卿子弟入学，使助教、博士朝夕教授，以阐儒教。获文帝准奏，在中央设大学和国子学，授沈威径为太学博士，任沈不害为国子学博士。

南唐烈祖李昪昇元二年(938 年)，诏立开国子监于秦淮河镇淮桥北，下有国子学、太学、四门学、算学等官办学校，这些官学的教师分别是国子博士、太学博士、四门博士等，其教学对象和学生入学资格都有一定的规定。国子监是南唐重要的教贤育才之所，培养了一批治国人才。南唐三主皆重视文教事业，在南唐统治的 39 年中，办了 38 年的教育。

明洪武元年(1368 年)，明太祖朱元璋定都南京后，把尊经崇儒作为国策，提出“治国之要，教化为先；教化之道，学校为本”。[①] 洪武十四年，下诏建国子学于鸡笼山下(今东南大学及周围地区)；翌年五月落成，定名为京师国子监。同时，将夫子庙的国子学改为应天府学，并在夫子庙设立规模宏大的贡院。新建成的南京国子监是当时全国最高学府，气势恢宏，规模庞大。监址东至小校场，西至英灵坊，北至城坡土山，南至珍珠桥，左为龙舟山(即覆舟山)，右为钦天山(鸡鸣山)，中有珍

①《明太祖实录》卷四六。

珠河,北有玄武湖,“延袤十里,灯火相辉”(图 10－1)。校内建筑的教室、藏书楼等校舍就有 2000 余间。另有光哲堂和王子书房 100 多间,供外国留学生居住。在六堂之东,有粮仓及膳食品库房。在英灵坊之东及外西号,设有射圃,是六堂师生习射之所。洪武二十六年(1393 年),国子监的监生 8000 多人。永乐二十年(1422 年),学生达 9900 多人,为极盛之时。南京国子监“规制之备,人文之盛,自有成均,未之尝闻也”。[①] 由于洪武、永乐年间南京的文教事业昌盛,国学发展,邻邦高丽、日本、琉球、暹罗等国不断派学生到国子监学习。永乐时,北京亦建国子监。永乐迁都北京后,南京国子监保留,史称“南监”。

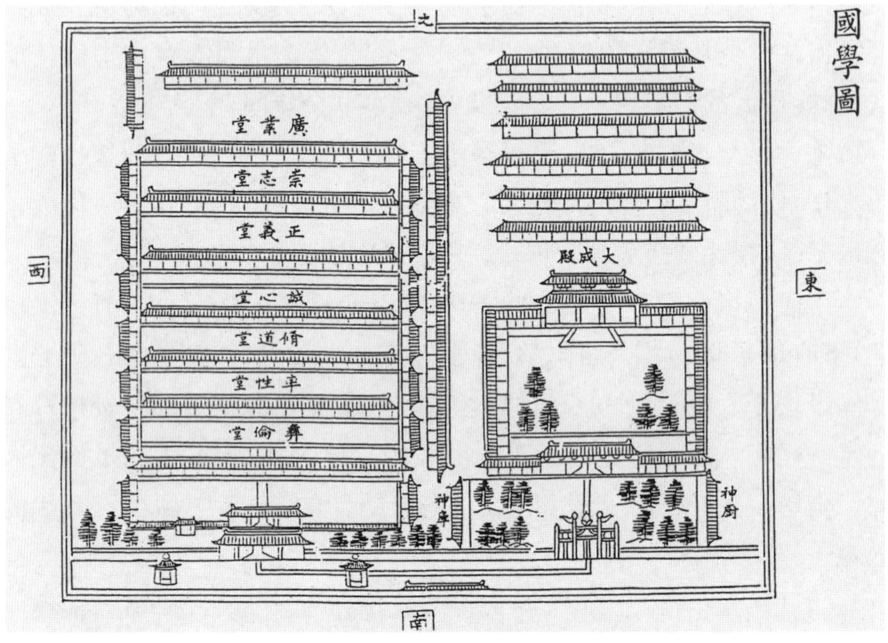

图 10－1　明朝国学图(《洪武京城图志》)

清咸丰三年(1853 年),洪秀全领导的农民政权太平天国定都天京(今南京)。太平天国主张不分贵贱、男女,皆有受教育的权利,举办育才馆,招收功臣子弟和太平军子女入馆学习,编有《幼学诗》《三字经》《醒世文》《太平救世歌》和《御制千字诏》等教育用书。还设立学馆

---

① [明]黄佐:《南雍志》卷七《规制考上》。

进行西方科学技术教育。运用歌谣、檄文、诏书、标语等形式向广大民众进行政治、军事、宗教教育。太平天国的教育具有较浓厚的宗教色彩,如以改编的《圣经》为教材,采用宗教仪式(如礼拜)作为教育手段,具有较大的局限性。由于处在严峻的战争形势下,太平天国当时未能建立起自己完整的教育体系与教育制度。

2. 府学

西汉成帝时,今南京属扬州刺史辖区已有学官。后汉建武六年(30年),李忠为丹阳郡太守,“以丹阳越俗,不好学,嫁娶礼仪,衰于中国,乃为起学校,习礼容,春秋乡饮,选用明经,郡中向慕之”。[①]

北宋天圣七年(1029年),宰辅张士逊在江宁府西北冶城故基文宣王庙(今朝天宫)立府学。景祐元年(1034年),宰辅陈执中迁江宁府学于城东南(今夫子庙)。南宋建炎三年(1129年),叶梦得为江东安抚使兼知建康府,于绍兴九年(1139年)在府学旧基上,建新屋125间,南向以面秦淮,作为孔庙及府学校舍。自南宋绍兴九年(1139年)至景定年间,先后有多位理学名家及热心教育事业者,始终支持府学。

元至元十二年(1275年),元军攻占建康府后,改建康府为集庆路。设集庆路学(在原宋建康府学内)。路学共设大学4斋(常德、守中、育才、进德)、小学2斋(兴贤、说礼),生徒常200人。“公卿大夫居江左者率遣子弟就学,今仕为名臣者,多集庆子弟员”。

明代初,在京师南京建立中央官学国子监的同时,亦注意发展地方官学。洪武十五年(1382年)五月,在国子监的鸡鸣山麓新址落成后,将原夫子庙的国子学改为应天府学,并将江宁、上元两县县学并入。课程除经史律礼仪等须熟读精通外,还须习射圃,习名人法帖,并习九章算法。

清顺治二年(1645年),清兵入南京,改应天府为江宁府。顺治九年(1652年)十一月,将明国子监改为江宁府学。府学设志道、据德、依仁、游艺4斋。设教授与训导,训诲生徒。学生学习经、史、性理书、八股时文及圣谕,以钦定书籍为准。按月月课,四季季考,由府学教官主

①《后汉书》卷二一《李忠传》,中华书局1965年版,第756页。

持，岁考、科考及其分等奖惩办法和明制相同。江宁府学在清嘉庆年间先焚于火，重建后，在清咸丰年间又被太平军改为宰牲衙，沦为杀猪宰羊之地，城北旧址形同废墟。同治五年（1866 年），署理两江总督李鸿章命于明朝天宫故址重建府学。经过 5 年积极修建，同治十年竣工。东为江宁府学，西为孔庙。府学门内有庭，东西有堂，坐北南向的正堂叫明伦堂，堂后有阁，叫尊经阁，即藏经处。新建的府学堪称宽敞。后随着科举制度废除，府学终止。

3. 县学

（1）高淳县学。东汉光和四年（181 年），建溧阳县潘乾固城学宫（今在高淳区境内），为南京最早建立的县学。明弘治十一年（1498 年），应天府丞冀和、高淳知县刘杰于县之东通贤门外的魁山（即学山），奠基建孔庙，设儒学（即县学，亦称学宫），邑人孔宏璋等捐建房屋 80 余间，翌年建成，县学始备。明正德七年（1512 年），县学遭火灾后重建。经过明嘉靖、万历，清顺治、康熙、雍正、乾隆等朝的陆续修建，保存完好。至清咸丰年间毁于兵火。清同治八年（1869 年），由全县七乡复建，殿宇一新，规制如故。县学入学名额 25 人（清代对县学学额划分为大学、中学和小学，初为大学 40 人、中学 25 人、小学 12 人，后改为大学 20 人、中学 16 人、小学 12 人）。之后，县学改中学为大学名额，入学文学生员 20 人、武学生员 12 人。明清两代，县学生员主要学习讲章墨卷等科举文字。《上谕》《圣谕广训》《御纂周事折衷》《孝经衍文》《理性》《诗经》《春秋》《朱子全书》《日讲四书》《二十一史》《十三史》《驳吕留良回书》《御置乐善堂全集》《御制日知萃说》《通鉴纲目》《明史》等，为县学教授的主要教材。

（2）溧水县学。唐武德六年（623 年），溧水县在县治东建孔庙设儒学，延请学官主宰孔庙祭祀和管理生员就读，生员入学宫后接受月课和季考。北宋熙宁二年（1069 年），移县学于通济桥之东南崇儒坊。南宋绍兴元年（1131 年）以后，屡有修建。至元朝时升为州学。元末毁于兵燹。明洪武元年（1368 年），于县治兴贤坊重建学宫。至明天顺年间，学宫斋舍已井然有序。明嘉靖十七年（1538 年），因水患迁于京兆馆东。清嘉庆元年（1796 年）后，又迁县小东门内。清咸丰年间学宫遭兵毁。同治十年(1871 年),由县劝捐重建。光绪三年(1877 年),儒学设于县治内东北隅的文庙里,设教谕和训导各 1 人,每期招生员 18 人,授月课。清末,废科举,儒学亦废。

(3) 六合县学。唐咸通年间,六合县学宫建于东门街北。唐光化三年(900 年),学宫迁至县城东。北宋治平年间,学宫迁至县治西高冈。南宋建炎年间,学宫焚于兵火。南宋绍兴二十九年(1149 年),学宫在西门高冈旧址修复。元末,学宫又焚毁。明洪武五年(1372 年),知县陆梅在城西高冈旧址重建学宫。明正统年间,知县史思古、黄渊相继修葺,使学宫具有一定规模。明成化五年(1469 年),知县唐诏扩建学宫。明正德九年(1514 年),知县万廷再度修建学宫,并建立各项规章制度。明嘉靖、隆庆、万历、崇祯年间,几任知县对学宫历有修建。清道光元年(1821 年),县学又改建于西门高冈旧址。咸丰八年(1858 年),太平军攻占六合城,文庙学宫被毁。清同治九年(1870 年),重建,今保存完好。

(4) 江宁县学、上元县学。南宋景定二年(1261 年),上元知县钟蜚英建立上元县学,"在县治西"。[①] 江宁县学"在县治北,景定四年王知县镗创建"。[②] 元朝,沿袭宋制,置上元、江宁两县学。明洪武十五年(1382 年),将明初建立的国子学地址(今夫子庙)改为应天府学,将上元、江宁两县学并入府学。清顺治九年(1652 年),将明国子监(今北极阁前)改为江宁府学,改应天府学为上元、江宁两县县学,规模俱从府学。县学设教谕、训导等学官,训诲生徒。学生有廪膳生、增广生、附学生。另有武生,功课除经、史、律、诰、礼、仪等书须熟读精通外,尚须习射箭,习名人法帖,日五百字,另习九章算法。清咸丰三年(1853 年)至同治三年(1864 年),江宁、上元两县县学毁于战火。同治八年,江宁、上元两县县学重修,规模较前宏伟。新建学宫,以秦淮河为泮池。池南有照壁,池北有"天下文枢"坊,坊东有泮宫坊,坊西有六角亭,名"聚星",坊南为文德桥、得月台,坊北为棂星门,门内为大成门、大成殿。

(5) 江浦县学。明洪武十年(1377 年),知县刘进创建县学于浦子

① [宋]周应合纂:《景定建康志》卷三〇"梁椅:《建学前记》",南京出版社 2010 年版,第 331 页。
② 同上书,第 343 页。

口城内。洪武二十五年，知县仇存仁迁移县治于旷口山之阳，县学随迁于城东。明至清初，对县学均有所整建。自清嘉庆十七年(1812 年)后，迄未修建。咸丰八年(1858 年)毁于兵火。

4. 社学

社学是地方学校，始于元代。元代以 50 家为一社，每社立学校一所，农闲时令子弟入学读书；明初各府州县皆立社学，教育 15 岁以下的儿童，体现统治者加强对儿童封建礼仪教化的用意，但明中叶后社学逐渐废弛。

清顺治年间，沿袭前代制度，朝廷也曾一度下令各直省府州县设置社学，要求每乡建一所社学，并将社学列入地方官学系统。社师由官府提供生活费，受提学的管理。雍正年间，更强调乡村设置社学，作为对整个官学体系的进一步完善，以乡村社学来补府州县地方官学一般都设在城镇而远离乡村的不足。乾隆年间，则又力图在边远少数民族地区兴办社学。总的来看，清初社学的兴办也未见成效。清中期以后，随着义学的普遍发展，社学更趋衰落。

5. 义学

义学是一种官办或私办的免费学塾，南京有义学始于清代。清廷提倡兴办义学，下令礼部、京师暨各省、府、州、县设立义学，规定义学由府、州、县监督管理，酌情给予学童一定的学习费用。清康熙三十九年(1700 年)，江宁钱厂旧址设有义学。康熙四十五年(1706 年)，总督阿山在江宁府城建立大小两所义学，并捐俸金 400 两，存典生息，作为义学聘请教师的费用。小义学设在城南淮清桥丁公祠。乾隆元年(1736 年)，小义学改称大义学，迁入江宁府学(原国子监)文庙后斋堂内。乾隆六年(1741 年)，又迁至江宁、上元县学夫子庙之青云楼。乾隆十一年，复迁回府学。不久，上元监生高宫佑出资，请准迁义学于夫子庙文德桥旁，又于丁公祠增设义学 1 所，给大小义学教师俸金加倍。道光十九年(1839 年)后，江宁布政使唐鉴于普育堂、清节堂、粥厂继善堂等处皆设义学，以教童蒙。同治五年(1866 年)，江宁知府涂宗瀛没收七家湾沈姓住宅充银洋 450 元，设义塾于大程子祠。同治八年(1869 年)，涂宗瀛自捐银 400 两，设义塾于古城隍庙之倪公祠。同年，江宁知县莫祥芝捐钱400千文，立义塾于信府河救生总局。同治十二年（1873年），上元县胡裕燕捐钱200千文。翌年，莫祥芝代筹银300两、钱60千文，设城西义塾。清光绪初，由官绅捐立的义学多达八九处。期间，除在江宁府城建有义学外，江宁府辖县亦立义学。如清康熙年间，六合知县喻宏林设义学，捐俸延师。清雍正三年（1725年），知县万世良复设义学。雍正六年（1728年），知县苏作睿捐俸，延生员刘岱为师，教贫寒子弟读书。清乾隆年间，六合知县严森于后街建义学，每月由积善堂致送大钱3000文，作为教师的薪金。嗣邑侯谢廷庚月赠大钱2000文。清光绪年间，六合县推广义学于东西南北数处，县东门附设于黄公祠，南门附设于彤华宫，西门附设于都天庙及地藏庵，北门附设于卧佛寺，瓜埠、东沟、八百桥、葛塘集、程驾桥等乡镇亦设立义学。

义学为启蒙教育，主要对象为儿童，教学一般从识字、写字开始，习文识字。教材有《三字经》《百家姓》《千字文》和《幼学琼林》等。塾师大多为科举考试县试落榜者，或为寒儒之士，地位低，薪俸很少。义学经费大多依靠义庄、义田或为地方产公款，或靠乡绅大户、有钱人捐资捐田捐屋维持，相当微薄。清末，废科举、兴学堂以后，义学逐渐废弃，有的改为蒙养学堂，有的停办。

二、书院

书院，是中国古代特有的教育组织，最早出现在唐玄宗时期，作为正式的教育制度则是由朱熹创立，发展于宋代，经过元代，明清时期达到鼎盛。书院主要是由私人创办和主持，集图书收藏与校对、教学活动与教学研究为一体，属于民间学术研究和教育机构。书院教学经验丰富、办学形式灵活多变，因而弥补了封建官学的不足。书院以个人名字称呼，或者以所在地命名。

南京最早设立的书院是北宋江宁府的茅山书院。南京最著名的书院是明道书院。明道书院设立的目的有三：一为祭祀理学大师、教育家程颢（号明道先生），他早年曾任江宁府上元县（今南京）主簿；二为传播理学思想；三为改正科举之弊。书院模仿庐山白鹿洞书院的规章制度办学,聘名儒以为长,招志士以共学,一时前来求学的人数众多,规模较大,盛极东南。南宋理宗皇帝赵昀闻而嘉之,亲笔题写“明道书院”四个大字赐为书院匾额。自此明道书院声名大振,曾与当时岳麓书院、白鹿洞书院、石彭书院等全国著名书院相媲美。同期,江宁府建立的南轩书院则是为纪念理学家张栻而设立。

元代鼓励增设书院。南京新建的书院有江东书院、昭文书院等。元代统治者在鼓励增设书院的同时,加强对书院的控制,委派山长,设官掌管钱粮,导致师资多杂,讲学不得自由,经济不能独立,使书院走向官学化,多专注科举。

明代,初重科举,举办官学,书院不兴。至明成化、弘治年间,书院才稍稍兴起。明代中叶,学堂教育由盛转衰,书院大兴,自由讲学之风大盛。当时书院自由讲学,最著名的人物是湛若水、王守仁等理学大师。明嘉靖年间,南京地区书院的发展达到极盛。嘉靖四十年(1564年),都御史耿定向曾督学南京,在城西清凉山(今清凉山公园内)建立崇正书院。耿定向下令南京所属 14 府挑选优秀学生来书院学习,培养了不少人才,其学生焦竑就是其中之一,考中了状元。其间还有礼部侍郎湛若水在南京建立的新泉书院和在江浦县建立的新江书院,以及溧水县的中山书院、高淳县的崇文书院等。明中叶以后,政治日益腐败,思想控制愈来愈加强,特别是严嵩当政、宦官魏忠贤专权,不许自由讲学,曾连续四次禁毁书院,但有禁毁亦有反禁毁,所以不久皆有所恢复,书院还是办了不少。新办的有江宁府的文昌书院、首善书院,浦口的江千书院,溧水的图南书院、三贤书院等。

在清代初 90 年间,书院处于被禁的停滞状态。但因书院制度历经宋、元、明,历史悠久,影响深远,清朝廷虽有严令,然禁而不止。康熙年间,稍稍开放书院,民间书院日益增多。当时南京新建的有江宁府的虹桥书院、浦口的大新书院、江浦县的东山书院、六合县的六合书院、溧水县的赵公书院。期间,朝野上下,复兴书院的呼声不绝。雍正元年(1723 年),朝廷感到光靠抑制政策不行,便由禁变为提倡。雍正元年,两江总督查弼纳于江宁府城内建立钟山书院(图 10 - 2),雍正皇帝题名“钟山书院”,并题写“敦崇实学”匾额。雍正十年,又特颁谕旨赐钟山书

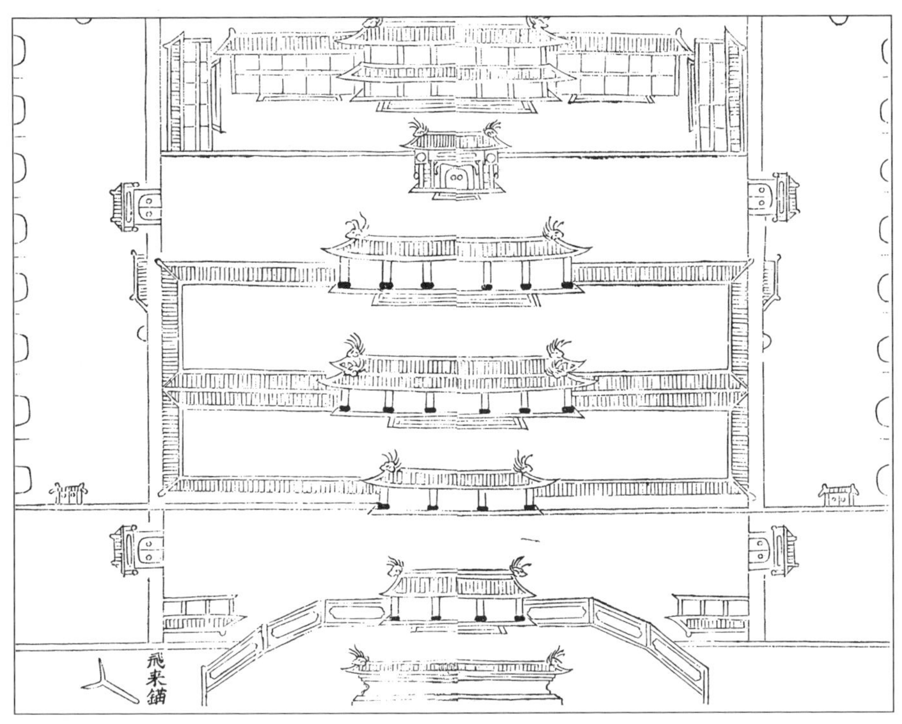

图 10-2　钟山书院总图(《钟山书院志》)

院币金一千两。雍正十一年(1733 年),朝廷"赐帑金,敕各直省建书院",[①]谕令各省设立书院,为清朝提倡书院之始,从而推动了书院的发展。此后,江宁府城又新建了鸡鸣书院、凤池书院、惜阴书院、尊经书院、文正书院,六合县的六峰书院和养正书院等 10 余所书院。但那时所设书院皆由封疆大臣控制,并由朝廷拨给经费,同时书院亦以"读书应举",这就把元、明民办书院逐渐变为官办或半官办。书院变成了科举的附庸,为清统治者培养忠臣顺民。清光绪二十七年(1901 年),朝廷推行新政,着手革新教育,颁"兴学诏书",鼓励办学堂,并谕令全国一律将书院改为学堂,在南京持续了千余年的书院历史也到此结束。

① [清]程廷祚:《青溪文集》卷八,古籍原本,第 29 页。

南京历代书院一览表

书院名称	建修年代	地址
茅山书院	北宋仁宗天圣二年(1024年)建	江宁府茅山
明道书院	南宋宁宗嘉定八年(1215年)建祠,宋淳祐九年(1249年)建书院,理宗御书“明道书院”匾额。元朝时倒塌。明嘉靖初(1522年)重建。清康熙六年(1667年)修	江宁府
南轩书院	南宋宁宗嘉定八年(1215年)建祠,度宗咸淳四年(1268年)建书院。元大德元年(1297年)重建	江宁府
江东书院	元泰靖初(1324年)建	江宁府
新泉书院	明嘉靖初(1522年)建	江宁府
崇正书院	明嘉靖四十三年(1564年)建	江宁府
文昌书院	明万历四十三年(1615年)建。清顺治十七年(1660年)重修	江宁府
首善书院	明天启初(1621年)建	江宁府
虹桥书院	清康熙二十一年(1682年)建	江宁府
钟山书院	清雍正二年(1724年)建,御赐“敦崇实学”额	江宁府
凤池书院	清乾隆三十二年(1767年)建。道光二十一年(1841年)改建。同治七年(1868年)修	江宁府
尊经书院	清嘉庆十年(1805年)建	江宁府
鸡鸣书院	清嘉庆十年(1805年)建	江宁府
奎光书院	清嘉庆二十五年(1820年)由鸡鸣书院改此名	江宁府
惜阴书院	清道光十八年(1838年)建。同治七年(1868年)修	江宁府
文正书院	清光绪十六年(1890年)建	江宁府
昭文书院	南宋咸淳年间(1265—1274)建昭文精舍。元至元年间(1276—1294)改建书院	江宁县湖熟镇
江千书院	明万历四十年(1612年)建	浦口
大新书院	清康熙年间(1662—1772)建	浦口
新江书院	明嘉靖年间(1522—1566)建	江浦县
白马书院	明代建	江浦县

续表

书院名称	建修年代	地址
东山书院	清康熙十二年(1673年)建	江浦县
珠江书院	清乾隆二十六年(1761年)建	江浦县
同文书院	清道光至咸丰年间(1821—1861)建	江浦县
英华书院	清道光至咸丰年间(1821—1861)建	江浦县
养正书院	明代建。清乾隆十一年(1746年)修	六合县
六合书院	清康熙三十一年(1692年)建	六合县
六峰书院	清乾隆十一年(1746年)建,清咸丰年间修	六合县
中山书院	明嘉靖四年(1525年)建	溧水县
图南书院	清康十五年(1676年)建	溧水县
三贤书院	明万历年间建	溧水县
赵公书院	清康熙五十九年(1720年)建	溧水县
高平书院	清乾隆四十年(1775年)建	溧水县
崇文书院	明嘉靖四年(1525年)建	高淳县
学山书院	清道光八年(1828年)建	高淳县
尊经书院	清光绪十六年(1890年)建	高淳县

三、私塾

南京从古代起就有私塾,在学校教育不普及的情况下,私塾遍及城乡各地,这种教育形式构成封建社会教育的基础。至清末、民国初年,虽实行新的学制,但私塾仍然林立,且又延续四五十年。南京地区私塾办学形式不一。有街坊热心人士选择馆址、延师授教的,在堂馆前挂牌某某私塾,并对外招生,学生年龄一般在6—9岁,可容纳数十名就读;有一定名望的塾师自家设馆授课的;有乡村氏族或村庄利用祠堂或庙宇,聘请塾师,为本姓本村孩童讲学的;有地方富有之家请塾师来家为其子女或亲朋子女教读的,一般不对外招生。南京城内人口密居处,一条街巷就有一两所私塾;在农村则一村或几村设立一所私塾。私塾教学年限一般以1年为一学期,每年教学10个月左右。私塾的教学形式是个别授课,即1名塾师在一间屋子里教授十几个或几十个年龄不同、程度不等的学生,教本不一,同窗读书。清同治、光绪年间,南京有两人以设私塾授徒著称,一为高柳溪,一为叶宇观,因高柳溪住城内丝市口(今长乐路西口),叶宇观住明瓦廊北,故有"南高北叶"之称。学生到两位塾师中任一家读书,一年便可考取县立学堂,所以南京人称高、叶两先生的学生都可成鸿儒之士,前来要求受业的学生非常多,这两位先生也就选择可教者而教之。高先生弟子陈光宇、叶先生弟子仇继恒(曾任江苏省立第四师范学校校长仇埰之父),都是光绪年间当朝翰林。

私塾教材,至民国初,仍沿用旧有传统教材。初入学,多授以《三字经》《百家姓》《千字文》《增广贤文》,教认字块。两年后则教以《大学》《中庸》《论语》《幼学琼林》。有三四年学龄后,则教以《诗经》《孟子》《左传》《古文观止》《左氏春秋》《史记》《东莱博议》等书;此外,还选读一些杂志书籍,如《女儿经》《增广尺牍》《孝经》等。有些私塾也搞习作,由作"对"到作"诗",也习作当时的应用文,如写书信、挽联、贺联等。在科举时代,对准备应试科举的学生,除根据考试范围和规定文体认真研读《四书》《五经》外,还习作八股文等一类文章。清末时,废科举、兴学堂,有些私塾受学堂教学内容的影响,加授修身、珠算、国文等课程。

民国元年(1912年),南京曾倡议改良私塾。至民国五年(1916年)始,举行塾师检定,颁发许可证。

1927年秋,南京市政府曾调查市区有私塾710所,入学塾生15502人。有男女塾师715人,塾师中未进过学校者348人,年龄最大者83岁,开办教馆在50年以上者5人。私塾教材90%皆旧日蒙童课本。教法则多用旧法。教育当局因势利导,采取改进办法:(1)检定塾师。当年12月,举行首届塾师检定试验,检验科目为作文1篇,笔算珠算任选1项,另有常识,受试及格者14人,加上暑期学校成绩优良者18人,免受检验者199人,共231人,于1928年1月发给许可证,2月举行第一届塾师登记。(2)取缔腐败私塾。先将迭遭指控并已查实确属腐败之私塾予以取缔,以后则按所定标准逐年取消。(3)改良私塾教育。颁发私塾暂行条例，规定塾师、塾训、塾牌、塾教、塾舍等项大纲，公布对私塾最低限度的规定。（4）塾师进修。凡已领得塾师许可证者，每两星期开会一次，均在市立学校举行，以资观摩，以促联络。凡未得塾师许可证者分区分期开讲国民党党史、党义、教育原理、教学管理、教学方法、卫生常识、儿童心理、自然常识及国语等，讲习期为1个月。该年，旧塾停办21所，新增私塾亦多，塾童新人增多，转入学校（时称学堂）人数增多；各私塾采用教科书增多，蒙童用《三字经》《百家姓》日少。至1929年，南京市塾数塾童均明显减少。全市东、南、西、北、中区和下关区共有私塾480所，学生13557人（男生11335人，女生2222人）。有塾师408人（其中女性15人），其中大学毕业8人、高等学校毕业17人、中等学校毕业52人、师范学校毕业33人、小学毕业11人、其他学校毕业31人。为进一步改良私塾，市教育局提出"私塾学校化"口号，使私塾逐渐改变为学校，设单级教师制，并设置巡回教师分赴各塾示范，建立津贴设备费，受津贴各塾，成绩优良者，各得指派教师1人，驻塾施教。私塾改单级学校10所，另归并最优良的私塾10所为私立学校等。1935年，南京地区（包括农村）有私塾577所（城镇私塾347所，乡村私塾230所），私塾数占全市小学数三分之一；塾师580人，塾师数约当小学教职员六分之一；学生14645人，平均每私塾学生25人，高于江苏平均每私塾学生18人。

1937年12月，侵华日军占领南京后，一些小学解散或内迁，有些家长又不愿送子女入小学接受奴化教育，这时期私塾兴办者减少。据伪维新政府教育局于1939年统计，全市各区私塾160所，塾师162人，学生6164人。抗日战争胜利后，南京市教育局颁布《管理私塾办法》，对私塾之设立、课程、教学、塾师培训辅导、奖励与取缔，均作详细规定。兴办私塾应填表登记，经调查发给许可证后，方可设立；教材须遵用部定教科书；收容学龄儿童不得妨碍国民学校学额之充实；不准体罚塾童。1948年7月，市区有私塾82所，塾师89人，塾童有2815人，其中男童2085人、女童730人。

1949年4月南京解放后，学龄儿童多数入小学读书，尚有少数入私塾。1956年，南京市建邺区尚有私塾9所，塾童327人。随着1958年

“大跃进”兴起，全市塾童全部转入小学，私塾消亡。

第二节　科举考试

通过考试选拔任用行政官员的科举制度是在中国封建社会历史条件下的一大创举和重要贡献，从隋炀帝大业元年（605 年）设置进士科起，至清光绪三十一年（1905 年）举行最后一科进士考试为止，历时 1300 年。科举制度是中国古代制度文化中最具世界影响的一项制度。

南京的科举考试，起始于南唐，完备于宋，盛于明清。

一、南唐科举考试

南唐时期以科举考试作为选拔官吏的一个重要途径。南唐先主李昪时期已经开始科举取士，建国子监，行贡举，选拔治国人才。其后，中主李璟、后主李煜都十分注重从科举中选拔人才，利用科举制度笼络知识分子。保大十年（952 年），李璟始命翰林学士江文蔚主持礼部贡举，开科取士，当年授庐陵（今江西吉安）王克贞等 3 人进士及第。乾德二年（964 年），李煜命吏部侍郎韩熙载主持贡举，亲自命题考核，录取进士王崇古等 9 人；开宝五年（972 年）礼部贡举，录取进士杨遂等 8 人；开宝八年（975 年），李煜举行南唐最后一次科举考试，录取进士张确等 30 人，甚至在金陵被宋军包围的危急时刻，还录取进士 36 人。南唐的知识分子多热衷于科举，许多农家子弟也释耒就学，有的多次赴金陵考试，虽反复落榜也不灰心，坚持攻读不辍。南唐连续举办贡举，20 多年间共行贡举 17 次，授进士 93 人。德乾三年（965 年），金陵人（今南京）卢郢中式状元，是南京历史上第一位状元。

二、宋朝科举考试

宋代科举考试上承五代旧制，仍以礼部为省试的主管部门，礼部下设贡院，作为省试的常设管理机构。南宋乾道三年（1167年）九月，史正志知府事兼提举学事，次年“正志以蔡宽夫宅基创贡院”；绍熙二年（1191年），余端礼知府事，“以贡院湫隘，修而广之”；嘉定九年（1216年），“漕司贡院旧皆寓试僧寺，副使真德秀始创贡院于青溪之西”；嘉定十六年（1223年），贡院倾圮，余嵘“撮而新之，凡屋二百一十二楹”；嘉熙元年（1237年），“府学置房廊，始立贡士库”；淳祐三年（1243年），杜杲知府事，“增府学养士田，置贡士庄，并及进士阁”。[①] 其中余端礼、余嵘父子相继增修贡院。北宋时期，江宁府与全国其他诸府州一样，解额只有10名；但宋南渡后，改江宁府为建康府，视为“留都”，规格上自然应有所提高，于是地方官守上书朝廷，希望增加贡士名额，获得批准。史载：“宋中兴初年，建康府解额十名，端平元年守臣奏建康行阙之重，特增二名，共以十二名为额。”[②]这自然为地方士人增加了出仕机会。

三、明朝科举考试

明王朝建都南京后，南京作为京都，也是应天府所在地，在整个明代都处于特殊重要的地位。直至明王朝迁都北京之前，南京地区是明代前期科举考试的中心，要按明制主持乡试、会试、殿试。

1. 应天府乡试

应天府在明代科举乡试中地位重要。明初的科举成式与条格明确规定，乡试在各直省及京师举行，“直隶府、州、县则于应天府（乡试）”。按明制，应天府每三年举行一次乡试。因开试时期在秋季，故又称“秋闱”。应天乡试共有三场：第一场于八月初九日举行，试《四书》义3道，每道200字以上；经义4道，每道300字以上；上述不能完成者允许各减1道。其标准：《四书》以朱熹《四书集注》为主；诸经中，《诗》以朱熹集传为主，《易》以程朱传义为主，《书》以蔡沈传及古注疏为主，《春秋》以左氏、公羊、谷梁等传为主，《礼记》以古注疏为主。第二场于八月十二举行，试论1道，300字以上；判语5条；诏、诰、章、表、内科1道。第

① [宋]周应合纂：《景定建康志》卷一四，南京出版社2010年版，第804页。

② [清]陈栻：《道光上元县志》卷一〇《举人》，南京出版社2011年版，第37页。

三场于八月十五举行，试经、史、策论 5 道，不能完成者允许减 2 道，每道 300 字以上。

考官都是由官府提前以币帛敦聘的明经公正之士，设主考官 2 人，同考官 4 人，提调 1 人。并挑选居官清正谨慎者充任各类考务、管理之职掌。每场考试考生一般在前一晚经严格搜检后入场，次日考一整天，至晚交卷；未完成者，给蜡烛 3 支，继续答至蜡尽为止。

应天府因其特殊地位，往往得到特别的关照。如洪武三年（1370 年）颁行的科举条诏中，规定乡试选额，其他各省多者 40 名，少者 25 名，而应天府因系"在京乡试直隶州"而得 100 名。

即使在明王朝迁都北京后，至洪熙元年（1425 年），礼部奏定乡试取士之额，北京国子监及北直隶顺天府共 50 人，而南京国子监及南直隶应天府解额为 80 人。宣德七年（1432 年）二月，诏令顺天府乡试解额与南京应天府同为 80 人。正统五年（1440 年）复定乡试解额，顺天府仍为 80 人，而应天府为 100 人。次年，方又增顺天府乡试解额 20 人。景泰四年（1453 年），复定乡试解额，南北直隶各增 35 名，遂为定额。

2. 会试

明代迁都北京前在南京举行的会试是由礼部主持的，故称"礼闱"。按明制，会试每三年举行一次，在乡试的第二年举行，因时逢春季，故又称"春闱"。参加会试者必须是乡试中式的举人。会试亦考 3 场：第一场在二月初九日，第二场在二月十二，第三场在二月十五。所考文字与乡试同，只是难度更大、要求更高。会试时的考官一般由朝廷高级官吏或内阁大学士担任，并且在人数上比乡试略有增加，如同考官为 8 人，并且提调官由礼部内官担任。考试之日，举人于黎明时分入场，每人用军卒 1 人看守，至晚交卷。未毕者亦给蜡烛 3 支，烛尽而试毕。在南京举行的历次会试中，由于未规定录取名额，名额数"皆临期奏请定夺"，[1]多寡甚殊，如最少的一次在洪武二十四年（1391 年）只有 31 人，而最多的一次在永乐三年（1405 年）竟达 472 人。至成化十一年（1475 年）以后，才有定额，一般为 300 人，遇特殊情况，另外增加。

---

①《明史》卷七〇《选举二》，中华书局 1974 年版，第 1697 页。

3. 殿试

会试中式者，随后于三月初一(成化时改作三月十五)前往皇宫参加皇帝亲自主持的殿试。殿试中式者便步入官途。天顺八年(1464年)甲申科上元倪谦中式探花。正德三年(1508年)戊辰科上元景旸中式榜眼。万历二年(1574年)甲戌科江宁余孟麟中式榜眼。万历十七年(1589年)己丑科江宁焦竑中式状元。万历二十六年(1598年)戊戌科江宁顾起元中式探花。万历四十七年(1619年)己科句容孙贞运中式榜眼。崇祯十六年(1643年)癸未科溧阳宋之绳中式榜眼、溧阳陈名夏中式探花。其间，南京地区各府、县之人考中进士者凡385人，分布情况如下：应天府南京卫86人；上元县85人；江宁县71人；江浦县12人；六合县12人；高淳县11人；溧水县14人；句容县46人；溧阳县48人。①

四、清朝科举考试

清代以科举为国家造才大典，朝野皆以科名相高，追求及第成为士子和社会的普遍风尚。1644年，清王朝定都北京之后，朝廷决定乡试于顺治二年(1645年)秋八月举行，会试于顺治三年(1646年)春二月举行。并且规定："嗣后以子、卯、午、酉年乡试，丑、辰、未、戌年会试。奉特旨开科，则随时定期。"清代的科举考试从此开始。

清朝统治者对科举考试高度重视。在明朝科考的基础上，进行了许多创新。其一，考试考官制。考官不仅要有"出身"和一定的官位，在任命前还要经过考试，以确保其知识水平。其二，会试分省录取制。康熙五十一年(1712年)规定：会试一律按省分别录取，根据应试人数的多少，钦定录取名额。其三，复试之制。顺治、康熙、乾隆、嘉庆时，根据考试情况由皇上临时降旨，对乡试、会试榜后进行复试，以防舞弊，提高考试的公正性。其四，官民分卷制。即达官世族子弟与普通百姓分卷应试。其五，考官子弟回避制。规定乡试、会试考官、房考、监临、提调

① 参见《江苏教育志》，江苏古籍出版社2000年版，第92页。

之子孙、宗族，例应回避。后有规定考官子弟一律不得参加考试。其六，磨勘之制。指派翰林官员复核乡试、会试考卷。磨勘的实施，起到了监督考官阅卷的公平与否和出题是否符合规定等作用。[①]

在科考组织上，亦实行全国范围内的三级考试制度。第一级为小试，或称为童试，即考秀才。第二级为乡试。乡试三年一科，遇有皇上登极、万寿等庆典特诏举行的考试，称为“恩科”。乡试考中者称为举人，第一名称解元。第三级为会试和殿试。会试也是三年一次，分正科和恩科，由礼部主持，各省乡试中式的举人参加。会试中式者称贡士，第一名称会元。殿试是最高层次的科举考试，由皇上主持，殿试中式者一般只排名次，而不黜落。第一名至第三名称一甲三名，分别称为状元、榜眼、探花，第四至第十名称二甲，余为三甲。第一甲赐进士及第，第二甲赐进士出身，第三甲赐同进士出身。

清代的乡试沿用明制，苏、皖两省的举子都齐聚南京参加“江南乡试”，江南乡试场所称江南贡院。

江南贡院位于南京城南夫子庙，据《南窗纪谈》所载：建康（南京）贡院于南宋孝宗乾道四年（1168 年）由知府史正志创建，起初为县、府学考试场所。占地面积不大，参加考试的人数也不多。如果遇到考生增多，考试则在借用的僧寺进行。明朝定都南京后，乡试、会试都在南京举行，由此贡院的规模得到比较大的发展。经过明清两代的不断扩建，到清朝光绪年间，江南贡院已建成一座拥有 20644 间考试号舍，另有 1000 多间主考、监临等官员的房间，房舍之多为全国考场之冠。

从清顺治二年（1645 年）到光绪三十年（1904 年），江南贡院共举办 108 次乡试，共产生解元 108 名，其中江苏 75 人（含南京 8 人，见表 10-1），安徽 33 名。在清王朝 267 年中，全国科举考试共 112 次，产生 114 名状元，江南贡院考区独占鳌头，其考生考中状元者就达 58 名，其中江苏 49 名（其中南京 4 人），安徽 9 人，占整个清代状元总数的一半以上。[②]

① 马镛：《中国教育制度通史》第 5 卷《清代》（上），山东教育出版社 2000 年版，第 344—346 页。
② 徐传德主编：《南京教育史》（第 2 版），商务印书馆 2012 年版，第 153 页。

表 10-1　江南贡院乡试中式的南京籍解元一览表

姓名	籍　贯	中式时间
胡任舆	上元(今南京)	康熙二十年(1681 年)辛丑科中式解元
朱士履	上元(今南京)	康熙三十五年(1696 年)丙子科中式解元
陶绍景	上元(今南京)	乾隆三年(1738 年)戊午科中式解元
陈洪绪	六合(今南京)	乾隆五十七年(1792 年)壬子科中式解元
林　瑞	上元(今南京)	嘉庆二十一年(1817 年)丙子科中式解元
吴家楣	江浦(今南京)	道光十五年(1835 年)乙未科中式解元
汪达元	江宁(今南京)	咸丰元年(1851 年)辛亥科中式解元
杨炎昌	江宁(今南京)	光绪二十三年(1897 年)丁酉科中式解元

五、太平天国时期科举考试

清咸丰三年(1853 年)太平天国定都天京(南京)后,即行科举吸纳人才。为了广泛吸引知识分子参加考试,除发给应试者路费伙食银两外,对于拒不应考的士子,还采取一定的处罚措施。考试的程序基本沿用明清时期的制度,依次有县试、省试、京试三个等级,分别录取为秀才、举人、进士,但是将各级科举考试每三年一次改为每年举行一次,从 1853 年至 1862 年共举行 10 次京考。太平天国科举考试不论门第出身,试题多数取自颁行的诏书,仍用八股文。1853 年还曾开设女科,专门选拔女子人才,打破了之前科举考试对女性的限制。太平天国癸好三年(1853 年),南京籍女子傅善祥中式状元,成为中国 1000 多年科举史上首位,也是唯一的女状元。

图 10-3　焦竑

南京自南唐至清光绪三十年(1904 年),南京才子考中状元(武状元不含在内)的共有 10

人(见表10-2)。至今南京城内还遗留着以状元冠名的街巷地名,如夫子庙附近的状元境、长乐路的秦状元府、珠江路附近的焦状元巷、水西门附近的朱状元巷与黄状元巷等。

表10-2　五代以来南京籍状元一览表

姓　名	籍　贯	考中状元时间
卢　郢	金陵(今南京)	965年,南唐后主朝乾德三年考中乙丑科状元。
吕　溱	江宁(今南京)	1038年,北宋仁宗宝元元年考中戊寅科状元。
张孝祥	原籍乌江,后迁居江宁(今南京)	1154年,南宋高宗绍兴二十四年考中辛未科状元。
黄　观	原籍安徽贵池,后迁居南京	1391年,明太祖洪武二十四年考中辛未科状元。
焦　竑	江宁(今南京)	1589年,明神宗万历十七年考中己丑科状元。
朱之蕃	上元(今南京)	1595年,明神宗万历二十三年中乙未科状元。
胡任舆	上元(今南京)	1694年,清康熙三十三年考中甲戌科状元。
秦大士	江宁(今南京)	1752年,清乾隆十七年考中壬申科状元。
黄思永	江宁(今南京)	1883年,清光绪六年考中庚辰科状元。
傅善祥	天京(今南京)	1853年,太平天国癸好三年考中女试状元。

清末,随着西方文化的逐渐传播,科举考试已经失去了其原有的光环。为了推广新学、兴办学堂,清政府于光绪三十一年(1905年)下诏废止科举考试,结束了在中国长达1300年的科举制度。科举虽被废止,但科举制核心通过考试"平等竞争,择优入仕"选拔人才的内涵,其进步性、合理性、公平性和公正性具有恒久的价值,影响深远。中国的科举考试对东亚国家的影响表现在历史上日本曾一度仿行过科举,古代朝鲜曾长期实行过科举制度;对西方的影响则表现在英、法、德、美等国曾借鉴中国科举制度建立了文官考试制度,并推进了西方文明的进程。就我国而言,在现代教育、文化、人才选拔,以及人格心理等方面无不保留着科举考试的影响。

第三节　新式学校

鸦片战争后，特别是1842年8月中国近代史上第一个不平等条约《南京条约》签订后，西方列强在对华进行武装侵略的同时，也图谋掠夺文化教育特权。外国传教士大量进入南京，他们先后在江宁府及各县办小学、中学等，传播西方的价值观和教育理念，并具有近代教育的特征，极大地刺激了南京本土教育向近代转型。为了维护自身统治，清政府开始举办洋务教育事业，创办新式学堂，促进军事现代化。一批封疆大吏和新学教育家在南京积极创办新式学堂，推动了南京教育由传统型向近现代型过渡转型，南京教育焕发了生机。尤其是1904年"癸卯学制"的公布与实施和1912年民国的建立，加速了教育的发展，南京逐步形成了近代教育体系，奠定了民国时期教育辉煌的基础。

一、近代南京的教会学校

鸦片战争后，南京作为《南京条约》的签约地，西方教育较早地进入南京，外国教会先后在南京创办教会小学、中学、高等学校。

清光绪元年（1875年），法籍传教士倪怀纶于南京石鼓路天主教堂内始创教会小学（今石鼓路小学前身），学校只招收教徒子女，这是南京近代意义上首所学校。

光绪十年（1884年），美国基督教北美长老会传教士李满夫人在汉西门四根杆子（今莫愁路）创办明德女子书院。该校是南京第一所女子学校，开始是小学，之后由小学、初中不断发展成为完全中学。

光绪十三年（1887年），美国基督教卫理公会女传教士沙德纳在估衣廊创办小学，沙德纳亲自执教，当时人们又称之为沙小姐学堂，之后改为女布道学堂。

光绪十四年（1888年），美国基督教美以美会的传教士傅罗于干河沿1号（即今中山路169号）创建汇文书院（今金陵中学），邀请福开森担任院长。光绪十八年（1892年）分为大学堂、高等学堂、中学堂、小学堂，中学堂称成美馆。学制均为 4 年，专收男生。

图 10－4　汇文书院旧影

清光绪十五年（1889 年），美国教会创办斯密斯纪念医院的医学堂，地址在汉西门，为南京地区最早实施专业技术教育的学校，也是南京西医学堂之始。

光绪十七年（1891 年），美国基督会的美在中于鼓楼之西南创立基督书院，当时学生仅 20 人。由美在中夫妇担任教学和管理，由于管理有方，该书院的学生很快发展到 200 人。[①]

光绪二十年（1894 年），美国北长老会（圣公会）的夏子贺于南京户部街创办益智书院。

光绪二十五年（1899 年）美国传教士马林于花市大街（今中华路）创办私立基督明育中学堂（今中华中学）。

光绪二十五年（1899 年），美国基督教卫理公会沙德纳小姐创办的私立女布道学堂添设初中部。光绪二十八年（1902 年）定名为私立汇

① 徐则陵：《美在中先生与基督书院》，《金陵光》第八期临时增刊，1914 年 8 月。

文女子中学(今人民中学)。光绪三十一年(1905 年)有初中 8 个班,高中 6 个班。

光绪三十二年(1906 年)益智书院并入基督书院,命名为宏育书院,美在中为院长,文怀思副之。①

清宣统二年(1910 年),汇文书院与宏育书院合并为金陵大学(校址在原汇文书院内),中学堂改为附中,简称金大附中、金陵中学,是南京中学教育的发端。金陵中学隶属于金陵大学堂,只设主任,校长由大学校长兼任。

民国六年(1917 年),美国传教士约翰·马吉在下关商埠街创办益智小学,1919 年改名为道胜小学。1942 年小学内开办初中一(上)补习班,有学生 30 人,当年暑假正式对外招生,定名为私立道胜中学,学生最多时有 4 个班 400 多人。

民国七年(1918 年),美国教会创办金陵大学鼓楼医院高级护士学校,校长王列尔女士(美籍)。学校于 1927 年停办,1929 年复办,定名为鼓楼医院高级护士学校。1931 年,留美回国的尉迟瑞兰为该校副校长(后为校长),是第一个担任教会办的护士学校校长的中国人。

在教会兴办初等、中等学校蔚然成风的情况下,各教会及教会所在国为了培养在政治上、思想上控制中国社会和前途的人,也为了便于教徒尤其是神职人员子女求学深造,同时为了使教会教育自成体系,纷纷决定开办教会大学。②

清宣统二年(1910 年),美国基督教会在南京设立金陵大学,这是外国教会在南京创办的第一所大学,其前身是 1888 年成立的汇文书院。初创时设有圣道馆(神学)和博物馆(后改称文理科),1896 年增设医学馆,这与西方近代大学通常设置的神科、法科和医科已十分相似。后次第增设国语课、医科、农林科,是当时国内最早设立农林科的大学。经过 10 余年的办学,学校规模发展到 500 余人,并且发展成为文、理、农、林、工、医多学科综合大学。③ 日本占领南京期间,金陵大学一度成

① 徐则陵:《美在中先生与基督书院》,《金陵光》第八期临时增刊,1914 年 8 月。
② 王运来著:《江苏高等教育的早期现代化》,人民出版社 2001 年版,第 6、7 页。
③ 王德滋主编:《南京大学史》,南京大学出版社 1992 年版,第 463、467 页。

为汪伪中央大学的校址。1946年9月,金陵大学返回南京原校址复校。金陵大学十分重视实验室建设和实验农场建设,拥有完善的化学实验室,有充足的生物学设备和符合当时标准的物理学设备。

民国二年(1913年),由北美浸礼会、基督教友会、南北美洲美以美会及北美长老会等教会组织共同策划,决定在南京组建金陵女子大学,公推美籍德本康夫人为校长。学校租用南京城东绣花巷李鸿章故宅为临时校址。1915年9月正式开学,8个学生和6个教师(其中美籍4人,中国籍2人)参加了学校的开学。第一年仅有13个注册学生,学生的平均年龄为24岁。1916年,学校得到纽约州大学的承认,准予立案。初期课程设有中文、英国文学、修辞学、宗教、基督生活、卫生学和绘画,甚至还有哲学、化学和数学。除了中国古典文学外,所有的课程都有英语教学。随着学校逐渐走上正轨,学校还先后建立了生物系、历史系、宗教系。1921年,在宁海路南端西侧购地建校(今南京师范大学随园校址),1923年迁入新址。1928年,德本康夫人辞去校长职务,校董事会推选本校首届毕业生、留美博士吴贻芳任金陵女子大学宁海路新校校长。1930年,向国民政府教育部立案,改名金陵女子文理学院。1946年9月,金陵女子文理学院在宁海路原校址招生开学。1947年,学校发展相对繁荣,在校生达到440人,是历年来最多;学校管理及师资力量雄厚,对外交流活跃,与许多海外知名学府结为友好学校,每年互派教师访问讲学,教学与科研并驾齐驱。学生积极参加校内校外的各种比赛,为金陵女子文理学院和南京赢得了很高的荣誉。

教会学校除宗教课程外,开设了“西文”“西艺”等系列课程,在学校教学体制、课程设置、教学方法、考试管理各方面都具有近代教育的特征。教会学校的办学目的并非为了中国的现代化,而是为了向中国社会和人民渗透西方的价值观和教育理念,以期实现中国的基督化。但是,教会一旦进入教育领域并通过科学技术来传播其学说,教会学校便身不由己地“充当了历史的不自觉的工具”。教会学校采用西方完整的学校制度、课程设置、办学标准、教学方法、学校管理、教育思想,它在客观上向中国介绍了许多西方的新思想和新文化科学知识,培育了一批新式的中国知识分子,在各个方面影响或推进了南京及中国教育近代史的历史步伐。

二、近代南京地方政府和社会举办新式学校

光绪二十七年(1901 年),清王朝颁布“兴学诏书”。翌年,颁布《钦定学堂章程》,即“壬寅学制”,开始兴办学堂。南京始建官办中小学堂和幼稚园。此后,民间办学相继出现。光绪三十年十一月二十六日(1904 年 1 月 13 日),清廷颁布《奏定学堂章程》,即“癸卯学制”,废科举、兴学堂,南京又新办了一些高等、中等、初等学堂。至光绪三十四年(1908 年),南京有高等学堂 6 所、中等实业学堂 5 所、中学堂 20 所、小学堂 18 所、幼稚园 1 所。

民国初期,民国政府对清末的教育宗旨、教育制度进行了重要改革。民国十六年(1927 年),国民政府定都南京后,先后公布了相关的教育法规,南京教育进入稳步发展且趋于定型时期。学校在类别、层次与数量上都有了长足的进步,教育事业获得较大的发展,成为中国现代教育的重要发源地。1936 年,南京有幼稚园 24 所、小学 231 所、中学 26 所、中等职业学校 9 所、高等学校 8 所。1937 年,抗日战争爆发。为保存教育实力,国民政府颁布《战区处理办法》,决定学校内迁至西南、西北地区办学,其中迁往重庆者为最多。学校内迁,不但保存了民族文化教育事业的实力和元气,培养了一批专门人才,抢救了一批无法估量的文化资源,而且在客观上调整了中国文化教育发展不平衡的局面,促进了大后方文教事业的发展。因此可以说,这是中国历史上的一次文化“西进运动”。日伪时期,南京各级各类学校受到严重摧残,处于衰败境地。抗日战争胜利后,国民政府还都南京,采取积极措施,使南京的基础教育逐步得到恢复和发展。1948 年,南京有公私立幼稚园 30 所、小学 215 所、聋哑学校 1 所、中学 74 所、中等职业学校 8 所、中等师范学校 2 所、高等学校 13 所。

1. 幼稚园

清末,有识之士提出“学前教育为国民教育之基础,不可不亟为

求”。[1] 时任两江总督端方非常重视学前教育，于光绪三十四年(1908)在南京粹敏第一女学中附设一所幼稚园。

民国元年(1912 年)，中华民国临时政府教育部制定《师范教育令》，其中规定“女子师范学校附设保姆讲习科及蒙养园”。1918 年，在南京的江苏省第一女子师范学校附设蒙养园。1919 年，南京高等师范学校附属小学办幼稚园(今南京师范大学附属小学幼儿园)。1922 年，颁布《壬戌学制》，规定“幼稚园收受六岁以下之儿童”。

1923 年，东南大学儿童心理学教授陈鹤琴腾出自己住宅的一部分办起了私立鼓楼幼稚园，自任园长，招收 12 名幼儿入学，开展幼稚园的课程设置、教学原则和方法及设备等教育实验工作，后定名为东南大学教育科学实验幼稚园。这是中国第一所通过科学实验以探索中国化幼稚教育道路为目的的幼稚园(今南京鼓楼幼儿园)。同年，私立明德女子中学附设幼稚园。

1927 年，南京成为首都特别市后，南京的幼稚教育发展加快，当年春，在东、南、西、北、中 5 个区的市立实验小学附设 5 所幼稚园。秋季，条件较好的 9 所市立小学普遍附设幼稚园，连同国立园 1 所、省立园 2 所、私立园 2 所共有 19 所。是年，在陶行知领导下，在南京晓庄师范学校附近的燕子矶、晓庄、和平门、迈皋桥创办 4 所乡村幼稚园。这些幼稚园都是以陶行知的生活教育理论为指导，以“教学做合一”的方法教育儿童，其中燕子矶幼稚园是中国第一所农村幼稚园，开辟了乡村幼稚教育实验场所。1930 年，国民政府强行封闭晓庄师范学校后，这几所幼稚园亦相继夭折。1936 年，南京市共有幼稚园 24 所，其中公立园 18 所、私立园 6 所，在园幼儿 1667 人，教职员 48 人。

1937 年 12 月，侵华日军占领南京，幼稚园大多被迫停办。日伪时期，仅南京市第一模范小学(今琅琊路小学)附设幼稚园 1 个班，幼儿 59 人。

抗日战争胜利后，南京幼稚教育逐步恢复。1945 年，鼓楼幼稚园复园开学。1947 年，永利化学工业公司铔厂新办幼稚园，收幼儿 50 多

---

① 朱有瓛主编:《中国近代学制史料》第二辑下册，华东师范大学出版社 1989 年版，第 772 页。

人，陈鹤琴选派学生担任教师。至 1948 年，南京市幼稚园数量已经超过抗战前的规模，共有幼稚园 30 所（内独立幼稚园 3 所、小学附设幼儿班 27 所），幼儿 2160 人，教职员 62 人。

2. 小学

清光绪二十八年（1902 年），江宁府创办江宁第四模范小学堂（今大行宫小学）、上元高等小学堂、北区第十二小学堂（今天妃宫小学），这是近代南京官办小学之始。光绪二十九年（1903 年），三江师范学堂附设小学堂。同年，柳诒徵等从日本留学归国，创立思益小学。同年，还建立养正小学堂、谦益小学堂。此后两年，官府还创办第二模范小学堂、江宁县立第四高等学堂（今珠江路小学）和初等小学堂（今考棚小学）。光绪三十一年（1905 年），创办私立启悟小学（今邓府巷小学）。翌年，创办江宁振淑实业女学（今马道街小学）、上元树声学堂、同仁小学、第二模范小学（今秣陵路小学）、义学（今小西湖小学）、私立津逮学堂（今长乐路小学）。光绪三十三年（1907 年），创办崇文小学（今府西街小学）、江宁公学（今夫子庙小学）。之后，思益小学与崇文小学合并，改名为两等小学堂。停办养正、谦益 2 所小学。清朝末年，南京有小学 18 所。

民国七年（1918 年），南京高等师范学校创办附属小学。1927 年，陶行知在南京市郊晓庄村创办晓庄师范和附属晓庄小学，他以“生活即教育、社会即学校”的教育理论办学，提倡“教学做合一”。1930 年 4 月，国民政府借口学生参加南京工人罢工斗争而强行封闭晓庄师范，陶行知被迫出走，晓庄小学也因而停办。

1927 年，南京特别市教育局成立，接办 48 所市立小学。当时，还有数十所私立小学、数百所私塾。市教育局重新布局全市学校，迁移 6 所校址分布不均匀的学校，在 16 所学童过多的学校适当增加班级；同时将全市划分为东、南、西、北、中 5 个学区，每区设立 1 所实验学校、若干所小学，以实验学校为中心，辅导和示范该区的小学教育学校。这一年，调整后全市有 33 所市立小学，另有 15 所已注册登记和 32 所未注册登记的私立小学。1929 年，南京户籍人口猛增，学龄儿童随之增多，学校的规模和设施不能满足学龄儿童的入学需求。于是，全年增设小学班级26个，并建设中、东、南、西4个区的实验学校和兴中门、邓府巷等学校的校舍。1930年，全市有86所小学，其中有38所市立小学，48所私立小学。私立小学中，有16所已注册登记，32所未注册登记。

1932年，南京市增设25所义务小学，义务小学完全不收学费，并补贴一些学习用品，采用半日制，4年毕业，相当于初小程度，毕业后如需深造，仍需报考普通小学的高级班。后来义务小学改称简易小学，并逐渐成为全日制学校。1932年以后，小学教育发展很快。1935年，教育部采取分期普及义务教育的办法，由设短期小学（1年制、2年制）逐渐普及4年制义务教育。南京市成为全国首先实施义务教育的省市之一。

1937年12月，侵华日军占领南京后，所有小学被迫停办；两个多月后，琅琊路、五台山两所小学恢复。1938年3月，伪维新政府筹办小学，逐步建立10所完全小学、2所初级小学。这些学校因老师和学生都非常少，故而多采取复式教学。

抗战胜利后，国民政府还都南京，停办的公立和私立小学渐次复校。1946年，南京市学龄儿童数骤增，而现有的学校远不能满足需求。于是，市教育局竭尽所能，增加学校和扩大班级数量，并指定学龄儿童众多地段的国民学校办理半日两部制。同时，实施国民教育制度，将市内原有小学划归13个区，以配合地方行政单位实施教育。其中，条件比较完备的小学建成中心国民学校，条件不足的则改称国民学校。如此，有中心国民学校57所、国民学校60所。后各区只设立中心国民学校1所，其余均为国民学校。当时，除教育部门办小学外，盐务总局、空军总司令部、邮政储金汇业局、总工会、京沪区铁路管理局、陆军炮兵学校、永利铔厂等单位亦举办一些小学。1947年3月，爱国人士邵力子及夫人傅学文创办力学小学。经过3年多时间的恢复发展，到1948年12月，南京市有小学215所（其中市立168所），班级2079个，学生101700人，教职员3552人。

3. 中学

清光绪二十八年（1902年），改文正书院为江宁府学堂（后易名江宁府中学堂），堂址在八府塘。这是近代南京最早的一所官办中学堂。

光绪三十年(1904 年),江宁回族富绅蒋长洛与丹阳回族商人曹家麟与顾琪、伍崇学、辛汉 5 人创办私立钟英中学堂(今钟英中学),校址中正街(今白下路)。同年,粤绅沈凤楼、湘绅张通典和杨金龙、闽绅沈弗庆等借用湖南会产阴余善堂(后迁至大全福巷)开办私立旅宁第一女学堂,后易名为公立粹敏第一女学。皖籍教育人士汪菊友、陶寿平、蒋秩平、李希白等创办私立安徽旅宁公学,次年更名为江南上江公学(今第三中学东校区),校址上江考棚(今白下路)。光绪三十一年(1905 年),两江优级师范学堂附属小学堂改为附属中学堂(今南京师范大学附属中学),堂址在北极阁。同年,于十三公祀祠内设立达材中学(为养正学堂增设的中学堂)。次年,设暨南学堂,为侨生归国学习之所,是南京第一所官办侨生中学堂。光绪三十二年(1906 年)后,南京兴起官绅举办女学之风。继旅宁第一、第二女学堂之后,踵设者有惠宁、毓秀、江宁八旗第一女学等中学堂。宣统元年(1909 年),南京有中学堂 20 所,学生 1516 人,教员 180 人(其中外籍教员 8 人)。

民国元年(1912 年),南京仅存中学堂 10 所,其中官办 3 所(江宁府中学堂、两江优级师范学堂附属中学堂、暨南学堂),私办 7 所(崇文中学堂、明德女子书院、汇文女子中学、金陵大学附属中学、基督中学、钟英中学、江南上江公学)。同年,成立江苏省立工业专门学校中学部和江苏省立第一农业学校中学部。基督教青年会在府东街创办青年会求实中学(后名青年会中学)。1913 年,中学堂一律改称中学。如江宁府中学堂改名江苏省立第一中学,私立崇文中学堂改为江宁县立初级中学,私立基督女书院改为基督女子中学,私立明德女子书院增设初中班,改为明德女子中学。1914 年,私立成美中学(前身为成美馆)建立,校址在大香炉。1916 年,张李惠创办私立南京中学,校址在朱状元巷。1920 年,由著名教育家张昭汉于江苏省第一女子师范学校设女子中学科,校址在马府街。同年,杨匡创办私立正谊中学,校址在申家巷,后一度停办。1921 年,私立南京女子师范专科学校增设女中,校址在大仓园。同年,美国基督教美以美会创办华中公学(后停办)。1922 年,汪国尘创办两江民立中学,刘昌威等创办志成中学,后均停办。1923 年,江南上江公学易名为南京安徽公学,陶行知出任校长。1924 年,私立金陵女子大学附属实验中学(高中)成立,校址在东洼市。是年,私立钟南中学开办,校址在石板桥。1925年,上海天主教法国耶稣会在南京创办震旦大学预科部,校址在大仓园(今长江路)。同年,盛永发创办五卅公学,李士荣创办成德中学,安徽旌德同乡会创办凫山中学,长老会在户部街创办建邺中学。此外,尚有湖南旅宁中学、劳山中学、平坦学团等。年底,南京共有公、私立中学32所。1926年冬,受战事影响,学校纷纷停办。翌年年初,南京仅有公、私立中学16所(国立东南大学附属中学、省立南京第一中学、省立南京女子中学,以及汇文女中、金陵大学附中、育群中学、明德女中、基督女中、钟英中学、金陵女子大学实验学校、青年会中学、成美中学、钟南中学、东方公学、五卅公学、成德中学等私立中学)。

1927年,南京特别市教育局成立。是年,江苏省实行大学区制,南京亦实行实验学区制。第四中山大学行政院和市教育局分别接收、改组原省立中学,江宁县所辖城区内县立中、小学。大学行政院将前江苏省立南京第一中学、省立第四师范学校合并,同时将前省立工业专门学校及省立第一农业学校的中学部并入,定名为第四中山大学区立南京中学,还将前省立第一女子师范改组为省立南京女子中学,校址在马府街、细柳巷一带。同年,市教育局筹办市立中区实验学校附设初中部,校址在府西街(1933年小学、幼稚园划出,始正式命名为南京市立第一中学)。1928年,南京设国立国民革命军遗族学校,先设小学部,后扩设中学部,校址在中山陵四方城。为发展中学教育事业,市教育局鼓励私人办学。1929年,私立中学发展到17所。之后,南京私立中学逐年有所增加。1930年,卢针寿在绒庄街创设乐育中学。1931年,叶绍棠在安品街创办私立冶城初级中学。同年,建立的尚有华南初级中学,校址在大石桥周必由巷;中央中学,校址在长乐路;京华初级中学,校址在西八府塘;文化学院附中和民治初级中学(这两所中学均在创办不久后停办)。1932年,私立首都女子法政讲习所附设首都女子初级中学(今新宁中学),校址在杨将军巷。是年,建立的还有两广中学,校址在四象桥邀贵井;行健初级中学,校址在中华门三条营;学艺初级中学,校址在秣陵路;以及大公初级中学、九一八初级中学、大江初级中学等私立学校(后三所初中均在创办不久后停办)。1933 年,黄仁霖创立励志中学,校址在中山东路励志社内。1937 年,汪风章创办培育中学,校址在石鼓路。是年,南京有公私立中学 28 所,学生 8896 人,教职工 759 人。11 月,侵华日军逼近南京,学校多停办,一些学校奉命西迁或自动组织师生撤离。

1937 年 12 月,侵华日军占领南京。中、小学校舍被毁 40 余所,为军警宪占据者 15 所,破坏之巨,史所罕见。1938 年 5 月,伪督办南京市政公署设立南京市立初级中学,后改为南京市立第一中学。同年 10 月,设市立第二中学。1939 年底,南京仅有市立中学 2 所、私立中学 3 所(钟英中学、安徽中学、正始中学)。1940 年,增设市立女子中学 1 所,后又增设国立模范中学与国立模范女中各 1 所。该年,伪国民政府在朝天宫另立中央大学实验学校。此外,私立汇文女中迁回南京复校,私立鼓楼中学成立。相继开办的还有私立育德中学(战前言群初中)、明德女中、冶城中学、培育中学、利济中学(战前震旦初中)、金陵耕读学校、进德圣德女学校、进修中学补习班、金陵女子大学服务实验科。1941 年,太平洋战争爆发后,私立汇文女中与鼓楼中学为伪国民政府接管,改两校为同伦中学。私立明德女中,改为日本高等女子学校,专收日本官员子女。1942 年,私立道胜初中开办,相继开办的还有私立昌明初级中学、私立南方大学附中及私立新华中学。至 1945 年 8 月日本投降前,南京市有国立中学 2 所、市立中学 3 所、私立中学 14 所,共 19 所,学生不足 5000 人。

抗日战争胜利后,战前的公、私立中学纷纷复校。国立中央大学附属中学复校时,由贵阳国立十四中、重庆青木关中大附中及重庆沙坪坝中大附中分校 3 校组成。市立第一中学、第二中学及市立第一女子中学在战前原址复校;私立正始中学被接收后改为市立第一中学分校(后定名为市立第三中学)。私立金陵大学附属中学复校时,由万县金大附中及成都分校和南京之金陵大学附中组成。私立利济中学更名为弘光中学。私立明德女中、汇文女子中学、育群中学、中华女中、钟英中学、安徽中学、青年会中学、成美中学、东方中学、钟南中学、华南中学、冶城中学、道胜中学、励志中学、首都女子初中、金陵女子大学附中等皆在原址复校。

1946 年，市教育局奉命接办日伪时期“国立”第一、第二、第三临时中学，分别依次改为南京市立第四中学、第五中学、第二女子中学，从四川迁宁的国立社会教育学院附中改为市立第六中学。增办市立第三女子中学及市立第一初级中学、第二初级中学。1947 年，市立普通中学由战前 3 所增至 11 所，私立中学由战前 24 所增至 37 所。至 1948 年，南京市有公、私立中学 61 所，学生 30132 人，教职工 2143 人。

表 10－3　1948 年南京市公、私立中学一览表

校　名	班级数	学生数	教职工数	校　名	班级数	学生数	教职工数
●市立第一中学	34	1736	100	●和平中学	3	123	9
●市立第二中学	18	875	60	●圣池中学	6	343	34
●市立第三中学	21	1165	58	●中正中学	6	320	25
●市立第四中学	22	1036	73	●大中中学	8	285	25
●市立第五中学	31	1641	99	●暨南中学	8	505	42
●市立第六中学	10	442	37	●青荟中学	5	161	16
●市立第一女子中学	20	1036	66	●励志中学	8	385	37
●市立第二女子中学	25	1412	79	●念群中学	6	276	21
●市立第三女子中学	16	778	45	●志仁中学	12	405	31
▲市立第一初级中学	6	281	20	●京都中学	3	76	18
▲市立第二初级中学	7	378	22	●六艺中学	3	141	12
●金陵大学附中	31	1388	74	▲普德中学	5	154	24

续表

校名	班级数	学生数	教职工数	校名	班级数	学生数	教职工数
●钟英中学	13	820	40	●大仁中学	5	186	26
●汇文女子中学	24	1090	66	●永青中学	7	320	37
●明德女子中学	13	616	50	▲冶城中学	5	202	25
●金陵女子文理学院附属中学	11	480	34	●华南中学	6	209	14
●东方中学	24	1054	59	▲惠民初中	6	299	18
●安徽中学	17	1015	59	▲道胜初中	6	270	18
●成美中学	9	419	40	▲培育初中	6	222	18
●青年会中学	13	421	29	▲复兴初中	7	349	35
●弘光中学	15	581	50	▲慈庵初中	4	117	11
●中华女子中学	13	673	46	▲民生初中	4	88	15
●钟南中学	9	380	29	▲建业初中	2	75	14
●育群中学	18	982	45	▲圣三初中	3	157	21
●石城中学	7	417	25	▲东岑初中	3	172	12
▲乐群中学	4	145	12	▲江南初中	5	164	48
●昌明中学	7	359	24	▲首都女子初中	2	112	12
▲宪光中学	4	166	19	▲明智初中	4	331	19
●大雄中学	7	454	30	▲至诚初中	4	152	14
●钟山中学	6	277	21	▲进文初中	2	66	19
●南苏中学	14	950	62	合计61所	623	31032	2143

备注：1948年度南京市有公、私立中学74所，此表是据其中61所统计(完中41所，初中20所)。标有“●”的为完中，标有“▲”为初中。尚有私立晋德、玄武、百龄、秣陵、生源、怡纯、辅仁、新中、新华、雨人、泽浦、育才、崇仰等中学未统计。

4. 特殊教育学校

民国十六年(1927 年)初,南京特别市政府以普育堂收容的 13 名盲童和 1 名聋童为基本学生,筹建盲聋哑学校;同年 10 月开学,校址在大佛地(今长乐路)残废院内。设盲科甲、乙两班,招收盲童 10 余名。1929 年,盲聋哑学校由市教育局接办,正式定名为南京市立盲哑学校,成为全国第一所公立盲哑学校,学校迁至船板巷。当时,学校分盲、哑两科:盲科一、二、三年级,计男女盲童 21 人;哑科 1 个年级,计男女哑生 12 人。学生全部吃住在校。教职工共 11 人。哑生来源,多半招当地人,大都自费。盲生大都来自普育堂及贫儿院,无生活来源,衣食书籍均须学校供给。至 1935 年,学校规模稍有扩展,盲哑科各 5 级,学生达 64 人,教师 12 人。学校隶属南京市社会局管理。

1943 年,浙江旅京同乡会创办私立首都聋哑学校,校址在南京朱雀路 38 号。1946 年 10 月,国民政府教育部特设盲哑学校,学生 62 人,教职员 36 人,校址在剪子巷 62 号。1948 年,国民政府教育部将特设盲哑学校交还南京市教育局,恢复南京市立盲哑学校的原名。学校分盲、哑两部。共有学生 207 人,其中盲生 67 人、哑生 140 人。学校招生范围面向全国。民国 16 年至民国 37 年(1927—1948),南京市盲哑学校毕业生升学者 11 人,其中盲生 2 人(中央大学 1 人、国立音乐学院 1 人)、哑生 9 人(赴美留学 1 人、国立艺术专科学校 1 人、劳作师范 1 人、正则艺术专科学校 1 人、武昌艺专 5 人),其余毕业生均就业,做普通中学教师、残废军人教官、广告摄影师、会计、统计员、打字员、文书、制革制衣工人、制版工人等。

1948 年,私立首都聋哑学校有 4 个班级,学生 30 人,教职员 5 人。年底,南京市立盲哑学校因校舍拥挤、教学设备破损匮缺、物价暴涨、师生难以维持生活等原因,多次上书国民政府教育部和南京市教育局请求救济无果,学校只好缩编裁员。

1949 年 4 月南京解放后,盲哑学校由市人民政府接管,面向全国招生。时有学生 110 人,其中盲生 41 人、哑生 69 人,分为 12 个班级;教职员工 26 人,其中教师 15 人,学校基本维持原状,并逐步进行整顿。

5. 中等实业(职业)学校

光绪二十一年(1895年),两江总督张之洞为培养辖区铁路建设人才,在南京创建铁路专门学堂(又称矿务铁路学堂,鲁迅于光绪二十五至光绪二十八年曾在该学堂读书),附设在江南陆师学堂内,校址在和会街。这是江苏省内第一所官办的实业学堂。光绪二十二年(1896年),南京同文馆扩充为培养外文人才的储才学堂。光绪三十年(1904年),清廷颁布《奏定学堂章程》,规定实业学堂分初等、中等、高等。此后,南京又兴办了一些中等实业学堂。光绪三十二年(1906年),先后建立由蚕桑树艺公司改建的江南蚕桑学堂;官立江南中等商业学堂,后改名为江南商务学堂,校址在复成桥商务局内;建立旅宁学堂,该学堂由当时两江总督周馥创建并担任名誉总办(校长),专招收外省籍在宁做官人员的子女。清宣统二年(1910年),建立华东协和学堂。

民国初年,民国政府改实业学堂为实业学校,并分为甲种实业学校和乙种实业学校两种,分别相当于清末的中等和初等实业学堂。1933年,国民政府公布《职业教育法》后,南京又建立了一批初、高级职业学校。

图10-5　江南陆师学堂旧影

1917年,南京高等师范学校附属中学成立,设有职业科。1928年秋,江苏省立南京中学高中部设有职业科。1936年,南京市立职业学校成立,校址在门帘桥。1937年冬,侵华日军占领南京时,学校均停办。

1922年,民国政府颁布《壬戌学制》,改实业学校为职业学校。同年,安徽省都督兼第一军、第四军军长柏文蔚在南京复成桥创办崇实学校。学校分两级小学、两级中学,南京女子北伐队有500余人,全部转入该校学习,学员在校既学文化,又学织布、机器缝纫、打绒绳、刺绣等专业技术，办得很有特色，受到当时江苏省教育司司长黄炎培的赞赏。同年，中华民国政府教育部批准在南京建立江苏省立第一工业学校（校址在复成桥）、江苏省立第一农业学校（校址在三牌楼）。

1927 年春，江苏省立第一工业学校和江苏省立第一农业学校的中学部在江苏省试行大学区制时并入国立第四中山大学区立南京中学。1929 年，南京建立首都女子法政讲习所，校址在中正街西八府塘。当年，大学区制取消，第四中山大学区立南京中学改名为江苏省立南京中学，该校高中部设有商科 3 个班，校址在门帘桥（今太平南路白下会堂处）。1931 年，国立中央大学实验学校（今南京师范大学附属中学前身）附设农、工、商科。1932 年，南京建立国立中央高级护士职业学校，附设在中山东路黄埔路中央医院内（原南京军区南京总医院）。1933 年，国民政府公布《职业教育法》以后，南京又建立了一批初、高级职业学校。这年，建立国立中央职业助产职业学校，校址在石鼓路（今南京市妇幼保健院院址）。至 1937 年 6 月，南京地区共有独立设置的中等职业学校 4 所，其中国立 3 所、私立 1 所。

1937 年日军占领南京前，刚建立的国立中央工业职业学校（校址在中央门外郭家山）迁往重庆。国立中央高级护士职业学校迁重庆歌乐山，并与国民党中央医院合作办学。国立中央高级助产职业学校始迁安徽安庆，后迁四川重庆。

侵华日军占领南京期间，伪国民政府于 1940 年建立“国立”第一职业学校，校址在珠江路；建立“国立”第二职业学校于三牌楼。1941 年，于洪武路建立市立第一职业中学。同年，太平洋战争爆发，日本宪兵队与南京同仁会接管并改私立金陵高级护士职业学校为同仁会看护学校。

抗日战争胜利后，伪国民政府办的“国立”第一职业学校、第二职业学校，因国民政府不承认其学生的学历而停办；市立第一职业中学改名为市立第一职业学校。迁至重庆的国立中央高级护士职业学校、中央高级助产职业学校相继在南京原址复校。此外，国立药学专科学校附设的高级药剂职业科（属中等职业技术学校性质），亦随该专科学校迁回南京。1946 年，国民政府教育部在南京创办国立高级窑业职业学校，校址在中华门外岔路口。次年，在南京的国立音乐院增设幼年班；国立戏剧专科学校增设职业科；国立中央大学增设医事检验职业科；原创建于重庆的国立高级印刷职业学校迁址南京；市立第一职业学校农商两科，分设为市立商业职业学校（校址在武定门小心桥原校本部）和市立农业职业学校（校址在燕子矶）。1949 年，国立高级水利科职业学校由镇江迁到南京，改名为国立高级水利工程学校，校址在三牌楼模范马路淮河水利工程总局院内。

南京解放前夕，全市有 8 所中等职业技术学校，其中国立 5 所、市立 2 所、私立 1 所，在校学生共 864 人，教职工 321 人。另有 4 所高等学校附设的职业科。

表 10－4　1949 年 3 月南京市中等职业学校一览表

校　名	创建年份	专业设置	在学人数	教职工数	校　长	校　址
私立金陵高级护士职业学校	1918	护士	36	21	尉迟瑞兰	鼓楼南 3 号
国立中央高级护士职业学校	1932	护士	119	43	段蓉贞	黄埔路口中央医院内
国立中央高级助产职业学校	1933	助产士	157	66	余琼英	石鼓路 87 号
国立高级印刷职业学校	1947	印刷、制版	75	53	余国益	后宰门
国立高级窑业职业学校	1947	陶瓷、搪瓷、玻璃、水泥、耐火材料	52	38	郑仁	中华门外岔路口
南京市立商业职业学校	1941	会计、簿计、银行	300	51	薛士杰	武定门
南京市立农业职业学校	1947	畜牧、森林、园艺	13	21	郭子通	莲子营
淮河水利总局附设高级水利科职业学校	1949 迁宁		112	28	丁绳武	三牌楼模范马路 2 号
合计 8 所			864	321		

6. 师范学校

清光绪二十七年(1901 年),在江宁府城毗卢寺设师范学堂,为南京有师范教育之始。光绪三十年(1904 年),清廷规定:“各州县于初级师范学堂尚未设立齐全之时,宜急设师范传习所”,“择省城初级师范学堂简易科毕业生之优等者分往传习”,“限定十月为期。毕业后给以准充副教员之凭照,即令在各乡村市镇开设小学”。师范传习所是当时开办“新学”以后为补充小学师资的临时应急办法。光绪三十一年(1905 年),江宁府将设于贡院的尊经书院改为师范传习所。同年,旅宁粤绅沈凤楼、湘绅张通典和杨金龙、闽绅沈弗庆等创办旅宁第一女学堂,设初等、高等小学堂及师范班。后时任两江总督端方将其易名为粹敏第一女学。辛亥革命前,师范班与私立江南女子公学合并为宁垣属女子师范学堂,校址在大全福巷,辛亥革命时停办。光绪三十二年(1906 年),在北极阁下两江优级师范前新建宁属初级师范,将师范传习所归并其内。同年,建公立毓秀女学,设师范本科、预科。光绪三十三年(1907 年),建民立初级女子师范学堂,校址在评事街泥马巷。

民国初年,教育部规定初级师范学堂改称师范学校。南京市在这一阶段设有两所师范学校,分别是省立第四师范学校和省立第一女子师范学校。省立第四师范学校于 1912 年 2 月在原高等学堂旧址创办,设本科及预科,共有在校生 154 人,教职员 27 名,首任校长仇埰。第一女子师范学校系原宁垣属女子师范学堂,辛亥革命时期一度停办,1912 年 5 月复办,改定此名。设本科及预科,在校生 121 人,教职员 24 名,首任校长吕惠如。另截至 1913 年 7 月,已设有县立甲种师范讲习所 2 所(江宁、六合)、乙种师范讲习所 2 所(溧水、高淳)。

1927 年,南京的乡村师范教育起步,并成为教育的一个亮点,南京成为全国较早进行乡村师范教育的地区之一。1927 年 3 月,陶行知筹资在南京神策门外晓庄村创办了试验乡村师范学校,后改名为晓庄师范学校。学校以“生活即教育”为指导,以“教学做合一”为校训,以“健康的体魄,农夫的身手,科学的头脑,艺术的兴趣,改造社会的精神”为目标,为乡村教育培养合格的师资。晓庄师范在教学体制、教学内容与教学方法上都有重大创新,在全国产生了很大的影响。

1932年，国民政府颁布《师范教育法》，江苏省立栖霞乡村师范学校独立设置，著名教育家黄质夫（中国乡村教育的先驱之一）任校长。他实践了陶行知的生活即教育理论。黄质夫有一个著名的教育思想——教育要和生产相结合，他曾指出："专业训练要与生产劳动训练并重。"学校设有农场、林场以及各种工厂等实习基地，学生们手脑并用，参加园艺、农事、建筑、缝纫、饲养等生产劳动，增长才干。时人称赞"栖霞乡村师范学校教育独树一帜，它的开拓创新和成果，是同类学校中的佼佼者"。

1935年，南京市立师范学校开办，校址在中华门外小市口集合村，初设普师和简师各两个班。师范生178人，简师生96人。抗日战争爆发后被迫停办。抗战胜利后于1945年12月复办，迁址羊皮巷。

1946年，创办江苏省江宁师范学校，校址在门帘桥，校长为儿童教育家马克谈，师资队伍较强，是当时全国师范学校教学法试验6所实验学校之一。1948年，南京市立师范学校和江苏省江宁师范学校共有22个班级，学生807人，教职员79人。1949年4月，两校由南京市军管会接管，并将两校与上海体育专科学校的两个体育师范班合并，命名为南京市师范专科学校，校址在中山南路曾公祠（今南京市钟英中学北校区）。

7. 高等学校

光绪二十四年（1898年），两江总督刘坤一奏准将储才学堂按大学堂定章改为江南高等学堂，堂址三牌楼，[①]是为近代南京高等教育之始。因维新变法失败，翌年停办。

光绪二十八年（1902年），张之洞署理两江总督，翌年二月，上奏《创建三江师范学堂折》，[②]同年获准设立。这是中国近代最早建立的高等师范学堂之一，堂址设在北极阁前明代国子监遗址。1904年，正式招生入学。学堂主要培养中、小学教员。学生由两江总督辖区的江苏、安徽、江西三省地方官考选保送。学堂由江苏候补道杨觐圭为首任

① 王焕镳：《首都志》（下）卷八，南京市地方志编纂委员会办公室根据正中书局1935年月初版翻印，南京古旧书店、南京史志编辑部联合发行1985年10月，第711页。

②《首都志》（下）卷八，第712、713、714页。

总办(校长)。光绪三十二年(1906年),因总督称两江,于是继任总督将学校名称改为两江优级师范学堂。[①] 由江宁提学使李瑞清担任监督。李瑞清担任两江师范监督期间,办学尽心尽力,学校规模不断扩大,在校学生最多时有1000余人,教学成绩卓著,为江南各高等学堂之首。学堂历时近10年,先后有毕业生2000余人,培养出江南三省第一批优秀师资。清宣统三年(1911年)辛亥革命爆发,学堂停办。

光绪二十八年(1902年),钟山书院山长缪荃孙将该书院改为江南高等学堂,堂址在门帘桥。光绪三十年(1904年),两江总督魏光焘将格致书院改办为江南农工格致学堂,后更名为江南农工商矿实业学堂、江南高等实业学堂,堂址在三牌楼和会街。光绪三十二年(1906年),建立江南高中高等商业学堂,堂址在复成桥商务局内。清光绪三十三年(1907年),两江总督端方奏准在江宁府建立南洋方言学堂,培养涉外和翻译人才,堂址在中正街八府塘。同年,建立江南法政讲习所。光绪三十四年(1908年),由端方奏请将江宁省城旧仕学馆(地址在红纸廊)改建为两江法政学堂。其学生"官绅并取",每年招收100名,其中江苏20名,安徽、江西各10名,江宁(南京)60名,毕业后回各省任用。

民国元年(1912年),南京临时政府对教育进行改革,公布《壬子学制》《小学校令》《中学校令》《大学令》《专门学校令》,高等学堂改称高等学校,高等学校分公立、私立,监督改称校长。允许私人设立大学和专门学校。同年,江苏省议会决议建立江苏省立法政专门学校,校址在府西街原江宁府署。之后,南京兴办一批私立政法学校,如私立开通法律学堂、私立南京法律学校、私立民国法政大学、私立民国大学等(这些私立学校因不具备办学条件,分别于1914年、1915年被北京政府教育部饬令停办)。

1912年7—8月的全国临时教育会议上通过的《划分高等师范学区案》规定,在全国划分6个高等师范学区,以北京、南京、武昌、广州、成都、沈阳为本部,各设高等师范学校一所。1914年8月30日,江苏巡按使韩国钧批复定校名为南京高等师范学校并正式开始筹办。曾任江苏

---

①《首都志》(下)卷八,第715页。

教育司长的江谦被委任为第一任校长。南京高等师范学校开办时，以原两江优级师范学堂为校舍，由省分批拨给开办经费5万元。1915年8月第一次招生时，教职员仅有30人左右，招收国文、理化两部预科各一班，国文专修科一班。“招考之时，各省学生报名共有534人，最多者为江苏，其次则安徽、浙江、江西，其次则广东、四川、贵州等省，与考录取者共计126人，现实到110人”[①]。学校实行3个学期制，时间分布为：第一学期自元月1日至3月31日，第二学期自4月1日至7月31日，第三学期自8月1日至12月31日。经过3年的发展，到1918年10月，南京高等师范学校教职员已经有了很大的增加，各种职员（包括校长）共41人，教员共53人，合计94人（其中美籍3人）。教员中有32人毕业或肄业于外国专门大学，有18人毕业或肄业于本国专门高等学校。[②] 首届庚款留美博士胡刚复、张子高、王琎等皆在该校任职。学生也较开办之初增长了几倍，总数凡357人。其规模为当时南京各高校之冠，在华东地区也列前茅。

1915年，为培养水利技术人才，北洋政府农商总长兼全国水利局总裁张謇在南京创立河海工程专门学校，校址在中正街。聘请留美工程师、同盟会会员许肇南为校主任（后改称校长）。办学经费由冀、鲁、苏、浙4省分摊，为4省培养人才。该校是我国历史上第一所培养高级水利技术人才的高等学府，是我国近代水利教育事业的先驱。

图10-6　河海工程专门学校旧影

① 《江谦关于南京高等师范学校开办状况报告书（1915年8月）》，收入南京大学百年实录编辑组编《南大百年实录》上册，南京大学出版社2002年版，第46页。

② 王德滋：《南京大学百年史》，南京大学出版社2002年版，第49页。

1920年，南京高等师范学校校长郭秉文在校务会议上首次提出建立大学的建议。当年，郭秉文携带计划前往上海，与各方面进行洽谈，大家均表赞成，并由张謇、蔡元培、王正廷、蒋梦麟、沈恩孚、黄炎培、江谦、袁观澜、穆湘、郭秉文等联名向北洋政府教育部提出。同年12月，经北洋政府国务会议通过，成立国立东南大学。国立东南大学，是在南京高等师范学校工艺、体育、教育、农业、商业等专修科的基础上建立的，在上海与南京分别办学。这是民国初年继北京大学之后，中国建立的第二所国立大学，校长郭秉文。1923年，南京高等师范学校并入该校。东南大学成为一所拥有文、理、工、商、农、教育等学科的综合性大学，成为东南地区的最高学府，是全国规模较大、学科最全的一所综合性的新型大学。当时，公认“北大以文史哲著称，东大则以科学名世”，东南大学是“中国自然科学发展的基地”，与北京大学齐名。[①] 1923年，江苏省第一工业学校升格为南京工业专门学校，江苏公立法政专门学校改建为江苏法政大学。

1927年6月，国民政府颁布“大学区制”，试图效法国外经验，改革教育行政体制，将国立东南大学、河海工科大学、上海商科大学、江苏法政大学、江苏医科大学、南京工业专门学校、江苏省立第一农业学校、苏州工业专门学校、上海商业专门学校等江苏境内的专科以上的9所公立学校合并，组成国立第四中山大学(因南京为北伐军攻克的第四座历史文化名城，为纪念孙中山而命名为第四中山大学)，原江苏省教育厅改为第四中山大学教育行政院，以江苏、上海、南京三地为范围，由国立第四中山大学校长综理学区内小学、中学和大学的一切学术与教育行政事宜。主校址设在原东南大学，共设9个学院，校本部设有文学院、哲学院、自然科学院、社会科学院、工学院、教育学院6个学院，农学院设在丁家桥原农校旧址，在上海设有商学院和医学院。1928年2月，国民政府议决，第四中山大学改称江苏大学，但为学生所反对。同年5月，改名为国立中央大学。中央大学设文、理、法、教育、农、工、商、医8个学院，40个系科，其规模之大、学科之全、师资力量之雄厚，居全国各

① 霍益萍：《近代中国的高等教育》，华东师范大学出版社1999年版，第159页。

大学之首。1929年，国民政府行政院决定“大学区制”停止试行，恢复江苏省教育厅，国立中央大学不再担负大学区的行政工作。

1928年，原设在北京的私立北京文化学院迁到南京，改名私立南京文化学院，以龙蟠里沈公祠为校舍，院长邵力子。1929年，将国民党中央党务学校改为中央政治学校，蒋介石任校长，校址在红纸廊原江苏法政大学旧址。1930年，私立首都女子法学院建立，校址在中正街八府塘原首都女子法政讲习所内。1934年，原中央国术馆改建为中央国术馆体育专科学校。1935年，国立牙医专科学校于丁家桥中央大学医学院内建立，是全国唯一的牙医专科学校。同年10月，成立国立戏剧专科学校，直属国民党中央宣传部，校址在大光路。1936年，国立药学专科学校建立，为全国兴办的第一所药科高等学校，校址在丁家桥中央大学农学院园艺场。1937年初，包括私立金陵大学、私立金陵女子文理学院，南京地区共有8所高等学校。[①] 南京的高等教育已居全国前列。

1937年，侵华日军占领南京前夕，南京各高等学校均先后内迁四川。侵华日军占领南京后，伪国民政府曾建立几所高等学校。1940年，建立中央大学，校址在原中央政治学校旧址，8月正式开学。1942年，该校迁至原金陵大学校址。同时，南京还建立3所私立高等学校，即南方大学、中国公学和建村农学院。

抗日战争胜利后，1945年9月，国民政府教育部下令解散伪国民政府办的中央大学和3所私立高等学校。同年，借金陵大学部分校舍，设立南京临时大学补习班。

1946年，战前西迁的国立中央大学、国立戏剧专科学校、国立药学专科学校、私立金陵大学、私立金陵女子文理学院相继迁回南京并在原址复校。国立牙医专科学校亦随中央大学医学院迁回南京，合并于中央大学医学院。中央政治学校迁回南京红纸廊复校后，不久即与中央干部学校合组为国立政治大学，顾毓琇任校长，蒋介石任名誉校长。国立中央国术馆体育专科学校迁至天津。国立边疆学校（前身是附设于

① 南京市地方志编纂委员会、南京教育志编纂委员会编：《南京教育志》，方志出版社1998年版，第987页。

中央政治学校的蒙藏及华侨特别班)迁回南京光华门外石门坎新址,校长胡秉正。

1946 年 11 月,国立中央大学迁回南京四牌楼原校址复校。拥有 7 个学院、37 个系、6 个专修科、26 个研究所,是当时国立大学系科设置之最。1948 年,在美国普林斯顿大学的世界大学排名中,国立中央大学已超过日本东京帝国大学(现东京大学),居亚洲第一。复校后,国立中央大学教学与科研得到恢复与发展,与中央研究院合作建造实验室进行原子能研究,成为我国原子能研究的发端,为最终赶上世界先进水平培育了早期人才,打下了攻克核物理研究的基础。

抗日战争期间,在后方建立的部分高校——国立音乐院、国立社会教育学院、国立东方语文专科学校、私立重辉专科学校亦移址南京办学。

1946 年后,南京新建立高等学校两所,一是在中国地政学会地政研究所基础上扩建而成的私立建国法商学院,院址在宁海路匡庐路一带;另一所是私立南京工业专科学校,校址在膺福街。1949 年初,南京有高等学校 13 所。其中,国立高校 8 所,分别是国立中央大学、国立政治大学、国立音乐院、国立药学专科学校、国立戏剧专科学校、国立东方语文专科学校、国立边疆学校、国立社会教育学院;私立高校 5 所,分别是私立金陵大学、私立金陵女子文理学院、私立建国法商学院、私立重辉商业专科学校、私立南京工业专科学校,共有在校生 9563 人,教职工 2636 人。

表 10-5　1948 年底南京高等学校一览表

校名	性质	创建年份	人数(人)		校长	校址
			在学人数	教职工		
中央大学	国立	1902 年	4066	1266	周鸿经	四牌楼
政治大学	国立	1946 年	1811	445	顾毓琇	建邺路红纸廊
音乐院	国立	1940 年	151	80	吴伯超	西康路古林寺
药学专科学校	国立	1936 年	366	83	管光地	丁家桥
戏剧专科学校	国立	1935 年	123	75	余上沅	大光路
东方语文专科学校	国立	1942 年	307	101	王文萱	紫竹林

续表

校名	性质	创建年份	人数(人)		校长	校址
			在学人数	教职工		
边疆学校	国立	1941 年	263	103	胡秉正	光华门外石门坎
社会教育学院	国立	1941 年			陈礼江	栖霞山
金陵大学	私立	1888 年	1048	296	陈裕光	北阴阳营
金陵女子文理学院	私立	1915 年	440	104	吴贻芳	宁海路
建国法商学院	私立	1946 年	493	48	肖錚	宁海路匡庐路
重辉商业专科学校	私立	1944 年	296	35	金祖懋	朱雀路 38 号
南京工业专科学校	私立	1947 年	163		费同泽	膺福街
合计 13 所			9563	2636		

1949 年 4 月，南京解放后，南京军事管制委员会和中共南京市委、市人民政府按照“维持现状，逐步改造”的原则，对原有学校有计划、有步骤地予以接管、接收、接办，使之成为培养新中国建设者的摇篮。

表 10－6　南京市人民政府接管、接受、接办各类学校情况

学校类别	时间	学校数				
		高等学校	中等职业学校	中等师范学校	中学	小学
接管公立学校	1949.5.1—1949.6	8	7	2	12	179
接收外国津贴学校	1951.1—1957.7	2	1		10	16
接办私立学校	1949.6—1952	3			59	90

第十一章　科学技术

在历史长河中，南京创造了光辉灿烂的文化，在中国传统文化中占有重要的地位。科学技术是南京文化的有机组成部分。历史上，南京的科学发明和创造、技术进步和发展与南京城市发展息息相关。自公元 229 年孙权建都建业后，在近 1800 年的历史长河中，南京科学技术的发展经历了三个辉煌时期，即六朝、明朝、民国，这也是南京城市发展最为辉煌的时期。南京是六朝的都城，也是当时中国的政治、经济、文化中心。公元 1368 年，朱元璋正式称帝建国，国号大明，以应天府为南京。从朱元璋建都南京，到公元 1421 年朱棣迁都北京的 54 年，中南京首次成为大一统王朝的首都。朱棣迁都北京后，南京成为留都，此后 200 多年间，南京是中国南方的政治、经济、文化中心。六朝和明朝时期，南京的天文历法、数学、医药学等有了长足的发展，涌现出陈卓、钱乐之、何承天、祖冲之、陶弘景、李时珍等一批著名的科学家。近代以来，南京是较早开埠的城市，西方思想和科学技术也较早传入南京。洋务派在南京创办金陵机器制造局，使南京成为最早引进西方先进技术进行工业生产的城市之一。1912 年中华民国成立，定南京为中华民国首都。1927 年南京国民政府再定南京为首都，南京不仅是全国的政治中心，而且随着中国科学社的回迁和中央研究院的成立，南京作为全国科学研究中心的地位也得以确立。综观中国科技发展史，南京为中国科学技术的进步与发展作出了突出贡献。

第一节 六朝科技

科技进步与稳定的政治格局、繁荣的社会经济密不可分。六朝时期，江南地区政治格局相对稳定，经济发展较为迅速。经济的恢复与发展，推动了全国经济中心的南移，也促使江南地区尤其是六朝都城建康生产力的恢复和发展，进而促进了建康的科技发展与进步。

一、天文历法

在古代中国，天文学从汉代开始形成学科体系后，到六朝时期又有了较大发展。

陈卓是三国时期吴国的太史令，他以战国时期的天文学家甘德、石申、巫咸三家星经为依据，整理成三垣二十八宿的全天恒星星表及星图，并创建了全天恒星体系。古人很早就认识了部分星星，并能根据恒星的位置变化判断节气和时间。人们为了辨识星星，将星星划分为若干小组，并称之为“官”，即现代所称的“星座”。随着人们对天象认识的不断深化，又将这些“官”组合起来，形成更为宏大的全天恒星体系，即中国古代所谓的“三垣二十八宿”。而最终完成这一体系者为陈卓。

公元280年西晋灭吴并一统天下后，陈卓随吴国最后一位皇帝孙皓前往洛阳，长期在洛阳灵台工作。西晋灭亡后，陈卓回到江东，在建康再次出任太史令。陈卓长于星占，精通星象，其一生留下了诸多天文学著作，如《天文占集》（十卷）、《四方占集》《天官占星》（十卷）、《五占星》《五星出分度记》（五卷）、《甘、石、巫三家星官》《陈卓分野》和《浑天论》等，其中以《甘、石、巫三家星官》最为重要。

《甘、石、巫三家星官》系陈卓“总甘、石、巫咸三家所著星图”而成，据史书记载：“三国时，吴太令陈卓，始列甘氏、石氏、巫咸三家星官，著于图录；并注占赞，总有二百五十四官，一千二百八十三星，并二十八宿及辅官附坐一百八十二星，总二百八十三官，一千五百六十五星。”[①]《甘、石、巫三家星官》整理归纳的全天星官名数成为后世制作星图和浑象的标准。刘宋钱乐之在元嘉十三年(436 年)和十七年(440 年)两次铸造浑象，都采用了陈卓所定的数字。

这一时期，天文律历学家钱乐之制作了浑天仪，以观测天象、验证星图。钱乐之曾任南朝宋的太史令，刘宋元嘉十三年，他奉诏仿照孙吴葛衡制作的天文仪器，铸造了一座铜质小浑天仪，以白、红、黑三色表示甘、石、巫三家的星官，其根据就是陈卓汇总的三家星经。[②] 据史书记载：“地在天内，立黄赤二道，规二十八宿，北斗极星，五分为一度。置日月五星于黄道之上。置立漏刻，以水转仪。昏明中星，与天相应。”[③]

六朝时期，中国古代历法取得辉煌成就。在南方地区，这一时期共编制了五部历法，其中南朝刘宋何承天编制的《元嘉历》和南朝刘宋祖冲之编制的《天文历》被实际采用。

何承天，东海郡郯城(今山东郯城县)人，生性聪慧，学识广博，经史百家，无不通习。何承天数十年坚持天文观测，最终编制出《元嘉历》。该书以庚辰正月甲子朔旦雨水为上元，以元嘉二十年癸未(443 年)为起始(上元庚辰在此前 5703 年)，以 365.24671 日为岁实，以 29.530585 日为朔策。《元嘉历》在计算五星位置时，首创取用近距历元的先例，并以正月中气雨水为历元，与之前以十一月朔旦夜半冬至为历元不同。《元嘉历》还用漏刻法修正了旧历春分、秋分晷景不等的错误，在中国古代天文律历史上占有重要地位。[④]

这一时期，作出重要贡献的另一位天文学家和数学家是祖冲之。祖冲之，范阳郡遒县(今河北涞水县)人，自幼受到良好教育。祖冲之在天文历法上的贡献，体现在《大明历》的编制上。在系统研究历代历法中，祖冲之一方面勤于思考，一方面“亲量圭尺，躬察仪漏，目尽毫厘，心

---

① [唐]魏徵、令狐德棻撰：《隋书》卷一九《天文志上》，中华书局 1972 年版，第 504 页。不同史书记载稍有差异，如《晋书·天文志》记载：晋“武帝时，太史令陈卓总甘、石、巫咸三家所著星图，大凡二百八十三官，一千四百六十四星，以为定纪”。

② [唐]魏徵、令狐德棻撰：《隋书》卷一九《天文志上》，中华书局 1972 年版，第 504 页。

③ [梁]沈约撰：《宋书》卷二三《天文一》，中华书局 1974 年版，第 679 页。

④ 周瀚光、戴洪才主编：《六朝科技》，南京出版社 2003 年版，第 89 页。

穷筹策”。[①] 他根据研究，指出了天算历法家刘歆、张衡、刘徽、何承天等在历法上的不足，提出了历法改革的建议，并于刘宋大明六年(462 年)完成了《大明历》。虽然刘宋孝武帝当时未能采用《大明历》，直到梁武帝天监九年(510 年)，在验证《大明历》确实比《元嘉历》精确后才被正式采用，但其意义仍然十分重大。祖冲之首次将岁差的存在应用到编制历法之中，这对历法推算精度的提高起到了重要作用。[②] 此外，《大明历》还提出了确定冬至时刻的新方法。祖冲之经过长期观测和研究，发现在冬至点前后，日影的长短是完全对称的，若冬至点的日影无法测到，那完全可以根据对称规律来求得。这一发现提出后，为世人所采纳，并一直沿用至后世。[③]

图 11－1　祖冲之推算圆周率

二、数学

六朝时期，在数学方面贡献最大者当属何承天和祖冲之。何承天是六朝时期的天文学家，并精通数学。中国古代历法所使用的“上元积

① [梁]萧子显撰:《南齐书》卷五二《文学・祖冲之》，吉林人民出版社 1995 年版，第 490 页。
② 杜石然等编著:《中国科学技术史稿》上册，科学出版社 1982 年版，第 243 页。
③ 参见周瀚光、戴洪才主编《六朝科技》，南京出版社 2003 年版，第 92 页。

年”计算烦琐,何承天根据自己的研究,创近距取元,在推算五星时各设不同的历元,简化了计算。他的数学成就在于由周长、直径之比计算出新的圆周率值。在以往有关圆的计算中,多采用“周三径一”,即圆周率π=3,这在计算中产生很大误差。① 何承天指出:“周天三百六十五度三百四分之七十五,天常西转,一日一夜,过周一度。南北二级,相去一百一十六度三百四分之六十五强,即天径也。”②其计算出的新的圆周率为 3.1428,与之后祖冲之计算的圆周率极为接近。

继何承天之后,另一位中国古代杰出的数学家为祖冲之。六朝以前,人们认识到圆的周长是“圆径一而周三有余”,即圆的周长是直径的三倍多,但究竟是多少,并没有精确的结论。在祖冲之之前,中国数学家刘徽提出了计算圆周率的方法“割圆术”,即以圆内接正多边形的周长来逼近圆周长。运用此法,刘徽将圆周率计算到小数点后 4 位数。祖冲之在前人的基础上,反复演算,将圆周率推算至小数点后 7 位数,即 3.1415926〉3.1415927,并得出了圆周率分数形式的近似值。

祖冲之计算得出圆周率,比外国数学家早了 1000 多年。15 世纪阿拉伯数学家阿尔·卡西于 1427 年著《算数之钥》,16 世纪法国数学家维叶特于 1540—1603 年才计算出精确数值。为了纪念祖冲之的杰出贡献,有些外国数学史家建议把圆周率 π 叫作“祖率”。

祖冲之在数学方面的成就,还体现在他与儿子祖暅在球体体积的计算方面。《九章算术》认为,外切圆柱体与球体体积之比,等于正方形与其内切圆面积之比。三国时期的数学家刘徽虽然指出了《九章算术》中球体体积计算中的这一错误,并提出了正确的分析论断,但没能得出球体体积的计算公式。祖暅在刘徽研究的基础上,提出了等高的两立体,如其任意高处的水平截面积相等,则这两立体体积相等,即著名的“祖暅公理”。③ 一千多年后,意大利数学家卡瓦列利才发现了这一定律。

---

① 参见杜石然等编著《中国科学技术史稿》上册,科学出版社 1982 年版,第 247 页。

② [唐]魏徵、令狐德棻撰:《隋书》卷一九《天文志上·天体》,中华书局 1972 年版,第 512 页。

③ 参见胡阿祥、李天石、卢海鸣《南京通史·六朝卷》,南京出版社 2009 年版,第 478 页。

三、地学

六朝建康在地学方面的发展，主要体现在“行记”方面，其突出反映在孙吴开拓海外和法显赴印度取经上。

孙吴黄武五年（226 年），孙权遣宣化从事朱应和中郎康泰等出使南海诸国，曾到达林邑（今越南中部地区）、扶南（今柬埔寨）诸国，以及南洋群岛等地。[①] 回国后，朱应著有《扶南异物志》，康泰著有《吴时外国传》，书中记载了南海及附近海域的岛屿，还记载了南海诸国的历史地理及风土人情。朱应和康泰的出使，密切了中国与南海诸国的交往，他们是中国古代有历史记载的最早航海到东南亚和南亚的旅行家。

这一时期，著名的高僧和旅行家法显曾赴西域取经。法显为平阳武阳（今山西襄垣）人，他为了求真经，与其他僧人一道，于后秦弘始元年（399 年）从长安出发，赴天竺（古印度）取经，开始了漫长而艰苦卓绝的旅行。次年，法显一行抵达张掖，后又西进至敦煌、西出阳关渡“沙河”（即白龙堆大沙漠）。白龙堆沙漠气候异常炎热干燥，法显在《佛国记》中描写了这里的景象：“上无飞鸟，下无走兽，遍望极目，欲求度处，则莫知所拟，唯以死人枯骨为标帜耳。”[②]此后法显一行继续西行，抵达天竺。之后其又从师子国（今斯里兰卡）经海路回国，并于东晋安帝义熙八年（412 年）回到青州牢山（今青岛崂山），历时 14 年之久。法显回国的第二年即来到建康，潜心翻译带回的《方等泥洹经》《杂阿毗昙心》等佛经，并根据西行的亲身经历和见闻，写成《佛国记》（又名《法显传》）一书，记录了西域、天竺、南海诸国的历史地理及风土人情。[③]

四、医药学

六朝以前，随着阴阳五行学说的完善，中国已建立了较为完整的中

① [晋]陈寿：《三国志》卷六〇《吴书·吕岱传》，崇文书局 2009 年版，第 616—617 页。
② [晋]释法显撰：《佛国记》，商务印书馆 1937 年版，第 1 页。
③ 参见[晋]释法显撰《佛国记》，商务印书馆 1937 年版，第 1 页。

医理论体系，六朝时期，中医药学又有了进一步发展。

六朝时期重要的医药学著作为陶弘景的《神农本草经集注》。陶弘景，齐梁间道士，中国古代著名的医药学家，丹阳秣陵（今江苏南京）人。青年时代的陶弘景做了帝王的伴读，后来又做了官。他对中医药学十分感兴趣，除了广读医书外，还亲自到自然界中寻找药材，以印证《神农本草经》中的记载。他最大的贡献就是继《神农本草经》之后，编写了第一部药学专书《本草经集注》7 卷。该书在《本经》365 种药物的基础上又增加了 365 种药物，合计 730 种，大大丰富了药物的种类。该书在药物描述、所载药物的数量以及分类方法等方面都比《本经》有所提升。《本草经集注》问世后，对后世影响很大，唐代中国第一部药典《新修本草》就是在修订该书的基础上完成的。

在中药炮制方面，雷敩作出了突出的贡献。雷敩，南朝著名药物学家，著有《雷公炮炙论》三卷。该书全面总结了南北朝刘宋时期以前的中药炮制技术和经验，是中国历史上第一次对中药炮制技术的总结，是一部制药专著，初步奠定了中药炮制学基础，使中药炮制成为一门学科。全书载药物 300 种，每药先记述药材性状及与易混品种区别要点，并记载了中药炮制的方法。此书对后世影响极大，历代中药炮制学专著常以“雷公”冠于书名。

五、工艺技艺

六朝时期建康的工艺技术有了较大进步，一批精湛的技艺得以出现，集中体现在制瓷、冶炼和建筑等方面。

六朝时期，建康附近铜铁矿资源较为丰富，从春秋时期起，汤山附近的伏牛山铜矿就已开采。东晋南朝时期，“江南诸郡县有铁者，或置冶令，或置丞”。① 自东晋时起，建康即设有左、右二冶和东、西二冶，专事铜铁的冶炼铸造。六朝冶炼技术集中反映在炼钢的“合炼法”工艺上。以往的炼钢工艺为千锤百炼的“百炼法”，六朝时期出现了“合炼

① [梁]沈约撰：《宋书》卷三九《百官上》，中华书局 1974 年版，第 1232 页。

法”新工艺，即将生铁和熟铁熔为一炉冶炼，从而得到更多的钢。这一制钢工艺极大地推动了六朝冶金技术的进步，是中国古代冶金技术的重要发明之一。而欧洲直到16世纪才开始运用这一技术。[①]

六朝时期，中国制陶工艺逐步向制瓷工艺转型，而在建康地区，制陶工艺仍是主流。陶器主要为明器和砖瓦。近几十年来，在南京地区的考古发掘中，出土了大量随葬陶器。如南京象山7号墓中出土的陶器有36件；[②]南京幕府山1号墓出土的陶器达53件。[③] 此外，在南京地区其他六朝时期的墓葬中也出土了大量陶器。这足以说明当时的制陶工艺已相当成熟。

六朝时期，建康的砖瓦制作技艺也相当精湛。20世纪五六十年代以来，在南京附近的六朝墓葬中发现了大量砖刻壁画。如20世纪60年代初，在南京西善桥油坊村南朝大墓中发现了刻有莲花、忍冬、狮子、网纹等图案的砖块壁画。[④] 这些壁画多由数十块或上百块砖组成，在建造墓葬时即已安排好位置拼接而成。此外，21世纪以来，在南京城内外发现了一些六朝时期建筑遗迹，其砖块和瓦当做工精美而工整，图案逼真，具有明显的地域特色，其工艺也相当精湛。

第二节　明代科技

明朝是中国历史上的一个重要的朝代。自朱元璋在南京建立大明王朝后，南京的社会经济进入了较快发展时期。政治的相对稳定、社会经济的快速发展，为科技的发展创造了良好条件，进一步促进了南京科学技术的发展与进步。

① 参见潘吉星主编《李约瑟文集》，辽宁科学技术出版社1986年版。

② 南京市博物馆：《南京象山5号、6号、7号墓清理简报》，《文物》1972年第11期。

③ 华东文物工作队：《南京幕府山六号墓清理简报》，《文物参考资料》1956年第6期。

④ 罗宗真：《南京西善桥油坊村大墓的发掘》，《考古》1963年第6期。

一、天文历法

明代是中西历法的过渡时期,明代历法以《大统历》为主,并参用了“回回历”。①

朱元璋建立大明王朝后,在南京设立了执掌天文的机构——太史院,以颁布历书。明洪武年间,钦天监监正元统以元代的《授时历》已“年远数盈,渐差天度”②为由,编修了《大统历法通轨》,但该历法与《授时历》相比,仅进行了少许次要的修改。

回回历也是明代官方的历法。明朝在建立之初就接管了元朝的汉、回天文机构。明洪武十五年(1382 年),朱元璋认为回回历“推测天象最精,其五星维度又中国所无”,下令将该历法译成汉文,从而产生了《明译天文书》和《回回历法》。回回历对明代民众的生活产生了一定的影响,弥补了《授时历》的不足。③

明代除编译历法外,还关注天文观象。朱元璋时期兴建了许多观象台,还制造了许多天文仪器。如明洪武十七年(1384 年)七月丙午初十,明廷在南京“制钦天监观星盘”;④明洪武十八年(1385 年)十月丙申初八,在南京“筑钦天监观星台于鸡鸣山,因雨花台为回回钦天监之观星台”⑤;明洪武二十四年(1391 年)四月戊辰十一日,“铸浑天仪成”⑥等。

南京观象台的天文仪器十分精美,主要有浑天仪、简仪和圭表。浑天仪系根据“浑天说”理论建造的,是测量天体位置和运动的仪器,观测

① 参见范金民等著《南京通史·明代卷》,南京出版社 2012 年版,第 500 页。

②《明太祖实录》卷一六七“洪武十七年闰十月丙辰”,(台北)“中央研究院”历史语言研究所,1962 年,第 2561 页。

③ 参见吕凌峰、李亮《明朝科技》,南京出版社 2015 年版,第 20—23 页。

④《明太祖实录》卷一六三“洪武十七年秋七月丙午”,(台北)“中央研究院”历史语言研究所,1962 年,第 2525 页。

⑤《明太祖实录》卷一七六“洪武十八年冬十月丙申”,(台北)“中央研究院”历史语言研究所,1962 年,第 2666 页。

⑥《明太祖实录》卷二〇八“洪武二十四年夏四月戊辰”,(台北)“中央研究院”历史语言研究所,1962 年,第 2525 页。

日月星辰的位置。浑天仪由青铜铸成，主体平面近方形，中为圆形铜环三重立体交叉，下承以四龙柱、一云柱，高 3.1 米，底边 4.9 和 4.7 米。其由三层同心圆环组成，外层为固定不动的三道圆环，即地平圈、子午圈和赤道圈，为六合仪，以确定地平坐标系统；中层为二分环、二至环、黄道环和赤道环四道圆环构成，为三辰仪；内层为一个平行双环，中间装一个方形窥管，可绕双环圆心任意转动，为四游仪人们可以通过对准天上的星辰，窥管所指方位则可以通过四游、三辰两仪圆环上的刻度测定。

简仪，对浑天仪的改进而得名。原为元代郭守敬创制，后于明正统七年(1442 年)仿制，主要用于测定星体在天空中的赤道坐标值和地平坐标值。该仪由青铜铸成，平面长方形，通高 2.65 米，一边长 4.42 米，另一边长 2.99 米。其分为赤道经纬仪、地平经纬仪和略日三部分，减去了浑仪复杂的圈环，操作较为简便，并排除了圈环的干扰。

图 11－2　简仪(明正统年间铸造，现存紫金山天文台)

圭表为中国最古老的传统测天仪，是度量日影长度的天文仪器，由“圭”和“表”两部分组成，可测一年四季二十四节气。圭表和日晷一样，是利用日影进行测量的天文仪器。所谓高表测影法，就是垂直于地面立一杆，通过观察记录其正午时影子的长短来确定季节的变化。垂直于地面的直杆为“表”，水平放置于地面上刻有刻度以测量影长的标尺为“圭”。

对于南京鸡鸣山(北极阁)上观象台的天文仪器，当时来中国的意大利传教士利玛窦曾发出这样的赞叹：南京“城内一侧有一座高山，它的一边有一块开阔地，非常适于观察星象……他们在这里安装了金属铸就的天文仪器或者器械，其规模和设计的精美远远超过曾在欧洲所看到和知道的任何这类东西。这些仪器虽经受了近二百五十年的雨、雪和天气变化的考验，却丝毫无损于它原有的光彩”。①

此外，明代南京还有小天体仪、小地平纬仪等天文仪器。小天体仪主要用来演示天体的东升西下，以及四季的昼夜长短变化；小地平纬仪主要用来确定地平经度和测量地平高度。这些仪器的发明与制造，足见明代南京的天文学已有了长足的进步。

二、中医药学

朱元璋出身贫寒，深知民间缺医少药的疾苦。明朝建立后，明廷大力发展中医业，推动了中医、中药学的发展。

元至正二十四年(1364 年)，朱元璋设置了医学提举司，作为全国医药行政管理机构，内设提举、副提举、医学教授、学正、医馆和提领。元至正二十六年(1366 年)，明廷又改医学提举司为太医监。此后太医监曾多次改名，至明洪武二十二年(1389 年)改为院使。明洪武十七年(1384 年)，明廷还规定，府、州、县均设专职医官，负责所辖地区的医事。明朝迁都北京后，在南京留有太医监，但仅设院判、吏目各一人，执掌医事，并设有生药库，设大使、副大使各一人，掌管药物。② 医药行政

① [意]利玛窦、金尼阁：《利玛窦中国札记》，[比]何高济等译，中华书局 1983 年版，第 352—353 页。

② 参见范金民等《南京通史·明代卷》，南京出版社 2012 年版，第 505 页。

管理机构的设置，促进了明朝医药学的发展。

李时珍是明代著名的医药学家，他在南京出版了著名的《本草纲目》。

李时珍（1518—1593），蕲州（今湖北蕲春县）人，生于世医之家，14岁中秀才，3次赴武昌乡试未中，遂专志于医。他博学多艺，曾从理学家顾日岩学习经学，上自经典，下及子史百家，靡不阅览，对理学有很深的造诣。明世宗嘉靖二十七年（1548年），李时珍治愈富顺王朱厚焜之子，遂被聘为楚王府奉祠，掌管良医所，并被荐为太医院判。

明世宗嘉靖三十一年（1552年），李时珍开始搜集资料，准备编著《本草纲目》。《本草纲目》以宋代唐慎微《证类本草》为蓝本，集唐、宋诸家本草之精粹，益金、元、明各家药籍之不足，继承中国本草研究的传统，独辟蹊径，把本草学推向一个新的高峰。

图11-3 《本草纲目》书影

明神宗年间，《本草纲目》定稿时，李时珍已逾花甲，经过数十年的努力，他最大的心愿就是早日刻印出版《本草纲目》。但这部190万字的药学巨著，尚不为人所识，一时难以找到愿意刻印的书商。最终，李时珍从湖北来到南京。明代南京文化十分繁荣，是当时全国刻印书籍的中心。在南京，李时珍还走访了药王庙，这里汇集了全国各地的药物，他一一做了记录，并补充完善了书稿。

明神宗万历十八年(1590 年)，李时珍再赴南京，完稿十余年的《本草纲目》终于得到南京藏书家兼出版商胡承龙的认可，愿意刻印。但李时珍不久即因病离世，未能看到《本草纲目》的出版。明神宗万历二十四年(1596 年)，《本草纲目》终于刻印告成，成为中医药学的传世之作。

三、地学

明朝初期，由于朱元璋励精图治，农业得以恢复，手工业也有了很大发展。

早在元末时期，江南地区已有相当规模的造船业，到明初更建立起了规模庞大的官营造船业，如南京宝船厂。造船业的发达、罗盘的使用、航海经验的积累，使远洋航行成为可能。

明廷为发展海上经济贸易，追求海外奇珍异宝，提升中国的国际地位，自明永乐三年(1405 年)至明宣德八年(1433 年)，明廷命郑和率庞大船队自南京出发，七下西洋，先后抵达 37 个国家和地区，不仅加强了中国与外国的交流，也大大拓展了中国的域外地理视野，丰富了中国的地学知识。参与郑和船队航海的马欢著有《瀛涯胜览》、费信著有《星槎胜览》、巩珍著有《西洋番国志》、匡愚著有《华夷胜揽》，较为详细地介绍了航海途经诸国的情况，扩大了人们的视野。

郑和下西洋，还留下了《自宝船厂开船从龙江关出水直抵外国诸番图》(简称《郑和航海图》)，原图呈一字形长卷，明代中晚期茅元仪将其收录于《武备志》中，改为书本式，有图 40 幅，最后附"过洋牵星图"2 幅。海图中记载了 530 多个地名，其中外域地名有 300 个，最远的东非海岸地名有 16 个。其标出沿途的城市、岛屿、航海标志、滩、礁、山脉和航路等，并明确标明南沙群岛(万生石塘屿)、西沙群岛(石塘)、中沙群岛(石星石塘)等。[①] 在地理认识上,郑和下西洋后,“西洋”一词的含义更为宽广,已泛指海外诸国。《郑和航海图》是世界上现存最早的航海图集,与同时期西方的“波特兰海图”相比,其制图的范围广、内容丰富,实用性更胜于“波特兰海图”。

四、建筑技艺

明代南京的建筑达到一个高峰期,其工艺技艺有了较大进步,集中体现在城墙建筑、宫廷建筑、园林建筑和宗教建筑等方面。

明代南京城墙包括明朝京师应天府(南京)的宫城、皇城、京城和外郭四重城墙。现今仍然保存完好的京城城墙,是世界上最长、规模最大、保存原真性最好的古代城垣。南京明城墙始建于元朝至正廿六年(1366 年),约完成于明洪武三十一年(1398 年),历时约 33 年,[②]所用城砖达 3.5 亿块。

明代南京城墙的营造改变了以往取方形或矩形的旧制,而是根据自然山脉、水系的走向筑城。其中京城城墙长达 35.27 千米,如今仍完整保存了 25.1 千米,是中国现存规模最大的城墙,也是世界第一大城墙。明代南京城墙是中国古代建筑技艺的杰出代表,其建筑技艺达到中国筑城史上的巅峰,是东亚筑城技术的典范。作为中国古代军事防御设施、城垣建造技术集大成之作,明代南京城墙的历史价值、文化价值、考古价值,以及建筑设计、规模、功能等均领先于国内外各城墙,是继长城之后中国的又一宏伟建筑。

南京故宫又称明故宫,是明朝京师应天府(南京)的皇宫,皇城面积 6.53 平方千米,宫城面积 1.16 平方千米。南京故宫作为中国宫殿建筑的集大成者,其建筑形制为北京故宫所继承,是北京故宫的蓝本。

南京故宫始建于元朝至正二十六年(1366 年),明朝洪武二十五年(1392 年)基本完工,前后历时 26 年,其布局以“九经九纬,经涂九轨,左

① 参见吕凌峰、李亮《明朝科技》,南京出版社 2015 年版,第 199—200 页。
② 参见范金民等《南京通史·明代卷》,南京出版社 2012 年版,第 94—95 页。

祖右社,面朝后市,市朝一夫"①为原则。洪武门至承天门两侧为中央官署区,承天门至午门两侧为太庙、社稷坛。前朝以奉天殿、华盖殿、谨身殿为核心,后庭以乾清宫、坤宁宫为核心,两侧为东西六宫。南京明故宫开创了皇宫自南而北中轴线与全城轴线重合的模式,这种宫、城轴线合一的模式,既是南京特殊的地理条件使然,也是遵循礼制、呼应天象、顺应自然的杰作。其整体布局、建筑形制都成为后来明中都和北京城的设计蓝本,并影响了中国明代王府,以及周边国家和地区的宫殿建筑布局与形制。其建筑、装饰风格影响至今。

明代南京的园林建筑可谓五彩缤纷,其多为挂冠官吏、文人雅士或富商巨贾所有,正如时人所称:"嘉靖末年,海内宴安,士大夫富厚者,以治园亭,教歌舞之隙,间及古玩。"②明代南京最为著名的园林有 16 座,如东园、西园、北园、凤台园、万竹园、莫愁湖园、同春园、市隐园、武氏园、杞园等。③

明代南京的园林完好保存至今的主要有瞻园和煦园。瞻园是南京仅存的保存完好的明代古典园林建筑群。明朝初年,朱元璋因徐达在南京没有宅邸,特准许其建造府邸,经徐氏几代人的营建,至明万历年间已初具规模。1953 年太平天国定都南京后,瞻园先后成为太平天国东王杨秀清和夏官丞相赖汉英的府邸。瞻园规模庞大,占地面积约 5 万平方米,其建筑工艺已经达到了很高水平。

煦园也是南京著名的古典园林,原为明洪武元年朱元璋为陈友谅之子陈理建造的汉王府。明成祖封次子朱高煦为汉王后,将原汉王府的一半分给朱高煦,并取名煦园。煦园的亭台楼阁分布十分精巧,有漪澜阁屹立水中,水中有小桥可渡,南面有石舫相望,整体看,煦园是一座典型的江南山水园林。

明代南京寺庙林立,仅《金陵梵刹志》记载的就有 180 座,其中以南门外的大报恩寺最为著名。

大报恩寺为明代南京的三大佛寺之首,其前身为东吴赤乌年间建

① [宋]王安石撰:《周官新义》附卷下《考工记解》二,上海书店出版社 2012 年版,第 431—432 页。

② [明]沈德符:《万历野获编》下册,中华书局 1959 年版,第 654 页。

③ 参见[明]顾起元《客座赘语》,南京出版社 2017 年版,第 160 页。

造的建初寺及阿育王塔。大报恩寺是明成祖朱棣为纪念明太祖朱元璋和马皇后而建，明永乐十年（1412 年）于建初寺原址重建，其施工均按照皇宫的标准建造。整个寺院规模宏大，有殿阁 30 多座、僧院 148 间、廊房 118 间、经房 38 间，是中国历史上规模最大、规格最高的寺院。大报恩寺琉璃宝塔高近 80 米，数十里之外也可望见。宝塔拱门琉璃门券，底层建有回廊，塔室为方形，塔檐、斗拱、平坐、栏杆饰有狮子、白象、飞羊等佛教题材的五色琉璃砖。明代初年至清代前期，大报恩寺琉璃塔作为中国最具特色的标志性建筑物，被誉为“天下第一塔”，是当时中外人士游历金陵的必到之处。大报恩寺琉璃宝塔是世界建筑史上的奇迹。早期来华的西方人将其与“世界七大奇观”相提并论。

第三节　近代科技

近代以来，西方列强以坚船利炮打开了中国古老而封闭的大门，随着西方商品的涌入，西方的科学技术也逐渐传入中国。此后，中国人开始学习西方科技，并取得了一定成就。民国建立后，南京作为中华民国的首都，其科学技术有了较快进步，至 20 世纪 30 年代中期，南京已成为全国科学技术研究的中心。

一、近代科技的初步发展

清代中叶，清政府妄自尊大，闭关锁国，严重阻碍了中国科学的发展与进步。清雍正元年（1723 年），雍正帝下令驱逐外国传教士，中外有限的交流被阻断，中国的科技发展几乎陷于停顿。与中国不同的是，18 世纪中叶以后，以英国为首的西方国家进行了工业革命，极大地促进了工业发展和科技进步。

第二次鸦片战争后，南京等地被辟为通商口岸。随着外国商品的涌入，西方科技知识也传入中国。一些中国人转变了观念，希望通过学习西方先进的科学技术来抵御外来侵略、实现强国之梦，洋务运动由此兴起。洋务派官僚李鸿章、曾国藩、左宗棠等率先运用西方先进的工业技术进行军工生产。1862 年,李鸿章设立上海洋炮局,后迁至苏州,更名为苏州洋炮局。1865 年,苏州洋炮局迁至南京,更名为金陵机器制造局,开南京引进西方科技进行工业生产之先河(图 11－4)。至 19 世纪末,金陵机器制造局“每年可造后膛抬枪一百八十枝,两磅后膛炮四十八尊,一磅子快炮十六尊,各项炮弹六万五千八百颗,抬枪自来火子弹五万粒,毛瑟枪子弹八万一千五百粒”。①

图 11－4　金陵机器制造局制造的枪炮

1865 年 9 月,江南制造局在上海成立,这是洋务派创办的规模最大的近代兵工企业。1868 年,该局建造出中国第一艘汽船“恬吉”号,当年 8 月即试航南京。曾国藩在 1868 年 8 月 13 日的日记中记载:“出门看上海新造之火轮船,名曰‘恬吉’。……由汉西门坐小轮船至下关,上

① 孙毓棠编:《中国近代工业史资料》第一辑上册,科学出版社 1957 年版,第 334 页。

'恬吉'轮船。巳正二刻开行,行至采石矶下之翠螺山,凡十二刻行九十里。又自翠螺归至下关,凡六刻行六十里。下行速于上水者一倍。中国初造第一号轮船而速且稳如此,殊可喜也。"①

维新变法期间,光绪帝颁布了一系列变法诏书和谕令,包括废八股、兴西学、创办京师大学堂、设译书局、派遣留学生、奖励科学发明等。但慈禧政变后,新政措施多被废止。

《辛丑条约》签订后,实行变法的呼声高涨,同时西方人士也针对清政府内政、外交、文化教育等方面的弊端,建议清政府"革新"。② 在民族危机深重和内外压力下,慈禧决定实行"新政",涉及政治、外交、军事、经济、文化教育等方面,可以说是一次全方位的改革,其广度和深度前所未有。

南京是两江总督署所在地,又是通商口岸和江南重镇,"新政"迅速影响到南京。1904 年 11 月,三江师范学堂在南京正式开学,1905 年又更名为两江优级师范学堂。新式学堂的兴办,天文、算学、理化、生物等课程的开设,培养了大批通晓近代科学知识的新式人才。

1888 年,美以美会的傅罗在南京干河沿创办了汇文书院。此后,西方教会又在南京开办了基督书院和益智书院。1907 年,基督、益智两书院合并为宏育书院。1910 年,汇文、宏育两书院正式合并,更名为金陵大学。此外,民国初年,西方教会还在南京创办了金陵女子大学(后更名为"金陵女子文理学院")。金陵大学和金陵女子大学开设了数学、物理、化学、生物学、地学等课程,教授近代科学知识。

慈禧"新政"和清廷的"预备立宪"并没有使中国有识之士感到满足。1911 年,辛亥革命爆发,1912 年 1 月 1 日,中华民国临时政府在南京成立。辛亥革命不仅变革了中国政体,也对中国现代化进程产生了深远影响。南京作为中华民国的肇始地及民国首都,其科学技术也迎来了新的发展时期。

① 孙毓棠编:《中国近代工业史资料》第一辑上册,科学出版社 1957 年版,第 286—287 页。

② [英]赫德:《更新节略》,收入中国近代经济史资料丛刊编辑委员会主编《帝国主义与中国海关——中国海关与义和团运动》,科学出版社 1959 年版,第 47—49 页。

二、科学思潮的兴起

辛亥革命后，禁锢人们思想的封建枷锁被冲破，各种西方思想进一步传入中国。1915年9月，陈独秀在上海创办《青年杂志》(从第二卷第一期起更名为《新青年》)，在思想文化界掀起了一场以“民主”“科学”为旗帜，批判旧道德和旧文化的新文化运动。

新文化运动迅速波及南京，各种宣传新文化的报刊发行量不断增加。1919年6月，南京学生联合会成立，并创办《南京学生联合会日刊》，报道各地学生运动状况，猛烈抨击旧制度、旧思想，积极宣传科学与民主思想。

1919年12月1日，南京高等师范学校学生王炽昌、王克人等创办《少年社会》杂志，其宗旨是建设一个“少年的社会”“德谟克拉西的社会”，使人人树立“互助的、社会的，也就是‘德谟克拉西’的人生观”。[①]《少年社会》提倡以科学的方法认识事物，以“进化”的理念来否定陈旧的思想。

新文化倡导者对“科学”的宣传和阐发，已由器物和自然科学的层面提升到科学精神的层面，使国人对科学的理解更加深刻。科学精神的传播，开启了广大民众的心智，使民众得到了科学思想与科学精神的启蒙，逐渐扫除了中国科学发展道路上的观念障碍。

在国人思想解放的同时，留学国外的一些先进知识分子也将目光移向国内，试图以自己所学的科学知识，推动中国科学事业的发展。

1914年6月，在美国康奈尔大学留学的中国留学生赵元任、胡明复、周仁、秉志、张元善、过探先、任鸿隽、金邦正、杨铨等发起成立了中国科学社，以“提倡科学，鼓吹实业，审定名词，传播知识”为宗旨，并创办《科学》杂志。1915年10月25日，科学社更名为中国科学社。改组后的中国科学社入社人数逐年增加。1914年科学社成立之初只有社员35人，1916年猛增至180人，1930年更达1005人。[②] 随着国内社员

① 曹刍:《新文化运动的种种问题同他的推进方法》,《少年社会》第五期,1919年12月29日。

②《中国科学社概况》,中国科学社,1931年1月,第4页。

的增加，中国科学社先后在南京、上海、北平、杭州、青岛、广州、苏州、重庆等地设立了社友会，其中南京社友会成立最早。1916年9月，南京社友会改组为中国科学社南京支社，设于江苏省立第一农业学校内，过探先为理事长。南京支社设有编辑支部，负责组织、编辑《科学》杂志的国内稿件。

1918年，随着任鸿隽、杨铨等中国科学社主要成员的回国，中国科学社及《科学》杂志编辑部也迁回国内。回国之初，中国科学社暂借南京高等师范学校的房屋，作为南京事务所办公场所。1919年，在张謇、蔡元培等人的努力下，北洋政府财政部将南京成贤街文德里的两幢官产楼房借给中国科学社，后来又将产权划归中国科学社所有，于是中国科学社就在这里建立了总社址。

1919年，中国科学社在南京成贤街设立了图书馆，1922年8月又在成贤街成立了近代中国第一家生物研究所。该所分动物和植物两部，研究人员大多由东南大学教师兼任，后又聘用了一批专职研究人员。1925年，该所创办了英文版《中国科学社生物研究所论文丛刊》，产生了很大反响。

科学社成立之初即创办了《科学》杂志，发表科学论文、普及科学知识。1915年1月，《科学》杂志在上海出版发行，到1949年共刊行32卷，总发行量逾76万册。从《科学》杂志的内容看，重点在于传播和普及科学知识，如《科学》第一卷刊载了任鸿隽的《科学历史之时代》、杨铨的《电学略史》等。英国著名学者李约瑟曾评价《科学》杂志是中国主要的科学刊物，可与《自然》周刊和美国的《科学》相媲美。

中国科学社编印了许多科学书籍，涉及天文学、气象学、数学、生物学、物理学、化学、地质学、建筑学等学科，如赵元任的《中西星名图考》、谢家荣的《地质学》、蔡宾牟的《物理常数》、钟心煌的《中国木本植物目录》等。

中国科学社十分关注与南京相关的科学研究，先后编印了一批科学专著，如王家楫的《南京原生动物之研究》(1925年英文版)，秉志的《南京动物志略》(1931年英文版)，汪燕杰的《南京玄武湖植物群落之观察》(1931年英文版)，张宗汉、方炳文的《南京蛇类及龟类之调查》

(1931年英文版)，孙雄才的《南京唇形科植物》(1932年英文版)，倪达书的《南京两栖类肠内之纤毛虫》(1935年英文版)，常麟定的《南京及其附近鸟类之研究》(1938年中文版)等。此外，1932年，中国科学社还出版了《科学的南京》一书，收录了张其昀的《南京之地理环境》、竺可桢的《南京之气候》、王琎的《南京之饮水问题》、赵亚曾的《南京栖霞山石灰岩之地质时代》、张春霖的《南京鱼类之调查》、林刚的《南京木本植物名录》、秉志(于星海述)的《南京自然史略》等论文。①

为了普及科学知识，1920年夏，中国科学社首次在南京举办科学演讲，此后每年春季、暑假和寒假，中国科学社都在南京成贤街社址举办科学演讲。

1928年底，中国科学社迁往上海，原在南京成贤街的房屋归生物研究所使用。从1919年到1928年，中国科学社的总社址一直设于南京，并在南京成立了生物研究所，大大提升了南京在全国科学界的地位。

三、中央研究院的科学研究

1924年冬，孙中山北上时就主张设立中央学术院，作为全国最高学术研究机构。1927年5月，国民党中央政治会议第九十次会议决议设立中央研究院筹备处。11月9日，中央研究院筹备委员会公布了《中华民国大学院中央研究院组织条例》，其中规定，“中央研究院为中华民国最高科学研究机关”。国民政府特任大学院院长蔡元培兼任中央研究院院长，蔡元培又任命大学院教育行政处主任杨铨兼任中央研究院秘书长。

1928年4月10日，国民政府颁布《修正国立中央研究院组织条例》，改中华民国大学院中央研究院为国立中央研究院。同年6月9日，国立中央研究院正式成立，中央研究院秘书长一职改为总干事，总干事为杨铨。

---

① 参见[民国]中国科学社编《科学的南京》，南京出版社2018年版，第1页。

中央研究院在南京设总办事处，并先后成立了多个研究所，由于南京是当时中国的首都，再加上中央研究院总办事处设于南京，因此，中央研究院天文研究所与紫金山天文台、地质研究所、观象台与气象研究所、自然历史博物馆与动植物研究所等均设于南京。

图 11－5　中央研究院总办事处大楼旧影

天文研究所与紫金山天文台　1928 年 2 月，中央研究院天文研究所在南京成立，高鲁为首任所长。天文研究所成立后即着手建设中国一流的天文台。早在 1913 年 10 月，亚洲各国观象台长会议在日本召开，会议邀请法国教会设于上海佘山的观象台代表中国出席会议，这对中国天文学界来说是莫大的刺激。天文研究所成立后，高鲁认为这是建设中国自己的天文台的最佳时机，遂开始筹建紫金山天文台。1929 年，就在高鲁积极筹建天文台时，他被任命为中国驻法国公使，天文研究所由余青松接任所长。余青松秉承高鲁的宏愿，继续筹建紫金山天文台。经过实地考察，余青松认为紫金山第三峰是建设天文台的合适地点。

紫金山第三峰又称天堡峰，海拔 267 米，峰顶较为平坦开阔。天文研究所会同总理陵园管理委员会选定了盘山道路的路线。经过测量，盘山路“共长四华里，倾度约为百分之八至百分之十”。① 1931 年 6 月，盘山道路全部完工，该路从太平门山脚下直通天堡峰顶。

1931 年 5 月，天文台建筑工程正式开工，尽管工程因 1931 年长江大水灾和 1932 年“一·二八”事变而一度停顿，但天文研究所坚持不懈，终于在 1934 年秋完成了天文台主体工程。9 月 1 日，天文研究所举行紫金山天文台落成典礼，标志着中国天文学研究向前迈出了一大步，南京也由此成为中国现代天文学的研究中心。

紫金山天文台大门牌楼采用毛石作三间四柱式，牌楼顶部为蓝色琉璃瓦，各建筑间以梯道和栈道相连，各建筑台基与外墙均用毛石砌筑，与山石浑然一体。天文台建筑群主要包括天文台本部、子午仪室、赤道仪室、变星仪室、职员宿舍、所长宿舍等。②

1933 年 5 月，由于日军不断在华北挑起事端，为安全起见，国民政府将保存在北平的中国古代天文仪器陆续运至南京，存放于紫金山天文台，其中包括浑仪、简仪、圭表、漏壶、地平经纬仪、天球仪等。同时，天文研究所还从外国购买天文仪器，至 1934 年，除了前中央观象台移交的部分天文仪器外，天文研究所还购买了 600mm 反射大赤道仪（购自德国）、200mm 小赤道仪（购自德国）、135mm 子午仪（购自瑞士）、100mm 罗氏变星仪（购自美国）、海尔式太阳分光仪（购自美国）等天文仪器。③

天文研究所从成立至全面抗战爆发，始终将科学研究作为中心工作，开展了天文学理论和应用方面的研究。

第一，气温变化对计时变差关系研究、南京经纬度测定暂用数研究等。1928 年，天文研究所承担了首都授时工作，以校正时计误差。为此，天文研究所一方面观察温度变化对计时仪器的影响，另一方面在南京鼓楼进行经纬度测定，最终测得鼓楼的精确经纬度。④

---

①《天文研究所九、十两月份工作报告》，《国立中央研究院院务月报》第一卷第三期，国立中央研究院总办事处，1929 年 9 月，第 1 页。

②③ 余青松：《国立中央研究院天文研究所·紫金山天文台》，《宇宙》第六卷第一号，1935 年 7 月。

④ 高平子：《初定南京鼓楼经纬度报告》，《国立中央研究院天文研究所集刊》第一号，天文研究所，1929 年 6 月，第 12、13 页。

第二，恒星分光光度研究。该研究是将恒星的光谱在大赤道仪的石英分光摄影器上拍摄照片，再研究光谱中光度分配的情形。余青松早在立克天文台时就进行过恒星中紫外部分光度的研究，天文研究所成立后，他继续研究，以进一步认识某些星体的热度及恒星蒙气中氢原子的状态。①

第三，太阳研究。该所研究员高平子等，观测太阳黑子、光斑、氢中的谱斑、太阳表面爆发现象和日珥等。由于这些现象变化极快，因此必须国际合作。国际上共有12家天文台参与了这一研究项目，紫金山天文台为其中一家。

第四，彗星、流星研究。从1928年起，该所研究员陈遵妫开始研究哈雷彗星的运动周期与轨道。在流星研究方面，陈遵妫的学术专著《流星论》系统论述了流陨现象及观测方法等。② 狮子座流星雨是天文学界的重点研究领域，1932年11月，时逢狮子座流星雨的最佳观测期，天文研究所研究员高平子，助理研究员陈展云、杨惠公等轮流进行观测，得出狮子座流星群正日趋衰竭的结论，这一结论与欧美等国的观测报告一致。

天文研究所的科研成果曾在国际天文学界引起轰动。1928年11月，在美国芝加哥大学攻读博士学位的天文研究所通讯研究员张钰哲发现了1125号小行星，并得到国际行星中心的承认。按照国际惯例，发现者有权为新发现的行星命名，张钰哲将其命名为"中华星"。

天文研究所还积极开展国际学术交流。1935年7月，国际天文学联合会在法国巴黎举行第五届大会，天文研究所委派高平子等代表中国天文学会出席。在这次大会上，中国天文学家高鲁、余青松、蒋丙然被国际天文学联合会接纳为会员，由此，中国正式加入国际天文学联合会。

1937年7月全面抗战爆发，12月上旬南京形势危急，余青松带领天文研究所人员及部分设备撤离南京，先迁往桂林，1938年春又迁昆

① 余青松:《国立中央研究院天文研究所·紫金山天文台》,《宇宙》第六卷第一号,1935年7月。

②《国立中央研究院天文研究所十八年度报告》,载国立中央研究院文书处编《国立中央研究院总报告》(民国十八年度),国立中央研究院总办事处,第176页。

明。在昆明近郊的凤凰山，天文研究所建成了一座小型天文台。1941年，张钰哲接任天文研究所所长，在他的带领下，天文研究所继续开展天文观测和研究工作。

中央研究院天文研究所的成立，使南京成为中国天文学的研究中心，紫金山天文台也成为中国天文学家的摇篮。

地质研究所 1928年1月，中央研究院地质研究所成立，李四光为首任所长。继北平地质调查所之后，地质研究所的成立，标志着南京成为中国又一个地质学研究的重镇。

地质研究所初设上海，1932年9月迁至南京成贤街，1933年秋又迁至南京北极阁东麓的自建房屋。该所分设地层古生物、矿物岩石、应用地质和地象（包括构造地质及地质物理）4个研究组，另设有矿物实验室、古生物实验室、化学分析室和地质陈列室。在地质学理论研究方面，地质研究所先后进行了地球表面形象变迁等研究，如古生代以后大陆上海水进退的规律研究、东亚山系结构之方式与大陆运动问题之关系研究等，其研究成果发表于《地质研究所专刊》或出版专著。

地质研究所十分关注南京周边的地质构造。20世纪30年代初，该所在李四光的率领下开展宁镇山脉地质研究。1931年，地质研究所赴栖霞山、龙潭镇进行地质调查，并绘制了地质图。

古生物学也是地质研究所的重点研究领域。李四光等在研究宁镇地层与地质构造时，即将古生物列入研究范围，并在《地质研究所集刊》发表了《宁镇地层及古生物研究》一文。1929年7月，地质研究所研究员王恭睦赴浙江江山县龙嘴洞发掘古生物化石，共采集动物化石200余件。这是中国地质学者首次在中国南方地区勘察采掘古生物化石。①

地质研究所从成立伊始即开展委托项目研究，受当地有关部门委托，地质研究所开展了湖北大冶、阳新、鄂城、蒲圻、崇阳、咸宁等县矿产地质调查，湖北南漳、远安、当阳等县煤田研究，杭州自来水蓄水池附近之地质考察等。其中湖北蒲圻、崇阳等县煤矿调查，发现“区域内之含煤地层，属于侏罗纪、二叠纪、二叠石炭纪三种。侏罗纪之煤层，较有价

① 《国立中央研究院地质研究所十八年度报告》，载国立中央研究院文书处编《国立中央研究院总报告》（民国十八年度），第151—152页。

值”，并探明了小柏山等多处煤矿的大致蕴藏量。[①]

地质研究所十分重视国际学术交流与合作。1934 年冬，李四光应英国伯明翰大学等 10 余所大学邀请，赴欧洲讲学，并应邀撰写了《中国地质》一书，在英国出版。地质研究所还派遣研究人员赴国外学习和考察。如该所研究员朱森、张更分赴美国哥伦比亚大学、哈佛大学研究地文学、古生物学与经济地质学。

全面抗战爆发后，地质研究所迁往桂林。1938 年，该所在鄂西进行矿产资源勘察，发现了铁、铜等矿产资源。1939 年，因战时需要，地质研究所应广西省政府之邀，在广西勘查煤、铁、锡、钨等矿产资源，并在钟山县糙米坪发现铀矿，这一发现在中国地质探矿史上具有重要意义。抗战期间，地质研究所在考察庐山等地时发现第四纪冰川，并证明广西、贵州及湖南西部等地之砂金，系直接或间接为冰川所造成，这一发现“对中国之地质为一划时代之贡献”。[②] 1945 年，地质研究所由桂林迁往重庆，1946 年迁返南京原址。

气象研究所与北极阁气象台　1928 年 2 月，中央研究院气象研究所成立，竺可桢为首任所长。1936 年 4 月，竺可桢任浙江大学校长，后由吕炯、赵九章代理所务，1947 年赵九章继任所长。

气象研究所成立之初设于南京成贤街大学院内。1928 年，气象研究所即在大学院内安置气象设备，开始观测气象，此为该所气象观测之始。1931 年 6 月，位于北极阁山顶的气象台工程竣工，计有气象台一座，还有气象研究所办公楼、图书馆、宿舍等，这里遂成为气象研究所和气象观测台的固定地点。1937 年全面抗战爆发后，气象研究所西迁内地，1946 年迁返南京原址。

气象研究所成立之初即从德、英、法等国购进观测设备，1928 年开始进行气象观测。从 1930 年起，除阴雨天外，气象研究所还于清晨释放高空测风气球。1930 年 8 月 11 日，气象研究所释放的高空气球升至

① 《国立中央研究院地质研究所十七年度报告》，载国立中央研究院文书处编《国立中央研究院总报告》（民国十七年度），国立中央研究院总办事处，第 170 页。

② 《国立中央研究院概况》（民国十七年六月至民国三十七年六月），国立中央研究院，1948 年，第 120 页。

23400 米，创该所成立以来高空气球升空最高纪录。

气象预报是气象研究所的重要工作之一，该所每天上午和下午绘制两张天气图，并发布南京气象预报。在该所成立后的 4 年间，其发布的南京天气预报准确率达 81%。①

在气象学研究方面，该所科研成绩斐然。1935 年，竺可桢与涂长望、张宝堃出版了学术专著《中国之雨量》；1940 年，竺可桢又与吕炯、张宝堃合作出版了《中国之温度》一书。此外，该所科研人员陆鸿图先后出版了《航空气象学概要》《国际云图节略》《中西气象名词对照表》等学术专著和研究资料。气象研究所的科研人员还在中外学术刊物上发表大量学术论文，据初步统计，1919 年到 1949 年的 30 年间，中国气象研究人员共发表论文约 400 篇，而从 1928 年到 1948 年的 20 年间，气象研究所科研人员就发表论文 178 篇。②

气象研究所十分重视国际学术交流与合作。1929 年，第二次国际极年观测委员会决定 1932 年 8 月至 1933 年 8 月为极年测候期，要求各国气象台进行两极探险及高空测候，以收合作之效。为此，国际极年观测委员会希望气象研究所负责中国部分的极年观测。气象研究所对此高度重视，除在南京和北平增加高空测候外，还在峨眉山、泰山设置了测候所，获得了大量高空气象资料。1935 年，气象研究所整理出版了《峨眉山泰山国际极年观测报告》，报送国际极年观测委员会。

气象研究所还积极培养气象人才。1929 年，航空署及河南、陕西、甘肃省政府请求气象研究所代为培训气象人才，为此，该所开办了气象练习班。此后，气象研究所又开办了多期气象练习班，竺可桢亲自为学员讲授气象学。在气象研究所成立后的 20 年间，该所培养出许多气象学家和气象管理人才，可以说中央研究院气象研究所是中国气象人才的“摇篮”。

自然历史博物馆与动植物研究所　1930 年 1 月，中央研究院自然历史博物馆在南京成贤街 46 号成立，钱天鹤任博物馆主任委员，李四

---

①《国立中央研究院气象研究所概况》，国立中央研究院气象研究所，1935 年 3 月，第 8 页。

② 根据《国立中央研究院概况》(民国十七年六月至民国三十七年六月)(国立中央研究院，1948 年)第 211—227 页资料统计。

光、秉志、钱崇树、李济、王家楫为顾问。1934 年 7 月，自然历史博物馆改组为动植物研究所，王家楫任所长。

自然历史博物馆和改组后的动植物研究所，均重视科学研究。在动物学方面，1928 年，中央研究院广西科学考察团在考察时获得一些新发现的物种，自然历史博物馆对这些动物进行鉴定、分类和研究，以掌握广西动物的种类和分布。

1930 年 4 月，自然历史博物馆组织贵州自然历史考察团赴黔进行科学考察，共获得鸟类 180 余种，鱼类 150 余种，两栖类、爬行类、哺乳类动物 80 余种，丰富了自然历史博物馆的馆藏，也为科学研究提供了实物标本。该馆科研人员方炳文长期从事爬虫类、两栖类、鱼类动物研究，他对采自桂黔两省的爬虫类、两栖类动物进行了深入研究，发表了相关论文。1930 年，方炳文还出版了学术专著《长江上游鳅类新种支》和《广西龟类志》。①

南京附近是自然历史博物馆采集植物的主要地区。该馆在南京附近的紫金山、栖霞山、宝华山、牛首山等地采集植物样本，以掌握南京地区的植物种类与分布。

蕨类植物是自然历史博物馆和其后的动植物研究所的研究重点之一。秦仁昌是蕨类植物研究专家，他对广西科学考察团所采集的蕨类植物进行了系统研究，发表了学术论文《广西蕨类之新种篇》，并用英文完成了学术专著《中国蕨类植物》(*The Monograph of Chinese Ferns*)。1929 年，秦仁昌赴丹麦哥本哈根大学植物学博物馆，在世界著名蕨类植物学权威 C. 科利斯登生(C. Christensen)教授的指导下研究蕨类植物。1930 年 8 月，秦仁昌代表中央研究院与其他研究机构的代表组成中国代表团，出席在英国剑桥大学举行的第五届国际植物学会议。1940 年，秦仁昌发表的论文《水龙骨科的自然分类》，将 100 多年来蕨类植物中“水龙骨科”科学地划分为 33 科 249 属，清晰地勾勒出它们之间的演化关系，解决了当时世界蕨类植物系统分类中的难题，在国际蕨类植物学界产生了重大反响，秦仁昌也因此获得荷印隆福氏生物学奖。

① 《国立中央研究院自然历史博物馆十九年度报告》，载国立中央研究院文书处编《国立中央研究院总报告》(民国十九年度)，第 374 页。

普及科学知识是自然历史博物馆的功能之一，该馆成立后即向社会开放，参观者络绎不绝。据统计，仅1930年上半年，自然历史博物馆就接待观众5万余人次，到1932年，仅节假日的参观者日均即达2000余人。[①] 这不仅提升了南京市民对科学的兴趣，也增长了南京市民的科学知识。

自然历史博物馆十分重视国际学术交流。1929年冬，日本东京大学名誉教授岸上镰吉来中国考察长江水产，自然历史博物馆派员参与考察，并获得许多鱼类标本。1930年11月，美国芝加哥费城自然博物馆派施密斯来四川、贵州采集动物标本，自然历史博物馆亦派员参与，并规定所采集的动物标本必须交由自然历史博物馆专家检查后方可运回美国，同时所采集的相同标本必须赠送中国一份。自然历史博物馆及动植物研究所的科研人员也经常出国学习和研究。1929年，自然历史博物馆科研人员伍献文赴法国，在巴黎自然历史博物馆鱼类学实验室L. 罗勒(Roule)教授的指导下学习鱼类学，获得巴黎大学博士学位。

全面抗战爆发后，动植物研究所先后迁往湖南、广西、四川等地，继续从事研究工作，并取得了一系列成果。1944年5月，动植物研究所改组为动物研究所和植物研究所。抗战胜利后，动物研究所和植物研究所于1946年迁往上海。

四、高等院校的科学研究

近代以来，南京高等院校较为集中，除了美国教会创办的大学外，中央大学等中国大学也在南京创办。此外，作为首都，南京还集中了一批全国性和省级科研机构，科研实力较为雄厚。这些大学和科研机构在科学技术研究等方面都取得了可喜的成就。

中央大学的科学研究　1927年，国民政府决定将东南大学、河海工科大学、江苏法政大学、南京工业专门学校、苏州工业专门学校、江苏

---

①《国立中央研究院自然历史博物馆报告》，载国立中央研究院文书处编《国立中央研究院总报告》(民国十八年度)，第320页；《国立中央研究院自然历史博物馆二十一年报告》，载国立中央研究院文书处编《国立中央研究院总报告》(民国二十一年度)，国立中央研究院总办事处，第340页。

第一农业学校、上海商科大学等校合并为国立第四中山大学，1928 年 5 月更名为国立中央大学，下设文、理、法、教育、农、工、医、商等学院。

图 11－6　国立中央大学大礼堂旧影

中央大学理学院下设算学、物理学、化学、地学、生物学等系。理学院“对于研究，向极注意，近更积极从事。盖大学教育重要之点有二：一曰传授，二曰创造”。[①]

在数学研究方面，算学系取得了一系列成果，如该系教师何鲁、段子燮的《微积分学》和段子燮的《高等解析几何》等。

在物理学方面，物理系集中了一批知名学者，他们在授课的同时还编写教材，如倪尚达所编的《高中物理》《无线电学》等教材曾风行全国。物理系重视科学实验，20 世纪 30 年代初，先后建有电磁学、光学、X 射线等 9 个实验室，[②]这是中国高校最早的物理实验室之一。

① 国立中央大学理学院编：《国立中央大学一览——理学院概况》（第三种），国立中央大学教务处出版组，1930 年 1 月，第 5 页。

② 国立中央大学理学院编：《国立中央大学一览——理学院概况》（第三种），“物理学系概况”，第 3 页。

在化学方面，化学系教师曾昭抡、张江树、曹任远、郑兰华等均有留学经历。化学系教师赵廷炳发明的"系统阴离子分析法"，为国内外学界所重视，他的《阴离子分析法》一书也于1944年由商务印书馆出版。20世纪30年代，化学系教师取得的重要研究成果还有曾昭抡、张仪尊的"酒精苛性钾制作法之研究"和曾昭抡的"代表溶度之新方法研究"等。①

在生物学方面，生物系由一批知名学者执教，其中蔡堡、张景钺、王家楫、秉志等都曾留学美国。该系教师在教学的同时，还开展"纯学理之探讨与研究"。陈义是中国寡毛类动物（蚯蚓）研究的领军人物，他曾发现蚯蚓新种类数十个，还开展"长江附近蚯蚓动物之分类及其他研究"，并取得丰硕成果。生物系教师王家楫的"海绵动物及原生动物之研究"，王志稼的"江苏淡水藻之调查"，陈义、童第周的"蛙类视神经与臀神经在两性中横截面大小之考察"等科研项目，均取得了丰硕成果。该系教师耿以礼是"中国禾本科植物之唯一专家，已刊布论文廿四篇，著述颇富：《中国禾本植物志属》《川东禾本植物志》，两巨著已完稿；《中国种子植物学纲要》已完成科属名录与分科检索表两部分"。②

在地质学方面，该校地理学原属地学系，后分别设系。地质学系与地理学系云集了一批著名学者，如郑厚怀、李学清、张其昀、竺可桢、张正平、胡博渊、谢家荣、胡焕庸、涂长望等。当时中国最负盛名的科学家丁文江、李四光、翁文灏等先后在地质学、地理学系担任名誉教授。20世纪30年代初，地质学系先后开展了"南京附近之地质构造""安徽南部地层及构造""矿物岩石之风化及土壤之产生"等项目的研究。③ 地理学系教师张其昀是中国地理学的开拓者之一，他所著的高中《地理》教科书，一反"年鉴式"的分省体例，改以自然区域为主线，被学界广为赞誉。地质学系与地理系还积极服务于南京城市建设。20世纪30年代前半期，地质学系师生赴江宁县进行地质调查，为该县的规划提供科学

① 国立中央大学理学院编：《国立中央大学一览——理学院概况》（第三种），第6页。

② 国立中央大学卅四届学生自治会学艺部编：《国立中央大学概况——二十九周年校庆纪念》，国立中央大学学生自治会，1944年7月，第45页。

③ 国立中央大学理学院编：《国立中央大学一览——理学院概况》（第三种），第6—7页。

依据。[1] 地理学系教师胡博渊、谢家荣等在《地质汇报》上发表的《首都之井水供给》一文，论述了南京的地层及蓄水层分布，为南京地下水开发与利用提供了科学依据。

中央大学工学院设有土木工程、电机工程、机械工程、建筑工程、化学工程、自动工程、水利工程等科，聚集了一批知名专家学者，如曾任院长的陈懋解，土木工程科的陆志鸿、沈百先、王裕光等，电机工程科的薛绍清、单基乾等，机械工程科的钱祥标、张闻骏等，建筑工程科的刘福泰、杨廷宝、刘敦祯、童寯等，化学工程科的曾昭抡、丁嗣贤等。工学院教师积极开展科研工作，如电机工程科的真空管瓦特机实验、超短波实验等，自动工程科的摩托研究与试制等。

建筑工程科是中央大学最具特色的科系之一。当时中国建筑工程界的梁思成、刘敦祯、杨廷宝、童寯四位大师，除梁思成外，其他三人都先后执教于中央大学。1929 年，国民政府颁布了《首都计划》，建筑工程系的教师积极参与首都建设计划，设计了南京的一批标志性建筑，如杨廷宝主持设计了中央研究院地质研究所、国民党党史陈列馆等建筑。此外，南京的一批中西合璧建筑，如中央体育场建筑群、中山陵音乐台、中央医院大楼、外交部大楼等，均有中央大学建筑工程科教师参与设计，他们为南京城市建设作出了重要贡献。

中央大学农学院下设农艺垦殖、畜牧兽医、蚕桑、园艺、森林、病虫害、农业化学、农政等八科。农学院先后开展了棉作、稻作和麦作研究，并选育和推广良种，积极培育和推广良种，如中美棉杂交试验，“江阴白子棉”“鸡脚棉”“爱字棉”“脱字棉”等。此外，农学院还开展水稻杂交育种试验，并对“江宁洋籼”“东莞白”两种水稻品种进行改良。为了育种试验，农学院还在江苏昆山、南京江东门等地设立了稻作试验场和麦作试验场等。

金陵大学的农学研究 农学是金陵大学的特色学科之一。1914 年，金陵大学创设了农科，1915 年又增设了林科，1916 年农、林两科合并为农林科。1930 年，金陵大学形成文学院、理学院、农学院三足鼎立

① 罗家伦:《中央大学之最近四年》，中央大学，1936 年 7 月，第 29 页。

的格局。

金陵大学创设农科后，一批国内外知名学者来校任教，包括美籍教授裴义理、卜凯、史德蔚、林查理等，以及国内知名学者过探先、谢家声、沈宗翰、章之汶、沈寿铨、朱会芳、胡昌炽等。20 世纪 30 年代前半期，金陵大学农学院下设农业经济系、农艺系、植物学系、森林系、蚕桑系、园艺系等，以及作物、园艺、桑蚕、森林四类农业试验场，其中多个农业试验场设于南京，如位于南京太平门外武家庄的作物试验场第一场，面积达 650 亩，建有大规模作物试验区和培育繁殖区。①

图 11－7　金陵大学旧影

农作物品种改良是金陵大学农学院的研究重点。1916 年，金陵大学农科即着手进行小麦、大麦、水稻、棉花等育种工作，开中国农作物品种改良之先河。从 1925 年起，美国康奈尔大学先后派遣洛夫、马雅思、魏庚等世界著名育种专家来金陵大学指导育种工作。农学院在洛夫、沈宗翰等主持下，先后培育出“金大 2905 号”“金大 26 号”“金大开封 124 号”“金大南宿州 61 号”“徐州 1438 号”等小麦优良品种，②其中 1934 年育成的“金大 2905 号”，具有早熟、抗病、出粉率高等特点，产量也比一般农户所种品种高出三成。农学院教授王授主持培育的大麦良

---

①《私立金陵大学一览》，金陵大学秘书处，1933 年 6 月，第 68—69 页。

②《五十五年来之金陵大学》，1943 年，第 32—33 页。

种还被美国引进，并被命名为“王氏大麦”。①

在水稻育种方面，1927 年秋，金陵大学农林科在南京选得优良稻穗，从 1933 年起进行种植试验。该水稻具有丰产、抗病虫害、耐旱等特点，为中籼早熟优良品种，遂将其命名为“金大 1386 号”。

在棉花育种方面，金陵大学农学院先后培育出美棉“金大爱字棉”“金大脱字棉”，以及中棉“金大百万棉”等新品种。其中“金大百万棉”具有植株粗壮、抗病、棉铃大、产量高、纤维长等特点。②

蚕桑学也是农学院的研究重点之一，其主要开展四个方面的研究。第一，蚕种改良与制造。蚕桑系从 1921 年开始进行无毒春秋蚕种的制种工作，当年就制种 2800 张，此后逐年增加，至 1925 年达 3 万余张。③ 第二，原种制造与保存。桑蚕系收集、保存有国内外 30 余种纯种桑蚕品种。为了不使蚕品退化，该系在原种间进行杂交试验，以培育桑蚕新品种。第三，桑树品种的收集与研究。蚕桑系广泛收集桑树品种，择优培育优良品种，并向各地推广。第四，举办蚕桑讲习班、女子蚕桑职业班等，指导桑农科学育蚕。

农业技术推广是农学院的重要工作。早在 1924 年，金陵大学农科即设立了农业推广系，农学院成立时又设立了推广委员会，专司农业技术的推广。1930 年 8 月，中央农业推广委员会与金陵大学农学院合作，在安徽和县开办乌江农业推广实验区，“除推广良品种外，并包括经济、教育、卫生、政治及社会诸项，虽以农业推广为工作之中心，实兼谋整个乡村之建设”。④ 农学院还将江宁县定为农业推广示范县，曾多次在该县调查乡村经济、土地利用、人口和乡村社会等，并发表了《江宁自治实验县乡村教育初步调查》《江宁县淳化镇乡村社会之研究》等。

全面抗战爆发后，金陵大学内迁四川，并设立了多个农业推广示范

① 王淑玉：《怀念父亲——王授》，收入金陵大学南京校友会编《金陵大学建校一百周年纪念册（1888—1988）》，南京大学出版社 1988 年版，第 210 页。

② 私立金陵大学农学院院长室编：《私立金陵大学农学院概况（民国二十一年至二十二年）》（第二号），1933 年 2 月，第 56 页。

③ 私立金陵大学农学院院长室编：《私立金陵大学农学院概况（民国二十一年至二十二年）》（第二号），第 68 页。

④ 蒋杰：《乌江乡村建设研究》序言，1935 年 5 月。

区，[①]继续从事农作物改良与推广工作。金陵大学农学院的农学研究与推广，不仅推动了中国农学的进步，也促进了南京、安徽等地的农作物改良和农业发展。

五、工农业技术

1927年南京国民政府定都南京后，将一些国家级工农业技术研发机构设于南京，从而提升了南京在中国科技界的地位，推动了南京应用技术的研发与推广。

中央工业试验所与工业技术推广　20世纪20年代，国民政府深感中国工业技术落后，试图以国家的力量推动工业技术的进步。国民政府工商部认为："欲工业之发达，求学术之应用，无不以试验为唯一要图，故工业发达之国家，其通都大邑，各种试验所设立如林，或探讨学术，冀收推陈出新之效，或研究工业，藉为利用厚生之资。"[②]

1930年7月，中央工业试验所在南京下浮桥原江南造币厂旧址正式成立，徐善祥为首任所长，后任所长先后为吴承洛、欧阳仑、顾毓瑔。该所成立之初设有化学组和机械组，下设分析、酿造、纤维、窑业四个试验室和机械工厂。[③] 到1937年7月，中央工业试验所共有员工60余人，其中技术人员约30人。

为了进行工业试验，中央工业试验所购置了一批设备，如1934年购自瑞士的材料试验机，1935年购自德国的纤维材料试验机、真空蒸馏器、造纸机等。[④] 在购买设备的同时，该所主要进行了以下几个方面的研究工作。

第一，酿造技术的试验与研究。中国酿造技术"均墨守成规，千百年来，毫无改善，故产量品质，实际上不能尽如人意"。[⑤] 为此，中央工业

---

①《私立金陵大学要览》，金陵大学总务处，1947年6月，第31页。

②《中央工业试验所筹备之经过》，中央工业试验所，1930年11月，第1页。

③ 顾毓瑔：《工商部中央工业试验所概况》，中国第二历史档案馆藏，档号四四八/2215。

④《中央工业试验所订购仪器的文书》，中国第二历史档案馆藏，档号四四八/1910。

⑤ 顾毓瑔：《一年半以来之中央工业试验所》，实业部中央工业试验所，1936年1月，第7页。

试验所从曲菌改良、酵母菌、制曲法改良等入手，改进酱油酿造技术，取得了积极进展。该所还将相关成果推广至各地酱园，并给予技术指导。同时，该所还进行酒精制造技术研究，以便在能源短缺时替代汽油。

第二，燃料研究及植物油提取法研究。中央工业试验所认为："我国目前缺乏石油矿，故液体燃料之如何自给，实为工业上国防上之最严重问题。"①为此，该所进行了油页岩蒸馏试验、煤氢化研究、棉籽油替代柴油试验、木炭代汽油试验等。为了用植物油替代进口石油，该所还重点研究植物油提取法。中国传统植物油提炼法多为压榨取油，但出油率低。中央工业试验所以大豆、棉籽等为原料进行化学提油试验，提油率达到90%左右。此外，该所还进行植物油制造汽油和润滑油试验。

第三，窑瓷研究。瓷器为日常生活用品，也是工业用品。中央工业试验所先后进行了窑瓷原料试验与研究、窑炉试验、化学及电气用瓷制造试验，并成功研制出电线绝缘用瓷、化学容器用瓷，产品质量颇佳。

第四，化学分析与材料试验。中央工业试验所受托进行各类化学分析和材料试验。1934年8月，该所受首都电厂委托，对淮南、泰山产煤炭进行分析；1935年4月，受中国水泥厂之托，对其所产"泰山"牌水泥进行分析试验等。20世纪30年代中期，南京汉西门一带居民发生食盐中毒事件，受盐务署委托，中央工业试验所对引起中毒之食盐进行化验分析，发现其中含有4%以上的亚硝酸钠，"于是居民中毒之原因，始告大白。而此种含有毒质之食盐，亦据以禁止销售于市场"。② 在材料试验方面，该所拟定了试验方法与标准，并对金属、木材、水泥等材料进行检测与试验。1935年10月，该所还为南京工务局进行了木材强度检测及试验。

第五，机械、锻铸制造。中央工业试验所的机械及试验设备，"大半皆由本所机工铸工锻工实验室自制，如水泥试验机、木炭瓦斯炉、油页岩蒸馏设备、酿造温烘箱、各项材料、试验之附属机件、各实验室之传动设备等"。③ 此外，该所还试制了注塑模具，并接受委托，代为加工部分

① 顾毓瑔：《一年半以来之中央工业试验所》，实业部中央工业试验所，1936年1月，第17页。
② 顾毓瑔：《一年半以来之中央工业试验所》，实业部中央工业试验所，1936年1月，第33—34页。
③ 顾毓瑔：《一年半以来之中央工业试验所》，实业部中央工业试验所，1936年1月，第48页。

设备配件。

此外,中央工业试验所还创办了多种工业技术刊物。如1932年创办《工业中心》月刊;抗战期间在四川创办《经济部中央工业试验所研究专报》等。

中央工业试验所的研究与试验重点在于国家经济建设、国防建设急需的工业技术,以及与民生相关的生产技术。在试验成功的基础上,该所以南京为中心,向全国推广技术,进而推动了中国工业技术的进步。

中央农业实验所与农业技术推广　中国虽然是农业大国,但农业生产技术却相对落后。为了改变农业生产落后的状况,1932年1月,国民政府实业部在南京成立中央农业实验所,谭熙鸿为首任所长。中央农业实验所设于“南京中山门外,灵谷寺之南,马群镇之西,孝陵卫之东”,占地2570亩。[①] 该所为国家最高农业技术研究、试验与推广机构。中央农业实验所设有总技师一职,首任总技师为美国农学家洛夫。1934年8月,洛夫期满回国,中央农业实验所遂商请金陵大学农学院农艺系主任沈宗翰继任总技师一职。中央农业实验所设有技术部,下设植物生产科、动物生产科和农业经济科。植物生产科下设农艺系、森林系、植物病虫害系、土壤肥料系;动物生产科下设蚕桑系和兽医系;农业经济科下设农业经营系和农情报告系。中央农业实验所还创办有《中央农业实验所研究报告》《中央农业实验所特刊》《农情报告》等刊物,刊发该所研究成果以及农情调查报告等。此外,中央农业实验所还设有农事试验场。全面抗战爆发后,该所迁往四川,继续从事农业技术研究及推广工作,抗战胜利后迁返南京原址。

在农作物品种改良方面,该所研究重点是麦作、稻作、棉作、甘薯和马铃薯等品种改良。为了改良小麦品种,该所农艺系先后培育出“中农28”“中农62”“中农166”等优良品种,还进行了小麦促短生长试验、小麦栽培法试验等。[②] 为了改良水稻品种,农艺系开展水稻杂交育种及遗

① 国民经济建设运动委员会总会编:《中央农业实验所及全国稻麦改进所概况》,1937年4月,第1页。

②《实业部中央农业实验所民国二十四年一月至十二月工作总报告》,中央农业实验所,1936年,第10页。

传学研究、籼粳稻比较研究、水稻栽培法比较试验、水稻品种产量因子分析等，并培育出“中农4号”“中农34号”等优良品种。此外，中央农业实验所还先后进行了棉花品种区域试验、中美棉纯系育种试验等。

在病虫害研究方面，为了摸清中国农作物病虫害发状况，1935年，植物病虫害系对全国蝗患进行了调查。此外，病虫害系还进行了江浙两省秋季螟灾调查、麦类黑穗病分布调查、小麦线虫病分布调查等，并先后开展了冬季治螟试验、麦类黑穗病防治试验等。[①] 农药研究与试制是植物病虫害系的另一项重要工作，该系利用雷公藤、除虫菊等植物，用科学方法加工配制成各类杀虫乳剂，供农户用于杀灭蔬菜害虫，效果显著。

在桑蚕研究方面，桑蚕系进行了家蚕品种比较研究、桑树品种比较试验、家蚕育种试验、蚕病防治研究等，并取得重要的研究成果。如蚕白僵病是常见传染病，蚕桑系发明了防僵粉，经过在江苏吴县、江阴、武进等地反复试验，效果良好。

除上述研究之外，中央农业实验所还在树木育苗研究、土壤与肥料研究、家畜疾病研究等方面取得了许多科研成果。

全国农情调查是中央农业实验所的重要工作之一，该所农情报告系也是当时中国唯一调查评估全国农业的部门。该系报告员分布在全国22省1200余县，按月报告当地农情，内容包括田赋、地价、农佃、农村金融、土地、人口、灾害、家畜等。该系每月将各地报告汇总，按月编印《农情报告》。

在农业技术推广方面，中央农业实验所与各地展开合作试验，以便在当地推广新技术。与中央农业实验所合作的单位分布在苏、皖、浙、鄂、鲁、湘、赣、川、粤、桂、晋、豫、冀、陕等14省，合作单位共44家，其中在南京附近的有中央大学农学院、金陵大学农学院、中央棉产改进所、总理陵园管理委员会、江宁县政府等。[②] 1935年全国稻麦改进所成立后，中央农业实验所与其合作，在全国各主要农事试验场进行农业技术合作研究及改良品种的推广工作。以小麦改良品种为例，1935年，该

① 国民经济建设运动委员会总会编：《中央农业实验所及全国稻麦改进所概况》，第9页。

② 国民经济建设运动委员会总会编：《中央农业实验所及全国稻麦改进所概况》，第21—22页。

所农艺系在江苏、安徽两省推广种植小麦优良品种1.7万余亩，并计划在此基础上增收小麦良种，以便第二年进一步扩大种植面积。[①] 中央农业实验所“应用各种药剂，为农民防治各种害虫，俾农民知药剂治虫之实效，而能自动应用”。仅1935年，该所就在南京及周边地区实施了345次杀虫作业。1937年，南京紫金山发生松毛虫害，中央农业实验所与总理陵园管理委员会及教导总队合作，自4月7日起在紫金山实施灭虫作业，经过一个多月的努力，共杀灭松毛虫3280余万条。[②] 1937年8月和10月，中央农业实验所先后两次帮助江宁县政府实施秋螟灭卵作业。

全国稻麦改进所与稻麦品种改良 稻麦为中国主要的粮食作物，全国大多数地区均种植稻麦，但是“我国米麦问题有三：一、生产技术落后，二、仓储制度未备，三、运销方法不良；以致外洋米麦大量输入，平均年达一万万两之巨”。[③] 为了改变中国稻麦种植技术落后的面貌，1935年11月26日，全国稻麦改进所在南京正式成立，由中央农业实验所所长谢家声、副所长钱天鹤分别兼任所长和副所长。该所设于南京中山门外孝陵卫，与中央农业实验所望衡对宇。

全国稻麦改进所下设稻作与麦作两组，稻作组主任为赵连芳，麦作组主任为沈宗翰，分别负责麦稻品种改良与推广工作。

在稻作改良与推广方面，为获得丰产优质之水稻品种，稻作组先后进行了水稻纯系与杂交育种试验、水稻品种比较及纯系比较试验、各地稻种比较试验、水稻抗病抗虫品种培育试验等。20世纪20年代，中央大学农学院培育出水稻优良品种“帽子头”，全国稻麦改进所认为该品种值得推广。1935年秋，稻作组在江苏江宁、昆山、吴江及湖南等地先行收购该良种2000斤，1936年又与江苏江宁、昆山，安徽宣城，湖南衡阳、常德等地政府及农业部门合作，设立良种推广基地，当年即推广31038亩。[④]

---

①《实业部中央农业实验所民国二十四年一月至十二月工作总报告》，第11页。

②《实业部中央农业实验所民国二十四年一月至十二月工作总报告》，第14页。

③ 国民经济建设运动委员会总会编：《中央农业实验所及全国稻麦改进所概况》，第35页。

④ 国民经济建设运动委员会总会编：《中央农业实验所及全国稻麦改进所概况》，第39页。

在麦作改良和推广方面，麦作组先后进行了小麦纯系育种及杂交育种试验、小麦抗病育种试验、小麦促短生长试验、麦作病虫害防治研究等。该所与金陵大学农学院、中央农业实验所、江苏省立麦作试验场等研究机构合作，培育出“金大南宿州 61 号”“徐州小芒红”“徐州火燎芒”等小麦新品种。1936 年，全国稻麦改进所在江苏、安徽、河南、河北、陕西等地推广小麦优良品种达 23 万亩。此外，在该所技术人员指导下，由农户自行推广者亦达 20 万亩。①

全国稻麦改进所、中央农业实验所的农业技术研究及推广，一方面推动了中国农业技术的进步，另一方面提升了南京在全国农业技术研究推广中的领先地位。

① 国民经济建设运动委员会总会编:《中央农业实验所及全国稻麦改进所概况》，第 50 页。

第十二章　民俗

民俗作为一个民族或一个地区的文化传统、价值观念和生活方式的集中体现，是弥足珍贵的精神财富和特色鲜明的文化资源。“民俗”一词在汉代已多见使用，司马迁在《史记·孙叔敖传》中有“楚民俗，好庳车”之说，《管子·正业》中有“料事务，察民俗”之载，而《汉书·董仲舒传》则有“变民风，化民俗”之言。民俗在古代又常被称作“风俗”。阮籍《乐论》曰：“造始之教谓之风，习而行之谓之俗。”直到清代仍有“因物而迁之谓风，从风而安之谓俗”之论。[①] 民风民俗自古就被视作“贯于人心、关乎气运”的“国家元气”和治国的“纪纲”，[②]并作为体察民情、理国兴政的手段为官方所高度重视。早在春秋时期我国就已形成到各地采风问俗的传统，在汉代还设有称作“风俗使”的专职官吏。

现代的民俗概念，系指在一定社会氛围中世代传习的行为模式，即强调民俗作为社会文化具有突出的社群性、传承性、功利性和象征性的特征。民俗有良陋之分，故其具有传承维护和移易改造的双重任务。孔子曰：“教民亲爱，莫善于孝；教民理顺，莫善于悌；移风易俗，莫善于乐；安上治民，莫善于礼。”[③]孔子把移风易俗看作道德建设的重要方面，而司马迁

---

① 嘉庆《江阴县志》卷四。

② ［明］郑晓《策学》卷二曰：风俗“贯于人心，关乎气运，不可一旦而无焉者”；［宋］楼钥《攻媿集》卷二十五曰：“国家元气，全在风俗；风俗之本，实乃纪纲。”

③ ［清］阮元校刻：《十三经注疏》，中华书局 1980 年版，第 2556 页。

在《史记·李斯列传》中把移风易俗视作秦王朝扫灭六国、民富国强之因。民俗是乡土文化的重要资料，也是特色亮丽的城市文化名片。

十朝都会的文化积淀和五方杂陈的人口历史，使南京人的性格和南京民俗形成了鲜明的风格特征。这些特征可归纳为：崇文重教、朗健率直、豁达包容、重义薄利、质朴敦厚。

就崇文重教而言，南京人自六朝以来就养成了崇文好学的风气，社会上的各色人等都以读书为乐，就连当时贫贱的隶仆之辈，在力役之际也往往"吟咏不辍"。南京作为古代的文化高地和文化中心，是一个崇文尚雅的学习之城，为他地所难望其项背，故《正德江宁县志》引戚氏志有"人品论鉴，居东南先"的美誉，而金陵地处浙、淮之间，与浙、淮在个性风格上既有联系，又有区别，故又得出"有浙之华而不浇""淮之淳而雅"的论断。作为人才辈出的士林渊薮，南京始终葆有崇文重教的风尚，明朝的国子监始建于此，近现代高等学府云集南京，南京至今还延续着文教为先的传统，并培育出南京人尚雅好学的性格特征。

就朗健率直而言，南京的古都风韵和文脉豪情与江南灵秀的山水相互映衬，使生息在这方水土的南京人生性开朗，坦荡大气，处事不狭隘，不猥琐，诚恳自信，不使心计，故宋人杨万里称颂金陵"其俗毅且美""其士清以迈"。[①] 南京人坦诚恳挚，内外如一，多爱打抱不平，仗义执言，说话直率而不留底细，遇事坦荡而不躲让，故近代以来常被外地人曲解，并以"大萝卜"的外号来笑称。

就豁达包容而言，南京人不排外，不欺生，无以贫富待人之见，亦无"本乡"与"外乡"之分。由于多次战争的屠戮和大规模的人口迁徙，南京在历史上曾反复出现人口损失和外来补充的交替现象，并逐步成为一个既有古城传统，又整合着八方客俗的移民城市。来自五湖四海的新移民与南京城乡的原住民相互混融，长期磨合，逐步使南京人的性格和民俗在不断传承与整合中演进，最终形成雅俗交并、南北兼容的城市文化特色。

就重义薄利而言，南京人不巧言，少心机，不屑作利益计较，不擅长

① [明]顾起元：《客座赘语》卷八"建康俗尚"，载《庚己编·客座赘语》，中华书局1987年版，第270页。

做官和经商。《松窗偶笔》曰:“金陵士风,素以慕势为耻,不工于夤缘钻刺,故巍科既鲜,贵仕亦稀。”①此外,明《正德江宁县志》引宋人游九言的话说:金陵士风“颇知自爱,少健狡之风,工商负贩,亦罕闻巧伪”。南京人大多历代延续着自爱的传统,不巧伪,不钻营,遇事顺其自然,不多作算计。

就质朴敦厚而言,南京人不尚奢华,惯于淡泊。衣着曾长期显得朴素随意而略带土气,不追求外在的华丽与时尚;饮食,喜吃米饭,不吃稀饭,曾流传“饿得哭,不吃粥”的谣谚,但大多又粗茶淡饭;房舍,不讲究内外装饰,门窗、墙壁、梁柱等多简洁大方,朴实无华;处事,不走捷径,不通关系,按部就班,顺应自然。就连古代较有身份的士族也不求奢华,明顾起元《客座赘语》有“居室不敢淫,饮食不敢过”之说,故南京素获“质厚尚气”“风俗习尚,华而不侈”之赞。②

南京人上述的性格特征,也体现了南京民俗文化的基调。长期以来城乡交混、南北杂糅的实际,使南京人的习性与民俗处在相对平稳的中和状态。例如,语言不疾不缓,饮食不甜不咸,性情不冰不火,处事亦雅亦俗。

南京既有十朝都会的深厚历史,又有江河湖山的地理形胜,还有来自四面八方的中华儿女,使处在都城地位和文化中心的南京城市色调多彩、民俗内涵丰富,作为中华传统文化中的优秀篇章,南京民俗的影响已远播国内和域外,至今仍具有独特的魅力。

第一节　岁时节日

一、时令节气

时令节气与传统节日既相关联又不一致。所谓“节气”,指二十四

---

① 转引自光绪六年《重刊江宁府志》卷一一。

② [民国]夏仁虎:《岁华忆语·自叙》,南京出版社2017年版,第53页。

节气或其中的某一部分。我国在殷商时期已有二分(春分、秋分)、二至(夏至、冬至)四气的划分,《尚书·尧典》里的"日中""日永""宵中""日短",即指春分、夏至、秋分、冬至四气。在战国末期的《吕氏春秋》中已有八气之载,构成"四时八节"的"八节",而在西汉初年的《淮南子》里,二十四节气已见完整的载录。① 二十四节气作为太阳观察的阳历,具有确立岁时、把握气候、服务农耕的实际功用。

传统节日的内涵空间包括信仰、仪式、语言、征物、饮食、艺术等基本领域,形成了"节信""节事""节语""节物""节食"和"节艺"并存同在的结构形态,而节气的文化结构则不及节日完整。

南京的时令节气民俗丰富多彩,有些已发展成传统节日。

立春 作为二十四节气中排在首位的节气,南京人称之为"新春"。立春日自古称作"春节"。《后汉书·杨震传》疏曰:"又冬无宿雪,春节未雨,百僚焦心,而缮修不止。"南朝梁代萧绎《春日诗》有"春还春节美,春日春风过"之句。立春日因是新春的起始,故有"新春大如年"之说。立春在南京有打春、咬春、送春等民俗活动。

打春又称"鞭春",是由府衙在立春日主持的鞭打土牛的迎春风俗。在南京,迎春的方位在东郊通济门外。据潘宗鼎《金陵岁时记》载:"迎春东郊,旧址通济门外鬼神坛,后移神木庵。是日,郡守以下咸往,至府署而止。句芒神曰傲马。""句芒神"即"春神",后又成为耕牧之神,它与土牛并出,表送寒迎春和示农宜田之意。

牛为"中央之牲",土属,被视作土地之精和农业的恩主。敬牛重农的情感和祈丰求稔的追求在南京以土牛迎春的仪式沿袭下来,并形成立春时节的特色民俗活动。古有"周公始制立春土牛","以示农耕之早晚"之说,在汉代已成定制。春牛多用五色土制作,以仿效社稷坛的五色土。土牛的尺寸具有象征的含义:身高四尺,象征四时;长三尺六寸,象征三百六十日;头至尾八尺,象征八节;尾长一尺二寸,象征十二个月;鞭长二尺四寸,象征二十四节气。南京的芒神和鞭春的五花棒亦有

① [汉]刘安等编著:《淮南子》第三卷"天文训",上海古籍出版社1989年版,第30—31页。

尺寸和颜色的定规。①

清代南京的土牛从江宁府(在今府西街)前抬出城外,经中正街(今白下路)到通济门外"土牛厂",而后经聚宝门(今中华门)、府东街(今中华路)回府,沿途观者如堵。打土牛的鞭子是彩纸裹芦柴棒做的"五花棒",由太守亲打三下,打春时炮铳、鼓乐齐鸣,热闹非凡。鞭春后,土牛被抬到闹市继续供人观瞻。《白下新春词》曰:"东郊迎迓土牛回,晓日曈曈曙色开。夹道儿童齐拍手,府衙前看打春来。"南京的立春如年的节日场景已跃然纸上。

立春日南京人往往全家围坐在一起吃春饼或吃春卷,谓之"咬春"。南京的春饼很有名气,袁枚曾称道南京的春饼"薄如蝉翼,大若茶盘,柔润绝伦"。春饼的吃法是用来卷韭芽、荠菜、冬笋、肉丝之类。立春时节还有在窗户、门上、墙壁贴"宜春"的习俗,叫作"宜春帖",以迎接春天的到来。它在南朝时期的都城建康,与剪彩的春燕等"春花"一道流行,而自明代起在南京南乡中则兴起了名为"村田乐"的送春活动。送春又叫"颂春""唱春",至今在南郊高淳等地犹见传承。

二月二日　俗谓之"龙抬头",南京人在这天有"引龙"风俗,他们手抓草灰,从大门外一直撒入宅室,并绕水缸画圈,叫作"引龙回",除风调雨顺的祈盼,它还含有灭虫除害的意味。二月二,妇女们不能动针线,说是怕刺伤龙眼;孩子们则多理发,叫"剃喜头"或"剃龙头",以盼得到龙神的护佑。二月二还有"踏青节""花朝节""挑菜节"等名称,南京人喜欢在这天到郊外踏青,男人们会邀集朋友携酒登山,赏景野餐,妇女们则挑采野菜。二月二日又是土地神诞日,南京乡村有祭社的土地会活动;而在城区则接出嫁了的女儿回娘家,形成了女儿"归宁"的风俗。谚语说:"二月二,家家接女儿。"

清明　作为二十四节气之一,其民俗以祭祖为中心,传说它与寒食

---

① 潘宗鼎《金陵岁时记》引《月令广义》曰:"芒神身高三尺六寸,按一年三百六十日。芒神服色,以立春日支相克为衣色、为系腰色:亥子日黄衣青系腰,寅卯日白衣红系腰,己午日黑衣黄系腰,辰戌、丑未日青衣白系腰。手执鞭用柳枝,长二尺四寸,按二十四节气,上用结子,以立春四孟用麻,四仲用苎,四季用丝,俱以五彩染色。其身有老少之分,寅申、己亥年老像,子午、卯酉年状像,辰戌、丑未孩童像。其立分左右,六支阳年在右边立,阴年在左边立。"

节纪念晋文公的大臣介子推有关。寒食节的日期在冬至后的105天，一般在清明前的一日或两日，由于它与清明前后相连，到唐代它们逐渐合一，于是清明成为既是节气又是节日的特殊日子。

南京的清明节俗以扫墓为主，一般由男人带上孩童到郊外祭扫祖墓，顺便在城外的水际和山坡踏青赏玩，寻挑野菜。此外，这天不少人家会吃青团和吃青螺，门上会插柳枝；儿童们放风筝、荡秋千、斗鸡蛋；妇女们则会在鬓发间插上柳叶球作簪花，并有“清明不戴柳，死了变黄狗”的谣谚。清明节还有生新火，用柳叶、锅巴加红糖煮食的风俗。

南京人扫墓，各家要带上盛祭品的竹编“春笥”，笥分三四层，内放荤素菜肴、饭团、酒水、碗筷、杯盏等物，还要带上焚化用的纸钱、元宝，此外还要买一条1米长左右的用纸剪刻成的一长串带孔的钱形飘钱，用以插在坟头。飘钱的颜色分红、白两种，新坟用白色，而老坟则用红色。扫墓中要拔除坟墓上和墓道上的杂树野草，填土修补坟上的洞穴，并用铁锹挖两块碗状的新土一正一倒地扣在坟头做“坟帽”，作为已有后人来祭扫的记号。

杨柳是清明节中最富文化内涵与情感色彩的象征符号。柳不仅是报春的应时节物，它的易生易活、早生早发的物种特点，成为大地回春、生命复苏、超越死亡、转世复活的象征。在南京，无论大人、孩子均有清明佩柳的习俗，据明《正德江宁县志》载：“清明插柳，村夫稚子皆佩之。”因此，清明节又有“插柳节”之称。清明节以青绿为节日色调，插柳、踏青、挑野菜、吃青团、吃青螺等民俗活动都烘托着这一万物明洁的颜色主题。在南京，清明节以祭祖为中心、以青绿为色调，其主题表现为缅怀先祖、亲近自然、热爱生活、拥抱春天，是一个联系着死灭与再生的，既肃穆又欢快的日子。

四月八　南京人有吃乌饭的风俗。乌饭，又叫“乌米饭”“乌米糕”“青精饭”“杨桐饭”等，它是采集南天竹（青精树）或杨桐树的茎叶，捣烂后浸泡糯米，再晾干蒸煮而成。传说，其制作要经过“九浸九蒸九晒”的工序，“九”为个位数中最大的数，以表示做乌饭要经过多次浸—蒸—晒的循环操作。乌饭有强身健体、固精驻颜的食疗作用，因此被李时珍《本草纲目》称作“仙家服食”。乌米饭本为道家斋戒休养和民间禁火冷食的食品，尤适合道徒山居修炼和俗人郊外踏游之用。唐陆龟蒙《道室书事》诗云："乌饭新炊茅藿香，道家斋日以为常。"可见，乌饭作为道家的食品在唐代已有。

乌饭还可用来酿制乌饭酒。在南京溧水区，凡生女儿的人家，要在她出生后用乌饭酿制一坛酒，并密封埋入地下，待她出嫁时方能掘出开启。经过十五六年以上的窖藏，乌饭酒醇香甘鲜，无与伦比。清代袁枚曾做过溧水知县，他品尝过乌饭酒，竟一连饮下 16 杯，对之赞不绝口。袁枚在《随园食单》中列出了 10 种美酒，其中就有溧水乌饭酒。乌饭酒为南京地区特有的佳酿和民俗用酒。

四月初八又称"浴佛日"，是佛祖的诞日。人们由到寺庙中与佛结缘，又增加为在路头街边与行人结缘。僧人和妇女们用青豆、黄豆加盐炒熟，于四月八日站在十字街头分给路人请食，以结"佛缘""寿缘"和"来生之缘"。

七月半 又称"中元节""鬼节"，是一个斋孤、祭先的日子。其风俗活动包括来自道教系统的普度斋孤和来自佛教系统的盂兰盆会，它们相互包容，融合一体。

在南京，中元斋孤常被视为一年中的大事，届时大街小巷，无处不做盂兰盆会。据《金陵十记》载，中元节前，街坊上会贴出黄纸的"明心榜"，要居民们捐款助会。他们在街中心搭起高台，上排方桌，供列佛像，上坐念经的和尚。临街一面挂上桌帏，案上焚香燃烛，和尚们敲木鱼、击铜磬，齐声唱经。临近尾声时，上座老和尚起立托盂，以手指蘸盂内清水四面弹射，以示施降甘露，普度众生。在同一条街上，常常有三四座高台并峙，和尚们一处完了，再赶一处，一晚上赶好几台焰口。七月半南京的少男艳女纷纷出游，还有唱白局的，卖夜宵的，到处灯火辉煌，人流不绝。①

南京的中元节也是祭祖的日子，家家设供，焚法船、纸鞋、纸伞，并做"茄饼"以祭祖。茄饼是把茄子切成丝，和面油煎而成，为他省所罕见之物。此外，夜来香也是南京人的中元节物，人们专程到清凉山驻马坡

---

① 参见杨心佛《金陵十记》"记岁时·盂兰会"，古吴轩出版社 2003 年版，第 682—684 页。

购买夜来香，带回家后供妇女做头饰。南京人在七月半还有放荷花灯的习俗，荷花灯系剪五色纸糊成，形似莲花，虽没有春节时的灯彩精致，但也可点上小烛，在水面夜色中闪烁发光。荷花灯用荷叶托着，请僧人诵经，乘舟到河中放掉，俗称“斋河孤”，又叫“慈航普度”。

十月初一　又称作“十月朔”“十月朝”或“寒衣节”，是南京人家又一个祭祖祀先的日子。此日一般人家先到墓地祭扫，再到祠堂或自家门外祭祀，官方则到厉坛对战死者致祭。

祭祀以烧楮箔和纸衣为主，因十月已是孟冬，天气渐寒，故此时的祭祀又叫作“送寒衣”。

所谓“寒衣”，由五色彩纸剪贴而成，大小一般在一尺左右。过去，富豪人家专请冥衣铺糊制“皮袄”“皮裤”之类，在郊区则多用“沙衣”“草鞋”一类的版印祭品和纸钱祭焚。送寒衣的风俗在宋代已十分盛行，从九月下旬起人们就购买冥衣、靴鞋、席帽、衣缎之类，备十月朔烧献祖先之用。在南京，明清以来，十月朔除了烧钱化纸，还有开炉炽炭和府城隍的出巡等风俗活动。“开炉炽炭”成了南京入冬的象征符号。

冬月十五　在南京又称作“月当头”。每年的此日在秦淮一带，画舫酒楼灯火竟夕，与当空的皓月交相辉映。各路游人纷纷云集夫子庙文德桥，以观水中的月影，等候月从桥影中突然跃出、东西各半的分月奇景。在冬月望日的子夜时分，文德桥的水中桥影会左右各现半轮明月，据说呈现时间仅 2 分钟左右。先从西边桥影出现月影，一分钟左右后在桥的东侧又出现月影，桥的东西两侧同时各见半轮，称之为“分月”。

文德桥在夫子庙泮池之西，横跨内秦淮河，南接大石坝街，北连贡院街。它初建于六朝时期，原为浮桥，唐代改建为木桥，明万历年间又改建为石墩木架桥。传说，其意为蓄住泮池西泻的“文气”，而桥以“文德”命名，取“文以载德”之意。“文德桥上月当头”“文德桥看半边月”是南京入冬时的岁时风俗。

冬至　又称“至日”“长至”“大冬”“交冬”“亚岁”“小年”“贺冬节”“一阳节”“消寒节”“天长节”等，它与正旦、端午、中秋为一年四季中的四个大节。

冬至时在农历十一月，是由节气而形成的民俗节日。冬至一到，“数九寒天”也就开始了。数九的算法是从阴历单日起算，若冬至日适逢单日，就从这天数起，俗称“联冬九”，冬至日若是双日，则从次日起数，俗称“穿冬九”。南京也流传着一些“九九歌”，成为记录岁时风俗的有趣部分。

冬至日民间有涂绘“消寒图”之戏。消寒图种类颇多，其一是画素梅一枝，为瓣八十有一，冬至后每日涂画一瓣以记日，其旁常有这样的联句：“试看图中梅黑黑，自然门外草青青。”其二是一张纸上画出九格，每格中绘九个圈，共八十一圈，自冬至日起，每日涂画一圈。其涂法为：上阴下晴，左雾右风，中黑为雪。圈涂尽，则九九毕。其三是在纸上写出九个九笔画的空心字（繁体），每日描涂一笔，八十一日乃尽，如“庭前垂柳珍重待春风”“春前庭柏风送香盈宅”等句。

民间有“冬至大如年”之说，故有“冬至馄饨夏至面”的食俗。明清以来，南京人在冬至主要是吃豆腐，此外还有进补的风俗，并有“一九一只鸡”的吃法。冬至节后，南京的文人雅士往往约上九人，自头九至九九，轮流做东聚饮，饮宴之余，乃吟诗书画，分题赌韵，这一雅会被称作“消寒会”。在乡间冬至的中午要祭祖，晚上全家聚饮。冬至在南京还要升炉火，祀天地，叫作“接冬”。这天可以砌灶，有“冬至打灶不忌”之说。南京人常以冬至日的晴雨做气象的占验，流传着“干净冬至邋遢年”的谣谚。

二、主要节日

过年　正月初一，是我国最重大的传统节日——新年，它又有“元日”“元旦”“正日”“岁朝”“三朔”“过年”“春节”等名称。“过年”一词并非俗人之俗语，其语义与古代的“度朔山”鬼岛神话联系在一起，在王充《论衡》中有记载。[1] 因“度朔”即过朔，过“三朔”即过年。因此，这则神话中

① [汉]王充《论衡·订鬼篇》引《山海经》：“沧海之中，有度朔之山，上有大桃木，其屈蟠三千里，其枝间东北曰鬼门，万鬼所出入也。上有二神人，一曰神荼，一曰郁垒，主阅领万鬼。恶害之鬼，执以苇索而以食虎。”载《论衡》卷二二，上海人民出版社 1974 版，第 344 页。

的"大桃树""神荼""郁垒"等成了过年时春联、门神等节物的原型。

每到新年,装饰门户是南京人家的过年风俗。他们多选用春联、雄鸡、红钱(黄钱)、松柏枝、芝麻秸、冬青树叶等作门饰。明代时南京家家门上贴挂雄鸡,"以鸡、日相感的神话思维"迎接新年初日的升起。到清代,则贴祈福门画表示迎春纳吉。新年陈供纸马,年祭中设放纸马架是南京的独特民俗。纸马为神像类的木刻版画,明代金陵刻书曾雄踞全国之首,版画也盛极一时,南京纸马的雕版艺术达到了他处颇难企及的高度,特别是饾板和拱花的版印技术,对纸马的彩色套印具有很大的影响。南京纸马在明初就随戍边的移民带到了云南,成为云南纸马的主要源头,也构成南京新年的特色节物。

南京过年的周期从腊月二十四送灶日起,到正月十八落灯日止,其中元宵节的灯彩最盛。明永乐年间元夕在南京皇宫午门外有点鳌山"万岁灯"的盛举。它用灯彩搭成山形,品种凡二三百种,数量达几万盏之多,后寺庙、郊县亦见小鳌山灯的搭建。民间买灯、点灯、观灯、儿童玩灯成为过年中的一大景观。南京的灯期也最长,在明初已形成"初八上灯,十八落灯"的传统。

正月十六上城头"走百病",又叫"踏太平",是与明城墙相关的南京过年风俗(图 12-1)。它因明初迁徙城区原居民到西部屯田,而调大量农民进入首都,农村的"走三桥"祈禳民俗遂发生变迁,形成了以城头代桥梁的去病保健的独特民俗。

过年期间,在南京还有腊月二十四,用元宝形芝麻"灶糖"祭灶送灶的风俗;除夕、元旦至元夕南郊高淳、溧水一带有傩祭活动,并各以面具或魁头为祭仪的中心;正月初五接财神,除了祭拜赵公元帅、关公、比干外,士大夫家还祀"金微危"财神①,也都是宁地特有的过年民俗。

上巳节 夏历三月三日古称"上巳节",又称作"三巳""重三"。是日妇女艳妆出游水滨,并下水沐浴,称作"祓禊"。祓,即祛除,而禊为清除不祥的祭祀,所谓祓禊,即以水洗去污垢和疾疫。祓禊风俗由来已久,在《周礼·春官》中已有载录,汉代以"洗濯"为主要活动,而到魏晋

① "金微危"事见夏仁虎《岁华忆语·金微危日》,南京出版社 2017 年版,第 57 页。

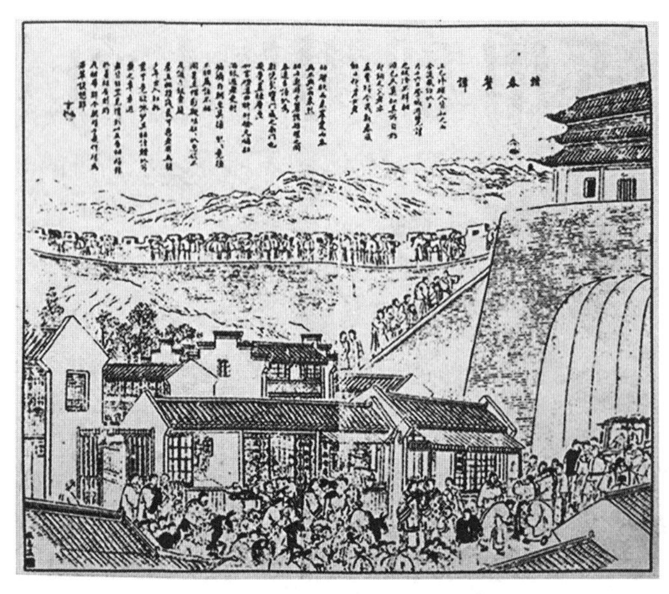

图 12－1　上城头走百病(《点石斋画报》)

时女子沐浴于河，男子则在水滨饮酒游戏，并留下了“曲水流觞”的佳话。南朝时期的禊事之盛与东晋开国皇帝司马睿的推动有关，他于永嘉元年(307 年)曾到建康(今南京)的青溪、秦淮河之滨与民沐浴戏水，赢得江南士族的支持，后终成帝业。在东晋时期，建康的祓禊节事一直盛行，故“流杯”的诗赋亦颇多，唐代时渐以仕女水边游春为盛。

在南京，三月三又称作“荠菜花生日”，形成了妇女以摘荠花插头、吃荠菜花煮鸡蛋，用带根带花的整棵荠菜拂灶、抹灶，或挂门上，或置于铺席以辟虫蚁的节俗。在近代南京还形成了到雨花台永宁泉品茗的上巳节风俗，人们往往谈笑竟日，看夕阳而归。

端午节　又称“重五”“重午”“午日”“端阳”“天中节”“五月节”等，是夏季里最盛大的节日。南京的端午节俗历来颇为兴盛，在节物、节俗、节信等方面都颇有特色。

龙舟竞渡活动在南京十分兴盛，南京的端午龙舟会有“三帮”之分，并有“夺标”之戏。所谓“三帮”，指河帮、江帮和木帮。“河帮”，为秦淮河上本地船户；“江帮”，为外江入城的外地船户；“木帮”，为常驻上新河的徽州木商们。他们在端午时节聚集在夫子庙前的泮池内，进行龙舟比赛。各帮都尽量装饰自己的龙舟，扎彩亭、彩球，舟上有小儿的装扮表演，有敲锣打鼓者，梢头撑杆者表演各种技巧，场面壮观、热烈。秦淮河两岸及附近桥梁上往往人山人海，观者如蚁，他们助威呐喊，投掷银钱，还放鹅鸭下河，让舟上人相互争抢，谓之“夺标”。

粽子作为端午节的特定节物，很受南京人的喜爱。南京的粽子按馅料分，有白米粽、枣子粽、火腿粽、香肠粽、肉丁粽、豌豆粽、红豆粽、鸡丁粽、百合粽等；按形状分，有三角粽、四角粽、五角粽、小脚粽、枕头粽、宝塔粽等。粽子一般在端午节前一两天包好，节日当天煮食，亲友邻居们常以自家包的粽子相互赠送，以融洽感情。

南京人端午的节食还有五毒菜、雄黄豆、菖蒲酒、麻油绿豆糕等，并有吃五黄、吃五红的食俗。所谓“五毒菜”，即取银鱼、虾米、茭儿菜、韭菜、黑干五样杂炒而成。麻油绿豆糕，用绿豆粉、白绵糖、麻油、豆沙、糖玫瑰花、糕粉等做成，甘甜滋润，细腻爽口，为南京人家端午节必备的节物。南京人家的“吃五黄”，包括黄鱼、黄瓜、黄鳝、鸭蛋、黄豆芽，至于“吃五红”，则指苋菜、红油鸭蛋、烤鸭、河虾和红烧黄鱼。

在端午节，男人们会相互邀约，携酒到雨花台赏景野餐；小孩和妇女们玩斗草游戏，明代吴兆《秦淮斗草篇》中有“因娇丽日长干道，相戏相耍斗芳草”句。端午节南京人家有挂天师图、钟馗像和端午符的风俗，以驱除恶气。在明代，南京人用彩帛、通草制五毒虫形状，盘缀在大艾叶上，插挂门上，叫作“五毒牌”。到清末人们改用纸折制虫形，挂门楣和床沿以驱虫。妇女们做香囊、佩朱砂囊、簪榴花，小儿臂系五色线，穿虎头鞋，身披虎形“老虎被”，头上用雄黄画“王”字，以作除恶逐疫的符号。

南京人在端午节还有一独特的民俗，就是“破火眼”。人们在端午的正午时分，在清水中放入少许雄黄和鹅眼钱两枚（六朝时的小铜钱），用野花束洗眼，全家人洗过后把水泼出门外，希望能一年不生眼疾。南京人家有端午节门前挂菖蒲、艾叶的风俗，还会买菖蒲、艾叶、石榴花、兰花、石蜡红等花草插花瓶，叫作“端午景”。

七夕节 时在七月七日，古称“七夕”“巧夕”等，是夕妇女们祭祈河鼓、织女二星，以追慕天上织女的工巧和牛郎、织女一年一度鹊桥相会的恩爱，故又有“乞巧节”“女儿节”之称。

在南京，旧时妇女在七夕截取一段蟋蟀草丢于盆中水面以乞巧。《金陵岁时记》载：“七夕前日，妇女取水一盂，曝烈日中，使水面起油皮，截蟋蟀草如针，泛之，勿令沉下。共观水影中，如珠如伞，如箭如笔等状，以验吉凶。”胡朴安在《中华全国风俗志》“南京采风记”里，也记录了南京妇女的浮草乞巧之俗（图 12－2）：“乞巧之法，于初六日取净水一碗，置日中晒之，夜露一宵。初七日清晨，折细草，取浮水中，视其下所现之影形状如何，而有种种名称，或戥子，或算盘，或针，或如意，或必定（笔者按：笔和银锭），牵强附会，以占休咎。”①乞巧卜戏在日影或月影下进行，一般以“散如花、动如云、细如线、粗如椎”为判别巧拙之兆。

图 12－2　七夕浮草之戏（《吴友如画报》）

除了浮针、浮草之戏，七夕节还有吃巧果、看巧云、陈针巧、编七色线、办乞巧会等妇女乞巧活动，另有看《天河配》的戏剧，贴《天河配》《鹊桥相会》图画的风俗。南京的女孩在七夕节有染红指甲的传统，她们采来凤仙花，捣碎后，加上明矾，用来涂抹自己和小姊妹们的指甲，以让指甲变得红艳艳的。南京人在七夕祭中，镂瓜茄为灯的风俗尤为独特。

① 胡朴安：《中华全国风俗志》，河北人民出版社 1986 年版，第 133 页。

据《岁华忆语》载，“或状花鸟，镌诗句”，既风雅，又多趣。在七夕的星光月影之下，各家祭台前闪闪烁烁的瓜灯、茄灯，总能给人们带来无尽的天文遐想和入世的人文关爱。

中秋节 又叫“仲秋”“夕月”“秋夕”，还称“团圆节”“八月半”，在老南京市民们的口头则又多了“八月节”的俗称。中秋时节天高气爽，月朗风清，故又有“中秋佳节”之称。所谓“月到中秋分外明”“一年明月今宵多”，是对中秋景致的最好概括。

南京的中秋节俗主要有祭月、玩月、摸秋等。

古有“祭日祭月不宜迟，仲春仲秋刚适时”之说。中秋拜月是天体信仰的岁时化和仪式化。旧时祭拜月亮，或祈月圆人圆，或祈多生多育，或求早步蟾宫、高攀仙桂。因月为太阴，是妇女的保护神，故拜月有“先女后男”之序，亦有“男不拜月，女不祭灶”的禁忌。南京人中秋拜月一般在室外摆台设供，对天祭拜，或者请回月神纸马——“月宫纸”，供放在家中堂上，祭拜前要烧斗香或塔香，摆放供品，其中有芋头、红菱、莲藕、石榴、毛豆、月饼，以及栗子、柿子、鸡头果等。拜月时一般由妇女们依次跪拜，默默诉说心中的祈愿，不外乎“愿月常圆”“早生贵子”“合家平安”之类。

玩月是六朝以来的建康风俗。唐宋间中秋节形成之后，有登台望月、登楼玩月、临轩玩月、泛舟赏月、饮酒对月等赏乐活动。南京人把中秋夜家人团坐聚饮叫作“圆月”，把出游街市叫作“走月”，把全家共同赏月叫作“庆团圆”。南京在明代建有望月楼、玩月桥，清代则建有朝月楼，其中建筑在秦淮河南的玩月桥每年赏月者络绎不绝。

摸秋是南京地区独特的中秋节俗，据《金陵琐志·炳烛里谈》卷上载：“江南妇女艰于子嗣者，每于中秋月夜潜至菜园，偷一瓜回，以为宜男之兆。谓之摸秋。”另，光绪《六合县志》和《金陵岁时记》等文献也有类似载录。作为妇女的民俗活动，它以中秋的月圆兆人圆和愿圆。

南京的中秋节物主要有月饼、桂花等，其中月饼必不可少。南京地产的宁式月饼包括曾作为清代贡品的六合瓜埠的赖月饼和金陵椒酥月饼、五仁月饼、椒盐月饼等。其中，六合的赖月饼已有数百年的历史，并与乾隆皇帝下江南的传说联系在一起。赖月饼，形大，直径20厘米左右，每块重0.5公斤，以麻油、特级面粉为主料，配以白绵糖、五仁、桂花、果汁等10余种作料，外形美观，酥软不腻，香雅味醇，为月饼中的佼佼者。

南京民俗重视中秋节的晚餐，喜欢吃桂花鸭，饮桂花酒，吃芋苗、芋头和熟藕，主要菜肴有栗子红烧肉、毛豆米子炒鸡丁等，有的人家还会吃湖蟹。中秋晚餐也是全家团坐，其乐融融，其地位几乎与年夜饭相当。

重阳节 登高、赏菊、插茱萸、饮菊花酒、食重阳糕等是南京地区最习见的重阳节俗。九月九日之谓“重阳”，乃因《易经》筮法中以一、三、五、七、九为天数，即阳数，其中“九”，又称“老阳”。九月九日以其月份、日数均为“九”，故称“重阳”，又叫“重九”。

南京人的登高之处包括城南雨花台、城中北极阁、城北幕府山、东郊栖霞山等处，其中尤以选择雨花台者为多。北极阁，明代叫“钦天山”，山后花农多以种菊为业，重阳时节菊田紫艳黄英，陇亩相望，游人登高后顺便赏菊，并选购菊花而归，这一重阳节俗叫作“后山看菊”。在雨花台登高者，还往往用雨花泉水泡茶，吃桂花煮栗子，归来时购买一些雨花石，准备冬日养水仙时搁置盆中作为观赏。

南京地区有“重阳宜雨”之说，重阳前后，往往风雨满城，天气转寒，故又有“吃了重阳糕，夏衣就打包”的谚语。南京的商铺店家在重阳节要备酒剥蟹，佐以咸鸭，犒赏店伙，因重阳之后，白昼渐短，工人要开始夜作，直到清明而罢。明清以来，南京机业发达，机工数以万计，故有“织工一夜登高酒，篝火鸣机夜作忙”的诗咏。

重阳节的主要节物有茱萸、菊花酒、重阳糕、重阳旗等。其中，茱萸因有浓烈香气而称作“辟邪翁”，菊花能和乾坤、通阴阳而称作“延寿客”。[①] 至于重阳糕，南京有一种加肉糜制作的咸糕，以其形似骆驼的足蹄而称之为“骆驼蹄”。重阳旗多为红纸剪刻的三角旗，上镂“令”字、“刘海戏金蟾”或其他吉祥图案。南京人把重阳旗插在自家门楣上，或

① [宋]吴自牧：“今世人以菊花、茱萸浮于酒饮之，盖茱萸名‘辟邪翁’，菊花为‘延寿客’。”见《梦粱录》卷五，浙江人民出版社1984年版，第30页。

给小儿做玩具，称作“庆贺重阳”；对当年的新嫁女，母家必赠以纸旗和时鲜食物，谓之“重阳节盒”。

第二节　衣食住行民俗

一、衣饰

南京的古代服饰既有吴楚地域的灵秀柔美，又有六朝京都的华贵艳丽，并不断与中原服饰文化互通整合，呈现出与时迁化的民俗特征。

六朝时期在服装用料方面，贵族以丝绸为用，而百姓以麻制为主，称作“白衣”或“布衣”。东晋南渡以后，朝廷取士专注风貌，推进了时人对服饰的崇尚。宋孝武帝曾下令改革车服制度，以抑制奢靡之风。梁时男子多“褒衣博带，大冠高履”。[①] 就平民服装说，男子有衫、袄、襦、裤、裙等，妇女上身着襦、衫，下身穿长裙。妇女的发式有飞天髻、回心髻、归真髻、郁葱髻、凌云髻、随云髻等；儿童则不束发，头发下垂，称作“垂髫”，未成年时束发两髻，称作“总角”。[②] 六朝妇女爱用花妆，头饰曾流行额黄妆，及岁时性植物妆，如插柳叶、插榴花、插菊花等。隋唐时建康的华丽不再如六朝，到宋元民风转厚。明代定都南京，设立了锦绣坊。清代设织造府，全城织机达 3 万台，丝、绢、沙罗、绸缎、云锦、布等大量产出，甚至远销域外，这些高档的面料在官服和民用中处处可见。上层男女市民、酒楼商肆人员着丝绸者较普遍，而下层百姓及乡村农民仍多以蓝花布或家织布为主。南京女子的服装样式多为裙衫，衫为圆领，对襟或大襟，长袖过膝，裙有皱褶，宽而曳地。清代满汉融合，汉人也穿长袍马褂：长袍，圆领大襟，也有对襟；马褂也分大襟和对襟，其中对襟为礼服。女子穿旗袍，上绣各色花卉，并在衣领、袖口、衣襟和下摆处滚花边，南京人称之为“木耳边”或“栏杆”，并在马巷一带形成了栏杆

① [北齐]颜之推：《颜氏家训 · 涉务》，山西古籍出版社 1999 年版，第 135 页。

② 参见张承宗《六朝民俗》第二章，南京出版社 2002 年版。

市。不过，普通百姓只能穿棉布和土布的衣服。民国时期，官员们穿中山装，官员、学者及商界人物穿西服加领带或领结的西洋装，绅士们爱穿改制的长袍与马褂。女子的服装，上身为短袄，下身为长裙或长裤，也穿改制的旗袍，其样式颇多，盘花衣纽就有一字纽、琵琶纽、蝴蝶纽、菊花纽等。春夏间，女子多着淡竹布旗袍长衫，手持香水绢扇为时髦。① 民国以降，由于外来乡村移民渐多，南京一般市民衣着比较朴素，与上海等地相比曾略显土气。

二、饮食

南京地处江南，气候温和，水源丰沛，土地肥沃，既是山水佳丽之地，又是物产丰饶之乡，更加六朝以来的文化、经济的积淀与发展，一直是历史上人所仰慕的帝王之都和位居“东南之先”、万商云集的重镇。南京的物产和传统饮食同南京的历史一样厚重，在长期的传承发展中，又不断地整合着南风北俗，以海纳百川的方式荟萃着大江南北的名优食品，形成自己独特的饮食民俗。

拿南京本地的菜肴说，经过传统的继承和对外帮优长的整合，形成了“京苏大菜”系列，包括炒、爆、炸、烹、薰、蒸、炖、焖、煎、烤、烧、烩、煨、煮、涮、溜、贴、炝、卤、冻、拌、酱、醉、糟、扒、汆、风、挂霜、蜜汁、拔丝等30多种加工与烹调方法，并形成酸、甜、苦、辣、咸、香、臭和鲜、烂、酥、嫩、脆、浓、肥的“七滋七味”。南京美食的特色在于：咸甜适宜，浓而香醇，肥而不腻，辣而不烈，脆而不生。南京人除了家中自炊，每遇亲戚、朋友来访，或有重要的客人需要款待时，就常到酒楼、餐厅宴请，少不了首选南京的菜肴。民国时期在南京新街口、夫子庙一带就出现了一批饭店、餐厅、茶社。例如，在新街口地区有明湖春、大三元、瘦西湖、岭南饭店、新都餐厅、福昌饭店、德国饭店、美美餐厅诸家。夫子庙地区是南京菜馆、小吃的荟萃之地，大馆子有老万全、大集成、老正兴、六华春等，小吃店和茶社之类有奎光阁、奇芳阁、六朝居、永和园、蒋有记、义顺、雪园、

① 参见南京地方志编纂委员会编《南京民俗志》第一章第二节，方志出版社2003年版。

六凤居、五凤居、德顺居、龙门居、月来阁、小巴黎等。① 此外，在夫子庙的贡院街上还有10多家戏茶厅，民国时较著名的戏茶厅有群乐、月宫、全安、中华、永安、天香阁、飞龙阁、麟凤阁、四明楼、天韵楼、鸣凤、市隐园等。所谓“戏茶厅”，又叫“戏茶园”“清唱社”，有座位一二百个不等，看客一边观看表演，一边品尝风味小吃。②

南京人家的日常三餐以米饭为主，过去有不吃粥的习俗。南京地处稻作区，古时麦子少见，面食不多，素有“饭稻羹鱼”的传统。南京人的一日三餐，一般早餐为烫饭、早点或泡锅巴，中晚餐为干饭，佐以荤蔬菜肴，并流传着“饿得哭，不吃粥”的谣谚。陈迺勋、杜福堃《新京备乘》载：金陵民“早餐例不食粥，粥唯有疾者食之”。这一饮食习惯表明了南京地处鱼米丰足的江南稻作区的生活特点。不过，南京的一般市民生活比较简朴，多以素食为主，以粗茶淡饭为乐，尤其是青菜、萝卜成为南京人家餐桌上最常见的菜蔬，并一直流传着“青菜萝卜汤，吃得保平安”“三天不吃青，肚里冒火星”“冬天的青菜赛羊肉”等说法。

南京的野菜名声远播，构成了南京饮食民俗的一个重要方面。除了荠菜、马兰头、枸杞头、苜蓿头等野菜，菊花脑、芦蒿等也是宁地特有的半野性的蔬菜，成为南京人食谱中的特色。此外，南京的瓢儿菜、板桥大萝卜、老王山苋菜、“水八仙”(藕、菱、慈姑、芡实、荸荠、水芹、茭白、茭儿菜)、南乡米等，也都是当地的优势物产，而咸板鸭、盐水鸭、香肚、后湖鲫鱼等则成为荤食中的名品。

南京人饮食可大致分成节日食品、应时尝新、日常菜蔬、特色菜肴和风味小吃几大部分，其中不少已形成南京的地方风格和饮食习俗。

在节日食品方面，以春节最为突出，尤其以除夕的年夜饭和新年的拜年食品最有特色。有年夜饭时上桌后不得下筷的红烧整鱼、以10种或10种以上蔬菜炒成的什锦菜、南京板鸭或盐水鸭冷盘、香肚和香肠、清炒瓢儿菜、荠菜炒香干、芦蒿炒香干，还有慈姑、豆腐果烧驼猪肉等，都具有南京的特色。其中，驼猪肉来自南京南乡，是新年祀神、供宾客、

① 参见毕家镕主编《南京传统食品》，1988年铅印资料本，第4页。

② 参见王克瑶《飘香天外的饮食风味》，载《金陵特色文化》，南京出版社2005年版，第181页。

给年用的上品。①

应时尝新,即顺应季节时令的变化,吃新上市的菜蔬食品。例如,春天吃地上的野菜、韭菜,水中的螺蛳,树上的香椿等;夏天吃苋菜、瓜豆;秋天吃螃蟹;冬天吃菘菜、萝卜等,各有应时之鲜。

日常菜蔬,多为萝卜、青菜、苋菜、空心菜、笋瓜、菜瓜、冬瓜、毛豆、蚕豆、豇豆、腌菜、小菜(酱菜)、豆腐、豆腐乳等。一般家庭平素很少吃荤腥大菜,以素食为主,偶或买回少许的鱼肉、鸭子。

特色菜肴主要指南京的名优物产及其加工后的制品,主要有盐水鸭、咸板鸭、烧鹅、烧鸭、香肚、香肠、玫瑰酱、炒芦蒿、油不滋(风青菜心)、菊花脑蛋汤、松鼠鳜鱼、素烧鸡、素烧鸭等。

风味小吃品种繁多,散在城里城外,但以城南夫子庙一带最为集中。品种包括各类包子、饺子、锅贴、馄饨、烧饼、发糕、孛娄(玉米)、山芋、老菱、熟藕、元宵、酒酿、鸭血粉丝汤、牛肉汤、糖粥藕、糖芋苗、油炸干、回卤干、五香蛋、旺鸡蛋、甑儿糕等。

南京的食品丰富而不奢靡,表明了地方物产的丰饶和民间生活的俭朴,由此可看见当地的饮食传统和城市风俗。

三、居住与行旅

南京古代的民居系从半穴居的营窟式建筑发展而来的土木结构及竹木结构的房舍。到六朝时期,普通人家的房舍多为木构架、板筑墙、草顶,屋檐多为悬山式或硬山式,房屋围成院落,内设畜栏和厕所。也有以草、竹等建的简陋住房,这些蓬室和茅舍一般都低矮潮湿,因其形为圆,又称"蜗舍"。不论是板筑土墙,还是草木围挡,都以竹茅为顶盖,故有"江南土薄,舍多竹茅"之说。从魂瓶等出土文物可见,六朝的贵族已筑有高敞华丽的楼宇厅屋,用瓦顶脊饰、修栏杆窗户。唐杜牧有诗曰:"南朝四百八十寺,多少楼台烟雨中",可见当时建筑文化的繁盛。

---

① "金陵南乡人善豢之,躯小而肥,俗呼驼猪。岁暮始宰,以祀神、供宾客、给年用,非市中所常有。"见[清末民初]陈作霖《金陵物产风土志》,载《金陵琐志九种》(上),南京出版社2008年版,第130页。

然隋灭陈后，南京建筑几乎毁坏殆尽，多年沦为荒芜的“古丘”和寂寞的“空城”。明定都南京后，修建了周长35.267千米的世界上第一大城垣、宏大壮观的明故宫和高等学府国子监等。其中，国子监建有读书和住宿用房1000多间、外国留学生使用的王子书房和光哲堂100多间、教师住宅及讲院各数10间。明代南京人口近50万，分住在城内几十条大街和几百条小巷中，随着砖瓦普遍用于建筑的墙体和屋脊，民居也大为改观，出现了进深式的宅院。

南京明清时的进深式民宅从三间并列的“平头屋”、三间两厢一天井的“一颗印”式发展成封闭的、按纵向（一般取南北向）排列的多进式院落，与北方四合院不同，进深式民居平面一般呈纵长方形，它以子午长、卯酉短而得风水之吉。南京的进深式民宅少则2进，多为3—4进，大户人家甚至多达7—8进，而且有数条轴线相连的房舍，形成组合式宅院。例如位于南捕厅的甘熙故居，分左中右3条轴线，各为5进穿堂式建筑，共有房屋328间，大小天井35个，并建有后山花园和藏书楼津逮楼，以“青砖小瓦马头墙，回廊挂落花格窗”成为南京民居的经典。此外，秦淮河两岸的河房，也是南京的特色民居。河房在南京兴起于明末，它因立桩水中、房屋半卧波而建而得名。河房因修筑于河上，可临窗或凭栏近观河景，也方便随时登舟游河，显露出“枕河而居”的闲情与雅趣，也成为秦淮文化中的一道风景。

在南京传统的木排架民居建筑中，在室内的排山上端常见挂着一对木槌，俗称“发槌”。作为南京建筑民俗中的特殊工具或象征符号，发槌在上梁仪式中用以敲打梁上的檩条使其结构稳固，故有安宅的吉祥取义。不过，人家房屋中所挂的发槌多以未使用过的新木槌为梁柱装饰，并赋予它吉物与镇物的双重功效。南京人视砌房造屋为家族中的大事，有一整套民俗步骤需认真去做，包括相地、选材、择日、动土、开槽、立柱、上梁、安门、砌墙、安灶、进宅、庆贺等。其中以上梁仪式最为隆重，梁上挂着红绿布，贴着横书“吉星高照”或“姜太公在此百无禁忌”之类文字的红纸，在柱上则贴着“上梁正逢黄道日，立柱巧遇紫微星”的竖写联句，作头在梁上念诵上梁歌谣，人们聚集梁下叫好并争抢从梁上抛下的钱币和食物，以获喜庆。在民居建筑中往往含有天文观、地理观

（堪舆术）和社会观，构成了地方性的生活民俗。

在行旅方面，旧时主要交通工具，陆地上有轿舆、牛车、马车、驴车、独轮车、板车、黄包车、三轮车等，水上则有渡船、游船、木帆船等。官人除了乘轿子，还骑驴、骑马而行，百姓用轿一般为两人合抬的青布小轿。婚礼时新娘所乘的轿子因披红挂绿，四角挂有琉璃灯，故称作“花轿”。游船以南京秦淮河桨声灯影里的画船最有特色，船上有吹奏弹唱，有船菜品尝，有香茶点心，是旧时消费文化的窗口。南京自明代以来是造船业的中心，郑和下西洋时能容千人的宝船就是在南京建造的，因此大型的客货船常进出长江与秦淮河的诸港。

第三节　人生礼俗

人生礼俗是在一定的社会环境中围绕人从生到死各重要阶段所展现的礼仪和习俗，它包括祈子、胎教、催生、诞生、成长、成丁、婚嫁、寿诞、丧葬等礼俗，涉及两性观、人口观、世系观、生死观等社会与精神的层面。人生礼俗以人生为功利追求，以社会为存在前提，以时空为价值转换的节点，作为调节个人与社会相互关系的文化手段，它主要以社会性的风俗活动来表达对个体的关注。南京人的人生礼俗有着某些地方性的特点，尤其在祈子、催生、护儿、婚嫁等环节，有着特色鲜明的礼俗活动。

一、生诞育儿

在怀胎足月之时，能否顺产，母婴是否平安，是人们最为关心的大事。为避免难产，迎来顺产，古代有多种“催生”的礼俗。

催生礼多为实用之物，一般由娘家人送，送小儿的摇篮叫作“催生篮”，送给产妇食用的糯米肉馅团子叫作“催生团”，用盘子托着送饰物的叫作“催生盘”，用担子挑着各种食品和用品去的则叫作“催生担”。催生礼中的食品，包括鸡蛋、鸭蛋、生枣、栗果、肉圆、鱼圆、鸡块、海参、红糖、桂圆、核桃、糕点、面条、包子等，多为不需加工就可食用的，以让产妇在产前或临产时食用。催生礼中的用品，包括摇篮、垫的、盖的，小鞋袜、帽子、衣服、涎兜、尿布、包袱，小儿佩戴的金银饰物，等等。

在近代南京最常用的催生礼是面条，其名称为“过街面”。《金陵琐志·炳烛里谈》卷上载：“妇人将产子，母家必备小儿服饰及鸡肉面馓相馈，谓之‘催生’。送礼后，逾月犹不生，则遣女仆备热面数碗送往女家，置诸地，急趋而出，女家人取食之，谓之‘过街面’。是亦催生之余波也。”南京“过街面”的“过街”，其实是“过界”的意思，吃了这面条就能让小儿过界而生。在南京郊区，还有吃面条催生的趣俗。在河西江东乡，当孕妇足月后，娘家人会把怀孕的女儿接回来，进门后让大门洞开，用一张长条凳挡住门口。母亲就下面条给女儿吃，母女间不能说话，女儿吃完面后，一脚踢翻挡门的长凳，随即径直返回夫家，路上不得回头张望，这样就相信能顺产。此外，清代南京的“场中签”，也是一种特殊的催生用物。[①] 竹签为场中出入大门的凭证，士子窃回家中，为使自家产妇产门打开，小儿出生顺畅无阻。

为祈求母婴平安，产房中一般祭供床公床婆的纸马，并供上茶、酒各一杯，以托其看护大床，护佑母婴不出意外。在南京，孩子出生后，由接生婆为其清洗，然后用小包袱包扎起来，并在床腿上绕三圈后放回床上，意指用一条无形的绳索将小儿拴在了大床上，有床公床婆日夜监护，孩子就不会夭折。

孩子安全出生后，女婿要赶紧到岳父母家去报喜，以免他们担忧。报喜往往不用语言，而用行为、符号来传递信息。在南京，女婿报喜要带礼物，包括喜糖、喜糕、喜钱、喜蛋等，若他进门后把礼物放在桌腿边上，表示生了男孩，若放到桌面上，则表示生了女娃。婴儿出生后的第三天要用香汤沐浴，叫作“洗三”，除药草外，还用桂圆、枣子、生果仁等有口彩的果品泡水，接生婆边给小儿洗澡，边说“长命百岁”“平安富贵”“状元及第”一类的吉语祝词。在孩子出生后的三至七天，至迟满月之时，要给新生儿取名字。名字至少有两套，其一是“乳名”，俗称“小名”；

① [清末民初]陈作霖：《金陵琐志·炳烛里谈》卷上：“场中士子出入俱以竹签为凭，其照出签，人每窃回，谓以之催生最有验。”载《金陵琐志九种》(上)，南京出版社 2008 年版，第 305 页。

其二是"书名",又称"学名"。为了孩子能长大成人,长命百岁,旧有寄名于树的风俗。在南京的牛市曾有一棵千年的老槐树,被人们视作神物,于是许多新生儿被寄名于该树,并拜为"干爹",故在嘉道年间南京孩童的名字便以"槐"字居多。

在满月这天,要给小儿落胎发,一般男孩子头顶上留一片头发像寿桃,或在脑后留下一片头发像乌龟稍,有的还留下胎发日后扎成小辫子,以祈长寿。女婴满月时也落胎发,用推剪间隔着一撮一撮地剃下一些头发,这种头又叫作"花头"。不论男女,剪下的胎毛都要留下一些,用红线扎着或用红布裹着,再缀上一枚古铜钱,挂在小孩的帐子里或屋梁上,以护床和镇宅。

孩子一百天时叫作"百日",古称"百晬",俗称"百岁"。人们也像满月那样宴请和送礼,使小儿的诞生、成长融入社会交际的礼俗之中。

当小孩出生一周年时,叫作"周晬""拈周试晬",俗称"抓周",即用工具、文具、玩具、文书、兵器、用品之类放在刚满周岁的儿童面前,任其抓取,以他先抓取的物品卜定其日后的前途与旨趣。抓周的民俗在南北朝时期已在江南一带流传,据北齐颜之推《颜氏家训·风操》载:"江南风俗,儿生一期,为制新衣,盥浴装饰。男则用弓、矢、纸、笔,女则用刀、尺、针、缕,并加饮食之物及珍宝服玩,置之儿前,观其发意所取,加以验贪、廉、愚、智,名之为试儿。"这一风俗最初在以建康为中心的江南盛行,到唐宋时已流布大江南北,成为人生礼俗中的一项重要仪式。

在南京郊区的溧水、高淳,还有专用作镇护儿童的"保书",成为护儿风俗中的又一类特殊事象。所谓"保书",系用红布制成,宽约两尺,长约三尺,其上用墨笔书有祝颂和祈拜的文字,用于挂在厅堂的墙壁上。保书上往往挂着一串古铜钱,有的在保书上还缀上几根万年青的叶子,人们以镇物与祥物的叠加运用,寄托小儿不夭长生的祈盼。

二、婚嫁礼俗

南京作为地处江南的古都和名城,其婚俗自六朝以来,及至明清时期,基本承袭了周代的"六礼"之制,即按纳采、问名、纳吉、纳征、请期和亲迎“六礼”进行，但也有自己的地方性特征。

宋代南京的婚礼有品官与百姓之间的区分。品官婚礼采用古制，遵循“六礼”，而士庶婚姻，只能行“四礼”，即将“六礼”中的问名并于纳采之中，将请期并于纳征之中。明初，南京品官婚礼仍行“六礼”，但朝廷下诏，反对“专论聘财，习染奢侈”，主张“条从节俭，以厚风俗”。至于庶人婚礼，只行纳采、纳征、请期、亲迎“四礼”，并规定庶民结婚的年龄为男 16 岁、女 14 岁以上。①

明都北迁后，南都的婚礼又有变化。据明顾起元《客座赘语》载：“今留都初缔姻，具礼往拜女家，曰‘谢允’；次具仪，曰‘小定’；将娶，先期具纳币，亲迎之日往请，曰‘通信’；纳币曰‘行大礼’。将娶前数日具仪曰‘催妆’，至日行亲迎。……古俗亲迎，有弄女婿、弄新妇、障车、婿坐鞍、青庐、下婿、却扇等礼，今并无之。唯妇下舆以马鞍令步，曰‘跨鞍’，花烛前导曰‘迎花烛’，仿佛旧事。”②

清代婚礼有官定之制。例如，凡有品级官，婚嫁鼓乐不得超过 12 名，镫不得过 6 对；无品级人及监生军民，不得用执事，鼓乐不得过 8 名，镫不得过 4 对；官民皆不许用金银财礼，庶民妇女不许用官帔补服大轿。

民间之俗，先说媒。俗话说：“一家有女百家求”，但必须年貌相当，门户相对，方能结婚。说媒者以妇人说合居多，必先言定聘礼聘金若干。合婚后，男女家另择媒人，谓之“大宾”。若同意媒人的说合，就“发草帖”，即女家用粗纸书写女子的年庚，交媒人递到男家，叫“草八字”。主人招星者推算吉凶，亦有不复请人推算的，叫作“天婚做”。也有用红纸书写的，男方拿到后压在自家灶前的香炉下，若三日内家中平安无事就合婚，若有碎碗破甑之事，认为不详，托言不合，将草八字退还。在“压草书”“合八字”通过之后，就行初聘礼，谓之“传红”。男女双方各延大宾先至男家，主人具庚帖一副，书男八字于阳页，用红绿绸联成方块包之，名之曰“袱”。别具全红柬帖四副，书主婚者郡望、姓名，随送荔枝、龙眼、奎栗、蜜枣四种干果，茶叶若干瓶，或加香橼、福橘、木瓜、石榴

① 参见南京市地方志编纂委员会办公室编《南京民俗志》，方志出版社 2003 年版，第 133 页。

② ［明］顾起元：《客座赘语》卷九，载《庚巳编 · 客座赘语》，中华书局 1987 年版，第 287—288 页。

诸大果，及龙凤喜饼，以示丰盈。送至女家后陈放于庭中，女家取男庚帖，填写女八字于阴页，别用蜜合与紫色袱包之，以主人全柬四副并具蜜食若干种，随媒氏送回以报聘。因至此婚姻已定，故谓之"下定"。将娶选日，再行聘礼，谓之"行礼"，又叫"送日子"。男家将卜定的吉日写于红帖，请二大媒送往女家，女方将新妇的衣裙尺寸写在红单上，交大媒带回，男家按单制成，在纳币日再请大媒将新妇的冠袍衣饰随同茶叶果品等送至女家，并以红帖正式告知迎亲之期。女家收到后，按例以新婿的冠带和蜜食作答礼，叫作"回盘"。回盘中要有"三代"，包括腰带、钞带和袜带，后只回"两代"，女家自留一代。婚期前一日，妇家具妆奁送往婿家，谓之"铺嫁妆"。到亲迎之日，新郎亲自乘轿到岳父家迎娶新娘，叫作"求亲"。至此，两姓和合的婚嫁礼俗便大致完结，剩下的还有在夫家的拜堂、坐床、闹房等民俗活动。

明清以来，在南京人的聘礼中茶叶最为重要，因"种茶下子，不可移植"，其象征意义至少在明代以前就已经形成。到清代茶礼以瓶计，多则百瓶，最少也得十瓶，一般女方接受了男方的"茶礼"，就不能轻易地反悔赖婚。

在婚嫁礼俗中，"哭嫁"在南京城区自清代以来已逐渐消亡，但在郊区高淳《哭嫁歌》曾伴随着当地的婚俗而长期传承。哭嫁一般在出嫁前三天开始，主要由即将离家的新娘和她母亲边哭边唱，哭嫁的功能指向很复杂，既是传统礼俗的因袭，又有实际情感表达的需要，还有对新娘的劝诫、教育、感化的用途。

三、贺寿风俗

作为贺寿动因的长寿观就是生命观，我国自古便有"五福寿为先"之说。《尚书·洪范》载："五福，一曰寿，二曰富，三曰康宁，四曰修好德，五曰考终命。"唐人孔颖达解释道："一曰寿，年得长也；二曰富，家丰财货也；三曰康宁，无疾病也；四曰修好德，性所好者，美德也；五曰考终命，成终长短之命，不横夭也。"这种将"寿"视作众福之首的观念，反映了我们民族始终抱有珍视生命、热爱生活的入世情怀，并投射到自己的风俗传统之中。

由于“寿”的难能可贵，我国很早就形成了敬重老人的礼俗，人们又把“寿”与“德”“善”“孝”等观念相提并论，并有“善必寿考，恶必早亡”之说，对那些缺德的、作恶的、不孝的，南京人信其会折寿减岁。过去，对短斤少两的不法商贩的诅咒也多拿“折寿”来警示。以前的市秤一斤为十六两，代表天上的十六颗星，即南斗六星，北斗七星和福、禄、寿三星，人们往往警告小商贩说：“少一两减福，少二两损禄，少三两折寿。”寿观还体现在孩子们逗乐的玩笑中，旧时南京的小学生在放学回家的路上，当有同学超越自己走在前面时会说：“在我前，给我拜年。”当那个孩子赶紧退到后边时，又听到这样的话：“在我后，给我拜寿！”可见，长寿观在民间生活中的投影多么的深长。

长寿观的形成也离不开信仰的因素，在南京寿诞民俗中，寿神、寿仙包括寿星、西王母、麻姑、八仙、南斗星君等，其图像以版画、绘画、瓷画、刺绣、木雕、石雕、砖雕等形式用于建筑、家具、器用、纸马及寿堂的装饰之上(图 12 - 3)。

图 12 - 3　高淳砖雕寿星图

《庄子·盗跖》曰：“人，上寿百岁，中寿八十，下寿六十。”人届六十，才有“过寿”之说，民间较隆重的寿礼正是从 60 岁开始的。旧时南京人家每逢六十以上的“整生日”，就会操办一番，一般要设置寿堂，挂上大红的寿幛，金书寿屏，寿烛高烧，宾朋云集致贺，主家大张寿筵。庆寿的酒宴各有名称，60 岁称“甲子酒”，70 岁称“古稀酒”，80 岁、90 岁称“耄耋酒”，百岁寿筵称“期颐酒”。前来贺寿的亲友们照例要带上一份贺礼，其种类多样。客人往往以寿诗、寿联、寿屏、寿幛为贺礼，亦有赠送“八仙庆寿”“麻姑献寿”“寿星老人”“东方朔盗桃”“百寿图”等题材的图画者；女儿回娘家贺寿，要送衣服、鞋帽、寿面等。在南京郊区，逢岳父母大寿，女婿要准备 8 份盒装的礼品；亲戚多送寿幛、寿桃、寿糕等物。寿堂的寿案上，往往祭供寿星的纸马，除点寿香寿烛外，还有寿桃、寿面的供放。

其中，寿桃用面粉蒸制，桃尖染红，底部涂有绿色以作鲜桃之样，寿桃供放 3 盘，每盘 9 个，自下而上按 5、3、1 的个数叠成三层的塔形；寿面要罩上红色的剪纸图样，如松鹤延年、寿星图、万寿纹、长寿字等。中堂贴挂手书或刺绣的“寿”字或挂寿神寿仙图，男寿挂南极仙翁图，女寿则挂麻姑献寿图。堂中张灯结彩，过寿者夫妇端坐八仙桌两旁的太师椅上受人贺拜。仪式毕，则摆寿筵，最后的主食为长寿面，若是过寿者为 80 岁以上者，常有偷碗讨寿的风俗。宴毕致贺的亲友告辞时，主家会酌情回赠一些寿桃或寿面以作答礼。

在南京寿诞礼俗中，寿桃、寿面、寿联、寿匾、寿图、寿钱等都是常见的寿礼。

第四节　民间信仰

民间信仰包括“迷信”和“俗信”两个既相互联系又彼此相异的部分，但多为俗信，归属民俗的范畴。

迷信的由来不外有两：一是原始巫术宗教的残余和古代宗教中的某些极端成分，另一则是文明时代人为编造的神灵信仰及其神秘观念。可以这样判断，任何对现实生活起破坏作用的迷狂信仰，都是迷信；同时，任何新造的旨在蛊惑欺骗的神灵信仰也都是迷信。所谓俗信，与巫术、宗教本有一定的联系，但在长期的传习中已淡化了神秘气氛，逐渐融入了各地的风俗传统，成为无害良性的信仰习惯，仅表现为对传统观念的沿袭和对精神生活的追求。俗信较为平和，具有稳定的常循性规律，不易诱发事端，也难对社会生活骤然产生某种冲击或破坏。作为历史的文化现象，俗信虽有演进变化，但其总的趋势则指向了风俗化。

南京的民间信仰包括庙会赛会、傩祭傩仪、纸马信仰、求吉避凶、禁忌避讳等，它们作为特色民俗的传统，展现着南京多彩的民间生活。

一、民间庙会

庙会系以庙宇为空间依托，以庙神为信仰中心，有着固定的祭期和相对固定的活动，包括庙神的出巡、表演、赛会及其他民俗表演和商卖活动。

南京是一座庙会活动丰富多样的都市，在南郊有夏历二月十二、九月十六的花神庙会，在城中有二月十九、六月十九、九月十九的鸡鸣寺观音会，有三月二十三在城北下关天妃宫的妈祖庙会，四月十五在太平门外的蒋王庙会，三月十五在城西骁骑营的善司庙会，正月初八在城内府西街府城隍庙的城隍庙会，清明日、七月望、十月朔在都城隍庙的城隍会，九月间在水西门外祭祀金龙四大王的大王会，七月三十日在城内清凉山的拜香会（地藏会），三月十五在南乡铁心桥的东岳会，三月二十八在浦口的泰山庙会，等等。《金陵琐志九种·炳烛里谈》对“金陵赛神诸会”有如下载述：“金陵城中，春则有东岳、都天诸会，秋则有金龙四大王、古城隍诸会，皆遨游四城，早出夜归，旗帜鲜明，箫鼓杂沓。有两人层累而上者，谓之‘台阁’；有四人盘旋升降者，谓之‘秋千’，会中之最大观也。至二月中，钟山茅草滏有三茅会；六月十九日，门东石观音庵、城北观音楼皆有观音会。七月晦日，清凉山有地藏会，则舁诸小庵之神佛像集于大庵，名曰‘朝山进香’。沿途设茗以供香客，张挂灯彩，名曰‘茶棚’。”①

庙会作为民间信仰与民俗艺术的展示，往往各有特色，互联互补。在南京南乡铁心桥的东岳会中，抬阁、挑担就是其会中的特色。胡朴安

① ［清末民初］陈作霖：《金陵琐志九种·炳烛里谈》卷中，南京出版社 2008 年版，第 321—322 页。

曾做了这样的记述："东岳庙在南门城外。三月杪日，为东岳神诞，好事者遂舁神出巡，谓可以消灾弭患。于是城内各业，各结一会，旗伞灯牌，抬阁秋千，百出其奇，争巧斗胜。舁出之神，有东岳及其夫人、韦驮、善报司、速报司、财神等。更有无知男妇，身披红衣，手戴镣铐，扮作罪人状，随于神驾后。盖皆病时许愿于神前也。又有四五岁、七八岁之小儿，装作剧场之武小生、武三面、武老生等，腰悬利刃，手执杭扇，指套钻戒，胸挂金表，异样精彩，耀人眼目，手叉两腰，躯干矗直，耸立于大人之肩，毫无倚侧惧怯之态。又有业骨董者，聚极昂贵之玉器珍玩，制一精巧玲之珑担，罗列陈设，价值甚巨，使精壮练习之少年挑之，手不扶掖而叉于两腰，行步如飞，而不倾仆，以示技艺而耸观瞻。此两种尤为会中之特色。"①

位处南京河西的江东乡，过去由沙洲圩、石候圩和棉花堤 3 个农村社区构成，它们各有社区的崇拜对象，即"合兴菩萨""义兴菩萨"和"全福菩萨"，而相应的民间信仰组织则叫合兴会、义兴会和全福会。从前这三会每年也都到铁心桥去参加朝山庙会，并进行赛会活动，有抢地盘、跳香炉、耍头旗等特色表演和傩舞展示。

其中，头旗是江东乡三会的各自标识，它用两丈长的整根毛竹制作，毛竹内节节打通并灌入黄沙，外表用刀修整平滑后缠上麻丝，再刷上油漆，绘上龙纹，顶端则挂着会旗。一杆头旗重 30—35 公斤。抢地盘活动由各会选出一名强壮的青年，手举头旗向山上冲，谁先到达山顶就把本会的头旗插在山头上，以表为全会人争得了吉利。头旗除用于赛会，也用来表演，耍旗者把这几十斤重的旗杆在掌心、头顶、肩头、膝盖、脊背间抛来抛去，而头旗始终站立不倒。跳香炉的也是分别选出道法高深者，他们身穿红绸缎裤，上身赤膊，先围着香炉旋转，当炉中香火越燃越旺之时，突然腾空一跃，站立于香炉的边缘上，然后双手握剑向自身脊背砍去，竟各安然无恙。铁心桥东岳会期间还有搭台唱戏的活动，并穿插傩舞"跳加官"的表演。

"三月二十三，乌龟爬下关。"天妃宫的妈祖庙会在三月二十三日，

---

① 胡朴安：《中华全国风俗志》下册，河北人民出版社 1986 年版，第 140 页。

庙会期间的民间艺术表演有高跷、大幡、中幡、宝辇、单双伞秧歌、飞叉、爬杆、太狮会、宝鼎会、莲花落、五虎打箱、捉灯捉炉、庆寿八仙、什锦杂耍、杂技、舞蹈等。

江北三月二十八的泰山庙会,旧有出会巡街的信仰活动,除进香礼拜,其间也有一些民俗表演,如踩高跷、跑旱船、舞龙灯、舞狮子、舞蚌精、抬花轿、跑驴儿、霸王鞭、跳财神、老汉推车等。后逐步形成以物资交流为主的商贸集市。

南京的城隍庙会有城隍出巡的活动,位于府西街的府城隍庙会的巡游线路包括府西街、中华路、升州路、柳叶街、船板巷、马巷等城南一带,除了威严的仪仗和随行的虔诚的信众,亦夹有一些轻快的文艺表演,诸如踩高跷、荡湖船、站肩、台阁、秋千、小解、骑驴送媳妇、渔翁捉蚌精等。在庙会活动中,信仰与民俗往往相互包容,从而在一定程度上淡化了滞重的宗教气氛。

二、傩祭傩仪

傩祭傩仪作为傩文化的原始形态,以面具和魁头为信仰表达中心,以傩舞和神会为表现方式,以辟瘟逐疫为主要功能,成为弥足珍贵的文化遗产。南京的傩面具和傩祭神会作为江苏的特色文化,其魁头面具之大之多更为全国所罕见。

南京傩文化的传承地主要在郊区高淳。其面具的制作多选用杨木或柳木,也有用樟木、桦木的,工序包括选材、下料、煮木、阴干、雕形、打磨、批腻、刷底色、彩绘等。所用的工具包括斧头、圆凿、扁凿、三角凿、蝴蝶凿等近 30 种。高淳傩面具分为脸壳、套头、魁头三种基本形式。其中,魁头是高淳傩文化中最为奇特的面具,它包括木雕的脸壳、金枝叶和众小神(图 12 - 4)。魁头在出巡时由人戴上面具,扛在双肩上,它一般有 1 米左右的高度,60 厘米以上的宽度,每架重量在 100 斤左右。魁头专为主神而配,出会时显得高大威武,神秘莫测。在傩祭中配魁头的傩神主要有祠山大帝、刘猛将军、二郎神、张巡、关公等。

南京高淳的傩祭神会主要有花台会、辚辚车、东平王庙会、祠山会、

图 12-4 魁头面具

大王会等，均有一定的历史与规模。

1. 花台会与𤕌𤕌车

花台会与𤕌𤕌车分别为淳溪镇薛城村和长乐村的祠山庙（薛城古社）和五显庙的傩祭形式。

花台会自明代以来每年阴历二月初二在薛城古社前的简易草台上举办，以祭祀土地正神，清中期以后逐步与风行苏皖的祠山庙会合并，遂改成每年的阴历三月十八日，地点仍在薛城古社前，但花台搭得比较讲究，变得高敞而华丽。薛城花台会有小花台和大花台的区别。小花台唱戏一日，大花台唱戏 3—5 日。大花台每 3—9 年举办一次，哪年唱大花台，以薛城古社二月初二升社旗为定。升一面旗唱小花台，升两面社旗，当年就搭大花台，请戏班子。每天有日场，也有夜场，剧种有京剧、黄梅戏、锡剧、越剧等，一般以京剧为主。到时，本地的及苏、皖相邻乡村的乡民们会成千上万地聚集到花台下的野地上，赶花台看戏成了那里最盛大的民俗节日。

薛城的花台长 16 米，深 13 米，台面距地面高约 1.2 米，占地面积达 208 平方米。台沿口围有栏杆，中间塑有福、禄、寿三星和戏剧人物泥像，两旁另塑八洞神仙（图 12-5）。

栏杆上悬挂着各种手绘图画，绘有《渭水河》《追韩信》《女起解》等曲目中的人物群像。戏台前沿立有两根描金龙柱，柱头大枋下吊着五彩宫灯和元宝形花篮，花篮中亦塑着戏剧人物。花台建有门楼似的屋顶，中间为四角攒尖顶，既有宫殿般的辉煌，又能风雨无阻地唱戏。台口上方为“五彩架”，即由纸扎、绘画、泥塑构成的上下五架屏风。舞台上方有一匾额，从不同角度看，所见文字不同：从正面看，为金色的“玉堂春”三字；从左侧看，变为银灰色的“玉树春”；从右侧看，则又变为紫金色的“玉楼春”。花台的藻井由60—80幅彩绘构成，内容有《西厢记》《白蛇传》《贵妃醉酒》《牛郎织女》等戏文故事和《达摩过江》《龙女牧羊》《周处斩蛟》《霓裳铜钹》等画幅。花台上分隔前后台的中屏为3个大月窗和4个进出场的彩门，门上有“出将”“入相”的题额。花台正面绘有“旭日东升”的大幅图画，前后悬有“鹧鸪天”和“近水楼台”的匾额。被称作“江南第一台”的花台会，往往邀请名剧团、名演员到村上来唱戏，其活动项目，除了演戏和其他表演外，还包括社庙祭祀，以及对祠山大帝、二郎神等魁头面具的祭祀，还有乡民的集市商贸等。

图12-5　薛城花台会

每当薛城举办花台会，临近的长乐村就必然要出辚辚车，按当地风水的说法，薛城是“公鸡地”，长乐是“蜈蚣地”，公鸡吃蜈蚣，蜈蚣吃鸡骨。薛城搭起了花台，唱起了大戏，就是公鸡啼叫了，长乐若无反应，就是蜈蚣败下阵来，于是长乐村也在阴历三月十八日扛出蜈蚣旗，推出辚辚车，以表应战，抵消公鸡的威风。长乐的蜈蚣旗是挂在竹竿上的纵长条旗，长约6米，边为犬齿状，以象征蜈蚣的百脚。至于辚辚车，又叫“龙吟车”，系以木龙为主要雕饰的巨大的独轮推车。其轮径1.43米，雕龙全长4.13米，车高3.3米，车身两边的卫杆长7.84米，车重1000余斤，由十数个男丁手推缓行。车上站有3个分别着古装，戴红、蓝、白面具的人，其中戴白面具、顶魁头、举长刀的，是五显神；分别穿白袍、戴蓝面具和穿红袍、戴红面具的孩童为水火二童子，跟在辚辚车后面扮作戏剧场面的“抬阁”。辚辚车在村中五显庙祭祀后出发，先绕村一周巡游,再冲上戏台受拜,然后返回庙前。其中,辚辚车冲上戏台的场面最为热烈,成为傩祭活动的高潮。

辚辚车与花台会相辅相成,分别以游动和定点的方式使民间的祭仪与戏剧表演交融,将乐神和娱人的基调注入傩祭神会之中。

2. 东平王庙会

东平王庙,又称“显忠庙”“降福庙”“张巡庙”等。东平王就是唐将张巡。

张巡,唐玄宗时进士,官拜清源令。安禄山、史思明作乱,他与睢阳太守许远一起困守孤城,前后打了300余仗,百战百胜,最后终因力量悬殊,壮烈捐躯。城破时他说道:“臣虽做厉鬼,仍与贼寇势不两立!”①张巡的庙祀自唐代即已开始。后世民间则把他视作安澜的水神或司瘟的“青魈菩萨”。民间祭用的“斩鬼”纸马,其神即为张巡,有斩除疫鬼的取义。

在南京高淳原有6座东平庙,其中东坝和定埠的东平庙会分别在正月初八和七月二十四日举办。

东平王庙会的“菩萨出巡”甚为壮观,出巡的神明包括:张巡,睢阳太守许远,张巡之子金吾大将军亚夫,部将南霁云、雷万春、姚訚、贾贲、张抃、花元帅、何将军、方将军、马将军、安将军、江将军、管将军等三十六壮士,他们大多披战袍、执兵器;还有张巡的两个夫人,即身着绣袍、头戴凤冠的刘夫人和爱妾柳氏。此外,一同出巡的还有土地神、判官、黑白无常、五方神等。出巡的队列还配有旌旗、华盖、车马、銮驾、大轿、大锣、鼓号、花篮、金牌等物,及数量众多的跟随乡民,队列浩荡,威风凛凛。出巡的将帅们及其他民间神多戴面具,具有浓郁的巫傩文化气息。

三、其他俗信

南京的民间信仰林林总总,涵盖了农桑、土木、节日、祭祀、衣食住行、禁忌避讳等众多领域,其中不少具有地方特色,如五谷树占验、手纹

---

① 参见王兆祥主编《中国神仙传》,山西人民出版社1992年版,第219页。

砖镇宅等。

五谷树，因每年结实的形状不同，或像水稻，或像小麦，或像大豆、高粱和荞麦，因有“五谷树”之称。据说，结实为何，其物当年或来年就会丰收。作为占验和征兆的树种，长期以来被人们称作“神树”，传说它是由郑和从西洋带回南京的。明周晖《金陵琐事》载：“五谷树，有二株，一在皇城内，一在报恩寺，不但结子如五谷，亦有如鱼蟹之形者。乃三宝太监西洋取来之物。”①另明顾起元《客座赘语》卷一载：“大内西华门里，内监传旧丞相府中有五谷树，实生五谷，每生一种，则其年此种必大熟，云自海外移至。报恩寺亦有一株，今不知在何处。”此外，清人朱梅叔《埋忧集》载：“《异识资暇》：金陵有丞相府，胡惟庸所居。园有五谷树，一树而兼五谷丰歉之征：年麦熟，则树发麦叶，黍熟则发黍叶，五谷皆然。”②可见，五谷树以占验、观兆的功能进入了俗信民俗，同时又与郑和下西洋的史事传说和明故宫、报恩寺的特定空间相联系，成为南京的特殊风物。

在高淳老街和乡村老宅的外墙上，能见到留下手掌印纹的手纹砖。手纹砖早在晋代已经出现，早期的手纹砖均为阴宅的墓砖，而南京等地的手纹砖则用于阳宅。淳溪镇的手纹砖多为清中期以前之物，其深陷砖面的手纹不少是青少年留下的，这与他们更易通神的俗信观念有关。手作为人体最灵便的部分，能劳动，能战斗，是力量的体现，也是生命的象征，手又是人的思想、语言表达的媒介。手有手心、手背，构成了相反相成的阴阳两仪；手有五指，又作为金木水火土五行的象征。这样，手纹砖就成了类似太极八卦的符号，有了镇宅的神力。《素问・阴阳别论》有“三阴在手”之说，由于鬼祟等被视作“阴气贼害”之物，于是“三阴在手”便引发了以手捉鬼的联想。手纹砖作为南京郊区的建筑俗信，它以象征与联想的方式表达人们逐鬼驱祟、宅室平安的功利祈盼。

民间信仰作为精神民俗，虽与宗教、巫术有着一定的联系，但总基调是入世乐生的，它引导着人们对生活的关注、对生命的热爱、对吉祥的盼求、对灾祸的排拒，成为地方文化史中重要的一页。

① [明]周晖：《金陵琐事》卷三，南京出版社2007年版，第124页。
② [清]朱梅叔：《埋忧集》卷七，岳麓书社1985年版，第145页。

南京文化大事记

距今 50 万年前

“南京直立人”已在江宁区汤山一带活动。

距今 10 万年前

南京地区的长江南北已有旧石器时代早期先民活动。

距今 1.1 万年前

南京先民已经开始制作陶器。

距今 6000 年左右

南京地区先民在长江南岸的秦淮河、金川河(包括玄武湖)、古丹阳河(胥河)和长江北岸的滁河水系建立了许多原始聚落,先后创造了南京北阴阳营文化、江宁点将台文化、江宁湖熟文化。

周

周灵王十三年(前 559 年)秋天,楚军进驻长江北岸滁河下游的棠邑,讨伐吴国。棠邑成为南京最早见于历史记载的城市,也是南京地区最早的“邑制城市”。

周景王四年(前 541 年),吴王余眛在今高淳区固城街道固城村创建濑渚邑,又名固城、楚王城,成为南京地区在长江以南建立的最早的政治、军事中心。

春秋末年,吴王夫差在今南京朝天宫建立一座规模较大的冶铸作坊，史称冶城。

周元王四年（前472年），越王勾践派遣大夫范蠡在南京城南长干里修建一座军事堡垒，史称越城，又名长干城、范蠡城，被认为是南京建城史的发端。

周显王三十六年（前333年），楚威王熊商在南京石头山建立一座城邑，取名金陵邑，隶属江东郡。这座兼具军事和行政管理功能的城邑，标志着南京主城区设置行政区划的开始。

秦汉

秦始皇三十七年（前210年），改金陵邑为秣陵县，移县治于秦淮河中游的今江宁区秣陵街道。

光和四年（181年），溧阳县丞赵勋等人为颂扬溧阳长潘乾的品行和德政，立《汉溧阳长潘乾校官碑》（即《校官碑》），这是南京和江苏地区发现的现存最早碑刻，也是江苏发现的唯一一块汉碑，有“江南第一古碑”美誉。

建安十六年（211年），孙权自京口（今镇江）徙治秣陵（今南京）。

建安十七年（212年），孙权在石头山楚国金陵邑故址上修筑一座军事堡垒和屯粮之所，称为石头城，又称石首城、石城；同年，改秣陵为建业。

六朝

孙吴黄龙元年（229年）四月，孙权于武昌（今湖北鄂州）称帝；九月，迁都建业（今南京），此为南京建都之始。

孙吴赤乌十年（247年），康居国僧人康僧会自交趾（今越南）经广州北上来到建业，吴大帝孙权在建业为其建立江南第一座佛寺——建初寺。

东晋兴宁二年（364年），王献之作《桃叶歌》，成为六朝文学作品中经典的爱情咏唱。

东晋义熙十二年（416年），法显在建康城南道场寺，撰成《佛国记》。

东晋义熙十三年（417年），刘裕在建康城南秦淮河畔斗场里设置斗场锦署，专门管理和从事锦缎的生产，供皇室和官僚贵族服用，从此南京织锦业登上历史舞台。

刘宋永初年间(420—422)，在建康设立专门的造纸机构——纸官署，生产官府用纸，这是南方第一个专司造纸的机构。

刘宋元嘉十五年(438年)，宋文帝在建康设四学馆，由雷次宗主持儒学馆，何承天主持史学馆，何尚之主持玄学馆，谢元主持文学馆，首开中国分科教育之先河。

刘宋元嘉十七年(440年)，刘义庆去世。他编写的《世说新语》是中国最早的志人小说集，被鲁迅先生誉为"一部名士底教科书"。

刘宋元嘉二十二年(445年)，范晔《后汉书》成，首立《文苑传》，对后世史书体例产生深远影响。

萧齐建元二年(480年)，孔稚珪作《北山移文》，成为六朝骈文代表作。北山即钟山，又名紫金山。

萧齐永明元年(483年)，谢朓、沈约等文士在诗歌创作方面取得突出成就，产生中国近体诗形成之先导"永明体"。

萧齐永明八年(490年)，谢朓作《入朝曲》，名句"江南佳丽地，金陵帝王州"成为南京的代名词。

萧齐中兴元年至二年(501—502)，刘勰的《文心雕龙》成书，作为首部体系严密的文学理论专著，在中国文学理论批评史上占有重要地位。

萧齐中兴二年(502年)，谢赫去世。他所著《画品》是我国现存最早的一部绘画理论著作。

萧梁天监十二年(513年)，沈约去世。他主持编写的《宋书》100卷，是六朝正史中篇幅最巨、体裁最完备、内容最丰富的一部史书。

萧梁天监十七年(518年)，钟嵘去世。其所著《诗品》是中国首部专论五言诗的诗论著作，与《文心雕龙》并称中国文学批评史上的"双璧"。

萧梁普通二年(521年)，周兴嗣去世。他所编《千字文》是我国历史上现存时间最早的启蒙读物。

萧梁中大通三年(531年)，萧统去世。他组织编选的《文选》，是中国现存最早的诗文总集，被视为古代文学经典教科书。

萧梁武帝时期(521—549在位),徐陵奉太子萧纲之命编写的《玉台新咏》,是汉代至南朝梁代的诗歌总集,以言情诗为主,中国文学史上第一部长篇叙事诗《孔雀东南飞》就首见于此书。

隋

开皇九年(589年),隋文帝杨坚灭陈,统一中国,将建康城垣宫殿夷为平地;同时,在石头城内设置行政管理机构蒋州。

仁寿元年(601年),始建栖霞寺舍利塔,为五级方形木塔,居天下八十三州舍利塔之首。

大业三年(607年),撤蒋州置丹阳郡,治所仍在石头城,辖江宁、当涂、溧水三县。

唐

贞观十年(636年),法融来到江宁南郊牛头山幽栖寺北岩下,得禅宗四祖道信和尚传授,后来创立牛头宗。

上元三年(676年),唐高宗李治为栖霞寺创立者明僧绍立明征君碑,并亲撰碑文。

开元十三年(725年)至上元二年(761年),李白多次游历金陵名胜,创作出《长干行》《登金陵凤凰台》等脍炙人口的诗篇。

宝历二年(826年),刘禹锡创作《金陵五题》,以联章方式,咏石头城、乌衣巷、台城、生公讲堂和江令宅五处古迹,抒发怀古叹今之感慨。

太和七年(833年),杜牧应淮南节度使牛僧孺之聘,前往扬州,途经金陵。至大中六年(852年),杜牧多次往来于金陵,留下许多著名诗句。其中《江南春》《泊秦淮》等,堪称晚唐时代的历史咏叹。

会昌四年(844年),唐武宗敕令拆毁天下凡房屋不满200间、没有敕额的一切寺庙等,命其僧尼全部还俗。

大中二年(848年),唐宣宗矫正武宗灭佛时期的弊政,栖霞寺等南京地区被毁寺院得到重建。

大中十一年(857年),李商隐借用金陵玄武湖和鸡鸣埭两个经典景点,在《咏史》诗中描写了一幅饱经六朝兴废的湖山图画。

乾符四年(877年),朝鲜半岛留学生崔致远,在出任溧水县尉时著《中山覆篑集》，是韩国文学史上第一部个人文集。

中和三年(883年)，韦庄创作《台城》，是凭吊六朝古迹的咏史怀古佳作。

五代十国

天祐十二年(915年)，杨吴政权的实际掌握者、齐国公徐温对金陵城进行大规模兴建；至武义二年(920年)，金陵城竣工。

大和四年(932年)，徐温养子、镇守金陵的徐知诰置礼贤院，聚图书以招揽四方贤士。同年，在已筑金陵城的基础上拓广周围达20里。

昇元元年(937年)，徐知诰改金陵府为江宁府，并正式受杨吴禅让，在南京即皇帝位，国号大齐。三年(939年)，徐知诰恢复其本姓李氏，更名为李昪，改国号为大唐，史称南唐。

保大八年(950年)，重建栖霞寺舍利塔，为五级八面密檐式石塔。

北宋

开宝八年十一月二十七日(976年1月1日)，金陵城被北宋和吴越联军攻陷，李煜被俘，南唐灭亡。宋朝政府改江宁府为昇州，统上元、江宁、溧水、句容、溧阳5县。

太平兴国三年(978年)，李煜创作绝笔之作《虞美人》，抒发了南唐亡国之后无尽的感慨。

天禧二年(1018年)，改昇州为江宁府。

天圣七年(1029年)，建江宁府学于冶城故址文宣庙(今朝天宫)，景祐元年(1034年)迁至城南秦淮河北岸(今夫子庙)。

熙宁九年(1076年)，王安石二次罢相后定居金陵，留下了许多描写南京的作品，如《桂枝香·金陵怀古》等。

元丰七年(1084年)，苏轼来到江宁，拜见隐退在半山园家中的王安石，写下《同王胜之游蒋山》《次荆公韵四绝》等作品。

元祐四年(1089年)，贺铸创作《台城游》，借古讽今，针砭时弊，在北宋金陵怀古词作中，与王安石《桂枝香·金陵怀古》、周邦彦《西河·金陵怀古》鼎足而三。

元祐八年(1093年)，周邦彦任溧水县令时作《满庭芳·夏日溧水无想山作》，是历代描写溧水作品中的翘楚。

南宋

建炎二年(1128 年)，诏改江宁府为建康府。

建炎三年(1129 年)，李清照因其夫赵明诚病逝，在金陵作《临江仙》，展现了其凄楚悲凉的内心世界。

绍兴三年(1132 年)，宋高宗命令江南东路安抚大使李光将建康府治所改建为行宫。

乾道四年(1168 年)，建康知府史正志在建康建贡院。

淳熙元年(1174 年)，辛弃疾任职建康期间，创作《水龙吟·登建康赏心亭》。

嘉定十二年(1219 年)，苏泂作《金陵杂兴》200 首。

淳祐元年(1241 年)，明道书院建成，后又建成南轩书院、昭明书院。

景定二年(1261 年)，周应合纂《景定建康志》50 卷成，是南京现存最早、最完整、最重要的方志。

祥兴二年(1279 年)，抗元失利后被俘的文天祥，在被押解大都途经金陵驿时，创作《金陵驿二首》和《酹江月》，为宋代慷慨爱国诗词之绝唱。

元

至元十七年(1280 年)，白朴迁居建康，其重要著作多在此完成。

至元二十五年(1288 年)，元朝政府遴选高僧 30 名在江南宣讲佛法，藁城德公首先奉召在建康天禧寺开讲。

泰定元年(1324 年)，在永安坊盐仓街秦淮河畔立书院，泰定帝赐额“江东书院”。

天历二年(1329 年)，元文宗改“潜邸”所在地建康路为集庆路，所辖州、县不变。

至顺三年(1332 年)，萨都剌移居建康，写下《满江红·金陵怀古》《念奴娇·登石头城》等多篇怀古名作。

至正四年(1344 年)，张铉受聘纂成《至正金陵新志》15 卷。

至正十六年(1356年),朱元璋率部攻克集庆,改集庆路为应天府,自称吴王。

至正二十六年(1366年),朱元璋下令在应天建造宫阙、城池,由刘基等卜地,定新宫于钟山之阳。

明

洪武元年(1368年),朱元璋在应天府称帝,建立明朝政权。同年,将应天府改称南京,这是南京第一次成为大一统王朝的都城。

洪武二年(1369年),朱元璋诏修《元史》,由开国文臣之首的宋濂和精通元朝历史的王祎担任总裁。

洪武五年(1372年),朱元璋召江南名僧至金陵,作"广荐法会",并校大藏经,在蒋山寺镂版,至建文三年(1401年)刻成,版存金陵天禧寺,史称《洪武南藏》。

洪武七年(1374年),明太祖朱元璋下诏修建阅江楼,命宋濂写《阅江楼记》。该文入选《古文观止》,但楼未修成。

洪武八年(1375年),朱元璋在南京设局修《洪武正韵》16卷。

洪武十三年(1380年),位于紫金山独龙阜玩珠峰,明孝陵开始修建,至永乐三年(1405年)完工,前后达25年之久。

洪武十四年(1381年),在城北鸡鸣山下的空旷地带修建国子监,至十五年(1382年)完工。

洪武十八年(1385年),在鸡鸣山上设观星台,由钦天监管理。

洪武二十五年(1392年),敕建三山街净觉寺和聚宝门(今中华门)外回回营清真寺。

洪武二十八年(1395年),礼部编纂《洪武京城图志》。

永乐元年(1403年),朱棣令翰林学士解缙为监修,陈济为总裁,在南京编修《永乐大典》。

永乐三年(1405年),郑和奉命首次出使西洋,率领27800余人、62艘宝船和140余艘其他船只,从南京启航。至宣德八年(1433年),郑和率领船队共七次出使西洋,其航线最远到达西亚和非洲东海岸。

永乐六年(1408年),浡泥国王率领亲属及近臣150余人访问明朝,抵达南京,受到永乐皇帝盛情款待。后因染急症不幸病故,葬于南京城南安德门外乌龟山。

永乐十年(1412 年),明成祖朱棣敕工部在天禧寺原址建大报恩寺,为明代三大佛寺之首;并建大报恩琉璃寺塔。

永乐十六年(1418 年),明成祖下诏刻大藏经,版存金陵大报恩寺,史称《永乐南藏》。

永乐十八年(1420 年),明成祖朱棣下诏迁都北京,次年正式迁都北京。

正统六年(1441 年),明朝正式确立两京并立,北京为京师,南京为留都。

成化十七年(1481 年),王守仁中状元,授修撰;在南京任职期间,创立心学。

正德十六年(1521 年),陈铎撰成《滑稽余韵》,描绘了丰富多彩的南京社会风俗,是文学史上独具特色的散曲集。同年,陈沂《金陵古今图考》刊刻。

嘉靖八年(1529 年),湛若水创建新泉精舍书院;十二年(1533 年)于江浦建新江书院。

嘉靖十三年(1534 年),陈沂纂成《南畿志》64 卷。

万历十五年(1587 年),汤显祖在南京任职时创作《紫钗记》,是中国古典戏曲瑰宝,与《牡丹亭》《南柯记》《邯郸记》合称为“临川四梦”。

万历二十一年(1593 年),李时珍去世。三年后,《本草纲目》在南京刊印。

万历二十三年(1595 年),意大利籍天主教传教士利玛窦第一次来到南京;二十六年(1598 年)、二十七年(1599 年),又两度来到南京,得到许可在城内居住,并建立教堂,进行传教活动。

万历二十八年(1600 年),徐光启赴南京,从利玛窦学习天文、历算及枪炮等西方科技知识,并加入天主教,与利玛窦合作在南京翻译《几何原理》,后又译《泰西水法》《测量法义》《勾股义》等书。

万历三十五年(1607 年),葛寅亮《金陵梵刹志》刊刻。

万历三十八年(1610 年),周晖《金陵琐志》刊刻。

万历四十一年(1613 年),李之藻在南京编译《同文算指前编》,成为中国介绍西方笔算最早的译本。

天启六年(1626 年),程春宇所著《士商类要》4 卷由金陵文林阁唐锦池梓行。

清

顺治二年(1645 年),清政府改应天府为江宁府,下辖上元、江宁、句容、溧水、溧阳、江浦、六合、高淳 8 县。

顺治七年(1650 年),清政府改南京国子监为江宁府学,原应天府学改为上元、江宁两县学。

顺治十六年(1659 年),郑成功抱着"灭清复明"的信念,率约 20 万大军从舟山群岛出师北伐,一直打到南京城下。后因轻敌兵败,退回到福建。

顺治十八年(1661 年),王士禛的《秦淮杂诗》引发江南人民的情感共鸣;其"神韵说"作为诗歌创作和评论主张,对清代前期诗坛产生重大影响。

康熙六年(1667 年),寓居南京芥子园的李渔创作中国戏剧理论重要著作《闲情偶寄》,其中的词曲部和演习部,自成一套完整的戏剧理论体系,对中国古代戏曲理论有较大的丰富和发展。

康熙七年(1668 年),江宁知府陈开虞主修的《江宁府志》付梓。

康熙十八年(1679 年),王概等人在南京编辑刻印《芥子园画传》,该书不仅是中国流传时间最久、影响范围最广的古代中国画启蒙教材,而且成为中国出版史上第一部用图解方式解析绘画技法的彩色套版图书。

康熙二十年(1681 年),江宁知府于成龙主修的《江宁府志》刊刻。

康熙二十三年(1684 年),康熙帝首次南巡至江宁,拜谒明孝陵,访明故宫。同年,康熙《江南通志》在南京刊刻。

康熙二十八年(1689 年),孔尚任在南京实地探访南明遗迹;四十七年(1708 年),以侯方域、李香君的悲欢离合为主线创作出戏剧名著《桃花扇》。

康熙四十四年(1705 年),康熙帝令江宁织造曹寅负责校刻《全唐诗》。

康熙四十五年(1706年),回族伊斯兰教学者刘智的汉文译著《天方典礼》在南京成书。

雍正元年(1723年),两江总督查弼纳捐资建立钟山书院。

雍正九年(1731年),两江总督尹继善等征集在籍儒臣,开局于南京,纂修《江南通志》;至乾隆元年(1736年),乾隆《江南通志》付梓成书。

雍正十一年(1733年),吴敬梓离开家乡全椒,寓居南京秦淮水亭。此后,他在南京留下了大量作品,如《儒林外史》《金陵景物图诗》等。

乾隆十六年(1751年),乾隆帝陪同皇太后首次南巡至江宁,谒明孝陵,游后湖、燕子矶等处。

乾隆三十年(1765年),曹雪芹完成《红楼梦》,这部具有世界影响力的作品,在创作原型、语言风格、人物形象等方面,皆与南京有紧密联系,其中贾府的兴衰史即曹氏家族在南京的兴衰史。

乾隆五十五年(1790年),袁枚《随园诗话》26卷出版,阐发"性灵说",倡导真情、个性、诗才,是清代影响最大的诗话。

嘉庆八年(1803年),吴敬梓《儒林外史》初刻,该书是中国古代讽刺小说的高峰,开创了以小说直接评价现实生活的范例。

道光十一年(1831年),南京遭遇水灾,江南贡院被淹,城中积水达3月余。两江总督陶澍奏请乡试改期。

道光十八年(1838年),两江总督陶澍在南京创办惜阴书院。

同治三年(1864年),两江总督曾国藩迁安庆内军械所至南京,改称金陵内军械所,由徐寿、华蘅芳、徐建寅在南京长江边成功研制出中国第一艘蒸汽机轮船"黄鹄"号并试航成功。

同治四年(1865年),署理两江总督李鸿章将苏州洋炮局迁至南京,创办金陵机器制造局,专门制造枪炮。

同治七年(1868年),杨仁山居士在南京创立金陵刻经处,首刻《净土四经》,"为近世佛教重光之始"。

同治十二年(1873年),署理两江总督张树声重修江南贡院,增设号舍2000间。至此,江南贡院共有号舍20646间,为各省之冠。

光绪十四年(1888年),美以美会传教士傅罗在南京创办汇文书院。

光绪十六年(1890年),两江总督兼南洋大臣曾国荃在南京创办江南水师学堂,专门培养海军人才。

光绪十八年(1892年),基督医院在南京鼓楼落成使用。

光绪二十二年(1896年),两江总督兼南洋大臣张之洞创办江南陆师学堂及附设矿路学堂。

光绪二十三年(1897年),“百日维新”运动的代表人物谭嗣同在南京完成《仁学》。

光绪二十四年(1898年),为配合戊戌变法,钟山、尊经、惜阴、文正、凤池、奎光6所书院改为府县学堂。变法失败后,学堂重新改为书院。

光绪二十七年(1901年),两江总督刘坤一、湖广总督张之洞会奏设立江楚编译官书局,以服务于新式学堂教育。

光绪二十八年(1902年),署理两江总督张之洞奏请于北极阁之南筹办三江师范学堂,1904年正式招生入学,成为清末实施教育新政后规模最大、设计最新的一所师范学堂。1906年改名为两江优级师范学堂。

光绪二十九年(1903年),两江总督署创办《南洋官报》。

光绪三十二年(1906年),两江总督端方挑选营兵编为卫生队,创办卫生学堂。同时设立兽医学堂,附属于卫生学堂。

光绪三十三年(1907年),两江总督端方在惜阴书院旧址创办江南图书馆,由缪荃孙出任总办,为中国第一所公共图书馆。

光绪三十四年(1908年),两江总督端方在南京创办两江法政学堂、南洋高等商业学堂。

宣统二年(1910年),美国传教士创办的汇文书院与宏育书院合并,取名金陵大学堂。江南图书馆正式建成开放。同年,清政府在南京举办南洋劝业会,这是中国首次举办的大型国际博览会,对于振兴工商业,推动南京城市建设,开拓国人视野,促进中外交流,都起到了开风气之先的作用。

民国

民国元年(1912年),1月1日,中华民国临时政府成立,定南京为首都。孙中山在南京就任中华民国临时大总统。

民国四年(1915年),8月,南京高等师范学校开始正式招生,江谦任校长。9月17日,金陵女子大学正式开学,美国人德本康夫人任校长,设文、理两科。同年,自1912年开始筹建的江苏省立南京通俗教育馆建成开馆。

民国五年(1916年),3月,河海工程专门学校在南京正式开学,为中国第一所专门培养水利人才的高等院校。许肇南任校主任,后改称校长。

民国七年(1918年),12月,由南京高等师范学校、江苏省教育会等单位联合发起组织中华新教育社,次年1月改称中华教育共进社,后创办《新教育》杂志。

民国八年(1919年),6月23日,南京学生联合会创办的《南京学生联合会日刊》发行,南京河海工程专门学校学生张闻天所撰《社会问题》一文,已开始尝试运用马克思主义的唯物史观来考察当时中国的社会问题。

民国九年(1920年),3月,中国科学社董事会执行部和《科学》杂志编辑部迁入南京成贤街文德里新址。春夏,在南京高等师范学校任职的杨贤江在南京组织马克思主义研究小组,开展对马克思主义的研究与宣传。

民国十年(1921年),9月,国立东南大学正式开学,郭秉文任校长。

民国十一年(1922年),5月上旬,由中国社会主义青年团南京委员会筹组的南京马克思学说研究会成立。国立东南大学教授梅光迪、吴宓等,以"昌明国粹,融化新知"为宗旨,在思想界形成文学复古的流派。因在南京创办《学衡》杂志,得名"学衡派"。

民国十二年(1923年),著名教育家陶行知等发起成立平民教育促进会,并试办平民教育学校。7月,南京高等师范学校并入国立东南大学。同年,朱自清与俞平伯以白话写作同题散文《桨声灯影里的秦淮河》,风格不同、各具特色,是五四时期散文创作的典范,成为现代文学史上的佳话。

民国十三年(1924年),1月13日,由中共南京小组和青年团南京地方委员会领导的南京社会科学研究会成立。同年夏,国立东南大学工科与河海工程专门学校合并组成河海工科大学,由原国立东南大学工科主任茅以升担任校长。同年,国立东南大学孟芳图书馆落成,由张謇题写馆名。

民国十六年(1927年),3月,国立东南大学教授陶行知辞职赴南京郊外创办晓庄师范,同时创办附属晓庄小学。4月18日,国民政府在南京举行成立典礼,并发布《定都南京宣言》。5月,在南京成立国民党中央党务学校,蒋介石兼任校长,6月改名为国立中央政治学校。同年,国民政府决定将国立东南大学在内的8所院校合并改建为国立第四中山大学,主校址设在原国立东南大学。

民国十七年(1928年),春节,由国立南京第四中山大学(同年改名为国立中央大学)民众教育馆艺术部主任王子云发起,举行首都美术展览会,共展出作品400余件。2月,国立中央研究院天文研究所、气象研究所在南京成立,高鲁、竺可桢分别为首任所长。

民国十八年(1929年),元旦,国立中央大学中文系黄侃、胡小石等教授在鸡鸣寺豁蒙楼联句,成为文坛佳话。2月,《中央日报》在南京正式发行,首任社长由国民党中央宣传部部长叶楚伧兼任。6月1日,在中山陵举行庄严隆重的孙中山灵柩奉安大典。12月,国民政府颁布由美国建筑师墨菲、古力治制定的《首都计划》。

民国十九年(1930年),1月,国立中央研究院自然历史博物馆在南京成贤街46号成立。同年,中国文艺社在南京成立,由王平陵、钟天心、左恭等主持,曾创办《文艺月刊》《文艺新地》《中国文艺》等刊物。

民国二十年(1931年),占地面积80公顷的中央体育场建成,全场可容纳观众6万人,其规模当时为"远东第一"。建成当年,在此举行了全国运动会。同年,美国女作家赛珍珠在南京创作的《大地》(*The Good Earth*)出版。

民国二十一年(1932年),6月,国立编译馆成立,辛树帜任馆长,隶属国民政府教育部,负责文化书籍及教科图书的编译和审查等。9月,国立中央研究院地质研究所由上海迁至南京成贤街,次年秋又迁至南京北极阁东麓。

民国二十二年(1933年),4月,在南京成立国立中央博物院筹备处,隶属教育部,傅斯年担任主任。国立中央图书馆同月筹建,隶属教育部。同年,国民党官方出版机构正中书局在南京成立,该书局由国民党中央组织部部长陈立夫创办并自任总经理。

民国二十三年(1934年),6月,国立中央研究院心理研究所由北平迁至南京。7月,国立中央研究院自然历史博物馆改组为动植物研究所。9月1日,国立中央研究院天文研究所举行紫金山天文台落成典礼,标志着中国天文学研究向前迈出了一大步,南京也由此成为中国现代天文学的研究中心。10月,国立中央研究院历史语言研究所由上海迁至南京鸡鸣寺新建所址。

民国二十五年(1936年),8月,中山陵主要纪念性建筑物之一的藏经楼落成。楼北碑廊上嵌有137块嵩山青石碑,上镌孙中山所著《三民主义》,由著名书法家叶恭绰等人书写。同年,国立中央研究院社会科学研究所由北平迁至南京成贤街。

民国二十六年(1937年),7月17日,南京文化界100多名知名人士举行聚会,成立首都文化界抗敌后援会,推举代表向国民党中央党部、国民政府请求速派大军赴前线抗日。7月31日,在南京秘密学联的组织与发动下,国立中央大学、金陵大学及各中学暑期留校学生200余人举行集会,宣布成立南京学生界抗敌后援会。11月,国民政府决定迁都重庆,随之政府各机关陆续撤离南京。与此同时,南京的大中学校匆匆向重庆、成都等地迁移;研究及文博机构也紧张安排内迁;国立中央图书馆、国学图书馆亦进行了部分搬迁。12月13日,日本侵略军攻占南京,制造了长达6周的惨绝人寰的南京大屠杀。

民国二十七年(1938年),1月1日,伪南京市自治委员会举行成立大会。3月28日,伪中华民国维新政府在南京成立。4月24日,伪督办南京市政公署(次年3月改组为伪南京特别市政府)成立。8月,伪维新政府创办《南京新报》,此为南京地区日伪创办的首张报纸。

民国二十九年(1940年),3月30日,由日本操纵的统一各地伪政权的伪国民政府宣布"还都南京",汪精卫任伪国民政府代理主席兼行政院院长。9月，汪伪国立中央大学正式开学。同年，张恨水以抗战前夕的南京为背景创作的长篇小说《丹凤街》出版。

民国三十一年(1942年)，美国女作家赛珍珠创作的《龙子》出版。该书是第一部向西方世界揭露侵华日军南京大屠杀暴行的英文小说。

民国三十四年(1945年)，9月，国民政府行政院颁布《管理收复区报纸、通讯社、杂志、电影、广播事业暂行办法》。

民国三十五年(1946年)，5月5日，国民政府在南京举行“还都”典礼。曾经外迁的文教单位、研究机构等相继返回南京。国立中央政治学校在南京复校后不久，即与中央干部学校合组为国立中央政治大学，蒋介石亲任校长。10月，国立中央研究院决定设置院士。11月，南京市设立通志馆。

民国三十六年(1947年)，5月6日，国立中央大学教授会就待遇问题和日益严峻的形势发表宣言，要求政府改革政治，改善教育。5月20日，南京数千名学生高举“反对饥饿”“反对内战”标语，冲破警察、宪兵阻碍，前往国民政府进行游行请愿，途中许多学生被军警宪特打伤或被捕。这一运动扩展至全国许多城市，并受到各阶层人民的支持与声援，从而发展为反对国民党统治的第二条战线。

民国三十七年(1948年)，1月，设立南京市文献委员会，以南京通志馆属会，编纂地方志。3月，国立中央研究院第二届评议会第五次年会正式选举了第一届81名院士。同年底至1949年1月间，因国民党军队败局已定，国民党政府决定将南京、上海各研究所搬迁至台湾或沿海各省，导致搬迁与反搬迁斗争。

民国三十八年(1949年)，4月23日，南京解放，国民党反动统治被推翻。

主要参考文献

一、历史文献

[春秋]左丘明撰，杨伯峻注:《春秋左传注》，中华书局 1995 年。

[汉]司马迁:《史记》，中华书局 1959 年版。

[汉]班固等:《汉书》，中华书局 1962 年版。

[汉]赵晔撰，苗麓校点:《吴越春秋》，江苏古籍出版社 1999 年版。

[汉]袁康撰，吴平辑录，乐祖谋点校:《越绝书》，上海古籍出版社 1985 年版。

[汉]袁康撰，李步嘉校释:《越绝书校释》，中华书局 2013 年版。

[晋]陈寿:《三国志》，中华书局 1959 年版。

[晋]释法显撰:《佛国记》，商务印书馆 1937 年版。

[南朝宋]刘义庆著，徐震堮校笺:《世说新语校笺》，中华书局 1984 年版。

[南朝]钟嵘著，曹旭集注:《诗品》，上海古籍出版社 1994 年版。

[梁]沈约:《宋书》，中华书局 1974 年版。

[梁]萧子显:《南齐书》，中华书局 1972 年版。

[梁]萧统著，[唐]李善注:《文选》，中华书局 1977 年版。

[梁]释慧皎:《高僧传》，中华书局 1992 年版。

[梁]陶弘景:《真诰》，中华书局 1985 年版。

[北齐]颜之推:《颜氏家训》，山西古籍出版社 1999 年版。

[唐]房玄龄等:《晋书》，中华书局 1974 年版。

[唐]李百药:《北齐书》,中华书局 1972 年版。

[唐]姚思廉:《梁书》,中华书局 1973 年版。

[唐]姚思廉:《陈书》,中华书局 1972 年版。

[唐]魏徵等:《隋书》,中华书局 1974 年版。

[唐]李延寿:《南史》,中华书局 1975 年版。

[唐]许嵩著,张忱石点校:《建康实录》,中华书局 1986 年版。

[唐]杜佑:《通典》,中华书局 1988 年版。

[唐]李林甫等撰,陈仲夫点校:《唐六典》,中华书局 1992 年版。

[唐]道宣:《续高僧传》,中华书局 2014 年版。

[唐]释道宣:《广弘明集》,上海古籍出版社 1991 年版。

[唐]张彦远:《历代名画记》,人民美术出版社 1963 年版。

[后晋]刘昫等:《旧唐书》,中华书局 1975 年版。

[宋]欧阳修、宋祁:《新唐书》,中华书局 1975 年版。

[宋]司马光编著,[元]胡三省音注:《资治通鉴》,中华书局 1956 年版。

[宋]李昉等:《太平御览》,中华书局 1960 年版。

[宋]乐史:《太平寰宇记》,中华书局 2007 年版。

[宋]马端临:《文献通考》,浙江古籍出版社 1988 年版。

[宋]王钦若等:《册府元龟》,中华书局 1960 年版。

[宋]王安石撰:《周官新义》,上海书店出版社 2012 年版。

[宋]高承:《事物纪原》,中华书局 1975 年版。

[宋]王溥:《唐会要》,上海古籍出版社 2006 年版。

[宋]洪迈撰,何卓点校:《夷坚志》,中华书局 1981 年版。

[宋]王谠撰,周勋初注解:《唐语林校正》,中华书局 1987 年版。

[宋]陈振孙撰,徐小蛮、顾美华点校:《直斋书录解题》,上海古籍出版社 2015 年版。

[宋]张敦颐、李焘:《六朝事迹编类·六朝通鉴博议》,南京出版社 2007 年版。

[宋]陆游撰,杨立英校注:《老学庵笔记》,三秦出版社 2003 年版。

[宋]陆游:《南唐书》,南京出版社 2010 年版。

[宋]马光祖修,周应合纂:《景定建康志》,南京出版社 2009 年版。

[宋]曾极、[宋]苏泂、[清]王友亮、[清]汤濂:《金陵百咏·金陵杂兴·金陵杂咏·金陵百咏》,南京出版社 2012 年版。

[宋]郭若虚:《图画见闻志》,人民美术出版社 1963 年版。

[宋]刘道醇:《圣朝名画评》,山西教育出版社 2017 年版。

[宋]米芾撰,刘世军、黄三艳校注:《画史校注》,广西师范大学出版社 2020 年版。

[元]脱脱等:《宋史》,中华书局 1977 年版。

[元]张铉纂,田崇校点:《至正金陵新志》,南京出版社 1991 年版。

[元]夏文彦:《图绘宝鉴》,凤凰出版社 2018 年版。

[明]宋濂等:《元史》,中华书局 1976 年版。

[明]黄淮、杨士奇编:《历代名臣奏议》,上海古籍出版社 2012 年版。

[明]礼部纂修,[明]陈沂撰:《洪武京城图志·金陵古今图考》,南京出版社 2006 年版。

[明]周晖:《金陵琐事·续金陵琐事·二续金陵琐事》,南京出版社 2007 年版。

[明]葛寅亮撰:《金陵梵刹志》,南京出版社 2011 年版。

[明]葛寅亮撰:《金陵玄观志》,南京出版社 2011 年版。

[明]王一化纂,程嗣功修:《万历应天府志》,南京出版社 2011 年版。

[明]朱之蕃编,陆寿柏绘:《金陵四十景图像诗咏》,南京出版社 2012 年版。

[明]黄佐:《南雍志》,南京出版社 2016 年版。

[明]陆粲、顾起元:《庚已编·客座赘语》,中华书局 1987 年版。

[明]沈德符:《万历野获编》,中华书局 1959 年版。

[明]余继登:《典故纪闻》,中华书局 1997 年版。

[明]姜绍书著,印晓峰点校:《无声诗史·韵石斋笔谈》,华东师范大学出版社 2009 年版。

[明]王世贞编:《王氏书画苑》,明万历金陵刻本,南京图书馆藏。

[明]董其昌:《画禅室随笔》,华东师范大学出版社 2012 年版。

[明]朱谋垔:《钦定四库全书·画史会要》,中国书店 2018 年版。

[明]陆时雍:《诗镜总论》,中华书局 2014 年版。

[明]袁中道:《珂雪斋集》,上海古籍出版社 2007 年版。

[明]张岱:《陶庵梦忆》,上海古籍出版社 2001 年版。

[明]焦竑:《澹园集》,中华书局 1999 年。

[明]顾璘:《凭几集》,《文渊阁四库全书》第 1263 册,台湾商务印书馆

1986年版。

[明]谢肇淛:《五杂组》,上海书店出版社2001年版。

[明]黄宗羲:《明儒学案》,中华书局1985年版。

[明]罗钦顺:《困知记》,中华书局1990年版。

[明]李贽:《焚书》,中华书局1975年版。

[明末清初]王夫之:《古诗评选》,文化艺术出版社1997年版。

[清]钱谦益:《列朝诗集小传》,上海古籍出版社1983年版。

[清]张廷玉:《明史》,中华书局1974年版。

[清]谷应泰:《明史纪事本末》,中华书局1977年版。

[清]朱梅叔:《埋忧集》,岳麓书社1985年版。

[清]沈德潜:《古诗源》,辽宁教育出版社1997年版。

[清]陈祚明:《采菽堂古诗选》,上海古籍出版社2008年版。

[清]吴伟业:《吴梅村全集》,上海古籍出版社1990年版。

[清]皮锡瑞:《经学历史》,中华书局1959年版。

[清]严可均校辑:《全上古三代秦汉三国六朝文》,中华书局1958年版。

[清]黄之隽等编纂,赵弘恩监修:《乾隆江南通志》,凤凰出版社2018年版。

[清]沈辰垣等编:《御选历代诗余》,上海古籍出版社1987年版。

[清]陈栻:《道光上元县志》,南京出版社2011年版。

[清]莫祥芝、甘绍盘合纂:《同治上江两县志》,南京出版社2013年版。

[清]谢延庚、吕宪秋等修:《光绪六合县志》,江苏古籍出版社1991年版。

[清]陈文述:《秣陵集》,南京出版社2009年版。

[清]程廷祚:《青溪文集》,古籍原本。

[清]方文:《嵞山集》,上海古籍出版社1979年版。

[清]余怀:《板桥杂记》,上海古籍出版社2000年版。

[清]甘熙:《白下琐言》,南京出版社2007年版。

[清]胡恩燮、胡光国等撰:《南京愚园文献十一种》(全三册),南京出版社2015年版。

[清]姜宸英著,杜广学辑校:《姜宸英集》,人民文学出版社2018年版。

[清]陈维崧著,陈振鹏标点,李学颖校补:《陈维崧集》,上海古籍出版社2010年版。

[清]傅春官:《金陵历代建置表》,商务印书馆1936年版。

[清末民初]陈作霖、[民国]陈诒绂撰:《金陵琐志九种》,南京出版社 2008 年版。

[清末民国]金陵关税务司编:《金陵关十年报告》,南京出版社 2014 年版。

[民国]臧励龢等编:《中国古今地名大辞典》,商务印书馆 1931 年版。

[民国]柳诒徵修,王焕镳纂:《首都志》,正中书局 1935 年版。

[民国]潘宗鼎、夏仁虎撰:《金陵岁时记·岁华忆语》,南京出版社 2017 年版。

[民国]朱偰:《金陵古迹图考》,商务印书馆 1936 年版。

[民国]中国科学社编:《科学的南京》,南京出版社 2018 年版。

二、今人著作

南京博物院编:《南京附近考古报告 I—江宁湖熟史前遗址调查记》,上海出版公司 1952 年版。

蒋赞初:《南京史话》,江苏人民出版社 1980 年版。

逯钦立辑校:《先秦汉魏晋南北朝诗》(全三册),中华书局 1983 年版。

夏晨中、宙浩编注:《金陵诗词选》,南京大学出版社 1986 年版。

金陵书画研究会编:《金陵书画资料》,内部出版物 1986 年版。

陈传席:《中国山水画史》,江苏美术出版社 1988 年版。

金陵大学南京校友会编:《金陵大学建校一百周年纪念册(1888—1988)》,南京大学出版社 1988 年版。

南京博物院:《北阴阳营——新石器时代及商周时期遗址发掘报告》,文物出版社 1993 年版。

中国书画全书编撰委员会编:《中国书画全书》,上海书画出版社 1993 年版。

马伯伦主编:《南京建置志》,海天出版社 1994 年版。

何堂坤、何绍庚:《中国魏晋南北朝科技史》,人民出版社 1994 年版。

南京市博物馆、北京大学考古学系汤山考古发掘队:《南京人化石地点 1993—1994》,文物出版社 1996 年版。

南京市地方志编纂委员会:《南京文物志》,方志出版社 1997 年版。

南京市地方志编纂委员会、南京教育志编纂委员会编:《南京教育志》,方志出版社 1998 年版。

邹厚本等主编:《江苏考古五十年》,南京出版社 2000 年版。

伍贻业、朱继严、郑自强等:《南京回族伊斯兰教史稿》,金陵刻经处 2000 年版。

邹劲风:《南唐国史》,南京大学出版社 2000 年版。

何孝荣:《明代南京寺院研究》,中国社会科学出版社 2001 年版。

卢海鸣:《六朝都城》,南京出版社 2002 年版。

王德滋:《南京大学百年史》,南京大学出版社 2002 年版。

南大百年实录编辑组编:《南大百年实录》,南京大学出版社 2002 年版。

张承宗:《六朝民俗》,南京出版社 2002 年版。

吴汝康、李新学等:《南京直立人》,江苏科学技术出版社 2002 年版。

高恒文:《东南大学与"学衡派"》,广西师范大学出版社 2002 年版。

徐耀新主编:《南京文化志》,中国书籍出版社 2002 年版。

陈鸣钟主编:《清代南京学术人物传》,南京大学出版社 2003 年版。

南京市地方志编纂委员会办公室编:《南京民俗志》,方志出版社 2003 年版。

周瀚光、戴洪才主编:《六朝科技》,南京出版社 2003 年版。

许辉、李天石编著:《六朝文化概论》,南京出版社 2003 年版。

田汉云:《六朝经学与玄学》,南京出版社 2003 年版。

杨心佛:《金陵十记》,古吴轩出版社 2003 年版。

沈新林主编:《明代南京学术人物传》,南京大学出版社 2004 年版。

罗宗真、王志高:《六朝文物》,南京出版社 2004 年版。

林树中编著:《六朝艺术》,南京出版社 2004 年版。

张连红主编:《金陵女子大学校史》,江苏人民出版社 2005 年版。

经盛鸿:《南京沦陷八年史》(上下册),社会科学文献出版社 2005 年版。

贺云翱:《六朝瓦当与六朝都城》,文物出版社 2005 年版。

叶皓主编:《金陵特色文化》,南京出版社 2005 年版。

付阳华:《明遗民画家研究》,河北教育出版社 2006 年版。

邢定康主编:《守望南京》,大众文艺出版社 2008 年版。

胡阿祥、李天石、卢海鸣编著:《南京通史·六朝卷》,南京出版社 2009 年版。

南京市地方志编纂委员会编:《南京民族宗教志》,南京出版社 2009 年版。

林树中:《清初金陵画派年表》,人民美术出版社 2010 年版。

叶皓编:《佛都金陵》,南京出版社 2010 年版。

叶皓:《重读南京》,南京出版社 2011 年版。

薛政超:《五代金陵史研究》,中央编译出版社 2011 年版。

徐传德:《南京教育史》(第 2 版),商务出版社 2012 年版。

范金民、杨国庆、万朝林、孔潮丽编著:《南京通史·明代卷》,南京出版社 2012 年版。

南京市博物馆:《南京考古资料汇编》(全四册),凤凰出版社 2013 年版。

吕凌峰、李亮:《明朝科技》,南京出版社 2015 年版

夏维中、祁海宁编著:《南京大报恩寺前世今生》,南京出版社 2015 年版。

李天石、王淳航、骆详译等:《南京通史·隋唐五代宋元卷》,南京出版社 2016 年版。

卢海鸣:《南京民国建筑》,江苏凤凰美术出版社 2017 年版。

欧阳摩壹:《南京历代经典书法》,南京出版社 2017 年版。

卢海鸣:《南京历代名号》,南京出版社 2018 年版。

朱明娥:《旷世城垣——南京明城墙》,南京出版社 2018 年版。

张敏:《吴越文化比较研究》,南京出版社 2018 年版。

陈勇主编:《诗国南京》,南京出版社 2020 年版。

曹劲松、卢海鸣主编:《南京学研究》(第三辑),南京出版社 2021 年版。

张光芒等:《南京百年文学史》,江苏凤凰文艺出版社 2021 年版。

德基美术馆编:《石渠典藏·金陵图》,故宫出版社 2021 年版。

卢海鸣:《南京文化概览》,南京出版社 2023 年第 2 版。

三、外人著作

[丹]安徒生:《天国花园》,叶君健译,上海译文出版社 1978 年版。

[法]加勒利、伊凡著,[英]约·鄂克森佛译补:《太平天国初期纪事》,徐健竹译,上海古籍出版社 1982 年版。

[意]利玛窦、金尼阁:《利玛窦中国札记》,[比]何高济等译,中华书局 1983 年版。

[美]刘易斯·芒福德:《城市发展史——起源、演变和前景》,宋俊岭、倪文彦译,中国建筑工业出版社 2005 年版。

后 记

《江苏地方文化史·南京卷》是“江苏文脉整理与研究工程”研究编中的重要组成部分，同时又是江苏省社会科学基金重点委托项目，在中共江苏省委宣传部、省社科联和中共南京市委宣传部、市社科联的关心支持下，历经四个寒暑，最终顺利完成。其间，中共江苏省委宣传部、省社科联领导带队多次进行专题调研，省社科联多次主持召开“江苏地方文化史”编撰工作推进会，并组织了由省内外专家参加的样稿审读会、通讯审稿、集中审稿会等多次审稿活动。省市专家，特别是南京市社科联主席、社科院院长曹劲松在编撰研讨和工作推进会上提出的具有指导性的意见和建议，为本书的最终完成奠定了坚实基础。

南京承东启西，南北交汇，通江达海，各种文化在这里交流、交融和交锋，产生了独具特色的南京地方文化，历来是学界重点关注和研究的对象。有关南京地方文化的成果虽然积淀深厚，但也为学术创新增加了难度。书稿全部完成后，南京出版传媒集团总经理、南京出版社社长卢海鸣编审通读了本卷初稿，并提出了中肯的修改建议和意见。在此基础上，由曹劲松与卢海鸣共同领衔，南京市社科院谭志云、付启元、李惠芬研究员和南京出版社徐智副编审参与了全书的统稿，为本书体例统一和修订成稿提供了有力的保障，全书最后由曹劲松与卢海鸣共同审定，并按照北京大学傅刚教授、中国人民大学包伟民教授、南京大学李良玉教授和浙江大学陈红民教授的审读意见进行了修改完善。

南京历史积淀深厚，文化复杂多元，涉及领域众多，想要全面呈现南京地方文化的面貌，必须依靠一个强大的团队。承担本卷编撰任务的专家及分工如下：

卢海鸣，撰写绪论；祁海宁、杨平平，撰写第一章；李天石、来琳玲，撰写第二、三章；范金民、秦翠红，撰写第四章；夏维中，撰写第五章；杨颖奇，撰写第六章；高峰，撰写第七章；欧阳摩壹、陈名生，撰写第八章；欧阳摩壹、赵启斌、李洁璇，撰写第九章；虞朝东，撰写第十章；王卫星，撰写第十一章；陶思炎，撰写第十二章；卢海鸣、徐智整理南京文化大事记；徐智汇总主要参考文献；卢海鸣精选本书的彩插，卢海鸣、徐智负责完成全书内页的配图。

江苏省社科联原领导刘德海、徐之顺将编撰组织工作列为省社科联的突出重点任务，全程协调；编撰办公室副主任刘西忠对本卷撰写的质量要求和进度把握等给予了具体指导；孙煜女士不辞辛苦，任劳任怨，帮助我们解决组稿、撰稿中的疑问和困难，为提供图书资料给予帮助；江苏人民出版社张凉女士，作为本书的责任编辑，认真把关。

本卷即将付梓之际，谨向各位领导、专家和关心支持我们团队工作的同志们，表示由衷的感谢！限于我们的学识和能力，加之书出众手，书中难免存在疏漏和不足，敬请读者批评指正！

曹劲松　卢海鸣

2023.12.30